戰略經濟

战略与经济研究书系

总主编　陈　波

北京市高精尖学科战略经济新兴交叉学科建设项目

中国财政发展协同创新中心2014年重大协同创新任务支持项目

中央财经大学国防经济与管理研究院双一流和特色发展引导专项学科建设项目

战略与经济研究书系
STUDIES OF STRATEGY & ECONOMY　战略安全

国土安全与应急管理

——实用手册——

A Practical Introduction to
HOMELAND SECURITY AND EMERGENCY MANAGEMENT
FROM HOME TO ABROAD

［美］布鲁斯·奥利弗·纽瑟姆　［美］杰克·A. 雅尔蒙　/ 著
（Bruce Oliver Newsome）　（Jack A. Jarmon）

陈　波　王萍萍　/ 主译
王萍萍　吕云震　/ 审校

社会科学文献出版社
SOCIAL SCIENCES ACADEMIC PRESS (CHINA)

Originally published in U.S.A as:
A Practical Introduction to Homeland Security and Emergency Management From Home to Abroad by Bruce Oliver Newsome, Jack A. Jarmon
Licensed by SAGE Publications Inc.

译　者

主　译

陈　波　王萍萍

参　译

前　言（陈　波　吴艺蓉）

致　谢（吴艺蓉　陈健铭）

第一章（李　娜　邢政君）

第二章（陈　波　魏　爽）

第三章（位珍珍　郝　梦）

第四章（王萍萍　张　荣）

第五章（陈　波　张　操）

第六章（邢政君　陈　波）

第七章（王萍萍　吕云震）

第八章（郝朝艳　娄云飞）

第九章（吕云震　郁书超）

第十章（吴文成　闫仲勇）

第十一章（夏　明　王萍萍）

第十二章（王萍萍　陈　颖）

第十三章（张　操　邵凌云）

第十四章（陈　波　余明明）

审　校

王萍萍　吕云震

总 序

随着中美战略与经济对话、中印战略经济对话会等的屡屡开启，战略与经济字眼越来越多地进入人们的视野。

本质上，战略与经济涉及国家、双边、地区和全球的安全与经济等多重议题。宏观上，安全与经济密不可分，经济是安全的基础，安全是经济的基本保障，一个冲突的社会，缺乏安全保障的国家难以有可持续的经济发展；相反，没有强大的经济支撑，安全终究也是“无源之水”。微观上，从安全预算到战略规划、从防务产业到安全提供、从防务费用到安全能力、从恐怖动因到经济制裁等诸多方面也都有安全与经济的层层交叠……

为全面、准确反映国际社会战略、安全与经济这一交叉领域最新认知与研究成果，也为了系统反映和加强我国在此领域的认识和研究，我们组织出版了这套“战略与经济研究书系”，此书系初步设计包含战略安全、战略规划、战略评估、安全经济等子系列，每个子系列里交叉含专著、译著、研究报告等，我们期望通过本书系的出版，大大推进我国在此领域的研究水平和国际对话能力……

是为序。

陈　波

中央财经大学

国防经济与管理研究院

二〇一六年六月

译者序

博观而约取，厚积而薄发。文明差异不是社会冲突的原因，相反，正是在文明的广泛交流和相互借鉴中，不同文明才能既保持自身的独立性，又在取长补短、择善而从、兼收并蓄中丰富和发展。美国是世界上在国土安全与应急管理领域治理、制度、政策具有代表性的国家，在该领域有着广泛的影响。

一

“国土安全”是一个具有时代特征和美国特色的说法。国土安全属于国家安全范畴，兴起于外部安全环境的变化和美国安全理念的转变。通常，以冷战和“9·11”事件对两次世界大战后美国的安全环境进行阶段划分。

美国在两次世界大战中迅速崛起，势力急剧膨胀，与此同时欧洲大国纷纷走向衰落。第二次世界大战结束后，美国的快速扩张受到苏联的抵制，两国因意识形态和国家利益的不同走向对抗，开启了长达半个世纪的冷战。20 世纪 40 年代，国家安全概念开始兴起，1947 年美国颁布了全世界第一部国家安全法律——《国家安全法》，并设立了国家安全委员会、国家安全顾问、中央情报局和国家军事部等机构及职位。按照本书的说法，美国国家安全的功能、国家安全机构的最初责任是在战争与和平时期为美国的国家利益创造并维持一个有利的环境（见本书第一章）。这是一个非常笼统的说法，也就是说国家是否安全、怎样确保国家安全取决于美国的国家利益是什么。冷战时期，美国为了推行霸权，主要通过加强海外军事部署、发展与盟国的军事关系以及不断对他国进行军事干预来谋求在海外安全事务上的主导地位（见本书第二章），维护美国在海外的利益。虽然国家安全的议题在不同时期有所调整，比如 20

世纪60年代肯尼迪政府将“反叛乱”视为与传统战争同等重要的安全威胁，20世纪80年代里根政府将“反恐”和“反叛乱”视为优先考虑的安全事项，但整体上冷战期间美国的安全观念、战略和体制是以赢得美苏竞赛为核心，始终遵循军事安全优先的原则。

冷战结束使维系了长达半个世纪的两大阵营瞬间瓦解。受冷战影响，一些国家的成长并不顺利，也加剧了化学材料、放射性材料和核材料扩散的潜在威胁。与此同时，冷战结束后各国纷纷削减军费导致很多项目无法继续获得资助，被遣散的科学家或工程师也不得不寻找新的雇主，这也为恐怖主义活动提供了可能。冷战结束后，美国在冷战期间形成的安全观念和体制仍持续了数年，比如布什政府仍然认为美国国家安全的主要威胁是“国家恐怖主义”，因此当时其安全政策的主要目标是预防来自伊朗、朝鲜等敌对国家弹道导弹的袭击，严重低估了“基地”组织在美国本土发动恐怖袭击的可能。冷战结束后，美国面临的安全威胁较冷战时期更分散、更不确定，也更难应对。这一变化从20世纪90年代发生的几起事件可见端倪，即1993年美国世界贸易中心爆炸案、1995年俄克拉何马市穆拉联邦大楼爆炸案、1998年美国驻肯尼亚和坦桑尼亚大使馆遇袭案，还有2000年在也门发生的“科尔号”军舰遇袭案，这些事件都直接或间接地证明了恐怖组织网络的威胁越来越大，恐怖组织可能从世界上任何地方或美国境内对美国发动袭击。在这种背景下，1999年美国国家安全委员会建议彻底改革国家安全机构。该委员会指出，美国无懈可击的时代即将结束，非常规武器的扩散和反恐战争的非对称性已经抵消了美国在常规军事上的主导地位。

组织和制度具有路径依赖性，长达半个世纪的冷战留下的烙印如此深刻，以致20世纪90年代发生的恐怖袭击也未能扭转美国的安全观念，促进其安全治理的变革。“9·11”事件成为自1812年以来美国本土首次遭受的重大打击，如同一记惊雷，让美国意识到自己并不如想象中那样坚不可摧。针对“9·11”事件的调查结果表明，当时美国的国家机构仍然是为赢得冷战建立的，安全观念延续了冷战时期的观念，没有针对冷战后威胁的变化及时做出调整和改变。的确，冷战结束后美国面临的全球性战争的危险在减小，但非对称威胁在增加；威胁更多地来自非国家行为体，而非确定的国家行为主体；更多地来自少数掌握毁灭性技术的人，而不是官方军队。“9·11”事件也让美国上下意识到保障美国本土安全的紧迫性和必要性。“9·11”事件发生9天后，布什总统即宣布要在白宫内设立国土安全办公室，2001年11月8日，美国政府又成立了国土安全局，但是情报显示，仍然有数千名恐怖分子在策划针对美国的袭击，因此布什政府下决心加快安全机构重组的步伐。2002年11月25日《国土安全法》正式颁布并宣布组建国土安全部，国土安全部的组建也成为自1947年美国国防部成立以来美国政府最大规模的机构重组。在小布什总统时期，反恐成为美国国家安全的核心议题，建立了一套以国土防御和反恐为中心的全新的国家安全架构①。因此，国土安全概念及其机构创立的初衷是解决新的安全环境下美国的国家安全问题。国土安全代替国家安全成为更加流行的术语。根据Google Ngram的统计，2001～2008年，在美国“国土安全”一词的使用频率超过了“国家安全”。最初，在美国民众的理解中，国土安全等于反恐，但事实上反恐只是美国国土安全部工作的一小部分，国土安全部的工作还涉及边境安全管理、移民、关税和海关、美国境内水域安全、关键基础设施安全、自然风险和一般紧急情况应对。“9·11”事件之前，有46个联邦机构负有反恐责任，但国土安全部只吸收了其中几个机构，国土安全部与情报机构、军事部门、联邦调查局以及州和地方的执法机构相互配合，共同保障美国本土的安全。

在美国国土安全体系中，除国土安全部作为内阁机构主要负责国土安全的政策执行外，2001年“9·11”事件后成立的国土安全委员会也发挥着重要作用。国土安全委员会是总统幕僚机构，隶属白宫办公厅，负责协调国土安全部与农业部、卫生和公共事业部、内政部等承担部分国土安全职能的机构之间的合作，并向美国总统提出国土安全的政策建议。在国土安全委员会的成员中，国土安全顾问（Homeland Security Advisor）负责国土安全委员会的日常工作，向美国总统提供国土安全和反恐事务的咨询服务。原则上，1947年依据《国家安全法》成立的国家安全委员会统筹外部事务，国土安全委员会统筹内部事务，但是在具体实践中，外部安全事务和内部安全事务很难截然分开，例如反恐就同时

① 刘建华：《美国国家安全体制改革：历程、动力与特征》，《美国研究》2015年第2期，第6～7、68～92页。

涉及外部和内部安全。为了更好地协调国土安全委员会和国家安全委员会的工作，2009 年奥巴马总统推行改革，在保持两大委员会在法律上独立地位的基础上，将其联合组成国家安全幕僚，工作人员联合办公，加强外部安全事务管理与内部安全事务的统筹。此外，奥巴马政府还在国家安全委员会内部设立了一些新的理事会和职位，处理涉及网络安全、大规模杀伤性武器、恐怖主义、边界安全、情报风险的问题，如网络安全评估理事会主要负责评估美国面临的网络安全威胁，同时组建了美国网络司令部。

二

应急管理是政府的重要职能之一。200 多年来，美国的应急管理体制在应对不同时期的安全威胁，如冷战时期来自苏联核打击威胁所代表的传统安全威胁、不同年代发生的自然灾害所代表的民生安全威胁以及 20 世纪末 21 世纪初恐怖活动所代表的非传统安全威胁的过程中形成和发展。美国自然灾害频发，一次次惨重的灾害损失推进了一次次立法及修正，美国 200 多年的应急管理史是一部灾害推进立法、推动体制机制演变的历史。

按照美国联邦应急管理局的定义，应急管理指国家为应对紧急情况和灾难、减轻其影响、做出反应并从中恢复的过程。[①] 美国政府最早的应急行动是应对 1803 年新罕布什尔州发生的特大火灾，为了对火灾造成的危害进行救助并开展灾后重建，当时的美国国会通过临时立法授权联邦政府向受灾地区的地方政府提供经济援助。此后，在各州政府和地方政府面临无法应对的自然灾害时，联邦政府都是根据临时立法提供援助。在早期，应急管理是州和地方政府的职责，联邦政府没有责任也没有法律依据开展应急行动。新罕布什尔州火灾发生后的一个多世纪里，国会通过个案立法 100 多次，为灾害恢复提供资金。20 世纪 30 年代，联邦政府开始投资应急管理领域。1933 年，美国第一个专门负责安全应急事务的机构国家应急管理委员会成立。当时成立这一机构的主要目的在于应对 20 世纪 30 年代经济大萧条带来的严重后果，也承担自然灾害的救助工作。1939 年

① U. S. Federal Emergency Management Agency, “A nation prepared: Federal Emergency Management Agency strategic plan: fiscal years 2003 - 2008”, 2008, Washington, D. C., http://www.fema.gov/pdf/library/fema_strat_plan_fy03 - 08 (append).pdf.

国家应急管理委员会更名为“应急管理办公室”。1941 年，美国政府又成立了民防办公室，该办公室与应急管理办公室联合办公。20 世纪中叶，联邦政府对自然灾害应对的参与发生了重大变化，开始系统地进行灾害援助。

二战结束后，在美苏长达半个世纪的冷战对峙期间，美国的应急管理主要是为了应对军事安全威胁可能造成的损害。1947 年，美国颁布了《国家安全法》，依据该法成立了国家安全资源委员会，承担国防动员职责，向总统报告美国战时动员的协调情况，特别是工业生产能力及关键性战略物资的储备情况。1949 年苏联第一颗原子弹爆炸之后，应对来自苏联的核打击成为美国应急管理的重中之重。1950 年，杜鲁门政府在应急管理办公室下成立了联邦民防局，主要职责是对民防事务提供技术支持。同年，美国出台《联邦灾害救援法》，明确提出联邦政府可以在某些灾害发生时为各州提供援助，虽然此时联邦仍然在灾害救助中不负主要责任，但是标志着美国开始以联邦法律与政策形式来应对自然灾害对民众与社会的影响。同年出台的另外一部法案《联邦民防法》规定联邦政府有权向各州及地方政府提供与装备和给养采购相关的指导、援助、协调、培训和贷款。1951 年 1 月，联邦民防局成为联邦政府的独立机构，并接管了国家安全资源委员会，其职责与国防部在 1950 年成立的国防动员办公室相关，1958 年联邦民防局与国防动员办公室合并为民防与国防动员办公室。20 世纪 50 年代，出于与苏联争霸和赢得朝鲜战争的需要，美国民防的侧重点是战争准备，而非灾难救助。20 世纪 50 年代中后期，美国频繁遭遇大规模自然灾害，促使其对应急体制进行调整，肯尼迪政府于 1961 年在白宫内设立应急准备办公室，专门处理自然灾害造成的危害，将民防与其他应急事务区分开，自然灾害应急准备在美国应急管理体系中的重要性开始提高。然而，1962 年爆发的古巴导弹危机重新将美国应急管理的重心拉回防御核打击造成的危害。20 世纪 60 年代，美国自然灾害频发，但美国政府仍然主要通过临时立法的方式向灾区增加灾害援助。1970 年，联邦应急管理的各种职能仍然分散在多个联邦部门和机构，包括商务部、综合事务管理局、财政部、核管理委员会以及住房和城市发展部，参与风险和灾害管理的联邦机构有上百个之多。1972 年，美国政府成立了国防民事整备署，取代民防办公室负责防御核打击。但总体上，军事安全和自然灾害这两类在当时较为突出的安全威胁仍然由不同的部门负责，应急管理体制整体上仍然是一种零散、低效的状态。为此，1979 年 3 月 31 日，卡特总统签署总统令，正式成立内阁级别的联邦应急管理局，整合了包括国家消防管理局、联邦保险局、联邦广播系统、国防民事整备署、联邦灾害救援管理局以及联邦准备局在内的六个部门，推进救灾与民防功能的整合。联邦应急管理局的成立体现了美国应急管理的一种全新理念，即综合应急管理，具体包括全灾害管理与全过程管理。全灾害管理指应急管理的对象包括所有灾害种类，全过程管理指联邦应急管理局的职责覆盖减缓、准备、响应与恢复全过程。联邦应急管理局自成立之初就饱受诟病，因为没有组织性立法来支持其运作，联邦应急管理局也很难争取到国会的拨款；加上机构内部各部门各自为政，效率低下，所以当时关于撤销联邦应急管理局的呼声甚嚣其上。

1982 年，时任总统里根任命具有反恐准备和培训背景的路易斯・吉弗里达（Louis Guiffrida）将军担任联邦应急管理局局长，他按照行政政策并结合自身背景重组了联邦应急管理局，将应对核打击作为当务之急，重新调整了联邦应急管理局内部的资源分配。吉弗里达的继任者朱利叶斯・贝克顿（Julius Becton）将军在担任联邦应急管理局局长期间将应急管理的事项依重要性进行排序，在 20 多个主要项目中，地震、飓风和洪水等重大自然灾害排在最后，此时的应急管理仍然延续了军事安全优先的模式。幸运的是，自联邦应急管理局成立之日起到 20 世纪 80 年代中期，美国并没有遭受过重大自然灾害，实质上仍以防御核打击为重点的应急管理模式虽然饱受诟病但并未被颠覆。20 世纪 80 年代末到 90 年代初苏联解体预示着苏联核打击的威胁淡去，与此同时联邦应急管理局在应对 1989 年飓风“雨果”、1992 年飓风“安德鲁”的糟糕表现使应急管理的潜在问题开始浮现。1993 年，时任总统克林顿任命具有实际应急管理经验的詹姆斯・李・维特（James Lee Witt）担任联邦应急管理局局长，他具有丰富的应急管理经验，对联邦应急管理局进行了大刀阔斧的改革，将联邦应急管理局的定位从防御核打击转变为综合减灾，综合管理所有人为和自然灾害。20 世纪 90 年代，联邦应急管理局的改革和应急管理卓有成效，顺利渡过了组织生存危机，美国的应急管理体制机制不断完善，进入了良性发展轨道。然而，2001 年发生的“9・11”事件对美国的应急管理造成了剧烈的冲击。应急管理理念同国家安全理念一道被推向反恐领域。

20 世纪 80 年代后，美国的驻外机构和海外军事设施屡遭恐怖袭击，但严重程度并不足以激发美国应急管理体制的大变革，直到 2001 年“9・11”事件发生，此次袭击成为美国应急管理的一个转折点，开启了以反恐为核心的应急管理时期。2001 年 10 月，美国通过了《反恐怖主义法》；2002 年 11 月 25 日，布什总统签署了《国土安全法》，并宣布成立内阁级行政机构“国土安全部”，以国土安全体系涵盖应急管理体系，联邦应急管理局成为国土安全部的内设机构，隶属于国土安全部四个主要部门之一的应急准备与响应部门。国土安全部将反恐作为首要职责，联邦应急管理局的地位和重要性被大大削弱，功能也逐步转向反恐。然而，根据全灾害管理模式，反恐应该只是应急管理的一项重要任务，但是“9・11”事件之后国土安全部的成立及其对反恐的过度关注使针对其他风险的管理显得无足轻重，这显然是不符合全灾害管理理念的。2005 年，美国南部墨西哥湾沿岸遭受飓风“卡特里娜”袭击，这是自 1928 年以来美国遭遇的最致命飓风，造成 1200 名公民死亡。此次飓风对美国的应急管理能力进行了一次全方位的检验，当地政府和联邦政府糟糕的准备未能减轻飓风造成的影响，飓风“卡特里娜”也被称为天灾版的“9・11”，迫使美国政府开始反思“9・11”事件之后过度关注反恐带来的一系列社会问题。2006 年，布什总统签署了《飓风“卡特里娜”灾后应急管理改革法案》，对联邦应急管理局的地位和职能重新进行了界定。第一，联邦应急管理局将继续作为国土安全部的组成单位，负责有关恐怖袭击的准备、响应和恢复工作；第二，允许联邦应急管理局在紧急状态下提升为内阁级部门；第三，扩充了联邦应急管理局的规模。改革后的联邦应急管理局在应对飓风“桑迪”的袭击时能够准确评估其影响、提前采取有力与有效的应对举措，最终极大地减轻了飓风“桑迪”造成的损害。此后，美国的应急管理体系实质性进入综合性应急管理时期，应急管理体制不断走向成熟。

三

国家安全和应急管理的概念自出现以来，内涵随着时间的推移不断扩展、丰富，外部安全环境的变化不断催生新的议题，安全治理和应急管理的对象从单一关注国家间战争扩展到恐怖主义、有组织犯罪、地区冲突、人道主义灾难，再到近些年日益凸显的网络安全、海洋领土争端等。安全治理和应急管理的复杂性不断增加。从某种程度上说，复杂性是一种挑战，而应对挑战的有效方法是合作。2001 年“9·11”事件以前，美国的国家安全和应急管理是两套独立的体系，分别主要应对外部和内部威胁，但“9·11”事件之后，国土安全体系的建立使两套体系开始走向融合。

国家安全与应急管理虽然诞生的时间大致相同，但两者的理论基础和实践存在很大差异。[①] 应急管理理论基于地理学和社会学发展起来，地理学对应急管理的理论贡献主要在于吉尔伯特·怀特（Gilbert White）所倡导的转向，即对灾害的治理要从传统的防御转向适应。这一观点极大地影响了美国的自然灾害管理理念；社会学对应急管理的理论贡献主要来源于恩里克·克兰特利（E. L. Quarantelli）所开创的灾害社会学。冷战初期，应对可能来自苏联的核打击是美国政府高度关注的问题，克兰特利引入社会学芝加哥学派的范式，从集群行为的角度来研究核打击的情境下公众的响应。然而，假设的核打击在整个冷战期间并未出现，自然灾害却频频发生，克兰特利的方法被用于研究个体、社区、组织在灾害情境下的集体行为。应急管理真正作为一个理论研究领域形成于 20 世纪 80 年代。1979 年联邦应急管理局的成立确定了联邦政府在灾害救援中的责任，政治科学和公共管理领域的应急管理研究也开始兴起。根据《飓风“卡特里娜”灾后应急管理改革法案》，应急管理指“政府职能部门协调和整合所有活动，以建立、维持和提高应对、防范潜在的或实际的自然灾害、恐怖主义或其他人为灾害，并从灾害中恢复或减轻伤害的能力”。

1952 年美国学者阿诺德·沃尔弗斯（Arnold Wolfers）发表了《国家安全：一个含糊的符号》一文，随后安全研究作为国际关系的一个分支得到关注。安全也就成为国际关系研究的重要概念，最初主要指国家安

---

① 张海波：《应急管理与安全治理：理论趋同与制度整合》，《北京行政学院学报》2016 年第 1 期，第 1 ~8 页。

全、军事安全。国家安全不是特指某一种安全，也没有明确、始终如一的定义，而是应该根据在不同时期面临的安全威胁来定义。美国国防部认为，国家安全包括美国的国防和外交关系，取决于美国相对于其他国家或国家集团所具有的军事和国防优势，有利的外交地位或者能够成功抵抗来自内部或外部、公开或秘密的敌对或破坏行动的能力。国土安全是国家安全的一个子集，国土安全和国家安全都是高度根植于安全环境的术语。自 2002 年国土安全部成立以来，不同时期的文件如 2003 年《国土安全国家战略》、2007 年《国土安全国家战略》、2011 年《反恐怖主义国家战略》等都对国土安全进行了定义（见本书第一章），但从中可以看出，不同时期美国面临的外部安全环境不同，国土安全的定义也有所差异。比如，2007 年《国土安全国家战略》将国土安全定义为："在美国国内共同努力防止恐怖袭击，降低美国对恐怖袭击的脆弱性，尽量减少恐怖袭击造成的伤害并快速恢复。"2010 年《自上而下的审查》将国土安全定义为："预防恐怖主义、应对自然灾害和从自然灾害中恢复、海关执法和征收海关税收、合法移民服务管理、国家水道和海洋运输系统的安全和管理，以及国土安全部各部门的其他任务。"国土安全也开始采用全灾害模式。

理论上，国土安全与应急管理源于不同的学科基础，但在美国的理论发展有从相互独立走向趋同的趋势。例如，恐怖主义不仅是国土安全的重点关注对象，也是应急管理的重点；再如，曾经属于应急管理主要范畴的自然灾害后来也被视为非传统安全问题直至最终被纳入国土安全体系。在体制机制上，联邦应急管理局也被整合到国土安全部的组织体系中，以国土安全体系涵盖应急管理体系。此外，无论是应急管理还是国土安全，都强调政府、市场、社会多方主体的参与。国土安全与应急管理从概念和实践都逐步走向融合。

四

他山之石，可以攻玉。美国是世界上安全治理和应急管理制度化较为成熟的国家。1947 年颁布的《国家安全法》是世界上第一部国家安全法律，美国也是率先组建国土安全部、联邦应急管理局的国家。美国在冷战期间、“9·11”事件之后在应对外部安全环境变化时遭遇的挫败、所采取的改革举措等一定程度上都能为其他国家提供一定的启示和借鉴。中国无论在国土面积、经济体量和人口规模上，还是安全与应急治理体系的复杂性方面，在某种程度上也与美国具有一定的可比性；两国的风险类型也大致相似，包括从自然灾害到恐怖主义的几乎所有灾害类型。因此，深入了解美国国家安全与应急管理的实践和做法对于构建中国的安全治理及应急管理体系也具有一定程度的借鉴意义。

本书包含三大部分，共十四章内容。第一部分主题为“范围”，包括第1~2章，主要介绍了国土安全相关的术语、定义、安全风险评估、组织结构、政策和法律等。第二部分主题为“危害与威胁”，包括第3~6章，介绍了四种主要国土安全威胁，即恐怖主义、跨国犯罪、物质灾害与武器、自然风险。每种主要安全威胁都涉及定义、风险来源、历史发生情况、政府响应等内容。第三部分主题为“安全保障”，包括第7~14章，界定了应急管理领域的主要概念，回顾了美国应急管理体制演变、突发事件评估等，在此基础上详细阐述了场地安全、基础设施安全、信息通信与网络安全、航空安全、地面运输安全、边境安全的基本概念、风险来源、管理体制以及安全保障举措等。本书兼具基本概念和实践，针对每种风险类型，作者都通过案例和实践中的小插曲向读者展示了政府的应对。因此，本书不单纯是理论性著作，读者可从中学习到操作性强的知识和技能。

这些年随着安全概念的拓展和有关动员的研究推进，我们一直在追踪有关动员与应急管理的最新研究，2016年在看到《国土安全与应急管理实用手册》英文版时，就迅速翻阅、熟悉内容，并用于研究生的教学讨论。在不断的研究和教学中，我们感受到该书对国内相关领域研究和实践具有非常大的借鉴价值，萌发了把这本书翻译、引介到国内的想法。然而，翻译不是一件容易的事，自2016年开始组织翻译，到2019年底最终译完提交出版社，日月穿梭，三年的日子很快就过去了。坦率地说，我们还承担着其他繁重的教学与科研任务，本书的翻译是在我们挤出的时间内完成的，其中的艰难、曲折和艰辛令人记忆深刻。本书虽然不是一本理论性著作，但其中涵盖的理论跨越多个学科领域，对我们的翻译和校对人员来说也是不小的挑战，但庆幸我们迎难而上，克服了重重困难，最终按计划完成翻译工作。在这里要深深感谢每位参译者和全体编校人员。在译著出版和最后校对的紧张时期，正赶上新冠肺炎疫情在全世界肆虐。从某种意义上说，传染病既是非传统安全的重要方面，也是应急管理的重要领域，这也彰显了本书的价值所在，我们就以它来纪念这个特殊的时刻！

本书的翻译工作受到北京市高精尖学科战略经济新兴交叉学科建设项目支持和中央财经大学国防经济与管理研究院双一流和特色发展引导专项学科建设项目（022959918005）资助。全书的翻译出版由陈波组织策划，陈波、王萍萍负责全书翻译组织和审校、修改工作，吕云震参加了部分章节的审校、修改工作。各章的翻译分工是：前言、致谢、作者简介，陈波、吴艺蓉、陈健铭；第一章，李娜、邢政君；第二章，陈波、魏爽；第三章，位珍珍、郝 梦；第四章，王萍萍、张荣；第五章，陈波、张操；第六章，邢政君、陈波；第七章，王萍萍、吕云震；第八章，郝朝艳、娄云飞；第九章，吕云震、郁书超；第十章，吴文成、闫仲勇；第十一章，夏明、王萍萍；第十二章，王萍萍、陈颖；第十三章，张操、邵凌云；第十四章，陈波、余明明。此外，特别感谢社会科学文献出版社祝得彬主任和郭红婷编辑对本书出版的关注所付出的辛勤编校工作！

有人说翻译者是寂寞的，但并不孤独。我们高兴放弃了许多“闲暇时刻”，做国土安全与应急管理的“摆渡人”，以语言文字之舟，穿越地域时空，徜徉在两种语言、两种文化的浩海中，与原著的作者对话，与怀揣同样志向和热情的译者、读者同行。当然这种种是否足以丰盈原本那份现实中的寂寞，使看似孤独的译者不再孤独，也为读者打开另一个世界，只有把这留给你们——最有发言权的读者，我们热忱欢迎你们的批评指正和任何意见。

陈　波

王萍萍

2020 年 4 月，北京

目　录

前　言 …… 001

致　谢 …… 001

第一部分　范围

第一章　国土安全的定义与结构 …… 003

本章学习目标 …… 003

一　什么是安全? …… 005

二　安全领域 …… 007

三　国土安全 …… 017

本章案例 …… 038

本章小结 …… 041

关键术语 …… 041

思考与练习 …… 042

第二章　国土安全政策与法律 …… 043

本章学习目标 …… 043

一　国土安全风险评估 …… 044

二　正义战争 …… 045

三　美国的国土安全政策 …… 048

四　国土安全法律与政策 …… 049

五　总结 …… 070

本章案例 …… 071

本章小结 …… 073

关键术语 …… 073
思考与练习 …… 074

第二部分　危害与威胁

第三章　恐怖主义 …… 077
本章学习目标 …… 077
一　有关恐怖主义的定义 …… 078
二　恐怖活动实施者 …… 079
三　行为与活动 …… 086
四　恐怖主义的目的 …… 087
五　动机、意识形态与意图 …… 090
六　恐怖事件的发生频率与分布 …… 093
七　恐怖主义的后果与成本 …… 099
八　恐怖分子的袭击目标 …… 104
九　恐怖分子的特征 …… 105
十　美国的恐怖主义者 …… 108
十一　反恐怖主义 …… 120
十二　“9·11”事件发生后美国的反恐 …… 125
本章案例 …… 133
本章小结 …… 135
关键术语 …… 135
思考与练习 …… 136

第四章　跨国犯罪 …… 138
本章学习目标 …… 138
一　跨国犯罪的定义 …… 139
二　跨国犯罪组织的结构 …… 142
三　跨国犯罪组织与恐怖分子动机的不同之处 …… 145
四　跨国犯罪组织与国际恐怖主义作案手法的相似性 …… 147
五　跨国犯罪如何以与合法行为体类似的方式利用全球化和技术机制 …… 149

六　跨国犯罪集团及其潜在威胁 …… 151
七　“失败国家”在促进有组织犯罪与恐怖主义方面的作用 …… 167
八　当前全球打击犯罪的方法、制度与能力建设情况 …… 168
本章案例 …… 174
本章小结 …… 176
关键术语 …… 177
思考与练习 …… 178

第五章　物质致灾因子与武器 …… 179
本章学习目标 …… 179
一　物质致灾因子与武器概述 …… 180
二　化学致灾因子 …… 185
三　生物致灾因子 …… 191
四　核致灾因子 …… 203
五　放射性致灾因子 …… 216
六　化学爆炸物 …… 219
七　能量武器 …… 228
八　火器 …… 229
本章案例 …… 233
本章小结 …… 233
关键术语 …… 234
思考与练习 …… 236

第六章　自然风险 …… 238
本章学习目标 …… 238
一　自然灾害与威胁 …… 239
二　气候变化 …… 251
三　天气事件 …… 258
四　地质和地貌灾害 …… 278
五　宇宙风险 …… 304
本章案例 …… 310
本章小结 …… 311

关键术语 …… 312
思考与练习 …… 314

第三部分　安全保障

第七章　应急管理 …… 319
本章学习目标 …… 319
一　突发事件 …… 320
二　突发事件评估 …… 321
三　应急管理 …… 332
四　联邦应急管理的组织架构 …… 335
五　潜力和能力 …… 341
六　脆弱性 …… 344
七　暴露 …… 346
八　突发事件的沟通 …… 349
本章案例 …… 353
本章小结 …… 354
关键术语 …… 355
思考与练习 …… 357

第八章　场地安全 …… 358
本章学习目标 …… 358
一　概念界定 …… 359
二　评估目标 …… 359
三　访问控制 …… 362
四　绕过访问控制的路径 …… 363
五　警卫 …… 365
六　应急服务和快速反应部队 …… 368
七　大门 …… 368
八　应急避难场所 …… 370
九　被动周界 …… 372
十　监视与反监视 …… 374

十一 安全工程 …… 378
十二 场地安全服务 …… 382
本章案例 …… 383
本章小结 …… 384
关键术语 …… 384
思考与练习 …… 386

第九章 基础设施安全 …… 387
本章学习目标 …… 387
一 关键基础设施的范围和定义 …… 388
二 特定行业组织 …… 392
三 监控和数据采集系统 …… 404
四 基础设施资产清单与风险评估 …… 407
本章案例 …… 414
本章小结 …… 415
关键术语 …… 415
思考与练习 …… 416

第十章 信息、通信与网络安全 …… 418
本章学习目标 …… 418
一 范围与定义 …… 418
二 攻击来源 …… 420
三 访问载体 …… 432
四 恶意活动 …… 454
五 信息安全保障 …… 480
六 网络安全 …… 482
七 美国网络安全管理机构 …… 486
本章案例 …… 494
本章小结 …… 496
关键术语 …… 496
思考与练习 …… 499

第十一章　海上安全 …… 501
本章学习目标 …… 501
一　范围与定义 …… 502
二　港口安全 …… 508
三　货物安全 …… 509
四　海运货物和集装箱安全 …… 512
五　《海上运输安全法》 …… 519
六　海上恐怖主义 …… 529
七　总结 …… 549
本章案例 …… 551
本章小结 …… 553
关键术语 …… 553
思考与练习 …… 554

第十二章　航空安全 …… 556
本章学习目标 …… 556
一　概念界定 …… 556
二　危险与威胁 …… 557
三　航空安全保障 …… 563
四　防空武器反制 …… 573
五　制导导弹 …… 574
本章案例 …… 578
本章小结 …… 579
关键术语 …… 580
思考与练习 …… 580

第十三章　地面运输安全 …… 582
本章学习目标 …… 582
一　范围 …… 582
二　威胁与危险 …… 583
三　地面运输安全保障 …… 589
四　导航 …… 591

五 通信 …… 592
六 车辆生存能力 …… 592
七 护送队伍与警卫 …… 598
本章案例 …… 599
本章小结 …… 601
关键术语 …… 601
思考与练习 …… 602

第十四章 边境安全 …… 603
本章学习目标和预期成果 …… 603
一 范围 …… 604
二 风险管理与评估 …… 609
三 边境安全：关键机构 …… 611
四 总结 …… 624
本章案例 …… 624
本章小结 …… 626
关键术语 …… 626
思考与练习 …… 627

参考文献 …… 628

索 引 …… 677

前　言

直到2001年9月11日，美国国家安全的结构和战略都基本上符合1947年国家安全法案的设计。然而，2001年9月11日发生的对纽约、华盛顿特区和宾夕法尼亚州的袭击，从根本上对美国安全机构和美国人民造成了不小的打击。“9·11”调查委员会发现了一些对某些人来说是最可怕、对另一些人而言又是启示的事情。其中包含下述观察：“按照目前的情况，美国的国家安全机构仍然是为赢得冷战而构建的”（National Commission on Terrorist Attacks Upon the United States，2004）。委员会建议，如果美国希望更好地应对新的威胁，就需要建立更高效、更富想象力、更灵活的政府。

美国政府自1947年就开启了大规模的安全共同体重组工作。2002年，美国国土安全部成立并成为新的内阁级部门。美国当局认为，这个新内阁部门将加强信息和情报共享，提高国家准备和恢复能力，同时减少官僚冗余。通过这次重组，来自农业部、财政部等不同部门的人员、物资和管理者能统一起来，由一个部门单独管理。

与此同时，冲突领域不断变化，包括不对称性武装冲突、经济战和气候破坏。贫困、移民潮、有组织犯罪、恐怖主义、地区冲突、颠覆性技术，以及对老化基础设施的过度使用和过度依赖都已经影响了美国的国土安全。国土安全需要“全灾害战略”。

除此以外，美国当前所要面对的是全球，由于如今世界高度互联，尽管美国在许多领域具有重要优势，但如果仅解决美国境内的国土不安全或单边行动，仍会削弱美国在国土安全方面的能力。

本书主要面向国土安全、应急管理、反恐、边境安全和移民、网络安全、自然灾害及相关领域的本科生、研究生和专业人士。

本书考察对象以美国为主，兼顾其他国家，介绍国土安全和应急管理的概念、结构、政策、法律法规、面临的危害和威胁以及实践。

此外，本书试图将国土安全作为不断发展的经验呈现出来，它是一种需要自下而上、自上而下研究的专业和概念，而不仅仅是政府机器的工具。

实践性

这是一本非常具有概念性和实践性的教科书而非理论著作，更关注给读者传递的知识和技能，以及帮助读者理解国土安全与应急管理如何实践和应当怎样实践。

为了详细说明本书的关键点，作者列举了不同当局如何实践和相互影响的案例。本书将检视相关概念、权力结构，决策者和从业人员必须履行的责任，从业人员和专业人员选择或不得不使用的过程方法、实际行动，以及这些活动的最终结果和状态。

多领域

本书涵盖了从反恐到边境安全、从基础设施安全到应急管理等国土安全的方方面面。

从传统意义上讲，国土安全是国家安全、国内安全甚至国际安全的一部分，现在却吸纳了诸如应急管理、边境控制、移民和海关、执法和反恐等历史更为悠久的专业。因此，国土安全跨越了很多领域和学科。事实上，随着具体情况和环境的变化，有关“国土安全”概念仍旧存在不少争议。

通常情况下，以“国家安全”或“国际安全”为题的课程比以“国土安全”为题的课程多。国土安全更多的是由美国政府根据法律、结构和实践方面的情况定义的，这在很大程度上是对 2001 年 9 月 11 日国际恐怖袭击的回应。自那以后，根据 Google Ngram 统计，“国土安全”一词的使用逐渐由可忽略不计发展到使用次数大大超过“国家安全”一词。然而，国家安全仍是重要概念，它涵盖了军事目的的安全以及国家情报和反间谍活动。

一般理解上，国土安全等同于反恐，但反恐始终是国土安全部门职责的一小部分（反恐主要由情报机构、国防部、联邦调查局以及国家和地方各级执法部门负责，以上部门均不属于国土安全部)。国土安全部大多数下属机构主要负责管理边境安全、移民、关税和海关、美国水域内的海上安全、基础设施安全、自然灾害和突发事件。一般来说，美国国土安全已从反恐扩展到“全灾害管理”，这一概念在加拿大和欧洲已相当规范。

国际化

大多数有关国土安全的书只关注美国的国土安全，然而美国的国土安全是具有国际性的。因此，本书关注美国的国际化、国土安全，同时关注美国以外国土安全的相关方面，如加拿大重视的公共安全、欧洲重视的本地安全、亚洲重视的内部安全，以及如今世界各国日益重视的国内应急管理。

而且，没有外国的合作就没有“国土安全”。国土安全部在美国大使馆派驻了人员，还设立与外国合作伙伴联络的联络官，在联邦调查局、商务部和军事机构也有人员派驻，甚至纽约市警察局在海外也有大约 26 个办事处。

集装箱安全也得益于其他国家私人和官方机构的协作。美国集装箱安全倡议要求采取外交手段，允许美国海关人员在外国港口驻留并进行监督。一系列计划与倡议不是独立的，需要外国政府机构的配合。集装箱安全不仅包括边境安全，还包括海运、空运和地面运输安全。

网络安全同样具有国际性。计算机应急准备小组是美国国土安全部国家网络安全司下属部门，全世界有 250 多个组织使用“计算机应急准备小组”的概念或类似术语。计算机应急准备小组独立于这些组织工作，但出于信息共享和协调目的仍会保持联系。

本书囊括了国际上其他有关国土安全或应急管理的案例，以及一些来自重要国家的威胁。

章节结构

在每章中，你都能看到：

- 研究目的和结果

- 章节简介

  与本章内容有关的当前问题和争议的案例研究专栏
- 章末案例研究（涉及主要问题、案例研究或从杰出实践者那里学到的教训）
- 章节总结
- 关键术语列表
- 问题和练习（包括讨论问题并练习，要求学生回到案例研究，批判性地思考本章所用材料）

各章都列举了知名专家的见解，这些专家不仅在其专业领域中出类拔萃，而且在国土安全相关领域做出了历史性贡献。

国土安全是个复杂命题，面临来自各种历史事件和新事件的前所未有的压力。此外，对世界新秩序的反应已开始并将一直是试错、重新定位、失策和失误的过程。作者和出版方的目的是让读者了解或掌握与国土安全有关的更大问题和技能，这不仅能在今天的国土安全实践中为读者提供帮助，而且能激发读者对未来的思考。

教师资源库

study. sagepub. com/newsome

这是一个有密码保护的教师网站，能较为容易地整合有质量的背景知识，并为学生创造丰富的学习环境。

- 试题库提供多种预先编写的选项，并提供了对任何问题或个性化问题的编辑功能，以有效评估学生的理解和进步。
- 可编辑的特定章节 PPT 可方便灵活地为课程提供多媒体演示。
- 提供一系列教材图表，包括 PPT、PDF 和 JPG 格式的所有地图、表格和图示，方便课程演示。

致 谢

感谢 SAGE 出版集团杰里·韦斯特比（Jerry Westby）提出了这个选题建议，同时感谢梅拉妮·伯索尔（Melanie Birdsall）负责管理这个项目。

感谢贾里德·莱顿（Jared Leighton）的文字编辑工作。

感谢我们的许多同行和实习生，他们对本书提出建议、对草稿提出意见、收集数据或研究案例，特别是以下人员（按英文姓氏字母顺序排列）：

加拿大公共安全部迈克·安德鲁斯（Tyler Andrews）

伯恩茅斯大学珍妮弗·D. 卡特林（Jennifer D. Catlin）

加拿大公共安全部康妮·张（Connie Cheung）

加利福尼亚大学伯克利分校梅尔·科格德尔（Maire Cogdell）

加拿大公共安全部劳伦斯·康韦（Lawrence Conway）

加利福尼亚大学伯克利分校哈里森·科比特（Harrison Corbett）

加利福尼亚大学伯克利分校克雷格·德莫迪（Craig Dermody）

博思艾伦咨询公司罗伯特·埃文斯（Robert Evans）

加利福尼亚大学伯克利分校里甘·福勒（Regan Forer）

加利福尼亚大学伯克利分校安德鲁·斯蒂芬·格兰特（Andrew Stephen Grant）

加利福尼亚大学伯克利分校埃米莉·阿内佐（Emilie Hannezo）

加利福尼亚大学伯克利分校阿什莉·凯瑟琳·卢沙伊（Ashleigh Catherine Luschei）

加利福尼亚大学伯克利分校阿迪蒂亚·兰加纳坦（Aditya Ranganathan）

美国国土安全部肖恩·鲁尼（Sean Rooney）

加利福尼亚大学圣地亚哥分校拉里·斯马（Larry Smarr）

加利福尼亚大学伯克利分校威廉·詹姆斯·斯图尔特（William James Stewart）

加利福尼亚大学伯克利分校伊万·斯威策（Eve Sweetser）

加利福尼亚大学圣地亚哥分校福曼·威廉斯（Forman Williams）

加利福尼亚大学伯克利分校维万·朱（Vivan Zhu）

最后，非常感谢为本书撰写章后研究案例的从业人员和学者：

博思艾伦咨询公司萨德·艾伦（Thad Allen）上将

乔治·华盛顿大学克里斯蒂安·贝克纳（Christian Beckner）

加利福尼亚大学圣迭戈分校通信与信息技术研究所杰茜卡·布洛克（Jessica Block）

沃尔普国家运输系统中心迈克尔·丁宁（Michael Dinning）

东北大学斯蒂芬·弗林（Stephen Flynn）

美国联邦调查局杰弗里·K. 哈普（Jeffrey K. Harp）

伯克希尔·哈撒韦全球战略有限公司梅利莎·E. 哈撒韦（Melissa E. Hathaway）

新泽西州前州长汤姆·基恩（Tom Kean）

内布拉斯加州前州长和美国参议员鲍勃·克里（Bob Kerrey）

纽约州立大学奥尔巴尼分校雷伊·科斯洛夫斯基（Rey Koslowski）

佐治亚州前参议员萨姆·纳恩（Sam Nunn）

丹佛大都会州立大学杰弗里·C. 普赖斯（Jeffrey C. Price）

ICF 国际咨询公司班萨里·萨哈（Bansari Saha）

卡托研究所迈克尔·D. 坦纳（Michael D. Tanner）

加利福尼亚大学伯克利分校萨莉·汤普森（Sally Thompson）

美国联邦应急管理局

出版商致谢

SAGE 出版集团非常感谢以下人员的审稿：

ICDC 学院在线校园彼得·艾伦（Peter Allen）

东肯塔基大学瑞安·巴格特（Ryan Baggett）

洛克希德·马丁公司安全分析中心埃里克·克莱因史密斯（Erick Kleinsmith）

弗吉尼亚联邦大学贾森·K. 利维（Jason K. Levy）博士

第一部分

范围

第一章　国土安全的定义与结构

◇ 本章学习目标

通过本章的学习，应该掌握以下内容：

1. 安全、国土安全、国家安全、国际安全的定义及相关领域。
2. 解释公共安全、国内安全和应急管理。
3. 解释国土安全与反恐怖主义和情报之间的差异。
4. 从不同层次（国际、国家、州、地方等）描述安全。
5. 结合加拿大的“公共安全”优先和英国的“国内事务”优先，从法律、大众文化和实践角度描述国土安全。
6. 描述“9·11”事件后美国国家安全机构的重组。
7. 描述国土安全办公室的创建及其向内阁级部门的过渡。
8. 描述由行政部门提出到国会通过的预算编制过程。
9. 描述国土安全部的组织结构，回顾其使命责任和利益相关者。
10. 描述国土安全部在情报收集、执法和应急管理方面与州及地方机构的协调。
11. 描述武器技术对战争性质和国土安全的影响。
12. 了解自冷战结束和“9·11”事件以来地缘政治的变化。

2007 年，为了抗议爱沙尼亚政府拆除位于首都塔林的苏联时代战争纪念馆的一座纪念碑，爱沙尼亚遭受了持续不断的网络攻击。政府部门、目标政党、新闻机构、银行和电信公司的网站受到破坏而陷入瘫痪。这个拥有 130 万人口国家的国防部长指控有“100 万台电脑”参与了此次攻击。

虽然没有人员伤亡，但这一事件证明了这种攻击可能产生的影响。坚固的网络基础设施的崩溃会使一个国家陷入瘫痪，成为后冷战时代冲突舞台上常见的权力政治（machtpolitik）的无辜受害者。

调查人员追踪到参与这次网络攻击的是一个被称为“俄罗斯商业网络”（The Russian Business Network）的神秘组织。它是一个众所周知的网络犯罪组织，据称与俄罗斯政府有联系，但俄罗斯政府否认了这一指控。然而谴责仍存在，对集体安全（collective security）问题的担忧也十分强烈。虽然这一事件很快引起了警觉，但最终因缺乏可验证的特征（确定威胁、攻击者和有害行为的来源）无疾而终。此外，由于缺乏定义、先例、解决方案以及相应的政策，官方迟迟没有行动。官员承诺，不会容忍这样的行动，但很难提出具体的应对方式。尽管有这些声明，但政策制定者很少有能力兑现。

上述例子使人们注意到，冷战结束后遗留机构和文化所经历的迷茫。新冲突的爆发使政策制定者和军事规划者不得不审视陌生的战场，重新
2 设想未来的新威胁，以及必须建立新的机构来应对这些威胁。安全机构建立了新的组织和机制来解决不同国家之间的问题。大部分安全框架可以追溯到二战时期。在冷战期间，世界上几乎所有国家都处于两条战线中的一条。冷战结束后，这一秩序的崩溃与信息和通信技术的发展创造了更加无国界的环境。利用虚拟世界的匿名性和广泛性，犯罪活动和恐怖活动的新机会出现并不断增加。一些组织得到国家资助，有能力发动新的战争、重启旧的竞争或建立方便、短暂的联盟，并享有司法豁免权。这些组织利用了全球化的动态性、全球治理和执法的不足以及归因的复杂性。

21 世纪头十年的事件揭示了一个新的冲突领域。新的国际关系网、治理问题、国家角色以及政治和经济的组织要素使安全政策的制定变得极为复杂。国家安全和威胁有了新的含义，从国家安全（national security）到国土安全（homeland security）的转变标志着与过去的不同。敌人是模糊和神秘的，威胁还包括自然灾害、过度使用和过度依赖脆弱的基础设施，政策滞后于国土安全环境和现代技术的变化。历史上的后果可能意味着，除了建立由明确的政策和明确使命组成的国土安全框架外，合法社会还需要加强合作，在以前所未有的速度变化的高度联通世界营建安

全环境并推动其不断演化。

本章讨论“国土安全”的定义、各个领域如何实施政策，以及由事件和计划推动而形成的历史与结构。

一　什么是安全?

没有风险就意味着安全。因此，安全可以被概念化为风险和任何风险源或相关原因（包括威胁、危险、暴露或脆弱性）的对立面（Newsome，2014，Chapter 2）。“security”（安全）作为一个术语，经常与“safety”（安全）、“defense”（防御）、“protection”（保护）、“invulnerability”（抗毁灭性）或“capacity”（能力）结合或互换使用，但它们每个都是单独 3
的概念，即使不同概念之间相互影响。例如，“safety”暗含临时庇护的意思，并不是真正的安全；而“defense”意味着被动防御，但不能保证安全。

根据语义分析，“security”是“安全或感觉到安全的状态”（FrameNet，2012）。安全的状态意味着我们“一定会维持安全和无威胁”（FrameNet，2012）。对犯罪学家来说，“‘security’是在面对各种危害时管理风险的结果……或免受危险、不感到恐惧或焦虑”（Gibbs Van Brunschot & Kennedy，2008，p. 10）。根据人道主义实践网的定义，“security”是“免受暴力或其他故意行为造成的风险或伤害”，而“safety”是“免受无意行为（事故、自然现象或疾病）造成的风险或伤害”（Humanitarian Practice Network，2010，p. xviii）。

专栏 1.1　比较观点

法律和官方对“安全”的不同定义

北大西洋公约组织

北大西洋公约组织将“security”定义为“保护特定的信息、物资、人员、活动和设施免于间谍活动、破坏活动、颠覆活动、恐怖主义威胁、损坏以及未经授权的披露的状态”（North Atlantic Treaty Organization，2008，p. 2－S－4）。安全区（safe area）是“在和平支持行动中，北约或北约领导的部队保护指定人员和/或财产的安全区域”（p. 2－S－1）。防御区

(defense area) 是“从战区前线延伸到后方边界的区域。正是在这里进行了决定性的战斗”(p. 2 - D - 3)。北约使命的核心是集体安全。联盟内的每个国家都同意这样一个概念，即一国的安全关系到所有国家的安全。

美国

对美国国防部而言，“security”“一是军事单位、军事活动或军事设施为保护自己不受损害或可能损害其效力的一切行为的伤害而采取的措施。二是建立和维持保护措施以确保一国不受敌对行动影响的状态”(U. S. Department of Defense, 2010, p. 419)。国防部没有定义安全(safety)、公共安全(public safety)、防御或防御区，但承认安全区是
4 “敌方领土上的指定区域，能够避免逃亡者在安全撤离之前被俘”(p. 269)。民防(civil defense)指“为下列目的而设计或采取的所有活动和措施：a. 尽量减少敌人对美国的攻击给平民造成的或即将造成的影响；b. 应对任何此类攻击所造成的紧急情况；c. 实施紧急修复或紧急恢复被任何此类攻击摧毁或损坏的重要公共设施和设备”(p. 44)。

加拿大

加拿大政府对“security”没有正式定义，但《政府安全政策》(2009年7月生效)将“政府安全”(government security)定义为“避免信息、资产和服务陷入危险，保护个人不在工作场所受到暴力侵害。政府能够确保自身安全的程度直接影响其继续提供有助于加拿大人健康、安全、经济福祉和安全的服务的能力”(Canadian Treasury Board, 2012, n. p.)。

加拿大公共安全部的内部安全政策包括针对安全的操作性定义：“安全意味着稳定的、相对可预测的环境，在这种环境中，个人或团体可以在不受干扰或伤害，或不害怕干扰或伤害的情况下追求其目标。”加拿大政府将“公共安全”定义为“通过实施保障国家安全、改善应急管理、打击犯罪和促进社区安全的措施来保护所有公民”(Canadian Translation Bureau, 2015, n. p.)。

英国

英国国防部用“security”一词来“描述人类和国家安全的结合”(U. K. Ministry of Defence, 2009, p. 6)。英国国防部智库发展概念与学说中心认为：

> 防御和安全是联系在一起的，但含义不同。防御主要指国家或联盟抵抗第三方的物理攻击。防御关系到国家的存亡，不是一种自由裁量的活动。“安全”是有争议的概念，永远不可能是绝对的。因此，在某种程度上，它是自由裁量的。它意味着个人和群体的核心价值不受威胁。国家间战争发生率的下降和跨国威胁的出现，特别是在发达国家，导致政治上更加强调安全而不是防御。此外，安全也逐渐从“国家安全”和“国际安全”的概念发展到“人类安全”的概念（U. K. Ministry of Defence，2010，p. 76）。 5

二　安全领域

安全涉及多个领域。学生最有可能在公共管理，犯罪学与警务学（以“犯罪和司法”、“跨国犯罪”、“公共安全”、“反恐怖主义”和“国土安全”等命名的课程或学科），医疗卫生（“公共卫生”和“卫生安全”），经济学、政治经济学或发展研究（“经济安全”），政治科学和国际研究（“国家安全”、“国际安全”、“和平与冲突”、“战争研究”与“和平研究”），以及军事或国防研究（“战略研究”、“安全研究”、“安全管理”、“国防管理”和“军事科学”）领域内学习安全知识。有些课程（“反恐怖主义”或“国土安全”）是真正的跨学科课程，上述任一学科都有可能讲授这些课程。

因此，安全研究常常是多学科、多领域和子领域（其中一些是模糊的或有争议的）交叉混合的。许多人高度关注安全问题，但是学科偏见以及既定的经验限制了他们对安全问题的研究。安全问题跨越了多个学科领域和职业范畴，而这些学科和职业在过去往往是分离的。

从国际层面到个人层面，涉及每个人的更高层次是国家安全、国土安全、国际安全和人类安全，接下来将逐一阐述这四类安全，每个方面都涉及与美国、加拿大和英国相关的内容。

专栏 1.2

安全：跨学科研究

安全是多学科研究领域。如果无法意识到诸如健康、犯罪和环境等领域之间的界限在理论和实践中常常是模糊的，那么就不可能研究安全。这意味着我们必须利用许多不同领域的研究来理解平衡风险如何实现安全（或导致不安全）。虽然大部分安全工作主要由刑事司法机构特别是执法机构主导，但在应对健康威胁和自然灾害方面，提出问题的包括公共卫生官员、工程师、科学家和其他人……尽管我们把在社会学和犯罪学方面的背景知识带到这个领域，但我们坚持认为，安全是个尚未被特定学科或令人满意的跨学科方式充分涵盖的领域。此外，对安全性的关注与遍布公共和私有领域的问题密切相关。例如，公共卫生机构可能会担心流感和其他传染性疾病，保障人民健康是国家目标，甚至保障弱势群体的健康是全球性目标，这种目标能够减少应对可能暴发的流行病的开支，进而确保公共安全系统的正常运转。（Gibbs Van Brunschot &
6 Kennedy，2008，pp. 17 – 18）

（一）人类安全

联合国、大多数政府和非政府组织现在意识到人类安全（免于恐惧或贫困）的问题。1994 年，联合国开发计划署发布了年度报告《人类发展报告》，将“人类安全”定义为在七个领域免于恐惧或贫困：一是经济安全，二是食品安全，三是卫生安全，四是环境安全，五是人身安全，六是社区安全，七是政治安全（人权）。

2001 年，日本发起成立了国际人类安全委员会。2003 年 5 月，国际人类安全委员会出版了《人类安全立即行动》（*Human Security Now*），宣称人类不会受到诸如流行疾病等普遍危险的威胁。2004 年 5 月，联合国人道主义事务协调厅（U. N. Office for the Coordination of Humanitarian Affairs）设立了一个人类安全小组。这个人类安全小组将“人类安全”定义为：“（i）……重点是个人的安全、对个人的保护和赋予个人权力；（ii）注意贯穿人类生活不同方面的多种威胁，从而突出安全、发展和人权之间的相互联系；（iii）推动以新的综合、协调和以人为本的方式促进国内和国际的和平、安全与发展”（U. N. Office for the Coordination of Humanitarain Affairs，2009，pp. 6－7）。

“人类安全”作为一个有价值的概念，内涵不断丰富，特别是在那些从事国际或全球发展和人道主义事务的人看来。在21世纪头十年过分关注国土安全和国家安全之后，“人类安全”现在被纳入了包含稳定、反暴动、反恐怖主义的军事理论范畴。例如，在反恐背景下，“人类安全”被定义为“个人或群体在物质、经济、政治、文化和其他方面没有受到威胁、没有感到恐惧或没有陷入贫困”（Beyer，2008，p. 63）。 7

专栏1.3

人类安全与英国军事稳定行动

安全历来被理解为国家安全，关系到领土完整与保护国家机构和利益不受内部和外部威胁。然而，对安全的理解日益拓宽，并将人类安全纳入其中，人类安全强调在日常生活中寻求安全和保障的个人。人类安全包括不会因为担心受到迫害、恐吓、报复、恐怖主义和其他形式的系统暴力而感到恐惧，以及避免粮食、水、卫生设施和住房等基本需要的匮乏。重要的是，如果国家没有能力满足人民的人身安全需要，个人往往会将忠诚转移到任何承诺给予其安全和保护的群体，包括非正式行为体。其中值得注意的是：

- 国家安全和人类安全之间存在明显的重叠。例如，暴力团体的存在和活动既加剧了国家的脆弱性，也损害了人民的安全。
- 一个稳定的国家必须保障自己和人民最基本的生存需要。除了控制领土、边界、主要资产和收入来源之外，还包括提供人类安全保障。
- 一个稳定的国家处于一个区域环境。不稳定因素可能会通过边境流入一国或从一国流出。不受东道国直接影响的安全问题将需要区域政治参与。（U. K. Ministry of Defence，2009，pp. 1－6）

（二）国际安全

大多数美国政治学家认可一个叫作“国际关系”的领域。加拿大、英国、澳大利亚和相关学术机构更是将国际关系或国际研究本身作为一门学科，但国际关系在政治学之内或之外的地位仍然在各地存在争议。

一些学者认可被称作“国际安全”的领域或子领域。美国政治科学协会将国际安全和军备控制看作一部分。然而，基于伦理和现实原因，对国际安全的研究并未得到普遍的认可。这就是为什么理查德·贝茨提倡被称作“国际政治－军事研究”的政治科学子领域，这意味着它与其他子领域如国际政治经济学处于平等地位（Betts，1997）。

20 世纪 80 年代和 90 年代，对全球化和跨国主义的认识日益加深有助于推动人们对国际安全的关注，但“国际安全”一词的使用在 1987 年达到顶峰后逐步下降，尽管 1999～2001 年有所回升并出现一个小高潮。
8 而国土安全、经济安全和人类安全的使用频率都有所提高（根据 Google Ngram 检索结果）。一些国际安全倡导者用“国际安全”来囊括军事、经济、社会和环境灾害（Buzan，1991）。自 21 世纪初以来，“国际安全”概念再次复兴，因为它涵盖了其他形式的安全。特别是随着人们认识到国土或国家风险的国际来源和解决办法，国土安全或国家安全的至高无上地位已不复存在。

（三）国家安全

1. 美国

美国对国家安全制度化的重视程度超过其他任何一个国家，特别是 1947 年《国家安全法》出台后，美国设立了国家安全委员会和国家安全顾问。对美国国防部而言，国家安全包括美国的国防和外交关系，并由美国相对于其他国家或国家集团所具有的军事或国防优势，有利的外交地位或能成功抵抗来自内部或外部、公开或秘密的敌对或破坏行动的能力来获得的（U. S. Department of Defense，2010，p. 320）。

公开地说，国家安全的职能及其最初的责任是在战争与和平时期为美国的国家利益创造并维持有利的环境（Jarmon，2014）。“美国价值观”（American values）一语可能难以理解。美国前国务卿迪安·艾奇逊（Dean Acheson）对“美国价值观”的定义是，它涉及培育与保护“自由社会得以存在和繁荣的环境”（Jordan et al.，2009，p. 233），但没有给出“自由”的确切解释。安德鲁·巴切维奇认为，这一目标是为美国国家利益创造并维持有利的环境，已经为美国国家安全机构提供了使用武力的理由，这种方法在语义和概念上似乎与“国防”概念以及肩负这一责任的内阁部门的名称相冲突（Bacevich，2008）。

在对世贸中心袭击事件进行调查后，“9·11”委员会公布了调查结果。其中包括以下意见：“目前美国的国家安全机构仍然是为赢得冷战而建立的”（National Commission on Terrorist Attacks Upon the United States，2004，p. 399）。许多国际主义者和外国人认为，“国家安全”是不准确、可能排外的概念，特别是考虑到国际和跨国威胁越来越多。在实践中，大多数美国人在政治上方便的时候交替使用或互换使用“国家安全”和“国际安全”，而新的术语“国土安全”已经取代了“国家安全”。

发生于2001年9月11日的恐怖袭击事件迫使美国国家安全机构重组，成立了国土安全部。冷战后的新时代也迫使美国决策者和规划者重新审视他们对美国国家安全的看法。美国国防部的“兵力投送”（force 9
projection）概念演变为国土安全领域的“边界外推”（push out of the borders）战略。一些人认为这种转变是对未来的一种新展望，另一些人则认为这是基于旧主题的改变。无论如何，安全机构及其下属部门会继续调整以适应边界模糊、敌人神秘的时代。

专栏1.4　比较观点

美国对“国际安全”的官方定义

参议员约翰·克里（John Kerry）于2013年2月20日在弗吉尼亚大学发表讲话，此前几天他刚当选美国国务卿。他说：“我来这里的目的在于强调在今天的全球化世界里，任何事情都与外交政策息息相关。与过去相比，我们从海岸安全的角度做出的决定不仅是对外产生影响，还影响美国的当下。我们如何执行外交政策比以往任何时候都关系到我们的日常生活，关系到那些站在外面、思考未来的学生能够遇到的机会。不仅是我们面对的威胁，我们购买的产品、出售的商品以及我们能够为经济增长和景气做出的贡献也很重要。这不仅关系到我们会不会被迫派遣部队参加另一场战斗，还关系到我们能否将毕业生输送到欣欣向荣的劳动力大军中。这就是我今天来这里的原因。

“我来这里是因为美国人的生活比以往任何时候都更加与我们可能从未去过的世界各地人民的生活交织在一起。在外交、发展、经济安全、环境安全等全球性挑战中，你将和那些永远不会遇到的其他国家的人民一样强烈感受到我们的成功或失败。尽管我们在21世纪取得了很多成就，但我们没办法只关注国内事务。相反，我们放眼望去，看到了新的竞争领域，也看到了很多希望。但这也让我们有更多的竞争对手，它们决心为自己的人民创造就业和机会，这个贪婪的市场有时会忘记道德和价值观。

“我知道你们中的一些人和全国各地的许多人希望全球化能够消失，或者你们渴望记住更舒适的时代。但是，我的朋友们，无论多么强大的政治家都不能将“全球化”这个妖怪放回瓶子里。因此，即使我们利用全球化传播信息和可能性，为世界上最偏远地方的人们提供与我们同样且已经使我们变得更强壮和自由的选择机会，但是我们仍然必须面对全
10 球化带来的挑战。”

表1-1 美国国家安全机构

<table>
<tr><td colspan="6">总统</td></tr>
<tr><td colspan="2">国务卿
副国务卿
行动部门</td><td colspan="3">国防部长
国防部副部长
行动部门</td><td>国家安全委员会/国家安全顾问
• 副总统
• 国务卿
• 国防部长
• 参谋长联席会议主席
• 国家情报总监
• 中央情报局局长</td></tr>
<tr><td>全球事务顾问
政治事务
经济、商业和农业事务</td><td>管理
军控与国际安全
外交-公共事务</td><td>陆军部长
国防部长办公厅</td><td>海军部长
总监察长
联合作战司令部</td><td>空军部长
参谋长联席会议</td><td>顾问和成员
非官方成员
受邀者</td></tr>
</table>

资料来源：Jarmon，2014。

2. 加拿大

2003年，加拿大政府任命了一名部长，成立了公共安全和应急准备部（加拿大公共安全部）。2005年制定通过的《加拿大公共安全法》（Public Safety Canada）不涉及国家或国土安全，仅对国内民政部门负责：惩教署、假释委员会、枪械中心、边境服务局、联邦警察局和国家安全情报局。

2004 年 4 月，加拿大政府发布了第一份国家安全政策《确保开放的社会》（Securing an Open Society），其中详细列出了国家安全关注的三个核心：其一，保护加拿大与国内外加拿大人的安全；其二，确保加拿大不成为盟国的威胁来源地；其三，促进国际安全（Canadian Privy Council Office，2004，p. vii）。 11

这份国家安全政策文件旨在建立更加综合的安全体系，并提出了以下六个关键领域：一是情报，二是应急计划与管理，三是突发公共卫生事件，四是交通安全，五是边境安全，六是国际安全（Canadian Privy Council Office，2004）。

由此产生的机构改革包括设立国家安全咨询委员会、跨文化安全咨询圆桌会议和综合威胁评估中心。

2006 年，加拿大公共安全部和国防部制定了《加拿大安全保障计划》，“加强加拿大预测、预防/减轻、准备、应对自然灾害、严重事故、犯罪和恐怖主义以及恢复的能力”（Public Safety Canada，2014b，n. p. ），类似于美国国土安全的目标，加拿大政府任何部门甚至对“国土安全”都没有定义。

加拿大联邦政府仍缺乏对“安全”或“国家安全”的定义，尽管国防术语标准化委员会将“国家安全”定义为“采取措施巩固国防与维护国家的社会、政治和经济稳定”（Canadian Translation Bureau，2015，n. p. ）。加拿大国防部承认国家安全是反恐、基础设施安全、网络安全、公共安全和一般安全，但不包括民事边境安全（civilian border security，属于国家执法范畴，由加拿大公共安全部负责）或加拿大边境或海外利益的军事防御。《政府安全政策》（Policy on Government Security，2009 年 7 月生效）将“国家利益”定义为“保护和维持加拿大的社会、政治和经济稳定”（Canadian Translation Bureau，2015）。加拿大公共安全部协助总理处理与公共安全和应急管理有关的其他联邦部长未涉及的所有事项。加拿大公共安全部已确定其使命是实现“安全和有韧性的加拿大”，加强“加拿大人的安全和保障”（Public Safety Canada，2014a，p. 1），并向联邦政府机构提供“领导和指导，包括准备、维护和测试应急管理计划”（Public Safety Canada，2013，p. 1）。 12

国家安全计划是公共安全组合内的协调和顾问机制，在适当的情况下，与加拿大其他政府部门合作，处理与国际威胁和对加拿大领土构成威胁的有关事项。关注的领域具体包括七个方面：一是关键基础设施，二是网络安全，三是反恐，四是列举恐怖主义实体名单或除名，五是对外投资风险，六是演变为暴力的激进活动，七是大规模杀伤性武器扩散。

国家安全计划协调、分析和制定政策，执行与上述问题有关的程序，并就这些政策和行动方针对个人权利与立法的影响向政府提出建议。

表 1-2　加拿大的公共安全

公共安全组合
• 加拿大公共安全部
• 加拿大边境服务局
• 加拿大国家安全情报局
• 加拿大惩教署
• 加拿大假释委员会
• 加拿大皇家骑警
• 加拿大皇家骑警外部审查委员会
• 公众投诉皇家骑警委员会
• 惩教调查署
组织优先级
• 通过推进部门调整、转型和 2020 年目标计划的实施，改善工作场所文化。
• 与省、地区、私人部门和国际伙伴合作，共同推动联邦政府在网络安全及网络犯罪方面的日常工作。
• 在国内遏制激进主义，推动反恐战略实施。
• 推进加拿大的应急管理方法现代化，提高全社会的应对能力和政府的应对能力。
• 通过提高预防犯罪、警务和惩戒系统的效率和效力，在社区安全方面取得更大的成果。
• 继续加强财务和人力资源管理的基本原则，确保组织灵活，劳动力可持续、高效和敬业。

资料来源：Public Safety Canada, 2015b; Report on Plans and Priorities 2015 - 16, 4 - 11, http://www.publicsafety.gc.ca/cnt/rsrcs/pblctns/rprt-plns-prrts-2015-16/rprt-plns-prrts-2015-16-en.pdf, Public Safety Canada, 2015 - 2016; Reproduced with the permission of the Minister of Public Safety and
13 Emergency Preparedness Canada, 2015。

自 2003 年成立以来，加拿大公共安全部的关键作用一直是在最大和最分权的民主国家之一制定政策和协调计划。加拿大公共安全部与加拿大各级政府（联邦、省和地区）、社区团体、一线救护人员和私人部门就关键基础设施问题、国家应急准备及基本社区安全开展合作。如上所述，国家安全计划在公共安全组合内。在履行使命时，加拿大公共安全部与其他国家和国际组织联合起来。加拿大公共安全部工作的一个主要特点是与美国在基础设施保护方面的合作，一个潜在的伙伴关系是美国国土安全部“区域恢复力评估计划”（Regional Resilience Assessment Program）。该计划于2015年启动，旨在识别脆弱性、制定可靠的措施和安全指标以评估风险与解决脆弱性。这一计划是非强制性、自愿的安排，旨在吸引各级政府、私人部门利益相关者和学术界参与进来。

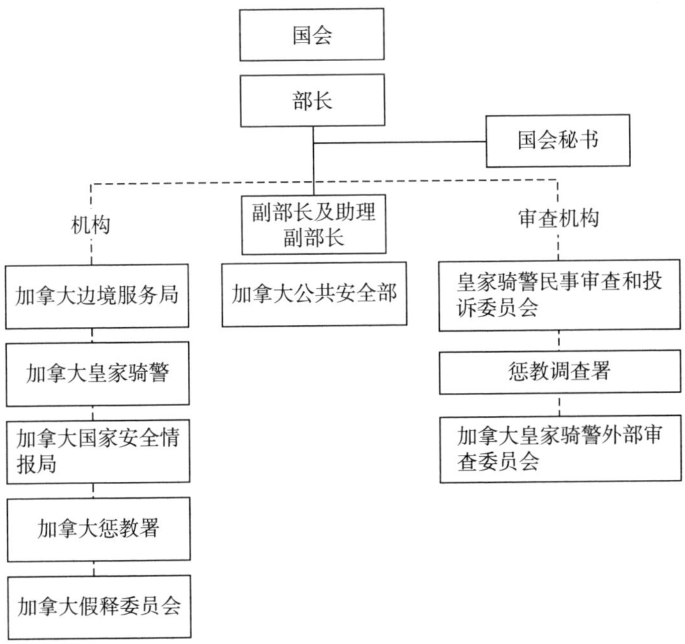

图 1-1　加拿大公共安全部组织结构

资料来源：Public Safety Canada，2015a。

3. 英国

2008年，英国政府公布了第一份国家安全战略。2010年5月，新一届政府上台第一天便成立了国家安全委员会（一个内阁委员会），并任命了国家安全顾问。内阁办公室对国家安全委员会的定义是：“一个协调 14
机构，负责整合外交、国防、内政、能源和国际发展部门的工作，以及为国家安全做出贡献的其他所有政府部门的工作，由首相担任主席”（U. K. Cabinet Office，2013）。它也是集体讨论政府的国家安全目标的主要场所。它试图根据威胁分析以及在当前经济条件和金融环境下如何最好地解决这些问题，确定国家安全优先事项。国家安全委员会每周举行一次会议，首相担任国家安全委员会主席。国家安全委员会的成员包括首相、副首相、财政大臣、第一国务大臣、外交与联邦事务部大臣、国防大臣、内政大臣、国际发展部大臣、能源和气候变化部国务大臣、财政大臣、政府政策部长。

其他内阁大臣视情况出席会议，这取决于涉及其所辖领域和办公机构的相关事项是否需要磋商。同样，国防参谋长和情报机构负责人也在需要时出席。

遗憾的是，内阁办公室没有定义“国家安全”。英国国防部对“国家安全”的定义是：“对安全的传统理解，包括‘一个国家或组织的安全及保护其免受外部和内部威胁’”（U. K. Ministry of Defence，2009，p. 6）。

然而，国家安全战略文件确实提出了与大多数政府类似的观点。避免国家间冲突和常规军事行动是文件的核心主题。与美国不同，英国不需要为适应不断变化的安全环境而重组政府机构，可以通过现有机构和跨政府协作来维护国家安全。根据 2010 年国家安全战略报告《不确定时代的强大英国》（A Strong Britain in an Age of Uncertainty）：

> 风险状况可能变得越来越多样化。没有单一的风险会占主导地位。上面描述的世界会带来很多好处，但也会助长威胁。因此，实现安全将更加复杂。在冷战期间，我们面临一个国家对手以基本上
> 15 可预见的军事手段或核手段构成的生存威胁。当前，我们不再面临这种可预见的威胁。当敌人寻求比常规战争更便宜、更容易获得、更不易归因于常规战争的威胁或攻击手段时，我们面对的敌人将发生变化并多样化。其中包括收集敌对情报、网络攻击、破坏关键服务以及对公民或政府施加恶意影响。（U. K. Cabinet Office，2010，p. 18）

卡梅伦政府进行了英国第一次国家安全风险评估（National Security Risk Assessment），以确定国家安全优先事项。调查结果和优先顺序列表基于风险对经济、机构和基础设施造成影响的可能性和严重程度（见表 1 – 3）

表 1-3　英国国家安全风险优先事项

第一级
• 影响英国或其利益的国际恐怖主义，包括恐怖分子的化学、生物、放射性或核攻击和/或不断增多的与北爱尔兰有关的恐怖活动 • 对英国网络空间的攻击与大规模网络犯罪 • 需要国家应对的重大事故或自然灾害，如影响英国三个或三个以上地区的严重沿海洪水或流感大流行 • 国家间的国际军事危机，牵涉英国及其盟国以及其他国家和非国家行为体
第二级
• 其他国家或其代理人使用化学、生物、放射性或核武器攻击英国或其海外领土 • 存在重大不稳定或海外战争爆发风险，为恐怖分子创造可利用的环境而威胁到英国安全 • 不断增加的影响英国的有组织犯罪 • 另一个国家蓄意攻击造成的卫星接收、传输或收集信息严重中断
第三级
• 另一个国家对英国的大规模军事攻击（不涉及使用化学、生物、放射性或核武器），造成英国境内人员伤亡和基础设施受到破坏 • 试图越境进入英国的恐怖分子、有组织犯罪分子、非法移民和非法货物的数量显著增加 • 因战争、事故、重大政治动荡或生产商蓄意操纵而造成英国石油或天然气供应中断或价格不稳定 • 英国境内影响一个或多个地区的民用核设施放射性物质泄漏事故 • 英国必须回应其他国家对北约成员国或欧盟成员国的常规军事攻击 • 因主权争端或更广泛的区域冲突对英国海外领土的攻击 • 对国际资源供应（如对英国至关重要的粮食或矿物）的短期至中期中断

资料来源：U. K. Cabinet Office，2010。 17

三　国土安全

（一）加拿大

加拿大公共安全部的正式职责包括公共安全、应急准备（自 2003 年起）和国家安全（自 2006 年起），不包含国土安全，但加拿大公共安全部下设国家应急管理和边境安全机构，类似机构在美国隶属于国土安全部。加拿大公共安全部也负责刑事审判和情报工作，这两类工作在美国属于国土安全部的范畴之外。

（二）英国

英国政府已考虑成立国土安全部，但目前仍将内政、外交、情报和军事政策分开。内政部的工作与国土安全部最为接近，内政部的官方描述是“主要负责移民和护照、毒品政策、反恐和警务的政府部门”（U. K. Cabinet Office，2013，n. p.）。

（三）美国

1. “9·11”事件发生之前的安全范式

冷战期间，美国的国土安全工作分散于联邦、州和地方机构，有 20
16 多个部门和机构，资产分布在所有 50 个州（Selbie，2001，p. 10）。边境保护、公共卫生、灾害管理、执法和反间谍活动大多是与国土安全的概念、实践和研究相分离的主题与领域。

然而，20 世纪 90 年代发生的几起事件引起了政府对潜在恐怖袭击的担忧。1993 年世界贸易中心爆炸案、1995 年俄克拉何马市穆拉联邦大楼爆炸案、1998 年美国驻肯尼亚和坦桑尼亚大使馆遇袭案、2000 年在也门“科尔号”军舰遇袭案都切实证明恐怖组织网络的威胁日益增长，它们可能在世界任何地方以及美国境内发动袭击。1999 年，美国 21 世纪国家安全委员会［亦称作“哈特·鲁拉曼委员会”（Hart Rudman Commission）］建议彻底改革美国政府和文官制度，重新设计行政部门架构，重新评估和组织国会监管。该委员会指出，美国无懈可击的时代即将结束。非常规武器的扩散和反恐战争的非对称性已经抵消了美国在常规军事上的主导地位。

正如哈特·鲁拉曼委员会所警告的那样，世界上的大多数国家有机会获得制造大规模杀伤性武器所需的材料和专业知识。苏联解体加剧了化学、生物、放射性和核材料扩散的潜在威胁。一些项目由于无法继续获得政府资助而被迫终止，被遣散的训练有素的科学家或工程师不得不寻找新的栖身之所，从而使技术在世界范围内传播。全球黑市（目前估计总额为 10 万亿美元）以及通过公开来源或腐败渠道获得信息加剧了人们对脆弱性的担忧。在这些事件和情况下，安全界开始考虑国家避免和减轻恐怖袭击后果的能力。担忧在 2001 年 9 月 11 日变成事实。谈到袭击发生的时间，《“9·11”委员会报告》（The 9/11 Commission Report，官方称为“美国遭受恐怖袭击国家委员会最终报告”）第 8 章以“系统亮起了红灯”（The System was Blinking Red）为标题（National Commission on

Terrorist Attacks Upon the United States，2004，p. 254）。最后，“9·11”事件将“国土安全”概念提升到一个新的高度，并在政府和公众中制造了一种恐惧。由于这次袭击的突发性，美国的国家利益关注点已经不在欧洲、日本或世界的偏远角落。对于商业基础设施和关键基础设施（如海港、能源和通信网络、粮食供应系统、卫生系统、标志性建筑，以及任何可能意味着扰乱或中断日常生活的地方），需要美国在国家安全方面做出努力。

2. 新的地缘政治时代

在2002年佐治亚州亚特兰大的一次联合午餐会上，乔治·布什（George Bush）说：“过去海洋会保护我们。但这一切都在2001年9月11日发生了改变。”布什总统指的是全球反恐战争，言下之意，他宣布地缘政治上的竞争正在演变成新的现实，整个地球都是潜在的作战空间。国防部同意布什的评估，也提出：

> 纵观美国历史的大部分时间，它享有战略孤立的地理位置。海洋和无争议的边界允许其经济快速增长，也允许美国在国内几乎不用花多少钱来抵御外国威胁。远程轰炸机和导弹、核武器以及最近全球范围内恐怖组织的出现，从根本上改变了美国地理和安全之间的关系。地理上的孤立不再带来安全。（U. S. Department of Defense，2006，p. 24） 18

技术通过压缩时间和缩短领土距离使世界变得更小，国家和非国家的对手能够使用同样的工具。吸收最新的技术一直是所有军队面临的挑战。然而，在后冷战时代，技术变革的速度前所未有的快，地缘政治也变得前所未有的复杂。“新军事变革”是描述武器系统技术创新整合过程的一个反复出现的主题。在有关“新军事变革”的讨论中，主要关注计算机技术和通信系统带来的重要变化（Dalby，2009）。1991年海湾战争期间展出了一系列新一代武器。全球定位导航系统和最新信息技术支持的“智能”武器的使用，使盟军能够超越对手，摧毁目标，并控制伤亡（Dalby，2009）。技术不仅改变了军事武器，也改变了军事组织和文化。

20 世纪 70 年代，“新军事变革”开始引起人们的注意，在越战后期和中东冲突中，新型弹药的精度和效果不断提高。苏联参谋长马歇尔·尼古拉·奥加尔科夫（Marshall Nikolai Ogarkov）是著名的观察员。20 世纪 80 年代，奥加尔科夫写下了他目睹的“军事技术革命”。他认为这一趋势是对华约部队的威胁，华约部队的主要优势在于军事资产的数量，而不是其武器的技术或计算机化的复杂程度。专家经常引用奥加尔科夫的著作和对政府的警告，作为当前“新军事变革”思想的起源（Chapman，2003）。无独有偶，1970 年，在微芯片发明的两年前，威廉·威斯特摩兰（William Westmoreland）将军在国会报告了苏联对美国日益增长的优势的恐惧。他概述了他对未来军事冲突性质的预期，他说：“在未来的战场上，通过使用数据链、计算机辅助情报评估以及自动火力控制，敌军将几乎瞬间被定位、跟踪和瞄准”（Chapman，2003，p. 2）。

因此，“新军事变革”指现代战争所需要的精确武器和信息技术，在不需要大规模动员陆地部队的情况下，实现决定性的军事行动。它是个系统，通常被称为“C4ISR”（指挥、控制、通信、计算机、情报、监视和侦察）。C4ISR 将信息收集、分析、传输和武器系统结合起来，以创建完美的任务分配，也被其他人讽刺地称为“精确暴力”（precision violence）或“即时战争”（just-in-time warfare）（Kaldor，2001）。战争技术的发展创造了新的快节奏战场。在理想情况下，要想在战场上取得胜利，就需要将超精确侦察、严密的情报、最先进的远程弹药（激光或电视制导导弹）和计算机结合起来（Bolkom，2000；Jordan et al.，2009，p. 318）。

拥有这一优势的关键要素是增强的指挥系统和态势感知能力。远程传感器和计算机使更小、更灵活的部队在跟踪目标时能够通过互操作和联合行动来覆盖更远的距离。这意味着从以师为中心的指挥结构转变为利用精确导航系统和精确空中力量（Jordan et al.，2009，p. 318）。这种灵活性不仅来自适应技术的能力，还来自在操作上、组织上以及根据地域和地方环境调整管理战略的能力（例如，在阿富汗，特种部队使用马
19 匹运输以及利用激光瞄准技术来追踪敌人行动）。理论上，这也意味着没有任何领土是遥远的，地球上任何地方几乎在任何时候都可以到达。这一领域的地缘政治不再受国家间边界体系和不可侵犯的国家主权的制约。

相反，它意味着涉及国家和非国家行为体的全球冲突领域、不同的区域和战略竞争领域，以及以政治和经济为目标的斗争，而不是过去单纯的意识形态竞争。

当布什总统发表精彩的评论时，他同时在讨论新的军事时代，即国防部长唐纳德·拉姆斯菲尔德（Donald Rumsfeld）所倡导的“军事转型”，以及推动转型的地面和地球轨道技术。将武装部队重组为较小的旅级单位，可以将其迅速部署到全球冲突爆发点和麻烦地区。因此，传统的为服务部门分配不同任务和角色的做法产生了基于联合行动的新优先事项（Dalby，2009）。然而，尽管美军拥有技术优势，但对 C4ISR 系统的依赖使“转型”的军事变得脆弱。由于优越的情报收集和同步方法，更快的反应能力带来了风险。高科技军事基础设施的中断可能影响天基通信和监测卫星的精密效能，进而影响地面条件和行动协调。

这些相同的策略也使国土安全处于警戒状态。为了削弱美国在技术方面的领先地位，同行竞争者可能会选择调整战略以针对非军事目标。在商业活动和私人生活中，美国人高度依赖技术。金融系统、能源网格、通信网络、商业运输、供应链和粮食供应的关键基础设施是战略目标。这些新的非对称威胁假设不仅适用于非国家行为体，而且适用于已形成和正在崛起的国家竞争者。随着美国对这些系统的依赖不断加强，经济、社会和安全稳定成为目标，并变得更加脆弱。网络恐怖主义、生化攻击以及购买或开发大规模杀伤性武器可以是战略的一部分，这些战略在理论上和现实中都提出了反击方案或先发制人的打击方案。传统上或技术上处于弱势地位的反对力量将考虑这些备选方案。总体国家安全战略必须能够反映这些偶然性，并提供维持和攻击所需的系统冗余和弹性，以及具备威慑和报复的能力。

“新军事变革”还使未来冲突的预算编制和规划过程更为复杂。突破性或破坏性技术随时可能出现，并在一个方向或另一个方向上颠覆现有的军力平衡。尽管不可能，但国家安全政策必须找到应对此种情况的方法。考虑到技术进步和变化模式，未来的预测更具挑战性，防御能力滞后于攻击能力。

3. 新冲突竞技场

二战结束时，美国发现自己处于世界事务的中心。为了应对苏联的

威胁，美国国家安全委员会第 68 号文件（NSC－68）[①] 的起草者重新评
估了美国的外交和国防政策，并确定了军事力量重新回归平衡需要进行
20 的长期军事建设。至今，美国仍然占据着舞台中心。然而，美国对新的
冲突并不熟悉。新的冲突不仅涉及非对称武装冲突，还包括网络战争和
气候破坏。从非常真实的意义上讲，这需要全灾害（all hazards）防御策
略。贫困、移民趋势、生态灾难、有组织犯罪、恐怖主义、地区冲突、
破坏性技术等都会对美国的国家安全产生影响。任何试图通过外交政策
或国家安全战略重塑未来的尝试，都必须考虑到不断变化的政治紧张格
局中的暴力和动荡的新地理环境。

在这种情况下，决策过程是复杂的。尽管如此，“9·11”委员会报告仍明确指出，经历了 2001 年灾难的一代必须适应上一代美国人为了应对 20 世纪 40 年代和 50 年代的挑战而对政府进行的重组。一代人以前构建的安全机构适合不再存在的世界。报告的撰写者还警告，微调和临时调整是不够的。迄今为止，审查这一系统已经花了大量的时间，成功与否很难衡量。官僚机构的规模、国家安全的范围和全球化力量都加大了挑战的艰巨性。尽管存在障碍，国家安全战略仍然必须尽可能准确地保障能够做好国家应对任何潜在冲击的准备工作。

其中的一个挑战是新时代的战争发生在一些“失败”或脆弱的国家。这些国家往往缺乏合法、正常运转的政府。它们可以悬挂国旗、发行国家货币、宣示主权，但是对领土的控制和对暴力的垄断随着行政机构的崩溃和腐败而逐渐削弱（Kaldor，2001）。现代战争是国家间的战争，没有这样的问题，因此，胜利基本上是通过军事夺取领土来实现的。然而，仅仅具备“杀人和破坏事物”的能力不再是这些新军事冲突的本质。非对称战争的目的是持续暴力，其目标通常是传播恐慌和制造混乱以使经济、政治和犯罪剥削的条件仍然是适当的，而不是克劳塞维茨（Clausewitzean）所说的“迫使对手履行我们的意愿”。平民目标超过军事目标成为打击目标，而军事目标需要的不仅仅是战斗力，还需要外交手段、执法能力、技术技能和管理人道主义援助的能力。调整国家安全政策以适应新的冲

① 国家安全委员会第 68 号文件是 1950 年 4 月 14 日以保罗·亨利·尼采（Paul Henry Nitze）为主席的特别委员会起草的一份文件。——译者注

突场景需要灵活性和远见。 21

正如迪安·艾奇逊（Dean Acheson）所宣称的，如果美国的国家安全利益包括“创造自由社会可以存在和繁荣的环境”，那么这些责任需要“长期战争”来战胜恐怖主义网络、限制杀伤性武器的扩散和发展，并干预那些“失败”和脆弱国家的选择。还可以推断的是，整个星球上的任何地方都是潜在的战场。美国国土防御也必须考虑到自然灾害和生态灾难的后果。那么，如果国家安全机构经常陷入最后一场战争的官僚惯性，那么美国如何在存在潜在自然灾害和人为灾难的危险环境中进行防御？这是系统性的挑战。

对世界事务新秩序的适应已经是且将继续是尝试、重新定位、失误的过程。抑制进步的不仅是当前的体系和内在利益，还有政策制定机制和对大规模机动战的偏好，这些都根植于变动的州际体系。这是由技术与不断扩大和强化的全球经济需求所重塑的体系。

这些发展已经催生出不同结构和相互作用水平。在国家安全建设方面，要打破以国家为中心的国际体系，更多地与国家和地方政府、准国家、民族、传统盟友、犯罪团伙、侨民、非政府组织以及媒体的新现象进行竞争。在冷战后的冲突舞台上，过去基于“集体安全”概念的权力联盟和战略安全框架已经过时。在当今威胁面前，对联盟中一个成员国的攻击就是对所有成员国的攻击这一原则失去了现实意义。美国国家安全战略的组织原则较少反映军事竞争对手的威胁，更多的是采取全灾害方法来应对包括犯罪团伙、恐怖分子、海盗和自然灾害在内的跨国威胁。然而，尽管出现了这些新的威胁，冷战的主要竞争对手仍然是主要参与者。俄罗斯和中国是不对称竞争的参与者和创新者。两国在政治上和经济上与美国竞争，并继续主导前一个时代产生的遗留冲突，但任务和理由有所不同。美国的霸权需要支持全球商业和捍卫全球公共领域，这加剧了美国安全机构的迷茫和负担。因此，国家安全－国土安全机构的作用比过去更加复杂，受到来自各种新渠道前所未有的压力。

4. 美国国土安全部的起源

布什总统在2001年9月20日对2001年9月11日的国际恐怖袭击做出了回应，他宣布将发布行政命令，在白宫内建立国土安全办公室。实际命令（13228号）于10月8日发布。国土安全办公室是在宾夕法尼亚州前州长汤姆·里奇（Tom Ridge）的领导下建立的，几乎没有职员，也没有获得预算分配。2002 年 11 月 25 日《国土安全法》颁布并于 2003 年 1 月生效，一个吸收了 22 个机构的部门国土安全部成立了，这是自
22 1947 年国防部成立以来美国政府最大规模的重组。国土安全办公室解散，新成立的国土安全部有超过 18 万名员工，成为美国政府的第三大部门。

布什还寻求更强大的行政权力，部分是以国土安全的名义。10 月 29 日，布什发布了第一号国土安全总统令（HSPD－1）。在 2009 年 1 月离任前，他共签署了 25 条国土安全总统令；他在两个任期内共签署了 66 条国家安全总统令，几乎全部是在“9·11”事件之后签署的。2001 年 9 月 24 日，布什公布了“使用适当手段来阻止或避免恐怖主义以团结并强化美国”的法律（Uniting and Strengthening America by Providing Appropriate Tools Required to Intercept and Obstruct Terrorism，USA PATRIOT Act），即《美国爱国者法案》，国会几乎没有考虑就通过了该法案（通常，针对此类法案将辩论多年）。总统于 10 月 26 日签署了该法案。该法案内容很多，涉及了很多问题，但主要是为了增强政府的监管和调查权力，以便“制止和惩罚美国及世界各地的恐怖行为”。该法案还包括监视信用卡交易、电话、学术成绩单、药物处方、驾驶执照、银行账户、机票、停车证、网站和电子邮件的合法权利。《美国爱国者法案》激起了严厉的批评。政府在重新界定与恐怖主义有关的罪行和促进地方执法部门与情报界之间的信息共享方面的权力扩大受到了法院的考验。尽管该法案规定了国会的监督权，但反对者经常警告并质疑这一法案可能会被滥用及侵犯个人隐私权（Sauter & Carafano，2005）。这些观点在不同程度上成功地经受住了挑战。

在 2001 年 10 月 8 日的第一个行政命令中，在许多行政理由以及公众的理解中，国土安全被等同于反恐，但反恐始终只是国土安全部工作的一小部分。根据当时的国会研究处数据，在“9·11”事件之前，有 46 个联邦机构负有一些反恐责任（Perl，2002，p. 9）。国土安全部只吸收了其中很少的几个机构。然后，像现在一样，美国的反恐行动主要是由情报机构、军事部门、联邦调查局以及州和地方执法机构执行，尽管它们相互配合，但都不在国土安全部架构内。国土安全部下属的大多数部门和活动涉及边境安全、移民、关税和海关、美国境内水域的安全、基

础设施的安全、自然风险和一般紧急情况。

国土安全部的建立普及了“国土安全”一词。根据 Google Ngram 的数据，2001 ~2008 年，“国土安全”一词的使用从相对模糊的状态上升到超过了“国家安全”使用频率的水平。但是，几乎所有观察者都同意，尽管相关事件和投入持续了数年之久，但是至今没有统一的“国土安全”定义。对于某些评论员而言，该术语本身令人感到尴尬和产生误导。本杰明·弗里德曼（Benjamin Friedman）认为，该术语有助于证明在打击恐怖主义方面进行过度以及低效率投资是正当的。

同样，没有标准、有效的国土安全战略。10 多年来，这些概念反复出现，试图赋予它们形式的尝试出现在一系列官方文件中。然而，还没有出现标准的战略声明。批评者抱怨说，形成简单、明确的定义和制定有组织的国土安全战略受到阻碍，原因在于：一是未能建立一套国家优先事项，二是未能确定用于部署和应对事件的资源，三是未能将定义与
跨越不同联邦和次联邦实体的任务保持一致，四是未能解决与各种威胁 23
相关的风险缓解问题。其结果是，资金使用效率低下，并且受可用性和资金来源的驱动，同时资金监督不力。2013 年度国会研究处的一项结论表明：

> 提出定义和任务是战略制定的一部分。政策制定者通过确定国家利益、确定实现这些国家利益的优先目标和安排国家权力工具来制定战略。如果没有明确的“国土安全”定义，国土安全的使命不能在相关责任机构之间协调一致，那么制定行之有效的国土安全战略将会非常困难。（Reese，2013，n. p.）

表 1－4 《国土安全国家战略》确定的国土安全责任范围以及行政管理和预算局要求提交预算申请的所有机构的国土安全任务

2003 年《国土安全国家战略》（2003 National Strategy for Homeland Security）

- 情报和预警
- 边境和交通安全
- 国内反恐怖主义
- 保护关键基础设施
- 抵御自然灾害事件
- 应急准备和响应

续表

2007 年《国土安全国家战略》(2007 National Strategy for Homeland Security)
- 阻止和挫败恐怖袭击阴谋
- 保护美国人民、关键基础设施和关键资源
- 对已发生事件的响应和恢复

资料来源：根据美国国土安全委员会数据整理（U. S. Homeland Security Council，2007）。

专栏 1.5　比较观点

“国土安全”指国内制止恐怖主义或减轻其后果的努力。从这个意义上说，国土安全部的名字存在一定的误导性。国土安全部预算管理办公室（Office of Management of Budget）称，国土安全部的大部分工作不涉及国土安全，其大部分预算也不算作国土安全支出。我遗憾地用了“国土安全”这个词，只是因为它太普遍了。只有过度定义其安全的国家才需要修改“安全”一词来描述其领土的防卫。在大多数国家，使用
24 “安全”或“防御”就足够了（Friedman，2010，p. 186）。

白宫和美国国土安全部共同负责国土安全政策文件的起草工作（Reese，2013）。布什政府 2002 年和 2007 年的《国土安全国家战略》涵盖了其任期内得到公认的指导原则。奥巴马政府 2010 年的《国家安全战略》（National Security Strategy）取代了布什政府的战略文件，并将相关内容纳入 2011 年发布的《反恐怖主义国家战略》（National Strategy for Counter-Terrorism）。

国土安全部编制战略文件。然而，国土安全部的文件大多关注部门职责，而不是更全面的国土安全任务与跨联邦和次联邦实体及管辖权范围内的责任问题。

以下文件包含关于美国“国土安全”的定义和使命的官方解释：2003 年《国土安全国家战略》、2007 年《国土安全国家战略》、2008 年《国土安全部战略规划》、2010 年《国家安全战略》（取代了 2007 年的文件）、2010 年《自上而下的审查》、2010 年《四年国土安全审查》、2011 年《反恐怖主义国家战略》。它们在关注焦点、重点与对威胁构成和当前威胁的认识上都有差异。尽管它们在许多方面有共同点，但每一点都有特定的历史背景，并带有微妙的政治色彩。

一些人认为美国国土安全工作在任务、资源和国家优先事项方面是

失败的，还有些人更希望能对局势做出更为乐观的评估。他们将国土安全视为不断演化的生态系统，而不是各部件紧密配合以实现特定目标的复杂装置。他们的理由是，生态系统中的有机体可以在缺乏共同视野和语言的情况下找到自己的方向并构建自己的形态。在这样的设计下，不管是有意还是无意，国土安全都更自然地自下而上形成。这将是国家安全体系的反向建构，它是顶层驱动和高度集中的。协议并不总是成功的蓝图。正如克里斯托弗·贝拉维塔（Christopher Bellavita）观察到的：

> 其他重要和常用的术语，如恐怖主义、正义、灾难或应急管理，
> 也没有一致的定义。然而，我们在理解和使用这些术语方面都取得 25
> 了进展。没有达成一致可以看作推动国土安全实践和理念不断演变的有利因素。（Bellavita，2008，p. 20）

表 1－5 政策文件中的“国土安全”定义

文件	定义
2007 年《国土安全国家战略》（白宫）	在美国国内共同努力防止恐怖袭击，降低美国对恐怖主义的脆弱性，尽量减少恐怖袭击造成的危害并快速恢复
2008 年《美国国土安全部战略规划》（国土安全部）	预防和制止恐怖袭击、防御和应对其他危害以及确保国家边境安全的共同努力
2010 年《国家安全战略》（白宫）	联邦、州和地方政府之间的无缝协调，预防、防御和应对威胁与自然灾害
2010 年《四年国土安全审查》（国土安全部）	协调一致的国家行动，以确保安全、有保障、有弹性的家园，抵御恐怖主义和其他危害，在这里，美国的利益、抱负和生活方式都能繁荣兴旺
2010 年《自上而下的审查》（国土安全部）	预防恐怖主义、应对自然灾害和从自然灾害中恢复、海关执法和征收海关税收、合法移民服务管理、国家水道和海洋运输系统的安全与管理，以及国土安全部各部门的其他任务
2011 年《反恐怖主义国家战略》（白宫）	打击恐怖主义威胁的防御举措
2012 年《国土安全部战略规划》（国土安全部）	确保国土安全与抵御恐怖主义和其他危险的举措

资料来源：Reese，2013，p. 8。

表 1－6　国土安全的使命和目标概述

文件	使命和目标
26 2007 年《国土安全国家战略》（白宫）	• 阻止或挫败恐怖袭击 • 保护美国人民、重要基础设施和关键资源 • 对事故进行响应并从中恢复 • 巩固长期基础
2008 年《美国国土安全部战略规划》（国土安全部）	• 保护国家免受危险分子威胁 • 保护国家免受危险物品伤害 • 保护重要基础设施 • 提高应急准备和响应能力 • 加强和统一国土安全部的运行与管理
2010 年《国家安全战略》（白宫）	• 增强国家实力 • 确保国内安全和繁荣 • 确保网络空间安全 • 确保美国经济繁荣
2010 年《四年国土安全审查》（国土安全部）	• 阻止恐怖主义和加强安全 • 管理边境并确保边境安全 • 执行和管理移民法 • 保护网络空间并确保安全 • 确保抗灾能力 • 为国家和经济安全提供必要的支持
2010 年《自上而下的审查》（国土安全部）	• 阻止恐怖主义和加强安全 • 管理边境并确保边境安全 • 执行和管理移民法 • 保护网络空间并确保安全 • 确保抗灾能力 • 强化部门管理和责任
2011 年《国土安全国家战略》（白宫）	• 保护美国人民、国土和美国利益 • 消除对美国人民、国家和利益安全的威胁 • 应对全球和平与安全面临的威胁 • 促进和保护美国在全球的利益
2012 年《美国国土安全部战略规划》（国土安全部）	• 阻止恐怖主义和加强安全 • 管理边境并确保边境安全 • 执行和管理移民法 • 保护网络空间并确保安全 • 确保抗灾能力 • 为国家和经济安全提供必要支持

27 资料来源：Reese，2013，p. 11。

国土安全研究的目的之一是对与安全有关的政策实施和任务执行的客观现实和制度进行评估。在这一过程中，学生将回顾其他定义和问题，描述负责制定和执行政策的机构，同时回顾国土安全的起源和演变。读者将决定如何更好地进行框架分析。国土安全是个结构不断调整以适应不断变化的自然灾害和人类冲突环境的国家机构吗？或者最好假设它是对刺激做出反应并不断进化的社会结构。

5. 美国国土安全机构

根据《国土安全法》组建的国土安全部，不仅是美国政府机构自1947年以来最大规模的重组，还引起了人们对政府过度干预、滥用权力的担忧以及对一个联邦行政机构能否承担如此重任的质疑。国土安全部的建立是将责任和义务集中于一个单一组织的结果。也有理由认为，信息和情报共享、国家防范和恢复能力将在一个集权组织结构下得到加强。规划者认为，目前分散和不协调的指挥与控制网络是系统化的弱点，尽管已取得了一些成功。然而，批评者也注意到在方案开发、协同互通、执行甚至组织文化方面的弱点仍持续存在。

2001年10月8日的行政命令决定创建国土安全委员会[①]（Homeland Security Council，HSC），其中包括一个目标，即“制定和协调实施全面的国家战略，以确保美国免受恐怖威胁或袭击”。总统国土安全委员会成员不超过21人，分别来自私人部门、学术界、政府机构和非政府组织。国土安全委员会的核心由4个高级咨询委员会构成，成员分别来自州和地方政府、学术和政策研究机构、私人部门、应急服务部门、执法部门、公共卫生机构和医院。

按照定义，国土安全委员会是为总统判断提供咨询的机构。它的职
能是就所有与国土安全相关的问题向总统提供建议。委员会的成员包括 28
总统国土安全与反恐助理、副总统、中央情报局局长、国防部长、财政部长、卫生和公共服务部长、司法部长、联邦调查局局长、交通部长、联邦应急管理局局长。国土安全委员会是总统办公室内的一个实体机构。与国家安全委员会一样，包括法定和非法定成员。

① 国土安全委员会几乎与国家安全委员会相同，因此，国土安全委员会的设立受到了批评。“国土安全委员会的建立本质上是将国土安全一分为二：现在有两个机构向总统汇报，总统在国家安全问题上进行授权”（Gaines & Kappeler，2012，p. 209）。2009年5月，美国总统贝拉克·奥巴马（Barack Obama）合并了国家安全委员会和国土安全委员会，尽管它们各自的章程仍然存在。

“9·11”事件和“9·11”委员会报告建议的结果之一是设立了国家情报总监（Director of National Intelligence）办公室，依据2004年的《情报改革和反恐法案》，设立了国家情报总监职位。这项法案使国家情报总监取代了中央情报局局长而成为情报问题的主要顾问，该法案实际上在情报机构上又增加了一层官僚机构（Jordan et al.，2009，p.128）。这对于如何提供集中的协调过程和更有效的情报收集运作模式而言仍然没有答案（Sarkesian，Williams，& Cimbala，2008，p.145）。批评者声称，由于重组，美国国家安全局和国防情报局虽然已经向国家情报总监进行汇报，但这两个部门不在国家情报总监办公室的管理之下。国家安全局和国防情报局的预算加起来占政府情报预算的80%（Jordan et al.，2009）。总而言之，它们承担了情报界的大部分工作。国家情报总监的部分职责包括控制国家情报预算，但主要负责情报收集的机构仍在国防部。正如参议员约翰·洛克菲勒（John Rockefeller）所言：

> 我们给了国家情报总监制定国家情报预算的权力，但是我们把预算的执行留给了机构。我们让国家情报总监承担了巨大的责任。问题是，我们是否给予国家情报总监足够的权力来履行其职责？（Senata Select Committee on Intelligence，2007）

尽管中央情报局仍是主要的情报机构，但国家情报总监是总统在情报事务上的首席协调员、管理人员和首席顾问。此外，国家情报总监不仅必须确保与美国所有情报收集机构维持协调的工作关系，而且必须与外国情报机构建立并维持工作关系。这些关系不仅限于盟国，有时也可能包括敌对国家。组织与运作的成功在很大程度上取决于国家情报总监的管理和外交能力（Sarkesian et al.，2008，p.148），在信任和熟悉的气氛形成之前，办公室和工作安排将始终处于紧张状态。

在全球反恐战争之前，情报收集主要是外交政策问题，而不是国内政策问题（Samuels，2006，p.358）。然而，“9·11”事件迫使决策者重新评估当前机构协作、指挥和控制结构。布什政府认识到，有效的信息共享和整合不仅包括来自外国和电子监视行动的情报，而且需要与当地执法部门建立联系。由于宪法限制对美国公民进行监视活动，新的权力

提出了严重的法律问题。 29

联邦调查局是负责反间谍的主要政府机构。然而，其他几个政府机构也在同一领域负有责任。情报分析处是国土安全部内的一个实体，负责监督和协调国土安全部、情报界各部门以及涉及反间谍的州和地方当局之间的行动。此外，各州和主要城市地区都有自己的情报行动。次联邦级情报收集站被称为“融合中心”，其职责重点是态势感知和威胁分析，以监测和发现恐怖主义威胁。“融合中心”不仅致力于追查、挫败和识别与新出现的恐怖主义威胁有关的前体（precursor）犯罪和活动，还与私人部门人员和公共安全官员合作处理关键基础设施保护、灾难恢复和应急事件相关工作。

这种由警察领导的情报行动是反间谍传统所独有的。自下而上收集情报方法的支持者希望这种方法能够对自上而下的制度形成遏制，自上而下的制度通常会产生自私自利的体制，“其行动通常是无意义的，更多地致力于官僚效率而不是情报目的”（Sarkesian et al.，2008，p. 155）。一些观察家指出，冷战时期的军备竞赛和对伊拉克的入侵就是典型的例子。在这些例子中，高层的决策与倡导最终扭曲了政策制定和政策执行过程。

许多人从地方当局的角度出发，希望这样一种方法可以减轻融合中心面临的风险，并降低基于扭曲分析的不利结果出现的可能性。然而，根据美国参议院一个小组委员会的说法，这些次联邦情报融合中心并未兑现它们的承诺。2012 年的一份报告指责由 77 个融合中心组成的全国性网络中的大多数“向国土安全部提供不相关、无用、不适当的情报”（O'Harrow，2012）。警方主导情报工作的支持者和批评者之间的争论仍在继续。

中央政府与地方政府合作的另一种方式是通过国防部的军事指挥部门。国土安全的重新部署涉及美国北方司令部的建立。美国北方司令部是国防部下属的 9 个作战司令部之一，负责国土防卫活动，向美国大陆、阿拉斯加、波多黎各、美属维尔京群岛、墨西哥和加拿大的民事当局提供军事支持。《地方保安队法》（The Posse Comitatus Act）对美国军方在 30
国内事务中的作用进行了限制，对其行动进行了规范。然而，国会允许在发生国家灾难或紧急情况时出现例外。

美国的盟友相信它们的政府机构和人员足以应对全球反恐战争的挑战，但与之不同的是，美国对其安全机构进行了彻底重组。批评人士称，重组并未解决协调和信息共享等突出问题。相反，这个新部门成为一些人的攻击目标，他们指责它效率低下、容忍政治庇护、缺乏有效政策指导和评价。

表 1－7　美国国土安全机构设置

总统				
国土安全部	国家情报总监			国土安全委员会
管理	职责：收集、分析、获取、政策计划及要求			国土安全顾问
科技	中央情报局	陆军	非政府组织	副总统
政策	国防情报局	海军	缉毒局	财政部长
国家保护和计划局	国家安全局	美国海军陆战队	联邦调查局	国防部长
总理事会	国家侦查局	空军	能源部	司法部长
立法事务	情报研究局	海岸警卫队	财政部恐怖主义和金融情报司	卫生和公共事业部长
公共事务	国土安全部情报分析处			交通部长
监察长				联邦应急管理局局长
卫生事务				联邦调查局局长
行动协调				中央情报局局长
公民和移民服务局				
首席隐私官				
公民权利和公民自由				
禁毒执法				
联邦执法培训				
国内核检测				
交通安全管理局				
海关和边境保护局				
移民和海关执法局				
美国特勤局				
美国海岸警卫队				
联邦应急管理局				
情报分析处				

31　资料来源：Jarmon，2014。

6. 预算编制过程

行政管理和预算局对预算编制过程至关重要。它为总统提供政策指导、发展和行动支持，也有助于在政府内部的政治动荡、管辖权冲突和预算斗争中建立预算编制的秩序。根据法律规定，总统必须在每年 2 月的第一个星期一之前向国会提交预算。在那之前的春天，行政管理和预算局对经济进行研究，并向总统提交预测报告。各机构根据行政管理和预算局建议的准则审查当前的预算方案。在审查了这些规划之后，行政管理和预算局对项目与预算进行分析。国家安全政策的制定是随着预算水平和预测报告编制进行的。这一过程从当年春天持续到第二年夏天，总统根据调查结果确定指导方针和目标。各机构审查建议、做出预测，并重新提交给行政管理和预算局。然后，总统就机构预算和总体预算做出决定。最终预算文件在各机构根据总统的决定与行政管理和预算局进行最后审查后发布。

法律还要求提交四年防务审查（Quadrennial Defense Review，QDR）报告。美国国防部每四年进行研究并发布一次防务审查报告。克林顿政府于 1997 年授权发布了第一份报告。当时，这份文件进一步确认了美国趋向常规战争的定位，分支机构之间的传统原则和资金比例仍然存在。另外，2006 年的报告要求为打击恐怖主义的“长期战争”做准备。打击恐怖主义、防止大规模杀伤性武器的开发和购买、国土防御和帮助政治脆弱国家实现民主化是基本原则。未来的防务审查报告需要处理的问题包括潜在的经济和预算的不确定性，外交纠纷及其工具的平衡，国家核武库的未来，以及国家在基础设施、安全等方面投资决定的优先事项。联邦政府于 2010 年发布了第一份四年一度的国土安全审查报告（Quadrennial Homeland Security Review，QHSR）。国土安全审查报告与防务审查报告一样，也是提供政策指导的工具。两份报告都为行动计划设定了风险优先权。 32

表 1-8　各机构执行国土安全任务的 2012 财年拨款额和 2013 财年资金申请额

单位：百万美元，%

部门	2012 财年（执行）	2013 财年（申请）	占比（2013 年）
农业部	570.1	551.4	0.80
商务部	289.6	304.1	0.44
国防部	17358.4	17955.1	26.05
教育部	30.9	35.5	0.05
能源部	1923.3	1874.7	2.72
卫生和公共服务部	4146.8	4112.2	5.97
国土安全部	35214.7	35533.7	51.57

续表

部门	2012 年（执行）	2013 年（申请）	占比（2013 年）
住房和城市发展部	3.0	3.0	—
内政部	57.6	56.7	0.08
司法部	4055.4	3992.8	5.79
劳工部	46.3	36.6	0.05
国务院	2283.4	2353.8	3.42
交通部	246.6	243.3	0.35
财政部	123.0	121.1	0.18
退伍军人事务部	394.5	383.7	0.56
陆军兵工部队	35.5	35.5	0.05
环境保护署	101.8	102.6	0.15
总统办公室	10.4	11.0	0.02
总务署	38.0	59.0	0.09
国家航空航天局	228.9	216.1	0.31
国家科学基金会	443.9	425.9	0.62
人事管理办公室	1.3	0.6	—
社会保障管理总署	234.3	252.1	0.31
哥伦比亚特区	15.0	25.0	0.04
联邦通信委员会	—	1.7	—
情报机构管理账户	8.8	—	—
国家档案局	22.6	22.5	0.03
美国核管理局	78.4	76.6	0.11
证券交易委员会	8.0	8.0	0.01
史密森学会	97.0	100.1	0.15
美国大屠杀纪念馆	11.0	11.0	0.02
33 总计	67988.0*	68905.2	100

注：* 应为 68078.5，此处原文应有误。——译者注

资料来源：Painter，2012。

在预算编制过程中，各机构与部门同时合作和竞争，以确定需求和建议资金限额。缺乏制定政策的集中方法和实现目标的途径，迫使该系统做出这样的反应。通过完成任务和达成期望、设定最后期限和限制审议项目的范围，联邦预算的整个程序使系统能够在高度紧张的政治环境下运转

(Jordan et al.，2009，p. 193)。截至2012年的国土安全基金明细如下：

- 在联邦和非联邦之间：
    - 30个联邦机构获得经费占比48%
    - 国土安全部获得经费占比52%
- 联邦政府内部：
    - 州和地方政府机构经费占比52%
    - 国防部经费占比26%
    - 其他联邦机构经费占比22% 34

7. 国土安全部的未来

在2013年《纽约时报》的一篇社论中，“9·11”委员会报告的主席托马斯·基恩（Thomas Kean）和副主席李·汉密尔顿（Lee Hamilton）写道：

> 国土安全工作人员参加了289场正式的参众两院听证会，涉及28个委员会、核心小组和专门委员会。仅在2009年，国土安全工作人员就花了相当于66个工作年的时间来回答国会的问题，估计纳税人要为此付出1000万美元的代价。

国土安全部的成立吸收了自1947年国防部成立至今比以往任何机构都多的联邦人员和部门，其总预算却减少了。授权法还禁止国土安全部成立工会。在没有必要的机构投入的情况下国土安全部组建得很快，通过迅速任命党派支持者担任领导职务，行政部门的集中控制得到加强。2006年，人事管理办公室发现，在所有联邦部门和机构中，国土安全部的工作满意度最低（Gaines & Kappeler，2012，p. 35）。总统前网络安全特别顾问理查德·克拉克抱怨说：

> 设计和管理大型新政府机构主要基于需求及政治目的，而不是为了解决问题。50多年来创建的最大的联邦部门在资源和监管能力不足的情况下受到严重打击。更糟糕的是，政府和工业界无法招募

> 到最好的管理者，混入其中的政治黑客和承包商在任何其他联邦机构中都没有见过。(Clarke，2008，p. 204)

其他作者指出，许多新的下属机构的任务（如联邦应急管理局、海岸警卫队和海关）并非反恐，进而导致“国土安全部内部的任务扭曲”(Gaines & Kappeler，2012，p. 34)。

> 在很大程度上，国土安全部建设是一项正在进行的工作。随着国土安全作为一项联邦必要事务而日渐成熟，国土安全部肯定会不断变化。这是组织进化的一个自然部分，如果不发生变化，最有可能的是，国土安全部履行各种使命时在某些方面变得更加低效。(Gaines & Kappeler，2012，p. 37)

在这样存在多方面威胁的环境中，文化、外交、经济和技术问题也困
35 扰着决策过程。《美国国家安全》（*American National Security*）一书是安全研究领域的重要著作，该书作者指出：“即使国家安全专业人员致力于合作，各机构协调行动也变得越来越困难”（Jordan et al.，2009，p. 212）。

尽管努力建立包括责任、问责、指导方针和时间框架的体系，但没有什么是“照本宣科”，或者说根本就无“本”可照。这些影响加上政治和经济上平衡的需要在国家机器里混合，使国土安全战略、个人偏见与对现实事件的意见不断形成和成熟。

在这些条件下，“国土安全”的不同定义有许多政治上的细微差别、专业和个人偏见的变形。安全与自由流动的商业、不断演变的政策与内嵌的利益、国内外事务，以及不可避免的资金矛盾之间的选择导致紧张关系始终存在。

最后，风险状况是复杂的，防范和应对风险受到文化和当地能力的制约。实现脆弱性和资源之间的平衡是国土安全战略的核心。在国际领域，各国根据对特定威胁的估计、对可用资源的评估与可接受的损失来制定政策和法律。没有评估这些因素或形成评价的标准，因此最终的平衡可能是在顶层驱动、清晰的定义和任务声明与自下而上建立成熟的安全生态系统的需要之间折中的结果。

专栏 1.6　比较观点

评论 1

理查德·克拉克，《你的政府辜负了你：打破国家安全灾难的循环》（*Your Government Failed You: Breaking the Cycle of National Security Disasters*）：

> 美国国土安全部的成立及其随后的失灵揭示了美国政府在国家安全方面失职的原因。几年来，在不同政党执政的两届政府中，从事联邦管理和国家安全工作的人试图抵制政治动机的驱使，即通过官僚机构重组在安全方面“有所作为”。“9·11”事件之后，这种驱动力变得不可抗拒时，设计和管理大型新政府机构主要基于需求及政治目的，而不是为了解决问题。50多年来创建的最大联邦部门在资源和监管能力不足的情况下受到严重打击。更糟糕的是，政府和工业界无法招募到最好的管理者，混入其中的政治黑客和承包商在任何其他联邦机构中都没有见过。（Clarke，2008，p. 204）

此外，根据理查德·克拉克的说法，白宫幕僚长安德鲁·卡德（Andrew Card）和白宫人事部主任克雷·约翰逊（Clay Johnson）制订了重组计划，他们有几个明确的目标：

> 首先，他们想削减联邦开支，因此新的国土安全部的预算少于它合并的那些机构的预算之和，这大大削弱了该部门执行任务的能力。其次，他们强调政治任命，而不是雇用职业专家。再次，他们试图减少有组织的联邦劳工团体的作用，因此授权法禁止成立工会。最后，他们希望尽快建立新的官僚机构，从而取消了其他官僚机构的必要规划和论证，这些官僚机构可以通过新的组织计划找出问题或不足。从本质上讲，政治和意识形态对该部门的早期发展有着重要的影响，这引发了后来的一些问题。（quoted in Gaines & Kappeler，2012，p. 35） 36

评论 2

杰里米·夏皮罗（Jeremy Shapiro）在《管理国土安全：制定基于威胁

的战略》（"Managing Homeland Security：Develop a Threat-Based Strategy"，2007）一文中提出：

> 国土安全的政策讨论不是由严格的分析推动的，而是由恐惧、对过去错误的看法、"猪肉桶"[①] 政治以及执着于追求无懈可击的结果推动的。现在是时候采取更具分析性、基于威胁的方法了，这种方法以充分性、优先级和可度量的有效性为基础……在长达 5 年的反恐战争中，国土安全应该从一系列应急措施演变为重要的政府政策的永久领域，与任何其他国家一样，必须通过缜密的分析来证明其分配纳税人资金的正当性。（pp. 1 – 2）

☞ 本章案例

应该撤销国土安全部吗？

对于这个问题，卡托研究所（Cato Institute）的高级研究员迈克尔·D. 坦纳（Michael D. Tanner）的回答是肯定的：

> 国土安全部的成立是华盛顿应对危机的典型例子。"9·11"事件后，国会和布什政府面临着"做点什么"的压力，或者至少看起来他们在做些什么。结果是成立了一个汇集包括联邦应急管理局到渔业和野生动物局在内的许多不同机构的新内阁级机构。几乎每个佩戴徽章的联邦雇员都被纳入新的机构。从简单管理或"控制范围"的角度看，把许多不相关的功能集中在一起必然导致失败。
>
> 从国家安全的角度来看，国土安全部是问题的一部分，而不是解决方案。毕竟，主要负责反恐的机构，如联邦调查局、中央情报局和国家安全局，都不是国土安全部的一部分。当然，这并没有妨碍国土安全部开发自己的反恐基础设施。但是如果在"9·

① "猪肉桶"（pork-barrel）是美国政界经常使用的一个词语。南北战争前，南方种植园主家里都有几个大木桶，把日后要分给奴隶的一块块猪肉腌在里面。"猪肉桶"喻指人人都有一块。后来，"猪肉桶"指政界把议员在国会制定拨款法时将钱拨给自己的州（选区）或自己特别热心的某个具体项目的做法。——译者注

11”事件发生之前主要情报差距之一是机构未能共享信息和协调活动，那么未来很难看到由此产生的更多重复和分裂会让事情变得更好。

更糟糕的是，几乎每位国会议员都想成为保护祖国的一分子。不少于90个国会委员会和小组委员会监督该部门在某些方面的工作。 37

在国会如此多的参与下，由于没有人希望在保护国土方面显得软弱，所以支出猛增，从2002年的每年180亿美元增加至2014年的540多亿美元，增加至3倍。资金在未考虑实际安全需要的情况下分散到每个国会选区。国土安全部为康涅狄格州布里奇波特市、俄亥俄州托莱多市、阿拉斯加州和北极等明显的恐怖主义目标地提供了补助金。

国土安全部的人力从2004年的163000人增加至2014年的190000人。国土安全部极其没有效率，被认为是华盛顿管理最差的机构之一。

政府审计经常发现国土安全部存在浪费和管理不善的问题。政府问责局多年来一直将国土安全部列入其“高风险”政府机构名单。美国国家科学院2010年的一份报告指责国土安全部未能严格对项目成本是否超过收益进行评估。在国土安全部下属的22个部门中，有许多是政府最不健全的机构，包括联邦应急管理局、交通安全管理局和特勤局。（Tanner，2015，n. p.）

乔治·华盛顿大学网络与国土安全中心（Center for Cyber and Homeland Security）副主任克里斯蒂安·贝克纳（Christian Beckner）的回答是否定的：

> 第一，也是最重要的一点，该部门在许多方面的表现已经远远超过其合并的机构在过去10年的表现之和。美国海关和边境保护局、移民和海关执法局、美国公民和移民服务局与海岸警卫队共同执行边境安全及移民的任务。美国海关和边境保护局、交通安全管理局与移民和海关执法局共同努力防止恐怖分子和其他人以非法方式（如人口贩运）进入美国。自国土安全部承担灾害应急响应任务以来，联邦应急管理局和海岸警卫队的合作变得更加紧密，其他行动部门也响应号召为灾害响应行动提供支持。移民和海关执法局、特勤局与国家保护和计划局都承担着重大的网络安全责任，并在网

络活动方面开展更紧密的合作。国土安全部的所有运作实体都在反恐中发挥了一定的作用（尽管公认不是联邦政府的主导作用），国土安全部的情报在过去7～8年揭露针对美国的知名恐怖阴谋中发挥
38 了关键作用。

第二，自成立以来，该部门发挥了至关重要的联邦作用，将州、地方执法部门和第一反应者联合起来支持其使命。这不仅适用于联邦应急管理局和灾害应对，同样重要的是在反恐方面，在过去几年中也越来越多地适用于网络安全（在这个问题上，与卡托研究所的观点相反，融合中心不是由国土安全部运行的——它们是州与地方政府拥有和运营的实体，每个都有少量具有国土安全部和司法部背景的联邦雇员）。

第三，一则故事改善了过去13年里对美国国土安全部的扭曲看法。这个故事指出："支出从2002年的180亿美元猛增到2014年的超过540亿美元，增长至3倍。"这一统计数据可能指的是美国行政管理和预算局的一种宽口径国土安全支出，不仅仅是国土安全部的支出。行政管理和预算局的数据包括国防部的国内保护力量与美国卫生和公共服务部的生物安全项目支出。事实上，国土安全部的预算从2002财年的360亿美元增长到2011财年的550亿美元，但这一增长远未达到"3倍"［预算数字来自国土安全部在2011年参议院听证会上对参议员罗恩·约翰逊（Ron Johnson）提问的答复。请参阅这一庞大文件第1029～1031页的内容］。

还值得注意的是，这一增长的主要原因不是官僚主义的泛滥，而是一线作战能力的提高，包括人员（尤其是边境巡逻队的规模翻倍）、技术和基础设施。实际情况是，我认为国土安全部的"总部"——秘书和行政管理办公室、管理事务部副部长办公室、行动协调和情报分析办公室以及科学和技术局只占国土安全部工作人员的1.7%，其中很大一部分人执行政府范围内的国会授权任务，如信息技术管理和财务监督。

第四，任何提议解散国土安全部的人都有责任提出他们将如何处理其组成部分，以及这种倡议将如何在该部门当前业绩的基础上做进一步改善。负责移民、边境安全和旅行安全的5个实体（海关

和边境保护局、移民和海关执法局、美国公民和移民服务局、海岸警卫队、交通安全管理局）的业务整合理由最充分，这5个部门的员工共计195000人，而国土安全部有225000名员工，占比高达87%。有人提出这5个实体不应该在同一个内阁部门吗？如果有，他正在提出一个对政府履行这些任务产生严重负面影响的建议。如果没有，那么他并不是提议分裂国土安全部，而是提出更温和的修修补补的建议，也许是把特勤局还给财政部，或者让联邦应急管理局成为独立的机构。我不推荐这两种做法，特别是我认为联邦应急管理局现在与国土安全部的许多其他部门有着密切的联系。现实情况是，没有一个现实的选择在不产生重大业务影响的情况下对国土安全部进行调整。（Beckner，2015，n. p.） 39

◇ 本章小结

1. 讨论了“安全”的各种定义以及它们适用的各种范围。
2. 涉及覆盖安全性的各个学科、领域和子领域。
3. 定义了“人类安全”和国家稳定的重要性。
4. 探讨了“国家安全”和“国际安全”这两个术语含义的异同。
5. 讨论了美国、加拿大与英国的国家安全机构的使命和组织结构的差异。
6. 讨论了“国土安全”概念对美国、加拿大和英国国家安全观的影响。
7. 讨论了“新军事革命”对地缘政治、国家安全和国土安全的影响。
8. 回顾了美国国土安全部成立的缘起和理由。
9. 介绍了美国国土安全部的预算编制过程。

◇ 关键术语

All hazards（全灾害）

Bifurcate（分支）

Collective security（集体安全）

Director of National Intelligence（国家情报总监）

Emergency management（应急管理）

Geopolitics（地缘政治）
Homeland Security Council（国土安全委员会）
40 Human security（人类安全）
Machtpolitik（权力政治）
National Security Risk Assessment（国家安全风险评估）
NSC－68（国家安全委员会第68号文件）
Public Safety Canada（加拿大公共安全部）
Quadrennial Defense Review（四年防务审查）
Revolution in military affairs（新军事变革）
The 9/11 Commission Report（“9·11”委员会报告）
USA PATRIOT Act（美国爱国者法案）

◇ 思考与练习

1. “集体安全”的定义是什么？与“国土安全”的定义有何不同，其细微差别是如何变化的？

2. 描述涉及各种主要领域的安全性概念。

3. 与国家安全政策相比，影响国土安全战略制定的因素有哪些？

4. 加拿大公共安全部如何与美国国土安全部合作？它如何反映加拿大的联邦制度和独特的地理位置？

5. 英国的国土安全与国家安全有何区别？

6. 英国的安全机构在哪些方面与美国相对应？它是如何将自己与主要盟友区分开的？

7. 国家安全委员会和国土安全委员会之间有什么不同、相似和重叠之处？

8. 你认为没有统一、标准的国土安全战略或“国土安全”定义的原因是什么？

9. “新军事革命”对传统国家安全体系的安全结构和国土安全的发展有何影响？

10. 评估风险以及形成战略的要素是什么？

41 11. 国土安全生态系统是什么意思？

第二章　国土安全政策与法律

◇ 本章学习目标

通过本章的学习，应该掌握以下内容：

1. 评估国土安全风险并确定优先级。

2. 明确“正义战争论”的定义。

3. 审查对袭击做出适当反应的情况和理由。

4. 描述美国、加拿大和英国界定“国土安全”的行政命令、法案和其他法律法规。

5. 解释与美国的关系将如何影响加拿大和英国的政策。

6. 了解公民权利和国家安全法如何在美国、英国和加拿大造成紧张局势以及对国土安全的启示。

7. 讨论关塔那摩监狱造成的法律问题以及由此引出的“战时法”概念。

2015 年 1 月，1 名前大学足球明星在与美国政府的诉讼中获得了 38.5 万美元的赔偿。12 年前，拉沃尼·基德（Lavoni T. Kidd）皈依伊斯兰教时改名为阿卜杜拉·基德（Abdullah al-Kidd），他在乘坐飞往沙特阿拉伯的航班时，被华盛顿特区杜勒斯机场的联邦特工逮捕。联邦当局将他扣押，打算让其作为关键证人指控爱达荷大学学生萨米·奥马尔·侯赛因（Sami Omar al-Hussayen）。尽管未被指控犯有任何罪行，但他被关押了 16 天，当局把他转移到监狱时，他被反复搜身、戴上手铐和脚镣。在被拘留前和拘留期间，基德全力配合联邦官员。他坚持认为政府从来没有告诉他不准在美国以外的地方旅行或者他可能需要指证侯赛因。最终，侯赛因被无罪释放并被驱逐到沙特阿拉伯，基德也不再需要作证。基德和他的律师声称，联邦政府除了侵犯他的公民权利之外，由于留下了监禁记录，他还失去了拿奖学金出国留学和就业的机会。

根据和解条款的相关规定，联邦政府必须以信函的形式向当事人表达歉意，其中应包括以下声明：“政府承认，你作为证人而被逮捕和拘留是个痛苦的经历，我们为逮捕和拘留给你的生活带来的任何困苦或挫折感到抱歉”（Associated Press，2015）。

在基德被拘留时，美国总检察长约翰·阿什克罗夫特（John Ashcroft）声称，鉴于其工作性质和肩负的责任，他应该免于法律诉讼。但是2009年，第九巡回上诉法院的3名法官小组成员为基德对阿什克罗夫特提起诉讼提供了可能。根据《上诉法庭规定》（2009），前总检察长应该为错误逮捕他人负有责任。同时，“9·11”事件之后使用关键证人是“违反宪
42 法规定的，此次事件被认为又一次揭开了国家历史上不光彩事件的伤疤”。

反对联邦政府和解的公告和巴黎2015年1月恐怖袭击是在同一周内发生的。法国数百万人抗议宗教极端分子杀害17名手无寸铁的公民。然而，对欧洲版“美国爱国者法案”的呼吁在很大程度上遭到了蔑视。法国前总理多米尼克·德维尔潘（Dominique de Villepin）在法国《世界报》上评论道：“爱国者法案、酷刑和非法拘禁的持久合法化在美国造成的广泛质疑已经使美国失去了道德的罗盘”（Apuzzo & Erlanger，2015）。

安全与公民自由之间的权衡对社会、立法机构和政策制定者来说都是个挑战，两者的平衡受传统、文化和经常性事件的影响。在本章中，我们将通过介绍具有里程碑意义的决策及其背后的事件和政治因素来分析这种紧张局势，还将分析来自国外和有影响力的人的观点。

一　国土安全风险评估

风险状况是非常复杂的，并会受历史、文化以及能力的影响，在资源和脆弱性之间寻求平衡点是国土安全战略的核心。各国根据各自对特定威胁的感知、现有资源的约束以及对损失的接受程度制定相应的政策和法律条款，没有统一的标准或尺度对这些因素进行计算和评估。政治判断是非常主观的，袭击事件常常没有规律且其后果通常比较模糊。因此定量估计事件发生的可能性以及后果是个包含各种高度抽象元素和先验假设的过程。

为了强调国家、地区之间风险状况的差异，吉布斯·范·布伦肖特和肯尼迪引用了索马里在面对国家60年来最严重干旱危机的情况下处理恐怖威胁和“基地”组织威胁的复杂例子。对于恐怖主义，政策制定者考虑的是整个威胁范围内的风险状况以及对该国人口最直接的危害。政府必须根据风险优先级和权衡稀缺资源的部署与对国际援助的请求。在这种情况下，索马里能否将恐怖威胁置于饥饿和干旱危机之上？

> 鉴于可用于应对恐怖威胁的资源有限，对其风险的评估必须以可用资源的情况为依据。这些资源可能是社会资源（包括各种团体成员、国家或某些政治联盟的资源）、文化资源（包括决定社会地位的特质）和经济资源（货币、贸易和实物储备）。在与其他国家打交道时，社会和文化资本还包括外交政策。（Gibbs Van Brunschot，Kennedy，2009，p. 165）

尽管世界上许多地区面临严重的自然灾害、无休止的内战以及不堪一击的基础设施的威胁，但是与发达国家所面临威胁的性质完全不同。国际法规范和准则的更新通常无法跟上技术的发展。因此，有关国家主权与电子入侵问题（如知识产权窃取和网络攻击）的法律法规滞后于技 43
术进步和变革。建立一个无国界的全球体系需求以及经济全球化压力只得容忍能够有效促进商业往来的安全制度。因此，安全问题常常被视为贸易往来的主要障碍，这是发达国家的常见困境。这些发达国家同样面临恐怖分子、罪犯、传统敌对势力甚至来自盟友的威胁。贫困的蔓延、自然灾害和环境威胁的增加以及国家脆弱性的增强使这些国家成为恐怖主义和犯罪滋生的“温床”，导致冲突进一步加剧。决策者和立法机构在应对全球化进程时应重新审视自身的选择，并重新思考一些传统的理念，比如发动战争的原因、战争的实施以及和平的条件等，这些在过去通常被视作“正义战争”的原则。

二 正义战争

在西方文明中，“正义战争论”（just-war theory）一直是判断是否动用武力的指导性道德准则。17 世纪和 18 世纪伟大的哲学家，如奥古斯丁（Augustine）、阿奎那（Aquinas）、苏亚雷斯（Suarez）和瓦特尔（Vattel），都为国际法的最终产生做出了不可磨灭的贡献。国际法为《海牙公约》与《日内瓦公约》的形成提供了法律和道德基础。在这些伟大的哲学家中，胡果·格劳秀斯（Hugo Grotius）的《战争与和平法》（*The Law of War and Peace*）搭建了国际法律体系的基本框架，并明确了战争与和平状态的差别（Stahn，2006）。他认为，即使发动一场战争是出于正当的理由，为了保证战争的正义性，作战的过程也必须公正、合理。只有当战争为正义服务时，格劳秀斯认为战争才是正当的，这一原则同样适用于腐败。

现代冲突表明，在战争与和平的临界时期，对国际法的理解是模糊的。国际法和全球冲突的复杂性迫使法律学者、决策者与军事规划者重新评估哪些组织框架是有效的，哪些应对对策适当，以及哪些行动和政策是合法的。与 400 ~ 500 年前相比，冲突不再局限于国家和民族之间，而是受理想主义、爱国热情、宗教信仰和利益驱动，充满流动性和适应性的恐怖组织、犯罪团伙、黑客和叛乱分子的世界。由此凸显了一个问题，即在这样的环境中，原有的“正义战争论”的原则是否仍然适用？一名美国空军上尉在 2006 年如此评价“正义战争”原则：

> 以往我们认为战争取得胜利是以战败国家放下武器、投降并签署谈判条款为标志。但是，在今天，“胜利”的概念已经完全不同了。阿奎那和奥古斯丁对理性主义以及理性必然战胜非理性的能力充满了信心，但在今天，情况截然不同。（Braun，2006，p. 33）

专栏 2.1　定义

胡果·格劳秀斯（1583 ~ 1645）

一个人若想达成某个目标，必须接受达成这一目标所必须经历的事情。上帝希望我们都能保护自己，保有生活必需品，获得我们应得的，拥有惩罚罪犯的权利，并为保卫国家而战斗。但这些神圣的目标有时成为发动战争的原因……因此，某些战争的发起是上帝的

> 旨意……没有人能够否定上帝旨意的正当性。也就是说，某些战争是正当的。
>
> ——《战争与和平法》 44

“正义战争论”的三大支柱是“开战正义”、“交战正义”和“战后正义”，这些原则分别解决了发动战争的正当性和道德考量、战争期间的道德行为以及战争结束时和平条款的公正性等问题。

冷战后的冲突事件对以往战争长期遵守的宣战、发动战争和退出战争的原则提出了挑战，战争与和平的法律框架不像以前简单时期那样对立。在全球化时代，政策和法律都在追随技术力量。随着全球贸易的不断发展，国家间的边界逐渐失去意义。在网络空间中，国家间的边界是不存在的，恐怖组织和犯罪团伙并不受限于地理空间范围，因此没有国家可以防御。它们能随心所欲地发动攻击、解散和整顿，它们的战场可以在世界任何地方，包括网络空间。美军上将大卫·彼得雷乌斯（David Petraeus）对驻阿富汗国家安全援助部队表示，“杀敌制胜”的战略已经落伍了（Paul，2010，p. 106），21 世纪的冲突使军事战略家和学者们应接不暇。

专栏 2.2　定义

正义战争论

- **开战正义**

具备参战和宣战的正当理由与原因，包括自卫、保护无辜者或纠正极其严重的错误。

- **交战正义**

交战正义关注的是战争期间行为的正当性，包括限制过度使用武力、避免对平民发动攻击、避免以复仇为动机的暴力活动以及禁止使用酷刑。

- **战后正义**

和平协定中的正义限制了不正当索取和报复，为被占领区域的人民提供安全、保护以及人权。 45

三　美国的国土安全政策

布什政府先发制人的战争原则是美国长期以来奉行的寻求多边主义且对使用公民士兵力量持保守态度的外交政策的一次重要转变。以阻止战争而投送兵力为初衷的美国安全机构面临三重使命，即屏蔽冲突发生的条件、由战时向和平时期过渡以及维持稳定。自二战以来，已经涉及越南、格林纳达、阿富汗和伊拉克等国家利益饱受争议的地区。新议程要求军队的角色不仅是战争中的战士，还应是援助提供者、地方外交官和执法者。随着美国国土安全部的成立，美国国家安全机构进行了大规模重组，新的国土安全机构正在形成。美国作为世界上经济和军事力量最强大的国家，在国际事务中处于中心位置，因此其他政府也相应地调整了政策，有时支持，有时反对，更多的时候是保持中立。

历史不仅代表过去，对未来同样具有解释力。入侵伊拉克和阿富汗的理由可以与肯尼迪政府在古巴导弹危机期间采用先发制人的战术相提并论。1981 年，以色列在“开战正义”原则下以“自卫”为由集中轰炸了位于奥西拉克的伊拉克核设施。近些年，网络武器“震网”（Stuxnet）病毒的开发人员很有可能会以相同的理由证明他们对伊朗纳坦兹的核设施采取的行动是合理的。2007 年对爱沙尼亚的“电子政务行动”和 2008 年对佐治亚州的袭击有可能会得到类似的辩护。政策制定者和法律学者会质问，这些战争行动到底是不是真的自卫行为？这些行动的实施是出于正当原因吗？

关于国家武装力量的角色和使命在法律及其他方面的问题在不同层面产生和扩大。美籍也门裔“基地”组织领导人安瓦尔·奥拉基（Anwar al-Awlaki）被列入美国政府的暗杀名单，该行动是前所未有的。许多人将
46 2011 年 9 月安瓦尔·奥拉基死于无人机袭击看作一次成功的军事行动。但是对其他人来说，这是一次美国政府针对美国公民的政治暗杀。这两种看法都具有法律合理性，不管这件事在现实生活中造成的军事和政治后果如何，安瓦尔·奥拉基的暗杀行动引发的道德和法律冲突揭示了几个世纪以来的“正义战争”原则的不一致性以及日益加剧的挑战，尤其是在当今错综复杂、不断变革的环境中。

四　国土安全法律与政策

2001 年 9 月 11 日的恐怖袭击事件使世界舆论感到震惊并激发了对美国的同情。在这之前，美国拒绝签署《京都条约》、《化学武器禁令》和《反弹道导弹条约》以及拒绝加入国际刑事法院的决定最终使美国付出了惨痛代价。“9·11”事件带来的悲伤平息了对这些政策决定的抗议，在纽约、宾夕法尼亚和华盛顿遭受袭击后的第一时间，美国各界对反恐战争的支持是广泛且史无前例的。美国急于发动战争使阿拉伯世界以及美国最亲密盟友中许多人的反美情绪复燃（Epstein，2004）。此外，前布什白宫顾问理查德·克拉克称，这些行动可能破坏了全球反恐战争(Global War on Terrorism，GWOT)。

> 我们正在与伊斯兰极端主义分子斗争，他们正在吸引伊斯兰世界的年轻人加入恐怖组织。现在，9 月 11 日以后，伊斯兰国家的人们说：“等一下，也许我们已经走得太远了。也许伊斯兰运动，这个激进的运动，必须被压制”，我们曾经有机会改变伊斯兰世界的意识形态，但恰恰相反，我们助长了它。我们正中“基地”组织及其他恐怖组织下怀。我们做了奥萨马·本·拉登认为我们可能会做的事。(NBC News，2004)

伊拉克和阿富汗的战争可能阻碍了通过执行多边条约和国与国之间的协议来构建安全、一体的供应链的努力。美国第 110 - 53 号公法(Pubic Law No. 110 - 53）提出了自愿性质的计划以推动私人部门做好应对恐怖袭击的准备，其中部分内容要求美国国土安全部建立一套系统来扫描集装箱中有没有核装置，全世界总共有 600 个港口将必须根据要求对送往美国的集装箱进行扫描，迄今已部署了 1400 多个通道式辐射监测仪，美国的战略包括将这些集装箱阻挡在国门之外。这一公法的制定及颁布引起了欧盟、新加坡和印度等美国贸易伙伴的抗议，大多数抗议认为这是一项不必要的开支和贸易障碍。其他国家则警告这表现出美国加强其霸权地位的企图（“Are US security measures going too far”，2007)。

专家也警告称一些因素会导致这一系统的失败，包括检测概率、虚假警报的干扰、技术被攻击的风险、成本以及其他不可预见的情况。美国国土安全部前部长迈克尔·切尔托夫（Michael Chertoff）和珍妮特·纳波利塔诺（Janet Napolitano）最终也承认这一计划是没必要的。他们认为100%扫描太浪费时间（Jarmon，2014）。然而这一事件及其引发的抗议表明了全球化进展的高度关联、地方政治和国际事务之间冲突的潜在影
47 响与“美国例外主义”论的复杂性及其风险。

与此同时，欧洲也遭遇了恐怖事件。2004 年 3 月 11 日，恐怖分子在西班牙马德里火车站的 4 辆火车上引爆了 10 枚炸弹，最终造成 192 人死亡、2000 多人受伤。政府将这次袭击与一个被称为“摩洛哥伊斯兰战斗组织”的伊斯兰武装组织联系起来，该武装组织据称与“基地”组织有联系。最终，来自当地一个激进组织（与“摩洛哥伊斯兰战斗组织”无关）的 28 人被审判、21 人被定罪。这一行动被认为是对西班牙政府支持美国发动伊拉克和阿富汗战争的报复。这次恐怖袭击造成的直接经济损失达到 2.12 亿欧元（Reinares，2010，p. 83），旅游业遭受了暂时的打击，但在很短的时间内恢复过来（International Institute for Strategic Studies，2007）。然而，尽管西班牙当年的国内生产总值仅下降了 0.03%，但该事件对西班牙选举的影响很大。执政党失去了权力，与美国政治立场不太统一的反对派取而代之。政治影响正是恐怖分子发动袭击的目的，恐怖分子虽然被捕，但他们的意图也达到了。

次年，在伦敦交通系统中共发生了 4 起袭击事件。2005 年 7 月 7 日上午，3 辆地铁上发生爆炸，造成 39 人死亡。1 小时后，另一枚炸弹在塔维斯托克广场附近的公共汽车车顶上爆炸，造成 13 人死亡，另有 700 人受伤。与西班牙不同，2005 年伦敦地铁的袭击使旅游业和运输业收入损失约 10.8 亿美元，也迫使英国政府增加安全投入，使运营成本永久性增加 10%。袭击发生后，伦敦地铁每年的安保成本达到 1.15 亿美元（Roucolle & Lowes，2006）。

英国和西班牙的恐怖袭击与“9·11”恐怖袭击对纽约产生的金融及经济影响有所不同。从政治影响角度来讲，“9·11”恐怖袭击对世贸中心与对华盛顿特区和宾夕法尼亚州的影响并无差异。但是从金融角度来讲，恐怖袭击对纽约、伦敦和马德里影响的差别是可以量化的。

西班牙应对巴斯克恐怖组织“埃塔”（ETA）的经验使其具备了打击恐怖主义的法律和组织体系及能力（Archick，2006，p. 36）。2004年恐怖袭击发生时，西班牙的反恐力量已经组织起来并开始运作。因此，政府并没有因此次恐怖袭击进行机构重组。国土安全机构保持原状，政府则集中精力为机构间协调和处理特定的威胁提供额外的资源（Archick，2006）。

类似的，北爱尔兰多年的政治动乱使英联邦拥有了能够很好地应对恐怖主义相关威胁的安全基础设施。同西班牙一样，英国政府认为没必要大规模重组安全机构。相反，通过政策的实施建立起来的机构之间的合作和信息共享将更紧密、更彻底。英国政府认为，将应急管理行动与反恐计划结合起来的双重用途机制，避免了过度膨胀的官僚作风带来的挫败感，是对威胁采取有针对性应对措施的经济有效的手段，对英国大有裨益。政府认为，机构间的合作使该系统在应对自然灾害和恐怖袭击 48
时具有灵活性。

表 2－1　纽约、伦敦、马德里恐怖袭击及后果

纽约，2001 年
（1）“9·11”袭击造成 5.31 亿美元的损失，包括票价损失、税收损失、袭击后的恢复和救援费用
（2）注资 11 亿美元用于重建运输系统以及加强安保
马德里，2004 年
（1）直接经济损失 2.12 亿欧元
（2）西班牙国内生产总值下降 0.03%，但对全国选举的影响是直接和重大的
伦敦，2005 年
（1）2005 年伦敦爆炸事件造成旅游业和运输业损失 10.8 亿美元收入，3 个月后恢复到 2004 年的水平
（2）安保投资使运营成本永久性增加 10%
（3）伦敦地铁系统每年的安保成本达 1.15 亿美元

美国的盟友没有像美国那样认为需要改革安全制度。因为军事力量的投送不一定符合国家利益的要求，这些政府并不认为必须重新调整资产或调整战略防御政策。尽管美国重组了国内安全和边境保护机构，并建立了新的内阁部门，对国防部形成补充，但其盟友仍保持其当前的安全机构。但是，美国因“9·11”事件产生的计划、倡议和立法并不仅

仅局限于美国的管辖权，而是需要双边协定、条约、信息共享机制的辅助，通常还需要在外国派驻美国官员。美国最亲密的盟友可能是最关键的，也是受影响最大的，尤其是当美国把“边界外推”作为最佳防御选择时。

（一）美国

与在索马里的例子中讨论的自然灾害、内战和饥荒的威胁形成鲜明对比的是，美国对2001年9月11日发生的悲剧做出了战争状态的反应，这种反应夹杂着怀疑和愤怒。尽管1999年哈特·拉德曼委员会
49 曾警告说，美国境内很可能发生袭击并造成重大伤亡，但美国没有做好准备。技术和物质手段的扩散，潜在行为人的增加，以及美国目标丰富、占主导地位的特质创造了明显但易被忽略的威胁。另外，国土安全机构的结构和资产分散在所有50个州与20多个部门，加剧了威胁（Selbie，2001，pp. 9 - 10）。全世界的政府和许多民众表示非常震惊，在悲剧发生之前，很少有人知道世界正在经历一种新的冲突。

公众与大多数政府官员表达了对神秘敌人的恐惧和愤怒。愤怒是有道理的，但有些人呼吁实施报复行为和制定极端的安全措施是没有依据且不符合实际的。是否实施报复成为全国性的议题，有人甚至呼吁美国应该借助核武器。随着公众愤怒情绪的高涨和自我保护倾向的增强，美国国会提出了一项法案，即对所有入境集装箱进行检测，这项法案一旦通过，将会扰乱国家和全球供应链。许多人警告说，这可能会造成商业停摆。

布什总统在2001年9月20日的国会联席会议上说：“这并不仅仅是美国的斗争。利益攸关的不单单是美国的自由，这是世界的斗争，是人类文明的斗争”（2001年布什总统的讲话）。此外，他还宣布组建国土安全办公室。布什上述讲话中也宣称：“你们若不跟我们在一起，就和恐怖分子在一起。”这段发言的意思是动员尽可能多的国家采取激进的手段。有人批评这是政府把这次袭击事件作为进一步投送兵力的理由。新保守派外交政策理论家罗伯特·卡根（Robert Kagan）批评道：“美国在经历了‘9·11’后没有做出改变，只是变得更加自私而已”（Bacevich，2008，p. 10）。

讽刺的是，美国对伊拉克发动战争之前并没有萨达姆·侯赛因（Saddam Hussein）参与袭击的确凿证据，也没有公开的抗议或辩论。2003 年 3 月，美国基于萨达姆储存大规模杀伤性武器的假设袭击了巴格达。但是，有关伊拉克秘密储存和制造大规模杀伤性武器或与“9·11”事件有任何联系的说法从未得到证实。

美国对“9·11”事件的反应也凸显了美国政府国家安全和外交政策部门之间的天然紧张关系（Jordan et al.，2009，p. 120）。这种紧张关系于 20 世纪 60 年代至 70 年代初期首次出现并推动了立法。1973 年颁布的《战争权力决议案》（War Powers Resolution）就是为了限制总统发动战争的权利①。这项决议要求总统在派遣美军前的 48 小时通知国会，并将行动时间限制在 60 天。此项国会联合决议颁布的主要原因是公民和国会反对越南战争的持续以及反对总统在外交事务中的特权。对“帝国总统”的指控成为一个流行的话题，该法案最终战胜了尼克松总统的否决 50
权而得以颁布。但是，这项决议收效甚微。小布什之前，尼克松的每一位继任者都声称该法案是违反宪法的，尽管在格林纳达、黎巴嫩、利比亚、巴拿马、科索沃、尼加拉瓜港口和波斯湾等地冲突不断，但从未有成功的法律能够对任何总统的行为进行约束。

“9·11”事件之后，当布什总统寻求对袭击事件负责人采取行动的权力，以及对未来可能发生的袭击采取先发制人行动的更广泛权力时，这项决议再次受到考验。美国参议院在公众强烈的支持下于 2001 年 9 月 14 日通过决议，授予总统实施报复的权力，但不能实行先发制人的行动。对阿富汗塔利班和“基地”组织的袭击行动得到了国会与参议院的大力支持，布什总统迅速任命了国土安全顾问。国土安全顾问与国家安全顾问享有同等身份，同样不受国会监督。尽管国土安全顾问委员会仍然隶属于行政部门，但国会要求将国土安全办公室升级为国土安全部，以便赋予国会预算监督和确认任命的权力。

随着《国土安全法》的颁布，国土安全部于 2002 年 11 月 25 日成立。通过将国土安全办公室提升至内阁级别，国会得到了分配政治影响

① 这一法案与 1941 年颁布的《战争权力法》容易混淆，后者是一项增强联邦政府和总统起诉二战的权力的紧急法案。

力和机会的新来源。级别的提高使国土安全部从22个机构中总计吸纳了18万名员工。与庞大的机构规模相称的是从联邦合同中获取丰厚利润的巨大机会。随着自然灾害被纳入国土安全的保护范围，“灾难资本主义”一词最终出现在一些文献中（Bellavita，2008，p. 18）。美国国土安全部成立时，佛罗里达州共和党议员约翰·米卡（John Mica）直言不讳地表达了自己的不满，他说：“那些认为可以整合22个机构和20万人并认为这是非常经济有效的人需要看看自己的脑子是不是有问题”（Evans，2012，n. p.）。

随着联邦政府的发展，出现了管辖权重叠和与立法相冲突的遗留问题。目前，有100多个国会委员会和小组委员会声称拥有国土安全管辖权。在国土安全部的监督下，美国农业部、交通部、环保署、海岸警卫队以及其他部门和实体将标志性建筑、公共广场和关键基础设施列入可能的袭击目标名单。越来越多的机构和部门参与国土安全事务，结果是国会权力机构之间不协调、各机构之间的任务重叠、各层级职员冗余。

尽管如此，在10多年后，美国国土安全部仍在建设新的总部。这是哥伦比亚特区自1943年五角大楼竣工以来最大的建筑项目，建设周期为20年，估计费用为39亿~45亿美元。新总部坐落于一家废弃的精神病
51 医院——圣·伊丽莎白医院，这里曾经是诗人埃兹拉·庞德和约翰·辛克利的家。一些国土安全部的批评者可能会注意到这种情景的讽刺性，另一些人，如“9·11”委员会的联合主席李·汉密尔顿和汤姆·基恩则更多地指出这个被国会混乱监管困扰的部门存在的问题以及拼凑的监管和问责体系，这些都是国土安全部无法有效发挥职能的重要原因（Kean & Hamilton，2013）。

除了“9·11”恐怖袭击事件外，《美国爱国者法案》的制定还要归功于哈特·拉德曼委员会和“9·11”委员会报告。随着政府重组以及吸收这些委员会建议的计划推进，《美国爱国者法案》引发了广泛的争论。例如，法案第一章规定，法案赋予联邦官员更大的权力监督和拦截通信以达到执法与收集外国情报的目的，还赋予财政部更大的权力来打击国外洗钱业务。为了确保边境的安全，《美国爱国者法案》还加强了对入境的限制，并允许扣押和驱逐涉嫌参与或策划恐怖行动的个人。总

之，以国家和国土安全的名义在起诉恐怖分子嫌疑人方面确立了新的罪行和新的惩罚及程序。

表 2－2　《美国爱国者法案》规定的罪行、犯罪惩罚和程序

新增加的罪行
（1）对公共交通设施的恐怖袭击
（2）生物武器攻击
（3）窝藏恐怖分子
（4）为恐怖分子提供物质支持
（5）与洗钱有关的不当行为
（6）慈善募捐诈骗
（7）通过恐怖主义犯罪的模式来影响州际贸易或对外贸易的企业行为
新增加的犯罪惩罚
（1）对恐怖主义行为制定新的最高刑罚
（2）提高对蓄意实施恐怖袭击的处罚
（3）考虑判处一些恐怖分子终身假释
（4）增加对伪造罪、网络犯罪和慈善欺诈的处罚
新的程序
（1）提高对提供恐怖主义情报者的奖励
（2）增加了《地方保安队法》的例外情况
（3）授权“偷窥”搜查令
（4）在全国范围内或在全球范围内批准执行恐怖主义案件的逮捕令
（5）增加政府获取机密信息的机会
（6）允许总检察长收集犯有任何联邦暴力或恐怖主义罪行的囚犯的 DNA 样本
（7）延长适用于任何恐怖主义罪行的时效
（8）阐明联邦刑法对美国设施和美国海外人员住所的适用
（9）调整联邦受害者赔偿和援助计划

资料来源：Doyle，2002。 52

《美国爱国者法案》的这些新规定加剧了维护国土安全的必要性与保护公民权利之间的紧张关系，关于安全与个人自由之间微妙平衡的争论反复出现。这些争论在法庭、立法机关和公众场合都出现过。20 世纪 70 年代中期，教会委员会建议限制情报机构在未经授权的情况下搜查和监视国内持不同政见团体的权力。1978 年颁布的《涉外情报监控法》就是美国参议院专责委员会对情报活动进行研究的调查结果。该法案规定了情报收集的程序和限制，这部分规定直到颁布《美国爱国者法案》前都未进行修改。

1986年，“伊朗门”丑闻揭示了里根政府内部存在高级官员滥用权力的情况。虽然美国对伊朗实行武器禁运，但国家安全委员会的工作人员依然向伊朗出售武器，他们计划利用收益来支持尼加拉瓜与反美的桑地诺坦政府之间的战争。这一行动违反了1983年《国防拨款法》的柏兰德修正案，该修正案限制美国对反政府武装的援助。这一丑闻激起了政府反对派的愤怒，并引发了国会对情报界的新一轮监督。一国在维护国土安全与维护自由之间经常产生冲突，对一方的有效政策和法律进行维护往往会威胁到另一方的利益。而现实的情况是受公众关注和事件改变影响的长期动态变化，最终会影响到立法、政策、组织和行动。

> 两者之间的较量是个周期性的过程，在危险时期有利于保障安全制度和政策得到强化。但如果个人自由受到过度限制或被滥用，那么这种制度和政策则会被削弱（通常是通过加强国会监督来实
> 53 现）。（Jordan et al.，2009，p. 133）

专栏2.3　定义

美国“例外主义”

一位前助理国务卿喜欢用一位年轻的英国外交官的话来阐释美国“例外主义”的含义。在与一位被临时委派到国务院工作的官员随常谈话中，他问道：“在英国外交部和美国国务院工作有什么区别?”英国特使毫不迟疑地回答说：“当世界发生一些事情时，美国人会问‘我们应该做些什么’；在英国外交部，我们会问‘美国人会做什么’”（Koh，2003，p. 1488）。

关于美国“例外主义”的定义有很多种。其中有些定义不那么招人喜欢。法国历史学家、社会学家亚历克西斯·德·托克维尔（Alexis de Tocqueville）创造了这个词，意指：“美国因具有独一无二的国家起源、民族信条、历史进展以及独特的政治和宗教体制，故世界上其他发达国家皆无可比拟”（Koh，2003，p. 1481）。波士顿大学国际关系教授安德鲁·巴切维奇（Andrew Bacevich）在其《权力的极限》一书中将美国的

行为及演变看作“天意”。根据巴切维奇的观点，自“9·11”事件开始，采用任何必要的手段甚至武装力量来进行劝告都是一种“天意”(Bacevich，2008，p.3)。但是对其他人来说，这个概念仍然是一个神话，但神话总是有力量的，最终使不同的人对这一概念有不同的理解。然而，尽管全球经济相互关联，但是如果没有外国合作伙伴，美国就无法制定安全政策和计划，显然美国的政府公职人员和政策制定者并未清晰认识到这一点。

在“9·11”事件爆发和国土安全部成立之前，国家安全机构的职责是捍卫美国领土、维护美国的权利和在海外的国家利益，而不是对抗国内的恐怖袭击。然而，2001年的恐怖袭击使美国国家安全政策、外交、国内政治和法律等领域发生了普遍的转变。这一转变让政策制定者们产生了一种尴尬的融合，即他们试图将上一场战争与冷战之后威胁的现实结合起来。尽管存在分歧，美国军力的投射仍然在乔治·布什第二任期的就职演说中有所反映。“国内的自由越来越依赖于自由在其他国家和地区的成功”(“President Bush's Second Inaugural”，2005)。

新的问题、概念和定义也引发了法律冲突。美国的人权、主权、隐 54
私权、财产权以及美国宪法权利与国际准则相冲突。美国“例外主义”允许美国以“自由”的名义进行单边干预，使民主在国外传播，但这已不再是焦点。现在例外主义意味着重点考虑对入境美国的货物进行扫描，对诸如关塔那摩拘留中心等法律之外的产物进行合理化，监控资金的转移，追踪美国公民的行动和通话交流。

美国在全世界范围内提供人道主义救援和保护力量，海军负责维护全球供应链的安全，大学和研究机构是推动国际科学和艺术进步的重要力量。然而金融危机的爆发、公众对战争的厌倦和基础设施投资不足等问题可能使美国把关注点转向国内。当国家重新评估国家利益和继续进行全球反恐战争时，美国人自己与世界其他国家和地区的人们仍然会提出令人苦恼的问题：美国将会做什么？

此外，在这样一个多边威胁的环境下，文化、外交、经济和技术等方面的问题也干扰着政策制定过程；“即使国家安全专家致力于开展合作，在这种情况下，机构将更加难以协调一致”(Jordan et al.，2009，p.212)。

（二）关塔那摩与“交战正义”

在那些政策困境和法律问题中，有许多与位于古巴关塔那摩湾的关塔那摩拘留中心（Guantanamo Detention Center）的继续开放有关。在“9·11”事件发生后，国会通过了《授权使用军事力量法》（Authorization for Use of Military Force），赋予总统对那些计划、授权、实施或协助针对美国的恐怖袭击的人或组织使用一切必要和适当的军力进行武力反击的权力。因在阿富汗、伊拉克和其他地方的军事行动中存在嫌疑而被捕的人员将被带到关塔那摩拘留中心做进一步审讯，他们有可能被起诉，也有可能被无罪释放。

一开始，这项授权引起了广泛的争议。已有将近800人被带到关塔那摩拘留中心，其中一些人是13～16岁的少年（Amnesty International，2003）。国内外的批评家对被拘留者的待遇提出批评，并质疑这些被拘留者向联邦法院申诉途径的有效性。

自2002年以来，大多数被拘留者已经被移送到其他国家进行进一步质询或被释放，而留下来的人的处境包括：一是面临刑事审判；二是准备释放、转移或等待处置；三是为了防止他们重返敌对阵营，继续扣留。其中第三种拘留是非监禁性的，但剥夺了被拘留者的战俘身份（Steyn，2004，p. 13）。

由于被拘留者的待遇受《日内瓦公约》的约束，拘留中心禁止在任何情况下对被拘留者使用酷刑、残忍和不人道的惩罚，并严禁对他们进行人格侮辱。

奥巴马总统曾在他第一次执政期间承诺关闭关塔那摩拘留中心。2009年他发布行政命令，要求在一年内关闭该场所。但是，国会中的反对派禁止使用财政资金来把被拘留者转移到美国或释放，并断言拘留中
55 心到2013年及以后仍会继续开放（Garcia et al.，2013）。法律专家曾警告，把关塔那摩拘留中心的关押人员转移到美国境内可能会带来很多复杂的问题，可能会引发有关宪法保护权利（constitutional protection rights）和移民法的问题（Garcia et al，2013）。除此之外，关于联邦审判法院、军事法庭或军事委员会谁有权进行起诉也存在争议。

关塔那摩拘留中心是法律管辖权、行政权力、国际法律和规范、人

权、《美国爱国者法案》的规定与公民权利以及人身保护令（habeas corpus）与战争法的冲突旋涡中心。尽管美国在“9·11”袭击发生后得到了广泛的国际支持，但许多人发现了袭击后匆忙做出判断的情况。他们反对匆忙颁布的赋予总统巨大权力并削弱公民自由的《美国爱国者法案》（Steyn，2004，pp. 6－7）。在对美国政府发起阿富汗、伊拉克和全球反恐战争的行为表示批评时，英国高等法院法官约翰·斯泰恩（Johan Steyn）回顾了较早时期的历史：

> 我必须承认，除了《大宪章》之外，英国也在很艰难的时刻采取了将囚犯送到法治范围之外的权宜之计。对克拉伦登第一伯爵爱德华·海德（Edward Hyde）的指控之一是1667年他曾试图将囚犯送到偏远的岛屿、要塞和其他地方来防止他们受到法律的保护。1679年，这个漏洞被堵上了……3个多世纪以来，在英国，这些逃避人身保护令的策略是非法的。

专栏2.4 定义

人身保护令

人身保护令（也称“伟大的令状”）是将被拘押之人移送至法庭，由法院确定拘留是否合法的原则。人身保护令可以确保拘留理由和证据不充分的嫌疑人能够得到释放。 56

关塔那摩拘留中心是“9·11”事件爆发后的立法产物之一，也是国土安全政策和法律事务中的一个突出问题。对将来如何处置拘留中心的问题加剧了政府部门的政治分歧以及法院系统关于拘留中心是否合法的辩论。全球反恐战争被认为是“无休止的战争”，如果是这样的话，拘留政策就必须考虑到俘虏的权利和特权，这不仅会影响美国民主的质量，也会为其他国家提供先例和标准。对敌方战俘的待遇将涉及司法裁决、行政政策和立法条款的协调，然而这在此前是缺乏的。

（三）加拿大

由于有共同的历史和相邻的边界，加拿大与美国之间存在一种特殊的关系。在苏联解体之前，加拿大和美国的国界线是世界上最长的。自俄罗斯联邦和哈萨克斯坦建立国际边界以来，这条边界成为世界上最长的不设防边界，并存在最大的贸易伙伴。因此，加拿大与美国的特殊关系不是基于防务合作，而是贸易和商业往来。美国和加拿大之间的贸易额每年超过6800亿美元。加拿大全球贸易的80%是与美国联系在一起的，而美国只有超过20%的贸易流入加拿大，这些统计数字是美加关系的核心。加拿大在经济和政治上的重大利益与美国有着千丝万缕的联系，90%的加拿人分布在两国国界线方圆160千米范围之内，这也凸显了两国在地理和历史上的接近（Selbie，2001，p. 14）。尽管存在这些战略因素，并且深知本国的经济核心就在于与美国的关系，加拿大还是努力保持自己的独立身份（Gibbs Van Brunschot & Kennedy，2009，p. 179）。与英国相反，加拿大不支持美国对阿富汗和伊拉克的军事入侵行动（尽管有秘密文件显示加拿大秘密支持阿富汗战争）（Núñez，2002，p. 14）。在越南战争期间，加拿大并不支持美国参与这一战争。在这两种情况下，尽管有来自华盛顿的压力，加拿大仍然选择了强调自己的中立性和独立地位。

“和平王国”往往倾向于采取不结盟的立场，并努力支持多边主义，从而反映其中立性和自主权。为了彰显其独立性，加拿大拒绝将其武装力量与美国北方司令部合并。相反，加拿大建立了加拿大司令部（Canada Command）并以独立的成员身份加入联盟，而不是只服从于美国司令部，其目的仍然是通过合作来保卫通往北美的陆海通道。然而，表象可能决定一切。

自1957年以来，北美防空司令部一直是由美加双方联合进行防空指挥的。苏联轰炸机的威胁使大陆防御的集体安全机制变得至关重要，早在1989年以及“9·11”事件之后，小型飞机的跟踪被加入威胁清单。2006年5月，北美防空司令部的一项协议进行了更新，将司令部的权限扩大到海上预警领域，将美国和加拿大的海上通道、海域和内河航道纳
57 入防御领域。虽然北美防空司令部、加拿大司令部和美国北方司令部之间似乎有一些重叠，但这一安排满足了两国的外交需求，尤其是缓解了加拿大官员的压力，他们因为加拿大军事从属于华盛顿而遭到加拿大政治圈的批评和反对（McDonald，2003，p. 24）。为了支持北美防空司令部

而拒绝拓展美国北方司令部的指挥结构符合加拿大主权和中立的大战略。

作为世界上权力最为分散的联邦，加拿大的安全、危机管理和基础设施保护责任下放到各个省和地方当局（Selbic，2001，p. 10）。但是，“9·11”事件激发了公众合作的意愿和紧迫感。恐怖主义的威胁、美国和加拿大边境的漏洞以及对美国贸易的潜在影响迫使加拿大政府采取更多行动，并表现出团结一致。目前，有 80 多个条约级别的防务协议、250 项谅解备忘录以及 145 项涉及或提及防务事项的双边协定（Selbie，2001，p. 10）。

在“9·11”事件发生之后，加拿大制定了两项重要的法律，即加拿大 2001 年《反恐怖主义法》和 2001 年《智能边境协议》（Smart Border Accord）。加拿大 2001 年《反恐怖主义法》将以下行为定为犯罪：一是参与或协助恐怖活动，二是有意藏匿或隐藏恐怖分子，三是指使其他人直接或代表一个团体进行恐怖活动，四是募集资金支持恐怖主义犯罪。《反恐怖主义法》与《美国爱国者法案》在概念和内容上相似，制定都很仓促，目的都是应对恐怖袭击造成的威胁，赋予政府机构预防与打击恐怖主义的额外工具和力量。同样，两国国内对法案也提出了批评和抗议。尽管如此，这两种法律体系都植根于英国的普通法传统。《反恐怖主义法》和《美国爱国者法案》的不同之处正是反映了加拿大与美国之间在宪法、立法及官僚结构方面的差异（Wispinski，2006）。与《美国爱国者法案》类似，加拿大《反恐怖主义法》为起诉恐怖主义嫌疑人规定了新的罪行和程序。

表 2－3　加拿大 2001 年《反恐怖主义法》规定的罪行与程序

新增加的罪行
（1）在知情的情况下，直接或间接募集或提供资金支持恐怖活动
（2）在知情的情况下参与、促成或协助恐怖主义集团的活动
（3）指使任何人实施或代表恐怖组织实施恐怖行为或活动（领导犯罪）
（4）在知情的情况下藏匿或隐藏恐怖分子
新程序
（1）为避免潜在的恐怖袭击允许进行预防性逮捕
（2）规定对可能掌握恐怖事件信息的个人进行调查听证
（3）要求总检察长和公安部长及公共安全和应急部长每年提出是否应该保留这些规定的意见

资料来源：根据吉布斯·范·布伦肖特和肯尼迪的数据汇编而成（Gibbs Van Brunschot & Kennedy，2009）。 58

虽然存在关键差异，但主要是因为各国先前的法律框架不同。这些差异还与立法者基于国家安全、公民自由、移民政策和主权等不同概念看待问题的不同有关。例如，美国的军事分析家认为加拿大的军事投入不足，而且移民法过于宽松（McDonald，2003；Núñez，2002）。加拿大和美国是对移民问题的态度和政策倾向不同的两个移民国家，加拿大寻求年轻的技术工人来解决迫在眉睫的人口问题，而美国则赞成把家庭团聚作为遴选的基础（Rekai，2002）。当两国试图协调其差异化的移民政策时，两国之间的紧张关系可能会沿着边境展开。

第二个重要的立法是加拿大和美国之间的2001年《智能边境协议》。该协议的目标是在实施多层次安全系统的同时促进边境间的低风险贸易。双边合作、信息技术部署和风险管理目标是该协议的重要支柱，旨在确保贸易安全的同时促进贸易发展。

该协议通常被称为“30点计划”（30 Point Plan），主要内容如表2－4所示。

表2－4 《智能边境协议》的30项内容

生物识别技术	联合设施
永久居民卡	海关数据
单一替代品检查系统	港口集装箱
难民/庇护所管理	基础设施的改善
管理难民/庇护申请	智能交通系统
签证政策协调	关键基础设施保护
航空预检查	航空安全
提前进行乘客信息登记/乘客姓名记录	综合边境和海上执法队伍
联合乘客分析单位	联合执法协调
轮渡码头	综合情报
兼容的移民数据库	指纹
海外入境事务人员	清除被驱逐出境者
国际合作	反恐立法
协调商务处理	冻结恐怖分子资产
远离边境清关	联合训练和演习

资料来源：U. S. Department of State，2002。

2005 年 6 月，北美安全与繁荣联盟取代了《智能边境协议》。新协议要求加强技术研发和测试。然而，奥尔巴尼大学的雷伊·柯斯罗斯基（Rey Kosloski）认为：

> 智能边境不仅仅是部署硬件和软件的问题，还需要更多的国际合作。已有的《智能边境协议》规定了广泛的国际合作议程，但为了使“智能边境”概念在实践中发挥作用，需要开展更多的合作，以收集必要的数据。（Koslowski，2005，p. 544）

针对自《智能边境协议》及其后续计划启动以来的研究已经公布了一些令人沮丧的财务数据。虽然没有发生重大的恐怖袭击事件，但商业和“边境增厚”（border thickening）的行政成本也已带来了一定的损失。“边境增厚”指通过多层的安全程序来搜查可疑人员或货物（Moens & Gabler，2012，p. 25）。有大量证据表明，这种安全强化过程给旅游、商业贸易和纳税人带来了利益损失。根据加拿大弗雷泽研究所的初步研究，《智能边境协议》和 2005 年北美安全与繁荣联盟在边境口岸增加了许多新的跨境计划和投入，但效率未显著提高（Moens & Gabler，2012，p. 25）。此外，这项研究指出，美国人在加拿大的隔夜游和一日游在过去 10 年中下降了 53%。边境道路的交通闲置成本增加，而旨在加快贸易的 59
“可信任托运人计划”（trusted shippers programs）大大增加了企业的管理成本。最后，在估算计划和维持安全项目的成本时，作者指出：

> 考虑到大量计划本身和附带成本，我们无法汇总任何一年的总额。然而，我们通过汇总所有单个计划的成本来估计给加拿大经济带来的总成本，结果显示“边境增厚”每年花费加拿大纳税人 5 亿～10 亿美元。（Moens & Gabler，2012，p. 26）

奥巴马政府和哈珀政府于 2011 年公布了一项名为《超越边界行动计划》的倡议。这项倡议宣称建立“在相互尊重主权和保护个人隐私的独立宪法和法律框架的指导下，在四个关键领域实现新的长期安全伙伴关系的共同优先事项”（U. S. White House，2011d，n. p.）。该倡议旨在加

60 强现有计划和机制、推进试点项目发展和先进技术工具的使用，并扩大执法框架。为了避免商业投诉，该倡议计划减少一些不必要的监管问题。该倡议借鉴了以往的命令、指令和举措，从而确定了战略方向和动机，即先发制人的防御策略。美国白宫对该项措施进行了说明："我们打算采取周边安全措施，在两国内外开展离岸合作，从而加强我们的安全，加快两国人民、货物和服务的合法流通"（U. S. White House，2011c）。

在国家交界处基础设施建设和联合检查方面的国际合作需要相当大的投资和承受巨大的外交压力。美国实行向外推进边界的战略，例如《智能边境协议》和反恐怖主义海关贸易伙伴关系、集装箱安全倡议和自动目标定位系统（在本书后面讨论）等倡议，都相继遇到了政治抵制。财政和预算条件以及国家治理资源都占据重要地位，就加拿大与美国的贸易和集体安全关系而言，加拿大的政策遭到了其他贸易与国防合作伙伴的批评。就像我们前面讨论过的那样，美国官员和安全分析家有时表现出对加拿大自由移民政策的不耐烦，而且美国认为加拿大的国防投资不足（McDonald，2003，p. 10）。加拿大经常发现，作为"初级伙伴"，它经常受到美国国会与政策机构的指示和计划的制约，这些机构在处理美国与加拿大跨境贸易问题时采用"安全第一"的方法（Moens & Gabler，2012）。

两国之间战略和文化的紧密联系是重要因素。即便如此，一方面，加拿大可能需要制定一些与国民经济需求相关的跨境目标并为此付出代价；另一方面，美国可能需要重新评估其颁布的一些安全计划，确定这些安全计划对国土安全来说是否必要，还是由华盛顿附有特殊利益嵌入的压力造成的。评估还应涉及这些计划是否有助于实现全球利益，或者评估其在现实中对商业和外交的无建设性和消极影响程度。

（四）英国

英国与美国的"特殊关系"是美国能力建设的重要组成部分，也是英国外交政策的重要推动力量（Gibbs Van Brunschot & Kennedy，2008，p. 157）。英国与世界舞台紧密联系的一个主要因素在于英国与美国和其他欧洲国家形成的三角关系。吉布斯·范·布伦肖特和肯尼迪回顾了托尼·布莱尔（Tony Blair）首相在"9·11"事件发生 2 个月后发表的讲话，布莱尔说：

> 我也希望，我们已经掩盖了这样一个神话：英国必须在欧洲强盛和美国强盛之间做出选择。在阿富汗的行动生动地展示了两国关系是如何加强的，美国和我们的欧洲伙伴都重视我们与对方的作用。因此，让我们在欧洲发挥我们的全部作用，而不是退缩；让我们宣布我们与美国的亲密关系，并利用它使欧洲更接近美国。（Gibbs Van Brunschot & Kennedy，2009，p. 173）

在反恐战争中，英国与华盛顿的政策是一致的。为了支持伊拉克和阿富汗战争，英国政府面临巨大的国内政治压力。尽管英国没有按照美国的方式重组其安全机构，但它已着手建立一个中央协调系统，在较小的规模 61
上反映了国土安全的概念。2004 年英国政府公布了一项跨部门战略，旨在打击恐怖主义、保护公共设施和关键基础设施，并保证自身系统在发生重大事件的情况下能够恢复。众所周知，“竞赛战略”（CONTEST）[①] 也试图探索国内外恐怖主义发生的根本原因。这一战略的四大支柱是预防、追踪、保护、准备。正如其制定者所设想的那样，“竞赛”是一种有效和连贯的方式，能够将负责反恐、准备、应急管理和响应工作的各政府部门以及现有资源和专业知识结合起来。

英国内阁和部长级委员会体系中，通常由首相担任内阁主席，首相在内阁中得到一系列委员会和小组委员会的支持，内阁办公室与这些委员会和小组委员会协调涉及安全的政策及战略，国防和海外政策委员会、情报服务委员会和国民紧急事务委员会发挥关键作用。一旦事件发生，内阁办公室简报室（Cabinet Office Briefing Room）就会召开会议，针对突发事件制订计划和进行协调。尽管英国采用一种有效的方式来替代烦琐的官僚机构，但是“竞赛”相关的政府办公室和委员会名单依然让人印象深刻。表 2 - 5 列出了参与英国国土安全工作的政府机构名单。

① 英国反恐的战略体系主要反映在政府推出的一系列“竞赛”文件中，这是英国半个世纪反恐以来第一部官方公布并承认的反恐战略文件——译者注

表 2-5 英国参与反恐的部门、部委、委员会和办公室

国家基础设施保护中心	财政部
皇家检控署	内政部：安全与反恐办公室
商业、创新和技能部	联合反恐分析中心
社区和地方政府部门	国防部
教育部	司法部
能源与气候变化部	国家罪犯管理处
能源部	国家安全委员会
环境、食品和农村事务部	国家反恐安全办公室
国际发展部	北爱尔兰事务部
交通部	苏格兰事务部
卫生署	秘密情报局
地方议会	安全服务局
外交及联邦事务部	英国边防局
政府通讯总部	威尔士事务
政府科学办公室	

资料来源：根据英国内政部国务卿的数据编制（U. K. Secretary of State for the Home Department，2011）。

英国政府已与美国签署合作协议。美国针对重要的基础设施保护和其他国土安全问题提出的最突出举措之一是集装箱安全倡议与《在关键基础设施保护和其他国土/民事安全事项上开展科技合作》的协定（Cooperation in Science and Technology for Critical Infrastructure Protection and Other Homeland/Civil Security Matters，以下简称《科技合作协定》）。集装箱安全倡议要求美国驻外国港口的检查员对进入美国境内的所有货物进行检查和清关。加入倡议的东道国必须同意美国相关人员的驻扎，如果国土安全部代表和地方当局在任何集装箱的风险水平上存在争议，美国官员有权利和义务禁止货物入境。《科技合作协定》为美国和英国共享有关国土安全的研究提供了一个框架。该协定确保“促进技术、人员和信息的系统交换，这些技术、人员和信息来源于或应用于类似或互补的作战研究、开发、测试或评估项目”。美国与德国、法国、以色列、爱沙尼亚、瑞典、墨西哥和加拿大签订了类似协定。

自“9·11”事件以来，英国颁布的相关法律主要包括《反恐怖主

义、犯罪和安全法》。“9·11”袭击事件后，英国议会通过了加强航空安全的立法，包括增加飞机上违禁物品的清单、授权强行带走乘客、加强对乘客和行李的扫描及搜查。

其他立法包括2002年颁布的《移民和庇护法》，旨在通过强化移民程序来更有力地限制滥用寻求庇护的机会，并防止非法移民。措施是要求航空和海上承运人查询数据库，找出进入英国境内的可疑人员。

2004年，即在伦敦公交爆炸案的前一年，英国议会通过了《民事紧
急状态法》。该法与《美国爱国者法案》相似，但引起的争议较少，不 62
过遭到民权倡导者的抵制。该法赋予政府没收财产、限制公众集会、禁止进入受污染或其他危险地区并疏散这些地区人口的权力。它也赋予政府在未经国会批准的情况下可以宣布紧急状态的权力（Archick，2006，p. 47）。

2008年英国议会通过了《反恐怖主义法》，为打击恐怖主义的现行法律增加了更多的权力和条款。附加条款允许当局延长对恐怖分子嫌疑人的预先拘留时间，并修订了有关事后审讯的法律。根据这些修正案，警察审讯嫌疑人时可以根据其沉默做一些推论，这些推论可能会在法庭上使用。该立法还允许在某些没有陪审团的情况下审理案件，并对与恐怖主义有联系的罪犯施加更严厉的判决，同时要求犯下恐怖主义罪行的人告知当局其地址或其他相关生活条件的变化（Gibbs Van Brunschot &
Kennedy，2009，p. 183）。 63

英国强化国土安全制度和开展能力建设的举措大体上与其对威胁载体的认识保持同步。不过，英国与欧洲大部分国家一样，也感受到2008年金融危机带来的影响——资源和预算紧张。如上所述，“对于应对恐怖威胁的资源有限问题，与这一特定类型漏洞相关的风险必须根据可用于解决漏洞问题的资源进行评估”（Gibbs Van Brunschot & Kennedy，2009，p. 165），结果是安全投资和其他公共物品投资之间的平衡关系变得更加微妙。

有人认为，英国依靠与美国的联系在世界事务中占据独一无二的地位。“英国知道这能让它具有领导力的品质，尤其是它与美国的关系”（Gibbs Van Brunschot & Kennedy，2009，p. 174）。加拿大与其强大的邻居的关系使其看起来像一个被迫维护国家身份的低级伙伴，与加拿大相

比，英国则试图利用它与美国之间的特殊关系。英国认为，它作为全球社会的老政治家，在世界上占有一席之地。2001 年，布莱尔首相在讨论安全问题时指出一点，他说："贫困、流行病和失败国家等问题，不仅会对一个国家造成影响，而且会影响整个地区"（quoted in Gibbs Van Brunschot & Kennedy，2009，p. 175）。英国国土安全战略的部分内容涉及使英国成为合作的中心。然而，一个无法回避的因素是英美关系，二者之间的关系不仅在国际舞台上有重要作用，而且影响到英国的国土安全政策。

总之，英国《2009 年国家安全战略》在评估、定义和应对国土安全挑战方面反映了所有发达国家的意见。

> 我们面临的威胁，不仅包括敌对国家的威胁，还包括非国家威胁，比如恐怖主义或严重的有组织犯罪，以及一些严重的灾害，如洪灾。我们不仅面临来自传统领域的威胁，如军事行动，还可能面临一些新的威胁，如来自网络空间的威胁；这些威胁不仅受一些传统因素如种族主义或国家间对抗的驱动，还可能受更广泛因素的影响，如气候变化、资源竞争或国际贫困。（Lewin，2011，p. 13）

64 加拿大和英国基于与美国的明显联系，加上共同的语言、历史、文化和地缘政治，一直是天然的盟友。英国是美国在伊拉克和阿富汗战争中坚定的支持者。加拿大在不做军事行动部署的情况下与美国保持着密切联系，并监护美加贸易伙伴关系，《智能边境协议》就是两国合作的一个主要例子。

关于《美国爱国者法案》侵犯公民权利的争议不断。在"9·11"事件发生不久后便快速通过的这项法案赋予行政部门极大的权力，一些法律专家认为，考虑到新的冲突，这种做法是有必要的；而另一些法律专家认为这一做法过于极端。加拿大和英国也颁布了自己的法案，也都得到国内政治界的支持和遭到抗议，加拿大的《反恐怖主义法》和英国《民事紧急状态法》引发了公民自由团体的争论和抗议。这些争论在法庭、议会和公共广场上持续不断。表 2－6 列出了恐怖事件及针对相应事件提出的立法。

表 2－6　2001～2008 年恐怖袭击等事件和相关立法

年份	事件	美国立法	英国立法	加拿大立法
2001	世贸中心/五角大楼袭击	《美国爱国者法案》和《智能边境协议》	《反恐怖主义、犯罪和安全法》	《反恐怖主义法》和《智能边境协议》
2002	—	组建美国国土安全部	《移民和庇护法》	—
2003	—	—	—	—
2004	马德里火车爆炸	—	《民事紧急状态法》	《公共安全法》
2005	伦敦地铁爆炸案	—	—	—
2006	多伦多炸弹被捕案	《安全港口法案》	—	—
2007	—	第 110－53 号公法	—	—
2008	全球金融危机	—	《反恐怖主义法》	—

（五）美国－欧盟合作

从一开始，奥巴马政府就致力于保持布什总统在反恐、边境管制和
交通安全等问题上与欧盟合作的势头。这种合作已经促成了跨大西洋对 65
话，并为制定反恐怖主义政策和方案提供了更有活力的多边结构，而不是以前的双边结构（Archick，2014）。

像美国一样，欧盟也努力实现建立可靠的安全制度与确保基本的公民自由之间的平衡。另外，欧盟还有另一个复杂的现象，就是它试图在 28 个具有不同法律体系和传统的成员国之间组建一个联盟。自欧盟在 1995 年创建欧洲无国界申根区以来，公民有权在任何欧盟国家自由生活和旅行。《申根协定》（Schengen Agreement）基本上取消了欧盟区域内的大多数安全检查。

为了平衡欧盟各国去边界化进程，欧盟建立了司法与内政事务理事会来负责构建安全合作和制定共同政策。司法与内政事务理事会在不侵犯主权的情况下，制定统一的安全措施，同时促进成员间贸易自由流动；每三个月召开一次会议，司法部长一般处理有关民法、刑法和基本权利合作方面的问题，内政部长主要负责移民、边境管理和警察合作事务。这项安排推动制定了新一代的反恐立法以及对恐怖主义做统一的法律定义。

然而，各国尽管有合作精神，但成员国之间、欧盟数据隐私保护和情报共享机构之间的不同立场使协调不同国家的法律进程以及制定在欧盟

范围内通用的政策变得复杂。尽管存在障碍，但这些努力仍取得了成果。参与谈判的国家就信息共享安排、引渡协议和司法互助条约达成了协议。

同样，美国和欧盟的能力建设取得了实质性的进展。自 2001 年以来，有关集装箱和客运安全（包括生物识别、签证政策和空中警察）的协议、追踪和阻止资助恐怖活动的方案已经达成（Archick，2006）。奥巴马政府内阁的主要成员每年与欧洲同行会面，讨论与反恐有关的司法和执法问题，一个高级官员工作组定期推动这些谈判。此外，美国政府通过联邦调查局、特勤局和欧洲刑警组织之间的相互联络来维持这一关系。特别令人关注的是从中东冲突地区特别是叙利亚和伊拉克返回家园的西欧和美国的伊斯兰极端主义人数。根据奥巴马白宫的信息，美国司法部和国土安全部的官员与欧盟同行进行磋商，讨论各种加强反激进化、边境安全、航空安全和信息共享的措施，应对潜在威胁（U. S. White House，2014，n. p.），进而解决这些外国武装分子带来的潜在威胁。

然而，挑战依然存在。爱德华·斯诺登（Edward Snowden）对美国国家安全局监视计划（特别是对德国总理默克尔的监听）的披露制造了紧张局势。其他诸如被拘留者政策、恐怖分子指定名单以及关于边境管
66 制和合法的跨大西洋商业安全标准方面的分歧依然存在。

五　总结

在“国土安全”的概念中，有法律规范、管辖权划分、“正义战争”概念和对硬实力的理解等方面的内在差别。特别是自第二次世界大战以来，美国的国防机构主要通过兵力投送来保卫美国在海外的利益。当提到美国领土的实际防御时，“防御”一词失去了意义。在军事规划者的心中，这种责任主要是执法问题。1878 年的《地方保安队法》（Posse Comitatus Act）旨在对军队和国内警察在作战、行政和文化方面进行明确的划分，两者之间互不干涉。

与此同时，美国的盟友对新的威胁以及美国的政策做出反应。通过不同的政府机构和不断变化的国内政治环境，先发制人的战争理论和扩大美国边境的安全计划影响了其他国家的国土安全框架，这发生在试图调整政策的过程中。与此同时，关于公民自由和美国势力范围过大的争

论日益激烈。先前的抗议者和对美国霸权的恐惧并未被受伤的美国所平息，这个受伤的美国向国际社会提出挑战，要求：“要么和我们在一起，要么和恐怖分子在一起。”

美国国防部维持了700多个海外军事基地，以保护美国的利益和保障民主的传播。现在，新成立的美国国土安全部制订了一项计划，通过在海外港口派驻检查人员，有效地推动了边境的扩张。国土安全部还组织并资助了联合研究计划，建立了一个监视联盟网络。

但是，“9·11”事件改变了国家安全的预测和发展动态。瞬间，世界卷入与一个神秘敌人的一场不对称战争中，或者说世界与自己的战争。当美国试图重新定位其国家安全机构的使命时，发现其调动资产、工业、技术、盟友和人口的官僚机构也是围绕着根深蒂固的利益、固有的思维模式和冷战构建起来的，传统的冷战敌国和盟友发现自己也陷入类似的陷阱。

冷战的结束为“9·11”袭击等事件的发生扫除了障碍。超级大国敌对行动的结束留下了一连串“失败国家”和准国家。在全球范围内，一旦互助协议、条约组织（除扩大的北约以外的条约组织）和军事条约被抛在一边，新出现的紧张局势会引发欧洲、非洲、亚洲以及南美洲和中美洲大规模的移民潮（Koppel & Szekely，2002，p. 12）。在“有序”的冷战制度权力联盟解体后，东方与西方之间的界限变得模糊，边界的作用和重要性弱化。这些发展开创了跨境犯罪和恐怖主义的新时代（Jarmon，2014）。其他威胁也变得可能，包括日益严重的赤贫、缺乏法律监管的网络领域以及全球范围内对资源的过度使用和忽视。各国政府试图有效、公正地调整政策法规。然而，全球化和技术进步力量给国家制度带来了挑战。各国政府正努力跟上步伐，试图建立有效的国土安全框架来保护日常事务，并促进商业发展。 67

☞ 本章案例

自“9·11”袭击事件以来，国土安全政策和法律是如何改变的？

汤姆·基恩

当我提起笔，“9·11”恐怖袭击已经过去了13年，距离我担任美国遭受恐怖袭击国家委员会主席也已过去了10年。自那以后，许多事情发生了变化，有些事情保持不变。那天，我们受到来自世界其他地方的19名恐怖分子的袭击。他们避开了移民机构审查，进入美国，在谋划袭击的最后阶段，他们的身份仍然没有被识别。在此期间，他们中的一些人甚至以自己的名义获得驾照和信用卡，但仍未被美国政府的任何机构发现。

在此之后的几年中，我们加大了防御力度，组建了国土安全部，重组了我们的情报机构，并成立了交通安全管理局以改善机场安全。这些措施是有效的，现在很难想象很多外国人在计划袭击时进入我们的国家并住在这里。

今天的威胁已经改变了，所以我们必须改变。我们绝对不能打昨日的仗。新的袭击与“9·11”袭击不同，我们必须做好准备。

在过去几年中，我们摧毁了“基地”组织的大部分头目。他们不再有能力策划大规模袭击。为此，我们必须为“独狼”恐怖分子策划的小规模袭击做好应对准备。在这方面，最大的危险是通过互联网招募的美国公民，他们有能力在国内四处活动。我们必须付出更多的努力，破坏互联网招募活动，并与这些国家的穆斯林社区合作，在阴谋实施之前将其扼杀。

叙利亚的冲突带来了一些年轻的伊斯兰极端主义者被征召参战的威胁，其中一些来自欧洲，一些来自美国，尤其是美国人，如果他们接受“圣战”，就可以在国内策划袭击。我们必须尽一切可能在这些人回国之前确认他们的身份。

我们写报告的时候，还没有人意识到网络空间的重要性。现在，这可能是我们最大的弱点。现在国会一直无法达成一项法案，我们的公共部门和私人部门仍不协调。这可能是我们的下一个“9·11”，我们必须更加重视网络威胁。

最后，有一件事是不变的——我们的大部分情报仍然是机密的，所以我们不知道情报机构的内部运作。国会监督至关重要，然而目前仍存在失调。当我们写报告时，我们注意到国土安全部要向88个不同的国会委员会做报告，这意味着该部门的领导花了太多的时间用来出庭作证，而没有足够的精力保护国家。而现在，这个数字是94。由于国会监督功能失调，我们的国家仍然不够安全。

作者简介：2002 年 12 月 16 日，新泽西州前州长汤姆·基恩被布什总统任命为美国遭受恐怖袭击国家委员会主席。随着 2004 年 7 月 22 日“9·11”委员会最终报告发布，他在该委员会的工作正式结束。目前他与国会议员李·汉密尔顿共同担任国家安全准备小组联合主席。 68

◇ 本章小结

1. 评估安全性所涉及的内容，包括安全评估在不同州或地区的差异、优先级是如何设置的。

2. 西方传统的战争规则，包括“开战正义”“交战正义”“战后正义”的含义。

3. 美国、英国和加拿大的安全环境。

4. 安全与公民自由之间的争论和紧张关系，如关塔那摩拘留中心的法律影响。

5. 英国、加拿大的政策和法律与美国的异同。

6. 影响美国、英国和加拿大安全框架的因素。

7. 美国、英国和加拿大的具体国土安全法律是什么，如何重新界定犯罪行为、重新制定刑罚和起诉程序。

8. 美国、英国和加拿大的具体安全计划是什么。

9. 不同计划如何相互联系、融合、重叠和区别。

◇ 关键术语

30 Point Plan（30 点计划）

Authorization for Use of Military Force（授权使用军事力量法）

Border thickening（边境增厚）

Canada Command（加拿大司令部）

CONTEST（竞赛战略）

Cooperation in Science and Technology for Critical Infrastructure Protection and Other Homeland/Civil Security Matters（在关键基础设施保护和其他国土/民事安全事项上开展科技合作）

Guantanamo Detention Center（关塔那摩拘留中心）

Hugo Grotius（胡果·格劳秀斯）

Justice and Home Affairs（JHA）Council（司法与内政事务理事会）

Just-war theory（正义战争论）

NORAD（北美防空司令部）

Posse Comitatus Act（《地方保安队法》）

Projection of force（兵力投送）

Public Law No. 110－53（第110－53号公法）

Schengen Agreement（《申根协定》）

Smart Border Accord（智能边境协议）

War Powers Resolution（战争权力决议案）

◇ 思考与练习

1. 什么是“正义战争论”？

2. “开战正义”、“交战正义”和“战后正义”之间有什么区别？

3. “9·11”事件后，“正义战争论”的要素如何变化，全球反恐战争改变了“正义战争理论”吗？

69 4. 美国国土安全部的“边界外推”做法与美国国防部的“兵力投送”有哪些相似之处？

5. 美国国土安全部的“边界外推”做法与美国国防部的“兵力投送”有哪些不同之处？

6. 加拿大与美国之间关系的主要驱动因素是什么？

7. 在国际关系的背景下，英国如何评估自己在与美国关系中的地位？

8. 如果交战国的战斗人员被拘留在美国领土，将面临什么法律问题？

70 9. 《美国爱国者法案》和公民自由之间的主要争论点和问题是什么？

第二部分

危害与威胁

第三章　恐怖主义

◇ 本章学习目标

通过本章学习，应该掌握以下内容：

1. 关于恐怖主义的定义。
2. 介绍恐怖主义的发生频率和分布情况。
3. 介绍恐怖主义的后果和成本。
4. 解释恐怖分子选择目标的类型。
5. 描述恐怖分子的基本情况。
6. 介绍反恐组织和反恐策略。

2010 年 9 月 18 日，萨米·萨米尔·哈桑（Sami Samir Hassoun），一个在芝加哥获得了公民合法居住权的 25 岁黎巴嫩人，把一个他认为装有炸弹的背包放在芝加哥小熊队的主场瑞格利球场旁人行道的垃圾箱里，当时这里正在举办音乐会。

这是一个由联邦调查局卧底警察提供的假炸弹。此次“钓鱼”由联邦调查局特工、芝加哥市警察以及其他联邦、州和地方执法人员组成的一个联合反恐特遣队牵头。

在得知哈桑希望从芝加哥的暴力组织获得好处后，他们开始关注他。后来哈桑承认曾向人透露想拿炸弹炸瑞格利球场周围商业区的想法，这位线人将哈桑介绍给伪装成同谋者的卧底警察，哈桑说他愿意使用汽车炸弹袭击芝加哥警察。2010 年 8 月，哈桑曾 3 次在瑞格利球场周围拍摄潜在目标场地，重点关注热门酒吧和餐馆拍摄时，他评估了在各处地点进行袭击的战术优势和风险。

9 月 18 日晚上，哈桑从卧底警察那里拿走了一个购物袋和一个装着假炸弹的背包。这名警察告诉他，爆炸装置被滚珠轴承包围，爆炸可能摧毁半个城市街区。午夜过后几分钟，他帮助哈桑设置了计时器，而后哈桑把背包放进了垃圾箱。

哈桑承认企图使用大规模杀伤性武器并企图使用爆炸装置。2013 年 5 月 30 日，联邦法官判处他 23 年徒刑（Federal Bureau of Investigation,
72 2013）。

一　有关恐怖主义的定义

“恐怖主义”指使用暴力和威胁来实施恐怖活动。它是一个争议极大的概念，这意味着恐怖主义的研究、立法和反恐合作都非常困难。因此，本节将重点解释关于恐怖主义定义的一些争论。

一些恐怖主义研究学者不热衷于对“恐怖主义”进行定义。例如，瓦尔特·拉克尔曾经写道：“关于恐怖主义的全面定义是不存在的，也不会在可预见的未来出现”（Laqueur，1977，p. 5）。然而，迈克尔·斯托尔指出：“一个被明确认可的‘恐怖主义’定义应包括以下内容：‘这是一种犯罪者故意使用暴力（或其威胁）而使民众受到伤害和受到恐怖威胁的行为’”（Stohl，2012，p. 45）。

彼得·斯普罗特通过缜密的归纳和演绎论证，从行为角度对“恐怖主义”进行了较为完整的定义：

> 恐怖主义的典型特征表现在动机（是政治目的而不是私人目的）、意图（制造恐慌而不仅仅是破坏）和状态（在国内被视为合法的活动如果在国外实施可能被视为恐怖主义并受到法律惩罚）方面，同时特定的任意和/或无差别行为可以标记为国内恐怖主义。因此，可以认为恐怖主义是非国家行为体或他国出于政治目的蓄意威胁或使用暴力，这种行为旨在影响比直接受害者更广泛的受害者和/或目标；一国政府在国内在不让被害人事先了解法律和/或不区分个别被害人的清白与有罪的情况下蓄意使用暴力。（Sproat，1991，p. 21）

上面的定义看起来似乎不具有操作性。一个操作性定义应该能够将一些事件编码成恐怖事件或者非恐怖事件，比如我们期望像全球恐怖主义数据库（Global Terrorism Database，GDT）那样方便、可靠地统计恐怖事件数量。该数据库 2001 年在马里兰大学上线，统计了自 1970 年以来发生的恐怖主义事件。全球恐怖主义数据库统计的恐怖主义事件必须满足以下标准：

> 1. 国际化。
> 2. 暴力性。
> 3. 由次国家行为体实施。
> 4. 满足以下三个标准中的至少两个：①具有政治、经济、宗教或社会目标；②意图向更广泛的人群传递恐怖信息；③不是发生在合法战争的背景下。 73

但遗憾的是，不同的国家、不同的人、不同的机构、不同的政府甚至不同的政府部门对恐怖主义都有不同的定义。关于恐怖主义定义的争论通常聚焦在以下四个方面：行为人，行为和活动，目标，动机、意识形态和意图。下文将介绍这些定义和争议，同时比较不同法律和官方定义的不同之处。

二　恐怖活动实施者

（一）非国家行为体

一些定义认为国家或国家政府也可能是恐怖主义的实施者，但包括美国政府在内的国家政府倾向于将“恐怖主义”定义为非国家活动，这是合理的。各国出于自身利益的考虑，更倾向于将国家排除在犯罪行为体之外，它们更愿将“恐怖主义”定义为非国家行为体反对其政权的政治行为。因此，许多国家的法律将“恐怖主义”定义为纯粹的非国家活动，即使国际法没有这样做（详见专栏 3.1）。

专栏3.1 比较观点

不同法律和官方的定义

联合国

对联合国来说，“恐怖主义”通常被理解为对平民造成巨大和致命的伤害并创造恐怖气氛的犯罪行为，通常是为了达成政治或意识形态（非宗教或是宗教）目的。（U. N. Office for the Coordination of Humanitarian Affairs，2004，p. 31）

北约

北约对“恐怖主义”的标准定义（自1989年起）是：“为了强迫或恐吓政府或社会以实现政治、宗教或意识形态目标而对个人或财产非法使用或威胁使用武力或暴力。”（North Atlantic Treaty Organization，2008，p. 2－T－5）

美国

美国司法部（联邦调查局的管理者）认为“恐怖主义”是：“为促进政治或社会目标的实现，对人身或财产非法使用武力或暴力，恐吓或胁迫政府、平民或其中任一方”（U. S. Federal Bureau of Investigation，n. d.，n. p.）。根据美国现行刑法典（第18编，第1部，第113B章，第2331节），恐怖主义必须：

A. 涉及暴力行为或对人类生命有危险的行为，这些行为违犯美国或任何国家的法律，或者是在美国或任何国家的管辖区域的犯罪行为。

B. 倾向于：

ⅰ. 恐吓或威胁平民；

ⅱ. 通过恐吓或威胁来影响政府的政策；

ⅲ. 通过大规模摧毁、暗杀或绑架行为影响政府运转。

相比之下，其他要求美国国务院每年提交关于恐怖主义报告的法律（第22编，第2656f［d］节）将“恐怖主义”定义为“由地方团体或秘密特工针对非战斗目标实施的有预谋、出于政治动机、意图影响群众的暴力行为”。

美国国土安全部对“恐怖主义”的定义是：“针对平民、财产和环境或经济目标的有预谋的威胁或暴力行为，以引发恐惧，恐吓、胁迫或影响政府、平民或其任何部分，以实现政治、社会、意识形态或宗教目标”（U. S. Department of Homeland Security，2011，p. A2）。 75

美国国防部对“恐怖主义”的定义是：“蓄意使用非法暴力或威胁使用非法暴力制造恐惧；意图通过强迫或恐吓政府或社会来实现政治、宗教或意识形态目标”（U. S. Department of Defense，2010）。

加拿大

加拿大刑法典第83.01（l）（b）段将“恐怖活动”定义为“在加拿大境内或境外的行为或不作为”。包括：

i. 行动是：

A. 部分或全部出于政治、宗教或意识形态目的、目标或原因。

B. 全部或部分意图威胁公共安全（包括经济安全）或迫使加拿大境内外的个人、政府、国内组织、国际组织去实施某种行为或者阻碍其行动。

ii. 蓄意：

C. 使用暴力造成某人死亡或严重的身体损伤。

D. 伤害人的生命。

E. 对公众或部分公众的健康或安全构成严重威胁。

F. 对公共或私人财产造成巨大损失，如果这种损失很有可能导致在A至C中提及的行为或损害。

G. 对公共或私有的基本服务、设施或系统造成严重干扰或严重破坏［但由宣传、抗议、异议或停工造成的影响除外，这些活动无意实施A至C描述的行为或伤害］，以及密谋、企图或威胁做出任何该等行为或不作为，或在有关任何该等行为或不作为的事实发生后成为从犯。但更确切地说，不应包括武装冲突期间的行为或不作为，以及在行动实施时和实施地符合适用于冲突的国际法惯例或国际法，或一国军事力量在履行其公务时所进行的活动，但这些活动须受国际法其他规则的约束。

欧盟

欧洲理事会关于打击恐怖主义的框架协定（2002）第1条对“恐怖主义”的定义是：

1. 对人群进行严重恐吓；
2. 不当地强迫政府或国际组织去做或不做某些事情；
3. 76 制造不稳定或严重破坏一国或国际组织的基本政治、宪法、经济或社会结构的，应被视为恐怖主义犯罪，包括：

   a）攻击他人并可能导致其死亡；

   b）损害他人身体；

   c）绑架或劫持人质；

   d）对政府或公共设施、运输系统、基础设施，包括信息系统、大陆架固定平台、公共场所或私人财产造成广泛破坏，可能危及人身安全或造成重大经济损失的；

   e）劫持飞机、船舶或其他公共或货物运输工具；

   f）制造、占有、获取、运输、供应或使用武器、爆炸物或核武器、生物或化学武器，以及研究和开发生物和化学武器；

   g）释放危险物质，造成火灾、水灾、爆炸而危害到人类的生命；

   h）干扰或中断水、电力或任何其他基本自然资源的供给，危害人的生命；

   i）威胁实施（a）到（h）列出的任何行为。

英国

英国立法部门几乎完全用政治暴力来界定恐怖主义。

- 《预防恐怖主义法（暂行规定）》（1989）：“恐怖主义意味着出于政治目的使用暴力，包括任何造成公众恐惧的暴力行为。”（S. 20［1］，c. 4）
- 《再保险法（恐怖主义法案）》（1993）：恐怖主义指“代表任何组织或与其密切相关的人的行为，这些组织使用武力或暴力意图颠覆英联邦女王或其他任何法律上或事实上的政府行为。”（S. 2［2］，c. 18）

2000 年的《恐怖主义法案》对 1989 年和 1993 年关于“恐怖主义”的定义进行了重大修订，这一定义在 2006 年的《恐怖主义法案》中被沿用。

1. 在 2000 年的《恐怖主义法案》中，恐怖主义指下列行为的威胁或实施如下行为：

A. 第 2 部分列出的行为；

B. 使用或威胁的目的是影响政府（2006 年法案还包括国际政府组织）、对公众或部分公众进行恐吓；

C. 为了推进政治、宗教或意识形态目的，发动恐怖活动或进行恐吓。 77

2. 包括下列活动：

A. 涉及针对他人的严重暴力行为；

B. 涉及造成重大财产损失的行为；

C. 危及他人生命，但不危害行为人的生命；

D. 对公众或部分公众的健康或安全造成严重威胁；

E. 意图严重干扰或严重破坏电子系统的行为。

3. 无论是否满足第 1 条（B）的条件，使用火器或爆炸物实施第 2 条所列行为的均被视为恐怖主义。

对于这种以国家为中心的观点，布鲁斯·霍夫曼给出了最具理论性的理由。他反对“基于实践、政治和法律理由的政府可以被视为恐怖分子”的定义（Hoffman，1999，p. 35），他更倾向于根据行为体的法律地位或动机来定义恐怖主义。他承认，各国政府有时也会采取与非国家恐怖分子相同的行动，但他用“战争罪”（war crime）来描述这种国家行为，并坚持依据国际法要求这些国家承担责任。他认同将恐怖主义视为非法暴力的一种形式。“但这也不是一个完全令人满意的解决办法，因为它没有明确区分国家和非国家团体（如恐怖分子）实施的暴力行为”（p. 33）。霍夫曼通过将“恐怖主义”定义为一种完全的非国家活动来解决这个问题。

柯林·怀特持相同的观点，但他不承认是受到霍夫曼的影响，但是接受传统的观点（可追溯至马克斯·韦伯，1864～1920年），即国家对其在自己领土范围内的暴力拥有合法性，并由此得出结论，国家不能被指控在国内实施非法暴力。怀特实际上接受国家层面等同恐怖主义的行为，但并不承认它们是恐怖主义。

> 主要的问题是“国家恐怖主义”术语的使用。看起来似乎每个国家的活动都是或可能是国家恐怖主义的一种形式，我不怀疑也不否认，国家从事的在民众中传播恐惧和恐怖的活动，其目标受众往往是该国公民以及外国公民。是的，这种国家行为在道义上应受到谴责，并应尽可能受到挑战和抵制。但我不认为我们需要称之为“恐怖主义”，我也不知道我们这样做能得到什么（Wight，2012，p. 56）。

迈克尔·斯托尔反驳了这一观点，指出暴力的合法性对于国家或恐
74 怖主义的定义并不重要（Stohl，2012，p. 47）。

（二）国家行为体

联合国大会几十年来一直争论不休，至今没有形成适用于所有国际法律或活动的可接受的“恐怖主义”定义，争论的焦点主要在于恐怖主义是否应局限于非国家行为体或国家行为体，恐怖主义可不可以是自由斗争，以及侵犯人权是不是恐怖主义。国际法委员会（自1954年以来）未能就“恐怖主义”定义达成一致。国际法委员会制定的《危害人类和平及安全治罪法草案》（Draft Code of Offences Against the Peace and Security of Mankind，1954）第2条第6款将“从事或鼓励一国当局在另一国开展恐怖活动，或一国当局容忍有组织的恐怖活动在另一国实施”视为恐怖主义。然而，在最终的文本中这部分内容被删除了。

国际恐怖主义委员会（1972～1979年，35个成员国）对“恐怖主义”仍没有达成协商一致的定义。伊斯兰会议组织认为反对外国占领、侵略、殖民和霸权的武装反抗不是恐怖主义（Easson & Schmid，2011，p. 137）。在2002年2月马来西亚吉隆坡首脑会议上该定义被重申，但遭到大多数西方国家政府的反对。

虽然一些国家和联合国未将“恐怖主义”定义为国家活动，但许多

当局，特别是人权律师，不希望允许国家从事那些如果由非国家行为体实施将受到惩罚的活动，因此他们认同“国家恐怖主义”概念。

（三）国家资助的行为体

通常来说，“国家恐怖主义”与“国家资助的恐怖主义”（由国家实
体资助的恐怖主义）不同。正如前文提到的，很多国家和以国家为中心 78
的学者抵制“国家资助的恐怖主义”概念，因为他们担心自己的国家被指控为资助者。

> 但是，为了使“恐怖主义”概念具有意义，它必须适用于符合其定义范围的行为，不管这些行为是由谁实施的。因此，必须明确的是，为恐怖主义团体提供支持是一种国家资助的恐怖主义，无论它是敌人还是朋友（Wardlaw，1989，p. 185）。

一些人不同意官方使用“国家资助的恐怖主义”概念，因为它被广泛用于以与恐怖主义无关的理由谴责其他国家，被独裁或专制的国家用来指责那些支持人权或民主化工作的国家。大多数国家是虚伪的，它们指责其他国家资助了其国内的反对派，但是它们通常也会在海外为恐怖组织提供资助。美国肯定资助了那些参与恐怖活动的团体，例如抵抗苏联占领阿富汗的许多团体，它们在苏联撤军后变成了恐怖组织。美国声称不能仅因为支持同一团体的合法活动而要对该团体实施的其他不可饶恕的活动负责。

在美国，1976 年《武器出口管制法》授予总统限制向任何促进恐怖主义的国家出售武器和提供服务的权力，1996 年《反恐怖主义法》禁止向不与美国在反恐方面合作的任何国家出售任何武器或给予任何援助，1985 年《国际贸易和安全法》第 505 款授权禁止自任何“支持恐怖主义国家”的进口（对利比亚的贸易禁运在第 503 款中有具体规定）。

自 1979 年以来，美国每年发布“支持恐怖主义国家”名单，将向名单中的国家出口两用技术（可用于军事目的的技术）、保密技术或其他技术视为非法。自 1979 年以来美国的名单中有伊拉克、利比亚、南也门和叙利亚。伊拉克的命运为批评相关问题提供了证据，1982 年美国将伊

拉克从名单上除名，使美国公司在伊拉克与伊朗战争期间得以向其出售武器，当时伊朗被认为是更大的威胁。但是 1990 年伊拉克入侵科威特时，美国又将它列入名单。南也门在 1990 年并入也门后被除名。“9 · 11”事件之前，美国政府将古巴（1982 年以来）、伊朗（1984 年以来）、伊拉克（1990 年以来）、利比亚（1979 年以来）、朝鲜（1988 年以来）、苏丹（1993 年以来）和叙利亚（1979 年以来）列为“恐怖主义国家”，阿富汗被认为在反恐方面不合作。这个名单与恐怖组织名单不同，恐怖组织名单上的恐怖组织数量从 2001 年 1 月的 29 个增加至 2009 年的 43 个。在 2003 年美国出兵伊拉克之后，2004 年美国将伊拉克从名单上除名；2006 年利比亚政权放弃恐怖主义和核武器，美国将利比亚从名单上除名；在朝鲜核武器项目满足外国检查要求之后，2008 年美国将其从名
79 单上除名。

三　行为与活动

用活动界定“恐怖主义”可以巧妙地避免关于行为体的争议。一些学者忽视了行为体并将“恐怖主义”定义为“非法或无差别的暴力”。例如，威廉 · 麦古恩将“恐怖主义”定义为“策略而非思想观念”（McGurn，1987，p. 14）。这种将“恐怖主义”定义简化为无差别暴力的做法对近来的一些概念界定者具有一定吸引力（Mockaitis，2011，p. 17）。然而，由于难以知道什么是真正的非法或无差别，这样的定义仍然不切实际、不够精准。对许多人来说，不合法意味着一些活动在法律上被认定为犯罪，但这允许当局将任何恐怖分子的行为定为犯罪，即便是合法抗议，仅仅是因为行为人令人反感。

因此，一些学者将恐怖主义区分为试图恐吓的任何非法暴力行为。例如，“国家恐怖主义”不同于国家的压迫或镇压，因为前者试图威胁更广泛的民众（Stohl & Lopez，1984，p. 8）。

特德 · 林德里克反对任何关于行动者或受害者的定义，只是对他们的行为进行谴责。他认为，一些正当的原因可能比受害者的身份更重要，例如，在战争中，对平民的间接伤害是令人遗憾但可允许的。他进一步认为当受害人可能从他人的行为中获益（即便没有直接参与）或每

个人都有犯错的能力时，没有受害人是完全无辜的。他认为恐怖主义不是战争，因此恐怖分子不能声称根据战争法可允许平民受到伤害。因此，他将“恐怖主义”定义为“不合法的社会政治行为”。“恐怖主义是：(i) 暴力的，(ii) 规模比战争小的，(iii) 具有社会和政治目标，(iv) 非法的，(v) 表面上是错误的。因为它的确是杀戮、残害和破坏”(Honderich，2014，p. 88)。

然而，彼得·斯普罗特指出，虽然国家可以对战争罪行负责，但战争罪行并没有包括所有“国家恐怖主义”。战争的主要规则是不伤害非战斗人员，但如果一国使用非法暴力来灌输恐惧，该国便是恐怖分子。西方国家通常认为恐怖主义是反西方的且是由次国家行为体实施的，这种理解忽略了“国家恐怖主义”，并将“恐怖主义”定义建立在目标政权的性质之上 (Sproat，1991，pp. 20，23)。

同样的，迈克尔·斯托尔认为任何行为人都有可能犯下恐怖主义罪行，即应该定义行为而非行为人。他提出了恐怖主义的行为中性定义：“恐怖主义是有目的的行为或暴力行为的威胁，目的是在受害者和/或其行为和威胁的受众中制造恐惧和/或使其屈从”(Stohl，2012，p. 46)。“否认存在国家恐怖主义这一概念会忽视重要的学术知识，并给理解有关受众的决策和政治进程的背景、条件和影响带来更多障碍”(p. 50)。

四 恐怖主义的目的

有时是根据行动的目标来对“恐怖主义”进行定义的，其中主要争议在于将目标限定为非官方或民事目标与不限定目标。这场争论的起源可以追溯至关于非官方或民间抵抗官方或军事侵略者的合法性的争论。
第一个要考虑的术语是“游击队”(guerrilla)，这是一个西班牙语单词， 80
字面意思是“小战争”，它在 19 世纪初西班牙反抗拿破仑统治时进入了英语语言体系。西班牙游击队与英国主导的联盟最终取得胜利，使这个词具有了积极的意义，一些人随后宣称虽然恐怖分子向来都是不合法的，但游击队是合法的。

在大多数情况下，游击队会区分战斗人员和平民，他们主要是

> 通过直接伏击或间谍和破坏活动与战斗人员作战等。基于游击战争的这一显著特点，至少在直观上，这种战争虽然不符合常规，但也具有一定的合法性，即使参与者不能获得国际公约和其中具体规定的士兵战争权利保护的资格。(Meisels, 2014, p. 75)

在冷战期间，许多共产党人主张开展游击战，所以左翼评论家对该词持有积极态度。在“第一世界”（非共产主义发达国家），一些“左翼”恐怖分子称自己为“城市游击队”，区别于最初的发展中国家（第三世界国家）的农村叛乱分子。

当时，“不对称战争”这个宽泛的术语在第一次世界大战中被正式使用，通常用来描述常规战争以外的任何活动，主要包括恐怖主义、叛乱和官方的秘密行动。

专栏 3.2

与恐怖主义相关的国际公约或法律

尽管联合国未能就“恐怖主义”一般定义达成一致，但成员已认同各种国际公约，并成功通过法律来界定某些被禁止的活动，特别是与民用航空和海上安全有关的活动，举例如下。

- 1963 年 9 月 14 日在东京签署的《关于在航空器内犯罪和犯有某些其他行为的公约》。
- 1970 年 12 月 16 日在海牙签署的《关于制止非法劫持航空器公约》。
- 1971 年 9 月 23 日在蒙特利尔签署的《关于制止危害民用航空安全的非法行为公约》。
- 1973 年 12 月 14 日联合国大会通过的《关于防止和惩处侵害应受国际保护人员包括外交代表的罪行的公约》。
- 1979 年 12 月 17 日联合国大会通过的《反对劫持人质国际公约》。
- 1980 年 3 月 3 日在维也纳和纽约协商的《核材料实物保护公约》。
- 1988 年 2 月 24 日在蒙特利尔签署的《制止在为国际民用航空服务的机场发生的非法暴力行为的协议》，这是对《关于制止危害民用航空安全的非法行为公约》的补充。

- 1988 年 3 月 10 日在罗马商定的《制止危及海上航行安全非法行为公约》。
- 1988 年 3 月 10 日在罗马商定的《制止危及大陆架固定平台安全非法行为议定书》。
- 1997 年 12 月 15 日联合国大会通过的《制止恐怖主义爆炸的国际公约》。
- 1999 年 12 月 9 日联合国大会通过的《制止向恐怖主义提供资助的国际公约》。 81

排除国家为“恐怖行为体”的学者在对“恐怖主义”进行定义时，在区分官方和非官方的目标方面出现了错误。例如，沃尔特·拉克将“恐怖主义”定义为“针对政府的暴力”，但这种定义也适用于叛乱分子（Laqueur，1977，p. 79）。一些定义用是否故意针对无辜者来区分恐怖主义和其他暴力（McGurn，1987，p. 13），但种族灭绝或间接报复也用是否故意针对无辜者来加以区分。布鲁斯·霍夫曼（Hoffman，1999）稍微但不准确地提出，恐怖分子与叛乱分子不同，前者不以军事为目标。同样，罗恩·古纳拉特南（Rohan Gunaratna）和斯图尔特·戈特利布（Stuart Gottlieb）都将恐怖主义定义为“针对非战斗人员的政治暴力”（Gunaratna，2014，p. 14；Gottlieb，2014，p. 1）。塔玛·迈谢尔什（Meisels，2014）偏激地认为军队与游击队通常会选择合法、官方的目标，但恐怖分子并不如此。“但是，对于恐怖分子来说，杀害非战斗人员不是副产品或副作用，无辜的受害者不是‘职业危害’（occupational hazard），而正是他们的全部和最终目标。”

这些不是准确或在法律上有用的说法，往往能帮助国家和国家中心论者避免将“恐怖主义”定义为国家活动。在实践中，同一个行动者既会针对军事目标，也会针对民用目标。历史上，恐怖主义和叛乱始终重叠，恐怖主义和叛乱越来越相似。同样的行动者可以选择在一天攻击政府，在另一天攻击平民。一些恐怖分子以平民为目标，而一些恐怖分子则拒绝以平民为目标，例如有具体政治目的的恐怖分子，他们尽量减少对平民的伤害，以维持平民对他们的支持。因此，用袭击目标来界定恐怖主义是不够的。

定义“叛乱分子”更多的是根据他们的目的，而不是他们的袭击目标或行为，叛乱分子的目的是脱离或推翻政府。兰德公司是独立、非营利、由联邦资助的研究和发展中心，它提供了一个更具操作性的定义，即反叛分子本质上是革命分子或分裂分子，但没有定义他们的袭击目标。

> 我们将叛乱定义为一种内部冲突，一是一个或多个团体试图推翻政府或脱离政府，二是在战争中的死亡人数超过1000人，三是每
> 82 一方的死亡人数都超过100人。(Jones & Libicki, 2008, p.9)

专栏3.3 比较观点

美国对“叛乱”相互矛盾的定义

叛乱是一个团体或运动有组织地破坏和使用暴力去推翻或强制改变统治当局（U.S. Department of Defense, 2010, p.233）。

托马斯·莫凯蒂斯批评国防部的定义“太广泛而无用，遗漏了恐怖行动的重要元素”。他对叛乱的定义是“为了推翻国内政府，将破坏活动、恐怖活动和游击战结合的有组织的运动”(Mockaitis, 2011, p.14)。他指出，“基地”组织是恐怖组织，因为它的诉求是宽泛的，而不是具体的(p.18)。

五 动机、意识形态与意图

这里介绍的第四类也就是最后一类“恐怖主义”定义的依据是犯罪者的动机、意识形态或意图。关于一个人眼中的恐怖分子是不是另一个人眼中的自由斗士的长期争论，实质上是关于合法动机能否证明非法活动的正当性的争论。

传统上，恐怖主义被视为具有政治动机的暴力行为。如果恐怖主义意味着影响选民和政府，那它就是具有政治动机的。在20世纪70年代恐怖主义第一次引起全球关注的10年里，英国－以色列早期的恐怖主义作家保罗·威尔金森将“恐怖主义”定义为政治暴力一种形式，“基于

政治目的故意造成或威胁造成人身伤害”或“为了恐吓个人、团体、社区或政府而有系统地谋杀和破坏或威胁谋杀和破坏，以满足恐怖分子的政治诉求”（Wilkinson，1977，pp. 30 – 31）。主要的争议是政治暴力的合法性，否则认为恐怖主义是政治暴力的说法似乎是站得住脚的。恐怖主义是政治暴力一种形式的观点仍然占据主流，根据对55篇文章的73个定义的综述，得出的结论是：“恐怖主义是一种出于政治动机的手段，涉及威胁或使用武力或暴力，其中公众影响发挥着重要作用”（Weinberg，Pedahzur，& Hirsch-Hoefler，2004，p. 789）。

以政治动机来定义“恐怖主义”会带来几个操作上的困难。例如，判断行为体的动机，并确定在成为恐怖分子之前其动机具有多大的政治性。政府当局可以基于政治对手的政治动机而声称其为恐怖分子，一些学者试图通过谴责极端意识形态来解决这种混淆。例如，托马斯·莫凯蒂斯写道：“恐怖主义术语最好适用于极端组织，它们的意识形态如此理想化以致不可能实现。与叛乱组织不同，当极端组织的目标遭到挫败时，它们很少与国家谈判以达成有限的结果”（Mockaitis，2011，p. 17）。这显然是不准确的或在操作上无用的，并易于被想要断言对手是否合理的人操纵。 83

多米尼克·布莱恩指出，以政治动机来定义恐怖主义“并不能进行明显的区分。如果我们把广义上的政治定义为与权力关系有关的活动，那么即使是与个人有关的暴力行为，如武装抢劫、袭击或强奸，在最广泛的意义上也具有政治意图”（Bryan，2012，p. 21）。

政治动机或意识形态对判断恐怖主义是必要的，但并不充分。恐怖主义的意图也是必需的。斯普罗特认为恐怖主义暴力明显是政治性的，尽管所有恐怖主义都是政治暴力，但并非所有政治暴力都是恐怖主义，可以根据实施恐怖活动的意图来区分（Sproat，1991，p. 21）。

早在20世纪80年代，一些学者便将实施恐怖活动的意图作为“恐怖主义”定义的基本要素。对一些学者来说，恐怖主义的受众比直接的受害者更重要。斯托尔和洛佩兹将“恐怖主义”定义为恐怖形式的“政治暴力”（Stohl & Lopez，1984，p. 4）或“为了在受害者和/或受众中制造恐惧和/或让其屈从的有目的的行为或暴力威胁”（p. 7）。然而，沃德洛认为：

> 恐怖主义是个体或团体使用或威胁使用暴力，不管它是为了支持还是反对现存的政权，只要此类行动的目的是在更多的目标群体中制造极度焦虑或恐惧，胁迫该目标群体来达成自己的政治诉求。(Wardlaw，1989，p. 16)

在20世纪90年代和21世纪，恐怖活动的意图成为恐怖主义与其他政治活动的根本区别（但不是法律上的）。虽然法律忽略其意图，联合国人道主义事务协调办公室（U. N. Office for the Coordination of Humanitarian Affair，2004）、美国国土安全部（U. S. Department of Homeland Security，2009）和美国国防部（U. S. Department of Defense，2012）都提出恐怖主义以制造恐慌或恐惧为意图（见专栏3. 1）。

并非所有的政治暴力都是恐怖主义，而且并非所有的恐怖主义都是政治性的或暴力性的。随着恐怖主义开始包括网络活动和其他非暴力活动，并受到更多宗教而不是政治意识形态的驱动，将恐怖主义视为政治暴力似乎已经不合时宜。随后的定义倾向于强调行为体制造恐慌的意图，而不是其政治动机。布鲁斯·霍夫曼不太强调政治性，更强调恐怖意图：

> 把恐怖主义与其他犯罪区分开，使我们能够看到恐怖主义是由非国家团体发动的，具有政治性、暴力性，目的是在社会上制造更大的心理上的影响。(Hoffman，1999，p. 43)

> 恐怖主义本质上是使用（或威胁使用）暴力，以对特定目标受众造成心理上的影响。(Hoffman，2001，p. 420)

后来保罗·威尔金森也强调恐怖主义是一种恐怖的政治暴力形式：

> 一些媒体评论员、政治家和公众继续将“恐怖主义”作为“政治暴力”的同义词，实际上这是一种特殊的暴力形式。它是由一个
> 84 团体或政府蓄意制造的一种极度恐惧的气氛，恐吓一个目标社会团体、政府或商业组织，迫使其改变自身的行为。(Wilkinson，2010，p. 129)

> 它是一种特殊的暴力类型，而不是一般“政治暴力”的同义词。与恐怖袭击的直接受害者相比，使用和威胁使用极端暴力制造的恐慌氛围能够影响比恐怖袭击受害者更广泛的群体（Wilkinson，2012，pp. 11 – 12）。

对大多数政府当局来说，恐怖主义必须是基于政治目的的恐怖活动。人道主义实践网络称：“恐怖主义行为的目的是对平民造成致命伤害，并制造恐惧气氛，一般为了促进政治或意识形态目标的实现”（Humanitarian Practice Network，2010，p. xix）。对一些作者来说，恐怖主义不一定是政治性的。温伯格和佩达祖尔写道：“恐怖主义是一种通过引起恐惧、混乱，促进不加区别的报复，激发崇拜和模仿来影响或改变一个或多个受众的暴力行为”（Weinberg & Pedahzur，2003，p. 3）。然而，一些作者反对用意图传播恐慌来区别恐怖主义与其他活动，他们指出几乎所有的暴力都是传播性的，从死刑到战略轰炸（Bryan，2012，p. 21）。

> 我的观点是，我们在使用“恐怖分子”或“恐怖主义”的标签时，立即对行为的暴力性以及受害者、目击证人和更广泛的社会受众的反应做出假设。当然，我们将那些被标记为“恐怖主义”的暴力行为与那些没有贴上标签的暴力行为区分开，因此有时无法进行合理的比较。然而，虽然被定性为“恐怖主义”的许多暴力行为对于那些被卷入恐怖主义的人来说是可怕的，但我们可以说这造成了更广泛的人群焦虑、担心、害怕甚至恐慌吗？将“恐怖主义”一词的含义降低至基于该行为预期心理结果的定义显然是不合理的。（Bryan，2012，pp. 8，23）

六　恐怖事件的发生频率与分布

（一）趋势

与其他纯粹的风险相比，恐怖主义是一种罕见的、动态的、不确定的行为，很难对其趋势进行分析。对于统计学家来说，偶然事件是不可靠的。恐怖分子的适应性强，所以过去的行为可能并不代表将来的行为。理解恐怖主义需要良好的情报或理论，但良好的情报通常被排除在公共领域之外或被政治化。同时，恐怖主义研究还没有吸引到许多严谨的研究人员。因此，恐怖主义研究学者往往有高度主观的意见和匿名的官方消息来源。早在恐怖主义研究变得“流行”之前，两位真正的社会科学
85 家发现，对恐怖主义的研究“不是以任何严格意义上的研究为基础的，而是经常具有太多叙述性、谴责性和约定性”（Schmid & Jongman, 1988, p. 179）。一项评论发现，1971～2003 年发表的文章中只有 3% 使用推理分析。评论者抱怨“数据有限且存在问题”，并且很少使用“统计分析”（Suttmoeller, Chermak, Freilich, Fitzgerald, 2011, pp. 81 - 82）。另一位社会科学家回顾了 2000～2010 年发表的 60 多项关于恐怖主义的预测，发现其中很少有可辨别的理论或方法（Bakker, 2012）。

官方在对风险或安全进行预测时往往提及恐怖主义，但并未把重点放在恐怖主义上。例如，美国国家情报委员会（U. S. National Intelligence Council, 2012）的 2030 年远景预测中包括恐怖主义预测，但重点是其他风险，很少有智库系统性地预测恐怖主义。2005 年兰德恐怖主义风险管理政策中心（自 2002 年以来，主要是在弗吉尼亚州的阿灵顿）公布了对“基地”组织恐怖主义 2020 年前的预测（Chalk, Hoffman, Reville, & Kasupski, 2005）。2011 年战略和国际研究中心（华盛顿特区）公布了一份到 2025 年对“基地”组织恐怖主义的预测（Nelson & Sanderson, 2011）。

人们对恐怖主义的评论不应主要以观点为基础，而应该以证据为基础。幸运的是，21 世纪出现了一个好的数据库——全球恐怖主义数据库，虽然该数据库并不完美。全球恐怖主义数据库是一个具有全球广度和深度的免费数据库，但其数据仅从 1970 年开始，通常不会更新到最近一年，并不能捕获所有事件（参见前文的操作性定义，了解该数据库将哪类人定义为恐怖分子）。这些数据表明，与其他犯罪、冲突和造成更严重后果的自然事件相比，恐怖主义非常罕见。与任何基于事件的数据库一样，全球恐怖主义数据库低估了恐怖事件发生的频率，夸大了恐怖事件的平均影响。它捕获所有事件中的少数重大事件，例如造成许多人死亡的事件，而大多数恐怖主义事件没有伤害任何人，而且有些事件在除

了地方一级以外的任何地方都未被记录，例如基于政治动机的破坏基础设施的事件就不会被记录。

全球恐怖主义数据库观察到1970～2008年共发生了87708起恐怖袭击，平均每年2308起，平均每天6起。1970～1974年，每年仅发生500起袭击事件，1979年就发生了2700起。此后恐怖袭击的频率不断上升，在中间几年内略有下降，然后再次上升，1992年恐怖袭击次数达到5000次的峰值。20世纪90年代，随着各国政府在寻求解决方案的同时更有效地打击恐怖主义，这一频率迅速下降。1998年，恐怖袭击频率降至自20世纪70年代以来的最低水平，直到2001年9月11日，恐怖袭击频率一直相对较低。

尽管20世纪90年代恐怖主义事件发生的总体频率有所下降，基于宗教动机的恐怖主义却在增加，宗教极端主义与致死率的提高有关。布鲁斯·霍夫曼发现，20世纪90年代宗教极端主义激增（Hoffman，1999）。宗教极端主义恐怖分子往往缺乏现实的动机，拥有超越世俗判断的信仰，蔑视外部规范和习俗以及“异教徒”，因此他们往往更凶残。恐怖分子可能来自任何宗教，但自20世纪90年代以来最活跃、最为暴力的是伊 86
斯兰极端主义恐怖分子，通常被称为“圣战”分子或“伊斯兰主义者”，尽管每个术语都是不准确和有争议的。

2001年9月11日的恐怖袭击总体上来说是有史以来最致命的一次恐怖袭击，有近3000人死亡。主要来自沙特阿拉伯的“圣战”分子在“基地”组织的资助下，劫持了4架客机。他们驾驶其中两架客机分别撞上纽约世界贸易中心的两个塔楼，引发火灾，最终导致两个塔楼倒塌。他们驾驶第3架客机飞往华盛顿特区美国国防部总部所在的五角大楼。第4架客机的乘客试图控制驾驶舱，但最终飞机在宾夕法尼亚州坠毁。

美国全球反恐战争（2001年9月11日至2009年9月11日）与恐怖袭击频率和平均致死率的提高有关，几乎所有反恐战争都发生在美国之外，其中大部分发生在受到美国军事干预的国家。21世纪初，尽管每次恐怖袭击的平均致死率都在提高，但恐怖袭击的频率稳定在每年1000次。2005年之后，恐怖袭击的频率开始大幅上升，主要是由于恐怖袭击与其他冲突混杂在一起，尤其在伊拉克、阿富汗、巴基斯坦、北非和东非地区。此前，与战争、谋杀和自杀相比，恐怖主义在暴力死亡中的占比相对较低，但经济与和平研究所得出的结论是："自2001年以来，恐怖主义已成为冲突的重要来源"（Institute for Economics & Peace，2012，p. 37）。

2008～2010年恐怖袭击的频率和致死率似乎趋于平缓，但自2011年以来每年都在增加，从2012年（11133起）到2013年（17958起），恐怖袭击造成的死亡人数增加了61%。2013年恐怖袭击造成的死亡人数是2000年的5倍（Institute for Economics & Peace，2014b）。

"9·11"事件后的头几年里，对"圣战"恐怖主义未来的预期一直被高度的党派主义和不科学的观点所左右，直到更多基于证据的研究开始兴起，正如兰德公司在2008年发表的科研报告中简要总结的那样：

> 关于美国对付"基地"组织的策略有效性存在一些争论。例如，2007年，副总统迪克·切尼（Dick Cheney）表示，美国已经"对袭击美国的'基地'组织网络进行了重大打击"。巴基斯坦总统穆沙拉夫（Pervez Musharraf）声称，"巴基斯坦已经粉碎了该地区的'基地'组织网络，切断了其横向和纵向连接。它现在已经不再是一支能够协调作战的力量了"，美国《国家安全战略》大胆地说"'基地'组织网络已经大大退化"，这些言论在2001年后反复出现。2003年3月，在"9·11"事件的幕后主谋哈立德·谢赫·穆罕默德（Khalid Sheikh Mohammed）被捕两周后，《华盛顿邮报》出现了这么一个标题："美国说，'基地'组织头目即将垮台"。
>
> 我们的分析表明，这些说法夸大了打击恐怖主义的成果。越来越多的工作支持这一结论。例如，2008年国家情报总监的年度威胁评估报告称，"利用巴基斯坦边境地区的避难所，'基地'组织已经
> 87 能够维持一支技能熟练的骨干队伍，能够指导该组织在世界各地的行动"。它还指出，"基地"组织正在提高其攻击美国能力的最后关键方面，即甄选、训练和定位在美国本土发动攻击的特工。2007年，国家情报局估计，恐怖分子对美国本土的威胁主要"来自伊斯兰极端主义恐怖组织及其分支，特别是'基地'组织，它们毫不掩饰攻击美国本土的意图，并继续努力调整和提高其能力"。布鲁斯·里德尔（Bruce Riedel），一个在美国中央情报局工作了29年的员工

承认，“‘基地’组织在今天是前所未有的更危险的敌人”。（Jones & Libicki，2008，pp. 103－104）

以上研究还整理了“基地”组织能力不断提高的证据：

“基地”组织在2001年9月11日之后的头六年发动了更多的恐怖袭击。1995～2001年，平均每年发动的恐怖袭击少于2次，但在2002～2007年平均每年发动的恐怖袭击达到10次。2001年以后，“基地”组织的袭击次数显著增加，袭击范围跨越了欧洲、亚洲、中东和非洲等更广阔的地理区域。“基地”组织也卷入了对抗美军的两次主要战争。第一次是在阿富汗，它帮助塔利班、古勒卜丁·希克马蒂亚尔（Gulbuddin Hekmatyar）领导的伊斯兰协会、贾拉勒丁·哈卡尼（Jalaluddin Haqqani）领导的哈卡尼网络，以及其他各种组织对抗哈米德·卡尔扎伊（Hamid Karzai）政府。第二次是在伊拉克。

民意调查也显示了对“基地”组织的支持。例如，在马里兰大学2007年发布的一项关于国际政策态度的调查中，25%接受采访的埃及人表示，他们支持“基地”组织对美国人的攻击，并表明了他们对美国的态度。另有31%的埃及人反对“基地”组织对美国的袭击，但他们也认同“基地”组织对美国的许多态度。此外，40%的埃及人、27%的摩洛哥人、27%的巴基斯坦人和21%的印度尼西亚人对奥萨马·本·拉登有积极的感情……在印度尼西亚、巴基斯坦、约旦和尼日利亚等一些伊斯兰国家接受采访的人中，25%以上的人对本·拉登有很大的信心。（Jones & Libicki，2008，pp. 110，112，114－115）

2011年是反恐较乐观的年份，特别是对美国人来说。2010年12月北非国家开始了街头革命，随后蔓延到中东阿拉伯国家，被称为“阿拉伯之春”。这些革命被认为使“基地”组织边缘化，因为普通公民在没有“基地”组织的帮助下推翻了苛刻的政府，“基地”组织以前曾声称代表普通穆斯林参与反对亲西方、非伊斯兰政权的运动。

2011 年 5 月 2 日，奥萨马 · 本 · 拉登和一些支持者在位于巴基斯坦的一个大院中被美国特种部队击毙。2011 年 8 月 27 日，“基地”组织二号头目，出生于利比亚的阿提亚 · 阿布德 · 拉赫曼（Atiyah Abd al-
88 Rahman）在巴基斯坦被击毙。

然而，乐观的一年（2011）过后，人们很快意识到“阿拉伯之春”已经使一些原本稳定的国家变得动荡，尤其是利比亚和叙利亚，“圣战”分子聚集在那里或其他地方准备开展行动。很快，这些“圣战”组织也通过陆地行动来破坏马里和南苏丹等国的稳定。尽管奥萨马 · 本 · 拉登已经死亡，但在出生于埃及的艾曼 · 扎瓦赫里（Ayman al-Zawahiri）的带领下，“基地”组织得以苟延残喘。扎瓦赫里很快就通过公开发布敦促穆斯林聚集在利比亚和叙利亚的信息证明了他的野心与指挥能力不亚于本 · 拉登。

（二）地理分布

自 1970 年以来，恐怖活动主要分布在拉丁美洲、中东和北非、西欧、南亚、撒哈拉以南非洲、东南亚、北美洲、东欧、东亚和中亚地区，在南美洲和南亚国家最常见。1970 ~ 2008 年在哥伦比亚（6911 起）、秘鲁（6041 起）、萨尔瓦多（5330 起）和印度（4799 起）发生的恐怖袭击都比伊拉克（4168 起）多。接下来恐怖袭击十分频繁的国家或地区（按顺序）是北爱尔兰（隶属英联邦）、西班牙、巴基斯坦、菲律宾、土耳其、斯里兰卡、智利和美国。

2000 年之后，中东和北非成为恐怖袭击最频繁的地区，其次是南亚。在东南亚、撒哈拉以南非洲、俄罗斯及周边国家、西欧、南美洲和北美等其他地区，恐怖主义事件发生频率的下降呈数量级。事实上，恐怖主义的分布越来越广泛。2002 年，只有 28 个国家出现恐怖袭击造成的死亡，但 2012 年，共有 59 个国家发生此类事件（Institute for Economics & Peace，2014a，p. 42）。

大多数恐怖分子来自他们将袭击的那个国家。跨国或国际恐怖分子数量不多，但他们通常更有动机、有能力且很难对付。跨国恐怖分子往往移居和扩散到治理薄弱的地区，这些地区的政府通常被其他冲突分散了注意力，边境漏洞较多，当地人民缺乏抵抗能力，并往往因种族、文化或宗教差异而四分五裂，较容易被恐怖分子利用（U. K. Prime Minister's Strategy Unit，2005，p. 29）。 89

七　恐怖主义的后果与成本

本节回顾恐怖主义造成的政治后果、人力损失、直接经济损失以及响应成本。

（一）政治后果

一些学者声称恐怖分子几乎总是失败的（Abrahms，2006；Mueller，2006），但他们往往以恐怖分子是否导致政府或国家失败来判断其是否胜利，这是不切实际的。虽然恐怖分子可能会希望达成这样的结果，但是他们的大多数目标通常较低且易于实现，如仅引起关注或造成伤害。

詹姆斯·卢茨、布伦达·卢茨指出，“恐怖活动不能威胁国家安全的观点至少忽视了一些诸如国家结构发生变化的情况”（Lutz & Brenda Lutz，2012，p. 61）。例如，在世界大战期间，法西斯主义对欧洲和南美洲国家进行接管、殖民和分裂。这些“成功”中的许多“成就”被少计了，例如国家对一个有自主权省份的名义统治权。即使国家不改变其结构，其政策也总在变化，该国甚至可能因为害怕恐怖主义的报复而放弃行动（Lutz & Lutz，2012，p. 64）。关于恐怖主义无效性的观点在很大程度上与假定的民主国家优势有关（Abrahms，2006），但民主国家通常会通过独裁或减少公民自由来应对恐怖主义（Lutz & Lutz，2012，p. 65）。

2008 年，兰德公司发布了一份关于“恐怖组织如何终结”的开创性研究。1968 ~ 2006 年存在过或仍然活跃的共计 648 个恐怖主义团体中，有 268 个已经不复存在，另有 136 个解体，244 个依然活跃。在不复存在的 268 个组织中，43% 与政府达成和解，其中大多数组织谋求狭隘的政策目标，目标越窄，政府和恐怖分子越有可能通过谈判达成解决方案。10% 的组织因为已实现目标而解散，40% 的恐怖组织被当地警察和情报机构消灭，另外 7% 被军队消灭（Jones & Libicki，2008）。

（二）人力损失

大多数恐怖袭击的目的是破坏基础设施或标志性目标，而不是杀人。全球恐怖主义数据库（1970～2008）报告指出，58.7%的恐怖袭击并没有造成人员死亡，32.2%的恐怖袭击造成1～5人死亡，3.7%的恐怖袭击造成6～9人死亡，3.9%的恐怖袭击造成10～25人死亡，0.9%的恐怖袭击造成26～50人死亡，0.3%的恐怖袭击造成51～100人死亡，0.1%的恐怖袭击造成超过100人死亡。

大多数恐怖分子缺乏发动造成大规模伤亡袭击的能力或动机。然而，在过去20年中，造成大规模伤亡的袭击频率有所增加，尽管仍占所有袭击的少数。至少造成5人死亡的袭击事件和至少造成15人死亡的袭击事件发生的频率急剧增加，宗教极端主义恐怖分子寻求最大限度地提高杀伤能力，至少对“异教徒”是如此。宗教极端主义恐怖分子在不稳定和宗教冲突较多的国家如伊拉克的增长最为显著。这些宗教极端主义恐怖分子往往表现得异常坚定和灵活，并已经迁移到新的宗教冲突正在发生
90 或可能开始的地区，例如2011年以来内战不断的利比亚和叙利亚。

大规模伤亡事件在所有事件中的占比有所上升，而在过去20年中，各种类型的袭击事件也有所增加，尽管具有更大的波动性。因此，恐怖分子的杀伤能力总体上有所提高。1991年以前，全球每年死于恐怖主义的总人数接近10000人，1995年降至6000人左右，但1997年达到高峰（接近11000人）。1997年以后，每年的死亡人数迅速下降，1999年不足2000人，2002年又开始上升（3800人），2007年达到10000人，当时正值伊拉克战争的高潮。如果不算活跃战争区或叛乱区的恐怖分子死亡人数，21世纪的恐怖袭击死亡人数呈下降趋势（Institute for Economics & Peace，2012，p. 37）。21世纪全球恐怖袭击死亡人数的一项估计是每年5000人左右（Russett，2010，p. 11），这一估计忽略了战争和叛乱造成的死亡人数，这些死亡人数可以算作恐怖袭击死亡人数。尽管2010年死亡人数下降至7000人，外国联盟名义上在2011年撤出伊拉克，但2012年死亡人数上升至11000人以上，2013年死亡人数上升到17800人以上。

专栏3.4　比较观点

相同数据的两种不同呈现

1. “最近兰德公司研究的一个重点是恐怖活动的结果，他们发现自1968年以来所有268个恐怖组织中，有大约10%在实现了所有或部分政治目标后解散了。更大比重的恐怖组织被纳入主流政治进程之后解散，其中的一部分组织通常在权利方面取得了部分胜利。”（McCormick & Fritz，2014，p. 149）

2. “在RAND-MIPT恐怖主义事件数据库确定的648个恐怖组织中，只有4%的组织实现了战略目标。”（Abrahms，2014，p. 154）

2001年9月11日，恐怖袭击导致4架客机被毁，世贸中心双塔倒塌，纽约周边建筑二次受损，华盛顿五角大楼部分建筑被毁。这些事件通常被认为是同一起袭击，造成了史上任何恐怖袭击都未造成的最多人员死亡，但未达到3000人。其中，2100多名死者是美国人，另外近900名死者来自美国之外的90个国家。

“9·11”事件造成近3000人死亡是例外。如果没有“9·11”事件，2001年不是恐怖主义特别致命的一年。“9·11”事件造成的死亡人数占当年全球所有与恐怖主义有关的死亡人数（少于6000人）的一半左右。2002年和2003年，恐怖主义在全球每年造成2000人死亡，同时与战争有关的死亡人数急剧增加。恐怖分子对严厉的反恐行动做出了回应，并利用了不稳定国家，主要是在阿富汗、伊拉克、巴基斯坦、北非、东非和东南亚地区，恐怖主义的杀伤能力大幅提高。2013年，恐怖袭击事件中有82%发生在5个国家，依次为伊拉克、阿富汗、巴基斯坦、尼日利亚和叙利亚。

然而，恐怖主义仍然是低风险的。从“9·11”事件到2012年，非
恐怖主义美国人在美国境内谋杀的美国人（18万人）是在美国境内和境 91
外被恐怖分子谋杀的美国人（不足300人，其中不包括美国军人）的600多倍。在此期间，被恐怖分子杀害的美国人比被家具砸死的美国人要少。2001年，道路交通事故的死亡人数是恐怖主义造成的死亡人数的10倍多。在“9·11”事件发生前后的7年间（2000～2006年），低收入和中等收入国家的道路交通事故死亡人数比全球恐怖主义造成的死亡

人数高出200~220倍。道路交通事故死亡人数是恐怖主义造成的死亡人数的80倍。在同一时期，因道路交通事故死亡的英国人数量是被恐怖分子杀害人数的300倍。即使在伊拉克，在叛乱和反叛乱的高潮期间，恐怖主义造成的伊拉克人死亡比重也就相当于因道路交通事故死亡的英国人所占的比重。

政客和民众对恐怖主义的关注在21世纪头十年的后期有所下降，当时经济衰退和自然灾害更加凸显。在英国，恐怖主义立法的独立审查人承认，最具威胁性的恐怖主义形式值得特别关注，但指出恐怖主义风险已经下降并被夸大。

> 无论出于什么原因，在英国，与“基地”组织恐怖主义有关的风险降低是真实的，而且已经持续了几年时间。鉴于自杀式袭击仍有可能造成大规模伤亡，这种袭击是在没有警告的情况下进行的且其目的是杀害平民，部长们的风险厌恶仍然是可以理解的。(Anderson, 2012, pp. 21-22)

从长远来看，全部意外死亡人数（仅2010年为17201人）中，恐怖主义可以被描述成“一个微不足道的死亡原因”，其中123名骑行者死于公路交通事故，102名军人在阿富汗遇难，29名英国人在浴缸中溺死，5名英国人因大黄蜂、胡蜂或蜜蜂的叮咬死亡（Anderson，2012，p. 27）。

（三）直接经济损失

恐怖袭击是罕见的，大多数不是致命的，但在经济方面，即便在“9·11”事件发生之前，恐怖袭击造成的损失也是非常高昂的。1970~2001年，所有保险赔偿事故中有18%是恐怖袭击事件，所有死亡的被保险人中0.3%死于恐怖袭击，恐怖袭击造成的保险赔偿额占所有保险赔偿的37%。相比之下，天气事件占所有保险赔偿事件的53%，相关死亡人数占54%，相关保险赔偿额占46%（Suder，2004，p. 190）。

然而，恐怖袭击造成的经济损失并不是最高的。在“9·11”事件发生之前，保险公司面临的十大最高昂灾难都是自然事件。飓风“安德鲁”（1992年8月）是经济损失最惨重的一次，产生205亿美元的保险赔偿（以2001年美元价计），经济损失总额超过400亿美元。恐怖袭击中经济损失最惨重的一次（1993年4月24日发生在伦敦市的一次爆炸）造成9.07亿美元（以2001年美元价计）的保险损失，并造成1人死亡。世界贸易中心的第一次爆炸（1993年2月26日）造成7.25亿美元的保险损失，造成6人死亡。1995年俄克拉何马城发生的爆炸造成1.45亿美元的保险损失，造成168人死亡。

“9·11”事件仍是历史上造成经济损失最大的恐怖袭击。总体上，
“9·11”事件造成的保险损失达400亿美元，约占当年美国国内生产总 92
值（GDP）的0.4%。除了保险损失之外，联邦政府还拨付了88亿美元来应对“9·11”事件。“9·11”事件造成的直接物质损失约为220亿美元，其中包括财产损失保险赔偿（100亿美元）、业务中断的保险赔偿（110亿美元）和事件取消产生的保险赔偿（10亿美元）。“9·11”事件造成的人员死亡（近3000人）和伤残产生的人寿保险赔偿和工作赔偿不足50亿美元。“9·11”事件造成的人力影响总计为低于100亿美元的收入损失。

“9·11”事件造成的保险损失大约是保险公司赔偿额第三高的事件，是1992年飓风“安德鲁”索赔金额的2倍，但远远小于最高昂的事件（2005年飓风“卡特里娜”造成超过400亿美元的保险损失，另有290亿美元联邦援助，总损失达1000亿美元）。

恐怖主义确实能威胁到政治、社会和经济的功能，这是典型的道路交通事故不能达到的，但恐怖主义造成的直接经济损失不是特别大。2000年，美国交通安全管理局估计报告和未报告的道路交通事故总损失为2306亿美元，这其中还不包括汽车发动机排放造成的环境和卫生费用等交通费用。

（四）响应成本

对恐怖主义的响应成本通常大于其造成的直接损失。响应成本涉及经济秩序混乱、政策变化、新条例、新法律和军事干预。一个涉及200多个国家、以1968～1979年为研究时段的研究表明，在一国，恐怖袭击每增加1倍，该国的双边贸易预计会减少6%（Suder，2004，pp. 49-50，145）。

"9·11"事件之后，由于外国的恐惧和美国壁垒的增加，美国的国际流入（如进口和外国游客）下滑了一段时间。例如，2001年9月至12月美国的国际游客下降了9%。"9·11"事件之后，经济行为扭曲造成的经济损失达到最高（高达GDP的10%）。响应成本也增加了，在"9·11"事件发生之后的1年里，美国在安全方面的支出占GDP的比重上升了1.35%，比实际的直接损失高出近7倍。国家安全（公共和私人）的总体支出从2001年的560亿美元增加到2005年的995亿美元。美国军费在1999~2009年翻了一番。截至2009年底，美国对阿富汗和伊拉克的军事干预费用为1万亿美元，直接战争拨款到2012年底超过1.4万亿美元，还不包括可能超过3万亿美元的间接费用；超过6000名美军士兵死亡，4万多人受伤，10万多名平民死亡（Gaines & Kappeler, 2012, p. 27）。尽管名义上外国联盟于2011年从伊拉克撤出、2014年从阿富汗撤出，但这些国家仍不稳定并依赖外国支持。

八　恐怖分子的袭击目标

美国政府问责局将恐怖主义的袭击目标分为"公众、具有象征价值的目标、组织、政府，社会基础设施、网络和有形基础设施，以及经济
93 部门和结构"（U. S. Government Accountability Office, 2005c, p. 110）。

不同恐怖分子有不同的意图和能力，但出于可用性考虑，有些目标比其他目标更容易成为袭击目标。在不稳定或充满敌意的环境中，作战需要更加自给自足，缺乏当地补给，袭击目标往往会扩大，包括后勤节点、通信、车辆和各类人员。

恐怖分子主要的袭击目标是商业财产和私人财产。私人目标比公共目标更多，而且受到的保护往往较少，因此，即使恐怖分子更喜欢攻击更高的政治目标或象征性目标，私人目标的可用性和可及性也会使它们更容易成为恐怖袭击的目标。跨国恐怖分子和宗教极端主义恐怖分子更热衷于更有难度的公共目标，但仍然倾向于攻击更多的私人目标而不是公共目标。例如，2001年，国际恐怖分子袭击了544个美国目标，其中408个是商业目标，101个是私人目标或地方公共目标，35个是国家政府、外交或军事目标。袭击商业、私人和地方目标的频率是国家官方目

标的 14.5 倍。1970 ~ 2008 年 40% 的恐怖袭击目标是公民和私人财产（22%）、企业（16%）或新闻媒体机构（2%）。另有 17% 的恐怖活动袭击了公共交通、公用事业、教育机构、宗教场所和其他大型公共场所。43% 的恐怖活动袭击了政府（14%）、军事（14%）、警察（12%）或外交（3%）场所（Globlal Terrorism Database, n. d.）。在过去的 10 年里，对公民和私人财产的攻击绝对、成比例地增加了。

宗教极端主义恐怖分子在所有恐怖分子中是少数，但是人数正在明显且成比例地增长。他们往往将私人目标放在首位，有时候会选择引人注目的经济或官方目标，通常将这些目标与公民群体的大规模伤亡结合起来。这一趋势在外国占领伊拉克的第一年就很明显，在头几个月（2003 年 3 月至 10 月）里，恐怖分子和叛乱分子的袭击增长缓慢，对平民和基础设施目标的袭击大致相等。然而，随着外国宗教极端主义恐怖分子和叛乱分子在 2003 年 10 月后的几个月内聚集，对平民的袭击频率增加，而对基础设施的袭击次数减少（Paul, Clarke, Grill, 2010）。

即使恐怖分子针对官方或象征性目标，周边人群也更容易受到伤害。因为恐怖分子往往很难进入目标区域内部，通常会选择其周边区域，而这些区域会有路人经过。

九 恐怖分子的特征

分析典型的恐怖分子是非常困难的。本节通过介绍我们所了解的恐怖分子的心理社会基本情况、人口学特征，特别是美国恐怖分子，帮助你了解恐怖分子的基本情况。

（一）社会心理特征

有关恐怖分子心理学和动机研究的数量多且多样化，无法在这里进行一一回顾。不过，很少有人是纯粹基于证据的。一项综述发现，“几乎没有实证研究能够让我们有效地了解导致极端分子或极端组织从事暴力
恐怖活动的过程”（Suttmoeller et al., 2011, p. 82）。另一项综述发现， 94
大多数“现有研究不是经验性的”（Borum, 2004, p. 65），“恐怖主义心

理学研究基本上缺乏实质性和严谨性”（Borum，2004，p. 3）。然而，通过回顾实证数据，该综述得出以下有用的结论：

- 精神疾病和传统心理分析用来解释恐怖主义虽然一度受到欢迎，但在实证上是无效的。
- 感觉到不公正、需要身份及归属感是推动恐怖主义发展的因素。
- 童年的受虐经历和创伤在恐怖分子中非常突出。
- 恐怖主义意识形态是拉动因素，并引发极端行为。
- 社会关系是大部分人进入恐怖组织，认同群体身份、感知到不满和意识形态的必要条件。
- 监禁和关押为激进意识形态社会化和感知到新的不满提供了机会。
- 恐怖分子在贫困人群中招募，但贫困似乎并不会带来恐怖主义。
- 恐怖分子更可能是年轻人、未婚者、中产阶级、城市人、受过高等教育的男性，但这类人中的绝大多数不是恐怖分子（Borum，2004）。

关于恐怖分子的动机，另一个有用的回顾总结了五个主要的心理、社会和情境解释：

1. 挫折和攻击。长期受挫的社会阶层（可能是政治代表性不足或经济上处于劣势）更有可能转向激进的解决方案。例如，许多“圣战”分子明确地转向恐怖主义，寻求保守的宗教革命，这是不可能通过和平实现的。

2. 相对贫困。社会上的所有阶级都在积极地发展，但一个阶级可能觉得自己不如另一个阶级；更令人沮丧的是，他们可能觉得另一个阶级正在牺牲自己阶层的利益。例如，许多欧洲伊斯兰组织声称，欧洲“圣战”组织的恐怖主义是由欧洲社会把少数的穆斯林群体边缘化造成的。

3. 身份危机。一些阶级可能会感到与他们的家乡社会疏远，认同对社会的另一种解释，或者认同外国或跨国的反对派。例如，在欧洲和美洲，大多数“圣战”恐怖分子声称其对跨国宗教运动的忠诚高于对国籍所在国的忠诚。 95

4. 自恋式暴力。自恋的人格类型和文化被恐怖主义吸引，因为它会提供组织内部自我正义感的膨胀和对组织外部的不容忍。例如，许多恐怖主义被视为是合理的报复，极端恐怖主义就是对“异教徒”的种族灭绝。

5. 道德偏离。恐怖主义意味着极端的反道德，如滥杀或非法杀人，以少数人的罪行恐吓多数人。例如，许多恐怖分子声称，他们可以通过攻击公民从而攻击政府，因为政府是公民选出来且支持的，但实际上没有老百姓应该对他们的政府负责。许多极端主义恐怖分子声称他们的“上帝”控制着一切，所以任何遭受恐怖主义伤害的人，甚至是教内其他信徒，都是被“上帝”以某种方式判定为无用的。（Borgeson & Valeri，2009）

（二）人口统计学特征

识别恐怖分子的危害（潜在的恐怖分子）有赖于人口属性、行为、经历或情境（也被统一称为“相关或风险因素”）。这些相关因素的一部分具有政治敏感性，因为它们带有种族和宗教色彩。恐怖分子也认为自己不切实际，因为大多数有同样情况的人永远不会有任何能够被起诉的罪行。然而，恐怖分子尤其是最危险的恐怖分子，更有可能显露出特定的一面，尽管大多数有相同特征的人不会去犯罪，也不足以因这些特征就被断定为恐怖分子。有证据作为基础，有这些特征的人更有可能加入恐怖组织这样的描述更为合理，尽管在道义上，在个体之间歧视是不正当的。政治家和法官通常在政治压力下有意或无意地歧视某一人口统计学分析结果，但是这些特征对于理解恐怖主义是最好的，为减少风险，可以调整政策和具体行动，而不是调查某个人为潜在的恐怖分子。

经验上来讲，在国外出生的当地居民、第二代移民以及宗教信奉者更有可能犯罪，包括恐怖主义，特别是“圣战”恐怖主义——这是在发达国家中最具风险性的恐怖主义。某些宗教往往与特定的民族或居住地相关，所以可以考虑将这些属性作为风险因素，尽管这些二级风险因素更具政治和社会争议。美国的情况可以总结如下。

其一，信奉伊斯兰极端主义的人。“9·11”事件发生后到2013年，在美国杀害他人的被标记为“穆斯林”的9人中有33%信奉伊斯兰极端主义；“9·11”事件发生后到2012年，被起诉的美国“穆斯林”中有35%信奉伊斯兰极端主义；到2009年，在被定罪的阴谋实施针对美国的
96 严重暴力的“圣战”者中有42%信奉伊斯兰极端主义。

其二，第一代移民。“9·11”事件发生后到2013年，在美国杀害他人的被标记为“穆斯林”的9人中第一代移民占44%；“9·11”事件发生后到2012年，第一代移民占被起诉的美国“穆斯林”的33%；“9·11”事件发生后到2009年，在被定罪的阴谋实施针对美国的严重暴力的“圣战”者中第一代移民占46%。

其三，第二代移民（父母为移民，出生在美国的人）。“9·11”事件发生后到2013年，在美国杀害他人的被标记为“穆斯林”的9人中有22%为第二代移民；“9·11”事件发生后到2009年，在被定罪的阴谋实施针对美国的严重暴力的“圣战”者中第二代移民占16%（针对全体被起诉的美国“穆斯林”的数据不具备这一特征）。

十　美国的恐怖主义者

为了更好地了解美国恐怖分子，本节特别回顾了“9·11”事件发生之前在美国境内发生或针对美国目标的恐怖袭击的频率，“9·11”事件发生以来的世俗恐怖主义、美国宗教概况、美国极端主义恐怖分子发动的袭击、截获的美国极端主义者的阴谋，以及被起诉的美国极端主义者。

（一）频率

从长远来看，就面积、人口及重要性而言，美国并没有遭受过多的恐怖袭击。根据全球恐怖主义数据库，1970~2011年美国遭受的恐怖袭击次数在所有民族国家中居第13位，排在智利之后。在此期间，在美国本土发生的恐怖袭击数量占全球的3%，发生了2362起恐怖袭击，平均

每年 57.6 起。从国内外的袭击事件来看，每年约有 11 名美国人死于恐怖活动，而美国国内每年有 15000 名美国人死于其他谋杀。

长期以来美国遭受的恐怖袭击一直在减少。20 世纪 70 年代，美国国内遭受了 1357 起恐怖袭击，恐怖袭击发生的频率达到巅峰，但致死率并不高。20 世纪 80 年代，海外恐怖袭击造成了更多的美国人伤亡，通常是中东或北非的民族主义者或跨国恐怖分子实施的，其中一些人得到了国家资助，而且他们通常拥有非宗教的左翼政治思想。1983 年 10 月 23 日，黎巴嫩发生了“9·11”事件之前对美国人而言最致命的袭击，当时当地什叶派组织对一座美国海军陆战队居住的建筑实施自杀式炸弹袭击，造成 307 人死亡。当年和随后几年，在黎巴嫩的美国人遭受了几起类似的爆炸袭击。

随后几年由利比亚资助的恐怖主义占主导，目的是报复美国的制裁。
1986 年 4 月 5 日，西柏林一家美国军人喜爱的夜总会发生爆炸，造成 3 97
人遇难、230 人受伤。1988 年 12 月 21 日，一个小型爆炸装置藏在从法兰克福途经伦敦飞往纽约的泛美航空公司 103 航班的行李中，最终飞机在苏格兰洛克比上空爆炸，造成飞机上 259 人遇难，飞机坠落造成地面上 11 人遇难。炸弹大概是在法兰克福安装在飞机上的，怀疑是由 1 名从马耳他出发、乘坐该航班的乘客所为。调查人员起诉了利比亚阿拉伯航空公司的 2 名职员，但直到 1999 年利比亚政府才交出这两名犯罪嫌疑人接受审讯。最终只有阿卜杜勒·巴塞特·阿里·迈格拉希（Abdel Basset Ali al-Megrahi）于 2001 年被苏格兰法庭判定罪名成立。但 2009 年，有报道称证据和证人有污点，并且由于英国与利比亚在政治和经济领域的联系，他最终以值得同情的理由（患了癌症）被释放。利比亚于 2002 年签署了国际民事赔偿协议，但利比亚方面坚称政府并未参与其中。

20 世纪 80 年代被杀害的美国人是 20 世纪 90 年代的 6 倍。20 世纪 90 年代，海外仅有 87 名美国公民被恐怖主义所害；在美国国内有 176 名公民遇害，但是其中的大多数人（168 名）是因同一个事件死亡，即 1995 年 4 月 19 日，在俄克拉何马城的一座联邦大楼里，1 名奉行宗教极端主义和有反联邦动机的美国公民蒂莫西·麦克维（Timothy McVeigh）制造了爆炸事件。

1993 年 2 月 26 日，美国大陆遭受了第一次外国恐怖分子实施的造成大规模伤亡的袭击，在“基地”组织训练或赞助下的外国“圣战”分子在停于纽约世贸中心北塔地下停车场的一辆面包车里放置了1枚炸弹。这枚炸弹的爆炸造成6人死亡，但并没有像袭击者所希望的那样造成灾难性的伤害，对美国公众认识“圣战”的威胁以及美国官方评估威胁的影响是有限的。

“圣战”分子在海外袭击了更多的美国目标。1998年8月7日，“基地”组织资助的恐怖分子几乎在同一时间分别在美国驻肯尼亚内罗毕大使馆外（造成212人死亡，其中包括12名美国人，4000人受伤）和美国驻坦桑尼亚达累斯萨拉姆大使馆外（造成11人死亡，85人受伤）发动汽车炸弹袭击。奥萨马·本·拉登声称，这些袭击是为了报复美国对索马里的干涉。作为回应，美国针对“基地”组织实施了一系列远程无人空袭。

2000年1月3日，“基地”组织资助的自杀式炸弹袭击者在也门亚丁港试图让其载有爆炸物的船靠近美国“沙利文号”导弹驱逐舰，但他们的船沉没了。2000年10月12日，其他投掷炸弹者在位于亚丁湾的“科尔号”导弹驱逐舰旁边的一艘船上引爆爆炸物，造成17名美军水手遇难、39人受伤。

2001年9月11日，劫机者故意将劫持的飞机驾驶到纽约世界贸易中心、华盛顿特区五角大楼和宾夕法尼亚地区的上空。“基地”组织承认，这次袭击中的一些人曾经参与过1993年的袭击。

“9·11”事件发生后，针对美国目标和美国人的恐怖活动频发，尽管许多美国人在海外战争和反叛乱中丧生，但很少有美国人在本土因恐怖活动死亡。2000～2013年，美国境内共有3042人死于恐怖主义事件，其中2996人死于“9·11”事件（同一时期，美国死于其他谋杀的人数为195948人，是恐怖袭击造成的死亡人数的64倍）。全球恐怖主义数据库报告表明，2002～2011年，美国境内发生168起恐怖袭击和30起相关死亡事件，大多数袭击不是“圣战”分子所为，但大多数死亡发生在“圣战”组织发动的几次袭击中。美国国务院称，2002～2011年外国恐
98 怖分子在美国之外杀害了238名美国人。2011年外国恐怖分子在全球范围内杀害了17名美国公民（占当年因恐怖主义丧生的所有受害者的0.1%），并在全球范围内伤害了14名美国公民，这些人都在阿富汗、伊

拉克或以色列（数据不包括美军战斗人员的死亡）。2013 年，美国遭受了 9 次恐怖袭击，造成 6 人死亡（Institute for Economics & Peace，2012，2014b）。

（二）“9·11”事件以来美国世俗恐怖主义者的基本情况

历史上，大多数美国恐怖分子不是“圣战”分子。在“9·11”事件发生之前，美国“右翼”恐怖分子对 1995 年美国境内最致命的俄克拉何马城爆炸袭击负责。美国“右翼”恐怖分子通常有反联邦、反堕胎、宗教极端主义思想。“右翼”恐怖主义的风险在 20 世纪 90 年代最高，当时武装反联邦组织不断壮大，它们往往称自己为“民兵组织”，很少有暴力倾向。“右翼”恐怖主义的威胁随着“孤狼”战略的实施而瓦解，尤其是 1995 年之后，为了保护集体不被暴露，空想家希望单独采取行动，但是又要求这些行动者能够拥有共同的目标，这显然是不现实的。

美国的“左翼”恐怖主义非常罕见，但往往对极端“左翼”和“右翼”立场之间更广泛的争端做出反应。例如，2012 年 8 月 15 日，弗洛伊德·李·科金斯二世（Floyd Lee Corkins II，28 岁）进入华盛顿的家庭研究委员会，意图伤害被他指控恐惧同性恋的员工（他最终只射杀了逮捕他的警卫）。

一些美国恐怖分子被归类为“民族主义者”，因为他们攻击某些种族、族裔或民族。这种恐怖主义在行动上很难与其他更为频繁的有组织暴力行为区分，这些暴力行为发生在具有不同民族身份的敌对帮派之间，或者是具有不同民族身份的实施者和受害者之间更为自发的暴力行为。

21 世纪头十年，“圣战”恐怖分子显然是最危险的。在这 10 年里，官员们认识到来自环境恐怖分子或生态恐怖分子的风险增加，他们通常袭击与房地产开发、汽车经销和自然资源开发有关的商业组织。他们的袭击造成的财产损失可能非常高昂，但是通常不以人员伤亡为目的，被伤害的人通常是试图挽救财产的保安或消防队员。

在 2004 年的一项调查中，59% 的美国警察（共 1744 人受访）报告了他们管辖地区的种族至上主义恐怖分子，58% 的美国警察报告了反堕胎者，48%的美国警察报告了右翼组织，39%的美国警察报告了生态恐怖分子，28%的美国警察报告了伊斯兰主义者，17%的美国警察报告了左翼组织，11%的美国警察报告了外国恐怖分子。更多的警察报告说，他们担心生态恐怖分子（44%）和伊斯兰主义者（40%）会采取行动，而不仅仅是担心他们的存在。担心其他群体会采取行动的警察占比相对较小，其中反堕胎者占37%、种族至上主义者占34%、右翼组织占28%、左翼组织占12%、外国恐怖分子占7%（Anarumo，2011）。

美国联邦当局通常不会公开披露它们正在追踪的恐怖分子，尽管国家反恐中心（National Counterrorism Center）在2013年12月建立了一个数据库，收录了110多万名恐怖分子嫌疑人的名字，其中约25000名是美国人。这个数据库就是恐怖分子身份环境数据库（Terrorist Identities Datamart Environment，TIDE），也被不准确地称为“监视名单”。恐怖分子身份环境数据库中的名字是按照不同的风险等级进行编码的，其中
99 47000个名字在禁飞名单上（包括800名美国人）。

（三）“9·11”事件以来的美国宗教基本情况

美国成年人中，大约78.4%是基督徒、1.7%是犹太人、0.7%是佛教徒、0.6%是穆斯林（全国3.14亿人口中有200多万人）、0.4%是印度教徒、16.1%没有宗教信仰。相比之下，欧洲有76%的基督徒和5%的穆斯林（超过3800万名穆斯林居民）。基督教和伊斯兰教是全球人口最多的两大宗教，而在大多数国家，两大宗教中有一个会占据主导地位。全球人口的约32%是基督徒、23.4%是穆斯林。

美国穆斯林比其他大多数国家的穆斯林更加融合，尽管穆斯林与基督徒一样，往往在自己的信仰范围内进行社交。根据2011年皮尤研究中心的一项调查，大约一半的美国穆斯林说他们所有（占比7%）或大部分（占比41%）的密友是伊斯兰教的信徒，一半的人说他们的密友中有（占比36%）或几乎没有（占比14%）穆斯林。相比之下，其他国家的穆斯林普遍说他们所有或大部分的亲密朋友是穆斯林（全球中位数为95%）。即使在本国属于宗教少数派的穆斯林也不像美国穆斯林那样与非穆斯林建立友谊。例如，78%的俄罗斯穆斯林和96%的泰国穆斯林表

示，他们的大多数或所有密友是穆斯林（Bell et al.，2013）。

大多数美国穆斯林（63%）认为虔诚的宗教活动和现代社会之间不存在内在的紧张关系。几乎相同比重的美国基督徒（64%）同意这一观点。在世界各地，大约一半的穆斯林（全球中位数的54%）认为现代生活和宗教信仰并不矛盾。大多数美国穆斯林（59%）认为，科学和宗教之间一般没有冲突，全球约有一半的穆斯林认可（中位数的54%）这一观点，更少的美国人（37%）和美国基督徒（39%）将宗教和科学视为普遍相容的。在自然进化问题上，45%的美国穆斯林认为人类和其他生物随着时间的推移而演化，而44%的人不同意。美国穆斯林与美国基督徒（46%的人说他们相信进化论）一样相信进化论。相较而言，相信进化论的美国人和全球范围内相信进化论的穆斯林占比略高，分别为52%和53%（Bell et al.，2013）。

大多数美国穆斯林认为，针对平民目标的自杀式炸弹袭击和其他形式的暴力从来没有正当理由（81%）或很少有正当理由（5%）。在世界范围内，大多数穆斯林反对这种暴力行为，中位数为72%的穆斯林认为这种袭击永远没有正当理由，10%的穆斯林认为极少数袭击有正当理由，只有1%的美国穆斯林和3%的全球穆斯林表示，针对平民目标的自杀式炸弹袭击和其他暴力通常是合理的，而7%的美国穆斯林和8%的全球穆斯林表示，此类袭击有时有捍卫伊斯兰教的正当理由（Bell et 100
al.，2013）。

（四）“9·11”事件以来美国极端主义恐怖分子发动的袭击事件

2014年9月11日之后，美国发生了20多万起谋杀案。同一时期，19名美国伊斯兰极端主义分子实施了17次暴力袭击，其中10起共造成50人死亡（占同期美国所有与恐怖主义有关的死亡人数的一半以上）。19名罪犯中，4名为第一代移民，7名为第二代移民（包括未成年移民和移民的子女），6人信奉伊斯兰极端主义，2人是美国伊斯兰极端主义分子（他们的直系亲属中没有已知的移民）。

美国伊斯兰极端主义分子暴力袭击的频率（2002～2014年每年1.3次）与欧盟的同类事件大致相同（Kurzman，2015）。

专栏 3.5

2002～2014 年美国伊斯兰极端主义分子在本土发动的暴力袭击

1. 2002 年 7 月 4 日，在埃及出生的移民切舍姆·哈达耶特（Hesham Hadayet）在洛杉矶机场向以色列航空公司的一名雇员和乘客开枪并致其死亡，随后他被击毙。

2. 2002 年 1 月 5 日，15 岁男孩查尔斯·毕晓普（Charles Bishop）驾驶偷来的小型飞机撞击了佛罗里达州坦帕市的一座办公楼，然后自杀。他留下了一张支持“9·11”袭击、支持奥萨马·本·拉登以及祈求上帝的便条，因此在一些数据集中他被编码为“美国穆斯林”。

3. 2002 年 10 月，在华盛顿特区，约翰·艾伦·穆罕默德（John Allen Muhammed）和李·博伊德·马尔沃（Lee Boyd Malvo）开枪射杀了 10 人。他们曾试图敲诈勒索，未被全球恐怖主义数据库认定为恐怖分子，但在其他地方被认定为恐怖分子，因为他们出于种族动机对他人进行了恐吓。

4. 2006 年 3 月 3 日，在美国长大、父母来自伊朗的 23 岁的穆罕默德·塔赫里－阿扎尔（Mohammed Taheri-Azar）在北卡罗来纳州教堂山开车冲向同学。他承认了谋杀意图和“圣战”精神。

5. 2006 年 7 月 28 日，出生于美国、父母是巴基斯坦移民的纳维德·哈克（Naveed Haq）在西雅图的一个犹太人中心将一名员工杀害。

6. 2007 年 2 月 12 日，波斯尼亚移民苏莱曼·塔洛维奇（Suleman Talovic）在犹他州盐湖城的一个购物中心杀害了 5 人后自杀。

7. 2007 年 10 月 21 日，22 岁的塔米德·艾哈迈德（Tahmeed Ahmad）在佛罗里达州的家园空军储备基地（Homestead Air Reserve Base）向宪兵挥刀。他在未成年时跟随父母从科威特移民到美国。

8. 2009 年 6 月 1 日，在阿肯色州小石城的一个新兵招募站外，阿卜杜勒哈基姆·穆罕默德（Abdulhakim Muhammad）射杀了一名士兵。

9. 2009 年 11 月 5 日，在美国出生、父母是巴勒斯坦移民的美国陆军少校尼达尔·哈桑（Nidal Hasan）在得克萨斯州胡德堡（Fort Hood）开枪打死 13 名士兵和文职人员。

10. 2010年5月1日，出生于巴基斯坦的30岁美国公民费萨尔·沙赫扎德（Faisal Shahzad）在纽约时代广场留下了一辆装有炸弹的车，但没有成功引爆，后来他被定罪。

11. 2010年10月16日晚至17日凌晨，来自埃塞俄比亚、跟随父母入籍美国的22岁约纳森·米拉库（Yonathan Melaku）在位于弗吉尼亚州三角洲的国家海军陆战队博物馆开枪。10月的晚些时候，他又在位于阿灵顿的五角大楼、位于尚蒂利的美国海军征兵中心、海军陆战队博物馆开枪，11月在位于伍德布里奇的美国海岸警卫队征兵中心开枪。2011年6月21日，他在阿灵顿国家公墓因携带爆炸物被捕。

12. 2012年11月30日，一个爆炸装置被放置在亚利桑那州凯斯格
兰德市社会保障办公室的后门外，爆炸没有造成人员伤亡。伊拉克难 101
民阿布拉提夫·奥尔德萨里（Abullatif Aldosary）被捕。尚不清楚他的动机。

13. 2013年4月15日，出生于吉尔吉斯斯坦、在孩提时代移民美国的车臣族两兄弟，在波士顿马拉松比赛现场引爆2枚炸弹，造成3人死亡。4月18日，他们准备了6个爆炸装置，枪杀了一名警察、劫持了一辆汽车并意图袭击纽约市时代广场，汽车司机逃脱并报警。在随后的枪战中，警方射杀了哥哥（Tamerlan Tsarnaev，26岁），并于4月19日伏击了逃离到附近的弟弟（Dzhokhar A. Tsarnaev，19岁），他于2015年5月被判处死刑。

14. 2014年4～6月，阿里·穆罕默德·布朗（Ali Muhammad Brown，一名29岁的美国男子）在华盛顿州和新泽西州开枪打死4人。

15. 2014年9月25日，奥尔顿·诺兰（Alton Nolen，一名30岁美国男性）进入一家食品加工厂，该厂最近解雇了他。他用刀斩首了一名妇女，并袭击了另一名妇女，随后被一名员工用枪打死。

16. 2014年10月23日，扎莱·汤普森（Zale Thompson，一名32岁美国男性）用斧头袭击了2名警察，随后被击毙。

17. 2014年12月20日，伊斯梅尔·阿卜杜拉·布林斯利（Ismaaiyl Abdullah Brinsley，一名28岁的美国男性）在巴尔的摩枪杀了他的前女友，随后在纽约将2名警察杀死在车内。

（五）2002 ~2009 年被截获的美国极端主义者的阴谋

除了“9·11”事件后美国伊斯兰极端主义分子发动的实际攻击之外，美国当局在美国境内外拦截了更多的“圣战”阴谋。截获或阻止的阴谋是实际实施的阴谋的很多倍，但由于一些调查的保密性和争议性，难以确定真实的数量和质量。许多情报涉及机密线人（也称“告密者”）和卧底警察，他们经常提供假的武器来测试嫌疑人实施阴谋的意图。这些秘密行动被官方认定为收集嫌疑人意图的确凿证据的安全方法，但批评者认为这些行动是诱捕或钓鱼，是不可接受的。自“9·11”事件以来，没有一个反恐案件是以诱捕获得的情报为证据辩护成功的，但这种钓鱼的频率有所下降，而大多数地区的检察官明确提出，调查人员应收集更多有相关意图的证据，同时表明嫌疑人的意图不受收集证据的人的影响。

一个较好的审查期间是“9·11”事件发生后至 2009 年，此后截获情报的频率下降。根据匿名人士的观点，2001 ~2009 年，由于官方诱捕或者
102 说将潜在的“圣战”分子计入其中，美国“圣战”分子的威胁被夸大了。

虽然计算真实的阴谋确实存在困难，但一些作者计算了“9·11”事件发生后至 2009 年截取的“最重要的”23 个阴谋，频率为每年 2.6 次（Bullock，Haddow，& Coppola，2013，pp. 91 –92）。61 人因牵涉其中被定罪。27 人（42%）改为信奉伊斯兰极端主义或对其抱以同情；34 人（58%）则以“穆斯林”的身份被指控。18 人（30%）自己和父母均在美国出生，10 人（16%）在美国出生而父母为美国移民，28 人（46%）为移民（包括归化公民、难民、寻求庇护者和非法居民），5 人（8%）为外国居民。

情报负责人往往声称被截获的阴谋比在公开场合描述的要多。2013 年 6 月 18 日，国家安全局局长基思·亚历山大（Keith B. Alexander）告诉美国众议院情报委员会，美国国家安全局的通信情报为阻止“‘9·11’事件发生以来 50 多起潜在的恐怖事件”提供了帮助（Sullivan，2013）。他指出，在被挫败的阴谋中，至少有 10 起涉及美国的恐怖主义嫌疑人或目标，但他只指明了其中 1 起（2009 年针对纽约地铁的恐怖袭击阴谋）。在 6 月和 7 月的公开会议上，他指出通信情报“有助于我们理解”54 个

不同的恐怖主义相关活动，他将这些活动分为 42 个恐怖主义阴谋和 12 个由个人向恐怖组织提供的物质支持。在这 54 项活动中，亚历山大认为其中的 13 项在美国境内，25 项在欧洲，11 项在亚洲，5 项在非洲。然而，他后来澄清，只有一个恐怖主义阴谋是仅凭通信情报就以逮捕宣告终结，这是一次向美国认定的海外恐怖组织汇款的阴谋。

（六）“9·11”事件发生之后被起诉的美国极端主义者

2002～2014 年，约有 250 名美国居民因暴力恐怖主义被起诉，频率为每年 20 人。2009 年有 50 名恐怖分子被起诉，为人数最多的年份，2010 年为 26 人，2011 年为 21 人，2012 年为 14 人，2013 年为 16 人，2014 年为 25 人（Kurzman，2015）。

在 250 名被起诉的人中，175 人（70%）是美国公民（133 人出生在美国，42 人为归化公民），31 人为难民，27 人为合法居民，2 人为外国学生，15 人为非法居民；240 人（96%）为男性，10 人为女性；92 人（37%）皈依伊斯兰教，158 人生来就是穆斯林；27 人（11%）在策划恐怖袭击之前已有被监禁经历。另有 476 人被控支持恐怖主义，如提供资金资助，其中 2001 年人数最多（88 人），此后到 2010 年稳步下降至 27 人，2011 年为 8 人，2012 年为 6 人，2013 年为 8 人，2014 年为 8 人。

大多数被起诉的是美国人，没有明显的外国激进主义，他们通常被政府官员归类为本土暴力极端分子。意图最致命的恐怖分子往往与外国有联系，例如，安瓦尔·奥拉基出生于美国，父母是也门人，2002 年离开美国，最终在也门定居，在那里他参与策划了几起恐怖袭击，主要是针对美国（包括在 2009 年圣诞节那天将炸药隐藏在 1 名尼日利亚志愿者的内裤中，试图炸毁 1 架美国客机），他死于 2011 年（据报道是死于美国无人驾驶飞机发射的导弹）。同时，2008 年尼达尔·哈桑（1970 年出 103
生于美国，父母是巴勒斯坦人，后来在美国军队担任精神病医生）开始通过电子邮件与奥拉基沟通。2009 年 11 月 5 日，哈桑在得克萨斯州胡德堡的士兵预备中心开枪打死了 13 人，并造成 29 人受伤。2010 年 5 月 1 日，出生在巴基斯坦、加入美国国籍的费萨尔·沙赫扎德（1979 年出生）在纽约市时代广场留下一辆车，车上装有未能引爆的炸药，后来他被判有罪，他声称受到了奥拉基的煽动。

专栏 3.6

2001～2009 年美国国土范围内被拦截的极端主义分子暴力阴谋（按时间顺序排列）

1. 2001 年 12 月，拥有英国和牙买加血统的理查德·里德（Richard Reid）企图在商业航班中引爆藏在鞋里的炸药。

2. 2002 年，美国公民乔斯·帕迪利亚（Jose Padilla）在接受恐怖组织训练后返回美国，意图谋杀，2008 年被定罪。起初，他被指控策划了一个涉及放射性爆炸装置的阴谋，但这个指控后来被撤销了。

3. 2002 年，6 名出生于也门并归化的男子因在巴基斯坦接受恐怖主义训练而被捕。他们于 2003 年 12 月被定罪。

4. 2003 年，来自巴基斯坦的归化公民莱曼·法里斯（Lyman Farris）因在“基地”组织的资助下密谋毁坏布鲁克林大桥并使火车脱轨而被捕。

5. 2003 年，“弗吉尼亚圣战网络”组织的袭击阴谋被识破。2004 年，9 名成员，包括 7 名巴基斯坦裔美国人和 2 名美国人被定罪。

6. 2003 年，因作伪证获得庇护的索马里人努拉丁·阿布迪（Nuradin Abdi）因各种恐怖袭击被捕，其中包括与法里斯的阴谋。他于 2007 年被定罪。

7. 2004 年，出生于印度的英国公民迪伦·巴罗特（Dhiren Barot）为“基地”组织位于纽约的目标踩点，随后在英国被捕，2007 年被定罪。

8. 2004 年，巴基斯坦移民沙哈瓦·马汀·西拉吉（Shahawar Matin Siraj）与父母分别来自埃及和爱尔兰的美国人詹姆斯·埃尔沙菲（James Elshafay）受到线人鼓动，企图炸毁曼哈顿地铁站，这位线人对这一阴谋做了记录，随后二人被捕。

9. 2004 年，来自伊拉克库尔德斯坦的难民亚辛·阿里夫（Yassin Aref）和孟加拉国移民穆罕默德·侯赛因（Mohammed Hossein）在同意代表一个恐怖组织参与一枚地对空导弹进口融资后被联邦调查局逮捕（这一阴谋完全是由联邦调查局策划的。）

10. 2005 年，3 名美国极端主义者与 1 名巴基斯坦公民在策划袭击洛杉矶及其周围的犹太人和美国军事目标时被捕。

11. 2005 年，迈克尔·雷诺兹（Michael Reynolds）在同意与 1 名联邦调查局的线人见面讨论炸毁天然气管道的阴谋后被捕。他因在一个在线论坛上公开招募恐怖袭击志愿者以抵抗美国入侵伊拉克而被注意到。

12. 2006 年，5 名美国公民、1 名海地移民和 1 名来自海地的非法居民——他们都是邪教组织成员，在同意帮助伪装为“基地”组织成员的线人后被捕。

13. 2006 年，黎巴嫩当局逮捕了阿西姆·哈穆德（Assem Hammoud），因为黎巴嫩当局和联邦调查局合作收集的证据表明他正与巴基斯坦恐怖分子密谋在新泽西和纽约之间的火车上实施自杀式炸弹袭击。 104

14. 2006 年，美国人德里克·谢里夫（Derrick Sharef）在同意与一名线人袭击伊利诺伊州罗克福德的一家购物中心后被联邦调查局逮捕。

15. 2007 年，6 人（4 名来自前南斯拉夫的阿尔巴尼亚人，其中 3 名兄弟为非法移民、1 名来自约旦巴勒斯坦族的美国移民，1 名拥有土耳其永久居留权的美国人）因策划袭击新泽西州迪克斯堡而被捕。

16. 2007 年，4 名男子（3 人来自圭亚那，其中 1 人加入美国国籍，1 人来自特立尼达和多巴哥）在告诉 1 名线人他们计划在纽约肯尼迪机场炸毁燃料箱后被捕。

17. 2008 年，克里斯托弗·保罗（Christopher Paul），1 名“9·11”事件发生之前在巴基斯坦接受过恐怖主义训练的美国人，因策划一系列炸弹袭击而被捕，其中一部分是与法里斯一起。

18. 2009 年，4 名男子（3 名美国公民、1 名海地移民）因试图在纽约用联邦调查局线人提供的假炸弹炸毁 1 座犹太教堂并击毁飞机而被捕。

19. 2009 年，来自阿富汗、童年时移民美国的纳吉布拉·扎齐（Najibullah Zazi）和 2 个高中朋友（1 人是来自阿富汗的移民、1 人来自波斯尼亚）在纽约地铁上试图引爆自己以完成“基地”组织资助的一项长期阴谋时被逮捕。

20. 2009 年，来自约旦的 19 岁非法居民胡沙姆·马希尔·侯赛因·斯马迪（Hosam Maher Husain Smadi）企图使用联邦调查局线人声称装有炸弹的卡车炸毁位于达拉斯的一座摩天大楼，随后被逮捕。

21. 2009 年，迈克尔·菲廷（Michael Finton）企图在伊利诺伊州斯普林菲尔德用联邦调查局员工声称装有爆炸物的卡车炸毁联邦法院，随后被捕，这也是由联邦调查局策划的。

22. 2009 年，父母为埃及移民的美国公民塔里克·莫哈那（Tarek Mehanna）和拥有叙利亚、美国双重国籍的美国公民艾哈迈德·阿布萨姆拉（Ahmad Abousamra）被指控为在美国境内发动袭击寻求在国外接受恐怖训练。阿布萨姆拉逃离了美国，莫哈那因向“基地”组织提供实质性支持被定罪。

23. 2009 年圣诞节，1 名尼日利亚男子试图在乘坐商业航班时引爆藏
105 在内衣中的炸药，他曾在阿拉伯半岛的“基地”组织内接受训练。

十一 反恐怖主义

反恐怖主义（counterrorism）指任何试图控制恐怖主义的行为。在英文中，“counterrorism”经常与“antiterrorism”互换使用，虽然在技术上“antiterrorism”指纯粹的防御措施，而“counterrorism”则意味着同时采取进攻和防御措施。下文回顾自“9·11”事件以来的组织问题、不同的战略选择和美国的反恐怖主义。

（一）组织问题

组织问题主要涉及集权和分权结构之间的选择、等级结构或网络结构之间的选择以及改进跨部门合作的努力。

1. 集权和分权结构

结构是权力和责任的安排模式。当局指受命来决定如何管理安全和风险的部门或人员。责任方应当根据当局的规定来管理安全和风险。

结构很重要，因为当职责或权限不明确或失调时，安全不会得到足够的重视。结构对想知道与谁沟通的外部人员也很重要。设想一个利益相关者想为您的安全做出贡献，但无法在组织内找到最佳人选（或找不到感兴趣的人）。浪费的时间、精力和挫折被视为不必要的交易成本，可能损害

您的声誉，并减少未来的机会。结构对组织的效率很重要，因为更清晰的权限和责任降低了交易成本、减少了混乱和组织冗余导致的冗余活动。

传统上，以上述利益为目的的官僚主义往往集权化，但集权化意味着距离、僵化以及透明度较低，所以最近的趋势是分权化。组织设计者也应该小心，不要在集权和分权管理之间摇摆不定：

- 高度集权化的管理应具有实质性的效率，但与较低级别的管理者相距甚远，可能不了解较低级别的管理实践。
- 如果初级管理者能够自我激励、技能熟练，那么分权管理对整个系统而言更有效率，但初级管理者也会向高级管理者隐瞒管理实践中的功能失调。

此外，组织设计者需要小心，不要在以下两个方面摇摆不定：

- 许多规定明确的主管部门被责任压得喘不过气来，效率低下，相互指责。
- 责任不明确或者不确定（Newsome，2007，pp. 18 – 22；Newsome，2014，pp. 137 – 139）。 106

2. 等级和网络结构

20 世纪 90 年代，一些战略家批评官僚机构过度集权和低效，而非国家行为体正在从传统的等级制度转向更灵活和更具社会渗透性的网络结构，这些网络有更多的连接和较少的等级节点（Arquilla & Ronfeldt，1996，2001）。“9・11”事件之后，许多讨论将“基地”组织阴谋的得逞归因于其灵活的网络结构。布什政府承诺对海外进行干预，并采用更多的网络结构，以打击“具有灵活的跨国网络结构、拥有现代技术且组织内部和组织之间联系松散”的“基地”组织（U. S. White House，2003，p. 8）。

然而，其他人否认“基地”组织是网络组织，它更像一个等级结构（hierarchy）。“基地”组织的核心始终是等级制的，有负责招聘、财务、采购和公共关系的部门。“基地”组织不仅远程激励各分支机构，也要指导它们，即使这些分支机构通常保留了大部分自治权（Spencer，2014， pp. 14 – 15）。

有些人否认官方的等级制度较差，所以他们反对在反恐活动中更多地使用网络结构。例如，梅特·尔斯特勒普 – 圣乔瓦尼和卡尔弗特·琼斯指出，传统的执法机构比秘密网络具有更多优势，如集中的信息处理、活动监控、正式培训和可靠的组织记忆（Mette Eilstrup-Sangiovanni, Calvert Jones, 2008, p. 11）。相反，菲尔·威廉姆斯认为，“这些结构——在纽约和华盛顿遭到袭击的10年后——仍以标准程序运作，即便在国内也制约了与其他机构的合作，更别提与其他国家组织的合作了”（Williams, 2011, p. 33）。

3. 跨部门合作

跨组织协同是反恐怖主义组织普遍采用和政治上认可的一种模式，指多个独立的组织积极地一起工作，一个更流行但狭义的说法是“跨部门合作”。

即使是同一政府机构，各部门也常被认为是孤立的和自私自利的。每个部门都希望获得成功的反恐怖主义的荣耀和信誉，但是有可能责怪其他部门不成功的反恐怖主义行动。结果是反恐活动相互独立，有时甚至相互矛盾，除非鼓励或强制部门间开展合作。2004 年，“9·11”委员会报告称，部门间的孤立和不协调造成许多情报丢失或错放，这些情报集中起来也许可以为“9·11”事件提供预警。

组织之间的协调会带来收益，比如提高彼此的安全性和降低集体成本。安全协调意味着审慎的合作，而不仅仅是商业关系、政治联盟或浮夸的友谊。例如，“9·11”事件后，美国与其他国家政府签署了许多双边协议，在双边协议中两国政府都表示共同致力于打击恐怖主义。有时，美国承诺向另一个政府提供资金来帮助其提高反恐能力。然而，这些早期协议中，很少有协议规定两国政府应如何协调反恐活动、衡量协调性
107 或让彼此对其协调负责。与此同时，一些未与美国签订协议的国家反而能够更好地协调（Newsome, 2006）。

组织间的安全协调并不容易，即使客观上每个组织在协调中都有自己的利益。商业竞争阻碍了协调，尽管针对第三方的安全威胁不一定影响商业竞争力。许多个人行为体认为官方当局会保护他们，但不能指望官方当局追踪每个个人行为体或活动，特别是在偏远地区。一些个人行

为体夸大了他们的自力更生能力，没有意识到协调的好处或风险的相互依赖性。表 3－1 总结了在协调中可能遇到的障碍和协调方法。

例如，如表 3－1 所示，结构或地域分离是组织之间协调的障碍。通常的解决方案是互派联络员。例如，英国政府派政府联络员到当地的应急管理中心，国防部为每个应急管理中心指定负责各个区域联络的联络员，地方政府任命一个当地组织牵头人来协助工作。组织也应该任命（新闻）媒体联络员（Newsome，2014，pp. 145－146）。

表 3－1　开展协调面临的障碍和解决方法

障碍		方法	
类别	例子		
物质	资源约束	资源合并、风险共担、共享控制、风险评估、控制效率	
	物理上的分离	联络员和通信	
文化和社会	语言或文化差异	雇用有多元文化背景的员工或专家	
	自我依赖式文化	将协作视为整体目标	
	内部导向文化	发展外部导向	
	追求相对利益	奖励绝对收益	108
结构和战略	相互冲突的目标	合作目标	
	推卸责任（将自身责任推给其他人）	对第三方负责	
	冗余的权限	合并权限	
	责任模糊不清	明确责任	
程序和人员	三重定义或过程不相容	过程标准化	
	缺少专业知识	进行训练或雇用专家	
政治	政治问题关联	防止重大政策变化之外的变化	
	政治化	无党派	
	政治敏感性	对信息进行分类	

资料来源：根据 Newsome（2006）和 Newsome & Floros（2008，2009）的研究整理。

（二）战略选择

反恐战略并没有很好的声誉，部分原因是官方战略往往不明确、摇摆不定或者计划与实际行动明显不同。一般来说，在政府满意之前，战略会发生很大变化，首先是采取强硬的军事和法律对策，其次是社会经济和社会心理干预，最后才达成政治解决方案（Jones & Libicki，2008）。保罗·谢梅拉写道：“一般来说，好的战略是罕见的，在反恐工作中尤其罕见”（Shemella，2011，p. 131）。

在以往文献中，反恐战略的主要选择有以下五个：

1. 政治战略（主要是达成政治和解）。

2. 法律战略（更好地禁止有助于恐怖主义的活动）。

3. 经济战略（主要是减少贫困或增加更多的社会经济机会）。

4. 武力干预（主要是武力削弱恐怖分子的能力，其中“武力”一词被用来指称任何官方行动者的武力行动，而不仅仅是军方的行为）。

5. 社会心理干预（主要是劝阻危险性高的人群或危险分子参与恐怖主义）。

“9·11”事件发生后，美国反恐怖主义委员会主席保罗·布雷默依
109 据三个原则判断到20世纪80年代西方的反恐战略已经成熟：

1. 没有对恐怖分子做出让步和妥协。

2. 利用或资助恐怖主义的国家应被排斥。

3. 对恐怖分子使用法律很重要，他们的行为是违法的。（Bremer，2002，p. 55）

“9·11”事件后，西方的反恐形势发生了巨大变化。在风险管理方面，美国致力于打击海外恐怖分子和阻止恐怖分子进入本国，重点是风险预防。英国的反恐战略被描述为“一种广泛的风险管理方法”，尽管英国的反恐实践更接近美国而不是英国自己的计划。更具原则性的国家，如加拿大，则侧重于风险抢占（risk preemption），这意味着在本土采取干预措施来防止危险人员在宗教场所或监狱中受到恐怖分子及其意识形态影响而转变为恐怖分子。这并不是说其他国家的政府没有先发制人管理风险，而是说加拿大更侧重于这样做。

丹尼尔·拜曼确定了七个反恐战略选择（Byman，2009）：

1. 单边摧毁恐怖分子，这是迄今为止美国和以色列的主导战略；尽管具有自主权，但这一战略运用得越来越少。

2. 多边打击恐怖分子——阿富汗采取的联盟战略，这种战略可以分担风险，但对个别成员来说不那么灵活。

3. 在特定地区遏制恐怖分子，如阿富汗和巴基斯坦的偏远山区，这些地区也是他们在其他地方执行任务的基地。

4. 防御，如以色列在巴勒斯坦西岸与以色列之间修建隔离墙，这种战略通常比较昂贵且使用得越来越少。

5. 转移，例如许多伊斯兰国家鼓励激进分子在阿富汗而不是在国内对苏联发动宗教战争。

6. 让恐怖分子的动机、目标、方法或“道德标准”丧失合法性，例如声称为“宗教道德”而战的恐怖分子违犯了禁止盗窃、谋杀等宗教法令。

7. 通过消除不满、改善条件、代表他们或使他们多样化来改造恐怖主义滋生地。

保罗·谢梅拉列举了政府可以用来打击恐怖主义的十种手段：一是
外交；二是信息，特别是反对极端主义的信息；三是军事力量；四是经 110
济制裁；五是金融孤立；六是情报；七是执法；八是应急服务，特别是医疗服务；九是民间社会组织，如慈善机构、工会和宗教组织；十是道德因素，主要是合法性（Shemella，2011，p. 131）。

他建议政府打击恐怖分子的十个“重心”：一是合法性，二是资金，三是培训，四是武器，五是流窜，六是通信，七是领导力，八是单位凝聚力，九是避难所，十是意识形态（Shemella，2011，p. 131）。

十二　“9·11”事件发生后美国的反恐

本节回顾布什政府（2001～2009 年）和奥巴马政府（2009～2017 年）的战略、美国建设对外能力的努力以及美国金融反恐的努力。

（一）布什政府的战略

针对“9·11”事件，布什政府的主要反应是发动“反恐战争”（也称“全球反恐战争”）。一些批评家认为，“反恐战争”这一措辞显得没
111 文化且不切实际（人们不能对一个概念开战，只能对其行动者开战）。美国最强大的外国伙伴英国更喜欢使用“反恐行动”的表述。全球反恐战争于2008年正式结束，尽管这一措辞继续用于描述各种正在进行的反恐活动。

布什政府反恐怖主义的目标可以通过四个“D”来清晰地反映：

> 1. 打击恐怖分子（Defeat the terrorists）
> 2. 拒绝为恐怖分子提供庇护（Deny the terrorists' sanctuaries）
> 3. 减少恐怖分子能够获得的支持（Diminish their support）
> 4. 本土防御（Defend the homeland）（U. S. White House，2003，p. 15）

实际上，布什政府的策略大多是军事上的：

> 美国目前对“基地”组织的战略重点是使用军事力量。当然，军事力量并不是美国用来对付“基地”组织的唯一工具。美国国务院参与了一系列外交反恐行动，包括通过其反恐援助计划。美国联邦调查局和当地警察机构历来负责追踪并逮捕美国的恐怖分子。美国国土安全部针对入境口岸和重要基础设施实施了许多政策，保护美国免受恐怖袭击。美国财政部瞄准了恐怖分子的金融网络，中央情报局收集、分析国外恐怖组织的相关信息并实施打击。尽管使用了一系列工具，但军事方面有两点最为重要。第一，美国的政策制定者和主要的国家安全文件将打击“基地”组织的行动称为“全球反恐战争”。第二，美军占用了大部分反恐资源。（Jones & Libicki，2008，pp. 105 – 106）

实际上，布什政府的战略和行动常常是矛盾和适得其反的，例如打

死或拘禁一些所谓的恐怖分子，同时招致更多人的不满。

> 尽管美国成功逮捕了一些“基地”组织领导人，但美国并未明显削弱该组织。与“基地”组织直接或间接相关的恐怖袭击数量增加，“基地”组织的地理范围也在不断扩大，组织结构不断演变。部分原因是对军事力量的过度依赖以及认为战场上有反恐战争解决方案的认知。但历史经验表明，军事力量对打击恐怖组织效果甚微。(Jones & Libicki，2008，p. 120)

特别是有批评指出美国2001年在阿富汗和2003年在伊拉克的军事干预越来越与反恐无关且适得其反。 112

> 具有讽刺意味的是，对伊拉克的干预部分源于布什政府对无法迅速抓捕或打死本·拉登感到沮丧。美国政府在对付一个难以捉摸的敌人时感到沮丧，于是重拾了它最擅长的做法，即像在常规战争中使用大规模的常规部队那样来对付一个静态的、状态受控的敌人(Williams，2011，p. 31)。

美国的这些干预措施鼓动了“圣战”分子将他们的网络扩展到同一个国家，并从恐怖主义转向叛乱，美国的目标在海外比在国内暴露得更多。

> “基地”组织也对将阿富汗和巴基斯坦的叛乱团伙与更广泛的“圣战”网络（包括伊拉克境内的）连接起来发挥了重要的作用，也包括伊拉克。在“基地”组织援助下，伊拉克一些武装组织通过互联网和面对面的方式向塔利班与其他叛乱团伙提供战术信息，包括自杀式战术、各种遥控装置和计时器。此外，少数巴基斯坦和阿富汗武装分子在伊拉克接受军事训练，伊拉克恐怖分子在巴基斯坦与阿富汗和巴基斯坦的极端分子见面。阿富汗武装分子越来越多地使用自制炸弹、自杀式袭击以及在伊拉克受训的其他手段（Jones & Libicki，2008，p. 120）。

多年来，美国在阿富汗和伊拉克的干预措施在国内仍然很受欢迎，直到官方理由（反恐、防止大规模杀伤性武器扩散和民主化）被证明是不可靠的，占领区深陷叛乱泥潭，仓促而有缺陷的民主化（伊拉克第一次全国选举于2004年举行）显然带来了受美国青睐的、由前流亡人士领导的腐败暴政。

在美国本土，布什政府主要是通过改善边防、加强国内监视和调查权力来打击恐怖主义。从一开始，布什政府的法律和监管变化就主要以新的秘密行政命令或对旧命令的新解释为特征，这一庞大而不完善的立法（2001年10月26日的《美国爱国者法案》）简化了调查和起诉，但也限制了人权并侵犯了隐私。对嫌疑人的非正式引渡、拘留和酷刑几乎没有受到监督与制衡。

当共识转向批评时，战略的法律部分最容易被批评为适得其反。

> 《美国爱国者法案》赋予联邦政府更大的权力，以监视可疑的恐怖分子。白宫和美国司法部的备忘录（如果没有明确规定）通常会批准在与所谓的敌方战斗人员打交道时使用酷刑，外国人经常被禁止来美国，美国游客通常会受到侵入性检查和限制，普通公民似乎对这些自由上的限制视而不见或漠不关心。如果这些措施能使美国更加安全，那么或许这些措施是合理的。然而，几乎没有证据表
>
> 113 明严厉的措施减少了美国的恐怖主义行为，使任何恐怖分子被捕，或以任何方式使美国人更安全。事实上，这些措施可能使美国更容易受到攻击，因为极端分子把其中一些做法视为对其信仰、文化和主权的攻击。这些行为当然对全球其他国家如何看待美国产生了不利影响。（Gaines & Kappeler，2012，p. 9）

（二）奥巴马政府的战略

在21世纪头十年末期，自2009年1月，从奥巴马政府开始，英国和美国政府明确降低了海外干预的级别，终止和扭转负面风险的战略升级。

在这样的背景下，我们开始思考还需要做什么才能更有效。总体上，我们认为，我们的方法必须更全面、更具有战略意义。我们必须加强外交，以加强对我们的成功至关重要的外国伙伴关系。此外，我们还知道，尽管军方、情报界和执法机构正在全力以赴，但美国以及世界各国政府的民间机构还没有充分参与。我们认识到，采取行动所减少的威胁仍不如我们的预期。

有鉴于此，我们高度重视两个关键领域：能力建设，以便世界各国能更好地应对其边境和区域内的威胁；认识到我们必须解决副国家安全顾问约翰·布伦南（John Brennan）所称的激进的“上层因素”问题，我们决心加强反暴力极端主义工作，使暴力的吸引力减弱，以减少敌人招募的人数。（Benjamin，2012）

2011 年 6 月，奥巴马政府发布了一项扩展到海外活动的战略，听起来像英国的“CONTEST”战略。

- 保护美国人民、国土和美国的利益……
- 破坏、削弱、摧毁和打击“基地”组织及其附属机构和追随者……
- 防止恐怖分子开发、获取和使用大规模杀伤性武器……
- 清除恐怖分子的大本营……
- 建立持久的反恐怖主义合作伙伴关系和能力……
- 切断“基地”组织及其附属机构和追随者之间的联系…… 114
- 反对“基地”组织的意识形态，削弱“基地”组织使用暴力的具体动因……
- 使恐怖分子丧失行动手段。（U. S. White House，2011b，pp. 8 -9）

2011 年 9 月，美国国土安全部发布了一项新战略，旨在实现其“国家防御目标”，这与英国的“CONTEST”战略基本相同。

- 防止、避免或阻止具有威胁性或实际的恐怖主义行为。

> • 保护我们的公民、居留者、游客和资产免受最大的威胁和危害，使我们的利益、愿望和生活方式得以发展。
>
> • 减轻灾害的影响，以减少生命和财产损失。
>
> • 在灾难性事件发生后迅速做出反应，拯救生命、保护财产和环境，并满足人们的基本需求。
>
> • 及时恢复、加强和修复受灾难事件影响的基础设施、房屋和可持续经济以及健康、社会、文化、历史和社区环境结构，尽快恢复。（U. S. Department of Homland Security，2011，p. 1）

虽然正式战略发生了很大变化，但从布什政府到奥巴马政府美国的一些活动并没有发生改变，例如在关塔那摩监狱对恐怖分子的法外拘留和在国外对恐怖分子的法外处决。

战略在理论和实证层面引起了更多争论。例如，民主化是否推动了远离极端主义的自由，还是仅允许极端分子多数派获得权力？贫穷、失业、腐败是导致恐怖主义的原因，还是仅仅作为恐怖分子招募的经济学解释？关注伊斯兰极端主义是对风险的现实回应还是对更频繁的非穆斯林暴力的忽视？与穆斯林少数群体的接触是有助于融合穆斯林还是疏远穆斯林？强调性别权利是抑制还是煽动极端分子？应当提前制定一项总体战略还是针对特定事件做出特定反应？（Gottlieb，2014）。

这些争论在美国政府召开国际反恐怖主义峰会时仍未得到解决。峰会原计划于 2014 年 10 月召开，但是推迟到 2015 年 2 月 18 日，来自 60 个国家的代表参加，为期 3 天。这次峰会的名称实际上与美国政府新的国际战略不符，该战略更名为“防止暴力极端主义”（preventing violent extremism）。“反对”（countering）一词因侧重于获取极端分子信息而受到批评，而“预防”（preventing）被认为是一种更具包容性的方法，以“确保包容性政府”、“建设安全和有恢复力的社区”和“扩大”温和派（Hudson，2015）。国务院特别是负责公共安全、民主和人权的副国务卿萨拉·休厄尔（Sarah Sewall）是这次变革的主要管理者。休厄尔在 2015
115 年 1 月 20 日的一次演讲中说道：

> 在治理薄弱或缺乏优质教育、经济机会或尊重人权的情况下，

> 公民最有可能被其政府疏远或主动与政府疏远。这不仅是意识形态上的吸引力问题，异化和愤怒也会驱使群体结盟或容忍暴力极端分子。（Sewall，n. p.）

不过，其他官员却抱怨说新战略是不现实的（Hudson，2015）。

（三）建设海外能力

也许奥巴马战略中最明显的变化是对海外正式军事干预的谨慎以及对海外能力建设的重视。

> 我们知道，少数恐怖主义者可能会产生巨大或极其巨大的影响，而且随着强有力的领导出现或资金的涌入，群体可能会复苏、扩大并造成巨大的破坏。这是个重视暴力极端主义问题的时刻，是为了我们和我们伙伴的利益而瓦解恐怖组织和重视他们所处环境的时刻……
>
> 美国将继续使用所能使用的所有工具来保护自己不受恐怖主义的影响。但是，包括能力建设、打击暴力极端主义、反恐外交将是未来不断受到关注的领域。传播我们和其他人在国际社会学到的东西、与志同道合的伙伴建立持久联盟至关重要。（Benjamin，2012）

美国的花费包括执行自身的任务和对外反恐援助。大多数援助由国防部以一般军事援助的形式实施，因此反恐援助的真实成本很难衡量，其他反恐援助通过国务院、国土安全部、司法部和财政部以及联邦存款保险公司发放。

2011 年，包括美国在内的 30 个创始成员（29 个国家和欧盟）共同创办了全球反恐论坛（Global Counterterrorism Forum，GCTF）。国务院反恐局是美国政府的牵头部门。全球反恐论坛动员了超过 1. 75 亿美元的资金，加强与反恐有关的法律机构建设，并制定了法律方面的最佳实践方案，打击绑架勒索，促进监狱去激进化。到 2012 年，全球反恐论坛还在中东和北非地区建立了两个国际培训中心，为论坛的两个战略优先领域即打击暴力极端主义和加强法治机构建设提供培训。

（四）金融反恐

大多数恐怖活动的成本并不是很高，而大多数恐怖组织在其他方面
116 的开支远远超过恐怖活动开支，因此金融反恐并不一定是为了防止恐怖主义，尽管它对于防止真正灾难性的恐怖主义非常重要。金融反恐的一个实际目标是为其他调查提供有用的情报。

参与金融反恐的主要政府部门是财政部、州政府、国土安全部和司法部，主要调查机构是联邦调查局。1970 年《银行保密法》要求金融机构提交可疑活动报告和货币交易报告，如超过 10000 美元的现金存款。1994 年的《反洗钱法》要求在财政部登记所有转账业务，包括非银行业务，并制定了全国统一的法律，规范“提供支票兑现、货币兑换或转账业务，汇款服务，签发或兑现汇票、旅行支票和其他类似票据”。这些规定包括报告外国银行汇票。这些国家级的法规很少得到执行，因此 2001 年 10 月的《美国爱国者法案》鼓励各国以反恐和反海外洗钱为由来实施这些法规。

《美国爱国者法案》还对金融业务实施了额外的“特别措施”和“尽职调查”，包括向财政部提交可疑活动报告的义务，核实客户身份并记录所有交易，以备未来正式调查资金链中的犯罪行为。该法案规定了新的犯罪，如对来源于或用于支持恐怖主义或网络犯罪的资金进行清洗，即使这些罪行是在国外犯下的。

2012 年国务院向多个联邦机构提供了 2045 万美元，用于为来自多个国家的人员提供反洗钱和反恐怖主义融资培训及技术援助的计划。国务院反恐局设计并设立了创新的课程和讲习班，帮助外国政府识别其反洗钱和反恐怖主义融资的不足之处，提高其应对恐怖主义融资威胁的能力，并培养它们应对绑架勒索的意识和能力。

美国财政部金融犯罪执法网络（Financial Crimes Enforcement Network，FinCEN）与外国金融情报机构开展分析交流。司法部资产没收和洗钱科在起草法律和法规方面提供专业知识，美国国税局刑事调查办公室的工作重点是开发法务会计技术和调查性的“资金跟踪”技术，用于检查财务记录和数据，为识别隐藏资产和资金流动提供帮助。联邦调查局在打击恐怖主义融资、洗钱、金融欺诈和复杂金融犯罪方面开展了国际培训。

国土安全部的移民和海关执法局、国土安全调查局通过由国土安全

调查局领导的跨境金融调查培训（Cross-Border Financial Investigations Training，CBFIT）和居民跨境金融顾问计划（Resident Cross-Border Financial Advisor，R/CBFIA）开展能力建设工作。移民和海关执法局与国土安全调查局贸易透明小组（Trade Transparency Unit，TTU）向数百名外国执法人员、海关当局和履行边境执法职能的军方人员以及各国金融部门的代表介绍贸易方面的洗钱活动，产生了许多有益的联系和潜在的案例线索。 117

专栏 3.7

国际反恐怖主义资产制度

- 联合国安理会第 1267（1999）号决议、第 1333（2000）号决议和第 1390（2002）号决议授权的联合国反恐怖主义资产制度允许联合国持有受禁个人和团体的综合名单，并责成会员冻结受禁个人和团体的资产，防止其过境，并禁止向受禁个人和团体提供军事援助。
- 根据联合国安理会第 1373 号决议（2001 年 9 月 29 日），联合国反国家援助制度要求各国拒绝向恐怖分子提供援助，并设立反恐怖主义委员会，所有国家都应向该委员会报告其执行情况。
- 欧盟行动计划（2001 年 9 月 21 日）提供了更多的合作对策。
- 欧盟框架（2002 年 6 月 13 日）加强了对恐怖主义盗窃和敲诈勒索的重视。
- 七国集团财政部长行动计划（2001 年 10 月）冻结了恐怖分子的资产，并干预恐怖分子的融资。
- 欧洲安全与合作组织在中亚国家吉尔吉斯斯坦首都比什凯克举办的旨在加强安全与稳定的国际会议（2001 年 12 月），包括反恐怖主义融资措施。

☞ 本章案例

在制定政策的时候我们应该如何评估恐怖主义的威胁？

鲍勃·克里

对于那些保护我们免受恐怖主义威胁的工作人员来说，主要面临两方面的挑战。第一，恐怖主义不是一种意识形态或宗教，它是一种在战争中一直使用的非常有效的策略。第二，恐怖分子看起来跟平常人无异，他们不穿任何制服或任何能够一眼辨别出他们是不是恐怖分子的衣服。他们通常年轻、有宗教信仰、有亲爱的父母。像我们的英雄一样，他们愿意为被说服相信的事业牺牲。

目前，大多数恐怖分子涉及宗教极端主义。事实上，如果我们不能理解生活在伊拉克、阿富汗、巴基斯坦或巴勒斯坦的穆斯林所经历过的飞机嗡嗡作响的恐惧，我们也很难击败恐怖主义。

我知道这些话很有煽动性。然而，我相信我们必须说出来，以证明“自由”的意义，并击败利用恐怖主义对付我们的敌人。你可以在
118 不降低道德标准的前提下富于同情和理解。

毫无疑问，我们没有向恐怖分子宣战，但他们向我们宣战了。与我们不同的是，他们不会因为平民伤亡而感到懊悔。对他们来说，平民伤亡不是意外，这正是他们的目的。

在政治环境中，在关于我们应如何应对威胁的辩论中盲目的阻碍和谨慎的语言占了上风。在学术环境中，应摒弃盲目的阻碍和谨慎的语言，这可能是我们找到可持续解决这一威胁方案的唯一希望。

以下是一些你应该考虑和讨论的问题：在识别恐怖分子的工作中，自由与使自由成为可能的秩序之间的权衡是什么？在提供共同防御和确保国内安宁之间，什么是正确的平衡？什么时候应该在我们的联邦法院审判一名被指控的恐怖分子，他们什么时候能够成为可采取行动的情报来源？美国军事和经济领导层所承担的责任与其他国家的不同之处是什么？在试图解决可能降低某些恐怖组织基础的冲突时，我们应该承担多少外交风险？

作者简介：鲍勃·克里是内布拉斯加州前州长（1983～1987 年在任）和参议员（1989～2001 年在任）。在越南战争期间，他效力于美国海军海豹突击队，并荣获“杰出勇敢”国会荣誉勋章。他是“9·11”委员会的成员之一，2001～2011 年担任纽约市新学院大学校长，现在是艾伦公司的董事总经理、密涅瓦研究所主席、美国国防部政策委员会成员，以及荷兰儿童运动主席。

◈ 本章小结

通过本章学习，你应该掌握：

1. 如何从行动者，行为和活动，目标，动机、意识形态和意图角度定义恐怖主义。

2. 恐怖主义实际的发生频率和分布。

3. 恐怖主义带来的后果和成本，包括政治后果、人力损失、直接经济损失和响应成本。

4. 恐怖分子选择的目标类型。 119

5. 恐怖分子基本情况，包括社会心理基本情况、人口统计学特征以及美国的恐怖分子。

6. 反恐怖主义，包括组织层面的问题、战略选择、美国的反恐怖主义。

◈ 关键术语

Al-Qaeda（“基地”组织）

Antiterrorism（反恐怖主义）

Authority（当局）

Confidential human source（机密线人）

Confidential informant（告密者）

Counterterrorism（反恐怖主义）

Hazard（危害）

Hierarchy（等级）

Homegrown violent extremists（本土暴力极端分子）

Infidel（异教徒）

Insurgency（叛乱）

Insurgent（叛乱分子）

Interagency coordination（跨部门协同）

Interorganizational coordination（跨组织协同）

Islamist（伊斯兰主义者）

Jihadi（“圣战”）

Network（网络）

Operational definition（可操作定义）

Oppression（压迫）

Political violence（政治暴力）

Repression（镇压）

State terrorism（国家恐怖主义）

State-sponsored terrorism（国家资助的恐怖主义）

Sting［钓鱼（执法）］

Structure（结构）

Terrorism（恐怖主义）

Undercover officer（卧底警察）

War crime（战争罪）

◇ 思考与练习

1. 非国家恐怖主义、国家恐怖主义和国家资助的恐怖主义，镇压和战争罪的差别是什么？

2. 恐怖主义和其他政治暴力的差别是什么？

3. 恐怖主义和叛乱的区别是什么？

4. 对恐怖主义的操作性定义是什么？

5. 为什么联合国要在国际法律的框架内定义恐怖主义？

6. 对比不同国家在法律上对恐怖主义的定义，美国、加拿大、欧盟和英国法律对恐怖主义的定义分别是什么？

7. 20 世纪 90 年代，恐怖袭击发生的频率为什么会降低？

8. "9·11" 事件之后，恐怖袭击的杀伤能力和发生频率分别有什么特征？

9. 为什么恐怖主义往往预示着贫困？

10. 列出与恐怖分子有关的五点社会心理特征。

120 11. 列出与西方"圣战"分子相关的人口统计学特征。

12. 对比在美国本土和海外杀害美国人的恐怖分子的动机。

13. 为什么美国联邦政府对恐怖分子的起诉有争议？

14. 宗教和非宗教的恐怖主义目标有何不同？

15. 为什么要将恐怖主义的直接经济损失和响应成本分开？
16. 五大反恐战略是什么？
17. 美国反恐有什么矛盾之处？
18. 美国如何试图建立海外反恐能力？
19. 美国是如何打击恐怖主义融资的？ 121

第四章　跨国犯罪

◇ 本章学习目标

通过本章的学习，应该掌握以下内容：

1. 跨国犯罪的定义。

2. 论述跨国犯罪组织的结构。

3. 了解跨国犯罪组织的动机以及这些动机和恐怖分子动机的不同之处。

4. 了解跨国犯罪组织与国际恐怖主义在惯用手法方面的相似之处。

5. 了解跨国犯罪如何以与合法行为体类似的方式利用全球化和技术。

6. 识别和讨论各种跨国犯罪集团及其威胁的效果，包括俄罗斯有组织犯罪、意大利黑手党、日本雅库扎等，有组织犯罪集团与中亚毒品贸易、有组织犯罪集团与南美毒品贸易。

7. 审查“失败国家”在助长有组织犯罪和恐怖主义方面的作用。

8. 论述当前全球打击犯罪的方法、制度和能力建设情况。

2000 年 10 月，1 名参与从西西里银行和欧盟窃取数亿美元的犯罪同谋向当局自首。在自首之前，他是一个有 20 名成员组织的一员。为了转移 4 亿美元的欧盟资金，这个组织计划创建一个银行在线组件的数字克隆。这些用于西西里地区项目建设的资金将通过瑞士、葡萄牙甚至梵蒂冈银行的金融机构进行洗钱。

尽管这一阴谋被挫败，但说明了当今跨国有组织犯罪的性质。犯罪性剥削（criminal exploitation）的条件包括大型金融交易（在本例中，是国家与国家间的交易），故意不透明的金融系统，监管漏洞，无视国界，放松管制，电子商务的保密性、匿名性和普遍性，以及犯罪分子与内部人员的勾结，全球化和技术进步为这些犯罪提供了更多的机会。美国联邦调查局局长罗伯特·米勒（Robert Mueller）曾将伴随全球化时代发展的技术描述为“一把双刃剑”，“企业家和工程师并不是唯一认识到互联网巨大潜力的人，犯罪分子和恐怖分子也一样认识到了”（Bedi，2005）。然而，网络犯罪只是跨国犯罪的一个新领域。

尽管法律部门掌握了大量可供使用的资源，但跨国犯罪分子在安全范式下的操作空间似乎是无限的。法律部门受到烦琐的法律法规、冲突地区的实际情况以及虚拟世界中各种可能性的阻碍。全球供应链的本质与网络空间的特点非常相似，包括广度、复杂性、故意不透明、对治理的抵制以及全球化无休止的波动和过程，这些都有利于实施跨国犯罪。 122

一　跨国犯罪的定义

与“恐怖主义”类似，关于“跨国犯罪”也尚未达成一致的定义。联合国毒品和犯罪问题办公室对“跨国有组织犯罪”进行了界定，对这一术语进行了较为宽泛的解释，以便将这一概念应用于随着时间推移出现的新形式的犯罪活动（在《联合国打击跨国有组织犯罪公约》网页上可以找到更完整的讨论）。

大多数当局认为对“有组织犯罪集团”（organized-crime group）下定义比为“跨国有组织犯罪”（transnational organized crime）下定义更加实际。国家司法研究所（National Institute of Justice）对“跨国有组织犯罪组织”（transnational organized-crime organizations）的定义是：“在多个国家策划和开展非法商业活动的团体或网络”（National Institute of Justice，2007，n. p.）。

考虑到定义“有组织犯罪”在法律和学术方面的复杂性，奥巴马政府提供了更为详细的分析，尽管具有独特性，但它最终也是不成形的。

> 跨国有组织犯罪集团的运作并非单一的结构，它们的组织结构从等级制到宗族、网络和单元结构各有差异，并有可能演变为其他结构，它们犯下的罪行也各不相同。跨国有组织犯罪分子在犯罪活动中搞阴谋，具有一定的特点，包括但不限于：

- 他们至少会在部分活动中实施暴力或其他恐吓行为，或做出实际或隐含的威胁；
- 他们利用国家之间的差异来实现目标，充实组织，扩大权力，以及避免被发现或被逮捕；
- 他们试图以贿赂和合法手段在政府、政治和商业领域获得影响力；
- 他们的首要目标是获得经济利益，经济利益不仅来自明显的非法活动，而且来自对合法企业的投资；
- 他们试图通过其组织结构使领导层和成员免受侦查、制裁或起诉。（U. S. National Security Council，n. d. ）

专栏 4.1 定义

跨国有组织犯罪

指由 3 人及以上非随机组成、在一定时期内存在、为了实施一项或多项严重犯罪……以直接或间接获得金钱或其他物质利益（U. N. Office
123 on Drugs and Crime，2015，n. p. ）。

尽管对该术语的定义缺乏共识，但至少有 52 类活动被公认为属于跨国有组织犯罪，范围从知识盗窃、贩毒、环境犯罪、核走私到假冒伪劣玩具。

近年来，跨国犯罪的影响达到了前所未有的水平。联合国毒品和犯罪问题办公室（U. N. Office on Drugs and Crime，2011a）估计，2009 年跨国有组织犯罪的收益为 2.1 万亿美元，相当于全球 GDP 的 3.6%。联合国毒品和犯罪问题办公室的报告还估计，跨国有组织犯罪造成的社会经济损失超过其非法收入，两者之比达到 2∶1。在美国和英国等发达国家，这一比率甚至可能更高。跨国有组织犯罪带来的社会成本不仅包括被其转移财产的受害者的损失、执法和补救措施的成本，还包括其收入进行再投资时产生的成本。这些不义之财的投资取代了合法的经济活动，可能会破坏机构的效益和信誉、地方经济甚至国家经济，这种情况对金融公司来说尤其严重。

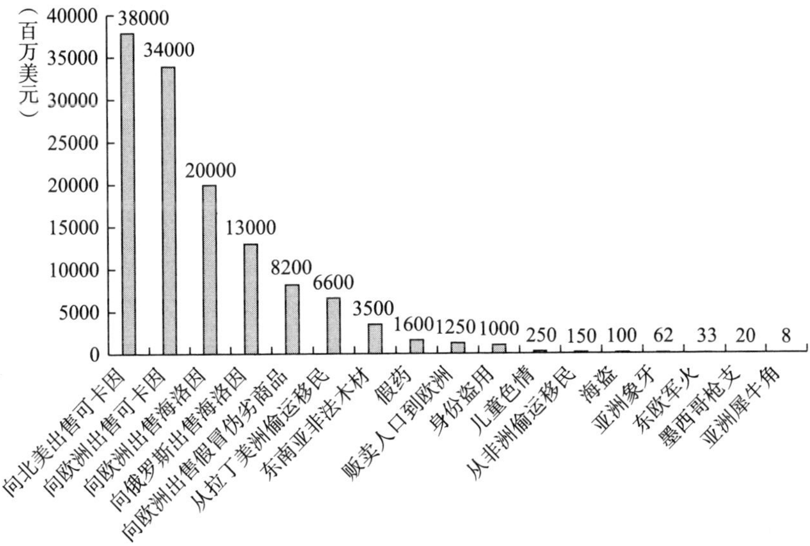

图 4－1　各类跨国有组织犯罪估计收入对比

资料来源：根据联合国毒品和犯罪问题办公室（U. N. Office on Drugs and Crime, 2010a）统计数据估计。 124

这些罪行和从事这些活动的罪犯扰乱政治秩序，滋生暴力，给人类带来的痛苦是无法估量的。跨国犯罪强行驱使的劳动力数量为 1200 万～2700 万人（Council on Foreign Relations, 2013），远超非洲奴隶贸易高峰期的人数，暴力行为还损害法律当局的合法性。假冒伪劣药品使病人的病情进一步恶化，并引入更多病毒和其他病原体，危害社会公众健康；非法倾倒、偷猎保护动物和乱砍滥伐森林破坏了脆弱的生态系统， 125
导致自然灾害增加。在官员们努力争取支持和公共资源来打击跨国有组织犯罪的同时，大量人口依靠犯罪分子获取就业岗位、市场甚至民选政府都未能提供的基本服务。

除这些事实外，有关跨国犯罪的准确统计数据很少，而且往往被政治化（Council on Foreign Relations, 2013）。彼得·安德烈亚斯认为，反映有组织犯罪活动水平（特别是假冒伪劣商品犯罪活动水平）的数据通常是由一些机构推动的，目的是吸引公众注意，影响预算和政策（Andreas, 2003b, pp. 81－82）。他引用了一份经济合作与发展组织的报告，该报告声称："许多反假冒组织是游说团体，有动机提出偏离实际情况的夸大的数字"（The Organization for Economic Co-operation and

Development，1998，p. 27）。然而，欺诈、计算机黑客和盗版的受害者往往有动机隐瞒真实数字，如保持投资者的信心，避免更高的保险费率，保护职业生涯，并避免支付昂贵的诉讼费。在许多情况下，特别是涉及网络犯罪的情况，各组织不知道自己的安全受到破坏，往往是在一段时间之后由第三方披露（McGurk，2012）。因此，对这些相互冲突和失实数据的一些推断可能会揭示更接近真实的结果。不幸的是，可靠数据的缺乏造成了模糊不清的局面，并对公众和政治决策产生了影响。

最后，根据定义，跨国犯罪会跨越国界。跨国有组织犯罪通过挑战主权和管辖边界来避免被起诉及封锁，主权和管辖权赋予执法机构执法的合法性和控制跨国有组织犯罪活动的垄断力量。因此，在打击跨国犯罪方面，主权、人权、地方和国际政治以及法律管辖权和法规之间存在冲突。法律机构和体系不断演变，但它们的发展滞后于事件和技术的发展。政策和草案紧随现实的发展而演变，那些为保护公众设立的机构发现自己面临来自以国家为中心的制度和过时法律的挑战，这些制度可能会重叠甚至常常相互冲突。国家体系在全球化的压力下挣扎，阻碍了制度上和政治上的努力。即使当局在技术上和武器上具有优势，在法律和政治上也仍会面临劣势，这些情况不仅适用于地缘政治世界，也适用于虚拟空间。由于通信跨越边境，有一些软件可以通过互联网实时跟踪嫌疑人。但对这些应用程序的使用是否合法存在疑问，并需要一个或多个外国合作伙伴进行拦截。除上述威胁和危险之外，跨国犯罪日益猖獗也凸显了全球治理的缺位。

全球化和新技术的出现加速了跨国有组织犯罪的增长及多样性。与此同时，犯罪组织通过适应新的现代“工具包”与调整组织来适应指挥和控制的横向模式，从而蓬勃发展。全球化加速了世界市场的扩张，跨国犯罪几乎不难跟上步伐。由于犯罪集团很容易避开主权领土上的执法机构，国家在遏制跨国有组织犯罪增长方面的困难在国家正失去控制的
126 论点和国家正失去意义的主张中变得更加突出。

二　跨国犯罪组织的结构

多年来，犯罪学家普遍认为，有组织犯罪是卡特尔或联盟，正式或

非正式地创造了商业组织和“政府”。无论连接方式或深度如何，有组织犯罪吸纳了包括总统、董事会成员、高管、经理、工头、工人，以及法官、立法者和行政人员等不同领域的人。执法者和学术观察人员长期以来一直认为，有组织犯罪长盛不衰的根本原因来自其组织结构和机构，而不是其成员、个人或核心领导者。但是这一观点正在发生变化，主要是因为技术和全球化改变了决心触犯法律的人和被指派捍卫法律的人的方法及思想。

如今，事件的发展速度、技术的进步使人们能够有力和快速地对多变与不可预测的情况做出反应。因此，传统有组织犯罪的单一、金字塔式结构已经演变成一种流动网络和功能合作不那么清晰的结构。“罪犯是‘主权自由’行为体，他们在多个司法管辖区内活动，尽量减少法律风险，因为没有任何一个司法管辖区能够对特定刑事案件进行有效的管辖”（Jamieson，2001，p. 378）。

这种管辖权套利（利用管辖区或州之间的法律差异来获得超越政府执法机构的优势）是由交通和信息或通信领域的技术革命推动的。技术进步是全球经济发展的主要驱动力之一，也是犯罪市场增长的推动力之一。无论是在合法市场还是黑市，由于科学的进步，现代机器都使人们更容易地获得服务、进行剥削或掠夺。经济全球化和技术降低了货物运输、信息传输和资金流动的成本，加快了商业发展，为新的行动者开放了舞台并提供了更多创造财富的机会。一些机制有利于资本流动和商业计划的启动及实施，而犯罪分子也可以利用同样的机制。因此，有组织犯罪在非法市场上使用与合法行为体相似的手段开展竞争。分销、运输和财务部门为其企业提供了专业与多样化的员工，尽管他们是腐败的。在这种环境下，种族可能是比功能、技能和机会更为次要的因素，就像在企业界一样。这一概念和形象符合对有组织犯罪的传统评估，但仅限于表面。

全球商业活动的去边界化也使犯罪变得没有边界。新模式挑战旧结构，考验传统信仰。犯罪集团具有高度的企业家精神，通常半自主或自主地跨国运作。这些组织根据其本国总部的许可开展业务，而不是受补贴的国外分支机构（Varese，2012，p. 249）。跨国犯罪更多地取决于当地机会的可行性，而不是总部做出的战略决定。通常“外国探险”可能是不安分或流亡分支机构的努力，结果可能是形成短期的利基市场，或形成由国际伙伴、腐败官员和不知情或不愿意合作成员组成的联系松散
127 的庞大网络。

技术本身并不是跨国犯罪扩大的唯一动因。自由经济政策鼓励放松管制，私有化和不受阻碍的贸易推动了商业发展，但合法和非法活动之间的界限也变得模糊。世界上大多数工业国家鼓励的、国际货币基金组织和世界贸易组织强加的政策大多使第一世界国家受益，但是加剧了第三世界国家的债务、拉大了贫富差距。这些经济增长指导方针在为偷偷摸摸的商业活动和恶性犯罪提供“沃土”的同时，也使跨国犯罪更加难以被起诉和驱逐。

联合国毒品和犯罪问题办公室认为，相对于将跨国有组织犯罪视为对当局反对势力和事件的驱动力，将其视为一系列对市场力量做出反应的行动者可能更准确。这些集团本身远不如市场重要，市场上的供求关系并不会随犯罪集团的出现和消失而发生变化，这就使犯罪团伙的结构和实质变得微不足道。随着市场进入者来来往往，市场动态也会保持不变，这种情况适用于所有市场，无论是否合法。然而，针对非法活动，执法部门往往将工作重点放在控制行动者上，既没有资源也没有权力处理市场问题（U. N. Office on Drugs and Crime, 2010a）。

此外，司法系统植根于当地，而商业和犯罪是全球现象。因此，经济全球化的速度已经超过了全球治理的演变。海洋覆盖了地球表面的3/4，没有任何一个政权或霸权有能力或权威来控制这个无政府状态的领域。金融系统有无限的接入点，参与者匿名交易，它们快速、大量地转移资金，不受侵入性法规的阻碍，并借助离岸账户使资金所有权和来源变得模糊。互联网无边无际，像大海一样难以治理，它的普遍性和匿名性为欺诈、电子盗窃和恐怖主义提供了完美的掩护。只要制度弱点持续存在，人性易受其诱惑，跨国有组织犯罪就仍会成为永久冲突的根源，并对民主构成挑战。其结构也会随着非法市场条件、全球化机制和腐败当局的可达性做出改变。

专栏4.2　定义

跨国有组织犯罪

与有组织犯罪一样，全球经济相互依存，但不受主权约束，市场不承担道德责任。有组织犯罪远不只是一种犯罪，它是一种社会现象，一种基于互惠利益的关系网络，延伸到社会、制度和经济生活的核心。它的普遍性要求我们进行同样广泛的应对。在一些社区，特别是那些经历过动荡或社会基础设施薄弱的社区，它提供了一套替代性的制度、就业、高于平均水平的收入和社会流动性，因此对年轻人尤其具有强大的吸引力。风险和身体威胁可能是额外的吸引力（Jamieson，2001，p. 385）。 128

三　跨国犯罪组织与恐怖分子动机的不同之处

有组织犯罪集团在政治上历来是保守的。犯罪分子并不想破坏政治体系的稳定，而是试图从中获利。因此，虽然恐怖分子企图摧毁国家，但犯罪分子在挑战国家权威的同时，又依赖这个国家的生存，并获取既得利益。有组织犯罪通常拥有长期的经济利益，为了让它们的寄生关系长存，正常运转的“宿主”至关重要。在过去以及许多新兴和转型国家，有组织犯罪分子来自精英阶层。他们利用国家机构和结构来操纵这个体系，而不是将国家推翻。在追求权力和钱财的道路上，有一条简单的道理：“虽然暴力消除了对手，但腐败会产生一个帮凶，后者产生的效用会随着时间的推移而持续下去”（Jamieson，2001，p. 380）。日本雅库扎和美国黑手党等犯罪组织往往对国家高度忠诚。

恐怖分子则没有这样的关切或要求。如前文所述，历史上，恐怖分子挑战国家权威并经常试图推翻国家。恐怖主义反对有利于经济运行的多元化治理机构和结构。在经济上和政治上，他们视野有限，不可能合法参与或非法勾结更广泛的社会（Jarmon，2014）。

由于世界观不同，跨国有组织犯罪分子和恐怖分子各自的惯用手法存在根本差异。犯罪分子的根本目的在于积累财富，而恐怖分子则更关注资金支出。有组织犯罪分子采用的会计系统和管理制度与合法企业相同，利润和财富积累是其存在的原因，相对于传统的恐怖分子，对犯罪分子来说洗钱才是其核心业务。此外，恐怖分子还有来自同情者和赞助国的捐赠。在某些情况下，这些捐款不仅数额巨大，而且是合法的，北爱尔兰援助委员会支持“爱尔兰共和军”就是个例子。20世纪 90 年代末解散之前，巴勒斯坦解放组织对居住在国外的侨民征收5%的税，阿尔巴尼亚侨民社区也向“科索沃解放军”捐献了3%的收入（U. N. Office on Drugs and Crime，2004，p. 33）。在过去，恐怖分子总是小心翼翼向他们的同情者保证捐赠的钱是用来支持他们的事业而不是犯罪。

犯罪分子与恐怖分子的另一个不同在于犯罪分子通常避免引起注意。尽管媒体对浮夸的黑帮老板的报道充满了传说，但事实上，犯罪分子更希望他们的行动尽可能隐蔽。任何吸引当局注意的活动都可能对组织造成破坏。相反，恐怖分子渴望引起公众恐慌，让他们的事业获得关注，但是这样的策略对犯罪分子并没有什么好处。1993 年，西西里黑手党希望恐吓公众，以反对意大利议会的反黑手党议程。一项在佛罗伦萨乌菲齐画廊引爆汽车炸弹的计划失败了，阴谋背后的动机被揭露后在媒体上和街头引起了强烈抵制。通过暴力和公众的歇斯底里来强迫政治变革不是一种常见的犯罪行为，犯罪行为通常依赖于运作正常的经济体和消极的公众以滋生腐败、掠夺并实现犯罪团伙的繁荣。

然而，尽管过去有所不同，在竞争和技术的新时代，犯罪和恐怖主义已经通过修正后的实用主义建立了联系。恐怖主义一度较狭隘，但今天，全球化已经打开了国界，并刺激了大规模的移民流动。这些人将他们的身份、文化、偏见和对世界的看法一并带走，他们在国外建立的社群或团体反映了他们集体的观点，并成为人员招募和资金来源地。因此，随着全球体系开放并创造新的机会，恐怖分子构成变得国际化。随着国家法规的消亡以及技术使领土边界和旧协议变得不那么重要，合法的、非法的有时甚至是恐怖组织之间形成了联盟。犯罪可以是另一种对感知的不公正进行报复的方式。通常情况下，这些合资企业是犯罪和恐怖主义的结合体，尤其是当企业成为目标时。

专栏 4.3　比较观点

犯罪与恐怖主义

长期存在的跨国犯罪集团和最近形成的犯罪集团与国家和恐怖主义有着截然不同的关系。旧有的犯罪集团通常是在长期存在的国家里，与它们的国家一起发展起来，依靠现有的体制和金融结构来转移它们的产品和进行再投资。除哥伦比亚外，大型犯罪组织很少与恐怖组织有联系，因为它们的长期经济利益需要国家正常运转。通过腐败和进入合法经济领域，这些组织将被起诉的风险降到最低，因此不害怕国家机构的权力（Shelley，2005，p. 101）。 129

四　跨国犯罪组织与国际恐怖主义作案手法的相似性

无论是企图破坏还是腐败、掠夺，恐怖分子和犯罪分子都有同样的对手，即国家。执法机构是这两个群体的天敌。为了生存，他们经常使用相同的方法和网络基础设施。谋杀、走私、假冒、洗钱和恐吓策略都是两者熟悉的惯用手段。恐怖分子经常需要资金和资源。犯罪分子尽管在稳定的社会中有保守的政治倾向，但也经常从政治不稳定的弱国受益。犯罪在满足两个需求的同时，也通过黑市运作，收取保护费甚至提供社
会服务来填补社会空白。这些机会经常为犯罪和恐怖主义行为的合并与 130
勾结提供时间及地点。当这些交集使犯罪分子与恐怖分子产生关系时，又会形成史无前例的安全挑战。犯罪和政治暴力的合并是个相对较新的变种，反映出对传统犯罪模式的偏离。

一般来说，犯罪与恐怖主义相互作用的场所对它们来说是既方便又有利的。社区、刑事监禁场所、冲突地区和“失败国家”是天然的共享空间（Shelley，2005）。在那些对国家、机构或精英阶层不太重视的地区，犯罪分子与恐怖分子都有有利的环境和动机来建立联系与达成协议。这种互动带来对专业和个人的熟悉以及专业知识的发展，其结果是非法操作、安排以及可能的长期计划更加密集和复杂。合法社会面临的巨大威胁是变异的犯罪基础结构，这与过去的模式相去甚远。与意大利黑手

表 4－1　比较观点：犯罪与恐怖主义

犯罪	恐怖主义
将国家视为权力和财富的竞争对手	为了将国家推翻而反对国家
从疲软的经济和政治条件中获益	从疲软的经济和政治条件中获益
招募和利用与恐怖分子相似的人员	招募和利用与犯罪分子相似的人员
政治上保守	政治上激进
有长期视野	有短期视野
只求财富的积累	关注财富的分配
往往隐蔽	公然宣告对罪行承担责任
利用侨民和外国少数民族进行掩护及剥削	利用侨民和外国少数民族进行掩护及剥削
全球化迫使其组织的金字塔式结构更少，水平化结构更多	全球化迫使其组织的金字塔式结构更少，水平化结构更多
131 依靠犯罪活动为其提供资金支持	资金来源依赖于犯罪、国家赞助和私人捐赠

党、日本雅库扎以及俄罗斯的许多有组织犯罪组织不同，这些组织属于等级组织，目前的犯罪组织结构是松散、灵活的关联网络，它们没有根基，依靠隐蔽的能力发展壮大。联合国 2004 年的一份报告指出，"有组织犯罪研究人员经常强调，在当今的黑社会中，仍然存在的古典、大型金字塔或官僚组织极其稀少"（Bovenkerk & Chakra，2004，p. 7）。与此同时，执法部门也在努力适应不断变化的形势，而旧的协议和过时的法律法规阻碍了这种努力。此外，安全和执法机构最适合同组织结构与自身结构相匹配的对手进行对抗。遗憾的是，对传统的从业者来说，这种情况变得越来越少。

尽管跨国犯罪和国际恐怖主义似乎在政治方面是对立的，并受到不同野心的驱使，但它们往往在适当的情况下进行合作，通常涉及毒品和人口贩运。合作的例子包括土耳其极端民族主义组织"灰狼"和"库尔德工人党"。在黎巴嫩，基督徒、什叶派、逊尼派和德鲁兹在毒品贸易上也存在伙伴关系。可以得出的结论是，恐怖主义和跨国犯罪很容易在权力和财富的诱惑下融合。在操作上，它们使用相同的模式，无论是在合作时还是在单独活动时。

五　跨国犯罪如何以与合法行为体类似的方式利用全球化和技术机制

与全球企业类似，跨国有组织犯罪也从全球化和技术进步中受益。技术创新、全球商品和金融市场的形成为犯罪组织提供了机会。开拓市场、利用资本和汇率差价、转移资金和人员已经不限于合法的商业领域。跨国犯罪组织能够找到财源，转移它们的资产，动员军队、同伙和同情者，它们还可以与战略伙伴结成联盟。

在许多情况下，犯罪集团之间的相互依赖性有助于它们扩大市场，并利用劳动力储备、法律或监管漏洞等当地条件。与跨国公司一样，跨国有组织犯罪通过与外国集团的联系来提高效率。训练有素的人员、经过测试的贩运路线、发达的腐败网络以及现有的分销或管理人员已经成熟。有许多俄罗斯有组织犯罪组织与哥伦比亚贩毒集团合作开拓东欧市场的例子，洗钱、贩毒和走私是墨西哥犯罪集团与俄罗斯黑手党在美国及加拿大的主要业务。与合法企业一样，它们根据合资企业协议或分包协议开展合作，当市场条件不再能满足这些协议的目的时，它们就会停止合作，并使用相同的方法和机制相互竞争。

欧洲预防和控制犯罪研究所 1998 年的一份报告指出，外国犯罪集团之间的相互依赖性是它们应对市场转型、法律或监管变化的一种方式。报告还指出，“犯罪和活动相互依赖这一概念是有助于理解有组织犯罪如 132
何改变运作模式来提高其控制策略的理论工具”（Adamoli, Di Nicola, Savona & Zoffi, 1998, p. 8）。

国际企业在世界范围内招聘人员和运营。跨国公司总是能够找出地方法律能够促进投资或者提供避税的地方。跨国有组织犯罪也会利用腐败的国家和官员、脆弱的法律和安全基础设施、产品消费者和就业机会。侨民与当地分支机构为非法活动提供渠道和掩护，跨国犯罪和跨国公司都会利用法律管辖区之间的差异。不同国家对犯罪的认定标准和执法标准各异，监管也是如此。随着犯罪链条的延伸，外国犯罪集团可以成立合资企业，提高其市场份额，随后，它们可能会分裂并成为竞争对手。同时，它们有能力从一个活动（或产品线）转移到另一个活动，并根据风险和回报情况选择扩大市场参与或退出市场。

新自由主义经济政策为跨国犯罪提供了更多的机会。市场管制的放松、公共服务和财产的私有化为“包括涉及金融和资本工具在内的非法活动提供了更多的空间”（Mittelman，2000，p. 213）。贸易自由化也使对合法和不合法的解释趋于随意。几年前，贿赂不仅被认为是做生意的成本，而且在一些欧洲国家是可以抵税的。直到经合组织的一项条约生效，某些“单边支付”才失去其免税地位（Mittelman，2000，p. 213）。跨国有组织犯罪也行贿，但不享受税收优惠。无论在哪种情况下，纳税人都是最终的受害者。一方面，纳税人因为国家收入损失、安全成本增加以及原本应该用于公共服务领域的政府资源被转移用来维护安全而承受沉重的负担。另一个例子是美国废除高利贷法，即允许金融机构对信用卡收取更高的利率。借贷成本以前是受到管控的，现在有时甚至与高利贷利率相当。20 世纪 70 年代末，尽管拖欠还款的后果非常不同，但是金融机构借贷利率和高利贷利率变得更为接近。

随着经济变得更加政治化，其民主性逐渐降低。市场上问责制的缺乏导致财富分配和高收入增长的不均衡，一些人被边缘化，渴望得到基本服务的劳动力和消费者由此成为被剥削的对象。全球经济也创造了只有通过犯罪才能提供服务和供应的产业，大规模移民现象为人口贩运创造了机会，国家壁垒的降低、腐败官员的复杂性以及技术的结构性影响进一步推动这些产业的增长。

詹姆斯·米特尔曼写道：“全球化在推动经济增长的同时也成为有组织犯罪集团发展的重要推动力”（Mittelman，2000，p. 208）。因此，跨国有组织犯罪（以及许多恐怖主义企业家）并不局限于常见的犯罪活动，如非法武器贩运、毒品交易、绑架、敲诈、欺诈、雇佣谋杀等。它们的业务还包括提供安全、地区安全庇护以及使用其非法交易路线并“征税”（Rollins，Wyler，Rosen，2010，p. 8）。它们还向联营集团收取许可费，并结成伙伴关系，以便在垂直犯罪市场上竞争（Mittelman，2000，
133 p. 213）。许多有组织犯罪集团甚至了解“良好企业公民”的概念。俄罗斯黑手党和哥伦比亚贩毒集团以建立慈善机构、运营学校和医院以及提供公共服务而闻名。

总之，放松对经济的管制使许多活动领域受到市场的约束。然而，

市场并不完美，它的“看不见的手”也不会完美、无间断地作用，清除干扰而使信息能够在公平的环境中流动和被获取。在许多地方和情况下，它受到缺乏政治问责制、公共职能私有化、信用评级机构“专制”以及寻租者不断施加的压力的影响。在世界许多地方，犯罪分子、腐败的政府官员和精英组成勾结网络，以利用缺乏治理的广阔全球市场。无论是非法的还是合法的，这两个群体都遵循全球经济的逻辑。通过相同的机制，用合法的和犯罪的人员实现利润最大化、降低风险并使产品与市场需求保持一致。他们相对容易地实现了目标，而且其行为的合法性和道德价值往往难以区分。

六　跨国犯罪集团及其潜在威胁

跨国犯罪在后冷战时代并不新奇，而其历史可以追溯至几个世纪前的“跨洋贸易的出现和对重商主义的限制”（Andreas，2003a，p. 21）。美国早期的许多财富源于殖民时期的走私，东印度公司的鸦片贸易得到了英国军队的支持，拿破仑招募了英国走私犯协助抵抗英国的封锁企图。苏联要求建立地下经济体，以缓解由产品短缺和服务业不发达导致的市场失灵带来的压力。随着时间的推移，方式、法律、国家同谋关系的本质、公众对跨国犯罪所能提供的产品和服务的不同容忍或需求也发生了变化。

合法力量和犯罪力量之间冲突结构的不对称性也与过去有所不同。科学快速发展和颠覆性技术突破的不可预测性不是过去时代的因素。在目前的环境中，颠覆性技术随时可能出现，尽管国家资助的项目具有优势，但个体行动者可能是下个前沿技术的受益者。小型核武器、生化武器和放射性装置前体材料的商品化成为威胁矩阵中的另一个要素。此外，信息和专业知识与这些材料一样容易获得，一个财力有限的小组可以在事件、时机、专长、人员等条件适当的情况下与同行合作。《华盛顿邮报》2004 年的一篇文章声称存在一个复杂的黑市，涉及“武器设计、实时技术咨询和数千个敏感部件”（Warrick & Slevin，2004，p. A1）。这篇文章的作者还指出，这些设备的大部分可能是在秘密工厂制造的。在新
安全范式背景下，不对称威胁变得对称。 134

由于交通、信息与通信技术革命，思想、货物和资金以前所未有的速度交换。此外，由于全球体系的高度关联，恐慌也会加剧，一家交易所的市场崩溃，其影响波及全国。不稳定性可以像恶意软件一样以同样的速度在互联网上传播，像许多依赖于技术的环境一样，系统和结构也是脆弱的。政党和政治生涯可能因为一个事件崩溃。2004 年马德里爆炸案对经济只产生了暂时的、较小的影响，但是影响了政府，在随后的选举中政府被迫下台并调整了国家的外交政策，最终导致西班牙撤回对伊拉克自由行动的支持。2008 年的金融危机影响了美国总统选举，并导致西欧的政治陷入混乱。这些事件展示了在一个高度关联的世界中，所有维度的事件都可能对政治和公众舆论具有蝴蝶效应。

在许多情况下，当目标混乱、法律和秩序崩溃时，非法活动可以成功和繁荣。无论是偶然的还是有意的，体制体系都会受到这些事件和结果的影响，一个小规模或看似无关紧要的群体可以将相对稳定的局势转变为骚动。然而，与跨国公司一样，跨国犯罪最终倾向于稳定经营，混乱可能会提供一个初步的机会，但企业需要在确定的条件下成熟和扩张。在禁毒国家（通常是次国家管辖区，而不是主权实体），政府要么直接参与，要么只是为了不干预贸易而获得报酬。这些地区赋予犯罪所需的一切合法性，跨国有组织犯罪最终可能成为经济基础设施的一部分，几乎不可能被赶走。与合法行动者一样，它也寻求在风险和回报的基础上扩大市场。

如今的跨国犯罪环境反映了这些趋势，贩毒仍然是有组织犯罪的主要内容，非法毒品市场稳定增长。然而，由于犯罪组织也受到机会－风险比率的影响，它们的活动随着全球化和技术所引起的不断变化的环境而变得多样化。更严厉的法律与对非法毒品犯罪的判决迫使许多组织转向计算机犯罪和经济犯罪（Adamoli et al.，1998，p. 24）。尽管技术进步、透明度改革取得了一些成功，但是跨越多个司法管辖区和机构的电子金融网络上巨大的交易量有时使跟踪资金变得不可能。在同样的基本原因下，网络空间是欺诈和知识产权盗窃的“沃土”。

从经济不景气地区跨境向城市中心移动的大规模移民为国际走私者创造了丰富的机会。生态犯罪，如非法倾倒有害物质和偷猎濒危物种也非常有利可图。随着跨国犯罪进入新的市场并扩大范围，新的机会泛滥使其变得更加专业、分散和灵活。

表 4－2　典型的有组织跨国犯罪集团

组织	主要组织	活动
俄罗斯有组织犯罪集团	松采沃“兄弟会” 坦波夫团伙	已知在近 60 个国家开展业务。俄罗斯有组织犯罪集团的活动形式多样、覆盖面广，混杂了犯罪分子、暴徒等
意大利黑手党	科萨・诺斯特拉（Cosa Nostra） 卡莫拉（Camorra） 恩特兰盖塔 Ndrangheta 圣冠联盟（The Sacra Corona Unita）	意大利黑手党或意大利裔美国人黑手党。在 20 世纪 20 年代至 90 年代是世界上最著名的有组织犯罪集团，它们参与暴力、纵火、放高利贷、赌博、贩毒、欺诈以及政治和司法腐败
日本雅库扎	山口组 稻川会 住吉会	参与跨国犯罪活动，在全球拥有近 85000 名知名会员。擅长贿赂官员，对日本国内政治的影响相当大

组织	活动	
泰国教父	泰国的有组织犯罪集团，经常参与非法的政治和商业活动	
泰国赤佤	泰国的黑帮，参与制造和贩运冰毒	136
牙买加暴力团	使可卡因贸易从南美洲进入北美地区	
秘鲁光辉之路（Sendaro Luminoso）	南美极端组织，保护毒贩，为资助更多恐怖主义与种植者谈判	
哥伦比亚革命武装力量（Fuerzas Armadas Revolucionarias de Columbia，FARC）	尽管它坚持声称自己是一个政治组织，但它的利益越来越具有经济性。在边境以外，哥伦比亚革命武装力量与墨西哥和加勒比犯罪组织建立了贩运网络。2000 年，非法麻醉品的年收入为 5 亿美元	
“爱尔兰共和军”	自从其传统形式的融资衰落后，造假、走私、敲诈勒索和抢劫一直是“爱尔兰共和军”的核心业务	
地狱天使	与南美贩毒集团结盟运送可卡因。报告称，该集团拥有一支货船船队，技术娴熟，拥有瑞士银行账户以及主要的房地产投资	
土耳其教父	与伊朗黑手党建立联系，将毒品从阿富汗运出，并通过土耳其将供应物资运输到欧洲	
伊朗黑手党	中亚毒品交易的主要参与者，在土耳其与大型伊朗移民群体中建立网络，以便贩毒	
库尔德工人党	与土耳其教父类似，但也是一个极端组织，实施自杀式炸弹袭击。他们被指控将孩子当作人质并以孩子的安全要挟妇女为他们提供性服务	

资料来源：Adamoli et al.，1998；National Institute of Justice，2007。

（一）俄罗斯有组织犯罪集团

俄罗斯有组织犯罪集团很可能是从俄国“十月革命”前的行会演变

而来的。然而，最早的有组织犯罪集团记录出现在 20 世纪 20 年代和 30 年代的古拉格账户上。不管意识形态、政治制度或战争如何，被称为“盗贼世界”的俄罗斯有组织犯罪集团与合法社会共存。俄语单词
135 “vori”（窃贼）不是简单地指代犯罪分子。“Vori”反映了一个拥有自己的服装、黑话、行为准则和基本审判制度的世界（Varese，2001，pp. 146 – 147）。古拉格劳改营是这些犯罪组织的发源地，在那里，加入“兄弟会”需要附加条款。“兄弟会”是个严格、自律且要求成员对其规则忠诚的组织。史蒂夫·汉德尔曼在 1995 年的著作《罪犯同志》（*Comrade Criminal*）中写道：“没有什么传统比《黑社会法典》更令人信服了”（Handelman，1995，p. 32）。今天，俄罗斯有组织犯罪集团的等级更少，结构更具流动性，其行动和成员数量更加巨大，渗入俄罗斯的商业和政治领域。

俄罗斯有组织犯罪集团严格的控制体系在 20 世纪 40 年代开始显示
137 出瓦解的迹象。第二次世界大战期间，那些支持“伟大的卫国战争”的成员和传统主义者之间产生了裂痕，传统主义者认为对苏联黑帮之外的任何组织的忠诚都是一种亵渎。随后，传统主义者逐渐淡出了人们的视野。20 世纪 50 年代，苏联黑帮的官方数据以及其严格的传统变得模糊，但在 20 世纪 60 年代和 70 年代数字整体上是增加的（Handelman，1995，pp. 167 – 169）。经济停滞是黑帮复苏的原因，体制性瓶颈和冷战期间军备竞赛的负担使经济日趋紧张，庞大的工业经济在能力不足的服务部门的支撑下运作，经济规模日渐缩小，并在与西方的对抗竞争中失败。许多专家认为，俄罗斯黑手党在这段经济受挫和期望未得到满足的时期，已经与政府和国家官僚机构建立了联系并持续至今（Finckenauer & Voronin，2001，p. 6）。20 世纪 80 年代至 90 年代，行政机构与地下经济的相互联系更加深入、稳固，随着苏联解体，新的政治环境带来了新的商业机遇，但俄罗斯有组织犯罪的现有构成和机制也在这样的环境下建
138 立起来。新的“俄罗斯商人”出现了，他们的野心和网络很快就扩展到俄罗斯境外。随着苏联解体，许多“商人”占据了关键产业和处于萌芽阶段的银行业（Finckenauer，2007，p. 20）

借助于警察和官员的力量，犯罪活动得以商业化。犯罪活动对合法商业的渗透赋予其独有的特征：更难被取缔，也更难被遏制。俄语中的

“krysha”（屋顶）代表着保护，“保护服务”是俄罗斯有组织犯罪的核心业务，也是被称为“警察黑手党”的收入来源。俄罗斯民主制度早期失败产生的空白为犯罪团伙提供了机会，犯罪组织为了换取保护金而建立了秩序。除了收取保护费外，它们有时还接管属于政府职权范围的公共服务，一些地区的公民依靠当地犯罪集团为学校、医院维修和慈善机构提供资金（Handelman，1995，p. 24）。

根据苏肯诺埃和沃奥尼的说法，俄罗斯有组织犯罪甚至试图占据通常由国家管理的事业。比如，参与对商业市场的监管、土地划分、税收（保护费）和关税几个领域的竞争。因此，法治的弱化助长了私有化和暴力的激增（Finckenauer，Voronin，2001）。

俄罗斯有组织犯罪能够获取俄罗斯丰富的原材料和战略材料，这就使其威胁变得更加严重。一些团伙以机会主义行事，不再在其前身组织或当前日本雅库扎和美国黑手党的严格控制结构下运作。它们已经摆脱了高度结构化的指挥和控制组织模式，转向了更加横向的布局。这种模式会导致内部之间相互竞争，而且没有任何明显的宏观战略或中央命令，这主要是“企业家精神”基于自身经济利益的流动安排。如今，俄罗斯有组织犯罪是多民族性的，其成员国际化，大多在西方受过教育
（Galeotti，2012，p. 4）。跨国犯罪的全球影响及其对国家间关系的影响 139
都是巨大的。

（二）意大利黑手党

意大利黑手党和俄罗斯有组织犯罪集团有相似之处，其中最突出的是它们发源的相似性。治理的空白和薄弱的法律制度产生的空白为外部组织提供了机会，与俄罗斯一样，19 世纪中叶的西西里岛（意大利黑手党的发源地）缺乏中产阶级和成熟的公民团体（Shelley，1994，p. 666）。当时意大利正从封建经济体制中转型，经历着与俄罗斯从社会主义过渡时期相同的社会创伤，经济机构的解体在这两种情况下都使当局面临危机。有组织犯罪集团可能已经开发并利用了自己发现的情况，但它同时提供了公共服务。当国家不能再行使权力或提供有效的机构时，犯罪团伙介入了，黑手党为商业提供保护、有组织的市场和有效的规则。随着这些非国家机构的效率越来越高，司法当局发现更难取缔和取代它们。

这些甚至可以在“Mafia”（黑手党）一词的起源中得到体现。这个词的含义是不容易追溯的，一个广为接受的对“Mafia”一词的解释是“能够将事情做成”的组织、个人或心理状态（Ianni & Reuss-Ianni，1972，p. 25）。19 世纪，由于意大利向市场经济过渡的不平稳，南意大
140 利对任何产权、行政或金融行为准则的需求都无法抗拒，已经解散的个人保护小组、退役军人、盗贼聚集在一起为黑手党的产生创造了要素和条件（Varese，2001，p. 258）。换句话说，随着所有权的扩大和商业交易的速度加快，当国家当局无法提供有效保护时，黑手党就成为公众可以信任的能“做事”的组织。

正式的黑手党并不存在。西西里岛一个名叫“科萨·诺斯特拉”的家庭联盟、意大利南部的恩特兰盖塔在实践和历史上主导着犯罪文化。类似的团体还包括卡莫拉和圣冠联盟，它们与那不勒斯（意大利南部第一大城市）联系密切。意大利黑手党所有组织的结构都是等级制，要求成员忠诚、团结并时刻准备使用暴力，他们的核心法则是“omerta”（拒绝作证），即谁都不能向警察告密。

黑手党在意大利国家发展中的作用自其在民主改革和发展过渡时期成立以来就非常重要。从成立到今天，黑手党已经在意大利制度化，其资产主要集中在旅游和建筑领域。然而，它对意大利经济的控制是个全国性问题。毒品贸易的收益使其能够更深入地参与合法的经济活动（Shelley，1994，p. 662），早期的实用主义和污浊之气今天仍然存在，这种影响在条件有利于机会的地方更加凸显。20 世纪 90 年代中期，路易丝·雪莱曾写道：

> 有组织犯罪现在是国家政治中的一个问题，它影响着社会的许多方面。有组织犯罪在经济生活中已经占据非常重要的位置，尤其是在意大利南部地区，有组织犯罪的经济实力已经超越了其传统领域（Shelley，1994，p. 663）。

1815～1870 年，意大利革命运动的副作用是黑手党的出现。它经过了 20 世纪的扩张，并进入北美。在世纪之交，第一次世界大战前的几十年里，近 200 万名移民从西西里岛和意大利南部进入美国，生活在城市

的贫民窟里，他们与其他街头犯罪帮派融合与竞争（Mastrobuoni & Patacchini，2010）。第一次世界大战后，他们又加入了意大利的第二波移民浪潮，因为法西斯的兴起使生活困难重重，而且美国的财富机会具有极大的诱惑。

在第一次世界大战后的几年里，在有“老板的老板”之称的卢西亚诺（Lucky Luciano）的领导下，科萨·诺斯特拉的影响力不断扩大，尽管他在1936年因谋杀罪被判30~50年，但他最终只服刑10年。卢西亚诺为盟军进入意大利西西里岛提供帮助，因此获得减刑，但最后被美国政府驱逐到意大利。到20世纪50年代末，科萨·诺斯特拉的势力逐渐减弱。1957年在纽约州北部对60名黑社会头目的袭击引起了公众的关注，华盛顿对其展开调查。1957年，美国参议院麦克莱伦小组委员会研究了美国有组织犯罪的程度。1963年，一位前科萨·诺斯特拉成员乔·瓦拉齐（Joe Vallachi）成为政府线人，他详细介绍了有组织犯罪团伙的活动及组织结构，在国会委员会上指认了25个家族、约5000名科萨·诺斯特拉成员（Mastrobuoni & Patacchini，2010，pp. 9-10）。

在意大利和北美，意大利黑手党从未达到其犯罪同行在俄罗斯、日
本和南美等地区所具有的影响力水平。一个原因是它严格的招募要求， 141
成员资格仅限于黑手党家族的后裔和出生于西西里岛或卡拉布里亚的男子。因此，他们缺乏在新兴黑市竞争所需的经验丰富的人员。由于执法调查和同墨西哥、俄罗斯等国的犯罪集团及其他新兴犯罪集团竞争带来的损失，意大利黑手党在美国的势力一直在减弱，但它的衰落已经被世界其他地方犯罪网络的兴起所抵消。

（三）日本雅库扎

尽管“Yakuza”（雅库扎）一词通常被译作“天生失败的人”，但雅库扎与日本政治精英的联系由来已久且有利可图。雅库扎的现代起源可以追溯至第二次世界大战结束。然而，日本内战之后，雅库扎与武士传统的联系同日本的历史有关。18世纪，它们为了相互保护组成了“家族”。虽然这些联系并非基于血统，但亲缘关系紧密，同盟关系不可动摇。到了19世纪，雅库扎在政治领域变得活跃。随着雅库扎利益更多地来源于犯罪，它们开始寻求与政府官员合作，尤其是在赌博领域。

当日本从第二次世界大战的灰烬中崛起时，雅库扎成为日本政治界内部运作的参与者和塑造者。1945 年日本投降并开始重建，恰逢日本雅库扎成员人数急剧上升，20 世纪 60 年代初，雅库扎成员估计高达 184000 人。如今，这一数字约为 85000。他们不仅成为日本政界的权力经纪人，而且成为“国王缔造者”（King makers），右翼的自由民主党（自民党）在此期间成立，直到最近，在雅库扎的支持下取得了胜利。然而，尽管自民党和雅库扎有共同的历史，但这种安排并不仅是政治取向。随着公共政策在容忍犯罪和腐败方面的转变，雅库扎的支持也随之改变，因此，政治家的命运也随之改变。雅库扎会根据政治上的实用性改变其与党派的关系，甚至是挑选候选人。

2007 年，雅库扎放弃了它支持了几十年的自民党。当雅库扎的领导层发现自民党正在打击他们的非法赌博和性交易业务时，他们便决定不再支持自民党。山口组和稻川会——雅库扎两个最大的有组织犯罪集团——削减了对旧政治盟友的支持，转而支持其主要的反对党日本民主党。这一转变在日本政治界引起了轰动，在那之前，自民党一直占主导地位。与雅库扎的联盟决定使日本民主党上台，作为回报，针对合谋罪（kyobozai）的立法活动最终流产。日本最大的报纸《读卖新闻》前记者杰克·阿德尔斯坦（Jake Adelstein）当时报道：“我们与日本民主党的高层达成协议，我们帮助他们当选，他们承诺让合谋罪消失几年”（Adelstein，2010）。当雅库扎犯罪网络日益扩大的同时，右翼自民党也自然而然地在国内政治界发展壮大，失去了雅库扎的支持，自民党便被从办公机构扫地出门。虽然雅库扎可能不是政权更迭的唯一原因，但是大多数人认同其影响力，这种程度的转变在日本政治界是史无前例的。

这个庞大的本土黑社会网络不仅深耕于政治界，而且牢牢地扎根于
142 商业基础设施。雅库扎在日本社会的地位被认可，并在不同时期被赋予有效的法律地位。它们的企业与合法的商业密不可分，政治保守派通常会通过西服上的别针来显示自己的帮派，并自诩自己是“爱国人士”。

> 直到 20 世纪 90 年代前，日本社会一直容忍雅库扎，甚至接受它为兄弟组织，比如日本的吉瓦尼斯俱乐部（Kiwanis Clubs）。他们将黑帮的标志贴在办公室的门上，举行新闻发布会，恐吓公众也不

> 会受到惩罚。（Miller，2002，p. 8）

他们的组织根深蒂固，甚至在1995年神户地震期间，雅库扎的救灾反应比政府更快。据一些报道，他们的灾后恢复工作也使他们净赚了240亿美元（Miller，2002）。黑帮和警察之间的合作与腐败总是相伴相生。黑帮经常协助警察处理案件，黑帮成员有承认犯罪和自首的先例。而作为贿赂的回报，警方放弃了对黑帮的指控，或者对他们的行动视而不见。

在不干涉政治、不参与腐败的情况下，雅库扎从事放高利贷、卖淫、敲诈勒索、制毒和贩毒以及非法赌博。然而，当新的机会出现时，他们会做出反应。当全球金融市场景气时，雅库扎就都参与进来。由于他们与政府和业界的关系，20世纪90年代日本雅库扎在证券和金融市场占据了有利可图的位置，他们的渗透是根深蒂固的，市场操纵变得十分猖獗，并对日本经济的市场责任和声誉构成了威胁。为了维持自己的地位，大阪证券交易所威胁要将多达50家被控与雅库扎有直接联系的公司摘牌。

与美籍意大利黑手党相比，雅库扎与企业界和国家政治保持着密切的联系。尽管他们在政治上的影响力不如二战后，但他们在这一领域的地位仍不容小觑。对雅库扎来说，时代已经发生了改变，并迫使他们做出改变，等级制结构面临压力。新出现的对手带来了不和谐，并对暴力使用产生了更大依赖。然而，他们进入合法社会的渠道比他们的美籍意大利黑手党同行所享有的更加基础，他们很少卷入普通的街头犯罪或受到内讧的影响，他们的活动使其与南美贩毒集团、西西里黑手党有了联系（Miller，2002，p. 16）。他们在东南亚的行动可以追溯到20世纪70年代，他们的影响力不断提高，腐败也日益加剧，他们在跨国犯罪领域的存在是持久的。 143

（四）有组织犯罪集团和中亚毒品贸易

非法麻醉品贸易是全世界犯罪分子和自筹资金恐怖分子的可靠收入来源，中亚平原和南美洲丛林是全球毒品贸易的源头，海洛因和可卡因贸易的年收入超过1500亿美元（如前文所示）。

罂粟种植正逐步超越石油和天然气开采，成为中亚最赚钱的收入来源。非法鸦片制剂的供应和需求似乎没有限制，然而，根据2014年联合国的一项研究，全球海洛因和鸦片的使用人数似乎已达到并稳定在1280万~2020万人（U. N. Office on Drugs and Crime，2014）。联合国毒品和犯罪问题办公室估计，每年有6883吨鸦片流入世界市场，其中约5500吨（占全球鸦片产量的80%）完全由阿富汗生产。联合国毒品和犯罪问题办公室还估计，这些鸦片可制作560吨海洛因，并最终流向全球各地（U. N. Office on Drugs and Crime，2014）。海洛因从原产地经由一些脆弱国家，最终流向欧洲和北美洲。政治不稳定、犯罪和腐败猖獗、安全基
145 础设施薄弱为毒品和其他违禁品的流动提供了可乘之机。

对于处于贫困线边缘或贫困线以下的人来说，贩毒能够缓解其经济困境。在官方工资每月低至10~30美元的地区，贩毒是极具诱惑力的活动，非法行业是有组织犯罪、腐败和当地人被迫在严酷环境中生存的原因。中亚地区和跨高加索地区有80%的人从事某种形式的贩运活动（Falkenberg，2013）。诸如共同的语言、历史边界、区域冲突造成的社会动荡、经济不稳定和易于接触违禁品等因素都会促进非法贩运活动（Curtis，2002，pp. 8 –9）。

有两条主要的海洛因贩运路线将阿富汗与俄罗斯和西欧的巨大市场连接起来，巴尔干路线和北部路线总共占据了3300万美元的毒品市场。巴尔干路线蜿蜒穿过伊朗（通常经由巴基斯坦）、土耳其、希腊和保加利亚，穿过东南欧，一直延伸到西欧，将陆运与海运结合来运输鸦片和海洛因。北部路线大部分是贩运海洛因，主要经塔吉克斯坦、吉尔吉斯斯坦（或乌兹别克斯坦、土库曼斯坦）至哈萨克斯坦、俄罗斯。

阿尔巴尼亚黑手党是毒品交易的主要推动者。20世纪90年代，阿尔巴尼亚有组织犯罪集团控制了海洛因贩运路线，他们的主要同伙是“科索沃解放军”。科索沃战争结束前，“科索沃解放军”与阿富汗前“圣战”分子保持联系，通过这些联系，毒品贸易为武器采购和叛乱行动提供了资金支持。1999年战争结束，“科索沃解放军”正式解散，但它们的联系仍然存在，包括与贩毒和洗钱活动的联系（*The Threat Posed*，2000）。“科索沃解放军”的许多成员加入了其他武装团体或参政，巴尔干地区的犯罪集团仍控制着欧洲海洛因贸易的重要部分，来自土耳其、

保加利亚、罗马尼亚、意大利、希腊和中亚的犯罪组织与其巴尔干附属机构建立了网络。

对于它们的活动，国际刑警组织的一位高官得出了这样的结论：

> 阿尔巴尼亚共和国本身无疑是国际社会关注的一个因素，特别是考虑到该地区的地缘政治不稳定及其与中亚贩毒和恐怖主义之间的联系。（*The Threat Posed*，2000，p. 44）

早年形成的人际关系依然存在，有人强烈指责该地区鸦片种植和海洛因生产继续存在。国际刑警组织和其他国际组织进一步声称，阿尔巴尼亚黑手党的贩毒行动是“世界上最大的行动之一”（Rusche，2006，p. 8）。科索沃200万名居民中，98%是阿尔巴尼亚人，科索沃2006年的年收入仅为5000万欧元。然而，一些估计表明，在同一时期来自非法来源的收入可能达到4亿欧元（Rusche，2006，p. 3），合法收入与非法收入的比例为1∶8，这表明一个毒品国家正在形成。阿尔巴尼亚黑手党的数量、战略位置、与其他跨国犯罪团伙的网络使其成为欧洲东南部的主要力量，其战略目标不仅是犯罪市场，而且包括政治和合法商业的关键领域。

阿尔巴尼亚社会的主要组织是氏族，氏族结构延伸到阿尔巴尼亚黑手党，即其组织结构基于亲属关系，需要严格的家庭纪律，且与外人是 146
隔绝的。中世纪的《列克·杜卡金法典》（*Leke Dukadjinija*）在社会上流行，并试图引入国际法律规范和规定（Rusche，2006，p. 5），《列克·杜卡金法典》允许对叛徒和那些不履行合同的人进行复仇。这一制度具有约束力，影响着各阶层人民的日常生活，犯罪活动和犯罪分子从其忠诚、不信任和排斥外人中受益。《列克·杜卡金法典》给这个群体带来的凝聚力转化为集体的奉献和被围困时的集体抵抗。沿着巴尔干路线，在车臣地区也有类似的文化和犯罪避风港。

车臣共和国的有组织犯罪是另一个在“失败国家”的社会废墟中蓬勃发展起来的典型例子。阿尔巴尼亚人和车臣人的氏族文化要求在被围困时有相互防御的义务。有组织犯罪和恐怖主义之间的联系是紧密的，而且往往因血缘关系捆绑在一起。与阿尔巴尼亚人相似，车臣人与其他外国穆斯林建立了联系。然而，除了这些联系之外，他们还与在欧洲特别是俄罗斯的侨民保持着密切的联系。在俄罗斯的地下犯罪分子中，车臣人的出现使组织结构松散的犯罪网络形成了较强的凝聚力（Jarmon，2010）。与高级官员的接触使车臣犯罪团伙在俄罗斯毒品交易中占据了主要角色，他们是中亚、高加索和俄罗斯许多地区贩运毒品活动最活跃的群体之一（Curtis，2002，p. 23）。他们的非法贸易资金收益不仅用于进一步的犯罪活动，而且用于开展恐怖活动。在全球毒品贸易史上，车臣补充了阿尔巴尼亚黑手党的经验，这要归功于地理上的战略优势、通过其网络建立的联系以及依赖于氏族团结和蔑视外来人的类似文化。

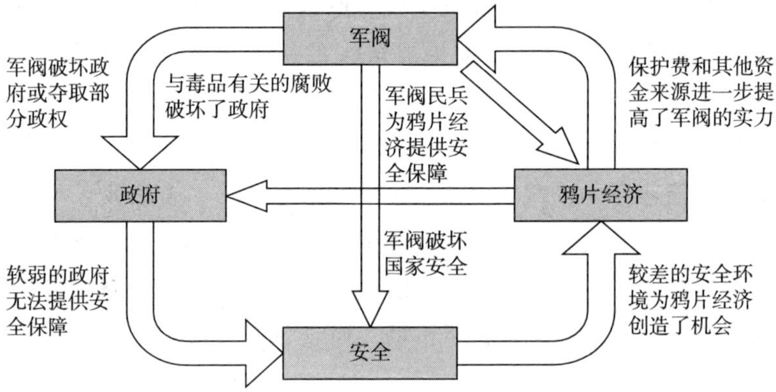

图 4-2 阿富汗地区的毒品与安全

147 资料来源：World Bank，2005，p. 120。

车臣和阿尔巴尼亚是中亚和欧洲之间毒品贩运的交汇点。然而，除贩毒外，这些组织还积极从事保全活动、敲诈勒索、绑架、汽车盗窃、武器交易、伪造、银行诈骗以及石油和贵金属的非法贸易。它们以冷酷闻名，但也了解信息时代的工具。它们代表了新一代犯罪组织，组织具有灵活性、半自主运作，必要时还能够解散、消失和实施改革。20 世纪 90 年代巴尔干战争和车臣战争为犯罪组织建立联系及掠夺提供了新的机会。这一结果对合法社会的影响可能持续了相当长一段时间。

（五）有组织犯罪集团和南美毒品贸易

全球有 1600 万～1700 万人使用可卡因，这与使用鸦片类药物的人数
148 大致相同。因此，非法毒品市场对全球有重要的经济影响。它还利用了

相同的分销机制，吸引了同样规模的企业和人员。

联合国毒品和犯罪问题办公室称，全球 470 吨可卡因消费中，北美市场占 40% 以上，欧盟国家和 4 个欧洲自由贸易联盟国家占总消费量的 1/4 以上，这两个地区贡献了全球可卡因市场总价值的 80% 以上。全球可卡因市场总值每年为 850 亿 ~880 亿美元。

可卡因贩运路线一般是从哥伦比亚经海路到墨西哥或中美洲，然后通过陆路继续运往美国和加拿大。运往欧洲的可卡因主要是通过海运集装箱运输，哥伦比亚是欧洲和北美洲可卡因的主要来源国，美国的经销商也直接从秘鲁和玻利维亚接收货物。自 2012 年以来，空中喷洒和其他政府根除计划使古柯的种植量下降（U. N. Office on Drugs and Crime, 2014）。

可卡因的来源国受到分析师所说的气球效应（balloon effect）的影响。在 20 世纪 80 年代和 90 年代，古柯种植主要集中在玻利维亚和秘鲁，政府作物根除计划的成功迫使生产商将业务转移到哥伦比亚。随时间推移，哥伦比亚已经失去了主导地位，原因与当初把贸易从早期的生产中心赶走的原因相同。最近的数据表明，这种下降可能迫使古柯种植再次回到玻利维亚和秘鲁（Beittel, 2012, p. 27）。当执法部门在从生产到分销的链条上的某一点施加压力时，生产商通过转移业务做出反应。这些计划对当地经济有影响，但全球市场并未受到干扰。

哥伦比亚贩毒人员主要来自哥伦比亚革命武装力量。它的根源可以追溯到冷战时期，当时是亲苏联的哥伦比亚共产党武装派别（Martin, 2003, p. 145）。今天，哥伦比亚革命武装力量参与了从种植到生产、精炼、贩运的各个方面（Chalk, 2011a, p. xii）。哥伦比亚革命武装力量被美国国务院认定为外国恐怖组织，但它的动机已经变得更加经济性而非政治性。

到 20 世纪 90 年代，哥伦比亚革命武装力量已成为一支强大的游击队。由于军事胜利，哥伦比亚政府于 1998 年将部分领土设立为“非军事区”，但哥伦比亚革命武装力量将其变为毒品生产区。自那时起，政府就试图重新夺回这些地区，损失迫使哥伦比亚革命武装力量进入和平谈判。然而，尽管遭受挫败，哥伦比亚革命武装力量仍然是个严重的安全威胁，并继续活跃于可卡因贸易中。尽管它声称自己是个政治组织，但它曾使用绑架、抢劫、暗杀和征募儿童等策略（Chalk，2011a）。根据2010年国会研究处报告，它不仅迫使农民在其领地上种植古柯，还对收古柯的人和古柯糊的买家征税，通过从加工者那里收取保护费并将机场租赁给贩运者进一步扩充收入来源（Rollins et al.，2010，p.8）。为了资助其毒品生意和准军事行动，哥伦比亚革命武装力量与墨西哥和加勒比犯罪组织建立了贩运网络。除了现金之外，该组织有时接受以毒品换武器，它也不是该地区唯一的极端犯罪组织。

“哥伦比亚民族解放军”（Ejecito de Liberacion Nacional，ELN）也在
150 哥伦比亚作战，与哥伦比亚革命武装力量类似，也起源于冷战时期。这个组织与苏联政党路线的联系较少，相反在意识形态上与切·格瓦拉（Che Guevara）和卡斯特罗领导下的古巴较为亲密。“哥伦比亚民族解放军”经常攻击政府基础设施，如交通和能源设施，特别受其欢迎的目标是卡诺—利蒙管道。与哥伦比亚革命武装力量一样，“哥伦比亚民族解放军”在政治和人力方面也遭受了损失。然而，它仍然是一股强大的力量，因为它将恐怖活动转向针对国家和农村人口，并更多地转向可卡因生产和贩运（Chalk，2011a）。为了重新获得声望并恢复失去的部分活力，“哥伦比亚民族解放军”同意与其竞争对手哥伦比亚革命武装力量休战，并表示有兴趣参与哥伦比亚政府和哥伦比亚革命武装力量之间的和平谈判。同时，有报道称“哥伦比亚民族解放军”已经与各种犯罪组织签订了协议，以更加切实地追求贩毒利益（Looft，2012）。

尽管有着竞争的历史，但20世纪90年代和21世纪初，“哥伦比亚民族解放军”和哥伦比亚革命武装力量共同控制了大部分农村地区。15年前，哥伦比亚政府几近崩溃，一直在努力重新确立自己的权威，并取得了一些成功。“哥伦比亚综合征”——犯罪与政治的融合——蓬勃发
151 展，尽管生产和需求出现周期性下降，全球可卡因市场仍保持稳定。在墨西哥卡特尔的协助下，这两个组织以及规模较小的秘鲁和玻利维亚组织控制着流向北美大陆的毒品贸易。在加纳和几内亚比绍的西非辛迪加的帮助下，运往西欧的货物顺利抵达目标市场，意大利犯罪集团进一步将毒品网络扩展到世界其他地区的市场。

可卡因种植和生产地是无人管理区，毒品、武器和人员几乎不受限制地移动。贩毒不仅有利可图，而且在许多情况下是一种经济必需

品。在南部、中部和中美洲，故意不透明的金融体系与腐败为在广阔的可开发地区的非法贩运和洗钱提供掩护及后勤支持。这是世界的另一面，犯罪分子和恐怖分子偶尔可以经营，甚至发动针对合法社会的战争。

专栏 4.4

南美洲的三角地区

阿根廷、巴西和巴拉圭边境地区的交汇处是地球上最无法无天的地方之一。这是一个跨国犯罪分子可以聚集、进行交易的地理区域，必要时还可以与恐怖分子合谋。它被简称为“三角地区”，是公认的洗钱、毒品和武器贩运、有组织犯罪和官员腐败的庇护所。

20 世纪 70 年代初，巴西和阿根廷建立了一个自由贸易区，利用伊瓜苏瀑布作为能源生产和旅游景点的潜力，但最终这里演变成非法犯罪活动的聚集地。2003 年，美国国会图书馆联邦研究部的一份报告将这一区域描述为：“实际上，官员腐败、有组织犯罪和恐怖组织三者之间是一种互利的关系，而三角地区则是这种关系的一个缩影”（Hudson，2003，p. 6）。

非法组织将三角地区作为非法贩运轻武器、毒品和假货以及移民人口走私和未成年人卖淫的场所。来自智利、中国大陆、哥伦比亚、科西 152
嘉岛、加纳、利比亚、意大利、科特迪瓦、日本、韩国、黎巴嫩、尼日利亚、俄罗斯和中国台湾的犯罪团伙与当地同伙混在一起。在这里有效执法所面临的障碍与安全制度薄弱的其他地区一样，如培训不足、设备差、缺乏有力的公共支持、工资低，这些都会导致官员通过腐败牟取暴利。在该地区，犯罪的条件已经非常成熟，犯罪基础设施已经制度化。

20 世纪 70 年代中期，三角地区开始受到黎巴嫩内战的影响。中东地区的不稳定迫使许多穆斯林离开，并迫使他们在南美洲寻求庇护。该地区有 2 万 ~6 万名阿拉伯人（2005 年估计拉丁美洲城市的穆斯林总数为 600 万人）（Neumann，2011）。较差的安全环境使人们很容易受到犯罪活动的影响，他们的家成为罪犯和政治极端分子的庇护场所（Shelley et al.，2005，p. 60）。恐怖组织包括埃及“圣战”组织、“伊斯兰圣战”组织，以及“伊斯兰抵抗运动”。

该地区可以通过海路到达，并有通往大西洋的可通行出口。中小型货船在水路上航行。3个人口中心是现代交通运输枢纽。阿根廷的伊瓜苏港、巴西的伊瓜苏市和巴拉圭的埃斯特城也为该地区提供国际银行服务。100多个隐藏的飞机跑道构成的网络对薄弱的基础设施形成补充（Steinitz，2003，p.8），该地区是犯罪、恐怖主义和腐败的熔炉*。

153 每天有4万人和2万辆汽车穿过连接埃斯特城和伊瓜苏市之间的桥梁，只有10%被抽查，而市民、游客和潜在的犯罪嫌疑人都可以选择携带或不携带证件旅行。巴拉圭和巴西的海关系统既缺乏协调，也存在腐败。更为糟糕的是，非本地社区的成员很少是合法登记的。他们的行动可能未被发现，而且拦截和引渡措施很容易遭到抗议。移民局的腐败是严重问题的一个根源。一些观察家声称，官方腐败在三角地区内部的结构、过程和犯罪模式中十分常见，以致巴西国会贩毒调查委员会认为，只有对警察机构进行彻底的重组和重新武装才能解决这些问题。

拥有约32万人口的埃斯特城拥有5000多家企业，它的经济收入主要源于廉价的亚洲制造产品和假冒商品，这也使其成为洗钱和其他非法交易的理想场所（Methods and Motives，p.60）。该市的现金交易量仅次于香港和迈阿密，吸引了全世界的犯罪活动和犯罪分子。腐败的安全基础设施也是侵犯人权的场所。

虽然正规金融机构长期以来提供了足够的洗钱和转移资金的手段，但几个世纪前的哈瓦拉（Hawala）系统是个非正式的银行系统，增加了另一层服务，它已在阿拉伯世界广泛使用了1000多年。哈瓦拉的银行家们在小商店外工作，在一个地点接受现金、支票或贵重物品，并在接收地点安排相应的支付。这些交易不需要法律报告或向政府披露（Schneider，2010，p.21）。“Hawala”在阿拉伯语中的意思是“转移”，但官方称之为“非正式的价值传递系统”（Informal Value Transmission System，IVTS）。大多数寻求支付最少的交易费用转移资金的移民工人出于正当理由使用这一方式（Ballard，2005，pp.323－324）。然而，除了作为黑市不可分割的一部分，它还成为洗钱和恐怖主义融资银行的避风港。

合作不仅存在于种族群体内部，也存在于包括犯罪和恐怖主义在内的具有共同利益的混合群体之间。报告讲述了真主党、车臣集团等组织
154 之间的安排。

除了始于20世纪70年代的中东难民的到来，自20世纪80年代以来，

中国移民源源不断地涌入巴拉圭和南美洲三角地区。近3万名广东人是埃斯特城社区的一部分，并为犯罪活动提供了良好的掩护（Hudson，2003，p. 69）。这些犯罪组织依靠当地华人社区为生，它们的企业进行大规模的走私和保护活动。

当执法确实取得成功时，气球效应可能就会被启动。哥伦比亚的Macao、委内瑞拉的玛格丽塔岛和智利的伊基克三个自由贸易区成为另外的避风港。许多人认为伊斯兰极端主义恐怖组织已经进入委内瑞拉、智利和乌拉圭的其他地区。

犯罪分析家也认为，由于犯罪活动增加和执法对策效力有限，巴西、玻利维亚和秘鲁之间的第二个三角地区也在发展。安全部队的压力和过多的穆斯林社区在文化、社会以及该地区的犯罪行为方面造成了这样的情形。

南美洲三角地区、车臣、巴尔干地区、非洲的部分地区以及中亚的边境地区不仅是犯罪、恐怖主义和腐败的"温床"，也是官方社会被压倒的地方。如前所述，这些地区已成为进一步分析的缩影。了解经济动因、政治不满的根源，甚至是对全球化的强烈反对或其他反应，为应对日益增长的跨国犯罪挑战搭建了框架。评估三角地区的动态是一种分析安全威胁并了解其寄居于国家体系、影响合法社会节奏、吞没地理区域和影响日常生活的能力的手段。

注：* 巴拉圭总统朱利叶斯·斯特罗斯纳（Julius Stroessner）是自由贸易区最初的开发商，被指控将三角地区变成逃犯的避难所。这些人包括纳粹战争罪犯、前居民约瑟夫·门格尔（Josef Mengele）。斯特罗斯纳还涉嫌参与贩毒活动。

七 "失败国家"在促进有组织犯罪与恐怖主义方面的作用

"失败国家"包括主权国家和准国家（substate）。这些地区没有足够的经济基础设施或资源来满足人民的需要，通常由于经济全球化政策，
例如结构调整计划、私有化战略以及国际货币基金组织或世界银行的经 155
济改革项目，社会服务减少，监管缺乏，再加上沉重的债务，许多人不得不忍受贫穷。许多受援国将政府收入的50%以上用于偿还债务。沉重

的金融负债导致破产、失业和贫困，迫使发展中国家的许多人去发达国家寻求机会。

亚洲、非洲和南美洲一些发展中国家深陷债务泥潭，这也引起了一场前所未有的大规模全球移民，世界各地的城市都充满了寻找机会的新居民。伴随这种大规模移民，种族群体和宗教派别在全球范围内迁徙，但他们并不会忘记其身份特征，断绝与原有文化、信仰体系的联系，也不会忘了忠诚或仇恨。随着城市中心的膨胀以及这些人口的经济前途未得到满足，这些来自贫困地区的人就容易受到犯罪的诱惑。

技术和全球化的工具使他们能够基于所在社区和相同的世界观联系起来，他们中还产生了犯罪分子和政治极端分子，对于跨国有组织犯罪，这些人群就是可利用的消费市场和劳动力池。随着需求和劳动力（强制或非强制）增加，假冒产品、毒品贩运、人口走私和卖淫变得更加有利可图，而随着官员腐败的加重和他们对金融和经济责任的担忧逐渐消失，犯罪风险也越来越小。

除了市场，“失败国家”和无法无天的群体也为犯罪行为提供了掩护。这些地方通常通过官方腐败来提供法律保护，“保护伞”在这些条件下持续壮大、获取更多的利益并不断践踏法律。车臣黑手党可以建立“非正式的价值传递系统”，通过其在中欧和俄罗斯的侨民社区转移资金而不被发现。巴尔干的犯罪团伙剥削经济上无助的人，在国际性交易市场上进行招募和买卖。每年，在这些“失败国家”及其崩溃和腐败的安全制度帮助下，海洛因、可卡因、大麻与冰毒的种植、生产、运输和分销创造数千亿美元的财富。

八　当前全球打击犯罪的方法、制度与能力建设情况

本书的第三部分将讨论美国政府、联合国和其他能力建设计划，这些计划解决了与供应链、网络安全和物理安全有关的安全问题。为了避免重复和冗余，将在本书其他章节进行详细的讨论。然而，此处仍有必要对这些计划进行简短的介绍。

美国国土安全部海关和边境保护局的反恐怖主义海关贸易伙伴关系

(Agency's Customs-Trade Partnership Against Terrorism, C－TPAT) 计划主要由商业部门制订。虽然主要是为了应对2001年9月纽约市发生的恐怖袭击，但C－TPAT也是个保护全球海上供应链免受破坏和打击走私的计划。这是一项自愿计划，安全措施通常反映了"9·11"事件发生时已经存在的全球托运人的共同做法和标准。批评人士指出，这既是航运界和贸易界为逃避监管而进行的尝试，也是强化供应链安全的努力。然而，在初始阶段之后，认证标准和要求变得愈加严格，审批过程也更为严格。该计划是分层防御战略的一部分，该战略吸引私人贸易团体与海关和边境保护局进行合作，最终目标是实现安全和无摩擦贸易。加入该计划将成为受信任的托运人，并通过同意C-TPAT安全措施和标准获得利益，通过认证后，加入者享有减少检查和缩短美国货物延迟时间的优势。该计划以美国为中心，不过，通过与世界海关组织的协调，这一计划的范围将进一步扩展。 156

世界海关组织制定了《全球贸易安全与便利标准框架》(SAFE框架)，以有效地将C－TPAT和其他海关和边境保护局项目扩展到美国贸易范围之外，该框架在2005年通过后不久便开始实施。《全球贸易安全与便利标准框架》的成员根据自身利益运作或在国家的支持下运作，大多数情况下，自我监管的孤立努力是常态，甚至定义网络犯罪的信念也很薄弱，更不用说建立政治框架控制网络武器的努力了。有些值得注意和有效的网络安全例外存在。

美国计算机应急准备小组（US－CERT，又称"计算机安全事件响应小组"，CSIRT）"在保护公民权利的同时，改善国家网络安全态势、协调网络信息共享、积极管理国家网络风险"(U.S. Computer Emergency Readiness Team, n.d., n.p.)。它的合作伙伴包括私人部门的网络安全服务提供商、学术界和联邦机构。信息响应小组是处理计算机安全事件的计算机专家组，为处理"莫里斯"蠕虫［以其制作者罗伯特·塔潘·莫里斯（Robert Tappan Morris）的名字命名，他是康奈尔大学的一名研究生)］，1988年组建了第一支专家队伍。这一早期恶意软件引发了恐慌，联邦政府与卡内基梅隆大学签订了合同，为监测活动提供帮助并管理应对网络威胁的响应机制。卡内基梅隆大学至今仍是一个主要的协调中心。目前，250多个使用"计算机应急准备小组"或"计算机安全事件响应小组”名称的组织将重点放在网络安全威胁问题及其应对上。除了解决问题和提供减少风险的咨询服务外，“计算机应急准备小组”或“计算机安全事件响应小组”还充当报告网络威胁和提供教育的中心点。到2003年，美国计算机应急准备小组成为美国政府的合作伙伴，它位于华盛顿特区，是国土安全部国家网络安全司的业务部门。美国计算机应急准备小组与这些伙伴合作，管控网络空间中的技术滥用和误用。根据美国计算机应急准备小组网站的描述，它的任务是“在保护公民权利的同时，改善国家的网络安全态势、协调网络信息共享、积极管理国家网络风险”（U. S. Computer Emergency Readiness Team，n. d.，n. p.）。此外，“它与私人部门关键基础设施所有者和运营商、学术界、联邦机构、信息共享和分析中心、州和地方合作伙伴以及国内和国际组织合作”（n. p.）。尽管美国计算机应急准备小组独立运作，但与合作者维持着共
158 享信息和协调的关系。

利用全球金融系统洗钱的数额难以想象，也难以计算，专家估计每年为全球GDP的2%～5%（Schroeder，2001，p.5）。为打击国际洗钱，七国集团于1989年成立了金融行动特别工作组（FATF），它是独立的政府间组织，旨在管控对国际银行系统的威胁。在2001年9月11日恐怖袭击后，它扩大了工作范围，纳入识别恐怖主义融资活动。2008年金融危机后，金融行动特别工作组的作用进一步扩大。在意识到全球金融体系因许多金融机构的困境而处于危险后，金融行动特别工作组修改了其任务，并将其建议扩大到国际银行界。金融行动特别工作组的目标包括制定标准以及推动监管法规、操作措施和透明度法律的实施，打击洗钱和恐怖主义融资。金融行动特别工作组致力于应对任何国际金融体系可能面临的威胁，它是个决策主体，与34个成员和两个区域伙伴合作。它还有助于实现国家一级的反洗钱和透明度法律与司法互助条约协同，以凸显和平衡跨司法管辖区的跨国犯罪风险。它也有助于调查和引渡。

金融行动特别工作组被认为是制定规则的权威和仁慈的问题解决者，已成功实现了其在国家立法和监管改革领域的政治意愿，尽管是自愿的，各国也同意遵守。金融行动特别工作组已经确立了自己的权威垄断地位（Kerwer & Hülsse，2011，p.63），被金融行动特别工作组列入黑名单的威胁具有足够的分量，对其成员的影响是强有力的，被排除在金融行动

特别工作组之外也意味着非成员不能参与标准的制定。这些约束的组合甚至迫使一些国家放弃了其作为传统避税地的角色。

金融行动特别工作组还与另外两类参与者合作。非国家成员、准成员是一些区域组织；观察员是具有特定反洗钱职能以及更广泛使命的国际组织，包括非洲开发银行、欧洲复兴开发银行、国际货币基金组织、国际刑警组织、经济合作与发展组织、世界海关组织，以及其他20个委员会、促进会、办公室和金融机构。

表4－3 金融行动特别工作组的36个成员

阿根廷	希腊	新西兰
澳大利亚	海湾合作委员会	挪威
奥地利	中国香港	葡萄牙
比利时	冰岛	俄罗斯
巴西	印度	新加坡
加拿大	爱尔兰	南非
中国	意大利	西班牙
丹麦	日本	瑞典
欧盟委员会	韩国	瑞士
芬兰	卢森堡	土耳其
法国	墨西哥	英国
德国	荷兰	美国

通常不存在武力垄断的一个例外是打击海盗。海盗给全球经济带来的估计成本为每年70亿美元（2013年打击海盗努力的最新情况）。在南美洲，有组织犯罪是海盗活动的主要来源，尤其是哥伦比亚，主要是因为哥伦比亚革命武装力量的参与。海盗活动通常是为了维持毒品贩运路 159
线而控制领土所做出努力的一部分，而不是为了直接获取经济利益。一般来说，报告中称海盗事件是恐怖活动，可能会发生绑架和敲诈勒索，但是货物和船员被扣押的情况要少得多。世界上的海盗活动主要集中在西非海岸的几内亚湾、非洲之角沿岸和东南亚。

石油油轮是几内亚湾海盗的主要关注点，尼日利亚的犯罪团伙尤其活跃。除了盗窃燃料之外，劫持船只和人质也是重要的财富来源，海盗还袭击钻井平台和浮动泵站。虽然这些事件没有包括在与海盗有关的数据中，但这样的袭击是由同样的犯罪分子和恐怖分子实施的，也是同一行动区域的一部分。他们被排除在海盗统计数据之外，这意味着实际事件的漏报率高达一半（Tull，2011，p. 28）。

美国海军非洲部队是打击海盗活动的一支重要力量，它与地区执法当局和私人部门合作，保护海岸线和海域的安全。“非洲伙伴倡议”（African Partnership Station，APS）是一项由美国海军非洲部队领导、多个国家参与的倡议。另一个美国军事伙伴是美国非洲司令部，它还向亚
160 太地区提供培训和设备援助。美国在几内亚湾战略利益的驱动力是石油生产，目前，美国石油进口的18%来自该地区，预计这一比重到2015年将增长到25%（Tull，2011，p. 28）。

生态破坏和经济边缘化催生了暴力和违法犯罪，犯罪分子和恐怖分子参与其中，也引起了政治活动家的愤怒。因此，除了猖獗的犯罪引发的暴力事件，还有部分叛乱，近期解决这些问题的前景并不乐观。

在过去10年里，非洲之角附近的海域为打击索马里海盗提供了丰厚的赏金。世界上10%的石油和50%的集装箱货物运输经由亚丁湾，因此该地区海上航道的安全对全球经济具有重要影响。在经历了前几年的稳定增长之后，海盗活动在2007～2008年激增，这引起了国际社会的关注，国际海军因此组建并开展反海盗行动。在联合海上部队的指挥下，联合特遣部队151与北约的“海洋盾牌行动”和欧盟的“亚特兰大行动”协调行动，以创建更安全的商业航线。尽管反海盗行动在2009年取得一些可观的成功，但2010年随着海盗活动深入印度洋，远离亚丁湾沿岸这一巡逻更为频繁的水域，袭击次数有所反弹（Caldwell & Pendleton，2011）。然而，自2011年以来，由于国际行动者的努力协调和在船上部署私人武装安保人员，海盗袭击成功的次数有所减少。

世界上50%的石油与1/4的商品通过马六甲海峡和中国南海。东南亚国家极度贫困、政府和安全设施不堪一击，沿线海盗活动猖獗。2005年英国保险公司劳埃德市场协会将这些地区定性为“战争风险区”（Loewen & Bodenmüler，2011，p. 42），这些地区的情况与几内亚湾类似。尽管没有全面的反海盗战略，这些海上航线的战略重要性使沿线国家感受到来自国际社会的压力，它们签署了打击跨国犯罪和恐怖主义的合作协议，印度尼西亚、马来西亚和新加坡完善自身的安全制度。然而，海

盗活动猖獗的根本原因仍然存在，经济发展不均衡、社会不平等和政治腐败的挑战仍然存在，为了长期维持秩序，这些问题必须解决。

关于跨国有组织犯罪的研究，最后要补充的问题是“对话”。全球治理的困难不仅是因为安全制度、法律法规、国家和地区自身利益的分散和不协调，还因为“术语不一致”（Cornish，Livingston，Clemente，&
York，2010，p. 36）。 161

应对威胁的标准化响应也意味着建立统一的对话。当政治家、律师、军事专家、计算机科学家、网络运营商、执法部门与社会各阶层分别以独特的术语或不同的世界观讨论和辩论时，就会产生障碍。因此，在法律制定和实施过程中，道德和价值框架固然重要，标准化的语言体系同样不可或缺。清除起诉跨国犯罪的壁垒还意味着放弃舒适区，参加多学科论坛，并开展跨机构、跨国界和消除官僚分歧的一致行动。

总之，跨国有组织犯罪的定义往往不够具体，它的组织结构通常是扁平化的。跨国有组织犯罪行动通常是流动性的，犯罪分子大多数时候在法律范围内活动，也在法律范围外活动。他们模仿合法公司的事务和商业模式，这就像它们与恐怖主义融合一样容易。不一致的法律法规、管辖权缺口、负担过重或腐败的执法机构使跨国有组织犯罪能在缺乏全球治理的体系中存活。跨国犯罪的运作领域十分广阔，网络空间与全球供应链提供了无数的机会和无限的突破点。

现有的安全基础设施往往因官僚主义的拖累和地盘斗争、过时的法律法规、外交协议以及互通性和信息共享的缺乏而无法做出快速反应。“失败国家”和准国家的司法管辖区提供了掩护及安全避风港，对政治活动的刑事定罪使一些地区在其他国家纷纷打击犯罪的时候反而吸引了犯罪。在世界上处于赤贫边缘的地区，犯罪可以提供经济救济，但给世界经济带来的损失每年超过 2 万亿美元，间接的社会经济损失要高得多，而且会持续很长一段时间。

技术水平的提高和全球化的加深加快了活动的步伐，跨国有组织犯罪也很快适应了这一趋势。他们的同伙不仅是一群暴徒，而且都受过教育，具有多元文化背景，通常在政治上和社会上都有很好的人脉。随着历史上最大规模的移民继续向城市中心移动，这些侨民容易成为犯罪团伙的帮凶。

然而，成功的打击犯罪计划和倡议仍然存在。多边协议以及军事和执法合作行动可以有效地重建秩序。合法国家在资源和技术研究、进步方面的优势具有影响。另一个关键是私人部门的参与以及保护自己的有形资产和智力资产、保护自己的商业基础设施和供应链的努力。挑战和机会并存，问题的根源在于财富分配不均衡和许多被剥削者缺乏经济机会，只要犯罪能够为合法性、无法进入的市场、缓解贫困带来的绝望创造一个选择，它就仍将在人类社会中拥有一席之地。相信犯罪可以根除是乌托邦式的幻想。然而，通过法律、军事和人道主义合作，管控与消
162 除其产生根源和动机是可以实现的。

☞ 本章案例

跨国犯罪的未来

杰弗里·K. 哈普

联邦调查局和美国的执法部门、情报部门以及其他机构参加了2011年白宫“打击跨国有组织犯罪战略”（Strategy to Combat Transnational Organized Crime）的制定工作。该战略为美国政府提供了一个框架，通过现有的调查方法、情报收集和分析方法以及其他方法（如外交和金融工具）协同应对跨国有组织犯罪威胁。联邦调查局已经接受了该战略对“跨国有组织犯罪”的宽泛定义。跨国有组织犯罪包括欧亚大陆、巴尔干半岛、亚洲、意大利、墨西哥和南美洲的犯罪企业，如洛斯哲塔斯（Los Zetas）；国际帮派，如地狱天使和MS-13；人口贩运和走私组织。

为了有效打击跨国有组织犯罪，联邦调查局分别在西班牙马德里、泰国曼谷和捷克布拉格建立了三个国际有组织犯罪特别工作组。它们仿照2000年初在匈牙利布达佩斯成立的国际有组织犯罪特别工作组建立，联邦调查局工作人员与东道国的当地执法和情报机构合作，共享资源和情报，并提供执法援助。利用这些关系，联邦调查局完成了宝贵的情报收集和联合行动，以在全球范围内打击跨国有组织犯罪。

美国联邦调查局的全国帮派工作组（National Gang Task Force）通过几项举措，重点打击中美洲帮派，如MS-13。其中，最成功的计划

之一是跨国反帮派倡议，通过在萨尔瓦多、危地马拉和洪都拉斯指导经过审查的反帮派小组，跨国反帮派小组在调查与美国有直接联系的跨国案件方面发挥了作用。

利用这些集中的情报工作，联邦调查局已经能够推动行动取得成功，这对墨西哥暴力犯罪集团洛斯哲塔斯有巨大影响。例如，在“陨落的英雄”行动中，联邦调查局与国土安全调查局一起成功锁定了 8 名涉嫌在墨西哥枪杀国土安全部调查员的洛斯哲塔斯成员，其中 4 名已被引渡。联邦调查局领导了一项四州多机构的洗钱调查，缴获了“塞塔贩毒集团”头目之一米格尔·特雷维尼奥·莫拉莱斯（Miguel Treviño Morales）400 多匹夸特马，这些马最终被拍卖，所得为 800 万美元。

联邦调查局参与了司法部发起的国际顶级犯罪组织目标清单和海外资产控制办公室的工作。当前的调查瞄准财政部海外资产控制办公室和国际顶级犯罪组织目标清单上的目标及其犯罪活动，包括洗钱、贩运违禁品和腐败等影响美国和其他国家的犯罪活动。同外国执法机构的伙伴关系允许美国相关机构利用情报和使用复杂的调查技术，包括卧底和电子监视手段。 163

最近，联邦调查局在罗马尼亚布加勒斯特的东南欧执法中心扮演的角色发生了重大变化。这一多边平台与代表巴尔干地区 13 个东南欧执法中心成员国的执法和海关联络官员建立了双边关系，联邦调查局将其在东南欧执法中心的工作重点从培训转移到寻找与美国有联系的国际联合行动和调查的机会。任务的改变使许多联合案件、情报收集和传播显著增加。

正如该战略所强调的，联邦调查局支持战略联盟集团（Strategic Alliance Group，SAG），这是一个由澳大利亚、加拿大、新西兰、英国和美国（联邦调查局、国土安全调查局、缉毒局）的合作伙伴组成的刑事执法集团。联邦调查局通过共享、交换相关威胁信息和调查工具的方式参与战略联盟集团的工作，并参与重点关注犯罪收入、网络问题和情报的工作组。

美国白宫解释说，其首要任务是“保护美国人和我们的伙伴远离跨国犯罪网络的伤害、暴力和剥削”。除了这一重要优先事项外，它还承诺帮助伙伴国加强治理和提高透明度，打击跨国犯罪网络的腐败力量，并打破国家－犯罪联盟。通过使用联邦调查局和其他美国执法机构提供的工具，美国将处于更好的位置，以击垮跨国有组织犯罪网络的经济实力，保护战略市场与美国金融系统免受跨国有组织犯罪的渗透和摧残。白宫已经明确表示，跨国有组织犯罪网络对国家安全构成巨大威胁。通过瞄准其基础设施，剥夺其使能手段，防止恐怖活动的犯罪便利化，美国成功地大大削弱了所有跨国有组织犯罪集团的生存能力。通过达成国际共识、开展多边合作和构建公私伙伴关系，执法不仅会成功消除跨国有组织犯罪对美国经济的影响，而且将给全球经济前景带来积极影响。

作者简介：杰弗里·K. 哈普曾担任联邦调查局旧金山分局的助理特工主管，负责监督特种武器和战术小组、证据反应小组、外语项目、监视和情报收集工作。哈普毕业于伊利诺伊大学，获得林业和自然资源管理双学士学位（1987 年），在印第安纳大学获得了工商管理硕士学位。1995 年在联邦调查局国家学院接受培训后，他被分配到洛杉矶外勤办公室，成为特警队和反恐队的成员。1998 年 1 月，哈普被选为美国联邦调查局人质救援小组的成员，在一个突击小组中担任了四年半的行动员，专门负责飞机劫持和国际安全事务，并与美国军事特种行动组密切合作。2002 年 6 月，他被提升为联邦调查局总部的监督特别探员，负责查证与监督古巴关塔那摩湾和阿富汗联邦调查局在押人员的行动，并负责管理每个作战司令部的军事联络。2005 年 1 月，哈普升任旧金山现场监督员，管理联合反恐特遣队并监督特警队。2008 年 4 月，哈普被选为驻保加利亚索非亚联邦调查局局长代表，担任法
164 律助理。哈普于 2009 年 4 月回到旧金山分局工作。

◇ 本章小结

本章解释了：

1. 跨国犯罪的各种定义。
2. 跨国犯罪组织的结构。
3. 跨国犯罪组织的动机。
4. 跨国犯罪组织的动机与恐怖组织有何不同。

5. 跨国犯罪组织的作案手法以及它们与国际恐怖主义团体的相似之处。

6. 跨国犯罪组织如何像跨国公司一样运作。

7. 当前主要跨国犯罪组织的起源、演化和影响，包括俄罗斯有组织犯罪、意大利黑手党、日本雅库扎等，有组织犯罪集团与中亚毒品贸易、有组织犯罪集团与南美毒品贸易。

8. “失败国家”和脆弱国家在打击跨国有组织犯罪中的作用。

9. 日益增长的大规模移民对跨国犯罪兴起的影响。

10. 目前打击犯罪的制度、方法和打击有组织跨国犯罪的努力，包括各种供应链对策、网络安全方法和制度、反洗钱工作、反海盗的海军力量和计划。

11. 如何在规范法律准则与建立有效的全球治理方面开展更大的国际合作和协作。

◇ 关键术语

Balloon effect（气球效应）

Baohusang（保护伞）

Colombian syndrome（哥伦比亚综合征）

Crime-terrorist nexus（犯罪 - 恐怖分子关系）

Diaspora（侨民）

Economic globalization（经济全球化）

Failed state（失败国家）

Financial Action Task Force（FATF）（金融行动特别工作组）

Hawala（also informal value transmission system）［哈瓦拉（非正式的价值传递系统）］

Hierarchal organization（等级组织）

Jurisdictional arbitrage（管辖权套利）

Krysha（保护伞）

Mafia（黑手党）

Modus operandi（plural：modi operandi）（惯用手法）

Monopoly of force（垄断力量）

Neoliberal economic policy（新自由主义经济政策）

Nomenklatura（诺门克拉图拉）

Omerta（拒绝作证）

Tri-border area（三角地区）

165 Vorovskoi mir（盗贼世界）

◇ 思考与练习

1. 为什么跨国有组织犯罪的定义有所不同？

2. 讨论跨国有组织犯罪造成的经济和社会成本。

3. 技术和全球化如何影响跨国有组织犯罪的组织结构？

4. 全球供应链与网络空间有什么特点？这些特点如何促进跨国有组织犯罪以及对合法社会制造挑战？

5. 跨国有组织犯罪集团被描述为“主权自由”是什么意思？跨国有组织犯罪的这方面如何成为传统执法的一个问题？

6. 跨国犯罪与国际恐怖主义有何相似之处？

7. 跨国犯罪与国际恐怖主义有何不同？

8. 跨国有组织犯罪哪些方面反映了全球企业经营和开展业务的方式？

9. 助长非法毒品种植、生产、销售的主要因素有哪些？识别最突出的行动者、社会条件和地理位置。

10. 怎样类似的社会条件助长了意大利黑手党和俄罗斯有组织犯罪的兴起？

11. 俄罗斯有组织犯罪与其他犯罪集团在规模和潜力上有何不同？

12. 比起恐怖主义集团，为什么洗钱是跨国犯罪的业务核心？

13. 跨国有组织犯罪集团与恐怖组织合作有什么风险？

14. 大规模的全球移民对跨国有组织犯罪有什么影响？

15. 讨论将三角地区描述为“进一步分析的缩影”的原因。

16. 存在哪些合作打击犯罪的计划和倡议？

166 17. 预防犯罪制度如何发挥立法权威？

第五章 物质致灾因子与武器

◇ 本章学习目标

通过本章的学习，应该掌握以下内容：

1. 总体上界定物质致灾因子，回顾过去恶意使用物质致灾因子的情况，预测未来物质致灾因子的使用，并回顾官方的应对。

2. 定义化学致灾因子，描述工业化学致灾因子、化学武器，预测其恶意使用并描述响应方案。

3. 定义和描述生物致灾因子，预测恶意使用并描述响应方案。

4. 界定核致灾因子，描述这些致灾因子的可能范围，回顾过去发生的核事故，预测恶意使用并描述响应方案。

5. 界定放射性致灾因子，描述过去的恶意使用以及切实可行的响应方案。

6. 定义化学爆炸物，描述爆炸物质及其影响，并回顾官方的响应。

7. 界定并描述能量武器。

8. 界定火器，回顾枪支暴力、恐怖分子对枪支的使用情况以及官方的响应。

高浓缩铀和钚被盗并不是假想的担忧，而是持续存在的现实。自冷战结束以来，大约有 20 起记录在案的盗窃和走私钚或高浓缩铀案件，有些案件的涉案数量达到 1 千克以上。最近一起令人震惊的案件是，2011 年年中在摩尔多瓦查获了被盗的高浓缩铀，走私者声称，他们愿以 3100 万美元的价格出售 9 千克高浓缩铀，摩尔多瓦官员报告称，在逃的团伙成员拥有 1 千克铀。这起案件真正的买家仍然逍遥法外，而且走私者手中可能有几千克武器级高浓缩铀，这可能是多年来最严重的案件（Bunn，2014，pp. 180 - 181）。

一 物质致灾因子与武器概述

本节对物质致灾因子进行定义，描述过去恐怖分子使用相关武器的情况，预测未来恐怖分子的使用，并描述国际社会和美国的应对。

（一）物质致灾因子与武器的定义

致灾因子指处于无害状态的事物，威胁指处于有害状态的事物。武器指任何可能造成伤害的事物。当武器处于失效状态或者未以有害的方式使用时，应该将武器视为致灾因子；如果武器被用于伤害意图，则应将其视为一种威胁。

许多事物是致灾因子，比如一块可以绊倒你的石头或者一个可能攻
167 击你的人。本章将着重介绍主要的物质致灾因子，其中一些存在于我们周围，特别是在发达国家、城市地区甚至是我们的家里，这些物质本身是一种致灾因子，但是可能会被武器化。

物质致灾因子主要分为七类（后面的章节会进行具体说明）。其一，化学致灾因子或任何可能存在毒性而造成危害的化学物质（对生物造成生化危害）；其二，生物致灾因子或任何可能存在毒性或致病性而造成危害的生物材料（在生物中引起疾病）；其三，核致灾因子，释放有害电磁能，并可能因核反应（而不是化学能）而爆炸；其四，放射性致灾因子，产生有害的电磁能量；其五，化学爆炸致灾因子或能以气体和热的形式迅速释放能量的化合物或化学混合物；其六，能量致灾因子，能将有害的能量，如电磁、光、热或声音直接传递给目标；其七，火器，一种可通过内部爆炸推动射弹的武器。

为方便起见，上述各类物质致灾因子通常以缩写表示。几十年前，传统的关注点仍是化学、生物、核和放射性危害（CBNR 或 CBRN，取决于顺序）。由于化学爆炸的风险增加，CBNR 已更新为 CBNRE。考虑到能量武器的重要性，缩写词又增加了一个 E，进而变成 CBNREE。火器并未按惯例添加到缩写词中，但如果包含在内，缩写词将变成 CBNREEF，这是对任何社会都必须应对的致灾因子尴尬但现实的描述。

注意这些类别之间的重叠。例如，大多数爆炸性武器使用化学爆炸

物。然而，化学武器主要取决于其毒性能够造成的伤害的效果，而化学爆炸性武器则取决于爆炸的威力。尽管如此，化学爆炸物的成分通常也有毒性，化学武器也可能通过爆炸散布。

在大众认知和司法案件中，这些致灾因子通常与大规模杀伤性武器混为一谈。美国国土安全部将“大规模杀伤性武器”定义为“具有高度破坏性和/或用于摧毁大量人员或大量财产的武器”（U. S. Department of Homeland Security，2009，p. 112）。根据这一定义，只有核武器和高威力化学爆炸物才符合大规模杀伤性武器的描述，多数 CBNREEF 武器在不破坏建筑结构的情况下威胁脆弱的生物体或组织。然而，即使被告使用自制的化学爆炸物，检察官也倾向于指控被告使用大规模杀伤性武器，因为事实证明，这一指控对陪审团更有说服力。168

（二）恐怖分子对 CBNREE 的使用

与大众认知相反，CBNR 武器很少被使用。尽管大众普遍认为恐怖分子会使用 CBNR 武器污染公共交通系统、饮水或人口稠密地区的食物，但恐怖分子几乎总是用爆炸物或轻武器发动攻击。

事实上，有史以来最致命的恐怖袭击（“9·11”事件）使用的武器是刀具和飞机。对恐怖分子来说，枪支和化学爆炸物是常见、成熟、便携、廉价、易于使用的技术。相对而言，恐怖分子需要新的动机与能力来获取和使用 CBNR 武器。

恐怖分子激活 CBNR 致灾因子的频率远低于管理这些致灾因子的官员意外激活的频率。CBNREEF 致灾因子已经从“失败国家”消失了，比如 2003 年的伊拉克和 2011 年的利比亚，尽管大多数国家在严密保护 CBNR 武器。恐怖分子对 CBNR 的使用非常罕见，而且很少造成通俗小说中所描写的大规模伤亡。几乎所有恐怖暴力都涉及爆炸物和火器，只要化学爆炸物和火器更容易获得，恐怖分子就几乎不会费心购买 CBNR 武器。此外，CBNR 武器面临严格的国内和国际限制，对非官方行动者来说，无论是在需要的时候还是在需要的地方，都很难获得和控制 CBNR 武器以部署威胁。生物或化学恐怖袭击在过去极为罕见，从未像恐怖分子使用一些单一爆炸装置造成那样多的伤亡，只对敌人使用过两次核武器（1945 年美国对日本）。

然而，一些恐怖分子已经考虑过这些。新闻报道和被泄露的官方情报显示，“基地”组织从一开始就考虑过使用生物、化学和放射性武器。2001 年底从阿富汗收集的书面和视频证据表明，“基地”组织的特工用细菌和化学制剂进行了试验，但认为这些武器即使没有对他人造成一定伤害也是非常危险的。2005 年，兰德公司恐怖主义风险管理政策中心预测，“基地”组织“有意使用化学武器、生物武器、放射性武器和核武器，但几乎没有能力实施大规模的非常规攻击”（Chalk，Hoffman，Reville，& Kasupski，2005，p. 16）。

（三）使用预测

回溯过往，从一般调查受访者到学术界和相关官员，对恐怖主义的预测都认为 CBNR 风险很高。2000 ~ 2012 年，60 份预测恐怖主义的出版物中有 25 份侧重于 CBNR 恐怖主义（Bakker，2012，p. 74）。2003 年 6 月，美国政府向联合国安理会报告，预计“基地”组织在未来两年内“很有可能”尝试用大规模杀伤性武器发动袭击。2010 年美国《国家安全战略》提到，没有比拥有大规模杀伤性武器的恐怖分子更危险的了。2011 年 5 月，美国第一份《CBRNE 标准国家战略》（National Strategy for CBRNE Standards）声称，“CBNRE 仍对美国公民构成严重威胁”（U. S. National Science and Technology Council，2011，p. 4）。美国政府问责局同意国土安全部的说法，“恐怖分子用货运集装箱向美国走私大规模杀伤性武器的可能性很低，但美国面对这种活动存在脆弱性以及这种袭击所造成的代价是很高的，例如数十亿美元损失和制造业生产中断”
169 （Caldwell，2012b，p. 1）。

类似的，英国内阁办公室宣称，英国的“圣战”恐怖分子“有使用化学武器、生物武器和放射性武器的意愿”（U. K. Cabinet Office，2008，p. 10）。英国内政部认为，“‘基地’组织是第一个支持使用 CBRN 武器攻击平民目标并试图获得这些武器的跨国组织”（U. K. Home Office，2010，p. 6）。英国国防部预测，到 2040 年“核武器可能会扩散”（U. K. Ministry of Defence，2010，p. 12），“恐怖分子可能会通过有组织犯罪集团获得并使用化学武器、生物武器和放射性武器”（p. 12）。

从过往来看，后来的事件实际证明 CBNR 的风险比评估的要高。值得注意的是，大多数恐怖袭击使用了常规炸药，但未在 CBNR 级以下对常规炸药进行有效分类。这就给风险管理人员带来了难题，即 CBNR 风险往往被高估了，但这种高估是官方的。此外，过去的使用频率可能对未来的评估并没有指导作用。然而，恐怖主义是有适应能力的，一些恐怖分子会对 CBNR 武器感兴趣。因此，许多官员宁可谨慎行事而夸大这样的风险，即假定恐怖分子最终会使用 CBNR 武器，其使用频率和造成的后果都不可预测，或者假定公众希望看到超越客观风险的公开控制。事实上，许多官员正确地关注公众对 CBNR 恐怖主义的敏感性，在这种情况下，公众的恐惧夸大了我们对风险的敏感性。即使没有客观的 CBNR 威胁，公众也可能因为压力和恐慌而受到负面影响。

（四）应对

1. 国际应对

2004 年，联合国安理会通过了第 1540 号决议，这是唯一旨在防止恐怖分子获取 CBNR 武器及其运载系统的国际文书。它要求各国通过立法，防止恐怖分子获取 CBNR 武器和运载系统，并报告执行情况。然而，许多国家从未按要求报告过。

2002 年，8 个主要经济体国家即八国集团以及 25 个国家合作伙伴，共同推出了一项为期 10 年、耗资 200 亿美元的计划（反对大规模杀伤性武器和材料扩散的全球伙伴关系，也称为“全球伙伴关系”），以防止恐怖分子或资助恐怖主义的国家获得 CBNR 材料。在最初的 10 年，这项计划的工作重点是销毁俄罗斯境内的核潜艇和化学武器，其余的活动则在其他前苏联国家开展。到 2012 年底，预算拨款和持续时间已超过了最初的计划，并已扩展到其他国家，以防止放射性致灾因子和生物致灾因子的扩散。

2. 美国的应对

1990 年 11 月 17 日，美国总统乔治・布什签署了一项行政命令，认定生化武器扩散对美国国家安全构成威胁，并宣布全国进入紧急状态以应对这一威胁。1994 年 11 月 14 日，比尔・克林顿总统签署了第 123998 号行政命令，完善了这一决定，并将范围扩大到核武器领域。1997 年《国防授权法》要求国防部长建立一支能够探测和控制 CBNR 威胁的快

170 速反应小组。

2000 年 6 月 5 日，美国国家反恐怖主义委员会（一个国会授权的两党小组）提供了一些建议，其中包括提高应对 CBNR 恐怖主义的能力。2001 年 5 月 8 日，乔治·布什总统签署了一项行政命令，命令联邦应急管理局建立防范 CBNR 恐怖主义的国家动员办公室。

《国土安全国家战略》于 2003 年 1 月开始实施，规定了国土安全部的以下相关目标，联邦应急管理局是其下属机构之一。

- 通过更好的感知和程序防止恐怖分子使用核武器。
- 监测化学和生物材料及袭击。
- 确保医疗保健服务提供者做好应对灾难性恐怖主义的准备。
- 开发广谱疫苗、抗菌剂和解毒剂。
- 增加美国的药品和疫苗储备。
- 为化学品、生物战剂和放射物的净化处理做准备。(U. S. Office of Homeland Security，2002)

2011 年初，美国国家科学技术委员会的国土和国家安全委员会成立了一个下属委员会，即 CBNRE 标准小组委员会，成员包括来自美国政府各主要部门和总统办公室的代表。2011 年 5 月，这个新的小组委员会与国土安全部、商务部和白宫科技政策办公室合作，发布了《CBRNE 标准国家战略》，预计 2020 年生效。

美国国防部管理着联合兵种的化学和生物快速反应小组（CB - RRT)，该小组会在化学或生物灾难中为民事机构提供支持。国防部已批准成立 55 个国民警卫队大规模杀伤性武器民事支援小组。

2004 年 5 月，国家核安全管理局（向国防部核不扩散办公室报告）制定了全球威胁减少倡议（Global Threat Reduction Initiative)，以在全球范围内识别、保护、清除与处理核致灾因子和辐射致灾因子。此后，在这一倡议下，高浓缩铀转换成低浓缩铀，在 25 个国家核查反应堆关闭情况，在 17 个国家清除了所有可用于制造武器的铀，在 1700 多座建筑物中（包括美国境内）对放射源进行了物理升级，并为全美 3000 多名急救人员提供辐射警报响应培训（U. S. National Nuclear Security Administration,

2014）。

类似的是全球威胁减少计划（Global Threat Reduction Program），它的主要管理者是美国国务院。该计划为防止恐怖分子和激进国家获取与大规模杀伤性武器有关的专业知识、材料、技术和设备提供资金。 171

二　化学致灾因子

本节定义"化学致灾因子"，描述工业致灾因子，并回顾化学武器使用情况、预测其未来使用和官方应对。

（一）定义

"化学致灾因子"指任何可能存在毒性而造成伤害的化学物质（对生物造成生化伤害），"化学武器"是任何有意利用毒性来制造伤害的化学物质。国际公约将"化学武器"定义为"一种有毒化学品及其前体和弹药或装置，专门设计通过这些有毒化学品的有毒特性造成死亡或其他伤害"（1998 年《化学武器公约实施法案》）。

化学武器在传统上分为五类：一是刺激性毒剂，二是窒息性毒剂，三是糜烂性毒剂，四是全身中毒性毒剂，五是神经性毒剂。

刺激性毒剂，如催泪瓦斯和胡椒喷雾，通常是不致命的。然而，有过呼吸系统疾病的患者可能会遭受致命的伤害，而其他人则可能因为恐慌或压力而遭受其他生命威胁。

窒息性毒剂，与皮肤特别是湿润的薄膜接触后溶解，造成失明，或被吸入造成呼吸系统充满液体进而导致窒息。窒息性毒剂包括氯气、硫芥子（芥子毒气）和光气，这些自一战以来都被用作化学武器，并在常规工业生产中得到使用。美国每年的塑料生产就单独使用 10 亿磅的光气（Tucker，2002，p. 124）。

糜烂性毒剂在与皮肤接触时皮肤会起水泡，但通常这类毒剂不太可能与皮肤接触，除非这类毒剂在空中释放并被汽化，降落下来时才会与皮肤接触。糜烂性毒剂的密度比空气更大，所以通常以液体形式沉降在较低的区域。这种液体状态可以保持数周，然后在加热或者搅动时又回到气态。这种对地域的持续污染是军队和恐怖分子广泛使用糜烂性毒剂的主要原因。

全身中毒性毒剂会干扰血液中红细胞释放氧气的能力，没有氧气，任何肌肉功能都会失效。血液中的氢氰酸、氯化氰和溴化氰等达到高浓度都是致命的，但常规浓度不足以致命，除非直接用于受害者，通常不
172 会浓缩到足以致命的程度。

神经性毒剂可以通过皮肤或呼吸进入人体，阻断重要的神经系统肌肉功能，如呼吸和心跳。神经性毒剂包括沙林（Sarin）、梭曼（Soman）和塔崩（Tabun），商业杀虫剂与神经性毒剂在化学上是相似的，所以理论上商业杀虫剂可以被浓缩为神经性毒剂。

（二）工业致灾因子

2000 年，美国环境保护署统计，美国境内至少有 15000 个储存或生产化学致灾因子的设施，其中 2000 个可能发生影响至少 10 万人的泄漏事故，123 个化学工厂有可能发生造成百万人死亡的事故（Tucker，2002，p. 124）。

许多这样的场所管理不善。与生产场所不同，存储场所不需要接受检查，这使运营商可以不受公众的监督，一旦出现紧急情况，公众就会暴露在令人震惊的风险中。比如，2014 年 1 月美国福瑞达工业公司一个存储了 35000 加仑 4－甲基环己烷甲醇（一种洗煤剂）的地上存储罐泄漏，7500 加仑流入西弗吉尼亚州的埃尔克河。这个存储罐位于公共水处理工厂上游 1.5 英里处，而产生的毒素（一种可能引起呕吐和腹泻的刺激性毒剂）很难去除。拥有 30 万人口的 9 个县禁止居民在 5 天内饮用自来水或用自来水清洗，直到毒素被清除。在出现紧急情况的几天内，福瑞达工业公司就申请破产了。

大多数泄漏会影响自然环境而不会伤害到人。例如，2014 年 2 月杜克能源公司（Duke Energy）一个储存池的煤灰——一种包含砷和重金属的碳在燃烧中产生的副产品——泄漏到北卡罗来纳的达恩河。美国鱼类和野生动物局报告说，煤灰造成 70 英里的河床被污染，但不影响人类的使用。尽管水处理厂可以清除这些毒素，但河流里的生物仍然受到伤害。

理论上，有人可能会恶意使用工业化学品。例如，2000 年 2 月 28

日，有人（身份不明）打开了存储罐的一个阀门，泄漏了200加仑的无水氨，产生了一种有毒的云团并扩散至密苏里州的普莱森特希尔，250多名居民被迫撤离。这个人可能有生产冰毒的恶意企图，或者是个从不承认自己错误的粗心工作人员。

美国最严重的化学事故发生在1989年，当时得克萨斯州休斯敦的菲利普斯化学工厂意外泄漏毒气，造成23人死亡、120人受伤。

世界上最致命的工业化学品泄漏是1984年在印度博帕尔的联合碳化物公司（Union Carbide Factory）发生的事故，造成2500人死亡（活动人士声称实际死亡人数更多），并导致20万人患病。30～40吨的异氰酸甲酯在几个小时内从一个储存罐中逸出，有毒的云扩散到10平方英里的区域，包括人口密集的棚户区。最初的报告认为这是一场事故，联合碳化物公司自己的调查声称这是一名心怀不满员工的破坏行为，一些化学武器专家接受这个结论（Hoffer，2011，p. 103）。 173

（三）使用

化学武器很容易包装和储存在与常规武器相同的包装中，小到最小的射弹。回顾过往，大多数国家在某些时候获得了化学武器，尽管大多数采购者现在已经处理了大部分化学武器。然而，由于化学武器的处理难度大、成本高，贫穷或腐败的政府往往会无限期地保留库存，等待外国援助或干预。

制造的化学武器比使用的要多，大部分化学武器在早期战争中已经使用。大多数化学武器的使用不算作恐怖主义，也不是恐怖主义使用的典型。当袭击高度组织化且目标集中时，官方使用会声明可能造成的后果。

在第一次世界大战期间，大约有12.4万吨化学品被用作武器，造成91000人死亡、120万人受伤。两伊战争期间（1980～1988年），伊拉克和伊朗相互使用了化学武器，可能有多达45000名士兵暴露在芥子气中。

1988年3月伊拉克在库尔德斯坦一个反叛城镇内部署了化学武器，3000～5000人死亡，这也是针对平民的最大规模化学武器部署（Gaines & Kappeler，2012，pp. 249－250）。

1990年，“泰米尔伊拉姆猛虎解放组织”向斯里兰卡的一个堡垒释放氯气，造成60名士兵死亡，而这些毒气又飘回到袭击者的身上。这次袭击也引起了国际社会的强烈谴责，此后“泰米尔伊拉姆猛虎解放组织”没有再使用这种方法。

1989～1995年，一个日本邪教组织（“奥姆真理教”）对12个目标使用了化学武器。1989年11月，“奥姆真理教”通过注射氯化钾杀死了3名持不同意见的人。从1993年开始，“奥姆真理教”释放了几次神经性毒剂沙林，其中一起事件导致8人因汽化的沙林死亡，一名法官是“奥姆真理教”的目标，不幸的是这些人在法官的附近。“奥姆真理教”试图用VX（另一种神经性毒剂）和光气杀害其他人，1名告密者在袭击中被灭口。1995年3月20日，这个邪教组织在东京的5辆地铁列车上释放了沙林，不幸的是，其中13人因直接接触液体状态的毒气而残疾，还有6000多人需要医学治疗，其中数百人存在长期运动或记忆问题。日本当局于1995年5月取缔这一邪教组织之前，“奥姆真理教”还释放了3次氢氰酸（Danzig et al.，2012）。

2002年2月，意大利警方逮捕了9名持有4千克亚铁氰化钾的摩洛哥人，他们计划将亚铁氰化钾投放到美国大使馆的供水系统中。2003年，“基地”组织开发了一种装置，可在拥挤的城市空间里释放氢氰酸。2004年4月26日，约旦有关机构宣布，他们粉碎了一场使用化学武器对付不同目标的“圣战”分子阴谋，并缴获了糜烂性毒剂和神经毒气。

2003年，美国1名超市雇员故意用一种杀虫剂污染当地的牛肉，使近100人中毒。

1981年，伊拉克开始生产数百吨的糜烂性毒剂和神经性毒剂，以及
174 数以万计的用于火炮、弹道火箭和航空炸弹的化学弹头。一些弹头直到1988年才在与伊朗的持续战争中消耗，另外一些弹头在与伊拉克库尔德人的冲突中被消耗，仍有数千枚弹头存放在管理不善的仓库里。2003年和2011年入侵伊拉克之后，美国军队在伊拉克发现了大约5000枚化学武器（大部分是炮弹），这些弹头都是1991年以前制造的，其中一些已经锈迹斑斑或腐蚀破烂。629名美国军事人员向军事医疗机构报告，他们可能在伊拉克接触过化学武器，在一家全国性报纸报道了几起案例后，国防部公布了这一数字。大多数士兵暴露在芥子气中，一些人则暴露在

神经性毒剂中（Chivers，2014a，2014b）。

伊拉克的叛乱分子早在2004年就开始部署化学弹头，尽管很可能是偶然的，错误地把化学炮弹当成了常规炸弹。从2006年10月到2007年6月，至少在15起袭击中，伊拉克叛乱分子将液态或气态氯与炸药装在一起。尽管在每次袭击中许多人死亡或受伤，但传统的炸药主要是燃烧或散布氯气，而不会增加伤害（Bullock，Haddow，& Coppola，2013，pp. 85－87；U. K. Home Office，2010，p. 6）。

2014年6月，黎凡特/叙利亚“伊斯兰国”占领了位于穆萨纳省的废弃化学武器设施，那个地方尚未完全清除化学危险。9月，伊拉克政府军宣称，“伊斯兰国”已开始针对他们部署氯气。9月15日，在一个医学确认的案例中，“伊斯兰国”武装分子引爆了一枚周围被氯容器环绕的爆炸装置，这些氯气飘浮在巴格达以北杜鲁雅伊拉克部队的一处防守阵地，导致11名警察患病（Morris，2014）。

（四）对恐怖分子使用化学武器的预测

1999年，美国总统和国会的一个特别委员会淡化了化学武器对恐怖分子的效用（Gilmore Commission，1999）。然而，恐怖分子不需要获得官方化学武器。最近一项关于过去恐怖分子使用化学武器情况的研究指出，化学武器比生物武器更容易获得，而且任何有意的团体都可得到，因为恐怖分子的化学武器可以通过在公共图书馆获得的知识和表面上为实现其他目的而获得的材料制成，而生物前体的可用性较低，武器化难度则要大得多（Danzig et al.，2012）。

（五）应对

自1874年以来，国际公约和法律都禁止使用化学武器（《布鲁塞尔公约》）。1899年的第一次海牙和平会议明确禁止使用窒息性气体，尽管这一禁令在1915年第一次世界大战期间被打破。1925年《日内瓦议定书》（The Geneva Protocol）禁止使用有毒气体，也禁止开发或储存有毒气体。1993年《化学武器公约》（The Chemical Weapons Convention）基本上禁止所有与化学武器有关的操作，从开发到储存（研究目的除外），约有10个国家尚未签署或批准该公约，许多国家不遵守该公约。

专栏 5.1　比较观点

对恐怖分子使用化学武器风险的三种判断

现实情况是，恐怖分子对化学武器的有效使用还存在一些困难。第一个因素是必须使用大量的制剂才能在大范围内达到致死浓度。阳光、风、离释放点的距离和时间会迅速降低制剂的浓度，从而降低制剂的有效性……然而，恐怖分子能做的就是使用我们自己后院的有毒化学制剂来攻击我们（Hoffer，2011，pp. 102，104）。

尽管化学制剂不需要复杂的运载系统（农作物喷粉机、商用喷雾装置或简易爆炸装置就足够了），但是恐怖分子获得足以发动大规模袭击的化学战剂在技术上也是十分困难的。恐怖分子的意图和恐怖分子的能力并不总是一致的。然而，正如“奥姆真理教”事件所显示的，一个拥有强大资源、坚定的恐怖组织可能会使用有毒的工业化学品发动袭击（Carpintero-Santamaria，2012，p. 79）。

总之，化学武器的威胁确确实实存在。然而，恐怖分子在使用化学武器的时候还面临很多问题，他们很难克服这些问题。如果恐怖分子使用化学武器，将集中袭击小目标，造成的伤亡也相对较少（Gaines & Kappeler，2012，p. 267）。

大多数反大规模杀伤性武器计划对化学武器有明确的规定。例如，美国的全球威胁减少计划包含美国唯一的化学品安全计划，目的在于改
175 进保障化学品安全的有效措施，提高人们对化学品安全的认识，加快危险化学品的清除，以及改善实验室和工业环境中危险化学品的管理。《国土安全国家战略》规定，国土安全部应该“监测化学和生物材料及袭击”，并“开发……解毒剂”（U. S. Office of Homeland Security，2002，p. x）。

严格的风险评估将鼓励官员不像关注商业化学品那样关注化学武器。

> 历史记录表明，大多数化学恐怖主义事件涉及使用家庭或工业化学品。尽管这类化合物比军用级制剂的毒性小得多，但博帕尔灾难表明商业化工厂或铁路罐车可能存在被蓄意破坏的致命隐患。因此，有必要投入更多的资源来应对各种形式的化学恐怖主义，这些

恐怖主义虽然灾难性较小，但更有可能发生，例如工业破坏，而不应当只关注涉及大规模释放军事神经性毒剂的可怕情况。改善化工厂与运输基础设施的安全性需要政府和私人部门合作。 176

关于化学恐怖袭击的后果管理，更多的关注和资金支持应该用于培养与训练地方和州的第一响应人，特别是危险品小组，提高他们清除人群中的污染、进行医疗分类和处理大量伤亡人员的能力（Tucker，2002，p. 131）。

三 生物致灾因子

本节对“生物武器”进行定义，描述生物致灾因子，回顾官方的预测和应对。

（一）定义

“生物致灾因子”指存在毒性或致病性（造成生物生病）而造成伤害的任何生物材料。联合国国际减灾战略（U. N. International Strategy for Disaster Reduction，2009）将“生物致灾因子”定义为“依靠有机源或生物媒介传递，包括暴露在病原微生物、毒素和生物活性物质下，从而导致死亡或伤害、财产毁坏、社会和经济破坏或环境退化”（p. 1）。

“生物武器”指任何被蓄意用来制造伤害的生物材料。联合国人道主义事务协调厅将“生物武器”定义为“基于致病性生物制剂的大规模杀伤性武器”（U. N. Office for the Coordination of Humanitarian Affairs，2004，p. 3）。然而，这个定义太狭隘了，生物制剂可能是有毒的而不是致病的，而且并非所有武器都是大规模杀伤性武器。

美国疾病控制与预防中心将“生物恐怖袭击”定义为“故意释放病毒、细菌或其他病菌（制剂），从而造成人、动物或植物生病或死亡”（U. S. Centers for Disease Control and Prevention，2007，n. p. ）。

（二）致灾因子

美国陆军将生物战剂（biological warfare agent）分为四类，即病原体

(引起疾病的生物体，如致病性细菌)、生物毒（有毒的生物材料)、生物调节剂（任何化学物质，如激素，调节生物过程）和朊病毒（感染性蛋白质，引起其他蛋白质功能失调)。

美国疾病控制与预防中心列出了20多种生物恐怖主义制剂和疾病。表5-1中，每种疾病或制剂都列出类型、主要传播媒介和防控中心致灾因子代码（A、B、C，其中A最糟糕，这是一个判断量表，以人与人之间传播及致死率为判断依据)。

表5-1　生物恐怖主义制剂

疾病或制剂	制剂类型	主要媒介	类别
炭疽（炭疽杆菌）	细菌	人、动物、动物制品、食物及武器化形式	A
肉毒中毒（肉毒毒素）	细菌毒素	食物和武器化毒素	A
布鲁氏菌病（布鲁氏菌）	细菌	人、动物和食物	B
霍乱（霍乱弧菌）	细菌	水和食物	B
隐孢子虫	细菌	水	B
大肠埃希菌（大肠杆菌）	细菌	食物	B
产气荚膜梭状芽孢杆菌	细菌毒素	武器化毒素	B
鼻疽（鼻疽伯克霍尔德菌）	细菌	动物（主要是马)、食物和水	B
类鼻疽（类鼻疽伯克霍尔德菌）	细菌	动物、水和食物	B
鼠疫（鼠疫耶尔森菌）	细菌	跳蚤	A
鹦鹉热（鹦鹉热衣原体）	细菌	鸟	B
Q热（贝纳柯克斯体）	细菌	动物（主要是反刍动物)、食物、尘土、蜱虫和人	B
蓖麻毒素（蓖麻籽油）	生物毒素	武器化毒素	B
沙门氏菌病（沙门菌属）	细菌	食物	B
细菌性痢疾（痢疾志贺菌）	细菌	食物	B
天花（大天花）	病毒	人	A
金黄色葡萄球菌肠毒素B	细菌毒素	食物和武器化毒素	B
178 兔热病（土拉热弗朗西丝菌）	细菌	动物（主要是啮齿动物)、蜱虫、螯蝇、尘土、水	A
伤寒（伤寒沙门菌）	细菌	食物、水、排泄物	B
斑疹伤寒（普氏立克次体）	细菌	虱子、跳蚤、蜱虫	B

续表

疾病或制剂	制剂类型	主要媒介	类别
病毒性脑炎，由甲病毒引起，如委内瑞拉马脑炎、东方马脑炎和西方马脑炎	病毒	蚊子	B
由线状病毒（埃博拉病毒和马尔堡病毒）和沙粒病毒（拉沙和马丘波）引起的病毒性出血热	病毒	动物和人	A
由尼帕病毒、汉坦病毒和其他病毒引起的新型病毒性疾病	病毒	动物和人	C

大多数生物危害是由自然病原体引起的，如流感以及可避免的疾病（大多数心脏病、中风和癌症）。一些常规的自然风险不在国土安全的考虑范围。其他生物致灾因子，特别是那些可被武器化的生物致灾因子，
通常会纳入国土安全考虑范围。下文将重点讨论沙门菌、肉毒杆菌、炭 177
疽和蓖麻毒素，就使用频率来说，这些是历史上最大的生物威胁。

沙门菌是种细菌，摄入后会引起消化道疾病，症状是严重发热、腹泻和腹部痉挛，持续数天。这种疾病至少会让人暂时丧失能力，虚弱的人会死亡。美国疾病控制与预防中心估计，美国每年约有 120 万人因沙门菌患病，其中约 4.2 万人经实验室确诊，400～450 人死亡。沙门菌自然存在于密集养殖的动物、蔬菜和未经处理的水中，尽管它很容易被热杀死。1984 年，俄勒冈州的一个邪教信徒薄伽凡·史利·拉杰尼希（Bhagwan Shree Rajneesh，后来被称为“Osho”）意图使用沙门菌让附近城镇的选民丧失能力，这样他们自己的候选人就能赢得选举。他们使用从医院获得的沙门菌，污染了当地 10 家餐馆的沙拉吧，造成 751 人患病。

肉毒杆菌是种生物毒素，由稀有但生命力强的细菌产生，这种细菌在土壤中自然存在，肉毒杆菌可以通过食物摄入、伤口或用被污染的针头注射感染。肉毒杆菌是一种有效的神经性毒剂，可引起一种被称作肉毒中毒的神经性疾病，美国疾病控制与预防中心每年收到大约 150 例病例报告。1993～1995 年，日本邪教组织“奥姆真理教”试图使用包括肉毒杆菌和炭疽在内的生物武器袭击 6 个目标。虽然受害者直接摄入了这种细菌，但此次攻击以失败告终，因此“奥姆真理教”转而使用化学武器。1993 年“奥姆真理教”在汽车上用喷雾器散播肉毒杆菌，1995 年 3

月（也就是使用沙林发动袭击的前 5 天）在东京地铁系统上散播肉毒
179 杆菌。

炭疽是一种高度稳定且致命的细菌。炭疽是一种休眠的内生孢子，可以存活几十年，但一旦被吸入、摄入或注射，它就会迅速复制。这些细胞产生生物毒素，引起炭疽病，症状是皮肤溃疡、发烧和发冷、呼吸急促、咳嗽和恶心，以及吸气时疼痛、吞食时腹痛和呕吐。炭疽通常是致命的，摄入和吸入炭疽后死亡的可能性更大，尤其是吸入时致死的可能性最高。

为曾发生疫情的动物接种疫苗可以逐步预防炭疽病（尽管监管不足或欠发达地区仍然不受影响，但在这些地方皮肤被感染的动物和其他动物产品可以传播内生孢子）。炭疽病患者可以接种疫苗，感染炭疽的病人可以用抗生素治疗。可以用燃烧、煮沸或二氧化氯之类的氧化剂消灭孢子。孢子可以用于研究，但由于无法消除对其控制失败的可能性，一些风险管理者规定可以摧毁孢子以便控制。例如，美国疾病控制与预防中心透露，2014 年 6 月，佐治亚州亚特兰大的 3 所实验室可能有 84 人因操作不当而接触了炭疽。受感染者接种了疫苗或接受抗生素治疗。

炭疽很容易储存，炭疽热对人类和大多数动物是致命的。因此，它引起了军方的兴趣，成为威胁人类特别是农业人口的武器。

最致命的武器化炭疽事件发生在 1979 年 4 月 2 日，当时苏联在斯维尔德洛夫斯克（现叶卡捷琳堡）的一个生物战基地意外释放了炭疽气溶胶。此次事件造成至少 68 人死亡，有 30 名受害者获救。苏联的生物武器化违犯了 1972 年的《禁止生物武器条约》，苏联人将事件的发生归咎于受感染的肉类。1991 年苏联解体后，俄罗斯承认了真正的原因，但仍然对其影响避而不谈。

2001 年 9 月 18 日，含有炭疽杆菌的信件被邮寄给 5 家新闻媒体办公室和 2 名民主党参议员。约 50 人因处理邮件暴露，其中 22 人因为吸入孢子感染，5 人死亡。此次事件导致美国邮政服务和企业内部邮件服务中断数周。联邦调查局最初指责生物武器专家史蒂文·哈蒂尔，但 6 年后承认了错误，并向他支付了 500 万美元的赔偿金。后来该事件的嫌疑人布鲁斯·爱德华兹·伊文斯（Bruce Edwards Ivins）——马里兰州德特里克堡联邦生物防御实验室的顾问科学家——于 2008 年 7 月 27 日自杀。

仅在 2001 年 10 月和 11 月，美国有关机构就发现了 550 种炭疽病毒的威胁骗局，如在信封中装入无害粉末并附上描述炭疽杆菌含量的纸条。类似的骗局每个月都会发生，但此后更具威胁性的生物武器信件都使用了蓖麻毒素。

蓖麻毒素是一种从天然原料中提取的有毒蛋白质，如蓖麻籽油。它已经被用于杀人，但只能通过注射进入血液；摄入方式需要更大的量才会致死。1978 年，保加利亚一名持不同政见者被秘密注射了蓖麻毒素，4 天后此人毒发身亡。如果吸入，蓖麻毒素也同样致命，但雾化蓖麻毒素是困难的。 180

使用蓖麻毒素的犯罪不常见，并且业余。1992 年，美国联邦法院判定明尼苏达州的 4 名反联邦居民生产蓖麻毒素，意图伤害一名美国副警长。1993 年，一名美国公民被加拿大边境管理人员拘留，他携带了一袋蓖麻毒素，声称是为了保护自己的安全。1999 年 11 月，一名美国公民在科罗拉多被捕，因为他威胁要毒死 2 名法官，他被发现有制造蓖麻毒素的材料。2002 年 8 月，伊拉克恐怖组织“伊斯兰支持者”测试了气溶胶形式蓖麻毒素。2003 年 1 月，英国警方突击搜查了伦敦和曼彻斯特的房屋，当时阿尔及利亚和英国“圣战”分子正准备用蓖麻毒素发动恐怖袭击（一名警察在第 4 次袭击中被刺死）。2008 年 2 月，一名美国男子因蓖麻毒素中毒倒在旅馆房间里，他生产该毒素的目的不明。2009 年 6 月，一名英国男子因策划涉及蓖麻毒素的种族主义袭击而被捕。2011 年 11 月，佐治亚州盖恩斯维尔一个反政府组织的 4 名成员被指控密谋从移动的飞机或汽车中喷洒蓖麻毒素，这是一种更可靠的常规武器替代方案。

蓖麻毒素在邮寄时破坏性最大。2003 年 10 月，南卡罗来纳州格林维尔市的一家邮政机构发现了一个装着一小箱蓖麻毒素、一张写着威胁卡车运输业字条的包裹。2004 年 2 月，邮寄给参议院多数党领袖信件的蓖麻毒素检测为阳性，随后 3 座参议院办公大楼被关闭，后来的检测表明阳性结果可能是蓖麻植物的无毒副产品造成的。2013 年 4 月 16 日，在邮寄给一位参议员的信件中发现了颗粒状蓖麻毒素，此信件在通过安检前被发现。4 月 17 日，一封写给美国总统的信件蓖麻毒素检测也呈阳性，一名工作人员在检测之前用手签收了这一信件，随后一些参议院办公楼被关闭。5 月 29 日，发送给纽约市长迈克尔·布隆伯格（Michael

Bloomberg）的信件被证实含有蓖麻毒素，类似的信件也寄给了市长反对非法枪支组织的负责人马克·格莱兹（Mark Glaze），该组织由布隆伯格创办。这些信件批评市长支持枪支管制。两天后，寄给总统的类似信件被截获。后来，1 名女子因寄信陷害丈夫而被捕并认罪。

（三）预测

生物恐怖主义是非常罕见的，而且很难实现，除非他们能够获得某些国家已开发的尖端技术，在以气雾剂形式快速释放之前安全地控制生物武器。1972 年《禁止生物武器条约》在法律上禁止生物武器，但一些国家（包括美国）在向联合国提交的授权报告中遗漏了一些有关地点和项目的信息。美国最担心的是 20 世纪 90 年代苏联解体后扩散的苏联生物武器。

2000 年，美国国家反恐委员会指出，生物武器是对恐怖分子最有吸引力的 CBNR 武器，因为生物制剂在被官方察觉到并恐吓公众之前，恐怖分子有足够的时间逃脱，这样就可能通过心理压力和社会经济扭曲造
181 成重大伤害。委员会主席保罗·布雷默三世在“9·11”事件发生后仍然保留这一观点（Bremer，2002，p. 58）。

美国《应对生物威胁国家战略》针对未来的生物威胁提出了更微妙的看法：

> 国家或非国家行为体对生物武器的使用或扩散（生物威胁）对我们的国家安全构成了重大挑战。生物武器的开发和使用涉及可用资源在全球的转移。在合法活动范围内区分非法意图是个独特的挑战。我们很有可能无法及时对即将到来的威胁或即将到来的袭击发出警告以阻止其发生……我们很幸运，在美国尚未发生灾难性的生物威胁袭击或偶然的生物威胁泄漏。然而，我们认识到：
>
> 1. 风险正在以不可预测的方式演变；
> 2. 在全球范围内进步的技术将继续得到利用；
> 3. 随着技术壁垒和经济成本降低，恶意利用这种技术进步的能力将变得越来越容易获得。
>
> 因此，我们不能自满，而是必须采取行动以确保生命科学的进

> 步对所有国家的人民产生积极影响，同时减少滥用所带来的风险。（U. S. National Security Council，2009，p. 2）

美国国家安全委员会指出，自 2001 年起在阿富汗收集的证明表明，“基地”组织曾寻求生物恐怖主义能力。同时，该委员会指出，尽管“基地”组织已丧失了大部分能力，但“谨慎的做法是假设其寻求使用生物武器的意图仍然存在”（U. S. National Security Council，2009，p. 2）。

2013 年 2 月 23 日，国务院全球威胁减少计划特使与协调员邦尼·詹金斯（Bonnie D. Jenkins）在美国马萨诸塞州塔夫茨大学的一次生物恐怖主义学术会议上指出：“美国政府认识到，生物恐怖主义不仅是对美国的重大威胁，而且是对整个世界的重大威胁。生物制剂无关国际边界和主权国家”（Jenkins，2013，n. p. ）。

但是，她同样指出：

> 在应对生物恐怖主义构成的威胁时，重要的是意识到，我们用来应对这一威胁的机制同样适用于新出现的传染病。我们努力应对生物恐怖主义的这一“双重利益”意味着，在应对生物威胁时，无论其原因是什么，我们必须在整个卫生和安全界共同努力。（Jenkins，2013，n. p. ）

大多数生物战专家认识到，公众对抗生物危害的能力大于对抗其他危害特别是化学危害的能力。在所有物质危害中，人类对抗生物危害的经验最长久。人类总是在对抗自然病原体和生物毒素。最近，已经有人
将一些生物制剂武器化，尽管他们在准备造成大规模伤亡之前要确保这 182
些生物武器的安全。即使冷藏，生物制剂的储存期也很短，但炭疽杆菌除外。生物制剂在注射或摄入时最有效，但这种方法除了谋杀个人外，并不实用。若想造成大规模影响，生物制剂必须以非常高的浓度散开，以易于吸入或摄入的形式接近预定目标。大多数实际的大规模扩散会破坏生物有机体，如果暴露在阳光下，湿度和温度的变化将在几天内使大部分生物制剂遭到破坏。从理论上讲，生物制剂可以通过雾化形式传播，但这需要先进的技术和超级大国也难以获得的专业设备。邮寄是种廉价、

低技术含量但能够产生大规模影响的投送方式，但没有同样的潜在杀伤力（Carpintero-Santamaria，2012，p. 80）。不幸的是，大众认识和生物危害计数器的潜在供应商夸大了风险（Hoffer，2011，pp. 104 - 105）。

（四）应对

1. 国际应对

《禁止细菌（生物）和毒素武器的发展、生产及储存以及销毁这类武器的公约》（1972 年 4 月 10 日签署，1975 年 3 月 26 日生效）本质上是禁止签署国获取或者鼓励他人获取生物武器，但防御性研究除外。该公约是全面的，但受到缔约国的普遍忽视（2015 年 3 月，第 173 个国家签署了该公约）。该公约对打击生物恐怖主义的主要意义在于禁止国家鼓励他国获取生物武器。

2005 年，世界卫生组织的 194 个成员签署了《国际卫生条例》（2007 年生效）。条例要求成员预防和应对紧急公共卫生风险，无论是来自自然还是来自恐怖主义，这些风险都有可能跨越国界并威胁到全世界人民。

2011 年 9 月 19 日，美国和世界卫生组织签署了一份谅解备忘录，帮助发展中国家提高应对所有国际关注的公共卫生突发事件的能力。它有 6 个目标：

1. 增强现有的全球警报和响应系统。

2. 协助《国际卫生条例》的执行。

3. 加强全球、区域和国家公共卫生网络的构建。

4. 加强知识创造、创新和使用，以改进对可能引起国际关注的突发公共卫生风险和事件的管理。

5. 加强全球、区域间和国家部门间合作，防范和管理可能引起国际关注的突发公共卫生风险与事件。

6. 加强全球卫生领导和合作。（*Memorandum of Understanding*，
183 2011，p. 2）

2011 年，美国总统奥巴马在联合国大会上提出：“我们必须团结起

来，预防、发现和打击各种各样的生物威胁，无论是 H1N1 这样的大流行，还是恐怖主义威胁或其他可治疗的疾病。"

《国际卫生条例》要求各国在 2012 年年中之前构建国家核心公共卫生能力，超过 60% 的国家要求允许延长两年至 2014 年。出于调查和加强执行缺口的迫切需要，八国集团反对大规模杀伤性武器和材料扩散全球伙伴关系为世界卫生组织《国际卫生条例》区域利益相关方会议提供 5 次资助，来自卫生、农业、旅游、贸易、教育和国防等不同部门的合作者出席了会议。

2012 年，在美国的带领下，八国集团将反对大规模杀伤性武器和材料扩散全球伙伴关系的范围扩大到生物致灾因子，并成立了生物安全工作小组，与世界卫生组织、世界动物卫生组织、联合国粮食及农业组织、《禁止生物武器公约》实施支助股和国际刑警组织合作。由此产生的全球伙伴关系生物安全可交付成果文件具体规定了五项"可交付成果"，将在 5 年后每年进行审查和评估。

1. 保护存在生物扩散风险的材料并对其负责。

2. 制定并维持适当有效的措施，防止、准备和应对故意滥用生物制剂的行为。

3. 加强国家和全球网络构建，以迅速确定、核实和应对生物恐怖袭击。

4. 加强和强化生物不扩散原则、做法和工具。

5. 通过促进与增强生物科学中安全和负责任的行为来减少扩散风险。(U. S. Department of State，2012)

2. 美国的应对

1989 年美国《反生物武器恐怖主义法案》(1996 年的《反恐怖主义综合法案》对其做了修订）将威胁、企图或合谋使用生物武器定性为联邦犯罪，并要求美国卫生和公共事业部长颁布识别潜在制剂以及管理这些制剂的规定。

在 2001 年底的炭疽袭击之后，美国联邦政府在打击生物恐怖主义上的支出大幅增加。2001 年美国国立卫生研究院在反生物恐怖主义研究上的花费不到5000万美元，2002年这一数字增加至9300万美元，尽管这一开支仍然只占国立卫生研究院预算的0.4%（Knobler, Mahmoud & Pray, 2002, p. 22）。

美国国会表决同意投入大量资金提高在将包裹投递给立法机构和行政办公室之前对其进行筛选的能力。这类包裹在美国邮政服务局被分出来，然后被送往马里兰州的一个检测机构，在最后投递之前对包裹进行加热和照射。截至2012年，美国邮政服务局承认每年在筛查上花费1200
184 万美元。

2002年6月美国总统乔治·布什签署了《公共卫生安全和生物恐怖主义防范应对法》，加强了联邦政府对生物工业、食品、水和生物恐怖主义监管的权力。

《国土安全国家战略》明确了以下相关目标：监测化学和生物材料与袭击；开发广谱疫苗、抗菌剂和解毒剂；执行《美国管制剂计划》（该计划旨在监管生物有机体和毒素的运输与转移）（U. S. Office of Homeland Security, 2002, p. x）。

《打击大规模杀伤性武器国家战略》（2002年12月）以及2004年的两份国土安全总统令《美国农业和食品防御》（HSPD-9，2004年1月30日发布）、《21世纪的生物防御》（HSPD-10，2004年4月28日发布）进一步细化了打击生物恐怖主义的能力。

2003年4月国防大学反扩散研究中心发布了《国家生物防御战略》草案。2007年10月布什总统签署了第21号国土安全总统令，其中明确地将“21世纪的生物防御”称为“国家公共卫生和医疗战备（战略）”的基础，由卫生和公共事业部长负责。美国政府在2009年之前没有针对生物防御的国家战略。

21世纪头十年中期，许多联邦资金被分配给地方防范生物恐怖主义。然而，当小城市获得与生物工业密集的大城市相同的能力时，一些拨款的使用效率低下。地方政府维持其反生物恐怖主义的能力以随时准备应对恐怖袭击，因为这些能力本来就可以用来减少对公众的日常威胁。同时，由于全球化、新出现的疾病、抗生素耐药性和其他与恐怖主义无关的原因，生物风险不断增加。

从那时起，美国联邦政府就把生物致灾因子作为一种危险源加以关注。不管危险来自自然界还是恐怖主义，都可以用类似的方法应对。美国总统贝拉克·奥巴马签署的第一份《应对生物威胁国家战略》的序言中写道：

> 生命科学具有巨大的潜力，在带来有益进步的同时也赋予那些将生物制剂用于不良目的之人权力。经济、政治和宗教力量掀起了试图伤害自由社会的狂热。我们知道，其中一些狂热分子表示有兴趣发展和使用生物武器来对付我们与我们的盟友。应对这些独特的挑战需要认识到减少传染病暴发带来的威胁的重要性，无论传染病暴发是来自自然、意外事件还是蓄意行为，进而采取一种全面的办法。（U. S. National Security Council，2009，n. p.） 185

美国国家安全委员会指出，美国“必须降低滥用生命科学可能导致的故意或无意释放生物材料的风险，这种风险会使人、动物和植物患病或死亡，或造成关键资源无法使用”（U. S. National Security Council，2009，p. 1）。然而，美国国家安全委员会承认：

> 过去美国防范这种威胁的针对性努力主要是国家层面有限的重点政策或实质性指导。尽管减少大规模生物袭击对城市人口的影响是完全可能的，但这样做会付出巨大的成本和努力。因此，我们需要提高行动的优先级，以进一步降低发生此类攻击的可能性。（U. S. National Security Council，2009，p. 1）

该战略包含 7 个目标，这 7 个目标的首字母组合起来也反映了其目标（“protect”，即“保护生命科学不被滥用于生物制剂的开发或使用以制造伤害”）。

> 1. 促进（promote）全球卫生安全。增加可获得和可使用的生命科学知识与产品，从而帮助减轻传染病暴发的影响，无论传染病暴发是自然的、偶然的还是蓄意的。
>
> 2. 加强（reinforce）安全和责任行为规范。加强生命科学的使

用和受益人的责任、意识和警觉修养，以确保他们不会转向将生命科学用于有害目的。

3. 及时准确地掌握（obtain）当前和新兴的风险。提高威胁识别、通知和评估能力，以及增进我们对全球生命科学进展和现状的理解，进而帮助识别与理解新的挑战，并通过适当的行动来管理不断发展变化的风险。

4. 采取合理行动（take reasonable steps）以减少可能的利用。开展识别、感知、支持或者保护生命科学和相关领域容易酿成事故或者被滥用的知识和能力的活动。

5. 扩大（expand）预防、归因和逮捕的能力。进一步提高国家能力以识别和阻止不良意图，降低遭遇单一、多重或连续袭击的风险。

6. 与所有利益相关者进行有效的沟通（communicate）。确保联邦政府的信息具有说服力、条理清晰且协调一致。

7. 转变（transform）关于生物威胁的国际对话。促成所有国家就不断演变的生物威胁进行强有力和持续的讨论，并开展协商应对
186 步骤的活动。（U. S. National Security Council，2009，p. 4）

2011年9月，美国疾病控制与预防中心发布了《国家公共卫生准备和应对战略计划》，其中有8个目标：

1. 预防和/或减轻对公众健康的威胁……

2. 整合公共卫生、卫生保健系统和应急管理……

3. 提高个人和社区恢复力……

4. 推动监测、流行病学与实验室科学和服务实践……

5. 加强科学在准备和应对实践中的应用……

6. 加强公共卫生准备和应对基础设施建设……

7. 加强对公共卫生准备基金的管理……

8. 提高公共卫生从业人员应对健康威胁的能力。（A National Strategic Plan for Public Health Preparedness and Response，pp. 4 – 7）

由美国国务院负责的全球威胁减少计划统领着美国政府的国际生物安全工作。这一计划旨在提高恐怖主义频发且拥有危险的生物材料、具备生命科学研发能力或者存在高风险病原菌国家的安全水平。

四　核致灾因子

本节界定核武器，研究它们的可用性、过去的意外事故，预测它们的使用并阐述官方的应对。

（一）定义

核致灾因子会释放有害的电磁能（而不是化学能），并可能因核反应而发生爆炸。核武器的爆炸力来自核反应而不是化学能。任何核爆炸都会产生巨大的热量、冲击和电磁能，如果在地表或地表附近引爆，放射性物质将散布到更广阔的区域。在一个城市引爆的一枚核武器可以摧毁几十英里外的建筑结构，直接杀死数十万人，使这个城市几十年无法居住，并导致放射性物质散布到全球（取决于天气和气候条件）。

（二）可用性

在第二次世界大战期间，只使用过两次核武器。在 1945 年 8 月日本投降之前，美国曾两次对日本使用核武器。自那以后，作为试验，大约
发生了 2300 次核爆炸，其中大部分是在地下，有些则在地面或空中。这 187
些试验产生了可怕的环境后果，并造成成千上万人受到意外伤害，这些人本应是不受试验影响或受到保护的（见表 5 -2）。

目前，全球范围内已经生产的核弹头可能为 12.5 万枚，其中大部分已经复原或清除。我们计算弹头是因为一个平台（如飞机）或车辆或导弹可以携带多枚弹头，其中一些可能是独立的目标。美国生产了大约 70000 枚核弹头。美国是第一个拥有核武器的国家，紧接着是苏联、英国和法国。冷战结束以来，一些国家获得了核武器，而早先的核武器拥有国则减少了核武器的持有量。今天，已知有 9 个国家拥有核武器，弹头总数约为 19000 枚（见表 5 -3）。

表 5－2　核武器试验（按照国家和 10 年期）

国家		1945～1949 年	1950～1959 年	1960～1969 年	1970～1979 年	1980～1989 年	1990～1999 年	2000～2010 年	2010～2013 年	总计
美国	频率	8	188	471	278	177	29	0	0	1151
	总量	203.04	147963.50	52260.62	23328.03	7691.46	2965	0	0	234210.65**
苏联	频率	1	85	253	335	298	8	0	0	980
	总量	22	26980.59	241905.51	47710.84	7744.90	2965	0	0	327328.84
中国	频率	0	0	10	16	8	11	0	0	45
	总量	0	0	6449.2*	22857*	1254*	858.52*	0	0	31418.72
英国	频率	0	21	5	5	12	2	0	0	45
	总量	0	6108.5*	159.5	450	1525	105	0	0	8348
法国	频率	0	0	30	61	89	18	0	0	198
	总量	0	0	5770*	9995	5550	1120*	0	0	22435
印度	频率	0	0	0	1	0	2	0	0	3
	总量	0	0	0	12	0	无可用	0	0	12*
巴基斯坦	频率	0	0	0	0	0	2	0	0	2
	总量	0	0	0	0	0	无可用	0	0	计算待定
朝鲜	频率	0	0	0	0	0	0	2	1	3
	总量	0	0	0	0	0	0	无可用	无可用	计算待定

注：* 不是所有获取的信息都是有效的。

** 应为 234411.65，原文应有误。——译者注

资料来源：数据来自截维·杰普森（David Jepsen），澳大利亚地球科学矿产和自然灾害部核监测地球监测和危害小组组长。

表 5－3　核弹头估计（按照国家，2012～2014 年）

<table>
<tr><th>国家</th><th>2014 年弹头数</th><th>2013 年弹头数</th><th>2012 年弹头数</th></tr>
<tr><td>美国</td><td>7300 枚（大约 6800 枚弹道导弹弹头，大约 500 枚空射弹头）</td><td>7700 枚</td><td>8000 枚</td></tr>
<tr><td>俄罗斯</td><td>8000 枚（大约 7000 枚弹道导弹弹头，大约 1000 枚空射弹头）</td><td>8500 枚</td><td>10000 枚</td></tr>
<tr><td>英国</td><td colspan="3">225 枚弹道导弹弹头</td></tr>
<tr><td>法国</td><td colspan="3">300 枚（大约 240 枚弹道导弹弹头，50 枚空射弹头，10 枚备用弹头）</td></tr>
<tr><td>中国</td><td colspan="3">250 枚（大约 188 枚弹道导弹弹头，40 枚空射弹头，22 枚备用弹头）</td></tr>
<tr><td>印度</td><td colspan="2">90～110 枚航空炸弹</td><td>80～100 枚航空炸弹</td></tr>
<tr><td>巴基斯坦</td><td colspan="2">100～120 枚航空炸弹</td><td>90～110 枚航空炸弹</td></tr>
<tr><td>以色列</td><td colspan="3">80 枚航空炸弹</td></tr>
<tr><td>朝鲜</td><td>6～8 枚航空炸弹</td><td colspan="2">10 枚航空炸弹</td></tr>
</table>

资料来源：Stockholm International Peace Research Institute，2013，2014。

从某种意义上说，全球核弹头总数的减少是一种假象，因为目前的弹头比以前的弹头威力更大，而且当前持有核弹头的国家对核弹头的管理不值得信任。例如，一枚氢弹的威力比美国在日本投放的原子弹的威力大 250 倍，朝鲜的小型但不确定的库存比法国的大库存更令人担忧。

抛开现存的 19000 枚核弹头不说，自 2014 年 1 月以来，在 25 个国家数百个场地发现了能够制造核武器的核材料（高浓缩铀、分离钚和新鲜的混合氧化物燃料中的钚）。此外，一些核电站还生产可用于制造核武器的材料。这些场地通常得到很好的保护，但也有一些场地被渗透（见第 8 章），一些地方官员泄露了这些内容。

自 1992 年以来，27 个国家和地区几乎清除了其所有可用于制造核武器的核材料（见表 5－4），2014 年 1 月核威胁指数报告中拥有 1 千克及以上可用于制造核武器核材料的国家数目减少到 25 个（见表 5－5）。

表 5－4　自 1992 年以来实际已经拆除武器用途核材料的国家和地区

年份	国家
1992	伊拉克
1996	哥伦比亚

续表

年份	国家
1997	西班牙
1998	丹麦、格鲁吉亚
1999	巴西、菲律宾、斯洛文尼亚、泰国
2005	希腊
2007	韩国
2008	保加利亚、拉脱维亚、葡萄牙
2009	利比亚、罗马尼亚、中国台湾
2010	智利、塞尔维亚、土耳其
2012	奥地利、墨西哥、瑞典、乌克兰
2013	捷克共和国、匈牙利、越南

资料来源：Nuclear Threat Initiative，2014。根据“核威胁倡议”的许可转载。

表 5－5　保留至少 1 千克可用于制造核武器核材料的国家

国家	估计的材料重量
美国	500 吨或更多
俄罗斯	500 吨或更多
英国	100～499 吨
法国	100～499 吨
哈萨克斯坦	10.00～99.99 吨
日本	10.00～99.99 吨
中国	10.00～99.99 吨
巴基斯坦	2.00～9.99 吨
印度	2.00～9.99 吨
德国	2.00～9.99 吨
南非	0.50～1.99 吨
荷兰	0.50～1.99 吨
以色列	0.50～1.99 吨
比利时	0.50～1.99 吨
波兰	100～499 千克
意大利	100～499 千克
加拿大	100～499 千克
瑞典	21～99 千克
朝鲜	21～99 千克

192

续表

国家	估计的材料重量
白俄罗斯	21~99 千克
乌兹别克斯坦	5~20 千克
伊朗	5~20 千克
挪威	不到 5 千克
澳大利亚	不到 5 千克
阿根廷	不到 5 千克

资料来源：Nuclear Threat Initiative，2014。经“核威胁倡议”许可转载。

核威胁指数并没有衡量那些拥有可制造放射性武器材料的国家，仅衡量了拥有核武器材料的国家。2011 年，全世界共有约 2000 吨可用于制造核武器的核材料，其中只有 13% 是现役弹头，10% 是已退役弹头，43% 以其他形式被政府控制。总体上，85% 的材料是由不受国际原子能机构安全准则约束的军事机构和其他机构持有的。总量估计包括 1440 吨高浓缩铀和 495 吨分离钚（Nuclear Threat Initiative，2014，p. 10）。

核材料惊人的数量并未得到重视，即便在稳定的国家。无主放射源是没有得到适当控制的放射源。1977 年，美国政府问责局报告，自 1955 年以来，有数千千克核材料下落不明。20 世纪 90 年代，来自苏联和巴基斯坦的核武器材料非法贩运激增。尽管国际协议和监督能够保护或摧毁冷战时期的核武器，但是当时仍有一些核武器下落不明。

这些材料中的一部分被走私者发现了。1995~2008 年，国际原子能机构报告了 1562 起获得证实的非法贩运或走私核材料和放射性材料事件。例如，2003 年，一名前往土耳其的走私犯被抓获，这名走私犯携带了 180 克核材料。2006 年，一名走私犯携带核材料（数量是土耳其走私 188
犯携带数量的 5 倍）险些逃离格鲁吉亚。2013 年 7 月，国际原子能机构披露，每年收到约 100 起涉及核材料和放射性材料的盗窃事件报告和其他未经授权活动的报告。

这些材料的数量太小，无法用于制造核武器，但可用于制造放射性武器（见下文）。科学家联合会（Union of Concerned Scientists）称，一个行动者制造最基本的裂变核武器需要 40~50 千克浓缩铀与相当多的技能和保护设备。对于少数武器类型而言，使用少量的核材料（约 12 千克高浓缩铀或 4 千克钚）就能够拥有足够大的威力。据一位持怀疑态度学者的说法，需要100千克以上的高浓缩铀或400千克以上的20%浓缩铀才能制造出粗制核武器（Hoffer，2011，p. 110）。

这些材料中的任何一种都具有高放射性，因此搬运人员需要特殊的防护材料和技术才能在搬运过程中保护好自己。同时还需要重型屏蔽材料，在将装置运输至预定爆炸地点的过程中防止信号泄漏。

非官方使用核武器是通俗小说中经常出现的情节。然而，没有任何非国家行为体获得核武器，技术挑战也依然严峻。由于武器级材料不是自然产生的，任何非国家行为体都无法在没有官方检测或合作的情况下
190 获得生产此类材料所需的雄厚高技术能力。恐怖分子可能需要购买或窃取这些材料，但其持有者被严格禁止扩散这些材料，材料上也有可以追溯来源的签名，从安全的官方场所窃取、运输并藏匿而不被发现实际上是不可能的。

辐射比化学或生物特征更易被检测到，而非专业人士对辐射的控制通常马虎大意，因此有可能显现一些特征。虽然在少数情况下可以屏蔽能量较低的放射性物质的信号，以便运输，但更危险的材料，比如那些释放大量伽马射线的材料，则很难屏蔽信号。屏蔽材料（如铅）必须足够大、足够重，这意味着必须用大型车辆运载放射性设备。

即使拥有核武器也并不意味着它是可用的，因为大多数弹头都有锁定机制，需要密码和专业知识才能解锁。即使采购到核材料，行为体也需要对武器级材料进行炼制和加工。处理这些材料需要特殊的技术专家和设备，否则技术人员将直接暴露在辐射下并在几个小时内死亡。假设该行为体能够获得材料并制造出核武器，但仍需要将其投送到目的地。到那时，这一武器将重约1吨，大多数核武器是由大型导弹或飞机投送
191 的。热核武器在近地面（数千英尺）爆炸时最具破坏性，爆炸本身也需要十分复杂的技术（Hoffer，2011，pp. 109 - 111；Mueller，2012，p. 86）。

（三）以往发生的意外核事故

核事故分为7个等级，即广为熟知的《国际核安全和辐射事件等级》（International Nuclear and Radiological Event Scale，INES），由国际原子能机构于1990年推出，供成员在报告事故时使用（见表5-6）。

表 5－6 国际核事故等级

等级	定义	人与环境	辐射防护与控制	纵深防御	事例
7	重大事故	释放了大规模具有广泛健康和环境影响的放射性物质，需要执行计划好的和扩展的对策	—	—	切尔诺贝利，乌克兰，1986 年
6	严重事故	释放了大量放射性物质，可能需要全面执行地方应急防护措施	—	—	克什特姆，苏联，1957 年
5	大范围区域事故	有限释放放射性物质，可能需要部分执行应急防护措施 一些人死于辐射	反应堆堆芯严重损坏 重大临界事故、重大火灾或爆炸事件引起设施内释放了大量放射性物质，导致公众严重暴露	—	温斯凯尔，英国，1957 年 三哩岛，宾夕法尼亚州，1979 年
4	区域事故	释放少量放射性物质，不需要执行已制订的对策，而是执行局部的食物控制 至少有 1 人死于辐射	燃料融化或破坏导致超过 0.1% 的堆芯燃料库存的释放 设施内释放了大量放射性物质，并有可能造成公众严重暴露	—	福岛，日本，2011 年
3	严重事件	工作人员暴露在剂量超过规定年剂量限值 10 倍的辐射下 辐射造成非致命的健康影响（如照射、烧伤）	操作区域内的辐射超过 1 希沃特/小时（Sv/h） 在设计时没有预料到的严重污染，公众暴露的可能性很低	无安全措施的核电站事故 高放射性密封源丢失或被盗 在没有适当处理程序的情况下，错误运输高放射性密封源	塞拉菲尔德，英国，2005 年

续表

等级	定义	人与环境	辐射防护与控制	纵深防御	事例
2	事件	公众暴露在剂量超过 10 毫希沃特的辐射下 工作人员暴露在辐射下的剂量超过规定年剂量限值	操作区域内的辐射水平超过 50 毫希沃特/小时 核设施设计未考虑到的区域存在明显放射性	安全规定执行有重大失误，但没有造成实际后果 发现高放射性密封孤儿源、装置或运输包装，且安全设备完好无损 高放射性密封源包装不当	阿图查，阿根廷，2005 年
1	异常	公众暴露在剂量超过规定年剂量限值的辐射下	—	安全部件出现小问题，但仍有足够纵深防御 低放射性的放射源、装置或运输包装丢失或被盗	违反核设施的操作规定 盗窃湿度计

资料来源：International Atomic Energy Agency，2008；经国际原子能机构许可转载，INES，The International Nuclear and Radiological Event Scale User's Manual，2008 Edition，IAEA，Vienna，2013。

国际原子能机构量表的效用受到质疑，主要有四个原因：其一，大多数事故发生在国际原子能机构于 1990 年推出其评级体系之前；其二，国际原子能机构依靠成员报告事故，很少调查成员的行为；其三，许多事实是秘密或有争议的；其四，国际原子能机构不公布收到的大部分信息。

国际原子能机构不保存超过 6 个月的事故数据，主要是为了避免对每个国家的报告率进行公开比较。

《国际核安全和辐射事件等级》采用对数值进行分级，这意味着相邻等级的严重程度相差近 10 倍，类似于用来描述地震相对震级的矩震级。

根据国际原子能机构的数据，1952～2011 年至少发生了 33 起核事故，平均每年发生 0.56 起事故（见表 5－7）。

表 5－7　重大核事故一览

年份	国家	地点	等级	描述
2011	日本	福岛	5	海啸造成的破坏，反应堆冷却失败后爆炸
2011	日本	女川	—	反应堆因海啸造成的破坏而发生火灾
2006	比利时	弗勒吕斯	4	工人在商业辐射场所受到照射伤害
2006	瑞典	福什马克	2	核电站应急电源系统的常见故障造成安全性能下降
2006	美国	欧文	—	35 升高浓缩铀溶液在运输过程中泄漏
2005	英国	塞拉菲尔德	3	放射性物质在装置内泄漏
2005	阿根廷	阿图查	2	1 名工人在 1 个动力反应堆里受到超过年限值的辐射照射
2005	美国	布雷德伍德	—	核材料泄漏
2003	匈牙利	波克什	3	部分乏燃料组件在进行化学清洗的过程中损坏，燃料颗粒逸出
1999	日本	东海村	4	工人在核设施内受到致命辐射照射
1999	秘鲁	雅南基奥	3	放射源造成的放射烧伤
1999	土耳其	伊吉特里	3	钴－60 源丢失
1999	日本	石川	2	控制棒故障
1993	俄罗斯	托木斯克	4	超压引起机械爆炸
1993	法国	卡达拉舍	2	辐射扩散到设计外区域

续表

	年份	国家	地点	等级	描述
	1989	西班牙	范德洛斯	3	火灾导致核电站安全系统损坏
	1989	德国	格赖夫斯瓦尔德	—	10 根燃料棒因过热而受损
196	1986	乌克兰	切尔诺贝利	7	核材料从反应堆堆芯中逸出
	1986	德国	哈姆 - 于特罗普	—	燃料颗粒卡在向反应堆输送燃料的管道中
	1981	日本	敦贺	2	超过 100 名工人受到过度照射
	1980	法国	圣罗来德伊	4	反应堆的一个燃料通道熔化，但是没有释放到场外
	1979	美国	三哩岛	5	反应堆堆芯损坏
	1977	捷克斯洛伐克	博胡尼斯	4	燃料完整性受损和燃料包层受到腐蚀后释放出放射性物质
	1969	瑞典	朗时	—	实验反应堆冷却剂丢失造成的爆炸
	1967	英国	查佩克罗斯	—	石墨碎片堵塞燃料通道，引起燃料元件起火
	1966	美国	门罗	—	钠冷却系统发生故障
	1964	美国	查尔斯镇	—	由于工人的错误而造成临界事故
	1959	美国	圣苏珊娜核武器试验场	—	堆芯部分熔毁
	1958	加拿大	乔克河	—	铀燃料棒着火，因冷却不足而被烧为两截
	1958	南斯拉夫	温卡	—	在次临界计数实验中，6 位科学家在未被探测到的能量积累过程中过度暴露
	1957	俄罗斯	克什特姆	6	由于冷却失败，废物储备发生爆炸而释放出放射性物质
	1957	英国	温德斯格尔	5	核反应堆堆芯着火后，放射性物质释放到环境中
	1952	加拿大	乔克河	5	由于反应堆关闭、燃料棒故障和几个人为错误，功率超出反应堆额定功率的 2 倍

197 资料来源：International Atomic Energy Agency，2008；经国际原子能机构许可转载，INES，The International Nuclear and Radiological Event Scale User's Manual，2008 Edition，IAEA，Vienna，2013。

这个报告事故率并不是真正的事故率，因为报告率可能体现不同报告的力度或严谨性。随着国家透明度和国际责任的提高，近年来我们可能知道更多的事故。因此，尽管报告事故率在过去几十年似乎有所上升，但实际事故率也可能有所下降。此外，今天官方和商业实践中使用的放射源比前几十年多得多，因此每种放射源的实际事故率已大幅下降。

然而，由于官方保密，特别是在前几十年的军事机密中，已知事故的清单可能远少于实际发生的所有事故。除了 1945 年两次使用核弹和此后数千次核武器试验外，没有任何核武器意外引爆，但那些未遂引爆的真实频率尚不确定。这说明我们基于过去事故率评估真实的未来风险仍面临着不确定性。

例如，美国军方在 1950 ~ 1980 年报告了 32 起“断箭”（Broken Arrows）——这是军方对核武器事故的一种代号。上一次“断箭”发生在 1980 年 9 月，在阿肯色州大马士革的美国空军基地，“泰坦二号”洲际弹道导弹的液体燃料箱因扳手掉落砸出的裂缝而爆炸。 193

美国军方名单被批评不完整。直到 1980 年之后很久，军方才向国会及公众承认数百起小事故和技术故障。1958 ~ 1968 年的事故率和失败率最高，当时美国核武器处于最佳战备状态。战略空军司令部准备了数千枚核武器和近 2000 架有能力携带核弹的轰炸机，其中一部分轰炸机全副武装，满油满弹并随时准备确保在 15 分钟内发射。

美国最近一次意外引爆核武器发生在 1961 年 1 月 23 日，但这一事件不在国际原子能机构的清单上，在此后 52 年里都没有披露真相。当天，一架 B－52 轰炸机在一次例行飞行中在北卡罗来纳坠毁。驾驶舱内的一个机械开关在戈尔兹伯勒上空释放了 2 枚“马克 39”氢弹，其中 1 枚掉在地上没爆炸，但第 2 枚掉落时其 4 个安全机制的 3 个已经处于允许爆炸的状态。其中两个安全机制因飞机解体而受损，有一个在坠落时被激活，另外一个单低压开关转向阻止爆炸状态。美国当时承认了这起事故，但声称没有引爆的可能。伦敦的一名记者根据《信息自由法》（Freedom of Information Act）提出要求后，最终调查报告于 2013 年 9 月 23 日解密并公布。

1968 年，战略空军司令部终止了空中警报。随后，美国利用地面交通工具在境内运送核弹头。此后，在美国上空一直没有用飞机运输核弹头，直到 2007 年 8 月，当时一架 B－52 轰炸机从北达科他州错飞到路易斯安那州，飞机上装载了 6 枚巡航导弹，每枚巡航导弹都携带了 150－kt 的核弹头。美国空军报告，这架轰炸机原本打算运送导弹而不是弹头（Schlosser，2013）。

（四）对恶意使用核武器的预测

1999年，一个特别委员会向美国总统和国会报告，恐怖分子获得核武器将面临“巨大的挑战”（Gilmore Commission，1999）。

“基地”组织当然想获得核武器。1999年，奥萨马·本·拉登对美国记者说，“穆斯林”有“宗教义务”去获得所有可能杀死美国人的武器。2001年，一名来自“基地”组织的叛逃者证实，“基地”组织的特工曾于1993年底试图在苏丹获取铀（据称最终来自南非）。当时，美国官方的报告认为他的证词是不容置疑的且能够定罪（Bremer，2002，pp. 58－59），但这位叛逃者报告的是传闻，其可信度值得怀疑。

2001年，“基地”组织特工可能与两位对核武器心存不满的巴基斯坦核科学家见面（U. K. Home Office，2010，p. 6）。2001年11月，奥萨马·本·拉登告诉巴基斯坦记者，“基地”组织拥有核武器，作为对美国使用大规模杀伤性武器的威慑。自那以后，有关“基地”组织野心的公开信息一直是暗示性的，但不是决定性的。例如，在2010年4月的国际核安全峰会上，美国总统奥巴马指出：“我们知道像‘基地’组织这样的组织正在试图获取核武器或其他大规模杀伤性武器，而且不会对使
198 用它们造成的后果感到内疚”（CNN，2010）。

2006年，大规模杀伤性武器委员会总结道：

> 今天，恐怖主义集团不太可能开发和管理生产武器用浓缩铀或钚所需的大量基础设施。然而，核武器和武器材料可能在储存或运输过程中被恐怖分子劫掠（Weapons of Mass Destruction Commission，2006，p. 40）。

2010年4月，美国主办国际核安全首脑会议，会上认识到核材料走私和恐怖分子对核材料的兴趣增加了风险。奥巴马总统以如下警告开始了会议议程：

> 无论是短期、中期还是长期，美国安全面临的最大威胁都是恐怖组织获得核武器……这可能会在未来几年内改变这个国家和全世

> 界的安全格局。如果在纽约、伦敦或约翰内斯堡发生爆炸，从经济、政治和安全角度来看，后果将是毁灭性的（CNN，2010）。

约翰·阿奎拉（John Arquilla）是主要的网络战争理论家，他在2013年提出，如果时间允许，“基地”组织将不可避免地获得核武器，而且作为网络，它不会被常规的核威慑所遏制。

更有可能的是，核武器将在不太可靠的国家内部和国家间扩散。英国国防部预测，到2040年“核武器可能会扩散”（U. K. Ministry of Defence，2010，p. 12）。一些分析人士认为，非国家行为体使用核武器是不可避免的。

> 新一代战术核武器的开发已在进行，并且尚未受到国际条约的约束。它在武装冲突中的广泛使用将为核武器控制打开新的篇章。
>
> 此外，非国家行为体使用核武器的可能性也越来越大，尽管目前它们无法获得这种技术，但技术“民主化”迟早会给它们机会。对非国家行为体来说，核武器不太可能成为其实现目标的战术工具，但当它们面临生存威胁时，它们会将核武器作为终极手段（Veselovsky，2013，n. p）。

2008年成立的“全球零核倡议”组织致力于消除核武器，控制与核战争和事故相关的风险，而不仅仅是恐怖主义。这一组织对风险的评估通常高于政府机构的评估结果。

> 从1962年的古巴导弹危机（美苏）到1999年的卡吉尔战争（印度与巴基斯坦），世界大国曾多次险些互相使用核武器。恐怖分子每天都在制造、购买或盗窃核武器。到目前为止，我们真是太幸
> 运了（电子邮件通信，2012年10月18日）。 199

（五）应对

2006年，美国和俄罗斯作为共同主席发起了打击核恐怖主义全球倡

议（Global Initiative to Combat Nuclear Terrorism，GICNT），共有85个成员和4个国际组织（国际原子能机构、欧洲联盟、国际刑警组织与联合国毒品和犯罪问题办公室）。到2012年，打击核恐怖主义全球倡议工作小组在核取证、核探测、应对和缓解方面分别出台了最佳做法和指导文件。

美国国务院负责实施一项防止核走私计划（Preventing Nuclear Smuggling Program，PNSP），该计划有助于减少黑市上的核材料和放射性材料数量，并有助于将这些努力与其他美国和国际减少威胁的努力结合起来。防止核走私计划包括加强对走私者的起诉、提高核取证能力、无主放射源豁免、强化走私应对方案和改善边境安全。

许多国家部署了能够探测放射性物质的系统，通常利用地球轨道卫星和过境检查站。其中一些系统是不显眼的入口，其大小足以让车辆和集装箱通过。安装在港口进出口或公路检查站的这种入口几乎可以监测扫描所有进入的车辆。在进行侵入式检查时，工作人员可在车辆和集装箱内使用手持探测器。

美国《国土安全国家战略》提出将国土安全部作为美国国内打击核恐怖主义的主要负责机构。主要目标是“利用更好的传感器和程序防止恐怖分子使用核武器”（U. S. Office of Homeland Security，2002，p. 38）。国土安全部随后与交通部合作，为整个国家交通基础设施部署这样的传感器和程序。然而，2002年9月和2003年9月，美国广播公司新闻台的记者将自然资源保护委员会提供的贫化铀装在大约一罐苏打水大小的容器中，从伊斯兰国家带到美国。贫化铀的信号足以被官方设施探测到，但是官方检查并没有检测到容器中的核物质。

五　放射性致灾因子

本节界定“放射性致灾因子”、研究过去的使用情况与实际应对。

（一）定义

放射性物质辐射有害的电磁能，其中各种电离辐射——带电粒子的能量足以造成伤害（α粒子和β粒子）——和γ射线最有害。在极端情况下，电离辐射是致癌的，会灼伤人并使受害者生病。

放射性物质不一定对核爆炸有用，如果没有临界质量的非天然核材
料，核爆炸是不可能发生的。放射性物质可以从核武器中获得，也可以 200
从其他便捷渠道获得，如食品辐照器、放射治疗系统和某些石油勘探设备。

放射性武器散布放射性物质。最有效的扩散方法是使用小型爆炸物（脏弹），它可以将放射性物质扩散到更大的区域，使该区域几十年内无法居住，除非进行非常繁重的清理。爆炸冲击波越大，放射性物质的扩散就越有效，尽管最终影响将取决于风力和风向、空气温度、次生物质和周围的地形（Carpintero-Santamaria，2012，p. 82）。

一些意外辐射事件表明了可能的后果。1987 年 9 月 13 日，在巴西吉奥尼亚，2 名男子在未经授权的情况下进入一个废弃的医疗场所，找到一个用于治疗癌症的放射治疗装置，他们拆除了这个装置，放射性氯化铯暴露出来。他们把所有东西都卖给了一个废料场，在那里，放射性物质作为一种奇异或超自然的材料被展示，因为它发出蓝色的光芒。在许多人患病后，官方于 9 月 29 日确认了来源。约 11.2 万人接受了检查，其中 1000 人受到了异常辐射，249 人受到严重辐射，129 名内部人员中的 20 人出现辐射病症状，4 人因吃下或吸入粉末而死亡；还有一些人被辐射灼伤，需要截肢。几所房屋和屋里的物品以及成千上万吨的表层土被移走了。这一事件表明，使用商业上可获得的危险物制成的小型放射性武器能够扰乱城市地区数十万人的生活，特别是这一事件造成恐慌，即使造成较少人员死亡。

另一种方法是破坏核电站，以便在不进行必要爆炸的情况下释放足够多的放射性物质。核电站往往受到全面保护，防范外界攻击。核电站还部署了防范措施，即使恐怖分子控制反应堆也能防止核芯熔毁。然而，用来存放乏核燃料的大水池和容器建在反应堆外面，可以更容易地进入。恐怖分子可能会清空水池或破坏容器，引发高温火灾，导致大量放射性物质释放。在美国，这种核废料存放在大约 66 个商业场所和 55 个军事场所（Hoffer，2011，p. 108）。2011 年 3 月，日本东京东北 130 英里处的福岛核电站因地震和海啸瘫痪，引发了 3 次核熔毁，数千英里外的海洋受到污染，16 多万名居民被迫逃离附近城镇，核燃料风险由此可见

一斑。

（二）过往恐怖分子的使用情况

1995 年 11 月，车臣“圣战”恐怖分子在莫斯科一个公园里安放了一个装有炸药和铯 - 137 的放射性爆炸装置，铯 - 137 通常用于测量和癌症治疗。他们没有引爆装置，并向新闻媒体发出了警告。1998 年 12 月，车臣相关机构在车臣阿尔贡发现了类似的装置。

2002 年，改名为阿卜杜拉·穆哈吉尔（Abdullah al-Muhajir）并皈依伊斯兰教的美国人何塞·帕迪利亚被捕，官方的指控集中于一起在美国
201 引爆辐射装置的阴谋，但最终的指控未提及这种装置。2003 年 3 月，美国国土安全部报告，据可靠消息，亚利桑那州帕洛威尔德的核电站受到了威胁。2003 年 8 月，加拿大警方拘留了 19 名出生于巴基斯坦的男子，他们在一座核电站上空设计了飞行路线，并做了飞行演练。2004 年，英国“圣战”恐怖分子考虑过使用放射性武器。2006，伊拉克“基地”组织领导人呼吁核科学家加入他们，袭击美国军事基地（U. K. Home Office，2010，p. 6）。

更常见的恶意使用放射性材料是为了毒害个人。1995 年 8 月，波士顿麻省理工学院癌症研究中心的 1 名员工被投毒并摄入了少量的磷 - 32，但并没有临床症状。2006 年 11 月，苏联/俄罗斯间谍亚历山大·利特维年科（Alexander Litvinenko）在位于英国的收容所病死，揭露了俄罗斯政府的邪恶活动。英国调查人员在他身上、在他与俄罗斯特工会面的一家餐馆以及在其中 1 名特工乘坐的飞往英国的航班座位上发现了钋 - 210 的痕迹。但是，俄罗斯拒绝引渡这些嫌疑人。

（三）实际应对

放射源应受到控制并防范非法使用。应寻求放射性设备的替代品，如非放射性医疗器械。大型放射源，如电站，应该远离城市地区。

在辐射释放的情况下，最有效的应对是避免暴露。暴露时间应尽量缩短，离辐射源越远越好，屏蔽装置应该放置在目标和辐射源之间。首先应该疏散人员，不能撤离的人员，应安排在材料密度较大、孔口封闭的结构内避难，并给人员发放防护服。

对于那些已经暴露的人，可以清除他们受到的污染，减少摄入或吸入放射性物质，他们将持续暴露在辐射源下，直到他们被带离或辐射源被封装。在预期会暴露或马上就暴露，可以口服碘酸钾保护自身。碘酸钾是一种稳定的碘，可以与甲状腺结合，防止甲状腺吸收放射性碘。否则，一旦暴露在辐射下，就无法治愈，尽管可以接受治疗。后果往往是染上具有高度不确定性的慢发疾病，诸多不确定性导致一些后来出现的健康问题可能无法归咎于辐射。

六 化学爆炸物

本节定义“化学爆炸物”，回顾不同类型的化学爆炸物、爆炸效果和官方应对。

（一）定义

考虑到化学爆炸物的复杂性，下文介绍了几个术语的定义，包括化学爆炸物、简易爆炸装置、车载简易爆炸装置、人体携带简易爆炸装置，以及爆炸成型弹丸。 202

1. 化学爆炸物

化学爆炸物是化合物或化学物质的混合物，能以气体和热的形式迅速释放能量。气体的快速释放主要是通过爆炸的形式，爆炸时，能量以压缩空气的形式在周围空间快速移动，可以压碎、吹翻或炸毁材料和人员。快速释放的热量可能会燃烧或引发火灾。

基于商业用途生产的化学爆炸物用于爆破和采矿。在军事上，化学爆炸物作为射弹的推进剂，如子弹，以及射弹内的爆破弹头，比如高爆弹。高当量炸药或猛炸药是更有威力的化学爆炸物，是典型的军事用途化学爆炸物。爆炸性化学武器不同于化学武器，化学武器不需要炸药就能造成伤害。

许多政府机构不承认或不公布高当量和低当量爆炸物之间的任何界限。有些政府机构倾向于把军用级炸药与商用级炸药分开，在美国国土安全部和英国民事应急秘书处发布的定义和政策文件中，CBNRE 中的“E”指爆炸物。在加拿大的公共安全标准中，“E”指高当量炸药，这更有意义，因为当几乎所有的军队和恐怖分子的武器都使用某种化学爆炸物时，我们不想将除了高当量爆炸物之外的其他化学爆炸物看作特殊的。然而，立法者和检察官倾向于将所有的爆炸物都纳入 CBNRE，以便让起诉更容易。的确，一些恐怖活动策划者以意图使用大规模杀伤性武器被起诉，尽管他们唯一的目标武器是自制炸弹。

高当量炸药的威力非常大，如果一个体积比人的拳头还小的炸药放置得当，其威力足以使增压的客机发生灾难性故障。这样的炸药往往价格昂贵，而且仅有受信任的军事客户能够获得，但军用器械可能会落到叛乱分子和恐怖分子手里。此外，1988 年 12 月，1 名利比亚特工在苏格兰洛克比上空用塞姆汀塑料炸药摧毁泛美航空 103 航班。塞姆汀塑料炸药是种物理塑料，易于处理和使用，也没有能让爆炸物检测犬和其他探测器发出警报的化学特征。

2. 简易爆炸装置

在过去，所有的爆炸装置都被称为“炸弹”或“地雷”，但这些术语在军事上的含义更为狭窄，所以最近几十年这些术语专门用来指代简易爆炸装置（Improvised Explosive Devices，IED），以便与工业生产的军用弹药区别。恐怖分子常用的武器是由重新改造的军械或可公开获取的化学物质（如农用肥料和燃料油）以及一些引爆系统（通常是电子系统）临时制造的。21 世纪头十年，超过一半的恐怖袭击使用爆炸物。叛乱分子也越来越依赖爆炸物，特别是在缺乏安全军需品的地区发动叛乱，比如 2003 年外国入侵后的伊拉克。每当外国叛乱分子迁移，他们的技能和材料就会散播。从“9·11”事件到 2010 年，仅高伤亡爆炸（每起爆炸至少造成 15 人死亡）就造成全球 26000 多人死亡，其中 60% 在伊拉克。尽管在政治重建和军事变革之后，伊拉克的伤亡率在 2007 年底有所下降，但这一比例仍然很高，而且保持稳定，每 6 个月就有 500 ~ 1000 人死于高伤亡爆炸。与此同时，从 2007 年起，巴基斯坦境内伤亡率高的
203 爆炸事件频发。与高伤亡爆炸相关的一些技术在墨西哥等地扩散，非法贩毒集团利用这些武器袭击同行和政府。2003 ~ 2007 年，驻伊联军平均每天遭受 13.7 次简易爆炸装置袭击，由此造成的死亡人数约占占领伊拉克前 4 年美国战斗人员死亡总数的 2/3。2008 ~ 2009 年，阿富汗的简易爆炸装置袭击频率翻了一番，由此造成的死亡人数约占美国战斗人员死

亡人数的 80%（Marshall & Cole，2011，p. 7）。

3. 车载简易爆炸装置

小型便携式装置对远郊地区和严格控制下的城市地区的恐怖分子或叛乱分子更具吸引力，这些地区的车辆都要接受搜查。大型设备需要时间收集和准备，通常必须用大型车辆运输。官方将这些装置称为“车载简易爆炸装置”，车辆通常是汽车，但袭击者使用摩托车、自行车甚至手推车实施威胁活动；使用卡车的简易爆炸装置通常用来摧毁大型建筑物，尽管大卡车实际上不可能装满炸药，除非行动者在“腐败国家”或“失败国家”使用不安全的官方库存炸药。

4. 人体携带简易爆炸装置

人可以运送炸药并引爆自己或由他人远程引爆。虽然通常被称为“自杀式炸弹”，但并不都是自杀性的，因此它们被恰当地称为“人体携带炸弹”、“人体炸弹”或“人体携带简易爆炸装置”。自杀式炸弹袭击者暗示他们有意在爆炸中自杀。然而，一些炸弹袭击者被骗携带由控制者远程引爆的炸弹，还有一些人可能打算在爆炸前扔下爆炸物，但最终炸弹被过早引爆。

人体携带简易爆炸装置是有效的，因为人可以在引爆前采取防护措施。但是，人体携带的爆炸物要比一般的车载爆炸物少，因此人体携带简易爆炸装置用来袭击虽然设防但易受攻击的目标。人体携带简易爆炸装置被用于以下目标或情况。

一是暗杀非常重要的人类目标（例如，2009 年 3 月 10 日，在阿库雷萨的一个露天节日上，1 名“泰米尔伊拉姆猛虎解放组织”成员杀死了 1 名斯里兰卡部长和 14 名其他人员）。

二是在其他袭击者袭击之前杀死警卫（2010 年 4 月 5 日，在巴基斯坦北部白沙瓦的美国领事馆，人体炸弹袭击了当地的警卫，随后其他袭击者发起了袭击）。

三是在公开场合伤害聚集的平民（2004 年 3 月 2 日，大约 12 名自杀式炸弹袭击者和两辆载有爆炸装置的车辆袭击了在伊拉克卡尔巴拉庆祝什叶派节日的人群，造成 180 人死亡、500 多人受伤）。

四是伤害封闭空间内数量较少的人群（2005 年 11 月 9 日，伊拉克“基地”组织的自杀式炸弹袭击者袭击了约旦安曼的 3 家酒店，造成 60

多人死亡、100 多人受伤）。

人体炸弹是非常罕见的，在所有恐怖袭击中所占的比例很小，但在
204 过去的 10 年里，频率大大增加。人体炸弹袭击可能比其他任何类型的袭击都更致命或者造成更严重的伤害。根据罗伯特·帕佩（Robert Pape，2005）的统计，1983～2003 年仅发生 315 起自杀式炸弹袭击；2007 年发生了 500 多起，达到年发生频率的峰值，其中大部分发生于伊拉克；2003～2010 年，伊拉克发生了 1003 起有记录的自杀式炸弹袭击事件。阿富汗的自杀式炸弹袭击也有所增加，从 2003 年的 2 起增加到 2006 年的 123 起。

1980～2003 年（不包括“9·11”事件），全球范围内每起人体炸弹袭击平均造成 12 人死亡。在伊拉克，2003～2010 年，每起人体炸弹袭击造成平均 12.5 人死亡，共造成 12484 名平民和军人死亡。受伤的平民中 28.6% 最终死亡，与小型武器造成的受伤死亡率相似。士兵的伤亡相对较少，79 起人体炸弹袭击共造成 200 名士兵死亡。在此期间，伊拉克人体炸弹袭击造成 42928 名平民（19%）伤亡，其中 30644 人（26%）受伤、12284 人（11%）死亡（Hicks，Dardagan，Bagnall，Spagat，& Sloboda，2011）。

5. 爆炸成型弹丸

有一类爆炸性化学武器更像是一种火器（正如本章最后一节所描述的），因为它发出爆炸成型弹丸，但通常被错误地与简单爆炸装置混为一谈。事实上，爆炸成型弹丸可能是临时制成的，也可能不是。爆炸成型弹丸武器由延性物料（如铜或铅）制成，呈现为锥形，尖端对着爆炸性材料，远离目标。当炸药引爆时，延性物料被压扁，细长的射弹以非常快的速度射向目标。爆炸成型弹丸通常用于攻击装甲车辆。爆炸成型弹丸可以是工业生产的，也可以临时制成。尽管任何简易爆炸装置都无法达到工业量产程度，但伊拉克的叛乱表明制作爆炸成型弹丸必需的材料和技能已经扩散了。

（二）材料

下文将详细介绍爆炸材料，包括军用弹药，商业炸药，硝铵基混合物，硝酸铵、氯化钾、过氧化氢和商用燃料的替代品。

1. 军用弹药

军用弹药含有用于发射或破坏的爆炸物。军用弹药对恶意使用者很有吸引力，因为它们的推进剂或弹头通常含有比商用替代品更高能（更高当量）的爆炸材料。军用爆炸物能量高、具有稳定性，恶意行为人很难实现这种结合。例如，三硝基甲苯（TNT）能量充足、具有稳定性（稳定到需要更多的高能材料才能将其引爆），在商业和军事领域已经使用了 100 多年。

爆炸装置必须以某种方式包装以便运输或投送。最有可能使用的部件是弹壳、雷管和主装炸药或装药。炸弹通常由飞机投送，以自由落体方式下落。有些炸弹是由翼片或主动推进装置引导的，通常被称为“导弹”，尽管所有的射弹都是一般意义上的导弹。地雷是埋在地里或放置在
地面上的爆炸装置，会被经过或靠近它们的东西引爆。最典型的可以单 205
手携带、武装和投掷的小型装置是手榴弹（它们也曾被称为“炸弹”）。便携式地雷与手榴弹更容易藏匿和携带，但除非受害者在几十码距离内，否则通常不会致命。因此，大多数地雷在引爆前需要受害者踩到装置上，而手榴弹通常是朝目标投掷。

军用弹药可以转换成其他形式的爆炸装置。例如，可以抽空弹药中的爆炸物，这样就可以使用不同的方式进行包装；可以将弹药与其他更容易引爆的装置放在一起，其他弹药爆炸时会将其引爆。可以采用不同的引爆系统将军用弹药引爆，例如，如果安装不同的雷管，航空炸弹就可能成为地雷。

2. 商业炸药

简易爆炸装置可以使用商业用途（如用于工业采矿作业的化学爆炸物、燃料或农业肥料）的材料制作。这样制作出来的爆炸物往往不如军用爆炸物稳定和/或能量大，使用者需要更大的设备来获得同样的当量，这意味着在收集、运输和使用此类材料方面会有更大的负担，尽管在管理不善或管制疏松的社会，可能不会引起政府的注意。

有些爆炸物是可以通过商业途径获取的，包括炸药（dynamite，被多孔材料吸收的一种硝酸甘油）和季戊四醇四硝酸酯（PETN），但通常要有严格的许可证。它们通常以棒状包装，有几磅重。

炸药可以作为引爆线（在一根线或塑料涂层内）或雷管，它们都是

非常敏感的小型爆炸物容器，用于引爆主装炸药。这些剂量可以用于引爆其他爆炸物，但通常不会造成伤害，除非紧贴人体。叛乱分子曾使用引爆线来处决被俘者，而不是用简易爆炸装置的引爆线或雷管。引爆线或雷管可以与简易装置中的其他炸药混合在一起增加重量，或者加快集体爆炸。理论上，恶意行为人可以收集足够多的引爆线或雷管制成大型炸弹，但这样做会带来不必要的负担。

商业炸药通常只允许用于商业爆破或采矿，但商业用品在腐败下会被卖给恐怖分子。例如，2004 年 3 月 11 日，恐怖分子袭击西班牙马德里火车，造成 191 人丧生。

3. 硝酸铵炸药

硝酸铵（AN）是种常见的化合物，可用作几种爆炸性混合物的主要成分。硝酸铵最常见的用途是农业肥料，农业肥料可能会意外爆炸。例如，2013 年 4 月 16 日，得克萨斯州西部小镇的硝酸铵化肥厂发生火灾，导致 15 人死亡、200 人受伤，75 栋房屋被夷为平地。火灾可能是人为引起的。

硝酸铵和燃料油（铵油炸药，ANFO）的混合物是一种常见的以化合物形式出售的炸药，可由市售材料制成，如柴油。如果处理得当，铵油炸药的爆炸当量可达 TNT 的 1.4 倍。硝酸铵通常以 110 磅（50 千克）的袋装供应。恐怖分子在管制严格的发达国家使用铵油炸药实施大规模
206 爆炸，因为在这些国家几乎不可能获得军用武器。例如，1993 年 4 月 24 日，爱尔兰共和军对伦敦主教门的袭击（2000 磅炸药，1 人死亡）；1995 年 4 月 19 日俄克拉何马城爆炸案（4000 磅炸药，168 人死亡）；“圣战”分子谋划袭击伦敦夜总会和购物中心（2004 年 3 月 30 日，查获了 1000 磅炸药）；2006 年，“圣战”分子密谋袭击多伦多证券交易所；2012 年 7 月 22 日，安德斯·贝林·布雷维克（Anders Behring Breivik）引爆了一辆位于挪威奥斯陆市中心首相办公室附近的车载简易爆炸装置（2000 磅炸药，造成 8 人死亡，布雷维克收集了 3 吨硝酸铵）。

叛乱分子和恐怖分子在阿富汗广泛使用铵油炸药，那里的大型军事弹药比伊拉克少。大多数阿富汗的铵油简易爆炸装置约 40 磅（18 千克），但有些超过 1000 磅（454 千克）。在阿富汗，大多数使用军用爆炸物的简易爆炸装置重 5 ~ 10 磅。

阿富汗境内的大部分硝酸铵是在巴基斯坦生产的。2009 年 11 月，西北边境省政府下令禁止使用硝酸铵和硝酸盐化肥。2010 年 1 月，阿富汗和巴基斯坦两国政府禁止使用硝酸铵。2012 年前 7 个月，阿富汗的硝酸铵产量（约 480 吨）比 2011 年增加了 1 倍，而简易爆炸装置的数量也达到新高（16600 个）。2012 年，根据联合部队的报告，在阿富汗约 65% 的简易爆炸装置使用了硝酸铵和燃料油。

硝酸铵和燃料油炸药替代品包括硝酸铵和糖（ANS）以及硝酸铵铝（ANAL）。

4. 硝酸铵的替代品

2013 年 4 月，位于新墨西哥州的桑迪亚国家实验室免费发布了一个肥料配方（在硝酸铵中加入硫酸铁生成硝酸铁和硫酸铵，且粉末会变成绿色），但批评者称，尿素甚至尿液都可能导致其发生逆向反应。

可以使用爆炸性不强的尿素来代替硝酸铵，但农民更喜欢硝酸铵，因为农业产量会更高。使用尿素的简易爆炸装置能量较低，更难引爆。例如，2010 年 5 月 1 日，出生于巴基斯坦并加入美国国籍的费萨尔·沙赫扎德试图在纽约时代广场发动袭击，1 辆装有丙烷、汽油、烟花、火药和尿素肥料的车载简易爆炸装置爆炸失败，商贩们注意到烟雾并报警。

5. 氯酸钾

另一种具有潜在爆炸性的商业用途化合物是氯酸钾（$KClO_3$），用于漂白纸张、制作火柴和烟花。作为一种原料，它的爆炸性比硝酸铵小，因此需要更多的化学品和材料来制作同等当量的简易爆炸装置。2002 年 10 月 12 日，与“伊斯兰祈祷团”有联系的“圣战”恐怖分子使用由氯酸钾、铝和硫黄制成的简易爆炸装置袭击了巴厘岛的 1 家夜总会和 1 家酒吧，他们最大的车载简易爆炸装置装有大约 2000 磅的炸药。在 2009 年强制取缔硝酸铵之后，氯酸钾在阿富汗东部和巴基斯坦西部地区变得更为常见，主要来源于印度等地区的商业供应。2013 年初，巴基斯坦的“圣战”组织“虔诚军”使用氯酸钾实施了两次爆炸袭击。 207

6. 过氧化氢

过氧化氢是三过氧化三丙酮（TATP，一种敏感的液体炸药）和六亚甲基三过氧化二胺（HMTD，一种更稳定的爆炸物）的主要成分。虽然三过氧化三丙酮不稳定，但恐怖分子经常使用。例如，2001 年 12 月 22 日，英国人理查德・里德在客机上试图点燃藏在鞋子里的简易爆炸装置；2005 年 7 月 7 日，4 名自杀式炸弹袭击者在伦敦交通工具上自杀身亡，并造成其他 52 人死亡；2006 年 8 月，英国“圣战”分子密谋炸掉从美国飞往伦敦的航班；2006 年 9 月和 2009 年 9 月，丹麦“圣战”分子先后密谋在沃尔莫斯和哥本哈根发动袭击；2007 年 9 月，德国“圣战”分子密谋在绍尔兰袭击目标；2008 年 5 月 22 日，英国人尼基・赖利（Nicky Reilly）试图在一座购物中心的一家餐厅里引爆自己，但他最终只点燃了自己的身体；2009 年 9 月，美国的“圣战”分子密谋炸毁纽约地铁。

7. 商用燃料

商用燃料，如柴油和丙烷，很容易被用作爆炸材料，但在与其他材料混合之前通常不会爆炸，这与大众认知的汽车和油桶易于爆炸相反。恐怖分子使用燃料发动的袭击往往会失败。例如，2006 年 7 月，2 名英国籍印度“圣战”分子试图袭击伦敦莱斯特广场的“老虎”夜总会，两辆汽车装满了丙烷、汽油和钉子，但未能引爆；相同的行凶者试图用类似的汽车炸弹袭击苏格兰的格拉斯哥机场，但最终只点燃了自己；2010 年 5 月 1 日，费萨尔・沙赫扎德试图袭击纽约时代广场，他在车载简易爆炸装置中加入了丙烷和汽油，但这两种材料都没有爆炸。

（三）影响

爆炸装置对那些不想将自己暴露在对抗措施下的攻击者很有吸引力，因为爆炸物可以事先准备好，并在投放者离开后引爆或远程引爆。大多数爆炸袭击造成轻微伤害，不会造成任何人死亡。如果人们受到伤害，更多的是受创伤或精神损害，受伤者的死亡率一般为 10%。经验丰富、训练有素、拥有大量外国物资和当地目标的恐怖分子可在不留下指认证据的情况下大幅提高杀伤力。例如，在北爱尔兰，恐怖主义爆炸事件造
208 成的军事伤亡致死率至少为 22%。

爆炸在较近的距离是致命的，具有破坏性，但往往会被建筑物阻挡。因此，如果爆炸装置距离人群较近且在入口或孔径有限的建筑物内引爆或者爆炸导致建筑物顶部坍塌，都是极具威胁性的。大多数建筑物能够

经受住一般大小简易爆炸装置的爆炸冲击，尽管冲击波可能会震落建筑物内的窗户或其他易碎材料，影响到居住者。除非装置非常大（如装满卡车），并沿着建筑物或在其内部爆炸，或者目标非常脆弱（如增压的客机），否则大多数建筑物不会出现灾难性毁坏。

然而，如果大型简易爆炸装置放置在关键结构元件附近，可能会对几乎所有结构造成灾难性破坏。例如，1983 年 4 月 18 日，一名恐怖分子将一辆面包车开进美国驻贝鲁特大使馆的门厅，然后引爆爆炸物，导致高楼坍塌，尽管大部分建筑没有倒塌，但造成 63 人死亡。1983 年 10 月 23 日，一名恐怖分子驾驶一辆卡车冲进贝鲁特附近一座相似规模的建筑的大厅，这座建筑是执行维和任务的美国海军陆战队住宿处。爆炸导致大楼倒塌，242 人死亡，与此同时 58 名法国人员在对法国军营的同步袭击中丧生。

更小型的炸药可能会导致脆弱结构或承压结构失效。例如，1988 年 12 月 21 日，一个藏在无线电录音机里的半磅重的塞姆特克斯塑料炸药在苏格兰洛克比上空摧毁了泛美航空 103 航班，造成 270 人死亡。

爆炸和高温可能会引发火灾，造成更多的人死亡。例如，2002 年 10 月 12 日，在巴厘岛一条狭窄的街道上，一辆货车携带的爆炸装置导致邻近的建筑物部分倒塌，包括一家夜总会。一名自杀式炸弹袭击者同时袭击了一家酒吧，死亡总人数是 202 人，其中大部分人死于夜总会的火灾。2004 年 2 月 27 日，一枚小型炸弹在菲律宾马尼拉的一艘超级渡轮上爆炸，爆炸未造成人员死亡，但引发了一场大火，火灾造成至少 116 人死亡。

平民比军事人员更有可能受到恐怖袭击的伤害，部分原因是士兵有更强的防御能力，比如装甲车和防弹衣。经济影响往往也相当严重，爆炸装置可能破坏基础设施，进而扰乱经济。即使是假的或未爆炸的简易爆炸装置，相关机构也会封锁道路或公共区域，直到装置被正确识别并被安全清除，这一过程通常会持续数小时。2002 ~ 2010 财年，美国花费了 170 亿美元用于防止获取简易爆炸装置和打击简易爆炸装置活动。

（四）官方应对

2007 年 2 月 12 日，美国第 19 号（HSPD - 19，Combating Terrorist

Use of Explosives in the United States）国土安全总统令提出制定阻止、探测、防范和应对美国境内恐怖分子使用爆炸物的国家战略和实施计划。在 HSPD－19 框架下，国土安全部、司法部和国防部成立了联合项目办公室，协调政策和计划的执行，打击美国境内恐怖分子使用爆炸物的行
209 为。国土安全部成立了防爆办公室作为其牵头负责部门。

七 能量武器

能量武器通过电磁、光、热或声音直接将能量传递给目标。

一些能量武器是任何人都可以通过商业途径获得的。例如，市售的手持式激光灯可以作为教学用的指示器，其威力足以让商用客机的飞行员在着陆时眩晕。尽管在地面上用这一设备瞄准目标不太容易，不会导致飞行员失明，但它具有足够的干扰性，可能会影响飞行员安全着陆。

自 2000 年以来，更强大的激光器，有些带有目标跟踪技术，已经可以用于军事目的，如可致盲的光学传感器。一些手持式军用激光器可以在大约 1 英里的范围内损坏图像增强器和热成像仪。这种能量的激光很容易让人失明，但其使用在现行国际法中似乎是非法的，而且它们通常是通过电磁带来配置的，以避免对人眼造成损害。

一些能量武器已经发展为短程非致命武器的替代品，例如微波武器引起令人不快的热感觉，声波武器用声波爆炸而不是用化学能产生的爆炸来击倒人。然而，这些武器仍然昂贵，以往也只是致力于有效地让人类丧失能力而不至于死亡。考虑到一些技术上的不成熟和国家差异，具有讽刺意味的是，能量武器的使用者比动力武器的使用者面临更大的伦理、法律和技术上的不确定性。

最具破坏性但并非最致命的能量武器是电磁武器，最小的核爆炸产生的电磁能足以摧毁数英里外的未屏蔽电子设备。禁止使用和扩散核武器意味着这种电磁武器不太可能成为现实，但一些非国家行为体可能会考虑使用电磁武器。在高度发达、人口稠密的地方，军用电子设备往往被屏蔽，因此电磁能对民用目标的影响最大。

八　火器

本节介绍“火器”的定义，回顾枪支暴力、恐怖分子使用枪支的情况以及官方的应对。

（一）定义

火器是由内部爆炸推动射弹的武器。这种内部爆炸通常是化学能产生的，一发弹药通常由射弹后面的化学推进剂装药组成。更奇特的武器可以使用电磁轨道或压缩空气发射类似的射弹，但这些往往是试验性武器或特殊用途的武器。 210

根据这个定义，火器包括最大的火炮，但这些主要是军用危险物，很少作为民用危险物出现。本章只介绍几种类型的火炮，但后面几章将介绍更多的防空武器、反舰武器和反车辆武器。

在军用和民用方面，更常见的危险是轻武器，如步枪、手枪和左轮手枪。有时便携式火箭发射器或自行推进导弹发射器也被视为轻武器，其中包括火箭推进榴弹，其中一些小到可以作为步枪附件安装，尽管生产最多的型号是架在肩上发射的传统苏联设计（RPG－7）。一些肩射导弹（不准确地称为“火箭筒”）用来摧毁坦克或击落飞机（单兵便携式防空系统）。

（二）枪支暴力

人类的意图与人对火器的使用促成了火器暴力犯罪。火器大大增加了威胁，虽然大多数有机会获得火器的人不会使用火器犯罪，但当人们有伤害（自己或他人）的意图并且有机会获得火器时，火器造成的伤害显然大于徒手。大多数自杀和暴力犯罪是冲动性的，如果在没有武器的情况下出现这种冲动，那么这个人会使用另一种通常较为温和的方法来伤害自己或他人。当然，一个有足够意图的人可以获得其他武器（如厨房刀具，几乎在任何地方都可以合法购买）来实施谋杀，但很自然，任何可用且更有害的武器都会使威胁变大。在严格限制公众持有枪支的国家，即便暴力犯罪率与枪支管制较宽松的国家相似，但其致命犯罪率更低。

据世界卫生组织估计，2004 年，蓄意暴力伤害造成 160 万人死亡，其中 51% 为自杀，37% 死于暴力，11% 死于战争和其他大规模冲突。

联合国毒品和犯罪问题办公室估计，每年全球非法枪支市场的规模为 1.7 亿 ~3.2 亿美元，占合法市场的 10% ~20% （U. N. Office on Drugs and Crime，2010a，p. 129）。

在美国，民众获得枪支最容易。美国人人均拥有的枪支最多（人均 0.88 支），拥有的总枪支数最大（2.7 亿支），在大多数民主国家仅限军事或执法人员使用的枪支类型（如半自动步枪）所占比例较大。1994 年，美国国会通过了一项有关攻击性武器（类似于全自动步枪的半自动武器）的联邦禁令，但该法律于 2004 年到期。

美国的枪支拥有量有两个极端，即大多数美国人要么没有枪支，要么拥有几支枪。能获得枪支的美国人枪支犯罪很少。事实上，虽然美国人拥有私人枪支的比率约为每十万人拥有 8.8 万支，但美国人枪支谋杀的比率为每 10 万人发生 2.97 起。与其他大多数民主国家的居民相比，美国人普遍遭受更多的暴力，尤其是枪支暴力。尽管自 20 世纪 80 年代
211 以来，美国的凶杀率有所下降，但枪支凶杀案所占比例仍然保持不变（约 80%）。这一比例高于除墨西哥以外的其他任何地方，墨西哥的枪支犯罪因非法麻醉品冲突而加剧。美国人遭受的暴力比瑞士严重得多［瑞士人均持枪率在民主国家中排在第 2 位，在所有国家中排在第 3 位（第 2 名是也门）］。

如今，美国人遭受的暴力犯罪（所有类型，包括凶杀）比例的中位数与英国、法国和德国等国家相似，但美国的凶杀率远高于这些国家。例如，2010 年，美国人口约为英国人口的 5 倍，枪杀案是英国的 244 倍，英国只发生了 41 起枪杀案。2010 年，枪支造成 0.01% 的美国人死亡，其中约 2/3 是自杀或意外，1/3 是犯罪造成的。

自 20 世纪 80 年代以来，包括凶杀案在内的大多数暴力犯罪在美国都有所减少。根据盖洛普的调查，私人持枪比例也从 1994 年的 54% 下降到 40% 的低点。然而，枪支犯罪在犯罪中所占比例（约 80%）并未下降。在 2000 年低谷之后，枪支犯罪开始增加。2010 年是美国公布枪杀数据的最后一年，当年有 31000 多名美国人被枪杀，每 10 万名居民中就有

10 人被枪杀，其中约有 1.9 万人（约 61%）自杀（每 10 万人中有 6 人以上），11078 人被他人持枪杀害（每 10 万名居民中有 3.6 人死亡），只有 3% ~4% 的死亡是意外造成的。2010 年，枪支造成的医疗费用和失业成本总计 680 亿美元（Newsome，2014，pp. 165 - 167）。

（三）恐怖分子使用枪支情况

大多数恐怖袭击是炸弹袭击，其次是轻武器。轻武器携带方便、使用简单，但轻武器的子弹（伤害死亡率约为 30%）往往比爆炸（伤害死亡率约为 10% 的致死率）抛射和携带的射弹更致命。

与爆炸装置需要放置不同，轻武器的使用者可以根据目标调整位置，设法让目标暴露并避开其防御。因此，在所有的伤亡中，轻武器的攻击往往造成更多的死亡。自 2003 年以来，伊拉克发生的大多数暴力死亡事件是枪支造成的，其中许多手无寸铁的受害者是被近距离杀害的，这可以解释为何轻武器死亡率高（约 50%）。

在南亚，轻武器对十分活跃的恐怖分子更具有吸引力。例如，2009 年 3 月 3 日，来自巴基斯坦的“圣战”组织“虔诚军”的 12 名袭击者，在巴基斯坦拉合尔的自由广场上袭击了斯里兰卡板球队乘坐的巴士，6 名警察和 2 名平民司机被杀，9 人受伤。袭击者骑着摩托车逃跑了，但后来一些袭击者被逮捕。

轻武器攻击的供应侧障碍包括武器的不可用性、使用者对近程杀伤的厌恶以及对防御对策的恐惧。例如，安德斯·贝林·布雷维克花费时间并用一些国际阴谋获得了武器（猎枪、卡宾枪、手枪），2011 年 7 月 22 日，他使用这些武器在挪威奥斯陆附近的一个岛屿上杀死了 69 人。后来，在法庭上，他承认花了更多时间观看暴力电影和视频游戏以做好 212
心理上的准备，他说“按下按钮引爆炸弹很容易，但是实施使用枪支的野蛮的行动很难”（Pidd，2012）。

很少有同时使用多种武器实施袭击的，这些多武器或多方法袭击更具挑战性，但更有效。袭击者可能使用爆炸物穿透外部边界，进入内部后使用轻武器，或者用爆炸来吸引使用轻武器的反应部队的注意力。例如，2005 年 4 月 2 日，袭击者在伊拉克阿布格莱布监狱周边引爆了 7 个车载爆炸装置，随后袭击者携带轻武器越过了监狱围墙。2012 年 9 月 14

日，自杀式炸弹袭击者打穿了阿富汗外国联军基地堡垒的周界，以便持枪者进入基地。2013 年 7 月 22 日，在迫击炮的支援下，车载自杀式炸弹袭击者再次突破阿布格莱布监狱的围墙，而袭击者使用轻武器拦截了反应部队。500～600 名囚犯逃跑，数十名囚犯和安全部队人员被打死。

枪支是美国恐怖主义中最致命的武器。自“9·11”事件以来，19 名美国宗教极端分子实施了 17 次暴力袭击，其中 9 起涉及枪支，3 起使用简易爆炸装置，3 起使用刀片式武器，1 起使用过汽车，1 起使用过飞机。在同一时期，在美国的 20 万起谋杀案中，约 75% 是枪杀案（Kurzman，2013，2015）。

（四）官方应对

大多数美国人害怕枪支犯罪，这些恐惧推动了大部分对枪支的防御性需求。拥有和携带枪支的自由抵消了民众对枪支犯罪的敏感，一些城市和州立法禁止拥有或携带枪支，但国家对枪支管制的政治意图并没有发生重大变化，直到 2012 年发生了一系列大规模的枪杀案，其中最严重的是 2012 年 11 月 30 日发生在康涅狄格州纽顿市桑迪胡克一所小学的枪击案，造成 20 名儿童和 6 名成人死亡。凶手是 20 岁的亚当·兰扎（Adam Lanza），袭击小学之前他在家中开枪打死母亲，后来在学校内开枪自杀。2012 年底，奥巴马政府推动了更严格的联邦立法。这一事件说明了冲击（不寻常事件）改变民众或政治敏感性的可能性。政府公布了 23 项独立的行政行动，包括新的有关冲锋枪、大容量弹匣的禁令以及更广泛的买方背景调查，尽管这些行动在国会遭到阻挠。

奥巴马政府的举措很快就被取消，但在 2013 年晚些时候重新启动。2012～2013 年，34 岁的亚伦·亚历克西斯（Aaron Alexis）受雇于美国海军作为承包商在海军基地维护电脑。2012 年 9 月 16 日，他使用自己背包里的枪支，在华盛顿海军造船厂杀死 12 人，随后被警方击毙。奥巴马总统利用这个案件再次呼吁进行枪支管制，尽管人们更加关注亚伦·亚历克西斯在有精神疾病史和三次被捕历史（其中两次他辩解是枪支走火而被释放）的情况下如何仍能被准许持枪。2014 年 3
213 月，美国国防部公布了修改枪支审批系统和场地安全措施。

☞ 本章案例

我们如何才能够提高核安全？

萨姆·纳恩

显然，在恐怖主义猖獗的时代，航空业的经济活力依赖于安全保障体系，各国依靠这一体系来保护本国公民。针对地球上潜在的最危险物质的安全保障难道不应该有同样有效的方法吗？

我们仍需要广泛地考虑核安全问题，因为核安全受到不扩散、裁军和核能源的影响。例如，让我们思考这些问题和挑战：继续无限制地增加核材料储存对安全有何影响？我们在和平核能项目（也可用于核武器）的技术推广方面做了什么？我们能否就核燃料循环的新方法达成共识、缩小差距？我们能否大胆地思考并采取大胆的行动，让（核燃料的）浓缩与再生产置于严格的国际监督下？

所有这些领域的交叉点是核材料及其是否得到负责任的管理。核安全不是个单独的问题，它是个持续和永久的任务，根据相关领域的政策决定，这项任务可以变得更容易或更困难。

我的底线是：世界需要一个核材料安全系统，在这个系统中：

1. 所有可用于核武器的材料，无论是民用的还是军用的，均需被涵盖。

2. 所有国家都遵守国际公认的标准和最佳做法。

3. 各国通过采取令人放心的行动，例如邀请外部专家对其设施进行同行审查，向对方表明本国已建立了有效的安全机制。

4. 各国减少材料库存和存储设施的数量以降低风险。

作者简介：萨姆·纳恩，1972～1997 年担任佐治亚州参议员。目前是“核威胁倡议”的联合主席兼首席执行官，这是个致力于减少核武器、生物武器和化学武器威胁的非营利、无党派组织。 214

◇ 本章小结

1. 总体上界定物质致灾因子，回顾过去恶意使用物质致灾因子的情况，预测未来物质致灾因子的使用，并回顾官方的应对。

2. 定义化学致灾因子，描述工业化学致灾因子、化学武器，研究对恶意使用化学武器风险的预测，以及回顾国际和美国的应对。

3. 定义和描述生物致灾因子，预测恶意使用，并介绍应对方案。

4. 界定核致灾因子，描述这些致灾因子的可能范围，回顾过去的核事故，预测恶意使用并回顾官方应对。

5. 界定放射性致灾因子，描述过去的恶意使用并提出切实可行的应对方法。

6. 定义化学爆炸致灾因子，描述用于制造危险和威胁的材料，描述爆炸物的影响，并回顾官方应对。

7. 界定能量武器并回顾以往的使用情况。

8. 界定枪支，回顾枪支暴力、恐怖分子使用枪支的情况以及官方的应对。

◇ 关键术语

Ammonium Nitrate（AN，硝酸铵）

Ammonium Nitrate Aluminum（ANAL，硝酸铵铝）

Ammonium Nitrate and Fuel Oil Mixture（铵油炸药）

Ammonium Nitrate and Sugar Mixture（硝酸铵和糖混合物）

Anthracis（杆菌）

Anthrax（炭疽）

Biological agent（生物制剂）

Biological hazard（生物致灾因子）

Biological weapon（生物武器）

Bioregulator（生物调节剂）

Biotoxin（生物毒）

Blast（爆炸）

Blast cap（雷管）

Body-borne IED（人体携带简易爆炸装置）

Bomb（炸弹）

Botulinum（肉毒杆菌）

Botulism（肉毒中毒）

Chemical explosive（化学爆炸物）

Chemical explosive hazard（化学爆炸致灾因子）

Chemical hazard（化学致灾因子）

Chemical weapon（化学武器）

Commercial-grade explosive（商用级炸药）

Detonating cord（导爆索）

Dirty bomb（脏弹）

Dynamite（炸药）

Energy hazard（能量致灾因子）

Energy weapon（能量武器）

Explosive（爆炸物）

Firearm（火器）

Grenade（手榴弹）

Hand grenade（手榴弹）

Hazard（致灾因子）

High explosive（猛炸药）

High-yield explosive（高当量炸药）

Human bomb（人体炸弹）

Improvised explosive device（简易爆炸装置）

Land mine（地雷）

Man-portable air defense system（单兵便携式防空系统）

Military-grade explosive（军用级炸药）

Mine（地雷）

Missile（导弹）

Nuclear hazard（核致灾因子）

Nuclear weapon（核武器）

Orphan source（无主放射源）

Pathogen（病原体）

Pathogenicity（致病性）

Pentaerythritol tetranitrate（PETN，季戊四醇四硝酸酯）

Prion（朊病毒）

Radiological hazard（放射性致灾因子）

Radiological weapon（放射性武器）

Ricin（蓖麻毒素）

Rocket-propelled grenade（火箭推进榴弹）

Salmonella（沙门菌）

215 Small arms（轻武器）

Suicide bomber（自杀式炸弹）

Threat（威胁）

Toxicity（毒性）

Trinitrotoluene（TNT，三硝基甲苯）

Vehicle-borne improvised explosive device（车载简易爆炸装置）

Weapon of mass destruction（大规模杀伤性武器）

◇ 思考与练习

1. 大规模杀伤性武器和 CBNREE 武器有何不同?
2. 为什么公众倾向于夸大 CBNREE 的风险?
3. 为什么恐怖分子很少使用 CBNREE 武器?
4. 哪些 CBNREE 武器最常被政府储存，被恐怖分子使用?
5. 国际上如何防御 CBNREE 武器?
6. 化学武器和化学爆炸物有什么区别?
7. 为什么化学武器比生物武器更容易获得?
8. 列举四类生物武器。
9. 为什么炭疽袭击的来源主要是官方，而蓖麻毒素的来源主要是私人?
10. 为什么核武器难以获得?
11. 核武器和放射性武器有何不同?
12. 放射性材料是如何用于杀人的?
13. 如果辐射泄漏，潜在的受害者应该如何减少自身的暴露?
14. 什么是高当量炸药?
15. 在什么情况下你会遇到更多的简易爆炸装置?
16. 为什么在制作简易爆炸装置时，恶意行为人更喜欢用军用炸药?
17. 为什么在制作简易爆炸装置时，恶意行为人更喜欢商业上的可用材料？

18. 哪些商业上可利用的材料能够用于制作简易爆炸装置？

19. 车载简易爆炸装置的目标通常是什么？

20. 恐怖分子在何种情况下更倾向于使用车载简易爆炸装置或人体简易爆炸装置？

21. 什么是能量武器？

22. 为什么能量武器比较罕见？

23. 为什么恶意行为人偏爱枪支而不是简易爆炸装置？

24. 一般在什么情况下使用枪支？ 216

第六章　自然风险

◇ 本章学习目标

在本章的学习中，需要理解并掌握以下内容：

1. 一般自然灾害和威胁。
2. 一般气候变化。
3. 一般天气事件。
4. 干旱和热浪。
5. 风暴、飓风、气旋及台风。
6. 龙卷风。
7. 洪水。
8. 地质地貌灾害（如沉降）。
9. 地震灾害（大多指地震）。
10. 火山灾害（如喷射出的熔岩和火山灰）。
11. 火灾（包括人为引起的火灾及野火）。
12. 宇宙灾害（如太阳风暴和流星）

2012 年 9 月，世界经济论坛采访了 1000 多名专家，发现他们对未来 10 年的全球风险更加悲观。这种观点的转变是因为持续的经济疲软降低了我们应对环境挑战的能力，受访者认为人类适应气候变化措施的失败是未来 10 年最具连锁效应的环境风险（Howell，2013）。

2013 年，世界经济论坛确定了以下 6 种自然灾害：一是极端天气事件，二是其他类型自然灾害，三是人为环境灾难，四是生物多样性受损和生态系统崩溃，五是水资源危机，六是减缓与适应气候变化措施的失败（World Economic Forum，2014，p. 13）。

世界经济论坛请专家们从 31 个选项中选择未来 10 年最大的风险，

最终选出的十大风险包括（其中包括4种自然风险）：一是主要经济体的财政危机，二是结构性高失业率和就业不足，三是水资源危机，四是收入的严重不平衡，五是减缓和适应气候变化措施的失败，六是更高的极端天气发生率，七是全球治理的失败，八是粮食危机，九是主要金融机 217
制/机构失灵，十是严重的政治和社会不稳定（World Economic Forum，2014，p. 9）。

一 自然灾害与威胁

本节定义了“自然灾害”和“威胁”，回顾了“自然风险”的趋势，描述了自然灾害和威胁的分布。

（一）自然灾害和威胁的定义

“灾害”（hazards）指那些处于无害状态的事物；“威胁”（threat）指那些处于有害状态的事物。“自然风险”（natural risk）指来自自然界的风险，这些来源是天然存在的，不是人为创造产生的，尽管人类活动通常是这些灾害转变为威胁的必要条件。当人类将自然灾害（natural hazard）转变为威胁时，这些威胁通常被视为“人为威胁”（human-made threat），通常难以区分其影响。

遗憾的是，我们没有自然风险的标准清单。国际风险管理理事会的自然力清单（风、地震、火山活动、干旱、洪水、海啸、野火、雪崩）也不完整（见表6－1）。

表6－1 国际风险管理理事会致灾因子清单

类型	子类
物理的	电离辐射，非电离辐射，噪声（工业活动、休闲活动等），动能（爆炸、坍塌等），温度（火灾、过热、过冷）
化学的	有毒物质、遗传毒性致癌物、环境污染物、化合物
生物的	真菌和藻类、细菌、病毒、转基因生物、其他病原体
自然力	风、地震、火山运动、干旱、洪水、海啸、野火、雪崩
社交	恐怖主义与破坏，人类暴力（犯罪行为），羞辱、围攻、污蔑，真人试验，群体性恐惧，心身综合征

续表

类型	子类
混合	食物（化学与生物因素）；消费产品（化学与物理因素等）；技术（物理、化学等因素）；大型建筑物，例如楼房、水坝、高速公路、桥梁；关键基础设施（物理、经济、社会组织与社会交际因素）

资料来源：Renn，2008，p.6；International Risk Governance Council，2005。

类似的，加拿大政府将自然风险分为气象、地质和生态风险，将其与健康及“新兴现象和技术”分开，后者也包括许多自然风险（见表6－2）。

表6－2　加拿大政府关于威胁和灾害的分类

组别	分类	范畴
有意的	犯罪	恐怖分子、极端主义者、个人罪犯、有组织犯罪团伙、企业或组织内部破坏者、企业间谍
	外国	国家支持的恐怖主义、间谍、战争集团
无意的	社会	移民、社会动荡和非暴力反抗
	技术与意外	泄漏、火灾、爆炸、建筑坍塌、系统误差导致的失败
健康	流行病与传染病	人类健康、动物健康
	大范围污染	药品和保健品污染，食品、水或空气污染，环境污染
新兴现象和技术	—	生物科学与技术、卫生科学、（再）新出现的健康危害、化学成分、新出现的自然灾害、材料科学与工程、信息技术
自然的	气象	飓风，龙卷风、风暴，冰雹、降雪、冰暴，洪水、风暴潮，雪崩，森林火灾，干旱，极端温度
	地质	海啸、地震、火山喷发、泥石流、地面沉降、冰川或冰山效应、空间天气
	生态与全球现象	虫害、过度开发与过度城市化的影响、全球变暖、极端气候变化

资料来源：Public Safety Canada，2013，p.65；*All Hazards Risk Assessment Methodology Guidelines*，2012－2013，p.65，http://www.publicsafety.gc.ca/cnt/rsrcs/pblctns/ll-ssssmnt/index-eng.asapx#ahra_business. 经加拿大公共安全和应急准备部长许可转载。

慕尼黑再保险集团（Munich Reinsurance Group，2011）统计了地球物理事件（地震、海啸、火山爆发、干运动）、气象事件（风暴）、水文事件（洪水、湿运动）和气候事件（极端温度、干旱和野火），将自然事件划分为0级到6级（见表6－3）。

表 6-3　慕尼黑再保险集团对自然事件的分类与统计

分类		财产损失	总损失（百万美元）				死亡数（人）
			20 世纪 80 年代	20 世纪 90 年代	21 世纪头十年	2010 年以后	
0	自然事件	无	—	—	—	—	无
1	小规模损失事件	小规模	0.63	0.91	1.18	>1.33	1~9
2	中等规模损失事件	中等规模	5.08	7.28	9.40	>10.60	>10
3	较大灾害	较大	29	42	54	>61	>20
4	重大灾害	重大	114	164	212	>230	>100
5	毁灭性灾害	毁灭性	305	437	504	636	>500
6	重大自然灾害	重大经济损失，同时保险赔付数额达到特殊的数量级					数千人

资料来源：Munich Reinsurance Group，2011。

本章将自然灾害和自然威胁划分为 11 类：一般气候变化，一般天气
事件，干旱和热浪，风暴、飓风、气旋及台风，龙卷风，洪水，地质地 218
貌灾害（如沉降），地震灾害（大多指地震），火山灾害（如火山喷出的熔岩或灰烬），火灾（包括人为引起的火灾及野火），宇宙灾害（如太阳风暴和流星）。

（二）发展趋势

自然风险普遍而广泛，总是被人类低估。自然风险事件发生的频率非常高，单个看起来微不足道，但是一旦将它们集中起来，造成的后果是惊人的。然而，与罕见但灾难性的事件相比，这些事件可能被忽略了。例如，人们更可能记住一辈子只经历了一次但在一天之内夺取数百人生命的洪水，而不是那些每年造成数千人死亡的小事件。

由于人类活动，许多类型的自然灾害变得越来越频繁，造成的损失
也越来越高（如风暴），即使人类活动实际上已经消灭了一些自然灾害
（如一些病原体）。 219

人类面临的自然风险增加，最简单原因是暴露程度的上升。在过去 200 年里，全球人口从 10 亿人增长到 70 亿人，而在这之前的 800 年里人口仅增长了 7 亿。当代人口集中在大城市，并延伸到更危险的地区。同时，生活水平较高的人对自然资源和商品的需求也更大（Swiss Re Group，2013，p. 5）。

事故通常是突发性灾害（rapid-onset hazard），缓发性灾害（slow-
220 onset hazard）则是由自然环境被长期开发而没有足够时间缓解或恢复造成的，如沙漠化、淡水枯竭、土壤盐化、土壤有毒污染、土壤侵蚀以及天气和气候变化（见表6－4）。缓发性灾害具有长期影响，有些是不可逆的。尽管一些乐观主义者预测未来技术能迅速解决这些缓发性灾害，例如需要更少的水或能够耐受更多含盐或酸性土壤的基因工程作物，但目前这些缓发性灾害正在不断恶化。

表6－4　不同类别自然灾害的致死率（1990～1999年）

类型	自然灾害类型	死亡率（%）
缓慢	饥荒和干旱	86.9
快速	洪水	9.2
快速	地震和海啸	2.2
快速	风暴	1.5
快速	火山喷发	0.1
快速	滑坡	低于0.1
快速	雪崩	微不足道
快速	野火	微不足道

资料来源：Wisner et al.，2004，p.3。

自然灾害的发生频率及其造成的损失都呈现出增加的趋势。2005年，自然灾害造成的损失创造了纪录；2011年，日本、新西兰、泰国及附近区域的地震和洪水造成的损失超过了2005年并创造了新纪录。随后的几年，自然灾害在全球范围内造成的损失逐年降低，主要经济损失集中于美国（见表6－6）。

表6－5　1950～1999年6级自然灾害的发生频率及造成的损失（10年期）与2000～2014年1级至6级自然事件的发生频率及造成的损失

时间	1950～1959年	1960～1969年	1970～1979年	1980～1989年	1990～1999年	2000～2009年	2010～2014年
事件发生次数	20	27	47	63	91	7675	4475
总经济损失（10亿美元）	42.7	76.7	140.6	217.3	670.4	934.0	945

续表

时间	1950～1959年	1960～1969年	1970～1979年	1980～1989年	1990～1999年	2000～2009年	2010～2014年
保险损失（10亿美元）	—	6.2	13.1	27.4	126.0	301.5	279

资料来源：Munich Reinsurance Group，2011。

表6－6　2000～2014年1级至6级自然事件发生的频率及造成的损失

年份	事件发生次数	经济损失（10亿美元）	保险理赔损失（10亿美元）
2000	约850	30	7.5
2001	约700	36	11.5
2002	约700	55	11.5
2003	约700	60	15
2004	640	150	48
2005	675	220	100
2006	850	50	15
2007	960	83	26
2008	750	200	45
2009	850	50	22
2010	960	150	38
2011	820	380	105
2012	905	170	70
2013	890	135	35
2014	980	110	31

资料来源：Munich Reinsurance Group，2011。

（三）分布、暴露与能力

一些人群在不同程度上暴露于更多的自然灾害，一些人群缺乏控制风险的能力。在所有暴露于风险的人群中，其中一些目标可能具有更好的控制风险的能力，而其他目标则具有较低的能力。一个自然事件，如风暴，对生活在偏远地区（未暴露）的人或有能力控制风险的人来说可能不值得一提，但对于没有这种能力且暴露的人来说可能是灾难性的。因此，自然风险是自然灾害、暴露于这种灾害和无法控制风险三方面共同作用的结果。

联盟发展工作组（The Alliance Development Works）发布的全球自然风险年度报告极具影响力，其中风险被看作暴露程度和风险控制能力的函数。报告指出：

> 我们的核心观点是，一个国家暴露于自然灾害和气候变化的影响并不是灾害风险产生的唯一因素，社会框架条件及采取行动的能力如快速感知能力、应对能力和适应能力更为关键。感知、应对和适应这三个部分描述了一个社会的脆弱性，并揭示了极端自然事件的发生会不会引发灾难。因此，通常情况下，一个国家的社会、经济、生态和制度条件使其在面临自然灾害时比其他国家更加脆弱。
> 222 (Beck et al.，2012，p. 18)

根据上述方式，联盟发展工作组每年对各国或地区的自然风险进行排名（见表6－7和表6－8）。

表6－7　自然风险世界排名：2014年50个风险最高的国家

排名	国家	世界风险指数
1	瓦努阿图	36.50
2	菲律宾	28.25
3	汤加	28.23
4	危地马拉	20.68
5	孟加拉国	19.37
6	所罗门群岛	19.18
7	哥斯达黎加	17.33
8	萨尔瓦多	17.12
9	柬埔寨	17.12
10	巴布亚新几内亚	16.74
11	东帝汶	16.41
12	文莱	16.23
13	尼加拉瓜	14.87
14	毛里求斯	14.78
15	几内亚比绍	13.75

续表

排名	国家	世界风险指数	
16	斐济	13.65	
17	日本	13.38	
18	越南	13.09	
19	冈比亚	12.23	
20	牙买加	12.20	
21	海地	12.00	
22	圭亚那	11.81	
23	多米尼加共和国	11.50	
24	尼日尔	11.45	224
25	贝宁	11.42	
26	智利	11.30	
27	乍得	11.28	
28	喀麦隆	11.20	
29	马达加斯加	11.20	
30	塞内加尔	10.96	
31	洪都拉斯	10.80	
32	布隆迪	10. 59	
33	塞拉利昂	10.57	
34	印度尼西亚	10.55	
35	多哥	10.47	
36	佛得角	10.32	
37	阿尔巴尼亚	10.17	
38	津巴布韦	10.01	
39	吉布提	9.93	
40	阿富汗	9.71	
41	布基纳法索	9.62	
42	科特迪瓦	9.29	
43	缅甸	9.14	
44	莫桑比克	9.03	
45	马里	8.85	
46	加纳	8.77	

续表

排名	国家	世界风险指数
47	乌兹别克斯坦	8.67
48	几内亚	8.53
49	苏里南	8.42
50	吉尔吉斯斯坦	8.33

资料来源：Garschagen et al.，2014，p.64。

225 **表 6-8　自然风险世界排名：2014 年 50 个风险最低的国家**

排名	国家	世界风险指数
121	保加利亚	4.21
122	新西兰	4.20
123	巴哈马	4.19
124	乌拉圭	4.00
125	利比亚	4.00
126	澳大利亚	3.93
127	美国	3.88
128	俄罗斯	3.85
129	哈萨克斯坦	3.74
130	巴拉圭	3.74
131	阿根廷	3.68
132	斯洛文尼亚	3.64
133	葡萄牙	3.61
134	奥地利	3.58
135	斯洛伐克	3.57
136	英国	3.54
137	捷克共和国	3.46
138	拉脱维亚	3.45
139	比利时	3.41
140	科威特	3.34
141	波兰	3.28
142	西班牙	3.20
143	加拿大	3.14
144	白俄罗斯	3.12

续表

排名	国家	世界风险指数	
145	乌克兰	3.11	
146	立陶宛	3.01	
147	德国	3.01	
148	蒙古国	3.00	226
149	丹麦	2.93	
150	塞浦路斯	2.76	
151	阿曼	2.74	
152	法国	2.59	
153	卢森堡	2.52	
154	塞舌尔	2.51	
155	瑞士	2.48	
156	爱沙尼亚	2.43	
157	以色列	2.38	
158	挪威	2.31	
159	埃及	2.29	
160	新加坡	2.25	
161	芬兰	2.24	
162	瑞典	2.19	
163	阿拉伯联合酋长国	1.91	
164	巴林	1.78	
165	基里巴斯	1.72	
166	冰岛	1.56	
167	格林纳达	1.44	
168	巴巴多斯	1.21	
169	沙特阿拉伯	1.17	
170	马耳他	0.62	
171	卡塔尔	0.08	

资料来源：Garschagen et al.，2014，p. 66。

如接下来将要介绍的那样，发达国家面临的自然风险更低，而发展中国家面临的自然风险较高（因为暴露增加和应对能力缺失中的任何一项都恰好与社会政治不公平以及地理位置有关）。

1. 发达国家

尽管北美及中美洲与亚洲相比面积更小，可是它遭受的自然灾害与亚洲一样多，主要是因为常规天气灾害密集发生。欧洲是自然灾害发生最密集的地区，这里单位居民和单位土地遭受的有害自然事件次数最多（见表6－9）。

表6－9　2014年自然灾害及其影响在几个大洲的分布情况

地区	事件	死亡	全部经济损失	保险损失
亚洲	37%	75%	46%	17%
北美、中美洲和加勒比	20%	5%	29%	58%
欧洲	16%	4%	16%	21%
非洲	10%	10%	1%	<1%
澳大利亚和大洋洲	8%	1%	1%	3%
南美洲	9%	5%	7%	1%

资料来源：Munich Reinsurance Group，2011。

美国是物质发达、保险市场发展完善的国家，也是处于极端气候多发区以及地震带的国家。因此，尽管美国有很强的防御和应对能力，但自然灾害给美国带来的经济损失和保险损失仍然是最大的（见表
223 6－10）。

表6－10　1970～2001年灾害发生频率、死亡人数以及保险损失

地区	天气事件	地震	工业	恐怖主义	总计
北美洲	23起灾害 2000人死亡 660亿美元	1起灾害 — 170亿美元	1起灾害 2000人死亡 20亿美元	3起灾害 3000人死亡 500亿美元	28起灾害 7000人死亡 1350亿美元
欧洲	5起灾害 — 50亿美元	— — —	2起灾害 — 20亿美元	6起灾害 — 60亿美元	13起灾害 — 130亿美元
日本	3起灾害 3000人死亡 30亿美元	1起灾害 1000人死亡 10亿美元	— — —	— — —	4起灾害 4000人死亡 100亿美元
中美、南美洲	5起灾害 21000人死亡 50亿美元	5起灾害 130000人死亡 50亿美元	— —	— — —	10起灾害 151000人死亡 100亿美元

续表

地区	天气事件	地震	工业	恐怖主义	总计
亚洲、非洲和中东	14 起灾害 650000 人死亡 —	15 起灾害 420000 人死亡 30 亿美元	2 起灾害 8000 人死亡 —	8 起灾害 1000 人死亡 80 亿美元	39 起灾害 1079000 人死亡 110 亿美元
总计	50 起灾害 676000 人死亡 790 亿美元	22 起灾害 551000 人死亡 260 亿美元	5 起灾害 10000 人死亡 40 亿美元	17 起灾害 4000 人死亡 640 亿美元	94 起灾害 1241000 人死亡 1730 亿美元*

注：* 应为 1790 亿美元，原文应有误。——译者注

资料来源：Suder，2004，p. 190。

美国总统公开宣称的数据表明，20 世纪 60 年代美国共发生 167 起重大灾难，70 年代发生了 331 起，80 年代发生了 237 起，90 年代发生了 460 起，21 世纪头十年发生了 550 起，2010 年发生了 81 起（平均每年发生 44.5 起），创造了新的年均发生次数纪录。2011 年，仅美国的地震和洪水灾难就造成了超过 1200 亿美元的保险损失，尽管这些损失与当年其他地区的相关事件相比相形见绌。与 2011 年相比，2012 年美国的保险损失较低（600 亿美元，自然灾害造成的经济损失总额为 1400 亿美元），但仍高于过去 10 年的平均水平。 227

2. 发展中国家

发展中国家大多分布在南半球以及南美洲、非洲、亚洲。与发达国家相比，发展中国家各方面能力仍在建设。发展中国家面临的自然灾害也十分严重。发展中国家往往位于大风暴高发区、大河漫滩、低洼沿海地区、地震断层线顶部，但缺少发达国家的基础设施或建设此类基础设施的能力。此外，发展中国家往往遭受更多的工业灾难和恐怖主义灾难，部分原因是暴露增加，还有一部分原因是控制风险和应对事件的能力较弱（见表 6-9）。

亚洲是最大的一个洲，其自然灾害发生得最频繁，相应的损失也最高。即使发展中国家遭受的大多数死亡是因为自然威胁，但由于保险覆盖面较低，其保险损失更小。1970~2001 年，在发展中国家，天气灾害、地震、工业灾害以及恐怖主义造成的死亡中，有超过 95% 的人是死于天气灾害和地震活动。

3. 社会政治的不平等

发展中国家日益上升的风险也给发达国家带来道德和物质问题。发

达国家通过提供援助或忍受灾难发生后从发展中国家流出的移民和政治暴力的后果来分担风险。

在任何地方，不论是发达国家还是发展中国家，穷人以及被边缘化的人群都更容易暴露于自然灾害，在面对自然灾害时更脆弱。他们的暴露和脆弱性使灾害变成对他们的威胁，即便这些灾害对其他人而言只是灾害而已。由于自然灾害通常集中在诸如漫滩、地震断层线、飓风及季风沿途，有能力的人为了躲避这些自然灾害会迁居他处或建设防御系统，
228 如加固建筑，仅留下穷人仍居住于这些危险地带。

此外，一些人群会有意地让特定的人群边缘化。这些人利用政治或军事力量将其他人推向危险地区。这种边缘化的另一个后果是，这些被边缘化的人更难获取资源，而高层权力机构可以将这些资源提供给其他人来控制风险，如防洪和提供应急服务。此外，在负面事件发生后，这些权力机构的响应会向某些群体倾斜，因此受优待的群体面临的风险会下降，但响应措施未惠及的群体面临的风险并不会改变（见图 6－1）（Wisner et al.，2004，pp. 6－8）。

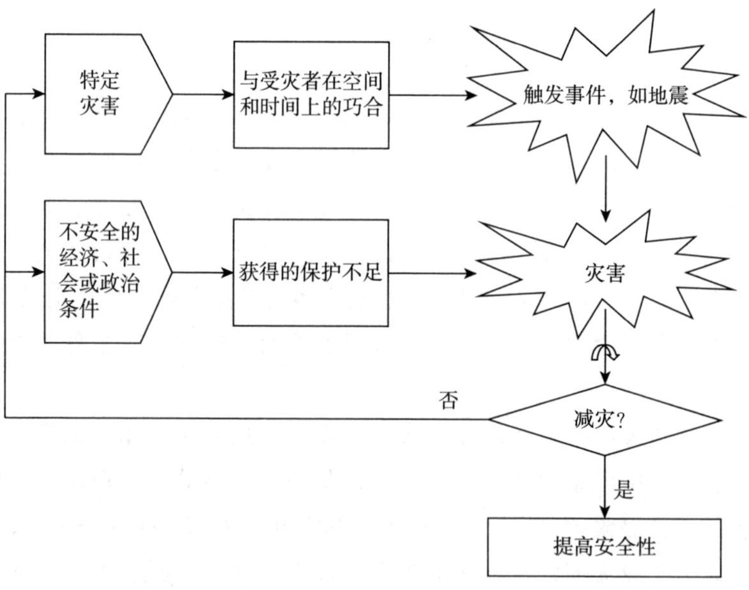

图 6－1　自然灾害模型

资料来源：根据 Wisner et al.（2004，p. 89）的“access model”调整。

自然威胁通常被视为快速、离散的事件。然而，它们与社会、经济和政治因素相互作用，可能会产生奇怪和不为人知的长期社会经济效应，这通常会带来其他风险，其后果无法通过典型的指标（人员伤亡和经济损失）衡量。例如，1992年，飓风“安德鲁”袭击佛罗里达州，直接造成65人死亡，造成约450亿美元的经济损失，带来了严重的社会经济后果。飓风“安德鲁”恰好袭击了一个政治和经济疲软的州，监管不力使该州在应对飓风上做了不合格的准备，引发了当地房地产市场的疯狂投机行为，进而产生了房地产泡沫。飓风的破坏和市场泡沫相互作用，带来废弃房地产激增、灾后重建延迟和失业问题。不为人知的是对家庭的影响，如贫困、失业、无家可归、依赖和不确定性导致家庭压力增加，包括家庭暴力（Wisner et al.，2004，pp. 15－16）。 229

二　气候变化

隶属于美国国家海洋和大气管理局的美国国家气象局（U.S. National Weather Service，2009，n.p.）将“气候”定义为“某一地区历年综合或普遍出现的天气条件，通常是多年的平均情况”。下文介绍了“气候变化”和“全球变暖”的定义，论述其后果以及对气候变化的控制。 230

（一）定义

1. 气候变化

政府间气候变化专门委员会（Intergovernmental Panel on Climate Change，IPCC，1988年由联合国大会设立）将“气候变化”定义为：

> 气候状态的变化，可通过其属性的平均值和/或变异性来识别（例如使用统计方法），气候变化的持续时间较长，通常为几十年甚至更长时间。气候变化可能是因为自然的内部过程或外部作用，如太阳周期的变化、火山爆发和持续的人类活动对大气成分或土地的改变（Field et al.，2014，p.5）。

《联合国气候变化框架公约》（1992年签署）将“气候变化”定义

为“除在类似时期内所观测的气候的自然变异之外，由于直接或间接的人类活动改变了地球大气的组成而造成的气候变化”（Core Writing Team et al.，2007，p. 30）。

2. 全球气候变暖

气候变化是以平均气温的升高来衡量的。这种变暖部分是自然的和周期性的，但也受人为排放的温室气体的驱动，这些温室气体将热量困在大气中。

二氧化碳是全球气候变暖的主要因素，其次是黑炭（大气中的生物物质不完全燃烧产生的含碳物质）。化石燃料在燃烧时释放二氧化碳，发电站、发电机和汽车是二氧化碳排放的主要来源，能源部门排放的温室气体占据超过 2/3 的份额。化石燃料广泛用于制造塑料和建筑材料，化石燃料燃烧时会释放二氧化碳和其他有毒化合物。

甲烷（主要作为天然气出售）是另一种主要的温室气体。甲烷可以作为燃料，是钻探其他化石燃料的副产品。石油和天然气工业排放的甲烷大约一半发生在上游石油和天然气作业期间，甲烷通常从老化的管道泄漏，特别是在欧洲、俄罗斯和美国。

发电站和重工业对化石燃料的使用是温室气体排放的主要原因，还有 12% ~16% 的温室气体排放来自畜牧业。动物呼吸时自然地释放二氧化碳，反刍动物也会释放非常多的甲烷。

全球变暖是个自我强化的过程：融化的冰雪（位于地球两极、山脉和冰川顶部）不再反射太阳光，而解冻的永冻层会自然地释放温室气体。

长期趋势（根据海洋化石推测）表明，地球在上一个冰川期（11300 年前）结束时升温很快，但在工业革命（从 17 世纪晚期）之前，地球缓慢冷却，而工业革命时期人类对化石燃料的消耗导致全球温度空
231 前跃升——这一世纪内温度的上升比之前几千年下降的还要多。假定大气中含有的二氧化碳保持当前水平不变，长期趋势表明，至 2100 年地球的平均温度将超过之前任何一个千年的平均水平（Marcott，Shakun，Clark，& Mix，2013）。

自 1880 年有记录以来，全球年气温平均每十年上升 0.06 摄氏度（0.11 华氏度）。自 1970 年以来，这一速度已提高到每十年上升 0.16 摄氏度（0.28 华氏度）。1990 年，联合国政府间气候变化专门委员会预测

了一个指数增速，20 世纪 90 年代全球气温以该增速一半的速度上升，但在 20 世纪 90 年代后期全球气温急剧上升，21 世纪头十年趋于稳定，2008 年又再次上升，这一现象的典型标志是每年全球都有严重的热浪和干旱。

2001 年，政府间气候变化专门委员会预测，到 21 世纪末，全球气温将上升 1.5 ~5.8 摄氏度。2009 年，各国、非政府组织和政府间组织在丹麦哥本哈根举行会议，就国际应对气候变化达成一致。大多数与会者承诺将全球气温升高限制在 2 摄氏度（3.6 华氏度）以内。即使实现了这一目标，全球气候也会发生不可逆转的变化。事实上，到 2012 年，采取的措施似乎已经不足以实现这一目标。相反，许多政府及其顾问估计，到 2060 ~2080 年，全球气温可能上升 3.5 摄氏度（6.3 华氏度），甚至可能上升超过 6 摄氏度（10.8 华氏度）。

2012 年，全球气温比 20 世纪平均气温高 0.57 摄氏度（1.03 华氏度）。2012 年是第 36 个全球气温超过 20 世纪平均值的年份，并成为 1880 年以来第 10 个气温最高的年份。

瑞士再保险公司（一家商业再保险公司）根据政治、经济、技术和自然环境的可能趋势，设计了 6 种未来情景。在任何情景下，全球变暖都不可能低于 2 摄氏度；相反，他们预测全球气温将上升 3 ~5 摄氏度（Swiss Re Group，2013，p. 11）。

2013 年 9 月，政府间气候变化专门委员会的报告指出，1880 ~2012 年，全球气温上升了近 1 摄氏度，并预测到 2100 年，全球气温将上升 1.5 ~4.5 摄氏度（2.7 ~8.1 华氏度）。报告的结论是，人类活动“极有可能”（超过 95% 的概率）使这一预测变成现实，此前（2007 年）的报告还只是认为“非常可能”（超过 90% 的概率）。2014 年 3 月底，政府间气候变化专门委员会发布的预测认为全球气温可能上升 2 ~4 摄氏度。

2014 年 5 月，美国联邦政府发布了第 3 次全国气候评估报告，评估由超过 300 名专家完成，由一个 60 人组成的联邦咨询委员会指导。该报告预测，到 2100 年全球气温将上升 1.4 ~4.5 摄氏度（Melillo，Richmond，& Yohe，2014）。

（二）后果

随着气候变暖，我们可以预料到更多的自然灾害会逐步发生。我们还必须预测到农作物减产、物种灭绝和环境破坏、移民、社会不稳定和政治不稳定。一个咨询小组（Mercer）估计，到2030年气候变化带来的
232 损失将为2万亿~4万亿美元。经合组织气候变化专家组估计，全球变暖带来的损失将达到GDP的5%~20%（Howell，2013，pp. 18-19）。全球协调长期减少温室气体排放的成本估计为全球GDP的1%~2%，实现次级目标即在2050年之前快速适应全球变暖的成本估计占全球GDP的5%~10%（Swiss Re Group，2013，p. 13）。

下文将介绍气候变暖对海平面、生物多样性、农业和食物供给以及社会的影响。

1. 海平面上升和海岸线后退

融化的冰雪使海平面升高，海水温度上升。海平面的上升使沿海地区受到洪灾的威胁，灾害发生时，受到严重影响的是像毛里求斯一样地势较低且保护不善的国家。

2008年，政府间气候变化专门委员会预测，到2100年北冰洋的永久性浮冰（在过去的130000年一直完整存在）将完全融化；2010年，该委员会将预测时间提前到2050年；2012年，该委员会则再次将预测时间提前至2025年。

冰川也会影响海平面。例如，仅格陵兰岛的冰川融化就可能导致海平面上升7米。北大西洋海平面上升3米将淹没佛罗里达州南部地区（包括迈阿密大都会区，目前有近600万人口在这里居住）。经合组织（The Organization for Economic Co-operation and Development，2008）对136个港口城市进行了研究，估计由于城市化和气候变化，受沿海洪水影响的人口到2070年可能增加2倍。不同地区对气候变化的适应力差别很大，例如，加利福尼亚和荷兰的城市有能力抵御不断上升的海平面，但大多数大型沿海城市，如开普敦、利马和马尼拉，却没有这样的能力（Sandler，2009）。

上升的海平面与越来越频繁、越来越严重的暴风雨（都与气候变化有关）相互作用。例如，2004~2009年，美国因暴风雨、海平面上升和

沿海地区的人口发展而丧失了超过 36 万英亩的淡水和咸水湿地，平均每年消失 80000 英亩。而在 1998 ~ 2004 年，同一区域每年消失的湿地面积为 60000 英亩，湿地消失率上升了 25%。墨西哥湾的湿地消失最快，部分原因是在此期间发生了几次异常大的飓风，包括飓风“卡特里娜”、飓风“丽塔”和飓风“艾克”。人类的发展是个主要因素，特别是在大西洋沿岸。由于城市发展，产生了更多的降水径流。同时，海平面也在上升，例如，弗吉尼亚州海平面每年上升 4 毫米。湿地是人类休闲娱乐的场所，代表了美国数十亿美元的经济活动。湿地也是为人类消费而捕捞的海洋生物的保育地，这又是数十亿美元的经济价值。在暴风雨天气，盐水湿地能有效缓冲大潮并防止其冲入内陆，从而控制洪涝风险；淡水湿地可以吸收与暴风雨相关的降水径流。湿地至少是海洋生物和国家3/4的水禽和迁徙鸟类的临时栖息地，将近半数濒危物种的生存依赖于湿地（Dahl & Stedman，2013）。

2014 年 5 月，美国联邦政府第 3 次全国气候评估预测，到 2100 年海平面将上升 1 ~4 英尺。 233

2. 生物多样性

生物多样性指物种的多样性。自然环境的开发、农业杀虫剂、为获得食物的狩猎活动、人工选择和全球变暖都会导致自然生物多样性减少。气候变暖使疾病及其传播媒介（如蚊子）能够远离赤道地区进一步向北部和南部扩散。海洋变暖威胁着生活在冷水中或依赖来自冷水的食物生存的海洋生物。

历史上物种灭绝率是每年每百万物种中有一个物种灭绝。据政府间气候变化专门委员会预测，所有物种中灭绝风险不断增加的物种占比最低为 20%（假定温室气体排放处于较低水平）或高达 70%（最糟糕的情况）（Core Writing Team et al.，2007，p. 54）。国际自然和自然资源保护联盟（International Union for Conservation of Nature and Natural Resources，2008）评估，35% 的鸟类、52% 的两栖动物和 71% 的珊瑚物种的灭绝风险因全球气候变化增加。

3. 农业以及食物安全

全球变暖将有助于传统上对集约农业来说过于寒冷或黑暗地区的农业发展。然而，气候变化对大多数地区的农业都是不利的。海水将淹没沿海土地，干旱与风暴将更加频繁和严重，全球变暖将使害虫进一步向南、北扩散，生物多样性将减少。

粮食危机可能是气候变化最直接的影响结果，气候变化已经迫使人类迁徙并引发冲突。上升的海平面会淹没沿海的生产性土地，气候变化引起的更极端的天气将以更频繁、更严重的旱灾和风暴的形式袭击农民，全球变暖使生存在温暖气候下的害虫如蝗虫进一步向南和向北扩散。

气候变化影响着全球粮食安全，但对传统不安全地区打击最为严重，这些地区的农业自然能力低、粮食进口经济能力低，海平面上升和降水减少的问题更为严重。

4. 社会变革

气候变化加剧了农业和粮食供应方面的其他威胁。作为应对，人类将迁徙，并且会因为农业生产和粮食发生冲突。

2008 年，美国《国家情报评估》首次提出气候变化会影响到美国的国家安全，因为它会破坏国外经济和社会的稳定，并出现更加不稳定的移民。

（三）气候变化的控制

尽管区域组织和联合国已经拟定了一些国际协议，但没有一个国际组织拥有控制气候变化的领导权。有关气候变化的最高权力机构是联合国大会于 1988 年成立的政府间气候变化专门委员会，成员包括数百名科学家。该组织每 5 年或每 6 年发布一次主要报告，但是这些报告主要是
234 有关气候变化的知识和判断的总结，专家组并没有执行权。

无论从道德层面还是从物质层面来讲，预防都是比事后恢复更优的措施。然而，既定利益导致了不作为。当代人享受高排放生活方式带来的好处，并将大部分成本留给后代。那些最多地暴露于全球气候变暖灾害的国家往往只拥有最少的资源来适应，相应的，它们拥有的责任也最少（主要是因为它们消耗的资源较少）。

世界上没有机构能够将其规模扩大至可以管理数百万名气候难民或阻止每年数千种物种灭绝。集体行动势在必行，但也出于类似的原因受到遏制。从全球范围来看，局部措施是无用和低效率的，例如一个地方的防洪措施只能使当地人受益，而全球温室气体减少将使所有人受益

(Sandler, 2009)。

控制气候变化有三大策略：减少排放、去除二氧化碳和管理太阳辐射。

1. 减少排放

2013年6月，国际能源署发布报告，敦促各国在2015年之前采取以下四项措施，以期将气温升高限制在2摄氏度以内。

> 1. 积极的节能措施。
> 2. 限制低效燃煤电厂的产量，并要求未来所有燃煤电厂都必须是高效超临界燃煤电厂。
> 3. 减少石油和天然气生产释放的甲烷。
> 4. 逐步取消化石燃料补贴（International Energy Agency, 2013, p. 10）。

客观趋势和主观判断表明，我们可以对排放进行一些控制，但这远远不够。基于经济成本考虑，美国作为排放大国，相对而言会抵制减排。在2009财年和2010财年，美国联邦机构仅花费了1.009亿美元用于气候工程研究，而且这些经费分散于52个不同的项目，也没有机构对不同项目经费进行协调（U. S. Government Accountability Office, 2010a）。

2. 去除二氧化碳

温室气体的人工排放速度可以进一步控制，但在几十年内排放量不太可能下降。因此，许多专家主张从大气中去除二氧化碳。植物很自然地就可以做到，但由于人类活动的影响，植物群在减少。人工去除二氧化碳在技术上是可行的，但由于费用和一些阻碍，目前这种做法是不切实际的。

自工业革命以来，已经燃烧了超过5000亿吨的碳。全球能源使用产生的二氧化碳排放量增长了1.4%，达316亿吨，创历史新高。根据国际能源署2013年6月的报告，这一增长速度意味着全球气温可能比工业时代前升高了5.3摄氏度。

2013年，二氧化碳排放量创下了新的纪录，增长速度达到1984年以来的最快水平。空气中二氧化碳的平均含量提高到百万分之 396，比 2012 年高出百万分之 2.9，比 1750 年（工业革命前）高 142%。2013 年，空气中甲烷含量达到 1750 年的 253%，一氧化二氮含量达到 1750
235 年的 121%。根据国际能源署的报告，海洋酸化比任何时候都要快，因为海洋从大气中吸收碳。全球海洋每天吸收的二氧化碳为平均每人 4 千克。

2013 年 9 月，政府间气候变化专门委员会批准了一项“碳预算”，即将工业活动和森林砍伐产生的二氧化碳量限制在 10000 亿吨、气温比工业化前升高 2 摄氏度以内。按照目前的消费增长速度，最后 1 吨碳将在 2040 年前后燃烧。超过 30 亿吨的碳仍作为化石燃料留在地下。

2014 年 11 月 12 日，二氧化碳排放量总和占世界总排放 45% 的中美两国在北京召开首脑会议，中方承诺到 2030 年不会再增加排放量，美方承诺到 2025 年会在 2005 年的排放量基础上减少 26% ~28%。中国国家主席习近平承诺到 2030 年，中国 20% 的能源将实现零排放，如开发风能、太阳能。

3. 太阳辐射管理

理论上，可以在大气层中放置反射阳光的材料来为地球降温，这种可能性被称为“太阳辐射管理”。2009 年，俄罗斯将粒子注入大气，做反射阳光的实验，但除此之外，这一领域仍然停留在理论上（U. S. Government Accountability Office，2010a，p. 15）。在美国，国家科学院在美国国家航空航天局、国家海洋和大气管理局与中央情报局的资助下开始研究这种可能性。2013 年 9 月 10 日，美国国家科学院召开了可行性会议。

一次严重的火山爆发或流星冲击会向大气中释放足够多的物质，从而使地球冷却。但是我们并不希望发生这样的事件，因为这可能造成许多人员伤亡，它们对气候的影响也可能使地球进入漫长的冬天，并导致人类文明无法再延续。

三　天气事件

美国国家气象局对“天气”的定义是“在给定的时间点，与风、温度、云量、湿度、气压等有关的大气状态（例如今天的高温）”（U. S.

National Weather Service，2009，n. p.）。以下各小节介绍主要天气事件的全球发生频率以及天气事件的影响。

（一）天气事件的发生频率

大多数自然灾害与天气有关，而且它们的发生频率在增长，范围也在扩大。从全球范围看，与天气相关的灾难发生频率是恐怖主义灾难的3倍，而前者造成的死亡率是后者的169倍（见表6－10）。大多数灾难是由自然风暴引起的，包括由自然风暴引发的洪灾及滑坡。

天气事件的发生频率及破坏力持续上升，部分原因是自然变化，加上人为引起的气候变化，另外人口扩散至更危险的地区生活并过度开发资源也是一部分原因。气候变化能够引发各种类型的极端天气，视四季 236
情况而定（例如冷、热、冰雹和干旱）。尽管长期气候变化趋势十分清晰，但是个别重大天气事件仍很难预测，直到它们临近发生，但此时已经无法控制。

天气灾害在美国变得越来越频繁，造成的损失也越来越大。由于较高的经济发展水平和财产投保率，天气灾害在北美成为财产损失最大但最不致命的事件（75%与天气相关的保险赔偿发生在北美）。慕尼黑再保险集团美国子公司称，1980～2011年，天气灾害共造成3万人死亡、1万亿美元（2011年价值）的损失。美国国家气候数据中心统计，1980～2012年共发生123起与天气有关的事件，每起事件造成至少价值10亿美元的破坏和损失（平均每年4起）（Swiss Re Group，2012）。

（二）影响

天气与气候对我们每个人都有影响。因为天气和气候每时每刻都在影响农业，进而影响食物的供给和消费者购买食物所需的花费。同时，天气和气候还影响着住宅及办公室用来取暖或降温的能源需求和价格，影响着旅游和通信，甚至影响着重工业或机械化活动，如在干旱或风暴多发的海域开采石油。

极端天气事件，如风暴，直接造成损失、损害、死亡和伤害。大多数灾害发生在发展中国家，由于较低的发展水平和能力，灾害造成的人员死亡更多，但经济损失更低。例如，2011年，洪水给泰国带来的经济损失约为300亿美元，而2005年美国南部飓风“卡特里娜”造成的经济损失为1250亿美元（Howell，2013，p. 18）。

缓发性和持续性天气事件，如干旱、热浪、冷锋、降水引发的内陆洪灾和海平面上升引发的沿海洪灾，往往会产生更为致命的影响。

（三）干旱与热浪

本部分定义了“干旱”与“热浪”，说明这类事件发生的频率和影响。

1. 定义

“干旱”指一段时间内降水量低于平均值；“热浪”指在一段时间内温度高于平均温度。这两种都是缓发性和持续性灾害，通常持续一周以上才会被编码。这些威胁的持续性解释了为何它们会造成高致死率和高昂的经济损失。

美国国家气象局对“干旱”的定义是：“在一个相当大的区域内出现降水不足，并对人、动物或植物造成不良影响”；将“热浪”定义为：“一段时间内出现非正常高温、热得令人难受且异常潮湿的天气，通常持续两天以上”（U. S. National Weather Service，2009，n. p.）。

2. 频率

洪水是一种持续数天到数周的突发性灾害，但干旱或热浪是一种持
237 续数周到数十年的缓发性灾害。

美国西南部是美国最干燥、最温暖的地区。几千年来，美国西南部经历了持续多年的干旱，有时干旱期长达数十年，在全新世中期（约6000年前）和中世纪（约1000年前），干旱期甚至长达一个世纪。西部的美洲世居民族人口数量在潮湿的年份增长，但在漫长、干燥的中世纪，他们几乎消失了，包括大约800年前西南部阿纳萨兹人的消失。

以世纪为单位的周期是由以十年为单位的小的循环周期组成的，太平洋十年际振荡是北太平洋每20年或30年发生一次的表层水温周期性变化，表现为干热转变为湿润、温和或相反。

“厄尔尼诺”和“拉尼娜”现象是南半球洋流振荡引起的缓慢天气循环，主要发生在太平洋及其周围。它们影响美国西南部的湿润和干旱周期，一个周期为10～12年。它们引发了（通俗地说，其影响被称为

“尘暴”）20世纪30年代、20世纪50年代与21世纪头十年和21世纪10年代美国大规模的旱灾。

除这些周期外，全球变暖正在加剧和延长干旱。2010年10月，美国国家大气研究中心发布报告称：“美国和许多其他人口稠密的国家在未来几十年将面临日益严重和持久的干旱威胁……本世纪末在某些地区可能达到在当前看来非常罕见的规模”（U. S. National Center for Atmospheric Research，2010，n. p.）。

国家大气研究中心警告，这种持续性干旱将对世界上已遭受持续性干旱周期的部分地区造成非常严重的影响，包括美国西南部、巴西和阿根廷的大平原、环地中海、北非和中非、南亚南部及东亚（包括中国的部分地区）和澳大利亚。

降雪频率的降低和火灾发生频率的上升则是另一个变化趋势。气候变化意味着美国西南部人口迅速增长之后，将迎来持续时间更长也更加严重的干旱（Hockensmith，2014）。2014年5月，美国联邦政府发布第3份全国气候评估，由于全球气候变化，美国西南部、大平原南部和东南部的干旱将持续更长时间、更为严重。

3. 影响

热浪比干旱造成更多人死亡，而干旱则对经济产生更大、更持久的影响。每年平均有1500名美国人死于热浪（见表6－11），但死亡人数并不会引起注意，除非死亡人数集中于特别短的炎热时期。由于受害人通常是老人、小孩以及其他弱势群体，他们的死亡也可能是多种因素造成的，这也给准确计算热浪致死人数带来了困难。我们可以通过提高对干旱的预测能力、鼓励处于危险地区的人口转移至凉爽地区、提高社会服务能力和为处于危险中的人提供更优质的医疗服务等措施来控制热浪的影响。

表6－11 1966～2013年在美国发生的干旱与热浪

年份	事件发生次数	死亡人数（人）	总损失（百万美元）
1966	2	262*	0
1972	1	10*	0
1973	1	22*	0

续表

年份	事件发生次数	死亡人数（人）	总损失（百万美元）
1980	1	1260* ~10000**	2000* ~20000**
1983	1	188*	0
1986	1	48* ~100**	1300** ~1750*
1987	1	80*	0
1988	1	7500**	40000**
1989	1	0*	1000*
1990	1	11* ~502**	1000**
1991	2	0*	1335
1993	1	16** ~48*	1000**
1995	1	670*	0
1995 ~1996	1	0*	5000*
1998	1	130* ~200**	4275* ~7500**
1999	1	0*	1100*
1999	1	257*	1000*
2000	2	0*	1100*
2000	1	35* ~140**	4000**
2001	1	56*	0
2002	1	0*	3300*
2002	1	14*	10000**
2005	1	33*	1000**
2006	2	188*	6000**
240 2007	1	15**	300* ~5000**
2008	1	0*	2000*
2009	1	0*	5000*
2011	2	22* ~95**	8000* ~12000**
2012	2	0	20000*
2013	1	123	30000**

资料来源：* 数据来自 EM-DAT（以灾害流行病学为研究对象的国际灾害数据库）。必须满足以下标准中的至少 1 个：报道的死亡人数达 10 人以上，影响人数达 100 人以上，向国际组织请求援助或宣布紧急状态。

** National Centers for Environmental Information，2015。

干旱还具有更加严重的经济影响。例如，2012 年夏季，一场在北美

发生的旱灾影响了全球玉米、大豆和肉的价格。加利福尼亚州持续的旱灾影响了国内供给，因为该州农作物种植面积最大。 238

我们可以通过收集和研究以往的相关数据来实现对旱灾影响的控制，可以更好地预测何时何地将发生旱灾，从而提前储备好水，并在旱灾期间减少水的使用，减少需水量大的植物种植，提高土壤保水性，减少水库、灌溉系统、管道和排水口不必要的水损失。

专栏 6.1

加利福尼亚州的旱灾

加利福尼亚州是美国非常富有、人口众多、面积最大的州，经常发生干旱。1863～1864 年的“大干旱”导致牛牧场体系的消亡，特别是在南加利福尼亚州。根据 1928～1935 年发生的旱灾数据，北加利福尼亚州制定了一套用于设计大型水库蓄水量与放水量的水文标准。1976～1977 年干旱期间，全州的径流减少到历史最低水平，该州水资源管理机构并没有为供水的大幅度减少做好准备，该州 58 个县中有 47 个县当时宣布出现与干旱有关的紧急情况。1987～1992 年的干旱持续时间长达 6 年，23 个县宣布进入干旱紧急情况。20 世纪是一个异常潮湿和温和的世纪，但 21 世纪头十年则是干燥的 10 年，干旱持续到 21 世纪 10 年代，2013 年是自 19 世纪 40 年代有记录以来加利福尼亚州最干燥的一年。根据树木年轮的宽度推测，加利福尼亚州自 1580 年以来就没有如此干燥过。2014 年 1 月，在连续 3 年降雨量低于平均水平之后，该州宣布全州范围内出现干旱紧急情况，每个县都出现干旱，州长杰里·布朗呼吁加州人用水量减少 20%，否则将面临强制定量配给的风险，一些市、县减少了供水量。

（四）风暴、飓风、气旋和台风

这部分定义了各类型风暴，并说明它们的分布、在各地的发生频率、对人和经济的影响以及对环境的危害。

1. 定义

风暴是由降水和风共同作用而形成的天气系统。温暖、潮湿的空气在上升过程中遇到冷空气而形成暴风雨。雷暴指强降水、强风和闪电天气。在美国，如果风速达到每小时58英里以上、降水伴随0.75英寸或更大直径的冰雹或形成龙卷风（更窄的空气涡旋），那么这将被视为严重的雷暴天气。

热带低压是由低于34千牛（风速为39英里/小时）的风和云组成的低压系统。低气压可能发展成热带风暴，风压从34千牛增加至64千牛（风速为39~74英里/小时）。飓风是一种气旋性热带风暴，风速维持在每小时74英里或更高。在太平洋和环太平洋大部分地区飓风被称为“气旋”，但在西太平洋和东南亚飓风被称为“台风”。在美国，国家飓风中心根据风速将飓风分为5级（见表6-12）。

表6-12　美国官方对飓风的分类（2012年修改版本）

级别	风	损失的描述	美国飓风登陆的频率
1	74~95英里/小时（64~82海里/小时，119~153千米/小时）	非常危险的风，造成一些破坏：可能会损坏结构框架设计良好的房屋的屋顶、木瓦、乙烯基壁板和水槽；树的大枝杈会被折断，而根系浅的树木则会倒下；电线的大范围损坏可能导致持续数天的停电	113
2	96~110英里/小时（83~95海里/小时，154~177千米/小时）	极度危险的风，造成大范围的破坏：结构框架设计良好的房屋可以避免主要的屋顶和墙板受损；扎根较浅的树木可能会折断或被连根拔起并挡住许多公路；附近的整体电力供应会中断并持续几天甚至是几个星期	75
3	111~129英里/小时（96~112海里/小时，178~208千米/小时）	造成毁灭性破坏：有着良好结构的房屋可能会受到严重损坏，屋顶和山墙会被破坏；许多树木会被折断或是被连根拔起，并挡住多条公路；风暴过后，电力及水的供应将中断并持续数天甚至几个星期	75
4	130~156英里/小时（113~136海里/小时，209~251千米/小时）	造成灾难性破坏：有着良好建筑框架的房屋可以承受严重的破坏，大部分的屋顶结构以及一些外墙会受到破坏；大多数的树木会倾倒或被连根拔起，电线杆也会倒下，倒塌的树木和电线杆使住宅区被孤立；电力供应的中断会持续数天至几个星期；大部分地区在数个星期或数月内是不适宜居住的	18
5	157英里/小时（137海里/小时，252千米/小时或更快）	造成灾难性破坏：大多数结构良好的房屋会受损，房顶结构会被破坏且墙壁倒塌；倒塌的树木及电线杆会将居民区孤立；电力中断会持续数个星期甚至数月；大多数地区在数个星期或数月之内是不适宜居住的	3

243 资料来源：U. S. National Hurricane Center，2013。

气旋是从风眼（平静的中心，直径达30英里）向外延伸数百英里的旋风。旋风系统形成于温暖的海洋，通常停留在水面上，但是如果它向内陆移动，将推动海水进入内陆（风暴潮）并伴随强风和强降雨。 239

2. 分布及频率

全世界每年经历大约100次热带暴风，大多数发生于太平洋及环太平洋海域和陆地附近。在全球变暖的趋势下，尽管热带风暴的整体发生频率仍会保持不变，但是未来风暴将变得更猛烈。大气和海洋同时变暖意味着在低气压和高气压下产生的风更为相似，因此其气候系统更稳定。而且，气温变高将导致大气中蕴藏的水分和能量变多。

不断增加的人类活动也带来暴露的增加。全球每年受热带气旋影响的GDP比重从20世纪70年代的3.6%上升到21世纪头十年的4.3%（Beck et al.，2012，p.32）。

下文分别介绍环太平洋和环大西洋的风暴情况。

环太平洋　气旋或台风最可能出现在南太平洋，并给那里的小岛屿带来影响。

热带风暴有时从南太平洋向西移动至东南亚，从而给几个岛屿国家带来影响。菲律宾每年大约要遭受14次大型热带风暴的侵袭，越南大约经历10次。

热带风暴有时会向北移动至日本和中国。根据中国国家防汛抗旱总指挥部办公室的统计，中国每年遭受7次台风侵袭。热带风暴偶尔会向东移动到达美国的西部。从1851年至今，夏威夷遭受过6次大型气旋的侵袭，并且都发生在1938～1992年。

环大西洋　1492～1996年，美国国家飓风中心共确认了467次大西洋气旋性风暴（每年超过1次），其中每次造成或可能造成25人或更多人死亡。 241

在美国，6月1日至11月30日是飓风高发季节。历史上，一年内最早的飓风发生于1908年3月7日，最晚的一次飓风发生于1954年12月31日。而最晚一次离开大西洋并袭击美国的飓风是发生于2012年10月29日的“桑迪”。造成超过25人死亡的大西洋风暴中有40%发生于9月、30%发生于8月、20%发生于10月，还有不到5%发生于其他月份。持续时间最长的一次飓风持续了20天（发生于1971年的飓风“金格”），持续时间较长的重大飓风持续了 11.5 天（1899 年）。

大西洋风暴通常形成于赤道附近的南大西洋。飓风偶尔会移动至美国南部。大多数飓风经过加勒比海东部并沿北美东海岸移动，在向北前进的过程中能量通常会减弱。飓风偶尔向西北方向移动，途经加勒比海，并首先掠过小安的列斯群岛（主权国家包括安提瓜和巴布达、巴巴多斯、格林纳达、圣基茨和尼维斯、圣卢西亚、圣文森特和格林纳丁斯以及特立尼达和多巴哥等）。飓风往往对小安的列斯群岛局部造成最严重的影响，甚至可能造成整个岛屿国家被摧毁。但在绝对规模上，飓风对大安的列斯群岛（包括波多黎各、多米尼加共和国、海地、牙买加和古巴等国家）的影响更严重，因为那里面积更大，人口也更多。

自加勒比海，风暴通常沿大西洋北上，可能进入墨西哥湾，从而给墨西哥和南美洲带来威胁。偶尔，当风暴沿东海岸北上时，可能会转向内陆。那时，大多数飓风会降级为风暴（美国人经常称之为“东北大风暴”），但仍然伴随破坏性的大风、降雨或洪水。非常罕见的是，飓风会经由美国转向加拿大或经过大西洋后到达欧洲大西洋沿岸。在造成至少 25 人死亡的事件中，29% 的死亡发生在大安的列斯群岛，21% 的死亡发生在小安的列斯群岛，16% 的死亡发生在美国大陆，12% 的死亡发生在中美洲（包括墨西哥），22% 的死亡发生在海上。发生在南美洲、巴哈马、百慕大、加拿大、佛得角群岛和爱尔兰的风暴造成的死亡人数不到 1%。

预计每年都会有几次东北大风暴登陆。每个夏天都会有几十次飓风发生，但是很少有登陆的。1851～2010 年，共有 284 次（每年少于 1.8 次）飓风侵袭过美国，其中有 96 次（平均每年 0.6 次）是重大事件。在这期间，平均每 10 年有 6 次飓风登陆，但在 20 世纪 40 年代和 50 年代飓风次数激增（大约每 10 年 10 次）；飓风发生频率（平均每 10 年 5 次）和强度在 1960～2000 年有所下降，但在 21 世纪头十年又有所上升（7 次，其中 3 次造成超过 25 人死亡）。此外，暴露区域的人口密度更高、美国经济价值更高。美国各州的飓风分布情况见表 6－13。

表 6～13 1851～2010 年美国遭受飓风侵袭的州

单位：次

州	1 级	2 级	3 级	4 级	5 级	总计
佛罗里达州	43	34	29	6	2	114
得克萨斯州	27	18	12	7	0	64
路易斯安那州	21	16	16	3	1	57
北卡罗来纳州	25	14	11	1	0	51
南卡罗来纳州	17	7	4	2	0	30
亚拉巴马州	17	5	5	0	0	27
佐治亚州	15	5	2	1	0	23
密西西比州	4	6	8	0	1	19
纽约州	6	1	5	0	0	12
康涅狄格州	5	3	3	0	0	11
马萨诸塞州	6	2	3	0	0	11
弗吉尼亚州	7	2	1	0	0	10
罗得岛州	3	2	4	0	0	9
缅因州	5	1	0	0	0	6
马里兰州	1	1	0	0	0	2
新罕布什尔州	1	1	0	0	0	2
特拉华州	2	0	0	0	0	2
新泽西州	2	0	0	0	0	2
宾夕法尼亚州	1	0	0	0	0	1

资料来源：U. S. National Hurricane Center，2013。

飓风的登陆是极难预测的。美国国家飓风中心承认，2000 年的飓风登陆预报和 48 小时后实际登陆的误差距离超过了 130 英里。这个平均误差在 2011 年下降到 70 英里，到 2020 年，目标是误差下降到 60 英里。这种准确性足以为受飓风影响的国家提供参考，但对当地应急管理人员来说仍然不切实际，因为几十英里意味着密集的城市中心与乡村的距离或加勒比海岛屿的中心与公海的距离。

3. 对人类的影响

环大西洋 飓风造成的大部分损失是其将海水推进内陆造成的，降水过多可能形成洪水，而持续的大风会破坏建筑物。 242

在更强烈的飓风下，风暴潮变得更大，潮汐更高，海底变浅，内陆变低。墨西哥湾沿岸和佛罗里达州最易遭受风暴潮的侵袭，但美国在大西洋和墨西哥湾的大部分海岸线低于 10 英尺。飓风“卡特里娜”（2005 年）将海水席卷至内陆时，高度通常达几十英尺。

根据美国国家飓风中心的统计，1492～1994 年，大西洋风暴共造成
244 30 万～50 万人死亡，每年有 600～1000 人死亡。

与人口增速类似，每个世纪的死亡人数都以指数级的速度增长，这主要是因为有人类居住的地域越来越广，造成暴露增加。18 世纪，由于大西洋沿岸海上运输增加和定居率提高，死亡率上升得尤其快（18 世纪有 5 万多人死亡，而 16 世纪只有 1 万多人死亡）。大多数死亡发生在 1760～1790 年，其中大部分是在海上死亡的。1790 年之前，海上或离岸死亡人数占死亡总人数的 90% 以上，且所有 12 起海上事件均造成超过 1000 人死亡。19 世纪，海上运输的安全性显著提高。

19 世纪头十年，所有单次死亡人数超过 25 人的事件造成的死亡人数总数降至约 30000 人，但从跨世纪比例来看，死亡总人数基本一致。20 世纪头十年，已知死亡人数激增至 71000 多人。1909～1933 年，已知死亡人数至少为 25 人的致命性大西洋风暴最为频繁（每年发生 5 起此类事件），这可能是因为在风险缓解能力和知识仍然很差的时候，人类在最暴露地区的栖息地迅速扩大。出于同样的原因，这类事件在 20 世纪 50 年代和 60 年代再次激增，在 21 世纪头十年代又一次激增。

144 起事件（平均每 3.5 年发生一次）造成的死亡人数为 100 人/起。其中 39 起事件（几乎每 13 年发生一次）每起造成的死亡人数达 1000 人，更有 5 起事件（每 101 年发生一次）每起造成的死亡人数达 8000 人。

最严重的一次大西洋风暴造成大约 22000 人死亡。这起事件的惨烈让人们记忆深刻，1780 年 10 月发生于人口密度并不高的小安的列斯群岛，但是与此前任何 10 年的大西洋风暴相比，这次风暴造成的死亡人数更多。

世界第二大致命的飓风于 1900 年 9 月 8 日发生在得克萨斯州的加尔维斯顿，造成 8000～12000 人死亡，占美国所有飓风相关死亡人数的 1/3。

另外有3次飓风均造成大约8000人死亡（1930年发生于多米尼加共和国，1936年发生于海地和古巴，1974年发生于洪都拉斯）。上述5起风暴事件每一起都造成超过8000人死亡，死亡总人数占所有由大西洋气旋造成的死亡人数的10%～18%。10起最致命事件造成至少74000人死亡。这些事件在所有热带气旋事件中占比不超过0.2%，但是造成的死亡人数占比达15%～25%。

专栏6.2

美国发生的高致命飓风

1851～2010年，在美国，造成25人以上死亡的飓风发生了52次，造成超过100人死亡的飓风发生了24次，造成超过1000人死亡的飓风发生了5次。

在美国发生的最致命飓风是1900年9月8日的飓风“加尔维斯顿”，造成8000～12000人死亡。在美国发生的第二大致命飓风是1928年侵袭佛罗里达州的飓风（2500～3000人死亡）。飓风“卡特里娜”（2005年）是在美国发生的第三大致命飓风，造成1200人死亡，大约100万人被迫迁移，这些人在数日或数个星期里都没有食物与水，还有一些人受伤。由于所有的医院都受到了影响，受伤的人没办法在当地得到治疗（6个月之后这些医院也只有1/3的床位是可用的）。另外2起发生于1893年的飓风造成1000多人死亡。

环太平洋 气旋很少穿过太平洋到达北美洲甚至夏威夷。气旋给夏威夷带来的最大经济损失为18亿美元（以2010年美元价衡量），发生于1992年；最多人员死亡数为4人，分别发生于1957年和1992年。加利福尼亚州最严重的气旋发生于1939年，造成45人死亡。

1991年，热带风暴“黛玛”造成5000人死亡，多数死亡发生在菲律宾。2012年12月，一场台风造成超过1900名菲律宾人死亡。2013年11月8日，台风“海燕”造成大约6000名菲律宾人死亡。

2013年10月15～16日，台风“韦帕”沿日本太平洋沿岸从西南向东北移动，并引发滑坡，造成东京1人死亡，而东京南部伊豆大岛的死亡人数则达60人左右。

2013年9月30日，台风“蝴蝶”造成70名中国人和从事海上作业

245 的越南渔民死亡，而后“蝴蝶”在越南海岸登陆并伴随133千米/小时的大风。越南采取了学校停课、命令所有船上岸、撤离70000人到避难所等措施。10月5日，在台风“纳莉”袭击越南时，越南已经疏散了沿途的居民，但仍有5人丧生。这两次台风都绕过了菲律宾，在到达越南时仍然是1级台风。台风“海燕”于2013年11月11日袭击越南，尽管在绕过菲律宾时风力已经减弱，“海燕”仍影响了上千人。成千上万的房屋受到台风“蝴蝶”和“纳莉”的破坏。

4. 对经济的影响

世界上十大经济损失惨重的气旋风暴灾害大多数发生在美国，主要是因为与其他受灾国相比美国的财产保险价值高。

在美国，十大经济损失惨重的自然灾害中的9起是由气旋风暴引起的（另外一起是1994年在加利福尼亚州北岭发生的地震）。1851～2010年284次侵袭美国的飓风中，113次属于1级，75次属于2级，75次为3级，18次为4级，还有3次是5级的。4级或5级的飓风每8年侵袭一次美国。

在30次给美国带来巨大经济损失和重大人员死亡的飓风中有2次是5级飓风。2005年8月的飓风“卡特里娜”（死亡率最高的一次）是3级飓风。2012年10月的飓风“桑迪”（造成的经济损失最大）侵袭美国时已经从3级降为2级。

美国历史上10次经济损失惨重的飓风都发生在1989年以后（见表6－14），部分原因是这类事件发生频率的快速上升及影响范围的迅速扩大，以及人类越来越多地在沿海地区定居，而随着人口增加、财产增加以及投保增加，经济损失也增加了。如果按照当下货币价值、人口以及房屋价值标准来衡量的话，那么经济损失最惨重的一次飓风可以追溯至1926年。然而，在美国发生的十大经济损失惨重的风暴中有4次发生于
246 1992年以后，30次经济损失重大的风暴中有8次发生于2000年以后。

飓风“卡特里娜”（2005年8月）是自1992年飓风“安德鲁”之后造成经济损失最大的一次，如果考虑通货膨胀的货币价值、人口以及房屋价值，也可以说是自1926年以来最严重的一次。飓风“卡特里娜”造成的经济损失比2001年9月11日发生的恐怖主义事件（88亿美元）所造成的直接损失和联邦的调查成本还要高。

表 6－14　1989～2012 年十大经济损失惨重的飓风或风暴

单位：10 亿美元

年份	1989	1992	2004	2004	2005	2005	2005	2008	2011	2012
天气系统的官方命名	雨果	安德鲁	伊万	查理	卡特里娜	威尔玛	丽塔	艾克	艾琳	桑迪
损失的价值（以 2010 年价值衡量）	9.7	45.6	19.8	15.8	105.9	20.6	11.8	27.8	15.8	75.0
标准化损失成本*	16.1	58.6	21.6	17.2	113.4	22.1	12.6	29.5	15.4	72.0

注：*2010 年美元价，考虑通货膨胀、个人财富和沿海人口的变化等情况折算到 2005 年。

资料来源：U. S. National Hurricane Center，2013。

美国国家飓风中心指出风暴风力的影响不如其移动路径重要。所以，飓风的分类对社会大众而言是一种误导，即人们在对低等级的风暴登陆时不如对高等级暴风从沿海经过时那么重视。

风暴移动路径的小小改变就可以戏剧性地改变其影响。例如，飓风“卡特里娜”穿过新奥尔良及其周围（到 2005 年人口接近 500000 人），但是如果它向东或向西转动几十英里，那么将不会从城市中穿过。飓风“桑迪”侵袭了人口密度很高的新泽西州和纽约州。1992 年，飓风“安德鲁”（5 级）给佛罗里达州带来大约 250 亿美元（当时货币）的损失。如果它朝北转向 20 米就会造成 2～3 倍的损失，朝南转向 40 米只会造成对一个州而言微不足道的损失，尽管仍会破坏佛罗里达州的一些关键地区。2011 年，国家飓风中心预测的影响地点与 48 小时后的实际影响地点之间的平均距离为 70 英里。

2012 年是美国另一个天气糟糕的年份。1 月，一场冬季风暴切断了
太平洋沿岸西北部地区 2.5 万户家庭的电力供应。2 月，一场龙卷风夷
平了伊利诺伊州、印第安纳州、堪萨斯州和内布拉斯加州的土地。4 月，
龙卷风毁坏了得克萨斯州达拉斯大都会区近 1000 所房屋。6 月，野火烧
毁了科罗拉多州的 165000 英亩土地和 700 个家园，一场风暴切断了俄亥 247
俄州和中大西洋地区数万人的电力供应。最后，在 10 月，东北部各州受
到飓风“桑迪”的袭击。

5. 环境危害

飓风往往会将海水推向内陆，导致河流泛滥，破坏植被和相关栖息

地，从而造成巨大的环境破坏。例如，飓风“卡特里娜”破坏了一处敏感的沿海环境，对一些海鸟、爬行动物和哺乳动物来说，这里是重要的繁殖地或觅食地。16 个国家野生动物保护区遭到破坏，路易斯安那州的布雷顿国家野生动物保护区损失了一半以上的面积。

专栏 6.3

飓风“桑迪”造成的损失

2012 年 10 月 29 日，飓风“桑迪”在登陆美国之前，已在加勒比海造成约 100 人死亡。登陆美国时，它已从 3 级降到 2 级，但仍然异常大（直径 1100 英里）。它在 10 个州造成 110 多人死亡，850 万人的电力供应被切断。11 月底，新泽西州和纽约州州长估计损失达 700 亿美元。根据瑞士再保险公司的初步估计，飓风“桑迪”造成的保险损失为 200 亿 ~ 250 亿美元，总损失超过 600 亿美元。根据国家飓风中心的数据，如果以 2010 年不变价美元计算，飓风“桑迪”是自 1900 年以来造成经济损失最大的风暴，考虑通货膨胀、财产价值和人口因素后，它是第六大造成重大经济损失的风暴。相比之下，2013 年 11 月 8 日台风“海燕”袭击菲律宾，造成更多人死亡（超过 6000 人），影响了更广阔的地区，但造成的价值损失较低（据菲律宾社会经济规划部长阿塞尼奥·巴利萨坎 11 月 19 日公布的 1 项估算，损失为 58 亿美元）。

2013 年 1 月，新泽西州和纽约州州长要求联邦政府提供近 800 亿美元援助，美国国会批准了 600 多亿美元（97 亿美元用于立即缓解洪灾，170 亿美元用于一般救济，54 亿美元通过联邦应急管理局直接向个人提供援助以及当地社区重建，336 亿美元用于长期重建）。联邦政府援助总额相当于 1 月底商定并生效的联邦政府削减开支的一半以上，高于许多州的年度预算。

2013 年 10 月，飓风“桑迪”登陆一年后，几十亿美元联邦政府援助资金仍未动用，成千上万的房屋没有得到修缮而无法入住。由于受灾者承受更多的临时住房费用，房屋修理和人员重新安置的延误会产生额外的费用。例如，小企业管理局已经批准向 36000 多个家庭和企业发放 24 亿美元的灾难贷款，但实际只发放了大约 1/4 的贷款。联邦应急管理局拨款 14.2 亿美元帮助风暴受灾者支付租金、更换丢失的物品，并进行紧急维修。联邦应急管理局又拨款 27 亿美元，帮助各市清理废墟，修复关键基础设施，重新开放受到破坏的医院。联邦洪水保险计划支付了78亿美元给近13.2万名投保人，这些投保人在风暴期间遭受了损失（Caruso，2013）。

（五）龙卷风

本部分介绍“龙卷风”的定义、分布、发生频率、影响以及如何预测龙卷风。

1. 定义

龙卷风是一种伴随高速旋转的直立漏斗状云柱的强风涡旋，有时会触到地面。龙卷风比飓风小得多，更短暂，但是发生得更突然且蕴藏的能量也更大。

美国国家气象局对“龙卷风”的定义是：“由快速旋转的气流形成，上接积雨云，回旋转圈与地面接触。它总是以漏斗云的形式开始，并伴有响亮的轰鸣声。在某种程度上，它是所有大气现象中最具破坏性的”（U. S. National Weather Service，2009，n. p. ）。

2. 分布及发生频率

龙卷风由强对流风暴产生，可以在地球上任何地方发生，但更可能发生于中纬度地区，即北纬或南纬30°~50°。在这里，寒冷的极地空气经常遇到温暖的亚热带空气，产生对流风暴。此外，中纬度地区的空气通常以不同的速度和方向以及在不同的对流层流动，这有助于形成风暴单元内的旋转。这些纬度地区的人口密度不如北纬和南纬大，通常拥有高降水量、有利于农业发展的肥沃土地，有零星的城市建设。理论上，龙卷风的发生频率应随着全球变暖增加，因为龙卷风是由温暖、潮湿的天气引起的。

美国是个位于中纬度地区的大国，它是世界上经历龙卷风最多的国家，平均每年有1200次龙卷风。其中有20次被认为是猛烈的，有一次被认为达到了改良藤田级数的最高级别EF5级。尽管改进的仪器意味着更频繁的观察，但发生频率是稳定的。在加拿大发生的龙卷风次数居第2位，每年约发生100次龙卷风。如果以每平方米陆地面积来算，英国遭受的龙卷风袭击最多，但是这些龙卷风通常比较小以至于普通人很难

观察到。龙卷风在北欧、中东和高加索、孟加拉国、中国、日本、澳大
248 利亚、新西兰、南非和阿根廷等国家或地区相对频繁。

在美国，大多数龙卷风发生在潮湿的夏季，并多发于南部的州。在美国，3个区域发生的龙卷风最多，包括佛罗里达半岛、位于墨西哥湾沿岸的州（“迪克西巷”），还有中南部平原的州（“龙卷风小巷”），其中得克萨斯州、俄克拉何马州、阿肯色州、密苏里州、堪萨斯州比美国其他州遭受更多的龙卷风。

龙卷风通常发生于雷暴天气，雷暴天气在潮湿的夏季最常见，尽管龙卷风会在一年中的任何时候发生，甚至北方冬季的雷暴天气。在美国，3~8月龙卷风多发，从南部开始或十分温暖、十分潮湿的地方，随着夏
249 季深入向北移动。佛罗里达州和墨西哥湾沿岸几乎每天都有雷暴，每年也有几次热带风暴或飓风，尽管它们产生的龙卷风往往比非热带雷暴产生的龙卷风弱。海湾沿岸的龙卷风常见于秋季末（10~12月），其次是2~4月。中南部平原的州在晚春和早秋遭遇的龙卷风最多，而且这些龙卷风的破坏性往往更大。

由于白天湿度增加，雷暴通常从太阳照射温度上升和水汽凝结释放的潜热中获得大部分能量，80%的龙卷风在中午到午夜之间发生。龙卷风最不可能出现在黎明前后，那时气温最低、照射不足。然而，龙卷风在一天中的所有时间都有可能发生，而在夜晚发生的龙卷风最不能引起人们的警觉。

3. 影响

在美国，从2007年开始龙卷风的级别就以改良藤田级数来确定，从EF0到EF5级。EF3、EF4和EF5指从强烈龙卷风到剧烈龙卷风（见表6-15）。

表6-15 按照改良藤田级数划分的龙卷风等级

等级	风速		
	英里/每小时	千米/小时	米/秒
EF0	65~85	104~137	29~37
EF1	86~110	138~177	38~49
EF2	111~135	178~217	50~60
EF3	136~165	218~266	61~73

续表

等级	风速		
	英里/每小时	千米/小时	米/秒
EF4	166 ~ 200	267 ~ 322	74 ~ 90
EF5	> 200	> 322	> 90

资料来源：U. S. National Weather Service，2013。 250

风速超过 200 英里/时的龙卷风非常少，被定为最高级别的龙卷风（EF5）。龙卷风的风速最高可达 300 英里/时，比定义的最高级别的龙卷风还要快 100 英里/时。尽管如此，龙卷风还是比飓风小，最猛烈的龙卷风的直径可以达到 1 ~ 2 英里，而飓风的直径可以达到上百英里。

大多数龙卷风上接云端，但是下面未及地面。尽管大多数龙卷风的着陆十分有限且持续时间很短，但当龙卷风侵袭到地面时，它们会破坏所有接触到的事物。大型龙卷风会将接触到的建筑物拆散，残骸被卷入空中，成为有巨大危害的伤人利器。当龙卷风改变方向或消失时，这些被卷入空中的伤人利器大多会落到地面上。

龙卷风的登陆和移动路径都是混乱无序的。龙卷风会沿着阻力最小的路径移动，如沿着小巷或贫瘠的土地，很少在城市中移动，但是大型龙卷风在转变方向前会破坏城市的许多财产。例如，2001 年 9 月 24 日，一场龙卷风到达弗吉尼亚州亚历山大市，向下移动袭击了华盛顿的购物中心，而后袭击了马里兰大学帕克分校。

专栏 6.4

美国发生的最致命龙卷风

大多数龙卷风并未蕴藏足够的能量而致人类死亡。事实上，小型龙卷风在一定时间和空间上造成的死亡人数加起来比鲜有的强烈大型龙卷风造成的死亡人数更多。例如，2011 年 4 月 27 日，199 个龙卷风侵袭南部多个州，共造成 317 人死亡。

美国历史上最致命的龙卷风发生于 1925 年 3 月 18 日，龙卷风穿过密苏里州、伊利诺伊州和印第安纳州，共移动了 200 多英里，造成 695 人死亡。那天发生的其他龙卷风造成的死亡人数达到 747 人，是美国历史上因龙卷风死亡的人数最多的一天。美国发生的第二大致命龙卷风造成

317 人死亡（1840 年 5 月 6 日，发生于路易斯安那州和密西西比州）。

在美国，龙卷风造成的死亡人数有所下降，主要是因为提高了预警能力和防御措施。第二次世界大战后最致命的龙卷风发生于 1947 年 4 月 9 日，此次龙卷风发生于俄克拉何马州伍德沃德县，造成 181 人死亡。2011 年 4 月 22 日，发生于密苏里州乔普林的龙卷风造成 162 人死亡。1953 年 6 月 8 日，发生于密歇根州弗林特的龙卷风造成 116 人死亡。2013 年 5 月 20 日，经过俄克拉何马州摩尔的另外一场长 17 英里、宽 1 英里的 EF5 级龙卷风在一个小时内造成至少 24 人死亡、240 多人受伤。

4. 预测

原则上，如果提前提醒公众，并提供安全的（玻璃窗户以及其他易碎材料未暴露于外部的坚固结构）庇护场所，龙卷风对人类的影响是可以避免的。但是龙卷风一般来得很突然，通常在雷电条件下可以短时间内聚集形成。20 世纪 80 年代，在几天内发生的龙卷风中美国预测机构只能预测到 25%。20 世纪 90 年代，借助在全国范围内建设的多普勒雷达系统，这一比重上升到 75%。尽管天气预测机构能够预测到雷电天气，从而预测到哪个州将出现龙卷风，但也只是在龙卷风抵达的几分钟前才可以预测到其准确的发生地点，提醒当地做好应急管理。

预警并不会使公众的行为产生太多改变，因为尽管他们会更加小心，但很少有人只是因为龙卷风在某个区域发生的可能性提高，就一整天不去处理家庭或工作上的事情。大多数受害者是在进行日常活动时被龙卷风困住的，预警发出后或许只要几分钟时间就能够采取有效的行动。例如，2011 年 3 月 1 日，联邦预测部门发出预警，3 月 3 日，一系列有可能转变成龙卷风的风暴将袭击东部各州。3 月 3 日，龙卷风侵袭了亚拉巴马州、佐治亚州、印第安纳州、肯塔基州、密西西比州和俄亥俄州，共造成 38 人死亡。龙卷风的移动路径十分接近却避开了大城市，如亚特兰大、辛辛那提、路易斯维尔和纳什维尔。

（六）洪灾

251 本部分介绍“洪灾”的定义，说明洪灾的风险和日常的控制。

1. 定义

洪灾指在干燥的土地上出现的水量过多的现象，大多数洪灾与降水有关。那些不能被土地吸收的降水会积聚在各条河流的支流中，最终汇聚到更大的河流中。如果这些河流中的任何一条有水溢出，陆地都会发生洪灾。

山洪是突发性洪水，有时在几分钟之内发生。在降水稀少但降水强度大的干旱地区，山洪暴发的可能性更大。山洪可能在离降雨较远的地方暴发，也可能发生在干旱多年的地区。由于这些原因，山洪的暴发往往令当地人猝不及防。

沿海洪水是由强风和涨潮引起的。蓄水水体如湖泊，可能因为地震或火山对水坝或防洪坝等屏障的破坏而暴发洪水。在水体下面的地震活动会将水面抬升并引起洪水涌入内陆，这种“海啸”将在随后的地震风险部分进行描述。

美国国家气象局将“洪灾”定义为“任何因水的流量过大、过强或被水淹没而造成损失的灾害”（U. S. National Weather Service，2009，n. p. ）。

2. 风险

洪灾是在美国发生十分频繁的紧急事件，而且变得越来越频繁。这是因为洪泛平原上居住的人类增加，尤其是人类对土地的改造改变了自然径流。2001 ~2010 年，洪灾平均每年造成 27 亿美元的损失。

洪灾大多是具有离散周期频率的局部事件，应在局部调查洪灾风险且调查不适用于其他地方。洪灾与罕见的大事件有关，如飓风，它将海水推到内陆，并将雨水倾倒到陆地上，使河流超载。

更罕见的是大气河。大气河是一条异常大的水汽路径，从热带地区向东北移动，横跨太平洋数千英里，到达美洲西海岸，在那里它会在两三天内带来异常严重的降雨。加利福尼亚州几乎所有的大洪水都是在大气河风暴之后发生的，幸运的是，这种情况很少发生，100 ~200 年发生一次。上一次这样的风暴发生在 1861 ~1862 年，当时包括加州首府萨克拉门托在内的中央山谷都被淹没在 10 英尺的水下。今天，萨克拉门托更大，中央山谷有更多的主要城市。美国地质调查局模拟了 1861 年洪水的发展过程，估计加州的损失是 7250 亿美元（Hockensmith，2014）。

2014 年 5 月，美国联邦政府第 3 次全国气候评估预测，由于气候变化，美国会发生更多严重的洪灾，即使是那些降雨正在减少的地区（Melillo，Richmond，& Yohe，2014）。

3. 洪灾风险的控制

洪灾风险通常由地方政府进行管控，例如挖沟、筑堤坝、河水引流、种植储水力强的植被、准备防水浮力设备来提供救援服务等措施，防控洪灾在洪泛区的泛滥。

252 本章末尾附有一则案例，介绍了专家的经验教训和最佳实践。

四　地质和地貌灾害

下文介绍地质和地貌灾害的定义、发生原因和过去发生的灾害事件。

（一）定义

地质灾害（geological hazard）通常发生在地球表面或地球内部。由于学科原因（只是因为地质学家通常研究这些东西），各种地震、火山和地貌灾害通常被归类为地质灾害，尽管它们的起因非常不同。有时甚至宇宙灾害也被视为地质灾害，仅仅是因为地质学家研究它们。然而，将地质风险划分为地貌性、地震和火山更容易理解。

地貌灾害（geomorphic hazard）指地球表面的物理改变，例如滑坡、河流泛滥和冰川消融。说起地貌灾害，冰川消融相对于滑坡时土地移动的突发性而言是缓发性的。

地壳运动（earth movement）有时被分为干和湿两种。湿运动（wet movement）通常由降水和洪水触发，例如雪崩和泥石流。降水或水流运动不能触发干运动（dry movement），干运动包括风蚀引发的岩石滑落、地震引发的滑坡、地下开采引起的地面沉降。

（二）成因

突发性陆地运动是由自然力（如火、降水或地震活动）和人类活动（如钻探、挖隧道或挖掘）激活的。人类在地质、地貌不太稳定的地区生活或工作以及人类活动对这些地区的破坏增加了其在地貌灾害中的暴露程度。

由于有机结构受损，烧焦的土地变得不稳定。因此，野火发生后出现滑坡的可能性很大，尤其是突降暴雨且地面植物以草（根非常浅且脆弱）为主。在扎根很深的植被恢复并固土之前，土地可能会在数年内处于不稳定状态。如果野火比深根系植被的生命周期更频繁，那么不可避免地会发生某种地壳运动或风和降水侵蚀土壤。

（三）以往发生的灾害事件

对地质、复合事件（如洪水和风蚀）和潜在活动（如地震）的高技术评估必须在局部进行。2014 年 3 月 22 日晚，斯蒂拉瓜密什河北岔口上方的一个山坡坍塌，造成华盛顿州西雅图东北部的奥索村数百英亩土地被淹没，整个村庄被摧毁，造成 50 人死亡，这是个具有严重后果的不可预测事件的例证。

全球主要的地貌事件见表 6－16。 253

表 6－16　1970～2013 年的地壳运动（以 10 年为单位、分地区统计）

地区	1970～1979 年	1980～1989 年	1990～1999 年	2000～2009 年	2000～2013 年**	总计
欧洲	17 起灾害 1178 人死亡	13 起灾害 200 人死亡	13 起灾害 430 人死亡	5 起灾害 43 人死亡	1 起灾害 3 人死亡	49 起灾害 1854 人死亡
俄罗斯	1 起灾害 13 人死亡	4 起灾害 176 人死亡	7 起灾害 409 人死亡	3 起灾害 158 人死亡	—	15 起灾害 756 人死亡
大洋洲	3 起灾害 113 人死亡	3 起灾害 87 人死亡	5 起灾害 399 人死亡	5 起灾害 93 人死亡	1 起灾害 60 人死亡	17 起灾害 752 人死亡
日本	3 起灾害 127 人死亡	5 起灾害 292 人死亡	4 起灾害 118 人死亡	1 起灾害 44 人死亡	1 起灾害 3 人死亡	14 起灾害 584 人死亡
中美和南美洲	15 起灾害 5355 人死亡	36 起灾害 3006 人死亡	30 起灾害 1946 人死亡	31 起灾害 904 人死亡	10 起灾害 454 人死亡	122 起灾害 11665 人死亡
亚洲发展中国家、非洲和中东	12 起灾害 322509 人死亡	45 起灾害 3596 人死亡	68 起灾害 5882 人死亡	85 起灾害 6428 人死亡	35 起灾害 3934 人死亡	245 起灾害 342349 人死亡
北美	2 起灾害 431 人死亡	—	1 起灾害 0 人死亡	1 起灾害 15 死亡	—	4 起灾害 446 人死亡
总计	53 起灾害 7453 人死亡***	106 起灾害 7357 人死亡	128 起灾害 9181 人死亡***	131 起灾害 7685 人死亡	48 起灾害 4454 人死亡	466 起灾害 358406 人死亡

注：＊事件满足以下标准中的至少一个：一是报道 10 人及以上死亡，二是 100 人受到影响，三是请求国际援助，四是宣告紧急状态。

＊＊疑为 2010～2013 年，原文应有误。——译者注

＊＊＊两处数据分别应为 329726 人、9184 人，原文应有误。——译者注

资料来源：Centre for Research on the Epidemiology of Disasters，2015。

（四）地震

本部分介绍地震风险的定义以及其成因、发生频率、分布和影响。

1. 定义

“地震”（seismic）指由地表以下的自然力引起的地球运动。地震能量可以传递到地表，地质、人、建筑物会出现振动和移动（通常被描述
254 为抖动、摇晃或震颤）。

突发性灾害如地壳震动或火山喷发的影响是最引人注目的，但不是造成死亡或破坏的主要原因。相反，次生灾害，如受损建筑物的碎片坠落、泛滥的洪水、海啸、山体滑坡、火灾、有毒气体泄漏、水资源受到污染以及通信阻塞等灾害的混合足以使我们遭到集体毁灭、死亡或者与灾害相当的破坏。第三级影响包括心理创伤和流离失所。

水下的地震产生的波浪［日语中的“海啸”（tsunami）］会引发内陆洪水或破坏水面上的船只。波浪通过水流传播能量而不是水。尽管波浪是侧向移动的，但当波浪在水中传播时，人们看到水上下移动。当波浪靠近海岸时，如果波浪继续向内陆方向移动，上升的水会淹没陆地。海啸是种又长又快的波（在深水中以每小时 450 英里的速度移动），除了在海岸边，很难观察到海啸。在海岸边，海啸看起来是非常快的低潮伴随非常快的高潮。当波浪靠近海岸时，海底会上升，波浪移动会变慢并上升得更高。岸边的水被上升的波浪吸走，因此海平面异常的快速下降通常是第一个警告。当海啸登陆时，它就像一股异常快速的潮汐，其水位可以比正常水位高出 100 英尺，向内陆移动数英里。

2. 成因

构造地震是在不同构造板块的碰撞下产生的，它们的边缘经常贴在一起，形成势能。当碰撞力最终克服摩擦力时，能量以震动的形式释放出来。

大多数地震是自然事件，人类无法控制，虽然钻探或挖掘等人类活动也会引发灾害。例如，应用高压水力压裂技术提取页岩中的天然气就与地震的发生有一定关系（也与地下水和空气的污染有关）。这种天然气开采实践起源于美国，但是它与地震的关联在 2012 年英国布莱克浦周围得到明确证实。那里的自然地震极为罕见，但当在英国布莱克浦第一

次应用商业化水力压裂天然气开采技术时，布莱克浦发生了几次地震。英国政府随后就禁止了水力压裂技术的使用，尽管在 2012 年 12 月又将其解禁，但是制定了新的管控办法。

3. 频率

地震和火山喷发都是突发性灾害。人类预测到地震和火山喷发的记录极少。事实上，尽管我们知道大量的历史事件，但是几乎无法预测到地震。

美国地质调查局下属国家地震信息中心估计，全球每年发生数百万次地震，其中大多数地震能量不足或距记录仪器较远而未被探测到。传统上，国家地震信息中心每年大约记录 20000 次地震；全球范围内的敏感仪器越来越多，自 2000 年以来，该中心每年探测到的地震约为 30000 次。

美国地质调查局罗列了 1900～2012 年世界范围的 127 次造成 1000 人及以上死亡的地震（见表 6－17）。美国地质调查局确定了自美国建国（1787 年）以来发生的 48 起致命的地震，平均 4.9 年就会发生一次致命的地震。 255

地震持续时间通常为几秒至几分钟。地震后常常伴随着余震，余震通常是由第一次地震引起的紧随其后的地震。每次地震都会释放一些来自断层的张力，也使断层处于一种新的状态，张力需要数十次的余震来释放。最后一次余震与第一次地震可能相隔数天或数月，如果余震释放的能量与最初的地震相似，最好将其视为单独的地震。一次余震偶尔会引起更加强烈的地震，尽管这样的概率很低（全球大约为 5%）。如果初次地震释放的能量足以破坏建筑物，并在较小的余震发生前没有修复建筑物或是没有做好相应的应急准备，那么这些较小的余震比初次地震更加危险。

4. 分布

地震是不可预测的，但是可预测大致发生的范围。地震灾害通常发生于碰撞的板块间或断层线附近，有一条断层线直接影响着美洲太平洋沿岸的宜居地。另有一条断层线直接影响着日本、中国台湾、菲律宾、印度尼西亚和新西兰。还有一些断层线直接影响着缅甸、印度北部、巴基斯坦、孟加拉国、中国西部、中亚、伊朗、土耳其和欧洲东南部。地

表 6－17　1900 年以来死亡人数超过 1000 人的地震统计（以 10 年为单位，分地区统计）

地区	1900～1909 年	1910～1919 年	1920～1929 年	1930～1939 年	1940～1949 年	1950～1959 年	1960～1969 年	1970～1979 年	1980～1989 年	1990～1999 年	2000～2009 年	2000～2013 年*	总计
欧洲	1 起灾害 72000 人死亡	1 起灾害 3261 人死亡	—	1 起灾害 1404 人死亡	1 起灾害 1000 人死亡		1 起灾害 1100 人死亡	2 起灾害 2500 人死亡	1 起灾害 2375 人死亡	1 起灾害 1185 人死亡	—	—	9 起灾害 84825 人死亡
俄罗斯	—	—	—	—	—	—	—	—	—	1 起灾害 1989 人死亡	—	—	1 起灾害 1989 人死亡
大洋洲	—	—	—	—	—	—	—	—	—	1 起灾害 2183 人死亡	—	—	1 起灾害 2183 人死亡
日本	—	—	2 起灾害 145820 人死亡	1 起灾害 3000 人死亡	4 起灾害 8282 人死亡	—	—	—	—	1 起灾害 5502 人死亡	—	1 起灾害 20896 人死亡	9 起灾害 183500 人死亡
中美和南美洲	4 起灾害 7882 人死亡	—	—	1 起灾害 30500 人死亡	3 起灾害 14450 人死亡	1 起灾害 1000 人死亡	—	3 起灾害 98000 人死亡	3 起灾害 11500 人死亡	—	—	1 起灾害 316000 人死亡	16 起灾害 479332 人死亡
亚洲发展中国家、非洲以及中东	7 起灾害 88450 人死亡	5 起灾害 11100 人死亡	6 起灾害 256200 人死亡	10 起灾害 106510 人死亡	7 起灾害 135190 人死亡	4 起灾害 15026 人死亡	7 起灾害 46754 人死亡	12 起灾害 322509 人死亡	6 起灾害 39642 人死亡	10 起灾害 48277 人死亡	10 起灾害 464015 人死亡	1 起灾害 2200 人死亡	86 起灾害** 1535873 人死亡
北美洲	1 起灾害 72000 人死亡	—	—	—	—	—	—	—	—	—	—	—	1 起灾害 72000 人死亡

续表

地区	1900～1909年	1910～1919年	1920～1929年	1930～1939年	1940～1949年	1950～1959年	1960～1969年	1970～1979年	1980～1989年	1990～1999年	2000～2009年	2000～2013年*	总计
总计	13起灾害181332人死亡	6起灾害14361人死亡	8起灾害402020人死亡	13起灾害141414人死亡	15起灾害158922人死亡	5起灾害16026人死亡	8起灾害49509人死亡	17起灾害423009人死亡	10起灾害53517人死亡	14起灾害59136人死亡	10起灾害464015人死亡	3起灾害339096人死亡	122起灾害2302357人死亡

注：*疑为2010～2013年，原文应有误。——译者注

**应为85起，原文应有误。——译者注

资料来源：U. S. Geological Survey，2015。

球上没有哪个地方没有地震，尽管有些地方地震发生得非常少且不具有影响力，例如欧洲的西北部。

位于地震带的大城市有东京（日本）、台北（中国台湾）、马尼拉（菲律宾）、新加坡、雅加达（印度尼西亚）、旧金山（美国）、墨西哥城和圣地亚哥（智利）。一些城市（如旧金山和东京）经济发达、管理能力强，其预防及保护措施比其他城市（如马尼拉和雅加达）做得好。

1970～2001 年，从亚洲东南部到土耳其的地震带上发生过 15 次地震，是其他地方地震次数的 2 倍多，这 15 次地震造成的死亡人数是同期全球所有地震灾害造成死亡人数总和的 3/4。同期北美发生的唯一一次地震造成的保险赔偿占所有地震保险赔偿的 65%（见表 6－10）。

美国的大多数地震发生在西部沿海各州，其次是沿落基山脉分布的各州，然后是东部各州。美国最有可能发生地震的 10 个州依次是阿拉斯加州、加利福尼亚州、夏威夷州、内华达州、华盛顿州、爱达荷州、怀俄明州、蒙大拿州、犹他州和俄勒冈州。

美国 1/4 的地震及其造成的绝大多数经济损失和死亡发生在加利福尼亚州。超过 2000 条断层线穿过加利福尼亚州，可能还有其他未得到确认的断层线。例如，1994 年发生在南加利福尼亚州北岭的致命地震是由一条以前未得到确认的断层引起的。加利福尼亚州每天经历 100 多次地震，大多数地震没有产生任何影响，只能被仪器探测到。

在太平洋，最受关注的是海啸，海啸通常向西移动，沿美洲的断层线向日本、东南亚和澳大拉西亚（包括澳大利亚、新西兰和邻近的太平洋岛屿）移动，或东进美洲。两者之间是波利尼西亚和密克罗尼西亚群岛，那里火山活动频繁，不论是东部还是西部都会受到海啸
257 侵袭。

5. 影响

震级 通常根据地震震中（指地球表面上的地震震源）的能量（量级）及其范围（通常是能够观测到的能量与震中的最远距离）来确定地震震级。震级通常用里氏震级（Richter scale）表示，但是现在多用矩震级（moment magnitude scale）表示。

震级是无限的（意味着它们没有上限）。震级以对数形式表示，意味着震级每升一级，它所蕴藏的能量是低一级地震所有能量的 10 倍。

美国地质调查局自 1900 年开始评估全球范围内的地震，每年全球发生 130 万次 2.0～2.9 级地震，13 万次 3.0～3.9 级地震，1.3 万次 4.0～4.9 级地震，1319 次 5.0～5.9 级地震，134 次 6.0～6.9 级地震，15 次 7.0～7.9 级地震，1 次 8.0 级及以上地震（U. S. Geological Survey, 2015）。

烈度　地震的烈度可以根据麦卡利烈度表来衡量。修正的麦卡利烈度是有上限的，从罗马数字 Ⅰ 到罗马数字 Ⅻ，它纯粹是基于主观判断的。震级可以用精准的仪器测量，但是烈度必须用人类的编码确认（见表 6－18）。

人类的死亡　1900～2012 年，世界上共发生了 127 次造成 1000 人及以上死亡的地震，发生频率为每年 1.12 次（见表 6－17）。

表 6－18　评估地震的常规量表

里氏震级	矩震级	修正的麦卡利烈度（MMI）	简略的 MMI 描述	频率（全球范围）
	1.0～2.9	Ⅰ	除在特别特殊的条件下，几乎没有任何感觉	小于 2.0 级（微震）的地震通常不会被人感觉到
	3.0～3.9	Ⅱ	只有少数正在休息的人能够感觉到，特别是在建筑物的较高楼层；精心悬挂的物体可能会摆动	
		Ⅲ	室内的人的感觉会相当明显，尤其是高楼层上的人，许多人并不知道这是地震；停放的汽车可能会轻微摇摆；震动类似于卡车经过	
<4.3	4.0～4.9	Ⅳ	白天在室内感觉更明显，户外感觉较弱；夜晚，有人会被惊醒；盘子、窗户、门都会发出响声，墙壁会发出开裂的声音；感觉像重型卡车在撞击建筑物；停放的汽车摇晃明显	每年发生数千次 4.5 级或更高级别的地震
4.4～4.8		Ⅴ	几乎每个人都可以感觉到，许多人会被惊醒；一些盘子、窗户会被打碎；不稳定的物件会翻倒，钟摆可能停止	

续表

里氏震级	矩震级	修正的麦卡利烈度（MMI）	简略的 MMI 描述	频率（全球范围）
4.9~5.4	5.0~5.9	Ⅵ	所有人都可以感受到，许多人会受到惊吓；一些重型家具会移动，一些石膏会脱落。轻度损坏	
5.5~6.1		Ⅶ	设计和修建良好的建筑物的损坏可以忽略不计，普通建筑物会受到轻微影响，质量很差的建筑物会受到重大的损坏，一些烟囱会破损	
6.2~6.5	6.0~6.9	Ⅷ	特别设计的建筑物会受到轻微损坏，普通建筑会有部分坍塌而受到重大损坏，质量较差的建筑会受到非常大的损坏。烟囱、工厂堆栈、柱子、纪念碑和墙壁都会坍塌。重型家具会翻倒	
6.6~6.9		Ⅸ	特别设计的建筑物损坏相当大，设计良好的建筑物会倾斜或倒塌；大量建筑物会受到重大的损坏，部分出现坍塌；建筑物的地基也会受到破坏	
7.0~7.3		Ⅹ	一些修建良好的木质建筑物会被摧毁，大多数砖石建筑物和架构的地基也会受到毁灭性的破坏；铁路扭曲	
7.4~8.1		Ⅺ	几乎没有任何建筑物可以保持挺立，桥梁被毁，铁路严重弯曲	8.0 级地震（大地震）每年发生一次
>8.2		Ⅻ	毁坏全部；视线和水平线被扭曲；物体被抛到空中	

259 资料来源：U. S. Geological Survey，2015。

专栏 6.5

美国历史上著名的地震

美国每年都会经历上千次地震，不过其中大多数地震几乎不会被人们感觉到（只有自动化仪器可以监测到）。2000~2012 年，美国国家地震信息中心的自动化仪器监测到 49685 次地震，平均每年 3822 次。在这么多次地震中，每年有 381 次是 4.0~4.9 级地震、不到 56 次是 5.0~

5.9 级地震、5.6 次是 6.0～6.9 级地震、0.6 次为 7.0～7.9 级地震，未发生更高级别的地震。

1964 年 3 月 28 日，美国历史上矩震级最高的地震（9.2 级）发生于阿拉斯加的威廉王子湾，持续了大约 3 分钟。地震直接造成 15 人死亡并引发了海啸，间接造成 113 人死亡（共造成 128 人死亡）。海啸的高度创造了纪录（67 米），并侵袭了美国太平洋沿岸的其他地区（造成 15 人死亡），也给夏威夷带来损失。包括加拿大在内，地震和海啸总共造成超过 3 亿美元的损失。

自 1897 年以来，美国落基山脉以东震级最大的地震发生于 2011 年 8 月 23 日，震源位于弗吉尼亚州路易莎县。这次地震震级为 5.8 级，烈度为Ⅶ度。造成的破坏比较小且没有人死亡，但是影响的范围比较广泛，共造成将近 3 亿美元的损失，且主要集中在首都地区。 260

1970～2001 年，地震灾害造成大约 551000 人死亡，是同期恐怖主义造成死亡人数的 138 倍，和死于气象灾害的人数差不多（见表 6－10）。

2000～2012 年，世界范围内有近 600000 人死于地震（即使 2010 年海地调整了死亡人数）。近 13 年的地震造成的死亡人数比之前 30 年地震所造成的死亡人数还多。这种结果并不是因为震级较高的地震发生得多，而是因为人口普遍增加以及地震带的变化，地震的影响变得更广泛。

2012 年，全球共发生了 17 次造成人员死亡的地震（根据美国地质调查局数据），震级为 4.9～7.6 级，共造成 768 人死亡。其中 306 人死于 2012 年 8 月 11 日在伊朗西北部发生的地震，113 人死于 2012 年 2 月 6 日在菲律宾的内格罗斯－宿务地区发生的地震，81 人死于 2012 年 9 月 7 日在中国四川省及周边发生的地震，还有 75 人死于 2012 年 6 月 11 日在阿富汗兴都库什地区发生的地震。

全球范围内，每次造成超过 50000 人死亡的地震共发生了 22 次，最早的一次于 856 年发生在伊朗，最近的一次于 2010 年 1 月 12 日发生在海地，发生的频率为每 52.5 年一次（根据美国地质调查局数据）。

美国地质调查局的数据显示，5 次最致命的地震依次是：1556 年 1 月 23 日，发生于中国，造成超过 830000 人死亡；1976 年 7 月 27 日，中国唐山发生了 7.5 级地震，官方公布 242769 人死亡；1920 年 12 月 16 日，中国宁夏海原发生 7.8 级地震，造成当地及周边区域约 20 万人死亡；1923 年 9 月 1 日，日本关东地区发生了 7.9 级地震，造成 142800 人死亡；1948 年 10 月 5 日，土库曼斯坦的阿什哈巴德发生 7.3 级地震，造成 110000 人死亡（U. S. Geological Survey，2015）。

第六大致命的地震于 2010 年 1 月 12 日在海地的太子港发生，造成不到 100000 人死亡（2011 年，据海地政府统计，这次地震造成 316000 人死亡，但是国际救援组织并不认同这一数字）。因为地震震级较大（7 级）、震中接近人口稠密的首都（大约相距 16 英里），死亡人数多，损失严重，但主要原因是建筑质量很差。红十字会与红新月会国际联合会统计，估计有 300 万人受到影响，美国国际开发署估测有 150 万人流离失所。在飓风和政治暴力之后，海地成为国际人道主义工作的重点（联合国海地稳定特派团自 2004 年以来一直驻扎在海地，飓风“艾克”在 2008 年袭击了海地）。成千上万的海地人民在地震前已经流离失所，地
261 震后仍然如此。

有记录以来最致命的海啸发生于 2004 年 12 月 26 日。此次地震震级约为 9.2 级，是 1964 年以来最大的一次、1900 年以来第三大地震。震中位于印度尼西亚苏门答腊岛附近。海啸主要向东和向西移动（原因来自断层线的南北轴线），并到达南非、北美和南美海岸，大部分能量袭击了印度和东南亚。海啸高达 100 英尺，淹没了土地，造成至少 23 万人死亡，其中印度尼西亚至少 17 万人死亡、斯里兰卡 35000 人死亡、印度 18000 人死亡、泰国 8000 人死亡。受影响区域没有十分完善的保险体系或得到很好的开发，此次地震造成的经济损失并不是最大的，共造成 140 亿美元的直接经济损失。

2011 年 3 月 11 日袭击日本的海啸造成的经济损失最为惨重，但人员伤亡不是最多的，尽管它直接导致约 18500 人死亡。地震发生于距离日本福岛海岸 109 英里的地方，震源深度为 18.6 英里。

美国历史上 4 次最致命的地震依次是：1906 年 4 月 18 日发生在旧金山的地震，大约 3000 人死亡；1946 年 4 月 1 日发生于阿留申群岛的地震，引发了海啸，造成夏威夷、阿拉斯加州和加利福尼亚州共 165 人死亡；1964 年 3 月 28 日发生于阿拉斯加州威廉王子湾的地震，引发了海

啸，造成阿拉斯加州、俄勒冈州和加利福尼亚州共 128 人死亡；1933 年 3 月 11 日发生于加利福尼亚州长滩的地震造成 115 人死亡（U. S. Geological Survey，2015）。

其他在美国发生的地震，每起地震的死亡人数都少于 80 人。美国地质调查局罗列了自 1811 年起在美国发生的 48 次有人员死亡的地震，最近的一次发生于 2003 年 12 月 22 日（发生于加利福尼亚州中部，造成 2 人死亡）。

经济损失　根据现有历史记录，5 起经济损失十分惨重的自然事件中有 4 起是地震事件（另外 1 起是飓风）。

2011 年 3 月 11 日袭击日本的海啸是有史以来经济损失最惨重的自然事件，也是 1900 年以来排名第 20 位的致命地震。海啸在狭窄的沿海山谷中达到 130 多英尺高，向内陆移动了 6 英里，当时日本最高的海堤高 12 米（39 英尺）。这次地震也是日本有史以来最大的一次（矩震级超过 9 级）。海啸造成了大量的人员死亡和破坏：超过 18500 人死亡，其中 92% 以上溺水而亡，损坏或毁坏了近 110 万座建筑物和 23 万辆汽车。日本很快估计出总经济损失超过 3000 亿美元，世界银行估计为 2350 亿美元。据估计，这是有史以来经济损失最惨重的自然事件（海啸还破坏了福岛核电站，第 5 章介绍了这一事件）。

日本在 1995 年 1 月 17 日遭受了世界上经济损失第二大惨重的地震。这次地震发生于神户附近，造成 6500 人死亡以及 1000 亿美元的经济损
失（世界银行估计）。 262

第三大经济损失惨重的地震于 2008 年 5 月 12 日在中国四川省成都附近发生，造成近 70000 人死亡以及 290 亿美元的直接损失。

专栏 6.6

美国发生的造成惨重经济损失的地震

1994 年 1 月 17 日，美国加利福尼亚州发生的地震是美国历史上造成经济损失最惨重的一次地震，同时是世界范围内第四大经济损失惨重的地震（6.7 级）。此次地震的震源在洛杉矶的北岭，那里的建筑物和设施受到了严重破坏，如高速公路天桥和桥梁扭曲，57 人死亡，还有超过
8500 人受伤。损失共计 250 亿美元，联邦拨付救济资金近 70 亿美元。 263

（五）火山

下文介绍火山运动的定义以及风险。

1. 定义

火山是地球表面窄小的孔，有时岩浆、气体或蒸汽从地表下面经由该孔逸出。火山事件发生在地表，岩浆、蒸汽或气体克服了任何阻止其逃逸的物质（通常是基岩或凝固的熔岩）的压力。地表之下的火山活动可视为地震活动，真正的火山活动在气体、水（通常是蒸汽）和岩浆（如熔岩）逃离地球表面时发生。

2. 风险

火山灾害往往与地震灾害相伴，因此地震灾害的分布（见上一小节）能够为火山灾害分布提供参考。

火山喷发只持续几秒钟或几分钟，尽管火山的积聚，如新火山的生长可以持续几个月，而后续影响，如熔岩的喷发，也可能持续几个月。事实上，有些火山口会持续不断地喷发熔岩、蒸汽或气体。

如果火山在非常短的时间内（数秒或是几分钟）爆发，其爆炸会造成伤害。然而，最主要的破坏还是逸出的灰烬、气体、蒸汽以及熔岩造成的长期性环境污染。

大多数火山事件对当地有重大的影响。较大的火山喷发事件将逸出的灰烬和气体送入大气层，并向全世界蔓延，影响气候、阻碍通信。例如，1991 年 6 月，菲律宾皮纳图博火山向平流层中喷射了大约 2000 万吨的二氧化硫和灰烬，其中二氧化硫形成了硫酸盐颗粒，将阳光反射回宇宙空间。这些颗粒包围地球近 2 个月，反射了大量的阳光，使地球冷却了大约 1 华氏度。

2010 年 3 ~5 月，冰岛埃亚菲亚德拉火山爆发时，喷发的熔岩很少，震动很小，但释放了大量火山灰，扰乱了该区域的航空运输和天气模式。

（六）火灾

下文介绍“火灾”的定义，说明火灾的空间分布、发生频率、影响以及对火灾的管控。

1. 定义

火灾是物质快速氧化燃烧，以光和热的形式释放能量，并产生氧化化合物和废物。

野火（也被称为森林火灾、植被火灾，在澳大拉西亚地区被称为“丛林火灾”）是一种在荒地上不受控制的火灾。荒地是人类尚未开发或改变的土地，从字面上讲，荒火发生在荒地上，与城市火灾和荒地－城市界面（Wildland-Urban Interface，WUI）火灾（也被称为“界面火灾”或“混合火灾”，通常发生在荒地和人类开发的土地交汇处）不同。

大多数野火是自然形成的零星点火，并不会引燃其他地方而导致蔓延。大多数移动的野火是地表火，引燃地面上的燃料而蔓延。野火在遇到树冠时，蔓延速度会变快，并发展成树冠火。一般情况下，与树冠火相比，地表火蕴含的能量较少，破坏力较弱，但发生的频率更高。草原火灾在地面上移动的范围更大，因为草原的植物群主要是野草，火势蔓延速度更快，但也会更快地烧尽。

当还未冷却的灰烬进入大气层并被吹入新燃料时，火灾蔓延的速度最快。在风的驱动下，火灾在植被间的蔓延速度比任何动物的奔跑速度都快，甚至可以超过汽车的速度。

天气的变化，从平静或潮湿的风到强劲、干燥的风，可能非常突然。风力或干燥变大造成的火势突增被称作“火爆”。

2. 分布

起火　火灾是由闪电、人为事故（如丢弃的烟头或营火）、电线短路和纵火引起的。大多数火灾是人类有意或无意引起的。在充分开发的地方，人类活动是唯一的起火源。有时，人类和自然活动的相互作用引起火灾。例如，1906 年 4 月，旧金山市区发生地震，电力线路受到破坏，引发了持续几天的大火，共造成 3000 人死亡。

随着人类以前所未有的速度开发荒地，从 19 世纪后期开始，野火变得更加频繁、剧烈，并对人类的生命和财产产生了重大影响。人类进入荒地带来了更多的非自然火源，人和财产的暴露增加。20 世纪上半叶人类对野火的防范降低了所有野火的发生频率，在某些地区，如今对火灾
的防范实际上已经消除了火灾。 264

随着人口和住房密度变大，火灾风险也增加了。随着土地开发和公共消防管理能力进一步提高，荒地将完全消失，野火也几乎消失了。在荒地和住房混杂的中等密度地区和密集居住地与荒地交界的地区最有可

能发生野火，在这两个地区，人类和野生易燃物最有可能相遇。在美国，这个交界处被称为“荒地 - 城市界面”，其消防管理受到特别关注。

> 2001 ~ 2011 年，美国发生的野火平均有 85% 是人类引起的（121849 次是由闪电造成的，还有 717527 次是人为的）。东部（99%）和南部（96%）是人为火灾比重最高的两个区域。然而，从 2001 ~2011 年人类引发的野火每年平均燃烧的英亩数来看，南部地区是全国最高的，超过 100 万英亩；其次是西南地区，人类引发的野火每年的过火面积大约为 38 万英亩（Stein et al.，2013，p. 16）。

加利福尼亚、地中海盆地、智利、澳大利亚和南非的自然野火都越来越频繁，人类发展导致的人为野火也在增加。中等人口密度地区的野火发生率最高。

人类引起的野火占加利福尼亚州所有野火的 95%，那里城市区域和荒地区域都十分大，而气候是典型的地中海气候（至少在南部沿海）（Syphard et al.，2009，pp. 760，763）。加利福尼亚州林业和消防局、美国林务局的数据显示，20 世纪 70 年代，在阿拉米达县（旧金山东部最发达的县）仍有大面积的荒地，在荒地保护区，闪电引起的火灾平均每个世纪在每 100000 公顷土地上只发生 1.8 次，而人类引发的火灾约为 900 次。在面积更大但人口并不密集的圣克拉拉县荒地保护区，闪电引起的火灾每个世纪在每 100000 公顷土地上发生 5.3 次，而人类引发的火灾约为 500 次。在附近的普卢默斯县和红杉树国家公园，闪电引起的火灾每个世纪在每 100000 公顷土地上发生超过 200 次，而人为引起的火灾不到其一半（Keeley，2005，pp. 288，291 - 292）。

闪电更像是荒野地区真正的点火源，但在荒野地区，闪电相对没那么频繁，而且没有很大的影响。闪电只在雷暴天气出现，而雷暴天气在地中海气候地区没有气候更加温和的地区那么频繁。由于潮湿的环境条件和植被丰富，地中海气候地区不太容易受到火灾的影响。在地中海型气候区域，闪电造成许多起火但不会蔓延。闪电更容易点燃草地并引起火势蔓延，但闪电在林地引燃的火势不容易蔓延。以草原为主的地区，由于野火和放牧足以防止灌木丛生，草原火灾也不会进一步扩散。1950 ~

2000 年，在美国发生的闪电点燃的过火面积超过 1000 公顷的野火只有 3 次（Keeley，2005，pp. 291 – 293）。

3. 植被与气候

（1）地中海气候及类似气候

野火最有可能在地中海型气候下发生，包括地中海周围的陆地（地
中海盆地）、美国西南部沿海地区、墨西哥西部、智利中部、澳大利亚西 265
南部和南非的开普敦地区。真正的地中海气候区占地球非冰川陆地面积的比重不到 5%，但每单位面积上发生的野火最为频繁。地中海气候区不仅降水充沛、阳光充足、温暖，适宜稠密、多样的植物群（占世界植物群的 20%）生长，而且在炎热、干燥的夏季，植物变干，产生更多的易燃物。在地中海气候地区，以常绿、木本、硬叶灌木植物为主，这些植物高度易燃（Syphard et al.，2009，p. 759）。

在不完全属于地中海气候的地区，但在火灾生态学家看来与地中海地区并没有多大不同的周边区域，野火几乎同样有可能发生。这些地区实际上包括整个北美西部和南美、澳大利亚、南非和地中海盆地，一直延伸到瑞士南部。

这些气候和植物群非常适宜居住以及农业、旅游业发展，因此人类的发展在历史上已经渗透到森林火灾最为频繁的地区，而那些气候不太具有吸引力的地区通常也是人类未开发的荒地（2005 年，智利约 23% 的土地几乎没有植被。北非的地中海地区与撒哈拉沙漠接壤，而美国西南部类似地中海的地区也与沙漠接壤）。因此，人类文明趋向于开发肥沃土地和荒地的交界处，在这些地方，人类引发野火和暴露于野火的可能性最大（Syphard et al.，2009，p. 763）。

（2）草地

在某些种类植被占主导地位的地方，更可能发生野火。草地以草和其他易干枯的草本植物为主，它们更易受到火的影响，延长了火灾季节。草本植物的根短而脆弱，这导致火灾后留下的土壤更容易滑动，尽管火势往往很快且能量较低，人类对森林的砍伐与放牧有利于牧草和谷物生长。牧草和谷物覆盖了澳大利亚西南部和南非 40% 的土地，覆盖了北美和智利 20% 的土地（截至 2005 年，Syphard et al.，2009，p. 763）。具有生态和农业影响的外来草种主宰了一些草原。美国西部有大面积的外来

杂草（旱雀麦）和水牛草（狼尾草），容易频繁引发火灾。

（3）落叶林和混交林

落叶树每年都有树叶和枝干脱落，这些叶子和枝干干枯后就成为现成的燃料。因此，在落叶林发生的地表火灾往往比普通森林频繁。

人类在开发天然森林时更加偏爱落叶阔叶树，因此，天然落叶林受到的人类干预最多。这种开发使人类引发野火和暴露于野火的可能性变大，同时也消除了其他地区的野火。

在地中海型气候区域，松树和橡树会自然发生树冠火，人类在这些
266 地方的活动极大地增加了人为起火的频率且使人类暴露增加。灭火则使森林和天然可燃物密度增加，当不受控制的野火爆发时，火势则更加猛烈，并造成更大的损失。

北美东部比北美其他地区更加潮湿，同时那里的人类活动也更多。在某种程度上，由于人类的发展，实际上整个州的荒地都消失了，如新泽西州和马里兰州，或者说，人类用不太容易发生树冠火的中生阔叶林取代了当地的橡树和松树林。

（4）灌木丛

在真正的地中海气候下，灌木的适应具有地方性。人类为防止地表火灾而烧掉森林里的易燃物或者人类清扫森林却没有清除枯死的植被导致森林中的易燃物堆积到非自然的量。20 世纪初，新的国家公园和州公园禁止放牧，让天然灌木恢复生长，从而降低了火灾发生频率。20 世纪后期，牧场用地减少、州和城市一级的土地保护增加，特别是加利福尼亚州的城市沿海地区，也让地方性灌木重生，它们有效地发挥了在大型城镇地区和真正的荒地之间的防火缓冲作用。1945 ~ 2002 年的数据表明，旧金山湾东岸圣克拉拉县受保护的荒地具有约 100 年的火灾轮换间隔（两次彻底烧毁之间的间隔），且这一间隔可能由于植被变化和人类对火灾的管理而延长（Keeley，2005，pp. 285，289）。

相比之下，20 世纪，由于人们停止了在荒地上的耕作，并将精力集中于封闭式农业和城市的发展，在整个地中海地区，植被覆盖面积和易燃物有所增加，随着那些荒地上的植被从低燃牧草变为易燃的天然灌木丛，野火的发生频率和猛烈程度都有所增加（Hessl，2011，pp. 396 - 397）。

（5）针叶林

在高海拔及较为潮湿的地方，大多数针叶树叶子（呈针状）和树枝并不会掉落，直到它们枯萎而死，所以针叶林不太容易发生野火。但是针叶林中发生的树冠火十分猛烈，通常具有极大的破坏力。针叶林在北美的覆盖率达到21%，在智利、澳大利亚、南非以及地中海盆地的覆盖率不足10%（2005年数据）。

史前的野火频率表明，在不受人类活动影响的地区，野火以自然的频率发生。类似于北半球针叶林的史前环境每3～35年发生一次严重的树冠火。湿润和高纬度的针叶林、温带灌木林与北方森林每105～1585年发生一次这样的火灾。1988年黄石国家公园（主要位于怀俄明州）发生的火灾表明，每200～300年，在自然温和的环境中就会发生一次严重的自然火灾。尽管有25000名消防员参与黄石国家公园森林大火的灭火，共投入1.2亿美元，但大火仍燃烧了3个多月，最终在9月中旬的第一场雪中熄灭，这场大火烧毁了140多万公顷的土地（Pausus & Keeley，2009，pp. 594，599）。 267

（6）热带森林

在热带森林中，野火不是自然发生的，但是人类对天然热带森林的渗透和清除增加了非自然火灾的发生频率。再加上偶尔发生的干旱，热带森林的野火可能是毁灭性的。比如，1997年，在印度尼西亚发生的野火向大气释放的碳相当于全球每年化石燃料排放量的13%～40%（Pausus & Keeley，2009，p. 599）。

4. 频率

野火季　野火通常发生于每年冬雪和春天融化的水消退，经过一段温暖且干燥的天气、易燃物变得干燥之后。野火通常在长期干旱的夏末发生得最频繁。在较为潮湿的气候下，野火每年的发生频率不同，但在无规律的热和干旱周期中很少发生。相比之下，在潮湿、温暖的春季（植被快速增长）之后，炎热且干旱的夏季更易发生野火。

全球气候变化　2007年，政府间气候变化专门委员会第二工作组预测，气候变化会增加大部分地区野火的发生频率以及猛烈程度，尤其是那些经常出现长期干旱的区域，野火的发生频率会增加、野火季节会延长。

然而，全球变暖将使湿润气候下的分解速度加快，从而减少那里易燃物的自然积累（Pausus & Keeley，2009，p. 600）。此外，一些地区因气候变化可能会有更多的降水，即使其他地区的降水也在增加。在植被生长缓慢且稀疏的干旱地区，由于干旱加剧，植被的生长速度可能会变慢，那里的野火可能会消失。北美洲东部、北欧和非洲热带地区的降水应该会增加，野火也会变少。北美洲西部、环地中海地区（包括葡萄牙、西班牙、瑞士、意大利和希腊）、俄罗斯和澳大利亚将遭受更严重的干旱。气候变化与更频繁和严重的雷暴及更长的雷暴季节有关，这意味着有更多的闪电——自然起火源。此外，与人类活动增加有关的人为起火频率也在增加。在那些野火频率不断增加的地区，在易燃物减少、植被变化和当地人进行应对之前，这一严重影响将会持续几十年（Hessl，2011，pp. 395 - 396，399 - 401）。

北美 19 世纪末，由于人类的渗透、放牧和荒地的开垦，北美西部大部分地区遭受了更为频繁的间接火灾，但当时并无太多的消防救援能力。在进行更有效的野火管理和防火之前，这种频率可能在 20 世纪 30 年代达到顶峰。

在美国东部和加拿大，1850 年之后尽管在不断变暖，但是野火的发生频率有所下降，这可能是降水增加、种植阔叶树而非橡树和松树以及
268 所有州和岛屿广泛城市化使荒地逐步消失的结果。

在 20 世纪的最后 1/3 时间里，由于气候变暖、野火季节变长和人类活动增加，北美遭受了越来越多的各种野火。1970 ~ 2003 年，研究人员在美国联邦管理的西部土地上发现了 1166 处（超过 400 公顷）大火（约占美国西部森林面积的 61%）。与 1970 ~ 1986 年相比，1987 ~ 2003 年的野火发生频率增加了 4 倍，野火季节延长了 64%（78 天），从发现到控制的时间从 7. 5 天增加到 37. 1 天，燃烧面积扩大了 6. 5 倍。在海拔 2130 米左右发生的野火频率增加最多。这种增加在美国西部出现最早也最明显，早在 1970 年，这里的野火发生频率和范围就增加了，更多的原因是夏季更长、更干燥，而不是人类活动。

全球变暖是野火发生频率增加的重要原因。1970 ~ 1986 年和 1987 ~ 2003 年，春季和夏季的平均温度上升了 0. 87°C，其中 1987 ~ 2003 年是自 1895 年有记录以来最热的时期。由于太平洋海面温度变化（“厄尔尼

诺”、“拉尼娜”、太平洋十年际振荡），全球变暖和周期性天气模式引起了2000年和2002年的严重干旱，这导致美国西南部发生了更多的野火（Hessl, 2011, pp. 396 - 399; Westerling, Hidlago, Cayan, & Swetman, 2006, pp. 940 - 941）。

全球变暖导致野火频发，就连加拿大西部和美国西部的苔原等5000年没有发生过野火的地区也爆发了野火。这些地区经历了更长、干燥的夏季，一些永久冻土融化。

由于气候变化，美国大多数地区的野火发生频率及猛烈程度都在上升。假定全球二氧化碳增加到自然水平的2倍，北美火灾季节的严重性将增加10% ~ 50%；加拿大的模型预测，严重性和燃烧面积将增加46%。如果二氧化碳排放量增加2倍，加拿大预计火灾季节的燃烧面积将扩大74% ~ 118%。然而，在北美东部的大部分地区，气候将变得更加潮湿，因此季节性火灾的严重程度会降低（Hessl, 2011, pp. 395 - 396）。

1981年美国的野火记录是249370起。相比之下，2009年，在美国，在人类活动区域发生的火灾或车辆起火达1348500起（来自美国国家消防协会数据）。根据美国国家机构间消防中心的数据，美国平均每年发生92000起野火，其中大多数是未伤害到人类或未破坏建筑物的小规模火灾（见表6 - 19）。2004 ~ 2008年，地方消防部门平均每年应对的森林火灾、林地火灾或其他荒地火灾达36700起（Stein et al., 2013, p. 7）。

表6 - 19 美国野火发生频率以及野火造成的损失（按年份统计）

年份	野火发生数量（起）	过火面积（百万英亩）
2014	63312	3.60
2013	47579	4.32
2012	67774	9.33
2011	74126	8.71
2010	71971	3.42
2009	78792	5.92
2008	78979	5.29
2007	85705	9.23

续表

年份	野火发生数量（起）	过火面积（百万英亩）
2006	96385	9.87
2005	66753	8.69
2004	65461	8.10
2003	63629	3.96
2002	73457	7.18
2001	84079	3.57
2000	92250	7.39
1999	92487	5.63
1998	81043	1.33
1997	66196	2.86
1996	96363	6.07
1995	82234	1.84
1994	79107	4.07
1993	58810	1.80
1992	87394	2.07
1991	75754	2.95
1990	66481	4.62

270 资料来源：U. S. National Interagency Fire Center，2015。

在美国，商业和家庭安全保险机构的统计表明，38 个州面临与野火相关的严重风险，西部各州面临的风险更高。

2000 年，美国将近 1/3 的家庭（3700 万户）定居于荒地与城镇交界处。1990～2000 年，加利福尼亚州、俄勒冈州以及华盛顿的荒地与城镇交界处新增了 100 多万户家庭。加利福尼亚州在交界处定居的家庭比其他任何州都要多，达 380 万户。康涅狄格州有 2/3 的地区属于荒地与城
269 镇交界区（Stein et al.，2013，p. 12）

5. 影响

（1）社会影响

火灾的影响通常以具体的数字表现出来，例如，死亡人数、烧毁土地面积、烧毁房屋数、参与灭火的消防员人数、保险损失以及直接经济损失。

火灾可以通过判断性的方式进行分级或分类，例如澳大利亚的森林火灾等级（Bushfire Levels）。美国的消防制度按照生态类型及其影响对火灾进行分类（见表6－20）。

表6－20　美国消防制度对火灾的分类

分类	严重程度	描述或定义	举例	荒地占比（%）	每年发生频率（起）
Ⅰ	低－混合	低烈度火灾，大多数占主导性地位的植被完整保存下来；包括混合程度高的火灾，最多75%的上层林冠被烧毁	西部低海拔处黄松森林；东南部的松树林和橡树林	25	0～35
Ⅱ	高	高烈度火灾可以烧毁至少75%的上层林冠	美国中部的草原；贯穿西部的丛林	19	0～35
Ⅲ	混合－低	一般混合性严重火灾；包括低烈度火灾	中西部和东北部的混合落叶针叶林；西道格拉斯冷杉林	22	35～200
Ⅳ	高	较为严重的火灾，可以烧死大多数地面上的植被	落基山脉北部的落叶松；大湖和新英格兰地区的孤立地带	12	35～200＋
Ⅴ	任何	偶尔发生的可以将地面上大多数植被烧死的火灾	缅因州、宾夕法尼亚州北部以及西部地区的大多数湿地森林	16	200＋

资料来源：Stein et al.，2013，p.3。

1988年黄石国家公园的那起火灾是近些年美国发生的最大一起火灾，烧毁了140万公顷土地。以往发生于美国的火灾每年烧毁的土地面积为400万～500万英亩（160万～200万公顷），但是在2004～2007年和2011～2012年，火灾每年烧毁的土地面积超过了800万英亩（见表6－19）。

在美国，致死率最高的野火发生于19世纪末以及20世纪初，那时人们应对火灾的能力十分有限，而在西部各州定居的人数却迅速增加。1871年，在威斯康星州发生的名为“鼠疫”（Pestigo）的野火造成1200多人丧生。1881年，密歇根州有300人在野火中丧生。1894年，明尼苏达州超过400人在野火中丧生，1918年的野火又造成明尼苏达州400人丧生。

在人类已开发地区发生的火灾和车辆引发的火灾每年会造成约 3000 名美国人丧生、17000 人受伤，其中不包括 75000 ~ 85000 名受伤的消防员（2009 年数据）。

即使人们没有直接遇到火灾，野火也会损害人类健康并夺走人类的生命。生活在易发生野火地区附近或顺风处的人可能暴露于空气中的污染物，这些污染物会严重刺激呼吸道、加重过敏和支气管炎，并损害人的判断力。

（2）自然生态影响

自然生物多样性不受大多数野火的影响，因为在典型的野火发生之后，地方性植被已经进化，足以适应生存甚至繁荣生长。野火对美国 94% 荒地的生态进化至关重要。当地的植被已适应了环境并发展出保护自己的方式，如生长厚厚的树皮、充满水的表皮或块茎在地下深深扎根。许多植物种类，如洛奇波尔松（lodgepole pine），需要火来再生。这种依赖于火的物种散布的种子有坚硬的外壳，只有在高温或烟雾下才能打开，而火消灭了不耐火的害虫、清除了遮挡阳光的树冠，这类种子在灰烬的滋养下最容易发芽，黑炭能滋养土壤几千年。动物可以逃到洞穴或潮湿区或岩石区躲避，尽管有些火的自然移动速度比任何动物都快（Stein et al.，2013，p. 1）。

然而，野火正变得越来越热或越来越频繁，以致干扰了自然进化的火灾生态。在过去，大多数野火是在没有杀死成熟树木的情况下沿着地面蔓延的，但是更大的野火可以穿过树冠，导致树木无法存活。这样的野火可能会很热，甚至破坏那些进化到可以在传统火灾中生存的种子。野火如此频繁，以致自然繁殖被中断。例如，在澳大利亚的部分灌木丛中，许多树种需要大约 20 年的时间才能繁殖，但在树木成熟并结出种子之前，野火的发生频率更高。当野火变得异常频繁时，只有草和一些其他草本物种能生存下来，因此地方性灌木和其他树木往往被外来草种取
271 代（Syphard et al.，2009，p. 760）。

野火也会对全球气候变暖产生影响。野火燃烧所释放的碳是化石燃料燃烧和工业使用化石燃料所释放碳的 26% ~31%。二氧化碳是全球变暖的主要因素，而野火过后留下的黑炭（燃烧后的固态残留）是全球变暖的第二大因素。生物质燃烧约占全球黑炭排放的 40%（Hessl，2011，

p. 393）。

野火还可能与其他风险混合。野火会破坏固土植被，也会引发土地运动、土壤侵蚀和污染。例如，1996 年，科罗拉多州布法罗克里克附近 272
发生的火灾引发水土流失和山洪，洪水造成了超过 200 万美元损失以及给丹佛供水系统带来超过 2000 万美元的损失（Lynch，2004）。

（3）经济影响

几乎所有重大损失都是由少数几起火灾蔓延造成的。火灾会烧死人、烧毁财产，火灾产生的烟雾有损人类健康。火灾造成的损失主要包括直接损失、灭火费用以及野火事件之间的风险管理费用。

损失包括财产损失、损害人类健康所产生的成本、商业损失、税收损失、灭火成本、撤离成本、灾后重建费用，以及复合自然风险（例如在火灾后的降雨中发生泥石流等）。

自 1988 年黄石国家公园发生火灾之后，官方消防能力的提高和加强监管降低了城镇火灾的风险，野火发生的平均频率和致死率都有所下降。但是由于人类定居以及财产价值的增加，未开发荒地上的野火造成的损失仍在持续增加。到 2005 年，每年扑灭野火的花费都超过 10 亿美元（Westerling，Hidlago，Cayan，& Swetman，2006，p. 940）。美国林务局在 2001 ~ 2010 年平均每年的灭火费用（12 亿美元）是 1991 ~ 2000 年平均每年花费（5. 8 亿美元）的 2 倍多。21 世纪，州立林业机构在环境防护、野火预防以及灭火工作上的年均花费（包括由州立机构支出的联邦资助）为 16 亿美元，是 20 世纪的 2 倍多。这些数字不包括当地消防部门的费用（Stein et al. ，2013，p. 7）。

2002 年，科罗拉多州海曼附近发生火灾，烧毁了 13. 8 万英亩土地，记录在案的直接损失达 1. 159 亿美元，不包括灭火费用或修复烧毁区域的费用。直接损失包括：私人财产保险赔偿总额（3870 万美元），来自小企业管理局与美国联邦应急管理局的贷款和捐赠（490 万美元），输电线路损坏（88 万美元），美国林务局管辖下的两个护林区中的娱乐特许 273
经营商的收入损失（38. 2 万美元），储水能力损失的价值（3700 万美元），木材损失价值（3400 万美元）。

1998 年，佛罗里达州东北部 18 个县发生了一场持续 6 周的大规模野火（烧毁土地 50 万英亩），共造成 5. 22 亿 ~ 7. 62 亿美元的损失，包括商业木材（软木）损失（3.22 亿～5.09 亿美元），灭火和赈灾花费（5000 万～1 亿美元），财产损失（包括 340 座房屋，1000 万～1200 万美元），旅游和贸易损失（1.4 亿美元），卫生保健花费（哮喘治疗，32.5 万～70 万美元）（Stein et al.，2013，p.8）。

加利福尼亚州是非常富有且人口非常多的一个州，在第二次世界大战后发展十分迅速，同时也遭受着最频繁的野火侵袭。1970 年 9 月 26 日，加利福尼亚州遭受了十分严重的一次野火（即“拉古纳”火灾，其初始起火点位于圣迭戈县东部地区），那次火灾的起因是断掉的电线点燃了丛林。此次火灾过火面积达 175000 英亩，破坏了 382 座房屋，并造成 8 人死亡。

1991 年 10 月 20 日，旧金山湾区发生了一场自 1923 年以来最严重的荒地－城市界面火灾，野火从卡尔德科特（Caldecott）隧道上方蔓延至奥克兰北部和伯克利南部的丘陵地区，烧毁了超过 3300 座房屋，过火面积超过 1500 英亩，造成 25 人死亡，总计造成超过 15 亿美元的损失。

2003 年 10 月，几场野火袭击了圣迭戈县，一起被称为“锡达山火”（Cedar Fire），这是加利福尼亚州历史上第二大野火。这次火灾烧毁了 28 万英亩土地，摧毁了 2232 座房屋，造成 14 人死亡（包括 1 名消防员）、104 名消防员受伤。起火源主要来自一个在荒地放火的人，他最终被指控纵火。在炎热、干燥的夏末以及强劲、干燥的“圣塔安娜”风到来之后，起火的条件达到极致。

6. 控制

野火风险的控制手段包括清除易燃物、禁止火源、禁止人类出入或部分人类活动、清除植被并种植耐火植被。

通过人工清除易燃物（主要是枯死的植被）或偶尔点燃可控或符合规定的火来控制危险（野火管理人员通常在旱季高峰、人类探访前后并等待温和、潮湿的风吹向自然断裂或不易燃区域如岩石露出的地方时进行干预）。可控的火失控的情况非常罕见。例如，1999 年 7 月 2 日，美国土地管理局在加利福尼亚州路易斯顿附近按计划引燃了一场火，以清除 100 英亩土地上的杂物。但是野火蔓延到 2000 英亩左右，烧毁了 23
274 座住宅，一周后才被控制。

如果区域内不能点火（例如，树木的种植是用于砍伐来谋求商业价值的），可以通过保持森林之间的标准间隔距离并通过清除偶尔出现的廊道或线路的障碍物来控制风险（小道用于阻止火势蔓延，并在野火发生期间方便应急救援者进入）。

降低风险最有效的方法是防止起火。可能引起火灾的起火源包括玩火柴、燃烧落叶或垃圾、扔掉的烟头、还在燃烧的篝火以及驾驶汽车通过枯草。

除了减少人为引燃，社区野火预防还包括采取措施保护家庭和财产免受野火的影响。这些措施的重点是更换建筑物内和周围的植被，并确保所有建筑物均采用耐火材料建造（Finney & Cohen，2003）。

财产所有者可以通过搬离荒地、在已开发地区修建建筑物或保持建筑物与周边的距离来减少暴露。可以在房屋周围种植防火植物、清除易燃物，如干燥的植被或木质结构。如果植被是草、落叶树和其他脆弱的植被，则应将其剪短，并清除碎屑。还应清理水槽和排水沟中的杂物。根据商业和家庭安全保险机构的规定，清理区域应至少延伸 5 英尺，但美国联邦应急管理局建议为 30 ~ 100 英尺。可通过避免在建筑中使用木质材料来降低脆弱性，双层钢化玻璃更能抵抗热辐射引起的火灾。屏障有助于防止余烬进入通风口和椽子。

移走或减少社区内部和周围的树木、灌木和其他植被，降低火灾的强度和防止蔓延，并为消防人员控制和灭火创造一个相对安全的地方。由于植被不断生长，必须按照规定反复进行消防处理，以防止易燃物堆积。

如果房主采用美国农业部统称为“火灾智慧社区”（www.firewise.org）的做法，例如降低个别建筑周围点火区的易燃风险（也称为“防御空间”），并使用耐火建筑材料（尤其是屋顶、门前木板平台和通风口处），这样可以降低建筑物被引燃的可能性（Stein et al.，2013，pp. 17 - 18）。

在发生火灾的地方，可以派消防员直接灭火。根据定义，飞火指尚未蔓延的起火点，在还未发生火爆时应将其扑灭。在飞火频发的季节，也可能派消防员去现场灭火。

氧气是燃烧所必需的，因此灭火的一个关键解决方案是通过抽出气体或使用惰性气体或材料覆盖燃烧物来隔绝氧气。在地面上，消防员可以手动清除燃烧物，并往火上覆盖沙土。在空中，飞机可以投放水或更复杂的化学阻燃剂来灭火。

在火势蔓延之前，消防员可以清除易燃物，以制造防火带。如果一
275 个地区有公路，推土机、挖掘机和其他机器可以提供帮助。清除火灾现场周围的易燃物有助于控制无法扑灭的大火。发生野火时，消防员通常会待在已烧毁或没有易燃物的区域，如高速公路上。大多数火不会穿过消防员所在的这些区域，但是当火势足够大、与风向一致且风力足够大时，余火可能会飘过最宽阔的高速公路并引燃多处，使消防员无法控制。

如果不能控制野火，就应该疏散路上的人，并劝他们放弃财产，等待火势平息。潮湿的天气有助于控制火势。

五　宇宙风险

宇宙风险来源于宇宙——地球及大气层之外的所有事物。宇宙威胁包括太阳风暴和宇宙天体（如小行星、彗星、地球轨道物体）。

下面两个小节将对太阳风暴和宇宙天体进行说明。

（一）太阳风暴

本部分介绍“太阳风暴”的定义、频率和影响，以及可行的控制手段。

1. 定义

太阳风暴或地磁风暴是太阳活动期间发出的电磁能（太阳风）对地球正常电磁场的干扰。太阳总是发射电磁能，电磁能随某些太阳活动激增，例如太阳耀斑是发生于太阳表面的异常大的热核爆炸。太阳耀斑分为A、B、C、M或X（最严重）五个级别，每级耀斑又分为1级至9级，但X级耀斑可以有无数个等级，目前记录到的最强烈的太阳耀斑为X28级。

2. 频率

太阳风暴在太阳活动达到峰值时出现，目前这个周期大概为11年，尽管周期可以短得多。2000年和2003年曾发生太阳风暴。第24个太阳活动周期在2013年达到高峰，尽管在2013年1月美国国家航空航天局

预测这一峰值是至少100年来最温和的。2013年晚些时候，专家将太阳活动周期高峰出现的时间修改为2015年。

最近一次的猛烈的太阳风暴发生于1989年3月，它影响了加拿大的魁北克省，这样的事件大约每50年发生一次。

有记录以来最大的太阳风暴发生于1859年8～9月。这次事件以主要观测者的名字命名为“卡林顿”事件。极光历史记录表明，这种极端太阳风暴每150年发生一次（Lloyd's，2013）。 276

3. 影响

在向太阳倾斜的纬度地区以及电气系统十分集中和暴露的地方，太阳风暴的影响更为严重。已知最大的太阳风暴（1859年的“卡林顿”事件）发生在电气时代之初，造成电报系统短路，与电报接口接触的电报操作员被电死，电报纸被点燃。

发生于1882年、1921年和1960年的太阳风暴事件的影响没那么严重，但还是造成无线电信号中断，引发了电气火灾。

发生于1989年3月的太阳风暴破坏了地球轨道卫星和无线电的信号，并造成加拿大魁北克省电力传输系统发生故障，停电长达9个小时，大约600万人受到影响。

2000年和2003年的太阳风暴损坏了卫星，但是并没有破坏地球上的电力传输系统。

若今天发生1859年那样严重的太阳风暴，全球范围内的非屏蔽电气系统将会短路并受损，包括电力传输系统、发电机和变压器、计算机和其他有电子电路的设备、电子访问控制、电子支付系统，以及汽车的电子点火系统、无线电和地球轨道卫星，而后需要花费数十亿到数万亿美元以及几个月到几年的时间去修复。

在美国，尤其是较高纬度的地方，太阳风暴会造成更大的伤害，因为那里拥有较多的人口和较为发达的基础设施。伦敦的劳埃德公司估计，像“卡林顿”那样的事件将直接扰乱2000万～4000万美国人、16天到2年的生活供电，经济损失总体可以达到0.6万亿～2.6万亿美元。电力供应中断的持续时间在很大程度上取决于有没有备用、可替换的变压器。新建变压器至少需要5个月。人口密集和电气化程度较高地区的居民受到的影响最严重，如大西洋沿岸，由北向南从纽约市到华盛顿。而中西部州，如密歇根、威斯康星以及墨西哥湾沿岸地区也将受到广泛影响（Lloyd's，2013）。

北美、中国、澳大利亚和非洲大省较长的输电线路更易受到攻击，但互联性的增强降低了它们的脆弱性。事实上，天气和坠落物对输电系统的破坏更频繁。

4. 控制

地磁风险可以通过屏蔽电磁辐射、关掉电源、断开电气系统、远离电力传输设备以及投资建造可替代系统等方法来控制，特别是在太阳活动高峰时期。

屏蔽物的外壳通常是金属材料，其设计和生产非常简单，但增加了重量和成本；屏蔽的有效性取决于材料的质量和厚度。一般来说，大多数军用电子系统和主要民用电子系统（如地球轨道卫星）都是有屏蔽的，但几乎所有的消费电子设备既没有屏蔽，也没有安装在屏蔽结构内，
277 包括大多数计算机服务器。一些数据保护服务能够在设施内保护数据免受“卡林顿”级别重大事件的干扰，但并没有屏蔽保护。关键财务数据和官方数据可能会在非屏蔽设备中丢失。

尽管无线电能够被屏蔽，但是对于紧急服务和飞机飞行安全十分重要的无线电信号不能屏蔽。因此，大型太阳风暴的影响必须通过关闭常规服务或依靠老式的非电力通信来控制。

（二）宇宙天体

下文介绍宇宙天体的定义、天体事件的频率和影响以及如何控制天体事件。

1. 定义

“宇宙天体”指存在于地球大气之外的物体，包括小行星、彗星、近地天体（在接近地球的轨道上的小行星和彗星），以及地球轨道上的天体，包括约 3000 颗人造地球轨道卫星和从地球发射的其他物体遗留下来的垃圾。

彗星是主要由凝结成冰的水和尘埃粒子组成的宇宙物体。小行星是宇宙岩石或金属块，通常比彗星小。近地天体是彗星和小行星，它们受到附近行星引力的吸引，进入比其他绝大多数绕地球运行的宇宙天体更

接近地球的轨道。所有近地小行星都来自围绕太阳的小行星带。

部分彗星和小行星可能转向并与地球碰撞。如果它们进入地球大气层，就被称为“流星”。很少有宇宙天体变成流星，大多数流星在大气层中就燃烧殆尽，地球上没有人能注意到。如果它们穿过大气层并坠落到地球上，就被称为“陨石”。人造地球轨道卫星是从地球发射到地球轨道上的通信系统和传感器的运载工具，也有可能坠落到地球上。

2. 频率

宇宙主要是个大的空间，绝大多数宇宙天体不在也永远不会在地球周围的轨道运行，但有成千上万的天体可能会与地球发生碰撞。

1998 年，美国国家航空航天局启动了一个跟踪近地天体的项目。2005 年，国会要求国家航空航天局找出所有直径大于 140 米的小行星。2013 年，美国国家航空航天局发现了 9610 个近地天体，尽管其中大多数近地天体的大小或离地球的距离不会威胁到人类文明。

美国国防部跟踪了超过 22000 个直径至少为 0.05 米的宇宙物体，其中大部分是人造垃圾，可能会破坏卫星，但通常在未通过地球大气层时就燃烧殆尽。美国国家航空航天局统计的近地小行星数量不到 1300 颗，直径最大的为 30 米，显然太小，在未穿过大气层时就被烧尽了，但其大小足以摧毁一个城市的大部分。它们进入大气层的频率是大约 100 年一次。 278

被测量出的直径为 30～100 米的近地天体不到 2200 个，估计这类天体未来影响地球的频率为每 1000 年一次。美国国家航空航天局估计直径为 100 米以上的近地小行星约有 25000 个，其中得到确定的约占 25%。得到确定的近地小行星中有不到 2400 个的直径为 100～300 米。

到 2013 年，美国国家航空航天局根据“与地球轨道最小交会距离”接近 7480000 千米（比大多数近地天体还要靠近地球）和直径大于 150 米两个条件确定了 1381 颗有潜在危险的小行星。一颗直径 150 米的陨石将毁灭人类文明，尽管这样的事件每 10000 年才发生一次。

美国国家航空航天局估计，大约有 900 个近地小行星较大，即直径大于 1000 米。这样大小的陨石可能会直接破坏一个洲，并造成可以引起大多数植物和动物群死亡的全球气候变化。根据美国国家航空航天局的预测，发生这样事件的频率大约是每 500000 年一次。

最大的近地小行星的直径小于 25 千米，6500 万年前（大约在恐龙灭绝时期）撞击地球的那颗陨石造成至少 75% 的物种灭绝，其直径超过 15 千米。

3. 影响

近地天体可能会与 3000 颗人造地球轨道卫星相撞，从而中断无线电信号的传输、全球定位系统、全球天气和人类活动的监测以及宇宙监测。约有 60 个国家和政府财团拥有并运营卫星，商业和学术机构也拥有并运营一些卫星。美国政府是全球定位系统的最大用户，其在全球定位系统基础设施、设备以及服务上至少投资了 430 亿美元。

人类发射到太空的天体留下的大量垃圾环绕着地球。这些垃圾转动的速度非常快，所以即使是尘埃也有足够的能量穿透人造材料。受损人造卫星难以修复，最终它们也必然成为垃圾。

制造卫星需要大约 10 年时间，其使用期限大约为 30 年，即使报废，它们也必须继续在轨道上保持运行，或在太空中拆除，或有控制地落到地球上。不受控制的卫星是主要的危险。例如，2009 年 2 月，1 颗报废的俄罗斯军用卫星与美国的 1 颗商业用途卫星相撞，在太空中留下了约 10000 个残片。官方说这是一个意外，但也暴露出恶意使用卫星作为武器的风险，虽然国际法已经规定太空中不允许存在武器。

一些卫星已经在太空中被从地球发射的导弹摧毁了。例如，1985 年 9 月 13 日，美国的 1 架军用飞机发射了 1 枚“Vought ASM135”导弹，击落了 1 颗报废的美国卫星，因为它正在进入地球的大气层；2008 年 2 月 20 日，美国“宙斯盾”巡洋舰发射了 SM3 反导导弹，摧毁了报废的
279 军用卫星。

在太空中被摧毁的卫星分解成更多的危险。失效的人造卫星坠落到地球上也存在巨大的危险，尽管它们的控制者试图以较小的角度引导它们降落，让它们在太空中燃烧或坠落到地球上无人居住的区域。

大多数自然宇宙天体不会围着地球轨道运行，也不会受到地球重力场的影响而偏转。如果近地天体与地球发生碰撞，大多数会在大气层中燃尽或分裂成碎片落入无人居住的区域（地球表面大多数地方是无人居住的，大多数地方是水）。每天都有大约 100 吨重的流星撞击大气层，但是大多数流星比沙粒还要小，并在人们注意到它们之前就已

经燃尽了。

最具毁灭性的流星事件发生在1908年，幸运的是发生于西伯利亚的偏远地区。火球直径为50～100米，在空中爆炸的能量是1945年美国在广岛投下的原子弹的1000倍（流星不包含或产生放射性物质）。流星的爆炸摧毁了800多平方英里（约合50万英亩或2000平方千米）的区域，8000万棵树被折断，125英里（约合200千米）之外的窗户受损。

2013年2月15日，俄罗斯莫斯科以东1000英里、人口约110万的车里雅宾斯克市上空发生了自1908年以来最大的流星爆炸。这颗流星直径约17米。大多数这种大小的流星因与增厚的大气层的摩擦增大而爆炸。这颗流星在城市上空大约20英里（约合30千米）处爆炸。幸运的是，应力断裂使其更加脆弱，这可能是因为撞击使它从宇宙流星带中脱离出来。流星在爆炸前已经脱落了一些部分，最后的爆炸产生的碎片散落到比城市更广阔的区域，并产生类似于小型核武器爆炸的声波。坠落的陨石影响了车里雅宾斯克超过方圆75英里的地方。爆炸击碎了3000多座建筑物中与砌合砖一样坚固的材料，造成1200多人受伤。在大多数情况下，人们在爆炸到达之前就会被冲击波或玻璃碎片伤害（对大多数人来说，间隔时间长达几分钟）。

4. 控制

地球重力场会使大多数近地天体运行发生偏转。如果一颗流星大到足以穿过大气层并给地球表面带来毁灭性的灾难，在事情发生前的几个小时内难以预测到，即使预测到也很难在如此短的时间内撤离人口。流星在地球大气层中的实际飞行时间以秒来计算。目前的高空防御系统不能改变流星的运动轨迹，使其转向飞出大气层，并且可能会产生更多的危险物体。

足以威胁人类文明的碰撞应该在碰撞发生的几年前预测到。理论上，可以有意地毁坏小行星或是使其偏离，但是没有权威机构对这类研究项目进行投资。现在的技术可以将十分重的航天器发射到太空，并将其安置在离小行星非常近的位置上，利用航天器的引力场来有效地改变小行星的运动轨迹，使小行星免受地球引力的影响。美国国家航空航天局已经制订了一个小行星改道计划，但是还没有启动，到21世纪20年代的

某个时间，可以发射一个机器人将一个相对较小、运行较慢的小行星重
280 新定位到月球轨道上，以便宇航员进行作业。

☞ 本章案例

美国野火风险和洪水风险的比较

杰茜卡·布洛克　萨莉·汤普森

野火风险

我们目前在这种环境下的城市化已经将过去的生态平衡转变成一个包含降雨、风、四季以及火灾季节的气候系统。最近的研究证实，气候变化将使未来几十年野火的发生频率和严重程度增加。气候变化不仅加剧了人类面对火灾的脆弱性，还带来了更大程度的不确定性。现在，我们适应这个新系统的最大挑战是，环境变化的速度快于我们所能理解的速度。来自不同领域的专家对如何更好地缓解未来的风险持有不同意见，自然保护主义者致力于将森林恢复为原生植被，而政府机构则不惜牺牲生态来保护人类生命和财产。大火对国家安全构成威胁，因为它们对我们的经济造成巨大损失，但不管从哪个角度看，我们都越来越脆弱。

我们作为一个物种试图在这些不断变化的动态环境中生存，在技术上也取得了巨大的进步。我们现在能够比以往更好地在时间和空间上监测我们的环境，在智能手机、摄像头和移动互联网的武装下，民众也变成了传感器。这些工具的流行意味着我们有机会观察并以前所未有的速度应对不断变化的环境，科技给了我们实时适应的机会，让我们与这个新环境共存。最重要的是，它有助于使认同和不认同气候变化的人之间就世界如何变化达成共识。我的希望是，技术将给我们一个机会，让我们改变话题，停止争论事情是如何演变到如今的地步，同时制定解决方案，不仅让我们的城市更加安全，而且保护我们能够生活并想要在上面生活的地球。

作者简介：杰茜卡·布洛克是加利福尼亚大学圣迭戈分校通信与信息技术研究所研究助理。

洪水风险

完善的基础设施是解决方案的重要组成部分，还有一个是社会弹性。如何建立社会弹性？相应的机制包括综合保险计划、功能性早期 281
预警系统、应急响应小组和政府参与以及支持性社区等。

不幸的是，这也意味着贫困或有其他社会问题的社区面临更大的洪水风险。通常，这些社区位于危险地带，并面临更大的洪水风险。这也是缺乏维护基础设施的资金、家庭收入不足以支付保险或进行灾后重建以及为当地应急响应人员提供的资金较少等因素综合作用的结果。基于这些原因，最近的一项研究表明，萨克拉门托－圣华金三角洲（位于加利福尼亚）的贫困农业社区在美国面临最大的洪水风险，这里基础设施老化，有大型河流、地形平坦，社会脆弱性较高。

气候变化可能给易受洪水侵袭社区增加另一个负担，例如加利福尼亚州。研究表明，内华达山脉雪线的变化可能导致积雪较少，从而降低灾难性春季洪水的总体风险。但如果更多的春季降水以雨而非雪的形式降落，洪水风险将增加。这意味着，在某些流域，洪水风险正在降低，而在其他流域，洪水风险可能比当前提高 5% ~10%。其他研究表明，加利福尼亚州的降雨将更加多变，即发生更多的干旱和更多的强降雨事件，我们到现在还不清楚这些事件对洪水风险的影响。

作者简介： *萨莉·汤普森，加利福尼亚大学伯克利分校土木与环境工程系地表水水文学助理教授。*

◇ 本章小结

本章介绍了以下内容的定义、发展趋势、分布以及影响：

1. 一般自然灾害和威胁
2. 一般气候变化
3. 一般天气事件
4. 干旱和热浪
5. 风暴、飓风、气旋及台风
6. 龙卷风
7. 洪水

282 8. 地质地貌灾害（如沉降）
9. 地震灾害（大多指地震）
10. 火山灾害（如喷射出的熔岩和火山灰）
11. 火灾（包括人为引起的火灾及野火）
12. 宇宙灾害（如太阳风暴和流星）

◇ 关键术语

Artificial Earth-orbiting satellites（人造地球轨道卫星）
Asteroid（小行星）
Biodiversity（生物多样性）
Blowup（火爆）
Climate（气候）
Climate change（气候变化）
Comet（彗星）
Cosmos（宇宙）
Crown fire（树冠火）
Cyclone（气旋）
Drought（干旱）
Dry movement（干运动）
Earth movement（地壳运动）
Earthquake（地震）
Fire（火灾）
Flood（洪灾）
Focus（震源）
Geological hazards（地质灾害）
Geomagnetic storms（地磁风暴）
Geomorphic hazards（地貌灾害）
Ground fire（地表火）
Hazard（灾害）
Heat wave（热浪）
Human-caused（人为）

Human-made threat（人为威胁）

Hurricane（飓风）

Intensity（烈度）

lava（熔岩）

Magma（岩浆）

Magnitude（震级）

Meteor（流星）

Meteorite（陨石）

Moment magnitude scale（矩震级）

Natural hazard（自然灾害）

Natural threat（自然威胁）

Natural risk（自然风险）

Near-Earth object（近地天体）

Nor'easter（东北大风暴）

Precipitation（降水）

Rapid-onset hazards（突发性灾害）

Richter scale（里氏震级）

Seismic（地震）

Shielding（屏蔽）

Slow-onset hazards（缓发性灾害）

Solar flare（太阳耀斑）

Solar storm（太阳风暴）

Solar wind（太阳风）

Spot fire（飞火）

Storm（风暴）

Storm surge（风暴潮）

Subsidence（沉降）

Threat（威胁）

Tornado（龙卷风）

Tsunami（海啸）

Typhoon（台风）

Volcano（火山）

Weather（天气）

Wet movement（湿运动）

Wildfire（野火）

◇ 思考与练习

1. 人为威胁与其他自然威胁的区别。
2. 为什么自然风险容易被低估？
3. 为什么有些自然风险在增加？
4. 什么情况下缓发性灾害与突发性灾害的风险会变大？
5. 为什么美国遭受的灾害所造成的经济损失最惨重？
6. 为什么发展中国家死于自然灾害的人比发达国家多？
7. 发展中国家和发达国家发生的自然灾害有哪些不同？
8. 发展中国家的自然风险对发达国家而言有什么影响？
9. 不论是在哪种社会中，为什么人们承受的自然风险如此不成
283 比例？
10. 关于太阳风暴有哪些信息是可预测的？
11. 如何控制地磁风暴的风险？
12. 彗星、小行星、流星以及陨石有什么不同？
13. 来自宇宙天体的风险应如何控制？
14. 地质灾害、地貌灾害、地震灾害以及火山灾害有什么不同？
15. 人类活动是怎么增加地质风险的？
16. 地震事件怎样造成危害？
17. 哪里的地震风险最高？
18. 地震的震级和烈度之间有什么区别？
19. 如何解释地震事件造成的经济损失分布和死亡率分布的矛盾？
20. 比较火山的危害和纯地震事件的危害。
21. 引起火灾的三种最常见的原因。
22. 不同形式的起火更可能在哪里发生？
23. 哪种类型的植被和天气更容易引发野火？
24. 为什么野火的发生频率会随着时间变化？

25. 全球气候变化对野火风险有怎样的影响？
26. 野火如何威胁自然生态的发展？
27. 怎样控制野火风险？
28. 天气和气候之间有哪些区别？
29. 气候变化和全球变暖之间有哪些区别？
30. 天气风险为什么会增加？
31. 为什么天气风险在发展中国家和发达国家的分布不一样？
32. 气候变化怎样造成危害？
33. 为什么气候变化十分难控制？
34. 什么会引起洪灾？
35. 怎样控制洪灾？
36. 风暴、热带低压、飓风以及气旋有哪些区别？
37. 风暴怎样引起危害？
38. 飓风和龙卷风之间有哪些区别？
39. 龙卷风大多在什么地方发生？
40. 干旱和热浪之间有哪些区别？
41. 气候变化如何影响与干旱和热浪有关的风险？ 284

第三部分

安全保障

第七章　应急管理

◈ 本章学习目标

通过本章的学习，至少应该掌握以下知识：

1. 如何理解和定义“突发事件”？
2. 如何评估突发事件？
3. 在美国如何进行应急管理？
4. 如何定义和评估“潜力”与“能力”；
5. 如何定义和评估“脆弱性”？
6. 如何定义和评估“暴露”？
7. 如何就突发事件相关信息进行沟通？

在下面的段落中，联邦应急管理局副局长理查德·塞里诺（Richard Serino）描述了针对2013年4月15日发生在马萨诸塞州波士顿马拉松比赛上的恐怖袭击的应急管理。

> 作为应对波士顿35起大规模伤亡事件以及包括波士顿马拉松比赛在内的波士顿所有重大活动的医疗指挥官，我可以告诉大家一个事实，能够很好地对发生在波士顿马拉松比赛上的恐怖袭击做出响应绝非偶然，而是长期计划和协调的结果。爆炸发生后，该市没有一家医院被大量涌入的病人压垮，这不是偶然的。根据病人的需要，对他们进行适当的分流，并有秩序地运送到合适的医院，这并非偶然。在比赛日，一个医疗情报中心部署了足够多的人员，工作包括跟踪病人、协调资源，并与整个地区的医疗界共享信息，这并非偶然。所有这些都是波士顿20多年来开展灾害规划的实际成果。我今天在这里部分地讨论联邦应急管理局如何发挥重要作用，让当地人

> 民为突发灾害做好更充分的准备
>
> 这一事件还表明，联邦应急管理局是如何向其成员提供所需的正确工具和信息，帮助社区增强权力和能力。国家准备系统（The National Preparedness System，NPS）是国家用来建立、维持和提供实现国家准备目标的核心能力的工具。联邦应急管理局要求包括马萨
> 286 诸塞州和波士顿市在内的受补贴者构建国家准备系统，并制定一套完整的社区国土安全和应急管理方法，在发生此类事件时能做好更充分的准备。在国家准备系统实践下，整个社区计划得更好、组织得更好、装备得更好、训练得更好、演习得更好，从而提高国家的准备能力和应变能力，这在波士顿很明显（*Lessons learned*，2013）。

一　突发事件

突发事件（emergency）指那些需要立即做出响应的事件。与突发事件相关的词语还有“issue”和“incident”，“issue”通常指需要辩论或解决的重要话题（FrameNet，2012），“incident”强调“发生”（occurence）或“具有破坏性、通常危险和不幸的事件（event）”（FrameNet，2012）。“emergency”、“issue”和“incident”与其他事件的区别在于，它们是需要进一步采取措施的。

“event”是在某一时间“出现或发生的事”（FrameNet，2012），包括事故、战争、袭击、结构故障等。美国国土安全部将“incident”定义为：

> 由人类的行为或自然现象导致的，可能会造成伤害并需要进一步采取行动的事情，包括灾难、突发事件、恐怖袭击、恐怖威胁、野外和城市的火灾、洪水、危险品泄漏、核事故、飞机事故、地震、台风、龙卷风、热带风暴、与战争相关的灾难、突发公共卫生和医疗事件以及其他需要做出应急响应的事情（U. S. Department of Homeland Security，2009，p. 100）。

“catastrophe”和“disaster”在用法上可以互换。但是许多保险业者和再保险业者会将自然灾害（natural catastrophes）与人为灾难（man-made disasters）加以区别。联合国国际减灾战略将“灾难”（disaster）定义为“一种对正常运转的团体或社会的严重破坏，造成广泛的人员、物质、经济和环境损失与影响，这些损失超过了受影响团体和社会利用自身资源进行处理的能力”（U. N. International Strategy for Disaster Reduction, 2009, p. 9）。

在美国，地方、州和联邦政府能够对突发事件发布声明。总统负责对联邦突发事件发布声明——意味着联邦需要对州和地方进行援助，但是这里所说的事件可能包括灾难（catastrophe）和灾害（disaster）。1988年《斯塔福德法案》（或称为《灾难救济和紧急救助法》）对“重大灾难”的定义是：

> 任何自然灾害（包括飓风、龙卷风、风暴、高水位、风动水、潮汐波、海啸、地震、火山喷发、滑坡、泥石流、暴风雪或干旱）或由于种种原因在美国任何地方发生的火灾、洪水和爆炸，总统视受灾严重程度和量级根据法案为州与地方政府以及灾难救援组织提供救灾援助，以减轻灾难引发的伤害与痛苦（U. S. Federal Emergency Management Agency, 2013, p. 2）。 287

二 突发事件评估

正如前文提到的，必须对突发事件的影响（return）进行评估。可以主观地评价或根据客观的相关指标对突发事件的影响进行评价，接下来的部分会对此进行解释。

（一）影响评估

评估突发事件的主要依据是它们的影响，一个事件的影响指该事件给受影响实体带来的变化。承担风险或者暴露于风险的人，比如投资者或受害人，通常是事件的经历者或者受到这些变化的影响。根据美国政府的习惯，“return”一词通常还包括其他概念，比如 impact（影响）、consequence（后果）、cost（成本）和 benefit（收益）。

专栏 7.1

“return”的同义词

impact

“impact”是“一次袭击对人或物造成的预期损失或伤害的数量。损失可能是金钱，也可能是人员伤亡或标志性建筑受到破坏”（U. S. Government Accountability Office，2005c，p. 10）。

consequence

根据美国国土安全部的定义，“consequence”是“事件、事故或变故的影响”（U. S. Department of Homeland Security，2009，p. 109）。“后果意味着危险（全部或部分），受伤，生命、财产、环境和可以用经济或金融指标定量衡量的商业损失”（U. S. Federal Emergency Management Agency，1992，p. XXV）。

“consequence”是袭击造成的超出预期或预期范围内更坏的情况。当同时考虑威胁和脆弱性时，可以评估对特定人或物造成的后果。损失或损害可能是长期的，也可能是短期的（U. S. Government Accountability Office，2005c，p. 110）。

cost 和 benefit

对美国政府而言，“cost”即直接或间接的投入；“benefit”是净收入，通常用货币表示；“benefit”可以包括直接和间接的影响（U. S.
288 Government Accountability Office，2005c，p. 110）。

（二）主观评估

关联（correlate）指一些同步变化的因素，比如阳光和晒伤。当难以对目标进行直接衡量的时候，我们不得不选择一个关联因素来代替。

客观指标的收集不涉及主观因素，判断性指标需要进行主观的编码，也就是说必须由人来决定如何进行编码。

通常而言，客观指标比主观衡量更好，因为后者存在主观偏差。但是当专家没有时间和机会选择客观指标时，主观衡量就具有一定的吸引力。比如，在突发事件发生之初，在搞清楚影响之前或在观察者能够接触到突发事件之前，有些判断一定是基于主观的。

影响可以根据定序量表进行评估。量表的取值范围为 1 ~ 5，数值越大，影响越严重。1 代表非常不严重，5 代表非常严重。世界经济论坛要求调查对象根据 5 点量表估计潜在事件的影响（World Economic Forum，2014，p. 45）。类似的，恐怖活动造成的后果也可以用 1 ~ 5 进行打分（Greenberg et al.，2006）。由澳大利亚、新西兰和国际标准化组织发布（International Organization for Standardization，2009）的风险管理标准同样使用 5 级量表，1 ~ 5 分别代表不重要、略微重要、一般重要、重要和灾难。美国国防部的标准是 4 级量表，根据 3 个维度对负面的后果进行衡量（见表 7 - 1）。

表 7 - 1　美国国防部衡量影响的量表

重大特大	死亡	系统损坏	严重的环境破坏
严重	重伤或职业病	重大系统损坏	重大环境破坏
临界	轻伤或轻度职业病	轻微系统损坏	轻微环境破坏
微不足道	轻伤或轻度职业病以下	不足以造成系统损坏	轻微环境破坏以下

资料来源：U. S. Government Accountability Office，1998，p. 7。 289

联合国威胁和风险小组将量表进行标准化，量表包括 3 个维度，每个维度包括 5 个尺度（见表 7 - 2）。

表 7 - 2　联合国衡量影响的量表

严重	死亡或重伤	损失全部资产	项目和工程损失
重度	重伤	资产重大损失	项目受到较严重的破坏
中度	受伤但无生命危险和高度的压力	资产损失或损坏	部分项目延期或受到破坏
轻度	轻伤	资产受到一些损坏	最低程度的项目延期
可以忽略	没有受伤	资产受到轻微损坏	没有造成项目延期

资料来源：U. N. Department of Peacekeeping Operations & Department of Field Support，2008。

（三）客观衡量

可以采用一些客观指标来估算影响，下文汇总了一些典型的客观指标，包括官方响应和经济、人员、环境和领土方面。

1. 官方响应

可以用官方响应衡量突发事件，比如响应是来自地方政府、州政府还是联邦政府。加拿大公共安全部建议官方响应至少应该对受影响的程度和范围进行评价（见表7－3）。

表7－3　加拿大政府的突发事件响应等级

等级	响应程度
无	无
0	有地方的一般响应但没有专业响应
1	有地方的专业响应以及来自联邦当局的监督
2	多区域的一般响应以及来自联邦当局的通报
3	多部门、多区域的专业响应以及来自联邦当局的通报
4	多部门、多区域的专业响应以及联邦当局的动员
5	多国部门和国际的专业响应以及联邦当局的快速动员

资料来源：Public Safety Canada，2013，p. 32；*All Hazards Risk Assessment Methodology Guidelines*，*2012－2013*，p. 32，http://www. publicsafety. gc. ca/cnt/rsrcs/pblctns/ll-hzrds-ssssmnt/index-eng. aspx#
290 ahra_business。经加拿大公共安全和应急准备部长许可转载（2015年）。

响应等级会根据以下响应时间进行修正：1周（加0.5），1～3周（加1.0），3～10周（加1.5），2～8个月（加2.0），8～24个月（加2.5），2～6年（加3.0），6～20年（加3.5）。

2. 人员影响

人员影响（human return）指突发事件给人类带来的变化。比如，可以用死亡情况、人体损伤、伤残调整生命年（见专栏7.2和专栏7.3），经济价值，处境变化等衡量人员影响。

专栏7.2

人员影响的衡量

死亡情况

死亡情况通常以人数计算，也可以用死亡率（死亡人数/总人数）或死亡频率（死亡人数/时间）来衡量。

在突发事件中，集体事故（mass casualty）指至少5人死亡，高伤亡（high casualty）指至少15人死亡。

死亡是人员影响中最严重的一种，但是也不能低估其他影响的严重性，比如受伤、残疾、寿命缩短、心理压力、健康成本以及不公平。

人体损伤

对身体造成的任何伤害都可以看作人体损伤（injury）。“创伤”（wound）一词是指伤口或因暴力受伤。人体损伤可能导致死亡，但是通常我们将死亡和可存活的人体损伤分开衡量。

衡量人体损伤的要素包括损伤率、损伤频率、损伤人数以及损伤程度（通常指严重程度）。比如，加拿大政府认为损伤程度高指“一项关键服务中断对公众或政府有效运行造成严重损害”（Canadian Translation Bureau，2015）。

可以根据人体损伤部位或医学原因（比如中毒、外伤）或事件（比如道路交通事故或运动事故）进行分类。

与死亡类似，人体损伤因涉及有关侵权行为的制度和健康系统而具有经济影响（见下文）。

伤残调整生命年

伤残调整生命年（Disability-Adjusted Life Years，DALYs）指一些事件或威胁造成一个健康的生命过早死亡或人体损伤而缩短的生存年数。伤残调整生命年同时考虑了死亡和人体损伤两个方面，是一种有效的衡量方法。比如，一种情况是受影响人数比较少，但是这些人中的大多数人死亡；另一种情况是受影响的每个人都严重残疾，但是直接死亡的人数较少。 292

专栏 7.3　定义

“伤残调整生命年”的官方定义和测算

根据世界卫生组织的计算方法，一种疾病造成的伤残调整生命年是以下两个部分的加总：

- 过早死亡造成的寿命损失年（Years of Life Lost，YLL，每一年龄段的死亡人数乘以死亡年龄段的标准预期寿命）。
- 残疾造成的寿命损失年（Years Lost due to Disability，YLD，一段时间发生事故的频率、疾病的平均持续时间和残疾的严重程度的乘积，0代表完全健康，1代表死亡；年轻或老年时损失的年数贴现率不同，但通常为3%左右）（World Health Organization，2009，p.5）。

1990～2012年采用这一计算方法，世界卫生组织发布的《全球疾病负担研究》（Global Burden of Disease）对这一计算方法进行了调整（World Health Organization，2015）：

- 伤残生命调整年仍然由过早死亡造成的寿命损失年和残疾造成的寿命损失年加总求得。
- 过早死亡造成的寿命损失年根据年龄、性别、国家和特定时间的死亡估计数乘以每个年龄段的标准预期寿命计算得出。
- 残疾造成的寿命损失年是按年龄、性别和原因计算的残疾状况的患病率，按每个健康状态的新的残疾权重加权，不再根据年龄进行贴现。

加拿大政府根据伤残生命调整年计算结果将人员影响转化为相应的分值，从0分至5分（见表7－4）。

表7－4　加拿大政府依据伤残生命调整年计算结果对人员影响打分

影响等级	伤残生命调整年取值（伤亡）	相当于成人死亡数（人）
无	0	0
0.0	40	1
0.5	120	3
1.0	400	10
1.5	1200	30
2.0	4000	100
2.5	12000	300
3.0	40000	1000
3.5	120000	3000
4.0	400000	10000
4.5	1200000	30000
5.0	4000000	100000

资料来源：Public Safety Canada，2013，p.27；*All Hazards Risk Assessment Methodology Guidelines*，*2012－2013*，p.27，http://www.publicsafety.gc.ca/cnt/rsrcs/pblctns/ll-hzrds-ssssmnt/indexeng.aspx#ahra_ business。经加拿大公共安全和应急准备部长许可转载（2015年）。

293

3. 经济损失

人身伤亡因涉及保险理赔和有关侵权行为的制度而具有经济影响(尽管保险或法律责任并未涉及每种情况)。特定死亡事故的经济损失可以通过标准化的“清单”或过去对人的投入（如教育的沉没成本）和未来的产出（如收入损失）来计算（见专栏 7.4）。

专栏 7.4　比较观点

对恐怖袭击所造成影响的政府补偿

1984 年以来，美国政府对犯罪活动所造成的人员伤亡进行经济补偿（以现金或税收减免的形式），补偿金额通常为几万美元。1996 年（1995 年俄克拉何马城联邦办公机构发生恐怖袭击并造成大量人员伤亡），恐怖袭击造成的居民伤亡也被纳入政府补偿范围，即便美国人在国外遭遇恐怖袭击事件，也可以获得政府补偿。

2001 年“9・11”事件的受害者从联邦政府的另一项计划中获得补偿，这是因为这一事件造成的损失远远超过了慈善机构和保险公司能够承担的范围。每名重伤人员或死者家属都可以获得平均 310 万美元的赔偿，应急救援人员的补偿平均为 420 万美元。根据预期寿命，补偿存在差异（Dixon & Kaganoff Stern，2004）。 294

许多医疗机构（如美国医学会）和政府机构发布标准化“清单”，用于评估伤害的经济价值，供保险理赔、雇主赔偿受伤雇员和法官办理侵权案件使用。计算通常首先描述身体损伤情况，具体到身体的特定部位（手指或脚趾或器官）、损伤程度和损伤类型，多处损伤合并起来表示整个身体的损伤。根据准则和公式，将这种总体损伤与受害人的职业和年龄相结合，最终结果通常是对受害者的最终永久性残疾评级或就业身体障碍的“评级”，从 0%（不降低收入潜力）到逐步加重的部分残疾，再到 100%（永久完全残疾）。

4. 处境变化

处境变化包括被迫移民或离开长居地、无家可归、失业、被迫与家人分离、丧失权利，以及遭遇不公平。比如，可能会根据因为反叛分子袭击而不得不移民逃离家园或失去家园的人数或被反叛分子奴役的人数来评估一场叛乱的影响。

（四）经济影响

突发事件可以用受损的经济成本、直接经济损失（如贸易减少）、间接经济收益和损失（如因通信受损而增加的交易成本）和供应变化来衡量，例如由于生产性资产或基础设施的损坏，无法生产或交付的货物
291 和服务的供应（见专栏 7.5）。

专栏 7.5　比较观点

加拿大评估经济影响的方案

加拿大政府根据预估经济损失对事件的经济影响程度进行排序（见表 7－5）。

表 7－5　加拿大政府对经济影响的打分

影响等级	经济损失（以加元计）
无	无
0.0	1000 万
0.5	3000 万
1.0	1 亿
1.5	3 亿
2.0	10 亿
2.5	30 亿
3.0	100 亿
3.5	300 亿
4.0	1000 亿
4.5	3000 亿
5.0	10000 亿

资料来源：Public Safety Canada，2013，p. 30；*All Hazards Risk Assessment Methodology Guidelines，2012 － 2013*，p. 30，http://www.publicsafety.gc.ca/cnt/rsrcs/pblctns/ll-hzrds-ssssmnt/index-eng.aspx#ahra_business。经加拿大公共安全和应急准备部长许可转载（2015 年）。

金融或货币的衡量方法具有很大吸引力，因为这种方法是可替代的，也就是说很容易以其他形式来衡量。保险业者和再保险业者倾向于根据投保人的权利要求衡量其金融成本，并将有保险和没有保险的人的损失之和看作“总体经济损失”。例如，2012 年瑞士再保险公司认为如果事

件造成的总体损失超过 9090 万美元或参保财产的相关索赔超过 4580 万美元（或船运索赔超过 1830 万美元、空运索赔超过 3660 万美元），则该事件就可以定义为重大自然灾害或人为灾难。

事件造成的影响也可以用金融成本之外的其他方法衡量（比如受影响的规模、区域或人数）。例如，1871 年芝加哥持续两天的大火导致超过 2000 英亩的城市土地被烧毁，28 英里的道路、120 英里的人行道、2000 盏路灯和 18000 栋建筑被毁，财产损失高达 2 亿美元。

加拿大政府公布了一个有效的方案，通过以下内容判断直接经济损失：建筑物、基础设施、机器和设备、居民房屋及屋内设施、原材料。 295
同样发布了对以下间接经济影响的评估：生产停顿造成的生产或服务损失；基础设施、库存遭到破坏或生产、收入损失造成的运营成本增加；其他原因（如供应商无法找到替代市场）带来的连锁反应造成的生产损失；不得不采用其他生产手段或服务带来的额外成本；根据政府要求响应突发事件产生的成本。这些间接经济损失可以被间接收益抵消，主要包括：消费者需求的转变或对替代产品或服务的支出；资产生产率的变化，比如洪水可能会使土地变得更加肥沃；劳动力的重新分配，比如员工的生产率提高得以弥补生产能力的损失；重建活动，重建期间会产生大量的产品和服务需求（Public Safety Canada，2013，pp. 72 – 73；*All Hazards Risk Assessment Methodology Guidelines*，*2012 – 2013*，pp. 72 – 73，http://www.publicsafety.gc.ca/cnt/rsrcs/pblctns/ll-hzrds-ssssmnt/index-eng.aspx#ahra_business）。[①]

（五）环境影响

当农业或该地区其他经济用地受到影响时，对自然环境的破坏是可以用经济指标进行衡量的。否则，在对犯罪者进行罚款之前，环境监管者或评估人员只能参考法律尺度或判例进行评估。生物学家和地理学家可能会使用很多专业、直接的方法评估环境影响，比如动物死亡数、对物种的影响、受影响的土地或水域面积。其中，土地面积的衡量是最容易被替代的（见专栏 7.6）。 296

---

① 经加拿大公共安全和应急准备部长许可转载。

专栏 7.6　比较观点

加拿大对自然环境破坏的评估

自然灾害发生之后，加拿大政府会根据受影响的区域对官方响应的等级进行修正（见表 7－3），破坏面积超过 400 平方千米，官方响应等级将增加 1.0（见表 7－6）。

表 7－6　加拿大政府根据受影响地理面积对后果的修正

增加分值	影响面积不超过（平方千米）
0.0	50
+0.5	150
+1.0	500
+1.5	1500
+2.0	5000
+2.5	15000

资料来源：Public Safety Canada，2013，p. 33；*All Hazards Risk Assessment Methodology Guidelines，2012－2013*，p. 33，http://www.publicsafety.gc.ca/cnt/rsrcs/pblctns/ll-hzrds-ssssmnt/indexeng.aspx#ahra_business。经加拿大公共安全和应急准备部长许可转载。

如果以下几方面的取值加总超过 9，加拿大政府将在现有基础上再增加 0.5 分值：稀有或濒危物种损失（取值 2）；物种多样性减少（取值 1）；丧失重要或多产的栖息地（取值 2）；自然景观的改变（取值 0.5）；使用中的土地资源的流失（取值 1）；使用中的水资源的流失（取值 2）；空气污染造成的环境损失（取值 0.5）；造成持续的环境破坏，3～10 周（取值 0.5），2～8 个月（取值 1），8～24 个月（取值 1.5），2～6 年（取值 2），6～20 年（取值 2.5）（Public Safety Canada，2013，pp. 35－39；*All Hazards Risk Assessment Methodology Guidelines，2012－2013*，pp. 35－39，http://www.publicsafety.gc.ca/cnt/rsrcs/pblctns/ll-hzrds-ssssmnt/
297 index-eng.aspx#ahra_business）。①

（六）领土或地缘政治不安全

除了对自然环境造成影响之外，我们可能还需要评估地缘政治安全

---

① 经加拿大公共安全和应急准备部长许可转载（2015）。

（比如主权领土、城市或省的权力）的变化（见表7－7）。

影响程度的分值将会根据持续时间的长短有所修正：1小时（减去2），1～3小时（减去1.5），3～10小时（减去1），0.5～1天（减去0.5），3～10天（加0.5），20天到1个月（加1），1～3个月（加1.5），3～12个月（加2），1～3年（加2.5），3～10年［加3，超过10年但不是永久的（加3），永久（加3.5）］。

分值同样会根据人群密度进行调整：0.1人/千米（减去1），0.3人/千米（减去0.5），3人/千米（加0.5），10人/千米（加1），30人/千米（加1.5），100人/千米（加2）（Public Safety Canada，2013，pp. 40－41；*All Hazards Risk Assessment Methodology Guidelines*，*2012－2013*，pp. 40－41，http://www.publicsafety.gc.ca/cnt/rsrcs/pblctns/ll-hzrds-ssssmnt/index-eng.aspx#ahra_business）①。

专栏7.7

加拿大对领土不安全的评估

在失去领土控制权或领土不安全的情况下，需要评估受影响的面积（见表7－7）、持续时间以及受影响的人群密度（Public Safety Canada，2013，pp. 39－41）

表7－7　加拿大政府对领土或安全损失的打分

增加分值	受损面积不超过（平方千米）
0.0	50
+0.5	150
+1.0	500
+1.5	1500
+2.0	5000
+2.5	15000

资料来源：Public Safety Canada，2013，p. 40；*All Hazards Risk Assessment Methodology Guidelines*，*2012－2013*，p. 40，http://www.publicsafety.gc.ca/cnt/rsrcs/pblctns/ll-hzrds-ssssmnt/index-eng.aspx#ahra_business。经加拿大公共安全和应急准备部长许可转载（2015）。 298

① 经加拿大公共安全和应急准备部长许可转载（2015）。

三 应急管理

应急管理是针对突发事件做出的响应或控制风险的所有措施。联邦应急管理局对“应急管理”的定义是“国家为应对突发事件或灾难做准备，减轻突发事件或灾难带来的影响，对突发事件进行响应并从中恢复的过程”（U. S. Federal Emergency Management Agency，2008，p. 57）。这一定义参考了2006年《飓风“卡特里娜”灾后应急管理改革法案》（Post-Katrina Emergency Management Reform Act），该法案对“应急管理”的定义是：

> 政府职能部门协调和整合所有活动，以建立、维持和提高应对、防范潜在的或实际的自然灾害、恐怖主义或其他人为灾害，并从中灾害中恢复或减轻伤害的能力。

大多数应急管理实践尝试控制或减少潜在事件可能产生的负面影
299 响。控制负面影响的策略也就是常常提到的7个术语，但关于它们的定义不够成熟。这7个术语是保护目标（protecting the targets）、准备防御或防范威胁（preparing to defend or protect against the threat）、应急计划（planning for contingencies）、减轻负面影响（mitigating the negative returns）、建立抗干扰能力（building resilience against disruption）、对事件进行响应（responding to the event），从事件中恢复（recovering from the event）（见专栏7.8的定义）。

专栏7.8　定义

应急管理的同义词

1. 保护

对美国国土安全部而言，“保护”指：“用来保护或避免暴露、受到伤害或破坏的行为或措施。在《国家基础设施保护规划》中，保护包括拦截威胁、减轻脆弱性，或将恐怖袭击或其他事件的影响最小化的行动”（U. S. Department of Homeland Security，2009，p. 110）。

2. 准备

美国联邦应急管理局对"准备"的定义是"在紧急事件发生之前就已经存在的活动、计划和系统，用来支持和加强对突发事件或灾难的响应"（U. S. Federal Emergency Management Agency，1992）。美国国土安全部将"准备"定义为：

> 建立、维持和提高准备能力以阻止、抵御、响应自然或人为事件并进行重建所必需的活动。准备是个持续的过程，包括各级政府、政府部门和私人部门、非政府组织在识别威胁、弥补漏洞以及确定预防、应对重大事件并从中恢复所需要的资源等各方面的努力（U. S. Department of Homeland Security，2009，p. 110）。

3. 应急和情景计划

"应急计划"的字面意思是应对未来可能发生的各种突发事件的计划，尽管它通常意味着准备（Heerkens，2002，p. 150）。

> 根据联合国的定义，"应急计划"是"一种为了应对预期的危急情况做出足够的安排以确保安全的管理工具"（U. N. Office for the Coordination of Humanitarian Affairs，2004，p. 7），或者"一种分析潜在的或可能出现的威胁社会和环境的情况，并提前进行适当的安排以确保能够及时、有效地对这些事件或状况进行恰当响应的管理过程"（U. N. International Strategy for Disaster Reduction，2009，p. 7）。人道主义实践网将"应急计划"定义为"一种用于确保对可能发生的突发事件进行充分准备的管理工具"（Humanitarian Practice Network，2010，p. xv）。"情景计划"指"未来的计划，包括未来事件将如何变化、威胁如何发展，并对计划中的假设进行回顾，考虑如果无法控制局势需要采取哪些措施"（p. xviii）。

4. 减轻

美国政府将减轻（mitigation）定义为"为减少或消除危害人类生命和财产的长期风险而持续采取的任何行动"（Blanchard，2008，p. 724）。"为了降低不利事件发生的可能性或减轻不利事件的影响而持续采取的行动"（U. S. Department of Homeland Security，2009，p. 110），或"为了减

少灾害对生命和财产的危害而必须具备的能力”（U. S. Department of
300 Homeland Security，2011，p. 9）。

5. 恢复力

美国国土安全部对“恢复力”的定义是“抵抗、承受、恢复或成功适应逆境或改变环境的能力”（U. S. Department of Homeland Security，2009，p. 111）。联合国对“恢复力”的定义是：

> 暴露于危险的系统、团体或社会抵抗、承受、适应并能够及时、高效地从危险造成的影响中恢复的能力，包括通过保护与恢复基本结构和功能……从震荡中复苏和恢复的能力。（U. N. International Strategy for Disaster Reduction，2009，p. 24）

“恢复力”指“在复杂和变化的环境中组织的适应能力（adaptive capacity）”（International Organization for Standardization，2009，p. 11）。

6. 响应

美国的应急管理将“响应”作为恢复前的一个阶段。

> 响应指解决事件造成的短期、直接影响的活动，包括迅速拯救生命、保护财产，以及满足人类基本需要的活动。响应还包括执行紧急行动计划和防止人员伤亡、财产损失以及其他不利结果的活动。根据具体情形，响应活动还包括运用情报和其他信息来减少事件的影响或后果，增加安全操作，对威胁的性质和来源进行持续调查，持续的检测和测试，免疫接种、隔离或检疫，以及具体的先发制人、干预或扰乱非法活动以逮捕真正的罪犯并将其绳之以法的执法行动（U. S. Department of Homeland Security，2009，p. 111）。

7. 恢复

响应可能与恢复有重叠，美国国土安全部对“恢复”的定义是：

> 为受影响的社区制订、协调与执行服务和场地恢复计划，通过个人、私人部门、非政府和公共援助计划确定需求、资源，以恢复政府运作和服务；提供住房和促进恢复，为受影响的人提供长期护理和治疗；实施额外的社区恢复措施；将缓解措施和技术合理结合；

评估事件并总结经验教训；制订计划以减轻未来事件的影响。
（U. S. Department of Homeland Security，2009，p. 111） 301

四　联邦应急管理的组织架构

（一）组织架构

1979 年以前，联邦应急管理由联邦准备处（Federal Preparedness Agency）和联邦灾害救援管理局（Federal Disaster Assistance Administration）共同负责，国防民事整备署（抵制核战争）和美国陆军工程兵部队（抵抗洪灾）提供军事援助。

《灾害救济法》（1974 年）通过联邦保险局增加了应对灾害的联邦保险资助。住房和城市发展部管理联邦保险局和联邦灾害救援管理局。

1978 年，当污染物从位于纽约尼亚加拉瀑布附近的拉夫运河（Love Canal）的垃圾填埋场泄漏时，美国总统吉米·卡特（Jimmy Carter）宣布进入环境紧急状态。1942 ~ 1952 年，这个垃圾填埋场一直在使用。但是当水位上升，包括二噁英在内的污染物进入发达地区和尼亚加拉河。这一事件暴露了几十年来地方政府和联邦政府对地方和国家责任机构的忽视及缺陷。1978 年 6 月 19 日，卡特向国会提交了一份重组计划（Number 3），成立了联邦应急管理局，直接向总统汇报。1979 年 3 月，位于宾夕法尼亚州三里岛的一个发电厂发生了核熔毁事故，当时的相关机构没有做好充分的应对准备，这一事故的发生再一次证明卡特 3 月 31 日颁布的行政命令的正确性。

1979 年，联邦应急管理局吸纳了 6 家机构，包括总务管理局的联邦准备处、联邦灾害救援管理局、住房和城市发展部的联邦保险局、隶属于商务部的国家消防管理局、总统办公室的联邦广播系统以及国防民事整备署。

2001 年发生的“9·11”事件促使美国政府进行了自 1947 年以来最大规模的结构调整。布什总统提出的《国土安全国家战略》对国土安全部提出了以下几点目标：

- 将孤立的联邦响应计划整合到全领域事件管理计划。
- 建立全国性事件管理系统。
- 提高战术反恐能力。
- 确保所有响应人之间的无障碍通信。
- 302 保证医护人员对灾难性的恐怖主义做好准备。
- 增加美国的药品和疫苗储备。
- 为净化化学污染、生物污染、辐射污染和核污染做好准备。
- 制订为民事部门提供军事支持的计划。(U. S. Office of Homeland Security, 2002, p. x)

2003年3月起，联邦应急管理局正式并入国土安全部。在此之前，联邦应急管理局局长一直是总统内阁的一员，但是自此以后其接受国土安全部长的领导。联邦应急管理局的政治任命不断增加而预算不断缩减，专业的应急管理人员大量流失，2005年联邦政府在应对飓风“卡特里娜”上的糟糕表现暴露了联邦应急管理局存在的诸多问题。

飓风“卡特里娜”是1928年以来美国遭遇的最致命的飓风（造成了1200人死亡，主要集中于路易斯安那州新奥尔良附近），也是1992年飓风“安德鲁”发生之后经济损失最大的（如果考虑通货膨胀、人口和房屋价值的变动，那么飓风“卡特里娜”造成的经济损失是自1926年以来最大的）。“卡特里娜”飓风无疑是一场规模异常的风暴，但当地政府和联邦政府糟糕的准备未能减轻其造成的消极影响。

新奥尔良警察部门多年来一直丑闻不断，人员严重缺乏，事实证明他们根本没有做好应对突发事件的准备，从犯罪情况来看更是如此，新奥尔良警察局长埃迪·孔帕西（Eddie Compass）随后辞职。

美国陆军工程兵在抗洪救灾中负责保护新奥尔良市的物质财产，但是防洪堤坝溃决了。随后，民事法庭认定陆军工程兵应对此负责，然而他们有民事责任豁免权。

自联邦应急管理局从一个独立的机构降级为国土安全部的一个部门之后，其工作人员便牢骚满腹（在飓风“卡特里娜”发生前的一年时间里，联邦应急管理局的员工数仅为所需员工数的85%）。联邦应急管理局错误评估了飓风“卡特里娜”的危险，没有做好充分的应对准备。

联邦应急管理局局长迈克尔·布朗（Michael D. Brown）和副局长帕特里克·罗德（Patrick Rhode）在进入该部门之前并没有或只有极少的应急管理经验，美国参议院在飓风“卡特里娜”发生后开展了一项调查，用3个词描述布朗局长，就是“不服从”“不合格”“适得其反”（*National Emergency Management*，2006），参议院也因为布什总统的准备不足对其进行指责。布什总统曾经表示公众对布朗局长的应对工作有信心，但是最后布朗辜负了总统，总统的支持者认为原因在于布朗局长对白宫的警告反应迟缓，总统的支持者和布朗的支持者互相攻击、指责，最终布朗局长引咎辞职。

《飓风“卡特里娜”灾后应急管理改革法案》赋予了联邦应急管理局更多的职责和自主权。在加勒比地区造成100多人死亡之后，飓风“桑迪”于2012年10月29日登陆美国，考验了组织结构调整后的联邦 303
应急管理局。飓风“桑迪”在美国10个州共造成110多人死亡、850万人断电。毫无疑问，飓风“桑迪”造成的影响是非常严重的，但是这一影响得到准确评估，同时官方提前做了准备，影响得以减轻。飓风“桑迪”本来造成的影响可能要比飓风“卡特里娜”严重（由于风压径间、放大的潮汐和天气巧合，飓风“桑迪”是有记载的最大的大西洋飓风），但是飓风“桑迪”造成的损失（约500亿美元）不到飓风“卡特里娜”造成的损失的一半（1080亿美元）。在飓风登陆前的数天，联邦、州、城市和地方职员将其建议告知公众，同时积极做准备。在为应对飓风“桑迪”做准备的过程中，联邦应急管理局领导了近60个联邦机构，在受影响的州建立了60多个跨部门灾难恢复中心，并派出了7000多名人员。未受影响的州的公用事业公司达成了一项集体协议，在飓风肆虐期间提供帮助。美国军方派出了数百辆车，帮助恢复供电，国税局帮助救援团体获得免税资格。2012年11月14日，奥巴马总统发表公开声明，对此次集体应对措施进行了总结，指出：“此次应急响应并不完美，但它是一次积极、有力、快速和可靠的响应”（Naylor，2012）。同年12月，在一场非常严重的暴风雪肆虐期间，纽约和新泽西州仍有13万人受到断电影响；2013年1月下旬，当异常寒流即将袭来时仍有成千上万个家庭和企业没有得到供电。新泽西州和纽约州州长向联邦政府申请了近800亿美元的援助，2013年1月，美国国会批准了超过600亿美元的援助

（其中97亿美元用于洪灾直接救济，170亿美元用于一般救济，54亿美元由联邦应急管理局直接分配给个人或当地团体用于灾后重建，336亿美元则用于灾后长期重建）。联邦政府的援助总额相当于前几天联邦政府削减开支的一半以上，而且超过了许多州的年度预算。

（二）过程和计划

20世纪70年代，联邦机构明确强调了一套全灾害处理方法，即做好准备应对任何可能发生的突发事件。这种应急管理方法包括四个阶段：一是减轻，二是准备，三是响应，四是恢复。

1979年，全国州长协会（National Governors' Association，NGA）灾害项目发布了第一份《综合应急管理》，提议所有机构发展应对任何突发事件所有阶段的能力，全国州长协会和联邦应急管理局采纳了这一意见。1980年，《综合环境反应、赔偿和责任法》（也称为“超级基金法案”）获得通过。

1983年，联邦应急管理局采用了综合应急管理系统，包括“指挥、
304 控制和警告系统，这些系统对不同程度的突发事件——从单一的事故到战争都适用”（Giuffrida，1983，p.9）。1988年《灾难救济和紧急救助法案》规定了应急准备的费用将由联邦政府、州政府和地方政府一起分担。

联邦应急管理局对1989年的飓风“雨果”、1992年的飓风“安德鲁”以及1993年在美国中西部发生的洪水的应对表现是糟糕的（最高的无党派权威机构政府问责局如此评价）。1993年，克林顿总统任命联邦应急管理局第一位专业的应急管理者詹姆斯·李·维特（James Lee Witt）为局长（他曾担任阿肯色州的应急管理官）。他具有丰富的应急管理经验，对联邦应急管理局进行了大刀阔斧的改革，将联邦应急管理局的定位从应急响应转变为风险削弱。到1997年，联邦应急管理局有7个下属部门，包括减轻、准备、响应、恢复、联邦保险局、美国消防局、信息技术服务和运营支持。

> 该系统在20世纪90年代运行良好，美国当时拥有世界上最先进和最有效的应急管理系统。这个系统有效地应对了全国数百次重大自然灾害，并成功处理了俄克拉何马城爆炸案（1995年）以及发

> 生在纽约市和五角大楼的“9·11”事件。(Bullock, Haddow, & Coppola, 2013, p. 618)

“9·11”委员会建议在野火事故消防指挥系统的基础上建立事故指挥系统（Incident Command System），明确在应对不同事故时应采用部门间框架。2003年2月23日，布什总统签署了第5号国土安全总统令，要求国土安全部建立事故指挥系统。2004年3月1日，在联邦、州和地方各级部门的帮助下，国土安全部建立了全国事故管理系统，主要包括五个部分：其一，一个事故指挥系统；其二，标准化和可互操作的通信及信息管理规范；其三，事故发生前准备的标准；其四，向公众传递统一信息的联合信息系统；其五，在国土安全部长领导下的全国事故管理系统集成中心（NIMS Integration Center）负责整合和制订最佳实践方案、对利益相关者进行最佳实践教育以及对技能和设备进行认证。

早在2002年，外界就曾担心国土安全任务正在将联邦应急管理局的核心使命和竞争力边缘化。2004年3月，前局长维特在一场听证会上指出，联邦应急管理局应从国土安全部中独立出来，直接接受内阁的领导。305
他指出：“联邦应急管理局已经失去往日的地位，不再作为独立的机构，而是淹没在一个庞大的官僚机构之中，这个机构的主要工作似乎只专注于打击恐怖主义，针对全灾害的使命正在消失”(Corn, 2005)。

政府问责局在随后的几年里证实，联邦应急管理局士气低落，高级人员更替频繁，政治任命人员增多。其他人士指出，联邦应急管理局的任务与反恐不同，并导致“国土安全部内部的任务扭曲”(Gaines & Kappeler, 2012, p. 34)。考虑到国土安全的广度和政治上对反恐的重视，将其与更大的自然风险相并列显然并不合适。例如，从“9·11”事件到2007年，联邦应急管理局记录了美国发生的4起恐怖袭击、105次飓风、78次龙卷风和5次地震。然而，政府对反恐的专注导致了对综合应急管理的忽视。

> 危险事件发生后的有效应对意味着提前对事件的各种可能性进行预测的重要性。“9·11”事件发生后，外界不断指责尽管政府一直强调机场安全，但是有关部门仍然疏于关注海港和港口安全，导

> 致这些场所的漏洞极大，事件发生后的准备必须跳出思维陷阱。飓风“卡特里娜”发生后（2005 年），有人认为对恐怖袭击的重视导致资源从其他可能存在危险的领域（比如飓风）转移到反恐领域。（Gibbs Van Brunschot & Kennedy，2008，p. 16）

2006 年 3 月，国土安全部的监察长发布了一份报告，呼吁采取更具包容性的方法（全灾害准备）进行安全和风险管理。

> 对飓风“卡特里娜”的应对表明，国土安全部在保护国家免受恐怖主义和自然灾害威胁方面的努力还没有转变为全灾害准备。我们采访过的国家应急管理人员指出，国土安全部的大部分灾害准备拨款用于反恐工作，没有为应对自然灾害提供足够的资金支持。然而，2005 年 7 月的一份政府问责报告指出，尽管一些国土安全部的拨款有针对恐怖主义的规定性要求，但大部分拨款适用于所有灾害准备工作。美国国土安全部的许多措施可以同时应对恐怖袭击或自然灾害，联邦和州的应急管理人员需要采用全灾害处理方法。（U. S. Department of Homeland Security，2006，p. 135）

2006 年《飓风“卡特里娜”灾后应急管理改革法案》再次强调了全灾害处理方法：

> 在履行具体的职责时，行政人员应协调实施基于风险的全灾害战略，建立必要的准备、防御、响应、恢复或减轻的共同能力，以
> 306 应对自然灾害、恐怖主义和其他人为灾害；同时，建立必要的准备、
> 防御、响应、恢复或减轻的独特能力，以应对对国家构成最大风险的特定类型事件。（Title VI，Section 503）

国土安全部的下一本词典（Masse，O'Neil，& Rollins，2007）将“全灾害”定义为：“包括所有可能造成伤害或死亡，设备、基础设施服务或财产损失，以及社会、经济和环境退化的环境和人为条件”。国土安全部保留了这一定义（U. S. Department of Homeland Security，2009，

p. 109）。

2007 年，联邦应急管理局将四阶段应急管理方法修正为“全灾害应急管理”。其一，阻止，包括侦察恐怖主义威胁、控制进入、消除威胁；其二，保护，包括保护物理或网络资产和系统、降低人类和动物的健康风险；其三，响应，包括事故评估、影响最小化（事故管理、灾害响应、实施保护措施、展开搜索和救济）、关心公众；其四，恢复，包括公众援助、环境恢复、基础设施修复。

“9·11”事件之后，《联邦响应计划》（1992 年）更新升级为《国家响应计划》（2004 年），但是在飓风“卡特里娜”发生后，进一步修正为《国家响应框架》（2006 年）。《国家响应框架》草案于 2007 年 9 月 307
发布，最终版本于 2008 年 1 月 22 日正式发布，主要回应了民众对联邦忽视州和地方参与的批评。

《国家响应框架》规定了如何就突发事件和灾害发布公开声明。地方当局可以向州长求助，州长可以与来自联邦应急管理局的地方工作人员一起向总统求助。联邦应急管理局的区域行政官会向局长提出建议，局长会通过国土安全部长向总统提议。在总统发布声明之后，联邦应急管理局将确定所需的机构；国家行动中心（National Operations Center）将通知这些机构，并酌情向国家应急协调中心和国家基础设施协调中心派遣人员。

五　潜力和能力

“潜力”（capacity）是应急管理中一个非常基本的概念，指在对事件做出响应之前应具备的潜在能力。本部分将对“潜力”进行定义，并解释不同潜力之间的可替代关系，潜力和能力（capability）如何相互转换，以及潜力如何以不公平的方式分配。

（一）“潜力”的定义与可替代性

“潜力”是完成某件事的潜在能力。不同的潜力包括掌握某种能力的潜能或交付的性能（performance）。潜能是可以用来实现某种目标的东西，而性能是我们实际交付的东西。

潜力是一种可能性，因此必须转化为有用的东西。但是不同形式的潜力在某些事情上是可替代的。当我们识别潜力时，应该定义这些潜力能转化成什么东西，这是因为潜力不是对所有事情都有用的。比如，一个组织的自卫能力不能等同于另一个组织的犯罪调查能力。

金融资本是种最容易替代的潜力形式，因为它可以用于防御、风险控制或应对威胁的行动。对政治机构来说，经济潜力是其关注的焦点，因为经济是收入、技术、专业知识的来源，收入、技术和专业知识可以进一步转化为其他东西。衰退、不稳定和不公平的经济体意味着缺乏经济潜力。例如，2012 年 9 月，世界经济论坛对 1000 多名全球风险专家进行了采访。这些专家对不同的风险进行排序，贫富差距（严重的收入不平衡问题）和不可持续的政府债务（长期财政失衡）为排名前两位的全球性危险，主要是因为这些风险的存在表明缺乏控制其他风险的能力，例如排名第 3 位的全球气候变化风险。

即使潜力转化为更加专业的形式之后，某些潜力仍然是可替代的。
308 比如，军事机构必须高度专业化才能够对抗主要的暴力威胁，同时军事机构也被看作应急管理的重要响应人（比如在自然灾害中抢救公民）。

相比而言，一些潜力十分特殊，不能转化成其他的东西。比如，国家的基础设施是非常昂贵且不可替代的，如机场。当紧急事件发生，道路可以封闭暂时用来储存资产或用于飞机起降，但是不能用作发电站。土地的用途可以改变，但是土地上建造的基础设施要想改变用途必须拆除，拆除下来的原材料是很难重复使用的。

（二）潜力和能力的互换

潜力的提高通常反映出潜在能力（potential capability），但是潜力和能力是不同的。潜力需要转化成能力才能够创造价值，有足够的钱去获取东西不等于拥有东西。从战略上说，应该将潜力转化为能够帮助我们应对突发事件的能力。但是，我们不会转化所有的潜力，相反，我们想保留一些潜力，以防对某些突发事件的准备不足。风险会改变，因此实现安全是潜力和能力不完美权衡的结果——应对可能发生的危险所要维持的潜力和控制当前危险所需要转化的能力。

如果我们不能将潜力转化为对某些难以承受的风险的必要控制（也

许是因为我们没有意识到风险），潜力的价值就没有得到充分的发挥。比如，“9·11”事件发生之前，虽然政府内部和外部的很多人曾就恐怖主义的宗教狂热、致命意图、能力、杀伤力和反美主义趋势不断增强发出过警告，但是美国政府没有足够重视（可参见 Hoffman，2001）。“9·11”事件发生之后，美国政府将巨大的潜力转化为反恐、国土安全、国防和军事能力。在危险萌芽时，控制危险需要的潜力比危险出现之后需要的潜力少得多。

（三）潜力的分配

理论上，缺乏潜力意味着不安全。从实践角度来看，潜力的小幅下降会导致安全剧烈、不成比例地下降。按绝对值算，没有足够潜力的人便没有对抗任何突发事件的能力。缺乏潜力常常与“暴露”“漏洞”等其他暗示不安全的词语联系起来。穷人或边缘化的人因为在危险的区域生活或工作，所以更容易暴露在危险下，同时缺乏抵抗威胁、改变或恢复现状以及从官方获取帮助的能力。比如，穷人往往没有能力养活自己。生活在土地贫瘠或高度危险区域的人没有足够的能力建立粮食储备或保护自己不受自然灾害的影响，也因距离中心区域太远而无法获得帮助。

相对缺乏潜力意味着事件会造成巨大、不成正比的负面影响。有潜力的人可以获得各种各样的控制手段来降低风险，当一起危险事件发生时，比如地震，负面的影响能被有效地控制在生存水平线。相反，那些缺乏潜力的人无法获得这些控制措施，因此灾害对他们造成的负面影响将会高出很多倍。一些人的暴露、脆弱性和缺乏潜力的综合作用会使他 309
们面临更多类型、更严重的危险；而另外一些人，他们面临的危险将会更少、程度也会更低。通常情况下，风险不会在人群中均匀分布；相反，人口中的很大一部分面临的风险要比另一部分大得多（通常享有特权的人面临的风险最少）（Wisner，Blaikie，Cannon，& Davis，2004，pp. 11－13）。

如果没有外界的帮助，有潜力的人和没有潜力的人的差距会趋于稳定或扩大，这是因为风险会进一步降低潜力低的人所拥有的潜力，从而陷入恶性循环。因此，许多政府主张采取干预措施来提高贫困者的潜力，特别是需要从负面事件中恢复时。“长期可持续恢复与预防和减少灾害之间存在密切的关系。灾后恢复工作应以降低风险为目标”（Public Safety Canada，2013，p. 78）。

六 脆弱性

为了评估响应突发事件的潜力，应该评估应对突发事件的脆弱性。本部分将对脆弱性进行定义，同时介绍评估方法。

（一）脆弱性的定义

脆弱性本质上意味着目标可能受到威胁的伤害。举个例子，人类很容易受到武器威胁，这种武器可能会伤害人类。如果人类得到某种盔甲来完全保护自己不受武器或其他对抗性手段的伤害，这种威胁就会消失。

脆弱性经常与暴露挂钩。在一般情况下，脆弱性是“暴露或可能受到伤害的状态”（FrameNet，2012，n. p. ）。人道主义实践网对“脆弱性”的定义是“使组织暴露于威胁的程度增加或使严重后果出现的可能性增加的因素”（Humanitarian Practice Network，2010，p. 42）。然而，有必要对脆弱性和暴露进行区分（见下文）。本质上，脆弱性意味着对危险毫无防备，然而暴露意味着受到了威胁。

还有一些定义将脆弱性和危险（risk）混淆。比如，人道主义实践网对“脆弱性”的定义是“面临威胁的概率或可能性，以及威胁发生所造成的后果或影响”（Humanitarian Practice Network，2010，p. 28），但是这一定义与“危险”类似。

美国政府问责局对“脆弱性”的定义是“针对特定目标或某类目标的特定袭击意图成功的可能性”（U. S. Government Accountability Office，2005c，p. 112）或（在脆弱性评估中）“物理结构、个人防护系统、过程或其他方面可能被利用的弱点”（p. 112）。美国政府问责局在有关国土安全部评估有形资产脆弱性的争议中使用了这一定义（U. S. Government Accountability Office，2008a）。国土安全部对“脆弱性”的定义是“一种
310 物理特征或操作属性，使实体易于被利用或易遭受特定危害”（U. S. Department of Homeland Security，2009，p. 112）。在网络安全背景下，政府

问责局将“脆弱性”定义为“硬件或软件中可被利用的缺陷或弱点，导致违反隐性安全或显性安全策略”（U. S. Government Accountability Office, 2005a，p. 10）。

美国国防部对“脆弱性”的定义是“国家或军事力量对任何可能降低其战争潜力或战斗力或打击其意志的行动的敏感性”或“由于在非自然的（人为的）敌对环境中受到一定程度的影响，系统遭受一定程度的退化（不能执行指定任务）的特性”（U. S. Department of Defense，2010，p. 262）。

（二）脆弱性评估

下文介绍评估目标防御脆弱性的不同方法、目标防御与特定威胁的差距以及目标防御和标准防御的差距。

1. 防御能力

防御能力与抗毁性相关，因此我们能对目标防御进行衡量。例如，人道主义实践网提出，将衡量优势作为“脆弱的反面”（Humanitarian Practice Network，2010，p. 42）。

可以用规模或价值来衡量防御投入。例如，沿着海岸线的防御投入可以用在所有防御设施上的花费来衡量，如海堤的混凝土浇筑情况或堤坝的总长度。

最好的办法是衡量产出——实际的防御能力和性能，但是这比衡量投入要困难得多。衡量产出结果最理想的方式是对防御能力进行测试。比如，官方机构经常派出探员，探员尝试携带武器通过行李检查系统来测试机场安检水平。

2. 目标与威胁的差距分析

更具体地说，应该确定真正的威胁（或者把真正的灾害想象成已存在的威胁），并将防御能力与威胁的袭击能力进行比较。这种评估通常被称为“差距分析”，因为它能够发现防御能力和威胁袭击能力之间的差距。例如，如果我们知道重型武器已瞄准一栋没有防御这种武器的建筑，那么我们就应该警惕了。

3. 目标与标准化威胁的差距分析

在现实中，我们无法确定任何威胁。因此我们只能将脆弱性与标准化威胁进行比较，比如某种类型或大小的化学爆炸武器（见专栏7.9）。

专栏7.9　比较观点

美国外交的脆弱性评估

美国国务院有效地衡量了安全标准与海外任务的实际安全之间的差距。海外安全标准由负责外交安全事务的助理国务卿、美国政府机构的代表在海外设立，由海外安全政策委员会制定。美国外交安全局每年公布外交安全脆弱性名单，根据脆弱程度进行排序。美国外交安全局的威胁调查与分析局确定安全环境威胁等级（2008年5月确立）（U. S. Government Accountability Office，2009b，pp. 5－7）。

七　暴露

除了脆弱性，还应该评估我们暴露于可能引发突发事件的致灾因子
311 的程度。本部分将对“暴露”进行定义，并提出了评估暴露的策略。

（一）定义

“暴露”常被视为“脆弱性”的代名词，但暴露意味着我们受到威胁，而脆弱性则意味着我们缺乏抵御威胁的能力，如果我们恰好遭遇威胁或暴露在威胁下，我们就会受到威胁。

FrameNet（2012）对动词“暴露”的定义是“揭示事物真实的、令人反感的本质”。一般来说，“risk”（风险）有时作为动词，表示我们主动接触某种威胁［比如，我冒着被敌人发现的危险（I risked discovery by the enemy）］。“risk”也作为动词用于一些有价值的事物前，表示行为人要失去的东西［比如，我冒险拿我的存款做赌注（I risked my savings on that bet）］（Fillmore & Atkins，1992，pp. 97，100－101）。“risk”的动词用法有助于理解暴露的双重含义，即暴露于危险之中或失去东西的可能。在军事情景中，暴露意味着能被敌方观察到。但是在金融情景下，暴露意味着可能失去的东西。因此，在军事情景下可使用“威胁暴露”（threat exposure）；而在金融情境下，可使用“损失暴露”（loss exposure）。

这里，我们将重点讨论“威胁暴露”（目标相对于潜在威胁的暴

露）。如果灾害没有到来，那么不管我们有多脆弱，都不会暴露。如果我们确信自己没有暴露于某种灾害，那么我们不需要对灾害做任何防御（但是如果灾害即将到来，我们仍需要做好防御准备）。比如，如果我们相信一种传染病已经被完全阻绝了，那么我们就没有理由对这种疾病进行大规模的免疫接种。我们没有暴露的可能，因此也不需要采取防护措施。

从本质上说，任何隔离措施都是控制目标暴露的可能。隔离包括阻止人或机构进入某些区域（比如，在进入一栋建筑物之前需要进行身份验证或者在进入数字环境之前需要输入密码），只要访问控制工作做得足 312
够好，周界的所有事物都不会受到外部威胁的影响。例如，“9·11”事件发生后，根据新的规定，在飞行过程中，应该锁上飞机驾驶舱的门，防止飞行员在飞行过程中受到任何威胁。除非飞行员配备了武器、防弹衣和防毒面具（一些驾驶舱内的驾驶员获准携带枪支），否则飞行员仍然容易受到在“9·11”事件中曾使用的各种武器（小刀、拳头和催泪瓦斯）的袭击。但是，只要飞行员待在驾驶舱内，就不会暴露于这些威胁下。客舱内的乘客仍会受到客舱内任何威胁的影响，但如果客舱内有一名空警，他们的脆弱性将会降低。

（二）暴露评估

要评估暴露，首先应该评估受风险或威胁影响的面积、暴露的时间等。

1. 暴露区域

一个人暴露于威胁的可能性可以通过已知的该威胁存在的空间来判断。例如，犯罪往往集中在某些地区（有时也被称为“热点地区”），可能因为当地是一个警察力量不足、自我隔离的社区，或者历史上发生过一些事故，也许是某个犯罪团伙头目的家人居住在那里。某些人对犯罪的暴露程度会随着他（或她）在该区域滞留时间的延长而增加（如旅游、工作或居住在该区域）。反复的暴露解释了为什么有些人会反复受到伤害。在高犯罪率地区受到伤害之后，如果不能及时改变自己的行为，那么将来还可能再次成为受害者（过去受到的伤害可能会降低避免再次受伤害的能力）。一项研究表明，10%的空间内发生的犯罪占总犯罪的比重高达60%，10%的罪犯大约犯下了50%的罪，10%的受害者遭遇的犯罪占所有犯罪的40%（Kennedy & Gibbs Van Brunschot，2009，pp. 69－72）。

我们可以衡量被暴露的目标数量或价值，可以从空间上衡量暴露（比如目标区域占所有区域的比重、目标区域的边界或海岸线长度占总边界的比重）或根据流量情况（港口、移民或贸易的数量和规模）衡量暴露。

2. 暴露时间

任何时候我们与威胁不期而遇，也就意味着我们暴露于危险下。可以用绝对值来衡量暴露时间（比如暴露的天数）或者按比重计算（比如在1年中的占比），我们可以对衡量结果进行调整。例如，可以用1～5分依次对应暴露的时间：很少暴露、一季度暴露一次、一周暴露一次、每天暴露一次、长期暴露于危险下（Waring & Glendon，1998，pp. 27－28）。

来自自然的威胁通常是周期性或季节性的，而且持续时间是可以预测的。这样就可以计算如果居住在这一区域（例如飓风多发区），灾害发生时将会暴露的时长。如果威胁正在发生，我们能够计算穿越这一威胁活跃区的暴露时长，我们可以通过一些行为计算出暴露时间。比如，
313 可以计算出花在汽车旅行上的时间来衡量暴露于道路交通事故的程度。类似的，可以计算出在某一地区旅行或居住的时间来衡量遭遇该地区可能发生的犯罪的可能性。

专栏7.10　比较观点

其他衡量暴露的方法

联合国国际减灾战略指出：

> 暴露的衡量应该纳入该地区的人数和资产类型。可以将这些因素与脆弱性结合起来对某一地区的风险进行量化评估（U. N. International Strategy for Disaster Reduction，2009，p. 15）。

类似的，人道主义实践网认为，应询问哪些人穿过或在暴露程度最高的区域工作，哪些场所最容易受到威胁，哪些资产最容易被盗或被破坏（Humanitarian Practice Network，2010，p. 42）。

八　突发事件的沟通

应急管理的沟通有助于提高外部信心以及透明度，同时也是外部审查、监督和审计的必要工具。

下文将讨论一些可视化的危机沟通方式。最常见的是风险等级量表、风险矩阵、热图、风险雷达和风险地图。

（一）风险等级量表

可以通过明确的3级或5级的风险等级量表（有时称为“风险阶梯”）来传达突发事件的风险。传统上，军事场所和外交场所都会在不同的物理场所公布3级“威胁级别”，但它们本质上指风险级别。更实际的方法仍然是“响应级别”，它表示一组随风险升级而升级的控制措施。

然而，即使是5个等级的量表也因为有效信息太少而受到批评，但也因为过于精确或确定（超过需要）受到批评。

于2002年底新成立的美国国土安全办公室首次发布国土安全咨询系统或“国土威胁等级”。该量表包括严重、高、较高、警戒、低5个级别，分别为红色、橙色、黄色、蓝色和绿色。2002～2006年，乔治·W.布什政府17次调整“国土威胁等级”，但从未低于“较高”级，引起了人们的抱怨，称政府出于政治原因人为地将风险水平维持在较高水平， 314
并导致下属机构无法有效地控制风险。第一任国土安全部长汤姆·里奇后来回忆，在2004年全国大选前，政府曾向他施压，要求他提高“国土威胁等级”（Ridge & Bloom，2009）。与此同时，州和地方当局抱怨，这一等级量表不够具体。起初，当威胁级别上升时，州和地方当局下令提高安全级别，但如果没有更多的信息，他们就不知道应在哪里重新分配资源（2003年3月，美国市长会议估计，由于风险水平提高，仅城市每周就要花费7000万美元用于实施额外的国土安全措施）。相关当局要求提供更多的情报，以便管控具体的风险，例如，如果情报显示火车受到更大威胁，就要下令在铁路系统周围增加警力。实际上，情报比任何抽象的威胁等级都更可取。大多数使用者只获悉“国土威胁等级”，由于威胁等级在3个较高级别间的变化并不具备合理理由，使用者变得疏于防范。

出于这样或那样的原因，2009 年，一个两党专家小组建议将级别从 5 级降到 3 级，但直到 2011 年 4 月国土安全部启用国家恐怖主义咨询系统后，3 级才被正式启用，国土安全部偶尔或临时发布声明，说明恐怖威胁加剧或即将发生的恐怖威胁，每份声明都有一个具体的失效日期，默认选项是没有威胁声明。实际上，国家恐怖主义咨询系统是个 3 级量表，但从未在任何量表上进行过沟通，相反，每个声明都是以描述威胁的单页文档发布的。

（二）风险矩阵

尽管风险矩阵通常会对数据进行过分简化，并且经常使用具有误导性的尺度或风险级别，但是由于简单和频繁使用，风险矩阵成为就风险进行沟通的最易识别的方式。

传统的风险矩阵由两个维度组成，即影响和可能性。公平和透明的风险矩阵应在每个维度都有对称的尺度，同时应该说明矩阵中每个单元格的风险都是由这两个维度共同决定的。这种数学上的一致性保证最终计算出的风险等级具有明确的顺序和清晰的边界。例如，表 7－8 为简单的风险矩阵，在每个维度上都有对称的 3 级尺度，风险根据这些尺度计算得出。

表 7－8　简单、两个维度有均匀尺度且进行了数学矫正的风险矩阵

高可能性（3）	中度风险（3）	中高度风险（6）	极高风险（9）
中度可能性（2）	中低风险（2）	中度风险（4）	中高度风险（6）
低可能性（1）	低风险（1）	中低风险（2）	中等风险（3）
315	影响程度低（1）	影响程度中等（2）	影响程度高（3）

澳大利亚、新西兰和国际标准化组织（Australian and New Zealand Joint Technical Committee，2009）引入了风险矩阵，它具有对称的 5 级维度（每个尺度的取值都是 1～5，但定性解释的区分不明显），以及与根据 5 个维度计算的风险得分一致的 4 个风险等级。最终，联合国威胁和风险工作小组选择了由 5 个维度构成、包含 6 个风险等级的矩阵（见表 7－9）。

表 7－9　联合国的风险矩阵

极严重影响（5）	低（5）	中（10）	高（15）	极高（20）	极高（25）
严重影响（4）	低（4）	中（8）	高（12）	高（16）	极高（20）
中度影响（3）	可忽略（3）	低（6）	中（9）	高（12）	高（15）
轻微影响（2）	可忽略（2）	低（4）	低（6）	中（8）	中（10）
影响可忽略（1）	没有明显风险（1）	可忽略（2）	可忽略（3）	低（4）	低（5）
	低可能性（1）	中度可能性（2）	高可能性（3）	可能性很高（4）	确定的或即将发生（5）

资料来源：U. N. Department of Peacekeeping Operations & Department of Field Support，2008。

不幸的是，许多风险矩阵确定的风险水平在数学上是不合理的，并具有误导性。例如，表 7－10 展示了包括 4 个独立风险级别的风险矩阵，但这些风险级别在数字上是无规律的且有可能重叠：可接受的风险（1～3），有待审查的风险（2～5），不良风险（6～9），难以承受的风险（10～20）。这些风险级别夸大了影响，但低估了可能性。当影响较高而可能性较低时，风险水平较高；但是当可能性较高而影响较低时，风险水平较低。这也可能是有意而为，例如认可外行在同一风险水平上高估影响较大的事件，但是应该对此做出解释。

表 7－10　具有不对称维度和风险水平的风险矩阵

灾难级影响（4）	有待审查的风险（4）	不良风险（8）	难以承受的风险（12）	难以承受的风险（16）	难以承受的风险（20）
严重影响（3）	有待审查的风险（3）	不良风险（6）	不良风险（9）	难以承受的风险（12）	难以承受的风险（15）
较小影响（2）	有待审查的风险（2）	有待审查的风险（4）	不良风险（6）	不良风险（8）	难以承受的风险（10）
可忽略的影响（1）	可接受的风险（1）	可接受的风险（2）	可接受的风险（3）	待审查的风险（4）	有待审查的风险（5）
	不可能发生（1）	有可能发生（2）	有时候可能发生（3）	可能发生（4）	频繁发生（5）

资料来源：Based on U. S. Government Accountability Office，1998，p. 8。

信息传递者要想确保风险能够得到统一理解，应使用对称的风险等级或风险矩阵且风险得分应与风险等级一一对应，信息接收者应对结果进行检查，或要求公布者对其中的矛盾之处做出解释。

另外，信息传递者应该使用同一种传播媒介，保证数据的可追溯性。

316 风险矩阵中的风险可以用点来表示，每个单元格中点的大小和颜色分别代表不同的可能性和影响程度。这种展示风险的方法有时候被称为“热图”。

可以将风险放在一个矩阵中，观察风险随时间的变化。特定风险可在同一个矩阵中出现两次：在较早的时间点和稍后的时间点。用箭头表示风险级别的变化，风险的变化可能是风险管控措施带来的，在这种情况下，风险矩阵可称为“控制效果地图”（control effectiveness map）。

热图是个矩阵，可以通过两个可操作的维度来划分风险，通常是风险承受者和风险类别。风险等级可以用一种颜色（例如绿色、黄色和红色）或一个数字（例如 1 ~ 3）来表示，该数字是在风险承受者和风险类别相交的单元格中形成的。热图有助于提醒人们注意那些面临最多或最大的风险并需要更高级别干预的风险承受者或风险类别，或面临较少或较小风险并有能力承受更多风险的人员或风险类别。

风险雷达图的同心圆通常用来表示时间（同心圆的中心代表过去，离同心圆越远代表越远的未来）、风险类别或风险承受者（饼状图的每块都表示不同的风险类别或风险承受者）。通过风险雷达可以识别哪些人面临的风险是急需采取措施的。

从中心圆（通常代表现在）向外移动，每个同心圆代表未来的某个时间间隔（比如，每个同心圆代表的时间间隔是 1 年）。同心圆的段或弧可以区分风险类别或承受者，这取决于风险类别或承受者是否最突出。
317 每个风险水平或排序可以用不同的数字或颜色表示。

空间地图（spatial map）指有些风险可以用实际的地理位置绘制。例如，如果我们工作和生活在不同的地区，那么可以在地图上的对应区域绘制工作和生活中面临的风险。运输工具或资产在运输过程中面临不同的风险。海岸警卫和海军等安全和风险管理人员使用软件实时监控资产（大到游轮）的位置。

☞ 本章案例

我们如何处理应急管理中的复杂性？

萨德·艾伦

自冷战以来，应急管理的概念已经从州或市级的民防和应急服务概念演变为包含多层次的全面方法。当前的应急管理框架可看作一种社会生态系统，它试图将参与者统一到一个团体之中。然而，当我们意识到团结一致的必要性时，意味着我们所面对事件的复杂性也在不断增加。今天和未来应急管理都需要解决两个关键挑战，即复杂性和合作。

复杂性作为加剧风险的因素，在应急管理中是个难以捉摸的概念。我对这个概念的接受源于我个人参与了“9·11”事件、飓风“卡特里娜”、海地地震和“深水地平线漏油”事件的应急响应，在我看来，我们看到越来越复杂的事件发生频率越来越高。我所说的“复杂性”指那些混淆和扭曲现有学说、政策和操作程序的因素，复杂性与事件的规模有关，地理跨度、人口密度、基础设施集中度和年龄或所有这些因素或更多因素的相互作用。复杂性也可能源于自然和人造环境不断增加的交集。由于 1927 年的大洪水，密西西比河变成了一条航道，把密西西比河和它哺育了几个世纪的三角洲隔开。在这些情况下，事件的复杂性对现有的操作程序和理论提出了挑战。当这种情况发生时，政府部门和私人部门未能联合起来（横向和纵向）应对。因此，公众通过媒体对此予以谴责。

从某种程度上说，复杂性是种挑战，而应对挑战的方法是合作。合作的概念暗含复杂的事件（抗解问题、黑天鹅事件）不能被政府机构、私人部门或非营利性组织、军队充分地解决，资源、法律权威、能力等都受到限制。有效合作的关键在于全面了解所有参与者的基本 318
法律权威和管辖范围，参与者对问题及其复杂性的理解要达成一致，同时将所有努力统一起来。说起来容易，做起来难。

在飓风“卡特里娜”发生期间，基本的假设是我们在应对飓风。事实上，问题要复杂得多，我将这一发生在新奥尔良市的事件理解为一种“大规模杀伤性武器”，它给政府带来了一系列的损失。直到一个多星期之后政府才明白，对该地区的资源投入是无止境的，除非调整政府的命令和重新建立对资源的控制力，并且不用考虑市长和州长的权威。

在墨西哥湾“深水地平线漏油”事件的响应中，复杂性主要源于环境条件。油井在离岸 72.4 公里、海面下 1500 米处，无人能够进入。这口井位于国家水域之外，因此没有法律主权问题。政治复杂性在于州和地方政府如何在明显是联邦政府责任的情况下做出自己的响应。在飓风事件中，大自然是责任方；而在漏油事件中，有另一个责任方。需要同时追究英国石油公司（BP）的责任，并确保他们按照法律要求采取应对措施，这引起了质疑法律框架的政治领导人的严重关切。那些想让英国石油公司承担责任的政治领袖们的失望，在促使英国石油公司控制油井和清理石油方面造成了巨大的压力。

在处理任何复杂问题或危机时，领导人不应拘泥于现有的原则和程序，以确保采取必要的行动。一旦在现有的信息和条件允许范围内问题能够得到正确的理解，各方一定会通力合作。

作者简介：萨德·艾伦是博思艾伦咨询公司与司法部和国土安全部合作业务的领导者，专注于应急管理、关键基础设施保护、网络安全、应急通信和海上安全。他是国土安全、海洋政策、执法和国家恢复力方面的国家思想领袖。艾伦以擅长召集不同党派应对重大挑战和团结一致闻名，他曾担任美国海岸警卫队第 23 任指挥官，2010 年杰出地完成工作。艾伦的危机领导经验包括应对墨西哥湾“深水地平线漏油”事件、飓风“卡特里娜”和“丽塔”、海地地震以及“9·11”事件后纽约港的港口安全行动。他是国家公共行政学院院士和外交关系委员会成员，还担任海岸警卫队基金会和公共服务伙伴关系的主任。1971 年，他毕业于美国海岸警卫队学院，拥有乔治·华盛顿大学公共管理硕士学位，并于 2006 年获得校友成就奖。他还拥有麻省理工学院
319 斯隆管理学院的科学硕士学位。

◇ 本章小结

本章的主要内容包括：

1. 对“突发事件”进行定义。

2. 展示了如何根据影响、结果与成本和收益来评估突发事件。

3. 解释了如何用一个有序量表对评估结果进行调整。

4. 解释了如何主观地根据官方响应、人员影响、经济影响、环境影响与区域或地缘政治影响评估突发事件。

5. 介绍了“应急管理”定义。

6. 解释了美国联邦政府应急管理的组织架构。

7. 解释了应急管理的过程以及如何制订应急管理计划。

8. 对“潜力”和“能力”进行定义。

9. 对“脆弱性”进行定义。

10. 对“暴露”进行定义。

11. 解释如何进行应急沟通。

◇ 关键术语

All-hazards approach（全灾害处理方法）

Benefit（收益）

Capability（能力）

Capacity（潜力）

Catastrophe（灾难）

Change of situation（处境变化）

Consequence（后果）

Contingency planning（应急计划）

Correlate（关联）

Cost（成本）

Death frequency（死亡频率）

Disability-adjusted life year（伤残调整生命年）

Disaster（灾难）

Emergency（突发事件）

Emergency management（应急管理）

Event（事件）

Exposure（暴露）

Fungible（可替代的）
Gap analysis（差距分析）
Heat map（热图）
High casualty（高伤亡）
Hot spot（热点地区）
Impact（影响）
Incident（事件）
Injury（受伤）
Issue（问题）
Judgmental correlate（判断性相关指标）
Loss exposure（损失暴露）
Major disaster（重大灾难）
Mass casualty（集体事故）
Mitigation（减轻）
Mortality rate（死亡率）
Objective correlate（客观相关指标）
Preparedness（准备）
Protection（保护）
Recovery（恢复）
Resilience（适应力）
Response（响应）
Returns（回报）
Risk ladder（风险阶梯）
Risk matrix（风险矩阵）
Risk radar（风险雷达）
Risk scale（风险等级）
Scenario planning（情景计划）
Spatial map（空间地图）
Threat exposure（威胁暴露）
Vulnerability（脆弱性）
Wound（创伤）

◇ 思考与练习

1. 突发事件和其他事件之间的差别是什么?

2. 为什么区分影响和事件很重要?

3. 对影响的衡量进行主观调整的好处是什么?

4. 死亡人数、死亡率和死亡频率三者之间的差别是什么? 320

5. 应用加拿大政府的影响等级,评估一场真实灾难事件对人类的影响。

6. 伤残调整生命年为什么是种有用的衡量指标?

7. 应用加拿大政府的方法评估一场真实灾难事件的经济影响。

8. 应用加拿大政府的方法评估一场自然灾害对环境造成的影响。

9. 应用加拿大政府的方法评估某个州的区域或地缘政治的变化。

10. 阐述联邦应急管理局采用全灾害处理方法对应急管理的影响。

11. 潜力和能力的区别是什么?

12. 什么情况下潜力不能转化为能力?

13. 为什么当局在根据潜力评估准备情况时会犯错?

14. 为什么潜力的分布可能是不均衡的?

15. 脆弱性和暴露之间的差别是什么?

16. 阐述三种评估脆弱性的方法。

17. 实践中,如何评估目标的脆弱性和暴露程度?

18. 什么时候用等级量表、矩阵、热图、雷达或空间地图进行风险沟通?

19. 在风险矩阵中如何评估潜在的偏差? 321

第八章　场地安全

◇ 本章学习目标

通过本章学习，应该能够了解如何：

1. 管理场地安全。
2. 评估目标。
3. 管理访问控制。
4. 管理被动周界。
5. 采取监视和伪装措施。
6. 管理安全工程。

2007 年 11 月 8 日晚上，两组武装人员进入了位于南非佩林达巴（Pelindaba）附近的官方核研究中心，那里储藏着几百千克武器级高浓缩铀。该地区的守卫驱逐了其中一组武装人员，而另一组的 4 名武装人员摧毁了周界监测系统，切断电栅栏的电流，向紧急控制中心继续前进，途中他们袭击了一名按响警报的守卫。随后，袭击者从来时的路逃离，并偷走控制室里的笔记本电脑。到这时这 4 名武装人员已在这里逗留了足足 45 分钟，但他们并未被逮捕，也未查明他们的身份，尽管有官员怀疑收到了来自内部的求救信号。事后，南非政府公开谴责了当地的犯罪集团。

田纳西州橡树岭国家实验室附近的 Y－12 国家安全营区（National Security Complex）是美国加工和储存武器级铀以及开发相关技术的主要设施。2010 年 7 月 28 日，包括一名 82 岁修女在内的 3 名和平活动人士翻越了围栏，突破重重安全防护关卡，抵达高浓缩铀处理厂。他们在储存及处理高浓缩铀的建筑物外墙上喷洒鲜血，并在警卫到达前展示了谴责核武器的横幅。在安全审查期间，该营区关闭了两周，几名官员先后被解雇或调任。

一　概念界定

本章将“场地”（site）定义为空间，“场地安全”就是特定空间的安全(这一定义不如“物理安全”准确)。北大西洋公约组织和美国国防部将“物理安全”定义为“旨在保护人员，防止未经授权访问设备、装置、材料和文件，以及保护它们免遭刺探、破坏、损坏和盗窃的物理措 322
施”(North Atlantic Treaty Organization，2008，p. 2 – P – 4；U. S. Department of Defense，2010，p. 191)。

二　评估目标

本部分对目标、场地位置以及如何评价目标面临的潜在威胁进行分析与解释。

（一）目标的定义

目标（target）指风险或计划的对象，威胁是对客体造成伤害的行为主体。在“风险”（risk）的语义框架下，两种类型的客体比较常见：一是受害者（受到伤害的个体)，二是“受害者有价值的东西”(Fillmore & Atkins，1992，p. 82)。

北约将“目标”定义为“计划通过军事力量捕获、开发、压制或摧毁的对象，可以是一处地理区域、一个综合体、一处设施、一支部队、一个装备、一个人、一个集团或一个系统等”(North Atlantic Treaty Organization，2008，p. 2 – T – 2)。美国国防部将“目标”定义为“对手在可能的交战中或其他行动中履行职能的实体或物体”(U. S. Department of Defense，2010，p. 241)。

（二）位置

从地理或地形上讲，一些场所面临的风险较小或更容易防御，例如那些比河漫滩高的地方、远离城市犯罪或受到当局保护的场地。但这些场地可能更有价值，更有可能面临威胁。

有时场地是给定的而不能选择，但如果可能的话，应该更加仔细地选择位置。人道主义实践网指出，“场地保护从选址开始”（Humanitarian Practice Network，2010，p. 181），并建议应选择以下场地：自然风险低；几乎没有人类危险（如罪犯）；有良好的公共服务或至少承包商能提供相同的服务；具有正外部性（例如附近具备良好安全能力的场地），并有自然周界（如河流或街道），但无隐蔽通道（如杂草丛生、干涸的河床或黑暗的小巷）；没有负外部性（如抗议者聚集的地方）。

场地可以是移动的或临时的，例如行动人员必须在紧急情况下或在
323 采取人道主义行动期间设立临时营地。这些营地往往靠近最初导致人们流离失所的威胁，因此有时营地面临移动的威胁，例如洪水或任何想要伤害难民的人类威胁。当威胁持续存在或自然灾害、未爆炸弹等其他因素导致环境中存在无法应对的危险时，营地必须每天移动。

（三）吸引威胁的目标

在某种程度上，目标必须对威胁有“吸引力”。场地之所以需要保护，是因为它们本身有价值或场地中的物品有价值。例如，即使在市中心，荒凉的土地也是有价值的，这取决于其潜在用途。非法占用或污染将导致这些土地的价值降低或所有者无法利用其价值，因此所有者被迫采取措施，防止其他人使用这些土地，即使土地是荒芜的。

建成的建筑物代表沉没成本，对于更广泛的业务具有系统价值。同时，已建成的建筑容易因纵火或爆炸装置等受到破坏。铜管等更有价值的材料则会吸引盗贼。

建筑物中的贵重物品、设备、秘密、专有信息都会吸引盗贼或破坏者。建筑物中的业务活动和相关人员则会吸引意图破坏活动或报复工作人员的外来威胁。

不同场地的活动或场地中的资源可能代表更广泛的运营系统所依赖的关键节点。例如，生产场地可能会依赖物流中心、电力供应设施、员工下班后居住的场地、为消费者和用户运输物品的车辆或将人员从住宅运送到办公场地的交通工具以及相关基础设施。

我们可以根据需求来评估威胁的来源。举例来说，某些罪犯针对特定类型的人，例如更容易接近、脆弱、富有、有特点或挑衅的人（从威

胁的角度来看)。对于像恐怖分子这样的罕见威胁，我们可以审查他们的口头威胁（通常包含在其威胁演讲和政策声明中)。我们甚至可以衡量针对一个目标的威胁内容相对于其他目标的比例来衡量威胁对特定目标的关注程度，与简单地要求人们判断这个组织是否构成威胁相比，这是个更为客观的衡量标准。客观的衡量标准是有用的，因为它可能与我们的判断相矛盾，也可以佐证我们的判断。

关于威胁对目标的需求，我们应在受到关注的地区［有时称为“吸引子地形”(attractor terrain)］衡量这些目标的供应。例如，如果我们担心政治恐怖分子的潜在目标，可以计算该地区的政治代表人数或政府场地的价值或规模。如果我们担心宗教极端主义恐怖分子的潜在目标，可以计算该地区宗教场所的数量。

当局通常试图衡量一个地区社会经济的规模或价值，作为衡量地区所有目标的指标。这种措施可以获得地区的脆弱性、面临的危险以及应对威胁能力的信息。需要单独强调的是，衡量恐怖主义的潜在目标需要衡量人口、社会经济发展（包括人口特征、劳动力需求、教育、卫生服务、生产和收入)、城市发展和净贸易额（出口总额减进口总额）(Rusnak et al.，2012，p. 170)，这些因素可以用数学公式来表示（见图 8 - 1)。 324

$$T_{iv} = (T_i/T_v)/((\sum_{n=1}^{N} T_I)/(\sum_{n=1}^{N} T_v))$$

其中：

n = 单个目标区域

N = 总面积

T_v = 目标区域的价值

T_V = 总面积的价值

T_i = 目标区域的犯罪事件

T_I = 整个区域的犯罪事件

图 8 - 1 使用简单的暴露和威胁进行衡量的目标风险（T_{iv}）公式

资料来源：Rusnak et al.，2012，p. 169。

恐怖分子会根据八个标准来选择目标：一是暴露性，二是致命性，三是标志性，四是合法性，五是可破坏性，六是可占领性，七是远近，八是难易程度（Clarke & Newman，2006)。

此外，我们应研究特定威胁的意图以及其对特定目标的破坏能力。

我们不妨用一个简单的场景来分析其中的逻辑。

其一，恐怖组织 T 有意伤害我们的组织。

其二，恐怖组织 T 在组织的场地 S 附近。因此，我们应该考虑到场
325 地 S 显露于 T。

其三，恐怖组织 T 目前无法深入场地 S 的内部。因此，场地 S 尽管对于 T 而言具有暴露性，但场地 S 内的 100 名员工不容易受到袭击。

其四，如果恐怖分子找到袭击方法 M，场地 S 的防御将失效，所有 100 名雇员都将是脆弱的。

恐怖分子更有可能袭击私人目标而非官方目标，因为私人目标的暴露性更大。1970 ~ 2008 年，40% 的恐怖活动袭击了公民和财产（22%）、企业（16%）和新闻媒体（2%），另有 17% 的恐怖袭击涉及运输、水电设施、教育机构、宗教场地或其他场地，其余 43% 的恐怖袭击与政府机构（14%）、军事基地（14%）、警察（12%）或外交部门（3%）相关（资料来源于全球恐怖主义数据库）。在过去 10 年中，对公民和私有财产的恐怖袭击明显增加。

三　访问控制

本部分将说明如何控制场地的进出口，包括访问控制的范围、对访问控制的评估、绕过访问控制的路径、警卫、应急服务和快速反应部队、大门和紧急避难所。

（一）控制范围

访问控制是试图管理行为人进入某些领域的行为，例如在进入建筑物内部前出示授权证明。大多数物理安全以及犯罪预防工作取决于防止未经授权的进入，访问控制也可以用来防止未经授权的人员或物品离开场地。当某人在某地犯罪时，对场地进出口的控制至少能提供犯罪分子在何时离开等相关信息，以便开展后续调查。

根据分析，所有的访问控制都试图控制场地的暴露。墙、栅栏、沟渠等外围障碍就起到了访问控制的作用，访问者在访问一个场地前必须通过警卫、锁或接受身份检查。如果这些访问控制能完美运行并阻止所

有威胁访问内部，内部的任何东西都不会暴露给威胁。因此，较好的访问控制比加强周界防护设施的防御能力更有效率。

美国国防部对访问控制的定义为："访问控制是指可以限制未经授权的人员或车辆进入或停放的障碍物、大门、电子安全设备和/或警卫的任何组合"（U. S. Department of Defense，2012d，p. 42）。"至少，访问控制须具有基本的搜索和检测爆炸物的能力"（p. 43）。

（二）访问控制评估

在评估场地的安全性时，我们应该评估其暴露性、脆弱性和恢复能力。通常情况下，我们可以用对威胁进入内部控制有效性的倒数衡量暴 326
露性，同时牢记安全以牺牲便利性为代价，可通过防御威胁的措施来评估场地的脆弱性。通过对威胁造成负面影响的管控和遭遇威胁仍能行动的能力来评估恢复能力。

表 8－1 展示了对场地暴露的判断和场地对任何攻击的管控。

可以雇用友好人员假装成威胁，测试访问控制的有效性。管控措施的最终检验是未经授权的进入尝试，但是在良好的访问控制下，没有人尝试未经授权的访问。

表 8－1　判断访问控制是否具有暴露性的分析框架

数值	暴露性		可恢复性
	接触获得授权的人员或进入可以袭击的位置	甄别、监视或检查以发现攻击性	基于袭击后果的管控
1（低）	有限的	具有攻击性	无控制
2	有限的	具有攻击性	无控制
3	受约束的	具有半攻击性	无控制
4	受约束的	没有攻击性	产生有限后果
5（高）	自由的	无	防止产生不良后果

资料来源：Greenberg et al.，2006。

四　绕过访问控制的路径

不幸的是，访问控制不是完美的，可以绕过。管控措施或警卫可能会失效，如让坏人进入其中或者未检查出不应该进入的人员。恶意行为人可能会用伪造的身份欺骗警卫或电子阅读器。例如，2013 年 2 月，巴基斯坦移民当局拘留了 3 人，他们承认每人花 200 万卢比向官员购买外交护照。巴基斯坦调查人员认为，2010 年 7 月至 2013 年 2 月，腐败官员非法出售了至少 2000 本外交护照。

警卫可能会被伪装欺骗而忽视访问控制。例如，伊拉克和阿富汗的叛乱分子在攻击官方场地时经常穿着警服或军装。例如，2012 年 9 月 14
327 日，塔利班叛乱分子身穿美军制服徒步突破周界防护进入美军位于阿富汗的“堡垒营”陆空联合基地。2013 年 6 月 25 日，4 名塔利班自杀式炸弹袭击者身着联盟部队制服，伪造了徽章和车辆通行证，驾驶类似联盟部队使用的车辆进入喀布尔总统府周边，他们在被守卫拦住之前虚张声势地通过了两个安全检查站，最终他们自杀并造成 3 名守卫死亡。

在亲属被拒绝进入场地或可以自由进出场地的情况下，亲属之间会共享身份，以骗过访问控制系统。不幸的是，一些恶意行为人滥用基于宗教或文化的访问控制授权。例如，2005 年 7 月 21 日，一名自杀式炸弹袭击者身穿布卡（burqa），利用伦敦的地下火车从伦敦逃往伯明翰，但很快就被逮捕。在 2005 年的最后几天，杀害女警的凶手之一穿着尼卡布（niqab）并携带他姐姐的护照从英国逃到索马里（两年后，他被引渡回国）。2012 年 12 月 30 日，一个非穆斯林英国妇女在购物中心穿着尼卡布作为伪装向一个旧友的脸上泼硫酸。2011 年 9 月 14 日，穿着布卡的武装叛乱分子占领了一座还未建完的高层建筑，从那里袭击了位于阿富汗喀布尔的美国大使馆。2013 年 9 月 21 日，一伙武装人员穿着布卡袭击了位于肯尼亚内罗毕的 Westgate Premier 购物中心。

有时候，警卫可能太懒或存在不满，不去强制执行访问控制，或可能在物质或意识形态的诱惑下受贿。帮助外部人员的警卫可以看作内部威胁（场地内部人员对该场地构成威胁），外部人员为了成功走私物品或偷渡会贿赂警卫，并让警卫证明其行为是无害的。然而，警卫可能没有意识到外部人员可能会携带武器袭击场地以及场地内的人员。

恶意行为人通常可以找到受控较少的路径来绕过访问控制。例如，2008 年 11 月 26 日，武装恐怖分子利用小船来到孟买，而不是使用公共交通工具。他们在当地残杀了 160 多人，其中许多死者当时在公共交通工具上和道路上。同样，私人船只经常用于毒品走私和人员偷渡，船只绕过严格的访问控制从墨西哥来到加利福尼亚海岸，从而进入美国。

相对于商用飞机，私人飞机可以相对容易地绕过进出机场的严格控制。私人飞机不仅可以运送货物，而且可以绕过对武器运输的访问控制。例如，2002 年 1 月 5 日，一名 15 岁的男孩驾驶一架偷来的轻型飞机飞入佛罗里达州坦帕市的美国银行大楼，自杀前留下一张支持“9·11”恐怖袭击的字条。2010 年 2 月 18 日，一名美国人驾驶私人飞机进入得克萨斯州奥斯汀的国税局，杀死一人后自杀。

此外，无人机（Unmanned Aerial Vehicles）比有人驾驶飞机更有用，但其运载能力和工作范围通常有限。无人机飞行通常受到更严格的国内控制，但其违规行为更难以识别，因为它们体积小，在地面上易于操作。 328
最小的无线电控制模型飞机对操作者来说是无害的玩具，但它们对人、车辆、电力电缆和其他基础设施存在危害。

监管当局试图放宽对危险性较小而具有经济和社会效益的无人机飞行的限制，同时加大投入，加强对危险用途的限制。例如，2014 年 4 月，英国民航局对一个在 50 米内和在限制空域内操作无人机的公民提起了第一次刑事起诉，被告的模型飞机在巴罗因弗内斯一个核潜艇基地附近的一个桥梁下低飞，它的机载摄像机记录的视频画面在起诉时至关重要。

近些年，无人机常用来收集敏感场地的情报。例如，2014 年 10 月 30 日，法国内政部长在报告中公布了对当月在法国 7 个核电站限制空域无人机飞行进行的司法调查（Labbe & Rose，2014）。

此外，恐怖分子经常使用无人机携带武器或作为导弹。例如，2011 年 9 月，美国联邦调查局特工逮捕了雷兹万·费尔达斯（Rezwan Ferdaus，当时 26 岁），他使用各种武器袭击位于华盛顿特区的目标，其中就有装载爆炸物的无人机。2012 年 11 月，他被判处 17 年有期徒刑。

五　警卫

警卫是负责访问控制的人员。那些在场地周界工作的警卫比其他警卫和场地周界人员更加暴露，所以警卫需要具备各种不同的能力。警卫可以合理地装备武器来抵抗威胁，只要把访问控制工作做好，内部的人员则不需要装备武器。

获取、携带和使用武器装备通常受到资源及武器的限制，装备武器意味着要开展培训并承担相应的责任。便携式武器包括棍棒或警棍、刺激性化学喷雾剂、释放电荷的武器和手枪，攻击犬是装备武器的常见替代方法。便携式防御技术包括用防动能袭击的材料制成的背心和头盔，防止传染病和有毒物质的低廉个人安全防护用品包括乳胶手套或橡胶手套和面罩。对抗锋利的武器则需要防动能材料，对付燃烧装置需要使用防火材料。短棍可以用于检查包和车辆里的物品，扩展镜可以用于观察车辆的下侧和车厢。还有一些设备用来检查其他人员，主要包括磁性金属探测器、化学爆炸物探测器和爆炸物探测犬。

良好的访问控制系统不一定能够阻止具有强烈意图的恶意行为人，但至少可在场地周界控制住普通的恐怖袭击。成功的访问控制可以有效地防止内部设施及其资产和人员的暴露，然而，其他人员必须承担一定的风险来保障内部安全。只要警卫履行他们的职责，尽管他们更加暴露，但不易受到伤害；相反，虽然场地内部人员的暴露程度较低，但更易受到伤害。例如，2010 年 4 月 16 日，一个恐怖组织迫使一名出租车司机驾
329 驶装有爆炸装置的车辆到英国位于北爱尔兰军事基地的门口并在那里引爆了装置，袭击造成相当大的破坏、少数人受伤，幸运的是没有人员死亡。

场地附近的警卫只要控制入口便会使自己继续暴露。因此，大多数警卫在阻止未经授权的访问时会受到伤害。例如，2012 年 8 月 15 日，一名未武装的警卫在逮捕一名企图进入华盛顿特区家庭研究委员会的武装人员时左前臂中弹，这个武装人员承认其意图是杀死更多人。2013 年 2 月 1 日，一个自杀式炸弹袭击者在美国驻土耳其安卡拉大使馆员工通道引爆了炸弹，造成一名土耳其警卫死亡，当时场地周界没有人。

不幸的是，目前在雇用警卫和管理警卫方面缺乏完善的体系，一些警卫往往会分心甚至不遵守规定，腐败是原因之一。例如，所有人都可能遇到过没有检查身份就允许进入场地的警卫。更令人惊讶的是，一些走私犯通过贿赂机场人员，未经正常的安检就将走私物品放置在飞机上，需要对反监视系统的一部分人进行仔细的监管和审查。因此，日常性物理安全管理更多的是人力管理。

> 然而，警卫往往因为没有受过专业训练、指导不力、薪水低、装备差且管理不善而无法发挥作用。在援助机构的警卫室中甚至有床，警卫人员可能在值班时睡着了，白天警卫可能因为忙着做其他的事情而分心。雇用警卫时，应当明确其职责范围，并将此作为合同的一部分。（Humanitarian Practice Network，2010，p. 188）

警卫在某种情况下是危险的并构成威胁，因为他们携带武器以及可以自由进入场地的各个区域，还可能与外部威胁勾结。理论上，经过适当审核的警卫是值得信赖的，但审查并不完善，还应该定期监督，以防初始条件发生变化。对不信任警卫的应对措施包括禁止警卫进入场地内部，密切监督，抽查和秘密监视他们的活动，也许应包括他们在下班时的活动。

场地管理者可能认为当地警卫不值得信任，或仅因为语言或文化上的困难而拒绝雇用当地警卫。在安保需求快速增长的21世纪初，特别是在伊拉克，跨国私人安保提供者激增，这些人对当地威胁没有任何忠诚度，只会吹嘘自己拥有丰富的军事经验，但他们也可能因为对当地文化不敏感和严重的军事态势而带来新的风险（见专栏8.1）。

专栏8.1

美国在班加西的外交使命

相比于外国人员，当地安全人员的人力成本更低、更易获得，但其可获得性并不代表他们廉价。例如，2012年，利比亚班加西的美国特派团允许地方民兵组织提供警卫和快速反应部队。

> 虽然民兵组织在同年4月和6月对特派团的简易爆炸装置袭击中表现出高效的防卫能力，但在史蒂文斯大使访问时，该民兵组织成员停止随同特派团车辆，针对工资和工作时间进行了抗议。（Accountability Review Board for Benghazi，2012，p. 5）

根据2012年9月9日的进一步要求，特派团要求快速反应部队的3名成员加强对场地的警卫。然而，在9月11日受到袭击期间，警卫逃离，场地安全措施失灵，恐怖分子杀死了大使和另外3个人。

六 应急服务和快速反应部队

大多数场地的警卫工作依赖警察和其他公安人员。事实上，大多数私营企业没有自己的警卫，完全依靠公共服务、好邻居或自己的资源提
330 供的安全来保护公司。有自己警卫的私营企业必须就何时让公共当局参与做出选择。例如，如果警卫要反复阻止未经授权试图闯入场地的人，那么警卫可以要求警察临时增加在周边地区巡逻的频率。除非该地区极度腐败或不稳定，否则如果外部行为人犯罪，警卫应请司法当局处理。因此，场地安全管理者应与公共当局联络，公共当局应配合场地安全工作。

除了临时增加警卫人数外，还应考虑分配人员应对紧急情况。在军事领域中，这种力量通常被称为“快速反应部队”（快速反应部队有时被分类为威胁阻断，而不是访问控制，有必要在这里讨论）。在公共治理发挥作用的地区，公共安全人员是应对场地警卫无法处理的任何紧急情况的最后力量。在无可靠的当地安全部队的地区，场地不得不部署自己的快速反应部队。例如，大使馆作为主权领土，可以在其周界部署任何人员和武器，但大多数大使馆与地方当局达成正式协议，要求地方安全部队应对大使馆的紧急情况。如果地方当局不履行职责，大使馆可以在需要帮助的外交使团或岗位部署其他安全保障人员。在当地安全部队不可靠的地区，不同国家的外交使团可能会在紧急情况下达成互助协议。

七 大门

大门是访问控制点的可切换屏障。默认情况下（至少在高风险期
331 间），门应关闭；如果允许访问者进入场地，则将门打开。因为担心交通堵塞或警卫懒惰，通常情况下大门都是打开的。以下将就便携式门、车辆进出门、多重门以及封闭区域展开讨论。

（一）便携式门

在紧急情况下，可以用警卫能搬动的材料制作便携式门，例如石头、桶或架子等。车辆也可以当作门，但这是有价值资产的暴露。有时，门

非常便携，例如电缆或绳索，足以作为访问控制的标志，但不足以阻止不合规访问者的进入。更具驱避性但仍然便于携带的材料还包括刺铁丝网和用木棍架起的刀片刺绳，警卫可以在不受到伤害的情况下进行应对。

有时，当风险较高或者防护装置或制作门的材料短缺时，就会将出入口关闭，并使用更多坚固的材料加固入口防御，在这种情况下，它们可以作为屏障发挥有效的作用（见下节）。

（二）车辆进出门

一个场地需要行人出入的门，也需要能够控制车辆进出的门。车辆进出门通常包括可以升高和降低或在铰链上摆动或在轨道上滑动的障碍物。可以在桶或箱子内装满土、石块、混凝土，制作更大的车辆障碍物，保持物品轻便且方便移动，在允许车辆进入时警卫可以移开障碍物。警卫可以使用尖状物来布置阻止车辆的简易屏障。铁蒺藜上有 4 个尖，而且总有一端向上。一些装置由一条刺绳组成，当不需要时可以简单地收起来。单向出口可以用带尖刺的铰链制作门，当车辆离开时，铰链收回，但是如果车辆试图进入，铰链就会出现。这些尖刺会刺破大多数充气轮胎，但是一些车辆使用实心轮胎或有实心胎芯的充气轮胎，或轮胎被设计为缓慢地放气，车轮被扎后，车辆可以继续行驶一段距离。更坚固的车辆进出门由柱子或板子制成，车辆来访时升起阻挡，车辆通过后放下阻挡。

（三）多重门

一些访问控制点必须安装多重门——多扇门或能够应对多种类型威胁的门。例如，门可以不设计得很高但要足够坚固，以阻止力量型车辆撞击，但高度也要能够阻止行人翻越。有时候，门是一系列的，因此访问者必须成功通过一个门后才能通过下一个门。有时会设置障碍物（例如减速带或道路上交错的固定垂直障碍物）减慢通行速度，车辆必须低速行驶。这些障碍物减缓了车辆行进速度，因为守卫需要时间关闭门或对驾驶员采取行动。然而，这些措施增加了成本和不便，因此在风险较低的情况下，没有必要采取这样的措施。 332

（四）封闭区域

有时，设计者必须考虑设计封闭区域，在允许进一步访问场地内部之前，所有类型的访问者都可以在此区域得到控制。应在人员、供应品和邮件等到达区域与内部访问区域之间建立安全区。供应品往往成包运送，其中可能有隐藏的威胁，最小的邮寄包裹可能有危险的粉末或锋利的物质。此外，运输这些物品的大型车辆本身可能也隐藏着威胁。出于安全考虑，交货区应远离场地内部；但由于商业因素，交货区应接近需求点。一个折中的方案是在外围专门设计一个交付区域，这样车辆可以顺利交付货物，不会因为进入内部而造成交付延误，也不会带来交易成本。交付区或卸载区应该是个封闭区域，允许物品进入另一个区域之前，可以在这个区域检查物品是否存在威胁，对它们进行分类并标记，确定其最终目的地。加强对交付区与分拣区之间交接处的管控，并设置访问控制，防止爆炸及人员强行进入。对于小而安静的场地，一间屋子足以存储交付峰值时的物品。

八　应急避难场所

在周界地区，场地安全管理人员可以建造一个进一步的控制区作为应急避难所，以抵御破坏周界地区的威胁。这些区域有时被称为“避难所”（refuges）、“避难处”（citadels）、“安全区”（safe havens）、“应急屋”（panic room）或“安全屋”（safe room）。它们有更多的访问控制、更少的接入点和仅从内部控制的接入点，区分于其他类型的场地。

专栏 8.2

美国的噩梦

2004 年 12 月 6 日，美国驻沙特阿拉伯吉达领事馆遇袭事件提供了外交安全如何调整安全程序的具体例子。根据州政府的说法，袭击者通过车辆出入口进入美国领事馆。虽然外交安全部门安装了一个装置，迫使车辆在进入大院前停车接受检查，但并未阻止袭击者在障碍物降下后步行进入大院。为了纠正这一弱点，外交安全部门在最高处和最危险的威胁哨所的车辆入口设置了“捕人陷阱”，当障碍物降低时，车辆进入一个围栏或“捕人陷阱”，以便在第二个屏障打开，车辆进入大院之前进行
333 检查（U. S. Government Accountability Office, 2009b, pp. 13 - 14）。

一些安全区是以预制形式提供的，大小相当于一个标准集装箱，可以快速、方便地交付给客户。

理论上，可以在任何地方用普通的建筑材料建造安全区，从而控制人员进入，除非装备了大量军用级爆炸物。

> 可以容易且快速地接近这个区域，并且最好建于建筑物的中心位置。另一种方法是，给楼梯安装铁格子并在晚上锁上，将上面的楼层转变为安全区。安全屋应该有一扇加固的门，配备电话或其他通信手段（最好是外部无法中断的）以寻求帮助，以及一份主要联系号码清单，手电筒或蜡烛和火柴。此外，还要在安全屋内存放少量的水、食品和卫生用品。设立安全屋的目的是保护人而非资产。把所有东西都放在安全的房间里只会鼓励抢劫者做出更大的努力闯进去。即使不留下所有东西，也要留些可偷的东西（Humanitarian Practice Network，2010，p. 187）

可以把建筑物建得足以抵御飞机投放的大型爆炸物以及放射性、化学和生物威胁，但造价也非常昂贵，并且不是典型的安全区域。因此，应将大多数安全区视为真正的短期应急解决方案，以便在外部救援力量到达之前进行应对。

然而，这种建筑内的空气、水或食物的供应容易受到限制，除非保护区储存并密封了大量的水和食物。应该安装能够过滤和调节从外部进入的空气的系统，该系统也可在建筑物内部产生轻微的空气压力。如果没有这样的设备，那么火和烟很容易成为外部威胁对付困在安全区内人员的强大武器。即使安全区本身不是易燃的，内部人员也可能因为放置在孔或通风口的材料燃烧产生的烟气而窒息或中毒。例如，2012 年 9 月 11 日，美国驻利比亚大使克里斯・史蒂文斯在利比亚班加西外交场地的安全屋内因吸入烟雾身亡。因此，现在似乎需要一个系统过滤从外部流入的空气，该系统需要安装阻止威胁（如手榴弹）的挡板，并在建筑物内产生空气超压（与所有孔洞上的密封结合）。这种系统在二战期间成为军事防御的重要方法，而且并不贵。

九　被动周界

本部分定义了被动周界，并就物质障碍、人员巡逻、监视以及传感器等相关主题进行讨论。

（一）范围

周界（perimeter）是一个场地的外边界。对周界环境的控制比访问
控制更加困难且被动，通常这里的“被动”意味着更少的人员互动和更
334 多的物质障碍。可以把被动周界设计得能够阻挡车辆、人和动物（流氓
和动物在不稳定地区是常见的）。因此，可以在周界安装传感器，预防任
何企图通过障碍的人或物。

（二）物质障碍

物质障碍不一定包括人员，而是由其他物质构成。自然屏障包括密集或多刺的植被、河流、湖泊、海洋、淤泥和陡峭的地面。一片广阔、荒凉的地形也可视为障碍。事实上，大多数国际边界除了天然屏障之外没有其他障碍。

人工障碍包括沟渠、栅栏、墙壁、桩、铁丝网和堆叠的沙袋、石头、泥土。人工障碍还包括更多故意部署的武器，例如锋利的桩、金属钉、碎玻璃、隐藏的洞、地雷，甚至有毒污染物、生物致灾因子和病菌。

美国国防部规定，拦截行人的铁链围栏直径为2.75英寸、比一般人高且顶部有刺铁丝。针对车辆的障碍也规定必须满足以下条件中的一个：

> 混凝土护柱（间距不超过4英尺，在混凝土地面上，每根护柱地面上高3英尺，地下深4英尺；每根护柱的直径为8英寸，混凝土浇筑在0.5英寸厚的钢管内）。
>
> 连续的混凝土花盆（地上高3英尺，地下深1.5英尺，地基3英尺宽，顶部有一个沟槽，种植植物作为伪装或用来美化）（U. S. Department of Defense，2008b，pp. 4 -7 -4 -9）。

专栏 8.3

周界控制

美国国防部对受控周界的定义是："物理边界，在该边界处，通过足够多的措施控制车辆进入，引导车辆进入控制点"（U. S. Department of Defense，2012，p. 43），但周边不仅可以设计得能击败车辆，还可以打败人和动物（流氓驯养动物在不稳定地区很常见，具有医疗和暴力隐患。） 335

（三）人员巡逻和监视

如果障碍系统中没有部署必要的人员，那么障碍将变得被动，因此警卫对防止任何违规进入障碍的控制仍然重要。障碍并不能完全防止外在的威胁，包括人员偷偷溜进内部、从地下通道进入内部等，但警卫可以。因此，障碍不应被视为完全不需要人员的控制，应配合定期的人员巡逻和检查。

人员巡逻可能根据风险水平调整。例如，美国国务院根据威胁级别对人员在周界的巡逻做了不同规定（见表 8－2）。

表 8－2　美国国务院根据威胁级别调整周边巡逻的要求

威胁级别	周边巡逻要求
危急	在大使、特派团副团长、主要官员和海军陆战队的官方建筑和住所进行 24 小时巡逻。除非法律禁止，警卫应携带武器
高	在大使、特派团副团长、主要官员和海军陆战队的官方建筑和住所进行 24 小时巡逻
中	白天在周界进行 12 小时的巡逻，必要时夜间在住宅进行巡逻，作为东道国对官方建筑支援的补充
低	没有规定进行官方巡视

资料来源：U. S. Department of State，2006。

人员可以用步行或从高处俯瞰周界的方式来守卫场地。在高处可以进行更全面的监视，而且视野更加开阔，所以好的策略是警卫在高处和地面任务之间轮换。塔台的存在还导致一些当局无端裁减人员。例如，2012 年 9 月 14～15 日，塔利班从一座无人值守的塔楼附近侵入巴斯顿军营。当时营地中的 24 座瞭望台中有 13 座无人值守，尽管过去两年营地已经遭遇 21 次入侵，甚至有一次入侵占领了一座瞭望台。这次袭击发生后，营地的所有瞭望台都安排了人员值守。（N. K. House of Commons, Defence Committee，2014，pp. 3，11 – 13）。

如下节所述，监视技术有助于扩大警卫对周界的控制范围。

十 监视与反监视

本节介绍监视的范围，场地的反监视技术、一般的监视技术、通信监视和光线不足情况下的监视。

（一）监视

监视是系统性观察某事物。监视对恶意行为人和警卫都是开放的。恶意行为人经常在选择目标之前先调查潜在目标，确定目标后对目标进行进一步调查以计划袭击，并再次对目标进行调查，以便训练袭击者。
336 反过来，警卫应注意应对这样监视活动。

美国国防部认为，监视是通过“视觉、听觉、电子、摄影或其他手段对航空航天、地面或地下地区、场地、人员或事物进行系统性观察”（U. S. Department of Defense，2010，p. 456）。

（二）反监视

反监视是“观察你是否被监视”（Humanitarian Practice Network，2010，p. xvi）。警卫可以阻止在防御场地的游荡或对可疑情况进行调查，在袭击制订计划之前破坏恶意监视。例如，1999 年 3 月，美国国务院外交安全局在大多数外交机构引入了“监视侦察小组”的概念，寻找恐怖分子对外交场地和行动的监视（U. S. Government Accountability Office，2009b，p. 13）。

此外，监视对袭击发生后的调查也有帮助。记录场地图像的电视摄像机与警卫人员相比威慑力更小，但对调查人员更有用，因为图像通常比人类的记忆更准确，在刑事诉讼中更有说服力。

千万不要低估最安全场地所面临的威胁。例如，2010 年 9 月，英国官员下令砍掉北爱尔兰英国安全局（军情五处）总部附近军事基地宫殿军营（Palace Barracks）内的树木，并在树枝间发现了 4 个监控摄像头。

2012 年 9 月 26 日，爱尔兰警方逮捕了 2 名涉嫌在都柏林爱尔兰警察行动总部从事间谍活动的男子，路过总部对面酒店的警察认出其中一名嫌疑人是“爱尔兰共和军”的成员。警察搜查了嫌疑人所入住酒店的房间，发现了抛物线麦克风和数码相机。

人道主义实践网提出了对一个场地发起袭击的五大步骤：一是初始目标选择，二是监视过滤，三是袭击规划，四是袭击演练，五是袭击执行（Humanitarian Practice Network，2010，p. 194）。

同时，人道主义实践网提出以下 5 个反监视活动建议：第一，识别
可能的观察位置，并为工作人员指出来；第二，指导警卫巡视潜在的观
察点；第三，指导工作人员注意外部监视行为，例如同一车辆的频繁通 337
行或同一人员的游荡；第四，与邻居建立关系，并要求他们举报可疑行
为；第五，变更进出场地的各种例行程序和路线（Humanitarian Practice
Network，2010，pp. 194 - 195）。

（三）监视技术

监视技术是帮助人们进行监视的技术。监视技术既包括简单的双筒望远镜，也有武器类的光学瞄准镜（尽管后者可以是攻击性的）。远程电视摄像机使警卫人员能更有效、安全地观察场所。雷达设备可用于在视觉范围内跟踪车辆，测距仪可用于测量视线范围内的目标距离（测距仪可以像手持棱镜或激光仪器一样简单），也可以使用无人机在更远的距离拍摄目标。可以利用地球轨道卫星进行常规拍摄，尽管是从更高处拍摄。

对于资源不足的用户或临时场地，大多数技术可以便宜和便携的形式提供。小型机器人相机、遥控接口和显示屏可以放在包里。雷达设备可以放进标准尺寸的行李箱，但仍然提供数英里的范围。棱镜测距仪价格便宜，对于除远距离射击之外的大多数使用而言效果也令人满意，激光测距仪更准确。无人机也可以小到足以用一只手携带和操作，商业卫星可以提供用手持设备打印或以数字形式存储的图像。

如果安装传感器，例如摄像机（见专栏 8.4）、线绊、检测运动的激光传感器、检测体温的红外线传感器或温度传感器，被动的屏障将变得主动，尽管传感器也有对运动或热量的误报，如被无害的动物触发。不过，警犬仍是警卫巡逻时最好的传感器（非致命性武器）。

专栏 8.4

闭路电视

闭路电视（Closed-Circuit Television，CCTV）本质上指以电子方式将图像传输到某些远程监视器的摄像机（与开放式网络上播放的电视不同）。尽管存在局限性，但是由于材料原因，闭路电视摄像机仍然具有吸引力。摄像机比人力成本低得多。陪审员经常喜欢把摄像机拍摄的图像而非人类的证词作为证据。研究表明，人类目击者指认他人为肇事者时，通常会出现错误。但是，闭路电视的使用可能会受到道德、法律和效力的挑战。

英国经常被认为是安装闭路电视最多的国家，其中大部分是自20世纪80年代中期以来安装的，闭路电视用来应对城市犯罪和恐怖主义。到21世纪头十年前期，英国有超过400万台电视摄像机，到2007年，英国拥有的闭路电视摄像机超过全球的25%，伦敦安装了1万台，美国的某些地方拥有类似的密度。例如，到2007年，纽约市时代广场已经安装了500多台。

闭路电视摄像机可以阻止犯罪行为，拍摄的图像可以作为调查或起诉犯罪行为的证据。然而，大多数电视摄像机的拍摄范围狭窄、分辨率较差。有的摄像机是假的，有的摄像机在某些时候不运行，调查人员意识到需要影像的时候，一些拍摄下来的影像没有被及时保存。大多数摄像机是被动的，虽然有些摄像机可以远程控制，但有些摄像机甚至可以自动对某些行为做出反应（例如犯罪者在寻找目标时没有规律地来回行走）。如果犯罪分子知道如何躲避监控，或隐藏他们的身份，或意识到并不是所有的摄像机都在运行，就不会被阻止。即使拍摄了完美的犯罪分子图像，也不一定能识别犯罪分子。在英国，实际上只有20%的犯罪分子是循着闭路电视提供的线索被逮捕的。在英国，几乎每个公共场所都安装了闭路电视摄像机，但有证据表明摄像机只能在大型停车场内部减少犯罪。同时，守法公民越来越关注通过摄像头侵犯隐私的问题（Gibbs
339 Van Brunschot & Kennedy，2009，pp. 14 – 19）。

（四）通信监视

调查场地附近的双向无线电通信是有意义的，因为这种短程通信和服务商的缺乏通常意味着其背后存在异常的动机。有组织的行动在监视和袭击期间经常使用双向无线电通信，廉价的便携式扫描仪可以搜索到信号，尽管需要语言学家翻译外语。然而，这些威胁可能使用编码信号甚至难倒语言学家。

搜索私人电话信息或通话记录在技术上是可行的，但在法律上受到更多限制，并存在更多的误报。对组织监视或窃听自己提供给员工或承包商的电子邮件系统、电话和无线电通常没有什么限制。事实上，组织经常秘密地拦截员工的电子邮件，以寻找不符合规定的行为，司法机关在正当理由下可以合法扣押任何通信设备。

恶意行为人可以通过避免使用组织的通信系统来躲避这种监视。事实上，恐怖分子现在常常使用临时电子邮件账户、未发送的共享信息草稿、临时移动电话、读后即删的短信、编码信号以及口头消息等方法躲避警方对其通信的监视。 338

（五）光线不足下的监控

在光线不足的条件下（夜间、沙尘暴、多云的天气），监视人员可以使用人工光源照明，如电灯。事实上，人工光源被认为是打击城市夜间犯罪的关键技术。场地的周界或至少在接入点，往往使用人工照明。接入点应采用人工照明，警卫人员应携带电池供电的灯。

红外线过滤器阻挡可见光，但允许红外辐射通过，占据与可见光相邻的范围，因此可以使用有红外线过滤器（红外灯）的人工照明照射目标，而不会被目标意识到（除非目标装备了红外线瞄准镜）。无源红外线瞄准镜（自 20 世纪 50 年代以来使用）主要依靠主动红外线照射（通常来自电动红外探照灯），而主动红外线照射又容易被无源红外线瞄准镜探测到。红外图像的分辨率高于热图像和增强的可见光图像，尽管红外图像是单色的。通常情况下，红外线系统比后来的替代品要便宜得多。

像红外线瞄准镜一样，热成像仪（自 20 世纪 70 年代以来使用）检测电磁波谱红外范围内的辐射。热成像仪关注与温度相关的较窄范围，不依赖有源照明。只要目标的温度与背景温度有足够的区别，不被阻尼材料遮蔽，则可以通过热成像仪区分。

然而，热成像的分辨率不如自动照明的红外图像高。另外可以减弱热信号，而使用干预性材料可以完全遮蔽热信号，所以目标可以用躲藏可见光（隐藏于建筑物后、森林或城市地区，信号恶劣天气或适当类型的烟雾）的方式躲藏热成像仪。由于玻璃和透明塑料材料允许可见光通过而不允许红外线辐射通过，目标可以使用这些材料在不遮挡可见光的情况下遮挡热成像仪。人类在户外会发出一种很容易被探测到的红外信号，但可以隐藏在较热的物体或非导电材料后面。汽车发动机的温度比人体高，但发动机舱可以进行减震，关闭发动机（并在阳光下停车）后 30 分钟左右其温度将与背景温度相等。

热成像仪可以通过光雾和雨水探测到物体，但会受到浓雾（浓雾的水滴以不可预测的方式折射光）的干扰。热成像仪可以穿透大多数类型的战场烟雾，但是现代军队可以散布化学配置的烟雾来掩盖红外线信号。

热成像仪的镜头昂贵并且容易被指甲、灰尘或沙子损坏，因此在不使用热成像仪时要盖上保护盖，这与廉价、坚固且始终可用的红外线过滤器不同。与像增强器一样，热成像仪很容易被激光武器干扰，一些便宜的手持激光笔足够强大，可以在大约 1 英里的范围内干扰热成像仪。

像增强器（自 20 世纪 80 年代开始使用）是一种基于真空管的设备，可以增强可见光。与热成像仪一样，它们对有源照明的依赖性比红外线瞄准镜小，但价格昂贵（大多数仅限于主要军事平台），并会被脉冲激光器干扰。

十一 安全工程

建筑结构容纳人员、仓库、设备和作业活动，是场地材料保护系统的一部分。建筑与其他结构的设计和建造要更加安全，这个技术领域有时被称为“安全工程”。

下文介绍如何通过设置防区、防爆屏障、动能攻击屏障和防护玻璃
340 来对现场进行实质性保护。

（一）防区

实质上减少场地周界脆弱性最有效的方法是设置防区，即场地周界和场地（如建筑物）之间的领域，尽管这一理想做法常受到城市空间、

物质或无障碍需求的限制。

在场地周界设置防区的有效性在近期许多袭击事件中逐渐显现出来。这些袭击事件中，在场地周界引爆了大量的爆炸装置，但没有造成任何场地内的人员死亡（例如2012年9月25日在叙利亚大马士革军事总部外道路上引爆的货车炸弹）。相比之下，由于没有重视防区的作用，类似的装置渗透到目标建筑物内部，结果常常让人沮丧（1983年10月23日，在贝鲁特美国海军陆战队军营大厅内一辆自杀式爆炸车辆爆炸，造成242人死亡）。

可以简单地利用蜿蜒的通道或对通道的访问控制来设计防区。可以用被动屏障来增加这种距离。针对车辆的被动障碍物可以像树木或长凳一样不显眼，只要它们足够坚固，就足以阻止移动的车辆。封闭场地周界的道路在紧急情况下可以使其成为防区。例如，2012年9月11日，埃及抗议者闯入美国驻开罗大使馆后，埃及当局在街道两端堆放了大量混凝土块。

美国国防部建议建筑物与受控周界或任何不受控制的车辆道路或停车场之间的距离至少为5.5米，建筑物与受控周界内的车辆道路和停车场之间的距离至少为3.6米。只有建筑物的居住率相对较低，周界受到控制，钢筋混凝土承重墙才能距离车辆道路4米远（一座有人居住的建筑物“通常有11名或更多的国防部人员，人均密度大于1人/430平方尺”）。对主要的集体建筑物或高层住宅而言，钢筋混凝土承重墙需要距离周界20米远（主要集体建筑物“通常有50名以上的国防部人员，人均密度为1人/430平方英尺”；宿营指“在任何建筑物……常规安置11人或更多的国防部人员”；高入住率住宅是“每处建筑物有13座及以上的家庭住房”）（U. S. Department of Defense，2012，pp. 42 –46）。

国防部根据建筑材料、占用情况和周界防御制定了不同的距离标准。例如，在远征作战期间用作主要集合地点的集装箱和拖车应至少与周界保持71米距离，尽管织物覆盖的建筑（在爆炸时产生较少的次级抛射物）可以距离周界31米远。

国防部不再采取以前的标准（2007年），即如果无法达到现行标准，物理安全管理人员在紧急情况下应记住以下内容：高入住率建筑和主要集体建筑物应离停车场、道路或周界内的垃圾桶25米远或不小于10米

远；其他有人居住的建筑物应距离不受控制的周界 25 米远，距离车辆和
341 周界内的垃圾桶 10 米远；低层住宅可以更近。

自 1985 年以来，国务院规定的外交大楼间隔标准是 30 米，但由于现有土地的限制和人口密集的城市中心地区对高占用率的需求，许多外交大楼不符合标准。即使不包括间隔，美国大使馆也需要约 15 英亩的土地。

在地界不可能后移的地方，需要对建筑物进行高于标准的硬化，这是非常昂贵的，或者寻求标准豁免。例如，2009 年，为了在阿富汗北部的马扎里沙里夫建立领事馆，美国官员寻求美国国务院标准的豁免。这些官员签署了一份为期 10 年的租约，在一处被一家酒店占用的场地上花费了 8000 多万美元。建筑与周界的间隔距离低于标准，周界与当地商店共用一堵墙，被几栋高楼遮挡。在 2012 年 1 月的一份揭露性的部门报告发布之后，这个场地在领事馆建立之前就被放弃了。

地界后移主要为了控制爆炸影响，但可以从更远的地方特别是高处使用枪击来进行袭击。例如，2011 年 9 月 13 日，在阿富汗喀布尔，叛乱分子占领了一座未完工的高层建筑，在这里俯瞰 300 码外的美国大使馆，他们用突击步枪和火箭推进榴弹打伤了美国大使馆周界的 4 名阿富汗平民，第二天阿富汗部队才清理了大楼。

在郊区，外交使团通常有更多的空间，但与城市利益相关者的距离更远。有时外交使团设立在郊区和农村地区，空间很大，但由于他们的临时身份、周界私人财产的制约以及与当地人接触的外交目标，他们通常不遵守安全标准。例如，在 2012 年 9 月 11 日的毁灭性袭击中，美国在班加西的小型特派团因未遵守标准，大使和其他 3 名联邦雇员丧生。事实上，那里不过是个出租的私人小别墅。

（二）防爆屏障

防爆屏障是阻挡和反射爆炸所需的物质屏障，通常它们也被纳入对车辆和人员的屏障。

专业的防爆墙通常由混凝土预制而成，设计成可由标准施工设备运输，并且不需要太多钉合或黏合就可以拼接起来。可以用沙袋、装满土的临时容器（如扁平包装的加固帆布袋和箱子）、装满土的车辆或简单

的土坡制作临时防爆墙。堆积起来的小体积硬物不易形成良好的防爆屏障，因为它们容易倒塌并产生次级抛射物。

最有效的防爆屏障实际上是其他完整的建筑物。任何建筑物都会反射或转移爆炸波。建筑物有多层承重墙。第一个被爆炸击中的结构将吸收或转移大部分能量，否则第二个结构会在爆炸方向被击中，因此理想的权宜之计是获得一块场地，不需要周围有建筑物，可以将其空置，以保护场地内部的已有建筑物。然而，这一理想在物质方面听起来很昂贵，同时意味着给警卫增加了额外负担，他们必须确保恶意行为人不会进入无人居住的建筑。这就是为什么指定周界和居住区之间的防区会保留一块未覆盖空间。然而，对于场地的安全管理者来说，优势仍然存在，安 342
全管理人员获得一处被其他已建场地包围的场地，该场地具有足够的安全性，已建场地可以阻挡爆炸武器。事实上，这是将更有价值的场地放在受控的已建场地中心的一个原则。

（三）对动能威胁的阻挡

动能威胁指可能由化学炸药投掷或推动的射弹、导弹带来的威胁。即使是最大的建筑物中典型的承重墙壁，也不能抵抗住某些便携式武器发射的射弹。普通的木结构和板式结构可以被任何轻武器的子弹打穿；而砖石墙壁可以抵抗轻型进攻武器的少数子弹，但无法抵挡狙击步枪或重型机枪发射的较大口径射弹。的确，多口径的武器能够破坏砖石墙。例如，穿甲弹尽管在军队之外很罕见，但能穿透典型的砖石墙体。

钢筋将显著提高砖石和混凝土的抗张强度，有效地将基体结合在一起，尽管爆炸带来应力或炮弹会造成损坏。此外，混凝土是比黏土或泥砖更硬的材料。典型的钢筋混凝土承重墙（美国的标准 6 英寸厚）并不能很好地抵挡典型的枪支。为阻挡普遍存在的 7.62 毫米子弹（就像苏联扩散 AK－47 以来大多数突击步枪发射的子弹），钢筋混凝土墙体厚度需要达到 0.15 米，而配筋砌体厚度需要达到 0.20 米（U. S. Department of Defense，2008b）。很少有子弹能穿透这种厚度，但子弹可以分解成小的韧性零件，这些零件从外到内通过孔径（如裂缝），甚至在拐角处游走。

为阻挡装备更好的威胁或混合威胁（如爆炸和动能攻击），墙应该更厚，如标准的美国大使馆有 0.76 米厚的墙。在第二次世界大战期间，军事防御工事的标准厚度是，大部分埋在地下需要 2 米，完全暴露在外则需要 3.5 米。

这些标准在制定时假设建筑材料的使用是正确的，但在不稳定地区，这个假设是糟糕的，因为不稳定地区对承包商或工人的激励或监管较少，无法达到建设标准。例如，2012 年 1 月，美国国务院督察谴责阿富汗马扎里沙里夫的美国领事馆建筑物的原因包括使用劣质材料（泥砖和未经处理的木材）以及建造新围墙的建筑技术。

检查人员应注意以下事项：使用正确的材料（水泥和钢筋是最有可
能被替代的昂贵材料）；硬化和硬度达标（混凝土硬化通常需要 28 天，
尽管 7 天后可以硬化约 80%，湿硬化 90 天会使硬度翻倍）；适当的加固
措施（钢筋应由低碳钢或有类似韧性的替代品制成，钢筋应该捆扎或钩
343 挂在一起，基体应足够密实，在倾倒湿混凝土时不应受到影响）。

（四）防护玻璃

玻璃是窗户、门和监视系统常用的材料。然而，它通常是建筑结构中最脆弱的材料，最容易被破坏，因此行为人很容易打破玻璃进入建筑物内部。此外，当玻璃被打破时，通常会碎裂成许多尖锐的抛射物，尽管某类玻璃的碎片相对无害。防护玻璃指特种玻璃，能够抵抗射弹，在破碎时危险性也较小。防碎和防弹玻璃基本上是层压的塑料和玻璃板，层数越多、黏力越强，脆弱性也就越小。

建筑物可以设计更少或更小的孔径减少对玻璃的使用。在很有可能发生人为闯入或被轻武器袭击的地方，应使用防碎玻璃或防弹玻璃。夹层玻璃和塑料板可用于保护警卫，在暴露的地方他们必须有一定的视野来履行职责。即使在没有建筑结构的临时场地或紧急场地也可以使用这类材料。

十二　场地安全服务

安全服务可以由商业供应商提供。人道主义实践网认为，安全服务既包括软安全（咨询、培训和后勤支持），也包括硬安全（守卫和近身保护）（Humanitarian Practice Network，2010，p. xvii）。

幸运的是，一个地区不需要依靠私人安保，可以在官方的帮助下建立自己的保护设施。近几十年来，至少在人口稠密地区或附近的主要场地，公共当局已经派遣一些公务人员担任私人保安顾问。

例如，国土安全部向美国各地派驻私人安全顾问。同样，联邦调查局是基础设施保护（InfraGard）地方分会的主要资助者，该机构向当地企业提供有关犯罪威胁和安全的咨询。对于海外的美国私人经营者，自1985年以来，美国国务院一直在管理海外安全咨询委员会（Overseas Security Advisory Council，OSAC），改善联邦政府和海外私营企业之间的安全信息交流。世界各地的100多个城市都设有海外安全咨询委员会。在外交安全局（成立于1985年）之后，威胁调查与分析局（自2008年起）通过海外安全咨询委员会向海外私人部门提供选定的信息，并向外交场地提供机密信息。

☞ 本章案例

地区恐怖袭击的趋势

联邦应急管理局

恐怖分子的策略可能会转变为利用漏洞，包括针对主动射击的袭击和检查暗藏武器的战术。恐怖分子的战术倾向于采取避免有效对抗和利用弱点的袭击。例如，最近的自杀行动针对缺乏经验和能力的国家，这些国家没有能力应对同时发生、资源充足的袭击，如对孟买的袭击，或自杀式射击者（active shooter），如对胡德堡的袭击。这两起袭击都采用了类似于“主动射击者”的战术，针对这种情况，警察通常都接受过训练，封锁一个地区并等待像特警队这样的准军事反应部队。在孟买，恐怖分子就采取了这种模式，他们包围了整个地区，携带补给品延长行动时间，并袭击反应小组。

与灾难性的化学武器、生物武器、放射性武器或核武器袭击或简易爆炸装置袭击相比，这类袭击方法的后果更小，但成功的概率更高。此外，采用这种战术的袭击很难与传统的灾难区分开。第一次世界贸易中心袭击和俄克拉何马城爆炸事件的响应人认为他们是在应对事故，而“9·11”事件以来纽约市飞机坠毁事件的响应人则认为他们在应

对恐怖事件。对常规恐怖袭击的反应对于第一响应人来说也很复杂，
344 因为二次装置可能是针对他们的（U. S. Federal Emergency Management Agency，2011，p. 2）。

◇ 本章小结

1. 本章介绍了场地安全的范围。

2. 通过定义目标、场地位置和目标对威胁的吸引力来评估风险。

3. 本章介绍了访问控制，包括访问控制的范围、如何评估访问控制的有效性、如何绕过访问控制、警卫、应急服务和快速反应部队、大门和应急避难场所。

4. 本章介绍了被动周界，包括其范围、物质屏障以及人员巡逻和监视。

5. 本章介绍了监控、反监控、监控技术、通信监控、光线不足时的监控。

6. 本章介绍了安全工程，包括建筑周界的缺陷、防爆屏障、对动能威胁的阻挡和防护玻璃等。

7. 本章介绍了场地安全服务。

◇ 关键术语

Access control（访问控制）

Artificial light（人工光源）

Attractor terrain（吸引子地形）

Blast barrier（防爆屏障）

Burqa（布卡）

Citadel（避难处）

Closed-circuit television（闭路电视）

Containment area（封闭区域）

Countersurveillance（反监视）

Emergency refuge（应急避难场所）

Gate（大门）

Guard（警卫）

Hard security（硬安全）

Holding pen（围栏）

Image intensifier（像增强器）

Infrared filter（红外线过滤器）

Infrared light（红外灯）

Insider threat（内部威胁）

Kinetic threat（动能威胁）

Man-trap（捕人陷阱）

Material barrier（物质障碍）

Multiple gates（多重门）

Niqab（尼卡布）

Panic room（应急屋）

Perimeter（周界）

Physical security（物理安全）

Portable gate（便携式门）

Protective glass（防护玻璃）

Quick-reaction force（快速反应部队）

Refuge（避难所）

Safe haven（安全区）

Safe room（安全屋）

Security engineering（安全工程） 345

Security service（安全服务）

Setback（防区）

Site（场地）

Site security（场地安全）

Soft security（软安全）

Standoff（防区）

Surveillance（监视）

Surveillance technologies（监控技术）

Target（目标）

Thermal imager（热成像仪）

Threat（威胁）

Unmanned aerial vehicle（无人机）

Vehicle gate（车辆进出门）

◇ 思考与练习

1. 一个场地的地理位置会以何种方式改变其对特定风险的暴露和脆弱性以及应对能力？

2. 为什么实现出口控制和访问控制很重要？

3. 评估访问控制的最佳标准是什么？

4. 恶意行为人如何绕过被动屏障和有人值守的访问控制？

5. 部署警卫进行场地安保有哪些优点和缺点？

6. 依赖私人快速反应部队而不是当地警察或军队会产生哪些新的风险？

7. 为什么要在场地接入点设置多个门？

8. 为什么要在场地入口设置防区？

9. 避难所有什么限制？

10. 人类可以通过什么方式增强被动的物质屏障？

11. 概述反监视战略的五个关键组成部分。

12. 反监视如何破坏对场地的潜在袭击？

13. 障碍作为物质保护的利弊是什么？

14. 举出一些简易爆炸屏障的例子。

15. 为什么钢筋混凝土是抵抗动能破坏的有用材料？

346 16. 防护玻璃挡住了哪两种威胁？

第九章　基础设施安全

◇ 本章学习目标

通过本章学习，你应该理解：

1. 近些年基础设施政策的变革。
2. 基础设施的定义。
3. 关键基础设施的行业类别。
4. 政府与私人部门之间的互动框架和伙伴关系结构。
5. 政府和产业之间信息共享的障碍。
6. 什么是监控和数据采集系统。
7. 美国基础设施现状。
8. 因基础设施受损和/或中断造成的连锁经济损失的估算过程。
9. 关键基础设施资产所有权与责任及其对国土安全当局和政策的影响。
10. 在国土安全领域开展公私合作的问题和潜力。
11. 关键基础设施清单的复杂性与风险评估。
12. 恐怖主义是如何加剧袭击对基础设施的影响的。

2013 年 4 月 16 日，至少有一人袭击了加利福尼亚州圣何塞东南部梅特卡夫的一座变电站。袭击者进入了两个不同的检修口，切断了进出变电站的电话通信光缆。这使当地的手机服务和一些 911 服务受到影响。随后，1 名或多名袭击者用大口径步枪向设施内的几台变压器发射了 100 多发子弹，一个地区 10 台变压器和另一个地区 3 台变压器柜受损。冷却油随后从变压器柜泄漏，导致变压器过热并关闭。

州监管机构敦促该地区的居民在接下来的几天里节约能源，这使该地区避免了大面积停电。尽管大家齐心协力，但变压器经过 27 天的维修恢复原状，电力供应才完全恢复。

当地执法部门和联邦调查局调查人员不知道是谁发动了袭击，但他们的担忧是显而易见的。据《华尔街日报》报道，一名前官员称这是一次恐怖袭击，并评论道："如果袭击在全国范围内广泛复制，美国电网可能会被摧毁，使美国大部分地区断电"（Smith，2014，n. p.）。

同年 12 月，美国议员亨利·维克蒙（Henry Waxman，加利福尼亚州的民主党议员）在能源和商业委员会听证会上将这起事件描述为：

> 一起没有预测到而且复杂的带有军事武器的对变电站的袭击，
> 通信被中断，变电站受损。花了几周时间才替换完受损害的部分。如
> 347 果控制不当，可能会出现严重停电或更糟的情况。（Harris，2013）

一　关键基础设施的范围和定义

国家基础设施是美国社会的基础，也是衡量美国社会繁荣程度的指标。国家的健康、财富和安全依赖于现有的资产、网络和系统，以生产重要的产品和服务，并提供给企业与家庭。

第二次世界大战结束时，德怀特·艾森豪威尔（Dwight D. Eisenhower）深知强大的商业基础设施、经济动能和国家安全之间的联系。在看到德国高速公路的发展及成效后，他设想并动员全国力量，建设美国高质量公路系统，这一系统后来被称为"州际公路系统"。在艾森豪威尔州际公路系统成立 50 周年之际，它被赞誉"加快了美国的一切"（Reid，2006，p. 42）。除了服务国防建设，州际公路系统"推动"了国家的繁荣，它为国家增长贡献了 1/4。相比之下，互联网对商业和日常生活质量的贡献是不可估量的。除了州际公路系统，美国还大力发展横贯大陆铁路以及近岸内航道，这些都使美国逐步成为历史上最强大的政治和经济力量。（Jarmon，2015）。

今天，经济全球化改变了冲突领域。美国权力面临的主要挑战来自经济，而不是军事。1996 年，克林顿政府授权成立关键基础设施保护总统委员会（President's Commission on Critical Infrastructure Protection，

PCCIP）。关键基础设施保护总统委员会建议制定综合政策并实施保护国家关键基础设施的措施。在“9·11”事件发生之前，主要的焦点是网络威胁。由于主要关注电子脆弱性，委员会确定没有眼下的危机（Moteff，2010）。然而，在“9·11”事件之后，政府和私人部门显然需要在所有重要的有形和逻辑（电子）资产领域开展合作。根据1996年关键基础设施保护总统委员会的建议，在稳态条件下和危机情况下分配有限的资源时，运营商需要政府和私人部门之间互动的框架，从而做出明智的风险决策。除了加强合作外，这种互动还应包括提高实时攻击预警能力、培养意识和教育计划、扩大有关检测技术和技能的研究，以及简化法律结构要素以支持保障措施（Moteff，2010）。

1998年5月，克林顿发布了第63号总统决策指令，要求联邦政府建立工作组，监督政府运营的基础设施的防御，并与私人部门的代表对话，将安全性扩大到私人持有的重要资产。私人部门拥有重要基础设施的大部分份额并进行经营，承担着巨大的责任。因此，加强关键基础设施安全并确保其恢复能力取决于公共和私人关键基础设施所有者的合作与协调。第63号总统决策指令的成果将是一项国家基础设施保障计划，计划原定于2003年正式实施。然而，这项计划在付诸实施之前受到一些事件
的干扰。 348

2001年9月11日，恐怖袭击使整个安全环境发生了变化，随之而来的是国防部设立以来最大规模的政府重组。“9·11”事件发生1个月后，随着第13228号行政命令出台，布什政府创建了国土安全办公室和国土安全委员会。2001年11月，国会赞同将国土安全办公室提高到联邦层级并掌管新成立的国土安全部，负责协调关键基础设施的保护活动。国土安全办公室对基础设施的安全与保护负有很大的责任，但是这些责任没有得到很好的定义，这使其缺乏能力。《国土安全国家战略》（第一次发布于2002年7月）的内容包括一些与基础设施相关的目标和活动：

- 由国土安全部整合基础设施保护能力。
- 建立与维持对关键基础设施及主要资产完整、精确的评估。
- 发展国家和地方政府与私人部门之间的关系。
- 制订国家基础设施保护计划。

- 保护网络空间。
- 开发有效保护基础设施的解决方案模型。
- 保护关键基础设施免受内部威胁。
- 与国际社会合作，保护跨国基础设施（U. S. Office of Homeland Security，2002，p. ix）。

2002 年 11 月的《国土安全法》授权国土安全部领导关键基础设施安全工作，评估对关键基础设施的安全管理并提出建议。国土安全部自 2003 年 1 月开始接管之前的相关负责机构后，一直是美国基础设施安全方面最高的联邦机构。国家保护和计划局是国土安全部的主要下属部门，负责监督基础设施保护办公室。

随后，2003 年，布什政府签署了第 7 号国土安全总统令，拓宽了基础设施保护范围、重新陈述了基础设施保护政策和责任。第 7 号国土安全总统令也界定了关键基础设施和关键资源部门（当时为 17 个，现在更新到 18 个），并为每个部门指定了联邦政府机构来进行管理。时至今日，第 7 号国土安全总统令仍是关键基础设施安全措施的模板。

3 年后，2006 年 6 月，有关部门发布了第一个《国家基础设施保护规划》（National Infrastructure Protection Plan）。这份文件是政府制定政策和程序来识别国土安全部管辖下对美国最重要特定资产的基本出发点。
349 这一评估将涵盖所有部门，根据风险进行分类，并确定最大限度地降低特定投资风险的措施（Moteff，2010）。简单而言，《国家基础设施保护规划》的目的是：

> 通过防止、遏制或减轻恐怖主义的影响建立更安全、更保险也更顽强的美国，提高国家在遭受袭击、自然灾害或其他突发事件时的准备能力、反应能力以及快速恢复能力。（U. S. Department of Homeland Security，2009，p. 1）

该战略有 4 个主要目标：

1. 了解和分享有关恐怖威胁及其他危害的信息。

2. 建立合作伙伴关系以共享信息并实施关键基础设施和关键资源保护及恢复计划。

3. 实施长期风险管理计划，包括：

a. 通过加固、分散、多样化以及其他措施保障关键基础设施和关键资源对已知威胁及困境的恢复能力；

b. 开发防止来自人类的潜在威胁的方法；

c. 快速应对关键基础设施和关键资源受到破坏带来的对公共健康和安全、经济和政府功能方面的影响；

d. 针对无法预防的事件制订快速的关键基础设施和关键资源恢复计划。

4. 最大限度地有效利用资源以保护关键基础设施和关键资源。(U. S. Department of Homeland Security，2009，p. 13)

《国家基础设施保护规划》提供了关键基础设施风险管理流程，共有 7 个步骤：

1. 确定安全目标
2. 界定资产、系统、网络和功能
3. 分析风险
4. 确定优先资产
5. 实施保护计划
6. 衡量有效性
7. 持续反馈并升级其他步骤（U. S. Department of Homeland Security，2009，p. 28）

最新的《国家基础设施保护规划》提到了 5 个任务领域：“预防、保护、减轻、响应、从构成最大风险的威胁和危害中恢复”（U. S. Department of Homeland Security，2013a，p. 9）。连续三届政府都尝试通过各种行政 350
命令、战略文件和政策举措来解决基础设施保护问题。由于政治压力和“变形攻击矩阵”（morphing attack matrix）的影响，分析和结果略有变化，但关键基础设施的基本定义仍相对固定。

专栏 9.1

关键基础设施

2001 年《美国爱国者法案》[42 U. S. C. 5195c (e)] 对“关键基础设施”的定义是：对美国至关重要的系统和资产，无论是物理的还是虚拟的，如果这些系统和资产丧失能力或遭到破坏，将对安全、国家经济安全、公共卫生安全或其中的任何组合产生不利影响。(U. S. White House, 2013a, n. p.)

二　特定行业组织

如上所述，国家的关键基础设施不仅对国家安全至关重要，而且是民众日常生活质量的核心。国家关键基础设施涉及一系列复杂的系统、物理资产、信息和支持社会经济活动的人员，同时由于蓄意、人为错误、自然灾害、设计不当和单纯的忽视，容易受到破坏或中断（见图 9－1）。

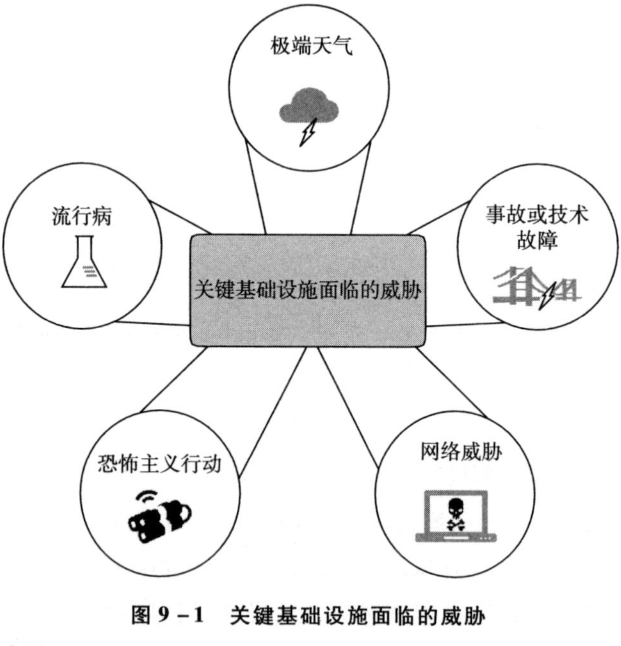

图 9－1　关键基础设施面临的威胁

资料来源：U. S. Department of Homeland Security, 2013a。

关键基础设施的复杂性也决定了其脆弱性。“在一个相互联系的系统中，一个错误可能引发一系列错误”（Sommer & Brown，2011，p. 24）。因此，预防管理和结果管理是关键基础设施安全策略的两个重要部分。换句话说，保护及恢复是国家关键基础设施的防御目标。“弹性”指一个机构或系统能够适应或在破坏后恢复其可操作性的能力。冗余是弹性策略的主要特征，也就是一些人所说的结果管理。逻辑上或物理上的任何系统的特性或要素都是由辅助资源备份的。

2013 年的《国家基础设施保护规划》确定了构成美国关键基础设施的 16 个行业部门。随着国土安全部的更新和《国家基础设施保护规划》的修订，该列表也定期进行修订。表 9－1 列出了当前的商业基础设施类别。

表 9－1　关键基础设施行业部门

化学	金融服务
商业设备	食物和农业
通信	政府设备
关键制造业	健康保健和公共健康
堤坝	信息技术
国防工业基础	核反应堆、核材料和核废料
能源	水和污水系统
能源设备	交通运输系统

资料来源：U. S. White House，2013a。 352

除了界定这些行业部门，2002 年《国土安全法》更进一步界定了国土安全部对关键基础设施的保护责任以及那些特定行业机构（通常为联邦机构）对特殊产业部门的责任。每个机构制订并实施特定行业计划，部门层面的绩效信息需要与美国国土安全部分享。这种互动能够加强关键基础设施和关键资源保护的国家跨部门合作，并改进弹性计划。特定 351
行业机构作为合作的一部分，与公共部门和私人部门合作来发展及执行适当的信息共享和分析机制，提高行业安全。除了与私人部门合作来实施《国家基础设施保护规划》，特定行业机构也与其他联邦、州、地方、民族和准州的团体开展合作。表 9－2 和表 9－3 列出了联邦机构及其负责的行业。

表 9-2 特定行业机构的职责

联邦部门/机构	行业
国土安全部	化学
	商业设备
	通信
	关键制造业
	堤坝
	应急服务
	信息技术
	核反应堆、核材料和核废料
国土安全部和综合服务管理局	政府设备
国土安全部和交通部	交通运输系统
国防部	国防工业基础
能源部	能源
财政部	金融服务
农业部、卫生和公共事业部	食物和农业
卫生和公共事业部	健康保健和公共健康
环境保护署	水和污水系统

353 资料来源：U. S. White House，2013a。

表 9-3 关键基础设施行业部门和职责

部门	职责
农业和食物	满足基本的食品需要，基础设施包括饲料和作物生产的供应链；粮食收获后的工作，包括加工和零售
银行和金融业	提供国家金融基础设施。该行业由商业银行、保险公司、共同基金、政府资助企业、养老基金和其他开展交易的金融机构组成
化学	将天然原材料转化为有利于社会健康、安全和生产力的常用产品。化工部门生产7万多种产品，这些产品对于汽车、制药、食品供应、电子、水处理、卫生、建筑和其他必需品的生产而言是必不可少的
商业设施	包括著名的商业中心、办公楼、体育场馆、主题公园，以及其他大量人群聚集在一起从事商业活动、进行个人商业交易或娱乐消遣的场所
通信	提供有线、无线和卫星通信，满足政府和商业的需要
关键制造业	包括金属、机械、电气设备和运输设备制造业，对美国的经济繁荣和持续发展至关重要

续表

部门	职责
堤坝	管理蓄水设施，包括堤坝、77000多座常规水坝、船闸、运河（不包括渠道）和类似建筑，包括大型和国家标志性水坝，这些水坝是供电和供水的其他关键基础设施的主要组成部分
国防工业基础	向军队提供保护国家的手段，生产武器、飞机和船只，并提供基本服务，包括信息技术和供应与维护服务
饮用水和水处理设施	为53000多个社区供水系统提供安全的饮用水水源，16000多个公共污水处理厂处理废水
应急服务	在事故和灾难中拯救生命和财产，包括消防、救援、紧急医疗服务和执法机构
能源	为所有行业部门提供电力，石油和天然气的提炼、储存和分配。该行业分为电力、石油和天然气
政府设施	确保政府拥有和租赁的设施功能连续性，包括位于美国国内和国外的所有联邦、州、地方的政府设施
信息技术	生产信息技术，包括硬件制造商、软件开发人员、服务提供商以及作为关键资源的互联网
核反应堆、核材料和核废料	提供核电，约占全国发电量的20%。该行业部门包括商业核反应堆和用于研究、测试和培训的非动力核反应堆，用于医疗、工业和学术研究的核材料，核燃料制造设施，退役反应堆，核材料和废物的运输、储存和处理
健康保健和公共健康	降低灾难和袭击的风险，并在发生袭击时提供恢复帮助。该部门由卫生部门、诊所和医院组成
交通运输系统	确保对经济至关重要的人员和资产的流动，确保航空、船舶、铁路、管道、公路、卡车、公共汽车以及轨道交通的流动性和安全性

资料来源：Compiled with data from the U. S. Government Accountability Office，2007。 354

（一）合作关系结构

根据《国家基础设施保护规划》，私人部门所有者和经营者及其对应的政府部门之间的自愿安排，“一直是并将继续是推动集体行动实现国家关键基础设施安全和恢复能力的主要机制”（U. S. Department of Homeland Security，2013a，p. 10）。

政府将它们视为伙伴关系，国土安全部是其中的关键角色，在领导和协调国家关键基础设施保护工作方面负有广泛的责任。与基础设施利益相关者的协调对于政府履行维护公共安全、确保商业持续发展和维护国家安全而言至关重要。

国土安全部作为牵头协调机构，尝试制定统一的政策、方法、准则和理论，确保16个基础设施行业部门内部和彼此之间的关键基础设施是
355 安全的。

此外，政府将《国家基础设施保护规划》视为基本规划，作为国土安全部和利益相关者以综合、协调的方式在跨部门风险管理标准方面进行合作的蓝图。

与此同时，关键基础设施部门试图跨越司法管辖区和地理边界，建立稳定和具有代表性的伙伴关系。根据《国家基础设施保护规划》，关键基础设施伙伴关系结构是利益相关者实现集体安全目标的手段。国土安全部于2006年成立的关键基础设施伙伴关系咨询委员会（Critical Infrastructure Partnership Advisory Council）是“支持各部门共同参与关键基础设施问题讨论和广泛参与活动的利益机制”（U. S. Department of Homeland Security，2013a，p. 38）。关键基础设施伙伴关系咨询委员会举办论坛，为关键基础设施问题讨论提供支持。在咨询方面，关键基础设施伙伴关系咨询委员会希望达成共识，从而向联邦政府提出正式建议，其努力跨越了基础设施部门、司法管辖区和特定地理区域。

关键基础设施伙伴关系咨询委员会与伙伴关系委员会合作，其中包括部门协调委员会、政府协调委员会和跨部门伙伴关系委员会。关键基础设施是个高度且本质上复杂的环境。因此，为了构建连贯、一致的战略和协作框架，伙伴咨询机构的组合同样复杂。该组合包括各种组织结构、治理结构、运营模型和大规模分布式网络。此外，尽管这些委员会有各自的特殊性和重点领域，但它们相互依存，这是关键基础设施环境架构正常运行的关键，因此也是政策制定的关键。为了保持战略和运营的无缝衔接，国家伙伴关系结构为规划中的项目定期召集政府和私人部门利益相关者。在这种情形下，参与者会了解以下方面并做出贡献：战略计划，风险管理，项目评估，特定行业标准的制定，推动信息共享，推动研究和开发活动，参与培训和训练项目。

如2013年《国家基础设施保护规划》所述，部门和跨部门伙伴关系结构包括以下政府部门和私人部门咨询机构：

部门协调委员会，自我组织、自我运行、自我管理的私人部门

委员会，由所有者和经营者及他们的代表组成，围绕一系列特定行
业部门的战略、政策、活动和问题互动。部门协调委员会作为政府 356
与私人部门所有者和运营商之间的主要协作平台，负责关键基础设
施安全与恢复性政策协调和规划，以及一系列相关的具体部门活动。

关键基础设施跨部门委员会，由部门协调委员会主席和副主席组成，这一私人部门委员会负责协调跨部门问题、倡议和相互依赖性，为基础设施的安全和恢复能力提供支持。

政府协调委员会，由各级政府（包括联邦政府和州政府、地方政府和准州政府）的代表组成，根据每个部门的运作情况，在部门内部和部门之间进行机构间、政府间和跨司法管辖区的协调，并与部门协调委员会在公私领域开展合作。

联邦高级领导委员会，由部门协调委员会和其他联邦部门与机构的高级官员组成，在关键基础设施安全和恢复方面发挥作用，促进联邦政府关键基础设施安全与恢复方面的沟通和协调。

州、地方、准州政府协调委员会，由州、地方和准州政府实体的代表组成，促进州、地方和准州合作伙伴参与国家关键基础设施安全及恢复工作，并构建组织结构，以便在州和地方政府指导、战略和计划方面进行跨司法管辖区协调。

区域联盟协调委员会，包括全国各地参与各种促进公共和私人部门关键基础设施安全和恢复举措的区域集团和联盟。

信息共享组织，包括信息共享和分析中心在内的组织发挥运营和传播功能，为许多部门、部门分支和其他团体提供服务，并促进政府和私人部门之间的信息共享。信息共享和分析中心还通过国家委员会开展跨部门合作。

融合中心，虽然联邦调查局是负责反情报工作的主要政府机构，但情报分析办公室致力于协调情报界的所有部门以及州和地方当局之间的关系。此外，州和主要地区的融合中心是次联邦层面情报收集的站点。这些组织在规模和竞争力上有所差异。它们的任务是相似的，即追查、破坏和查明与新出现的恐怖威胁有关的前体犯罪和活动。它们还与私人部门人员和公共安全人员合作，保护关键基础

357 设施、开展灾后恢复和应对紧急事件。

国土基础设施威胁与风险分析中心是国土安全部基础设施情报融合中心，它是个联合情报中心，汇集了来自情报界、基础设施专家和执法部门的分析。

尽管做了这些宏伟的努力，但伙伴关系结构仍然很烦琐，效率低于预期。政府对政府和社会资本合作（PPP）仍不够重视，导致局势紧张，在网络安全上尤其如此（Sommer & Brown，2011，p. 6）。许多评估认为，无论做出何种努力，政府和社会资本之间的伙伴关系都难以建立与维持。有人坚持认为，政府和行业之间的这些安排仍然混乱和不协调，而它们的目的是开展合作。安全审查过程常被认为妨碍政府和工业实体之间的信息共享机制。面对政府对情报的贪婪，私人企业不愿意交出准确的内部信息，因为它们害怕泄露敏感的市场情报数据或使管理层面临潜在的责任。

专栏 9.2

国土基础设施威胁与风险分析中心

国土基础设施威胁与风险分析中心对关键基础设施和关键资源部门进行综合威胁及风险分析，它是个联合的融合中心，囊括情报分析办公室（情报界）和基础设施保护办公室。根据《国土安全法》第 201 条规定，该中心汇集了情报和基础设施专家，以确保充分了解国内外威胁给国家公民权利带来的风险。国土基础设施威胁与风险分析中心同美国情报界和国家执法部门合作，整合与分析威胁及风险分析产品中的情报和执法信息。国土基础设施威胁与风险分析中心还同特定行业机构、所有者和运营商合作，将它们在基础设施运营方面的专业知识整合到自己的分析中。

国土基础设施威胁与风险分析中心通过将基于所有来源信息和情报分析的威胁评估与脆弱性及后果评估相结合，开发分析产品。智能和实用知识的结合使国土安全部能够提供包含相关战略和可操作信息的产品。国土基础设施威胁与风险分析中心通过部门协调委员会、政府协调委员会、信息共享和分析中心、州和地方融合中心及联邦政府以外的合作伙伴密切协调，以确保其产品可访问且与合作伙伴的需求相关。

作为基础设施风险分析伙伴计划（Infrastructure Risk Analysis Partnership Program）的一部分，2008年国土基础设施威胁与风险分析中心同纽约州国土安全局协调，启动了纽约州基础设施风险分析伙伴计划，协助该州建立能力来编制州风险概况（National Academy of Sciences，2010；U.S. Department of Homeland Security，2006）。 358

在“9·11”事件发生之前，由于不信任、法律考量以及官僚主义，政府和私人部门之间的信息共享受到抑制，双方的议程通常相互冲突。一方面，私人部门认为，它有权了解其业务面临的具体威胁，而政府不愿交出这些信息是出于对泄露消息来源或调查的担忧。另一方面，政府需要数据，但是私人部门担心这些数据会使它们容易遭受攻击、面临市场风险和法律责任，在未来还会面临监管威胁（Moteff，2010）。

了解到公共部门与私人部门之间的不同动机和任务，国会通过了2002年《关键基础设施信息法》，这部法律意识到私人部门不愿意在信息流入公共领域的情况下向联邦政府传递商业信息、敏感信息和目标信息，因此它保护关键基础设施信息不被公开发布，包括保护其不被《信息自由法》、州和地方信息披露法以及民事诉讼索赔。2006年，国土安全部发布了关于处理这些受保护信息的准则。2011年，受保护关键基础设施信息管理系统（由基础设施保护厅基础设施信息收集司管理）全面运行。国土安全部将“关键基础设施信息”定义为通常不在公共域中，并与关键基础设施或受保护系统的安全相关的信息。关键基础设施信息由以下任何相关的信息组成：

> 通过基于物理或计算机的攻击或违反联邦、州或地方法律的其他类似行为（包括滥用或未经授权访问所有类型的通信和数据传输系统），对关键基础设施或受保护系统的实际、潜在或威胁性的干扰，攻击、破坏使这些关键基础设施丧失能力，从而破坏美国的州际商业活动、公共健康和安全。
>
> 任何关键基础设施或受保护系统抵抗干扰、破坏或能力丧失的能力，包括对关键基础设施或受保护系统脆弱性的任何计划或过去的评估、预测，安全测试、风险评估、风险管理规划或风险

审计。

与关键基础设施或受保护系统有关的任何计划或过去的操作问题或解决方案，包括在一定程度上与干扰、破坏或能力丧失有关的
359 维修、恢复、重建、保险或连续性。(S. Am. 4901，2002)

(二) 保护关键基础设施的经济动因

在创建严密和全面的关键基础设施安全环境面临的众多障碍中，有几个重要概念是问题的核心。许多挑战源于对规制的厌恶和私营企业在安全投资方面的不作为，安全投资不能直接转化为收益，简单地说，安全是个困难的商业课题。在许多情况下，盗窃、破坏或数据泄露造成的资产实际损失是比为防止损失进行的投资更可接受的商业成本。一般来说，如果没有强有力的执行机制或某种收回成本的方法，企业就没有动力为自身安全投资，进而在更广泛层面上为国家安全做贡献。

由于数十年来围绕政府适当角色的激烈政治辩论，政府没有像以前那样进行授权管理。多年来的放松管制和私有化使大量公共资产落入私人手中，商业活动与安全之间平衡的窘况日益加剧。因此，国防作为公共物品大多是以私人资产的形式出现的。与此同时，商业基础设施的逐步升级与临时升级使国家更易遭受恐怖袭击和自然灾害。

随着系统变得更加自动化，它们也变得更加复杂，关联性也更强(Jarmon，2014)。因此，连锁故障的威胁增大。现代工业社会高度依赖数量相对较少的大型公用事业，而这些公用事业又高度依赖工业控制系统。电力、石油和天然气、水和污水——包括管道、炼油厂、发电机和仓库——是特别脆弱的部门，其他行业则不那么容易受到影响。

尽管像大规模灾害一样罕见，但它们构成了严重的隐患，并在历史上发生了多次风险。潜在的经济损失可能是灾难性的，仅北美能源领域的实际资产就超过1万亿美元，控制系统的总额为40亿~50亿美元。由于经济考量和缺少严厉的法律压力，这些资产只有在获得足够的抵扣税额后才最有可能被替换和升级（Anderson & Fuloria，2010）。

同时，控制系统的主要设计特点是可靠性和实用性。因此，安全并非优先考虑。此外，商业决策是由成本驱动的，大多数关键基础设施在

两个或多个独立的网络上运行，以防止系统因疏忽受到病毒感染或电子攻击。然而，工程师经常把控制系统与互联网的连接作为降低成本的方法。专用网络在大规模环境下非常昂贵，成本呈指数级增长。

在美国，“萨班斯 - 奥克斯利法案”（Sarbanes-Oxley）带来了间接压力，但安全执行主要依赖于内部风险管理战略和政策，这也使其他一些系统性问题得到关注。在大多数企业，不仅解决安全问题的激励措施和资金有限，而且普遍缺乏合格的工作人员。有限的预算反映了劳动力市场的需求。尽管这一需求正在迅速增加，但教育系统并未培养出足够的高素质和正规的人才。 360

专栏 9.3

较少受到袭击的关键基础设施

铁路系统比其他大型工业环境更能避开威胁。铁路系统网络的内置弹性对网络攻击是种威慑。铁路系统对信息与通信技术的依赖程度相当低，许多铁路运输行业依靠人工技术来执行对其运营至关重要的功能（由于人工替代，美国铁路系统可能是基础设施行业中最具弹性的行业。指挥控制中心服务中断带来的影响可能会通过部署现场工作人员或将功能控制转移到笔记本电脑上来化解），只有大规模、多方位袭击多个目标才最可能在这种情况下成功发动袭击。这样的事件可能涉及几个基础设施行业。因此，对铁路系统最大的威胁来自疏忽和不标准的维护。

由于缺乏人才，对控制系统及其安全风险的了解和认识非常重要。业务管理需要受过高等教育、拥有广泛的技能和专业知识的劳动力（爱德华·斯诺登声称，他作为计算机专家每年赚 20 万美元，他高中辍学，在当地一所社区大学学习计算机课程，没有获得学位），这通常也意味着有能力获得安全许可。新的法规可能会对遗留系统和人员的技术能力提出更高的要求，再加上黑客使用的工具越来越复杂，恶意软件的发布频率也越来越高。据估计，2012 年，每 8 秒就有一个新版本的恶意软件发布（Husick & Turzanski，2012）。因此，灾害的威胁每年都呈指数级增长。

在剑桥大学的一项研究中，罗斯·安德森（Ross Anderson）和赛伦德拉·富洛里亚（Shailendra Fuloria）对国家关键基础设施安全的经济成本进行了考察。他们指出，几个工业国家在不同监管范围和规模下呈现出不同的安全投资水平。然而，在这些行业中，安全的压力来自大公司本身，它们的安全机制和风险管理战略都是自我强加的。大多数政府标准是自愿执行的，安全框架一般是自我调节的。安全要求主要在与供应商签订合同的过程中确立和落实。通常，由于安全被视为成本，企业指标会限制安全投资，财务和法律责任取决于企业管理团队如何看待外部、大规模系统性故障的社会责任，如果超过企业的能力范围，政府会进行干预与协调。

还必须记住，与过去传统的军事理论不同，在今天的不对称冲突下，优势属于攻击者，而不是防御者。防守不再比进攻容易。在前一个战争时代，防卫力量在外围布防，并将兵力集中在路障沿线最合适的地点。
361 然而，如今在保护关键基础设施时，防御者必须保护巨大而分散的目标群免受袭击。相比之下，袭击者只需将精力集中在一小部分目标上，根据造成最大伤害的可能性做出选择。完全覆盖漏洞的安全管理是非常昂贵的，特别是在地面运输这样的开放系统中。

专栏 9.4

安全经济学

看待这个问题的有效方式是关联性故障（同时进行的有针对性的攻击或无针对性的系统性故障）的巨大外部性。如果一个小的恐怖组织要炸毁一个炼油厂，将造成10亿美元的经济损失，包括5亿美元直接损失和重建过程中5亿美元利润损失，炼油公司和保险公司可以处理。然而，如果一个更有组织性的恐怖组织引爆了6个炼油厂，将引发混乱，石油限量供应，这将造成很大的经济损失。

例如，2001年，英国油罐车司机罢工引发持续了数周的大混乱。6家炼油厂的损失可能会产生相当大的影响，影响可能持续一年或更长时间，社会成本将高达数百亿美元甚至数千亿美元。石油公司不会将这方面的社会成本内部化，仅承担10亿美元的事故损失。如果要应对1000亿美元多重事故损失的额外风险，国家可能不得不介入。

顺便说一下，我们注意到，国家干预的论点在某些方面与金融监管的论点相似。一家银行的倒闭几乎没有什么后果，但是连锁倒闭的风险

> 让政府感到担忧。相关的失败带来了巨大的外部性；雷曼兄弟的破产可能使其首席执行官迪克·富尔德损失了数亿美元，但可能使世界经济损失超过1万亿美元（Anderson & Fuloria，2010，pp. 58－59）。 362

最后，私营企业通常会基于自愿原则进行合作。因此，私营企业不会无原则性地服从政府的规制。它们优先考虑为股东提供利润和回报，只要关键基础设施为私人所有且规制对其相对没有约束时，政府和私人部门的冲突就会一直存在。但是政府的责任在于保护公共健康和安全，而企业主要对股东负责。因为这些条件和差别，摩擦总会存在。

不幸的是，在今天的许多地方，国家基础设施受到过度使用、投资不足、被忽视和过时的困扰。2003年，官员们声称，繁茂的树木与高压线的接触导致密歇根州、俄亥俄州、纽约和加拿大的100多座发电厂断电。电网故障影响了5000万人，覆盖面积达9300平方英里，带来了60亿～100亿美元经济损失。这一事件凸显了许多专家的担忧，即美国的电子基础设施极其薄弱。美国能源部的吉尔伯特·宾德瓦尔德（Gilbert Bindewald）表示，美国的电网“从未进行过整体设计”，“而是根据当地负荷的增长而逐步发展”（Bindewald，2009）。许多国家基础设施，包括交通和通信网络、水和废水处理系统以及医疗保健也是如此。

私人部门拥有大多数关键基础设施，因此出现了有关公共物品责任的问题。超过85%的资产由私人持有，如果这些设施出现故障或被摧毁，谁负责修复？很显然责任在所有者身上。然而，许多人认为，既然威胁和风险是共同的，那么也应该分担责任。专家还估计，关键基础设施的质量和投资都不达标。在许多情况下，它们的设计、施工和安全方面的升级已经过期。国家的实力取决于其关键基础设施的效率和保障能力。关键基础设施也是恐怖分子、竞争国家行为体和其他任何企图削弱或破坏国家经济的实体的重要战略目标。关键基础设施也极易遭受自然灾害和意外的人为失误的破坏，关键基础设施问题是任何国土安全讨论的核心。

同时，国家关键基础设施既多样又复杂。网络、变化的组织结构和服务模式是相互依存的且常常涉及跨国所有权。如上所述，使这种联系和机制变得更为复杂的是跨越网络空间、物理世界以及同时存在法律和监管重叠与冲突的不同治理层级。国家基础设施不仅是国家日常事务和全球工业竞争力的主要要素，而且是国家在国际关系中作用和经济影响
363 力的重要因素。

三　监控和数据采集系统

在美国，监控和数据采集系统可能是最易受到攻击的领域之一。监控和数据采集系统是监控、调节和控制工业设备功能与关键基础设施的自动化计算机系统。这项技术无处不在，包括通过监控和数据采集系统运行的公共和私人基础设施流程和操作包括水处理和供应、污水收集和处理、石油和天然气管道、电力传输和分配、风力发电厂、民防警报系统、大型通信系统。

一个简单的缺陷是，这些系统最初的设计也是不安全的。设计人员寻求易于操作、稳健、开放的可扩展计算机环境，并能将分散的设施连接在一起。标准化技术和开放解决方案的使用更符合互联网的发展与监控和数据采集系统之间连接数量的增加趋势。在这种不断扩大的环境下，安全的专用网络并不具备优势。

如前所述，与最初的互联网一样，安全性在早期不是主要考虑的问题。数据是以“清晰的”方式发送的，或者是通过依赖互联网、通常不需要认证的开放途径发送的（National Research Council of the National Academies，Committee on Science and Technology for Countering Terrorism，2002）。安全性主要依赖于作为“补丁”（patche）的商用现货（Commercial off-the-Shelf）组件，而不是整体解决方案。通过使用商用现货，企业可以避免整个系统开发过程中发生的成本和延迟。它们不仅可用作安全修补程序，还可以增加容量。为了维持系统的使用，有时商用现货更实用，安装商用现货组件不需要延长暂停服务的时间。在某些情况下，控制系统可能无法频繁更新，有时需要提前几个月制订整体升级计划，并需要中断系统运行。因此，安装安全修补程序可能是出于经济考虑或市场需求（Jarmon，2014）。

然而，修补有几个已知的缺点。除了作为交错安全解决方案一种混
364 合体的缺点之外，补丁更新可能会违反制造商的认证（Cárdenas et al.，

2009）。在某些条件下使用商用现货，运营商可能会面临诉讼。此外，当更换和更新工业控制器及监控和数据采集系统时，硬件可能会受到损坏（Husick & Turzanski，2012）。修补后的监控和数据采集系统可能更具成本效益，但它们的安全漏洞也可能被恶意黑客、罪犯或潜在恐怖分子利用。它们的脆弱性、对基础设施操作的重要性，以及对其在设计和支持方面安全性不足的普遍认识，使它们成为诱人的目标。

与基于互联网的系统相比，专用网络的安全性更高。专有协议提供了自动防故障设置，因为它们只为少数专业程序员所熟悉，并在物理上与用于通信、上网和文档共享的网络分离。尽管大多数关键基础设施在两个或多个独立的网络上运行，以防系统受到无意的病毒感染或有意的电子攻击，但它们仍可能容易发生故障，一个原因是在线翻译软件可以将专有协议转换成其他计算语言（Salkever，2003）。像这样的黑客工具是很容易访问的，并且会破坏独立运行网络来取得控制工厂、能源和运输操作的优势。

监控和数据采集系统管理网络的物理要素和软要素，基础设施的物理损坏可能会产生更长期的后果。网络设备必须重建，必须重新制造部件（National Research Council of the National Academies，Committee on Science and Technology，2002）。由于互联网的开放性，整个系统的脆弱性进一步加大。根据国家研究委员会反恐怖主义科学和技术委员会的报告，这些脆弱性是众所周知的，有关系统暴露的详细信息可在万维网上查阅。该委员会 2002 年的报告指出：

> 潜在攻击者可使用来自工程协会的产品数据与教学录像熟悉电网的基础知识和具体内容。通过半自动化侦察来探查和扫描各种电力供应商的网络而获得的信息，可能会为恐怖分子提供有关监控和数据采集系统网络内部的详细信息，包括设备的特定品牌和型号以及相应软件的版本。更多的内部信息可从有同情心的工程师和操作员那里获得。（National Research Council of the National Academies，Committee on Science and Technology for Countering Terrorism，2002，p. 141）

斯蒂芬·弗林在2007年出版的《灾难的边缘》（*The Edge of Disaster*）一书中用一个例子揭示了国家安全与国家电网关系存在的危险。弗林引用了2006年巴尔的摩《太阳报》的一篇报道，讨论了美国国家安全局担心安装两台超级计算机会使本已紧张的电网超载的问题，该机构的结论是，如果情况没有恶化，电力基础设施能够防止系统崩溃的最长时间是2年。设计和采购设备、获得许可证和建造一座新的发电站需要
365 18~30个月。

美国电网是持续变化和充满不确定性的服务环境，系统的复杂性、分散的流量控制和消费者使用的动态波动对安全性提出了额外挑战。电压突然下降、需求不受控制或监控和数据采集系统中插入错误的信息，都可能导致电网崩溃。缺乏流量控制和大规模存储能力，使电网变得独特、脆弱，成为“最终的准时生产过程”（Bindewald，2009）。推动和渗透商业生活的相同特征是对网络攻击免疫力不足。如今，电网分散、老化，易受停电影响，依赖监控和数据采集系统，并且由于数字经济的发展，电力需求不断增加（Bindewald，2009）。

最好的解决办法是长期的，包括使用替代能源和改变供应结构，更加重视节能方法，以及创建更全面和智能的电网。与此同时，随着黑客和黑客所使用的工具变得越来越复杂，网络仍会受到攻击。检测工具通常能够发现黑客的恶意软件，但有些入侵不会暴露，攻击者一旦进入系统，就可建立立足点并扩大其控制范围，以备将来利用。

2012年，有几份报告涉及入侵网络导致的大面积停电。2003年发生在美国东北部的停电事件引发了关于电网易受黑客攻击的全国性讨论。官方解释认为，树木生长繁茂，与高压线接触导致系统故障。对于这一事件，行业分析师不得不认为“国家关键电子基础设施的安全性仍然薄弱到不可容忍”，这一事件证实了“政府官员和企业领导还没有充分认识到这些事件的严重性”（Harris，2008，n. p）。

2004年，另一起被称为“红色行动代码”的网络攻击导致美国铁路公司瘫痪（Husick，2011）。该病毒最初于2001年发布，当时影响了全球22.5多万个计算机系统（Associated Press，2001）。2008年，波兰1名14岁的小学生入侵通信系统，操纵电车系统，就好像这是个“巨大的火车组”。这名少年改装了家中的电视遥控器，可以操纵运营线路上的所

有路口、操纵电车。由于他的行为，4 辆电车脱轨，12 人住院治疗。

总之，有许多例子表明，计算机代码的操作可能会对关键基础设施产生毁灭性的影响。有许多潜在的行动者，同时，冲突既是不对称的，也是对称的。除了国家行为体和非国家行为体之外，威胁矩阵还包括自 366
然灾害、系统过载、过时和持续忽视。

四　基础设施资产清单与风险评估

在整个美国，每天有超过 10 亿美元的投资以某种形式流向基础设施领域。然而，尽管投入了这些资源，这些基础设施还是很脆弱。不仅年代久远和轻视导致许多基础设施陈旧，人口结构的变化也造成了这些问题（Kolasky，2014）。资产的范围和美国领土的广袤，使对支撑社会的设施、功能和系统进行识别和分类的任务几乎如史诗般浩大。建立全面的关键基础设施资产数据库，收集有关其脆弱性的信息，确定资产与保护和支持资源及措施的优先次序，是艰巨的任务。物理控制向信息与通信技术领域的转移以及攻击面变化可能使这种工作变得徒劳。然而，在“9・11”事件发生之后，在国土安全部的指导下，关键基础设施的所有者、运营商和其他利益相关者开启了这个过程。

随着时间的推移，国土安全部协调这一活动的能力发展缓慢，但仍在继续。最初，美国国土安全办公室（2001 年 10 月）和国土安全部（2002 年 11 月）制定了风险评估，由于需要快速的方法来给下级政府机构分配大量用于国土安全领域的联邦资金，这一风险评估遭到了破坏。在 2003 年底之前，国土安全部只是简单地假设一个地区的人口与其面临风险直接相关，因此，大而偏远的农村地区比人口较少和暴露的城市中心、边境、港口与金融中心获得了更多的投入。

2003 年 3 月，在公布“伊拉克自由”行动的同时，国土安全部发起了“自由盾牌”行动。这是保护基础设施和保障贸易发展的国家计划。该计划的任务是加强边境管制，加强公共卫生准备，保护交通运输网络，储备联邦应急资源，为关键基础设施和关键资源提供更好的保护（U. S. Department of Homeland Security，2006，pp. 4 –5）。

最初，160 项资产或场所根据易受攻击性和潜在后果被列入对国家至关重要的清单，包括一系列化学和危险材料储存场所、核电站、能源设施、商业和金融中心等。到年底，清单中的条目增加到1849项。

最终，“自由盾牌”行动演变成国家资产数据库。截至2006年1月，这一清单包含77000多项条目（Moteff，2010）。然而，它的实用性却受到批评。虽然国土安全部在数据库中所收录信息的可靠性方面取得了进展，但它仍对数千项资产表示怀疑，许多人认为这些资产在当地的重要性高于对国家的重要性。国家资产数据库的含义有些混乱。批评该数据库的人认为它是国土安全部高优先级场所清单的延续。国土安全部称，这是可以提取关键资产的资产目录。

在宏大的估计中，恐怖分子的潜在物理基础设施目标数量有数百万
367 个（Gaines & Kappeler，2012，p. 55）。国家和行业提供的大部分数据没有一致的编码规则，暴露出了明显的不一致性。其中一些资产是没有规律的小型活动，例如当地游行活动和抚爱式动物园。据推测，这些资产是在旧的集会清单中作为重要资产捕获的，但大多数州和行业忽略了这些资产。印第安纳州有8000项资产纳入了国家资产数据库，超过加利福尼亚州、得克萨斯州和纽约州。加利福尼亚州将湾区快速交通系统列为单一资产，而纽约市则将739个地铁站列为资产，北达科他州报告的银行资产比纽约州报告的要多。

到2011年，国土安全部统计了450万个生产或储存有害物质的场所；超过1300家公司运营的220万英里的液化天然气管道；5300个发电站，包括66个核电站和104个反应堆；16万英里的高压输电线；16000个废水处理系统；79000座水坝；59.1万座桥梁，390万英里公共道路；2.08亿辆汽车；120万家卡车运输公司的1550万辆卡车，其中42000辆用于运输危险品；1000万名持有商务车执照的驾驶员，包括270万个危险品运输执照；120000英里干线铁路；每日运载1500万人次的铁路；25000英里商业水道；361个港口；包括直升机场在内的19576个通用机场；211450架通用航空飞机；459个联邦商业机场；2.55亿部移动电话。

2005年，美国政府问责局敦促进一步改进对关键基础设施所面临威胁的官方评估。国土安全部随后评估了目标区域对威胁的“吸引力”，作为威胁评估的一部分。在衡量某一特定地理区域的脆弱性时，国土安

全部衡量了国际访客的总数（更简单地说，是一种对危害的衡量）和指定废物隔离中试厂（Waste Isolation Pilot Plant，WIPP）路线的总长度。在衡量国家基础设施特定资产的脆弱性时，国土安全部判断潜在威胁破坏该资产的能力。在衡量脆弱性和后果时，国土安全部统计了军事基地和其他与国防相关的场地、国家基础设施资产和人口。在接下来的 3 年里，国土安全部尝试了另外 3 种有效的风险表述，即“威胁”、“脆弱性”和“后果”的不同表述，尽管这些表述直到 2007 年才得到确定。2007 年《国土安全部拨款法》第 550 条授权国土安全部监管“存在高度安全风险”的化学设施，国土安全部同时发布了《化学设施反恐怖主义标准》（Chemical Facility Anti-Terrorism Standards），其中明确了国土安全部确定的高风险化学设施以及国土安全部如何保护。

到 2007 年，国土安全部通过估算，评估了地面运输方式资产（公共交通、货运铁路和公路基础设施）的脆弱性，并通过综合评估计划（Comprehensive Review）、缓冲区保护计划（Buffer Zone Protection Program）和场地协助访问计划（Site Assistance Visit Program）对关键基础设施部门进行了超过 2600 次脆弱性评估（Masse，O'Neil，& Rollins，2007；U. S. Government Accountability Office，2005a，2008a）。这种衡量实际上还融合了其他概念，在区域风险评估中，国土安全部承认“脆弱性”和“后果”概念存在重叠。国土安全部根据人口、经济、基础设施等来衡量一个地区的脆弱性，很难衡量出其实际脆弱性（这意味着缺乏保护），而是衡量潜在的目标或损失，这些指标与“暴露”指标更加接近，而这些目标或损失可能根本没有被国土安全部的分析明确捕获。

专栏 9.5

缓冲区保护计划和场地协助访问计划

作为综合评估计划的一部分，缓冲区保护计划提供资金来提高地区保护和保障辖区内高优先级关键基础设施和关键资源资产安全的准备能力。缓冲区保护计划还开展进行有效巡逻和监视的培训。除了识别威胁事件外，缓冲区保护计划还向州和地方执法机构提供帮助，包括发生事故时如何进行指挥和控制，以及如何通过已获得批准的规划和购置设备来发展自己的缓冲区保护计划。

> 场地协助访问是种脆弱性评估，旨在向所有者或运营商提供涉及其设施的物理脆弱性、系统连接性、相互依赖性和弱点的建议。场地协助访问向场地利益相关者提供有关安全脆弱性和漏洞的信息以及应采取的保护措施，以提高其对所有危险（包括恐怖袭击）的防范能力。尽管根据场地的重要性而将其作为关键基础设施和关键资源有个选择过程，但所有的场地协助访问评估都是免费的。

368 实际上，国土安全部的脆弱性和后果指数衡量了大量可认为与脆弱性、暴露和后果相关的事物。脆弱性和后果指数是4个指数的乘积，包括国家基础设施指数（较高资产的数量）、国家安全指数（军事基地和其他与国防相关场地以及国际边境口岸的数量）、人口指数（包括游客和通勤人员在内的人口数以及人口密度）和经济指数（城市或州生产总值占GDP的比重）。实际上，这些指数衡量潜在的后果或风险范围，并不衡量任何明确的防御或控制措施，例如警察或医护人员的人数。因此，这些计算并没有明确衡量脆弱性，尽管一些衡量（如军事人员的数量）能够反映一些军事设施的防御。

2008年6月，美国政府问责局建议“国土安全部长……构建一种衡量脆弱性的方法，监测各州和城市地区之间的变化，并在基于风险的拨款分配模型的未来迭代中应用这一脆弱性衡量方法”（U. S. Government Accountability Office，2008a，p. 5）。国土安全部、联邦应急管理局和情报分析办公室的卓越中心一致认为，目前确定脆弱性的方法并非最优。

联邦应急管理局的拨款管理部门通过有效衡量管辖区预防和应对各类灾害的能力与目标能力之间的差距，将资源分配给较小的管辖区（联邦应急管理局称之为“成本到能力倡议”）（U. S. Government Accountability Office，2008b）。2009年，联邦应急管理局发布《目标能力清单用户指
369 南》（*Target Capabilities List User Guide*）草案，其中包括由不同资产类别的官员和行业确定的“可信任目标”（credible target）。该指南的目的是“提供更方便、更易访问和更可信的目标”（U. S. Federal Emergency Management Agency，2009，p. 3）。

国土安全部对一些目标进行了优先排序。“优先排序指根据风险评估结果来确定最需要在哪些方面开展减少风险或缓解风险的工作，然后确

定应采取哪些保护措施以产生最大效果的过程”（U. S. Department of Homeland Security，2009，p. 110）。在这里，目标分为两个优先级：

> 第一级是如果被恐怖袭击摧毁或破坏，将造成与飓风“卡特里娜”或“9·11”袭击类似的重大国家或地区影响的设施和系统。
>
> 第二级是满足预先确定的、特定行业标准且不是第一级的设施或系统。（U. S. Department of Homeland Security，2009，pp. 111 - 112）

除了公理式语言之外，国土安全部还没有成熟和久经考验的风险评估方法。量化大量潜在目标的脆弱性、威胁和后果也许是不可能的。潜在目标的数量不仅庞大，而且这些资产的功能相互依赖使风险评估的计算变得更加复杂。威胁是全灾害性的，资产信息随时可能发生变化，历史的节奏不可能一成不变。过去的发病率在统计学上对预测未来的事件没有帮助，也不可能预测恐怖分子对哪些目标感兴趣，特别是有些个人行为体或企业家的行动根据我们自己的标准可能并不合理。国土安全部目前的风险评估公式可能会提供一些近似的风险环境，但是，开发明确的模型来评估风险和设置优先次序流程似乎遥不可及。

专栏 9.6　定义

基础设施风险评估

最初，关于评估基础设施风险的建议看起来与其他风险评估没什么不同。

评估特定资产（如通航水道上的社区供水系统或化工厂）的风险由两个条件决定：其一，发生不利事件的概率，即定量或定性的可能性；其二，如果发生不利事件，资产受到的损害和影响。因此，最严重的风险是那些既有最大的发生概率又会造成最大损害的风险，实际风险反映了这两个因素的组合。可以通过降低事件发生的可能性、减轻后果或在可能的情况下同时降低两者来管控风险。 370

基础设施安全的缺陷之一是，除非关键组件的不同集合受到全方位保护，否则整个相互依赖的基础设施系统可能会受到损害或被迫失败。单个零件、机构和部门的可靠性是不够的（Brown et al.，2006）。这个缺点构成的代价是巨大的。基础设施系统的开放性可能导致冗余成本高昂，例如铁路网络、桥梁和隧道等。

投资决策不仅受到成本的制约，而且受到历史数据缺乏的限制。很难预测过度反应带来的连锁财务成本和政治后果。基础设施的设计和建设是为了开展商业活动并尽可能具有成本效益。安全问题在过去和现在都是次要的。由于国家安全利益的重新排序和冷战后新时代的现实，商业刺激和税收激励是薄弱的或根本不存在。如上所述，国家是最后的保险人。具有连锁反应的附带成本清单包括：警察和第一响应人的操作，再建设费用，对保险市场的影响，医疗成本的增加，替代基础设施的压力，安全方面的未来投资，市场恐慌和政治不稳定带来的损失，尤其是恐怖分子引起的。

最后，在袭击者拥有的优势中，其中一种是他们可以在选择袭击时间和地点的同时访问信息。“政府机构建立了网站，向公民和恐怖分子提供了许多有用的信息。虽然许多网站已经重新设计，以减少对潜在危险信息的访问，但例外情况比比皆是”（Brown et al.，2006，p. 543）。随着科学的进步和信息与通信技术的突破，威胁载体呈现出新的效力，威胁被滥用。制造大规模杀伤性武器或大规模破坏性武器的材料和专业知识的普遍可得性日益增加，而不是受到限制。由于生命科学研究和计算机科学的进步以及同全球化进程和信息与通信技术演变的交叉，恶意活动的技能和工具越来越容易获得。

美国的基础设施数量多且复杂，很多已经老化或废弃。在最开始，成本与有效性才是考虑的重中之重，而安全并不是主要考虑因素。然而，随着冷战结束和全球化兴起，基础设施系统的脆弱性面临严重的问题并急需更换。私有化与并不严格的规制加快了经济发展和财富创造，但这一切都是以安全为代价的。尽管国民经济和国家安全受到威胁，但依然
371 缺乏动机通过政府授权或者修正商业模型来修理并保护基础设施。

“9·11”事件发生之后，国土安全部变成了主要协调基础设施保护事务的部门。通过一系列战略计划、总统决策指令和其他单独的倡议，国土安全部试图建立一系列的统一政策、方法、准则和模型来保护基础设施。《国家基础设施保护规划》是国家保护关键基础设施和关键资源

的蓝图。尽管只在一定时期内生效，它仍是一份复杂而重要的建议文件，涉及一系列工业部门、司法管辖区和政府机构，目的是领导和协调国家关键基础设施保护工作。国土安全部宽泛的责任带来了预期的官僚主义的阻挠，国土安全部利用资源、人员、大量独立但相互依赖组件的尝试像关键基础设施一样复杂。

为了协助国家关键基础设施保护工作，国土安全部确定了 16 个工业部门为关键部门。通过与国土安全部各机构合作、与公共部门和私人部门伙伴协作、制定和实施适当的信息共享与分析机制来加强行业部门安全。其他联邦、州、地方和准州的实体与私人部门代表共同参与部门及跨部门伙伴关系框架，该安排包括一系列自治委员会，参与是自愿的。

资产的范围与美国基础设施的跨度使识别和划分对经济及社会生活至关重要的设施、功能和系统成为繁重的任务。从 2003 年列入国家资产数据库清单的 160 个资产或场地的初步清单（根据易受攻击性和潜在后果）来看，恐怖分子的潜在有形基础设施目标数量现在估计为数百万个。没有标准的方法或一致的编码规则，州与行业部门随机并根据狭隘和单独的评估提供大量数据，结果是基础设施组成部分的不规则集合和风险评估体系受到批评。对如此庞大和多样的基础设施进行分析，需要一套细致、优化的决策支持工具，但迄今为止，这样的工具还不发达。

此外，政府和私人部门之间的伙伴关系很难建立和维持。伙伴关系结构更多的是一种松散的自愿参与的结构，其建议几乎没有效力。工业界和政府都控制着敏感数据的所有权，因此，有效和可操作的信息共享计划和机制的目标只能得到部分实现。无摩擦商业和安全之间的冲突时常发生。

同时，随着数字经济不断发展，监控与管理工业厂房功能及关键基础设施的监控和数据采集系统日趋老化，而需求不断增加。对道路、供水、能源网、内陆水道、废水处理系统和社区网络的投资严重不足。如果美国在这方面继续落后，未来可能会面临更大的风险。美国不仅依赖其关键基础设施来进行经济竞争，还必须利用关键基础设施来巩固其在世界事务中的地位。 372

☞ 本章案例

恐怖主义如何使问题变得复杂化

班萨里·萨哈

尽管2003年8月的大规模停电造成的损失相对于美国15万亿美元的经济体量来说并不是毁灭性的，但必须记住，恐怖主义引发的大规模停电可能会造成更大的损失，并对受影响地区和整个国家产生潜在的削弱性影响。随着经济尝试从严重衰退中复苏，一场影响到一国广泛地区的破坏性冲击可能会大大增加成本负担，并对复苏产生严重影响。输电网受到恐怖袭击所带来的一些额外成本如下：

> 设备损坏。恐怖袭击不仅可能造成输电网故障，还可能对设备造成重大损坏，导致修理和更换所需的费用及时间增加。
>
> 遗留影响。在上面提到的模拟中，最大的经济负担是由旅游业承担的，因为人们变得紧张，即使在电力完全恢复后也避免旅行。恐怖袭击造成的停电将导致酒店、航空公司和其他直接受到旅游业影响的服务业成本大幅上升。尽管有些危言耸听，但必须记住，如果停电是由恐怖袭击造成的，经济成本会大大增加。

现在更需要考虑关键基础设施资产、输电网以及提高其安全性和可靠性的方法，以下是一些需要进一步研究的关键基础设施保护领域：

> 了解输电网不同部分之间的依赖程度，以便我们能够根据白宫报告的建议确定优先对象和策略。
>
> 研究在我们的输电基础设施中增加冗余的必要性，并增加投资来建设备用设备。增加发电量将提高整个网络的可靠性，减少其脆弱性。
>
> 确定关键设备库存，最大限度地缩短恢复、修复时间，并分析实现设备标准化和提高组件互换性的方法，这是白宫关于关键基础设施保护报告强调的另一个领域。

增加分布式发电，例如通过促进热电联产技术来缓解输电瓶颈。 373

分析关键基础设施面临的风险，以及我们可以采取哪些措施来加强对国家资产的物理保护，以更好地做好防范此类袭击的准备。

作者简介：班萨里·萨哈，经济学博士，担任ICF国际咨询公司高级经理。萨哈博士是ICF的资深经济学家之一，他支持公共部门和私人部门客户了解公共政策决策的经济影响，他的工作重点是能源和环境问题及其与基础设施的关系。

◇ 本章小结

本章解释了：

1. 如何制定基础设施政策来应对威胁。
2. 基础设施定义的差异。
3. 关键基础设施的特定行业类别。
4. 私人部门与政府之间互动的框架和伙伴关系结构在实践中而非政策上是如何运作的。
5. 政府与企业成功实现信息共享的障碍。
6. 监控和数据采集系统及其脆弱性。
7. 基础设施受损和/或中断造成的连锁损失对国土安全的经济威胁。
8. 关键基础设施资产的所有权及其承担的责任之间的冲突。
9. 恐怖主义的影响及其加剧公众恐惧和影响基础设施决策的潜力。

◇ 关键术语

Buffer zone protection plans（缓冲区保护计划）

Cascading failure（连锁故障）

Commercial off-the-shelf（COTS）components（商用现货组件）

Critical infrastructure and key resources（CIKR）（关键基础设施和关键资源）

Critical Infrastructure Information Act（关键基础设施信息法）

Critical-infrastructure information（关键基础设施信息）

374 Fusion center（融合中心）

Homeland Infrastructure Threat and Risk Analysis Center（国土基础设施威胁与风险分析中心）

Homeland Security Presidential Directive 7（HSPD－7，第7号国土安全总统指令）

National Asset Database（国家资产数据库）

National Infrastructure Protection Plan（国家基础设施保护规划）

Operation Code Red（“红色行动代码”）

Operation Liberty Shield（“自由盾牌”行动）

Presidential Decision Directive 63（PDD－63，第63号总统决策指令）

Public-private partnership（政府和社会资本合作）

Resilience（恢复力）

Sector-specific agency（特定行业机构）

Site Assistance visits（场地协助访问）

Supervisory control and data acquisition（监控和数据采集系统）

Web-based translation software（在线翻译软件）

◇ 思考与练习

1. 关键基础设施的定义是什么？

2. 关键基础设施的16个行业是什么？

3. 美国政府如何组织私人部门参与关键基础设施保护？

4. 为什么私人部门对关键基础设施的安全十分重要？

5. 政府利益和私人利益有时在什么问题上发生冲突？

6. 对关键基础设施目标的恐怖袭击如何比自然事件产生更大的影响？为什么？

7. 攻击关键基础设施的连锁故障是什么，“系统无法正常关闭”是什么意思？

8. 使用商用现货组件修补程序来保护网络系统的优点和缺点是什么？

9. 在提到同监控和数据采集系统有关的信息与通信技术时，“being sent in the clear”是什么意思，它如何成为基础设施安全讨论的问题？

10. 为什么安全投资被形容为“困难的商业课题”？

11. 什么是弹性和冗余，这些术语与基础设施安全讨论有什么关系？ 375

第十章　信息、通信与网络安全

◇ 本章学习目标

在本章的最后，你应该能够理解：

1. 信息的范围、信息与通信技术以及网络空间。
2. 攻击的来源，比如小偷。
3. 攻击的载体，比如社交。
4. 真正的恶意活动，比如获取私人信息、间谍活动和破坏活动。
5. 如何确保信息和网络空间的安全。

以下是一位即将离任的国土安全部部长的警告：

> 例如，在某个时候，我们的国家将面临重大的网络事件，该事件将对我们的生活、经济和社会的日常运作产生严重影响。虽然我们已经构建了系统、保护措施和框架来识别攻击及入侵，与私人部门和整个政府共享信息，并制订计划和培养能力来减轻损害，但还必须做更多的工作，而且必须迅速完成。（U. S. Department of Homeland Security，2013c，n. p. ）

一　范围与定义

（一）信息

“信息”指交流或记录的任何知识，“数据”指离散的信息内容，通信是在两个实体之间传输信息。信息安全包括各种形式信息的安全，其中最重要的传统形式是语言和认知、硬材料（包括纸质文件和人工制品）、信息技术或信息与通信技术、工业控制系统、网络物理系统以及网络空间（基本上是电子网络信息和信息与通信技术）。

下文将定义“信息技术”与“信息与通信技术”，“工业控制系统”“网络物理系统”“数据采集与监制系统”,以及“网络空间”。

（二）信息技术、信息与通信技术

信息与技术通常指任何保存或传递信息的电子或数字手段。一些机构往往采用信息与通信技术的说法，以便更多地关注通信技术，如无线 376
电、电话和电子邮件。

（三）工业控制系统、网络物理系统以及数据采集与监控系统

控制外部过程的系统通常称为“工业控制系统”或“网络物理系统”。从字面上讲，工业控制系统是控制工业过程的任何系统，例如让管道排空液体的机械开关，但今天这些系统主要指任何东西的电子控制。

网络物理系统连接“计算机和实物”，例如监控和调整汽车发动机性能的计算机（Applegate，2013，p. 1）。

数据采集与监控系统“从远程系统收集数据，并将其传输到中央计算机，通常是闭环，几乎不需要人工干预”（Reveron，2012，p. 13）。

这些系统用于控制出入、供暖和制冷系统、水管理系统、发电站、道路交通、空中交通、应急响应、信息技术或信息与通信技术，因此它们面临的潜在破坏越来越令人担忧（见下文关于“破坏”的内容）。

（四）网络空间

近几十年来，信息与通信技术往往与网络空间混淆在一起。网络空间是个不严格的术语，但主要指数字网络信息和信息技术，例如计算机终端和服务器；同时越来越多地指移动设备，例如通过数字网络连接远程计算机或硬盘驱动器（服务器）的移动电话。数字网络的两种主要类型是互联网或通常对所有人开放的万维网，还有通常受到限制的内联网（intranets）。

英国国防部描述了网络空间的发展历史：

- 1980 ~ 1990 年是个人计算机时代，信息在台式计算机上激增。
- 1990 ~ 2000 年是第一个网络时代，信息转移到万维网上。
- 2000 ~ 2010 年是第二个网络时代，网络变得更加社会化。
- 第三个网络时代从 2010 年开始，网络与知识连接（语义网）。
- 未来的第四个网络时代，一些元网络变得智能。（MOD，2010，p. 138）

2007 ~ 2013 年，全球互联网用户翻了一番，达到 22.7 亿左右。2011 ~
377 2016 年，全球网络连接点从 106 亿增加到大约 189 亿。联网设备总数从 2011 年的大约 20 亿增加到 2020 年的 310 亿（Negroponte，Palmisano，& Segal，2013，p. 8）。

当然，美国拥有最多的个人计算机，拥有最有价值的网站、服务提供商和在线业务。中国是人口最多的国家，拥有全球第二大个人计算机用户数和最多的移动电话用户。印度、俄罗斯的移动电话用户数量紧随中国之后，但这两个国家拥有个人计算机的人要少得多。日本、澳大拉西亚、西欧国家和加拿大民众的移动电话和个人计算机持有比例较高。其他地区的领头者包括南美洲的巴西、中美洲的墨西哥和非洲的南非。

二　攻击来源

所有的访问、操作或更改信息的尝试最终都来自人类，有些尝试可能是自动化的，但最终自动化也有人为来源。这些人为来源包括官方行为体（如间谍）、以利润为导向的有组织犯罪分子、恐怖分子、商业竞争对手、意识形态驱使的黑客（包括政治和互联网自由活动家）、好事和好奇的人以及记者。另一个关键的分类是外部和内部威胁（那些没有目标组织或在目标组织内的威胁）。

以上一些分类是重叠的，还有一些是根据载体而不是动机界定的（稍后将介绍载体）。

美国国土安全部将“网络威胁”定义为：“在没有合法授权的情况下，任何旨在访问、窃取、操纵数据，损害数据的完整性、机密性、安全性或可用性，以及破坏应用程序或联邦系统的行为”（U. S. Department of Homeland Security，2013b，p. 1）。

美国政府问责局审查了来自美国联邦调查局、中央情报局和软件工程研究所的数据，然后公布了以下攻击来源名单：

- 黑客入侵网络往往是为了获取挑战的刺激或在黑客群体中吹嘘自己。虽然远程破解需要相当高的技能或相当多的计算机知识，但黑客可以从互联网下载攻击脚本和协议，并注入受害网站。因此，尽管攻击工具变得更加复杂，但它们也变得更易使用。美国中央情报局称，绝大多数黑客不具备必要的专业技能来威胁美国关键网络等具有难度的目标。然而，世界范围内的黑客群体构成相对较大的威胁，一个孤立或短暂的破坏就会造成严重的损害。
- 僵尸网络运营商是黑客，然而，它们不是为了挑战或吹嘘而闯入系统，而是为了协调攻击和散布网络钓鱼计划、垃圾邮件和恶意软件而接管多个系统。这些网络服务有时可在地下市场买 378
到（比如购买拒绝服务攻击、服务器中继垃圾邮件或网络钓鱼攻击等）。
- 犯罪集团攻击系统以获取金钱利益。具体来说，有组织犯罪团伙使用垃圾邮件、网络钓鱼、间谍软件或恶意软件来盗窃身份和进行网上诈骗。国际企业间谍组织和有组织犯罪组织也对美国构成威胁，因为它们有能力开展工业间谍活动和大规模货币盗窃活动，并雇用或培养黑客。
- 外国情报机构利用网络工具收集信息和开展间谍活动。此外，一些国家正在积极地发展信息战理论、计划和培养能力。拥有这种能力的实体可以破坏支撑军事力量的供应、通信和经济基础设施，从而造成严重的影响，这种影响可能会冲击到美国公民的日常生活。

- 组织内部心怀不满的人员是计算机犯罪的主要来源。内部人员可能不需要大量关于计算机入侵的知识，因为他们了解目标系统，进入系统通常不受制约，能够破坏系统或窃取系统数据。这种内部威胁还包括外包供应商以及不小心将恶意软件引入系统的员工。
- 网络钓鱼者可以是个人，也可以是小团体，他们通过网络钓鱼来盗取身份或信息以获取金钱利益。钓鱼者也可以使用垃圾邮件和间谍软件或恶意软件来实现目标。
- 垃圾邮件发送者是以隐藏或虚假的信息发布未经请求电子邮件的个人或组织，目的是销售产品、实施钓鱼计划、散布间谍软件或恶意软件、攻击组织机构（比如拒绝服务）。
- 间谍软件或恶意软件的设计者是有恶意目的的个人或组织，通过开发和散布间谍软件和恶意软件攻击用户。一些破坏性的计算机病毒和“蠕虫”病毒会破坏文件和硬盘，例如“梅丽莎”宏病毒（Melissa Macro Virus）、Explore. Zip 蠕虫、CIH（切尔诺贝利）病毒、Nimda、红色代码（Code Red）、Slammer 和 Blaster。
- 恐怖分子会试图破坏基础设施、使关键基础设施瘫痪或利用关键基础设施来威胁国家安全，造成大规模伤亡，削弱美国经济，破坏公众的士气和信心。恐怖分子可能会使用网络钓鱼、间谍软件或恶意软件来获取资金或收集敏感信息。（U. S. Government Accountability Office，2005a，p. 5）

位于新墨西哥州的桑迪亚国家实验室的网络安全专家指出，对网络
379 威胁的评估“仍然不成熟，尤其是在网络威胁具有动态性和模糊的情况下，对威胁的衡量变得困难，甚至在某些情况下根本无法衡量”（Mateski et al.，2012，p. 7，文章特别强调了这一点）。他们确定了 7 个网络威胁的“半描述性标记”，这些标记“强化了关于动机和资源的先入为主的观念”（Mateski et al.，2012，p. 11）。包括：其一，民族国家；其二，有组织犯罪；其三，“网络恐怖分子在恐怖活动中发动基于网络的攻击，包括蓄意行为、大规模破坏计算机网络”；其四，黑客；其五，“激进黑

客把计算机和网络作为抗议手段来实现其社会、政治或意识形态目标”；其六，“脚本小子使用现成的计算机脚本或代码在未经授权的情况下访问数据，但缺乏专业知识来编写定制工具”；其七，恶意内部人员（Mateski et al.，2012，pp. 7，11）。

下文介绍四类主要来源，包括以利润为导向的罪犯、内部威胁、外部威胁和民族国家。

（一）以利润为导向的犯罪

在2012年的国际数据泄露样本中，有75%是出于经济动机。这一比例在2013年下降至55%左右，但这可能是因为网络间谍活动相对激增。当以利润为导向的犯罪目标是个人时，犯罪分子可能会冒充别人索要钱财，比如需要帮助的朋友、慈善机构、潜在的生意合作伙伴或潜在的卖方或买方。一些犯罪分子侵入受害人的计算机，将受害者的数据加密，并向受害者索要费用来交换解密密钥，这些攻击有时被称为“勒索软件”（Verizon Enterprise Solutions，2013，pp. 4，29；2014，p. 9）。

一些以利润为导向的犯罪分子利用网络钓鱼获取信息，窃取目标的身份来牟利。通常，他们会寻找身份，以便控制金融资产。即使受害者没有失去任何金融资产，他们在恢复身份安全方面至少存在机会成本。每年有150多万人因身份被盗而遭受损失，估计每年损失10亿美元（U. N. Office on Drugs and Crime，2010a，p. 17）。

专栏10.1　比较观点

官方的威胁评估方法

2007年，风险和脆弱性评估计划（联邦网络安全计划的一部分，该计划协助联邦执行机构评估国土安全部内部网络风险）和桑迪亚国家实验室合作开发了作战威胁评估（operational threat assessment），其中一个方案（称为“通用威胁矩阵”）使用顺序量表判断每个威胁的相对规模，“而不给特定威胁贴标签（带有其预先设定的概念）［如黑客］”。这个方案有7个维度，每个维度赋值从1（最具威胁性）到8（最不具威胁性）（见表10－1），还包括3个威胁倍增因素，即外部货币支持、资产（如用于攻击的设备和住所）、先进的技术。 380

表 10－1　评估网络威胁的建议方案

威胁等级	投入			资源			
	强度	隐秘性	时间	技术人员	网络知识	动力学知识	使用
	追求目标的努力程度或坚持不懈的决心	追求目标的全程保持必要程度隐秘性的能力	专门计划、开发和部署实现目标的方法的时间段	为实现目标专门建设和发展技术能力的团队成员数量	与计算机、信息网络或自动化系统相关的理论和实践熟练程度	在物理系统、身体运动以及运动相关力量等方面的理论和实践熟练程度	追求目标的过程中把一个群体成员放在一个受限系统中的能力，不管是通过网络还是动力学手段
1	高	高	数年到数十年	几百人	高	高	高
2	高	高	数年到数十年	几十人	中	高	高
3	高	高	数月到数年	几十人	高	中	中
4	中	高	数周到数月	十几人	高	中	中
5	高	中	数周到数月	十几人	中	中	中
6	中	中	数周到数月	几人	中	中	低
7	中	中	数月到数年	十几人	低	低	低
8	低	低	数天到数周	几人	低	低	低

381 资料来源：根据 Mateski et al.（2012，pp. 16－23）的研究整理。

2012 年，被黑客攻击的组织中，有 37% 的入侵影响到金融组织，24% 影响到零售组织和餐馆（Verizon Enterprise Solutions，2013，pp. 3－4）。黑客攻击一些大型银行和官方部门来牟利。例如，2007 年 7 月，被称为“宙斯”的恶意软件窃取美国交通部的信息后被查出，该软件主要是从钓鱼电子邮件和假网站下载的。“宙斯”的设计目的是获取存储在目标计算机上的登录凭据，并在用户登录期间捕获击键。“宙斯”也是一个后门恶意软件，这意味着它从控制器那里获取命令，后者可以远程对其进行升级并更改其任务。2009 年 6 月，商业安全服务提供商普雷克斯（Prevx）指出，“宙斯”已在数十个网站上窃取了超过 74000 个文件传输协议账户，其中包括美国银行和美国国家航空航天局的网站。Facebook、Yahoo 和其他公司运营的社交媒体上，数以千计的登录凭据被盗。2010 年 7 月，安全服务提供商 Trusteer 指出，“宙斯”已经捕获了 15 家美国银行发行的信用卡信息。2010 年 10 月 1 日，联邦调查局宣布发现了一个利用“宙斯”从美国目标窃取约 7000 万美元的国际犯罪网络。在美国、英国和乌克兰都有人被捕。在美国，大约有 360 万台电脑被感染，在国际上可能还有数百万台（Cox & Golomb，2010）。

2007 年，TJX 公司承认，黑客入侵其数据库已经超过 3 年，窃取了 4500 万张信用卡号码。2009 年，哈特兰支付系统公司承认，恶意软件侵入了其每月处理 1 亿次信用卡交易的服务器，但他们不知道被盗用信用卡的实际数目。

2013 年 5 月 9 日，纽约检方宣布对当地全球网络盗窃团伙的 8 名男子提起公诉。自 2012 年 10 月以来，黑客侵入美国和印度金融公司的计算机网络，取消预付借记卡的取款限制，然后在全球 20 多个地方用自动取款机取款数千万美元。黑客先是入侵了一家印度公司，该公司为阿拉伯联合酋长国的 Rakbank 发行的万事达借记卡处理信用卡交易，黑客在 4500 笔 ATM 交易中提取了 500 万美元。此后，黑客攻破了美国一家万事达卡处理器，该处理器负责处理阿曼马斯喀特银行（Bank of Muscat）发行的预付借记卡交易，然后在 10 小时内从 36000 笔交易中提取 4000 万美元。

在迄今最大的网络盗窃案中，黑客侵入了 30 多个国家的 100 多家银
行和其他金融机构系统，以数字方式将资金转入账户，放大账户余额， 382
并操纵取款机在同伙面前出钞。这些盗窃案始于 2013 年底，但直到 2015 年 2 月才由一家负责调查的公司披露，据估计，盗窃涉案 9 亿美元，但只有大约 1/3 有证据。盗窃行为之所以一直未被发现，是因为窃贼将盗窃金额限制在数千美元（最大的盗窃案价值 1000 万美元），并更改账户余额以掩盖交易（Kaspersky Lab，2015）。

2001 年 10 月的《美国爱国者法案》规定，即使在国外，也有权起诉涉及美国信用卡的欺诈行为。2010 年 7 月，美国奥巴马政府公布了

《网络空间可信身份国家战略》草案，以提高网络空间个人身份的安全性，其主要的直接措施是要求在任何网络交易中只传输最低限度的必要信息。最终版本于 2011 年 4 月发布，为愿意遵守的人提供了指导方针（U. S. White House，2011a）。

（二）内部威胁

内部威胁指由组织雇用、授权或授予特权但以某种方式损害组织的人员。美国计算机应急准备小组将“内部威胁”定义为：

> 已被授权访问组织的网络、系统或数据的现任或前任雇员、承包商或业务合作伙伴，故意超出或滥用访问权限，从而对组织信息或信息系统的机密性、完整性或可用性产生负面影响。（U. S. Computer Emergency Readiness Team，2013，n. p.）

国家反情报和安全中心将“内部威胁”定义为“有权使用美国政府资源的人，这些资源包括人员、设施、信息、设备、网络和系统，他们利用这种权限来危害美国的安全”（U. S. National Counterintelligence and Security Center，n. p.）。

信息与通信技术赋予内部人员更强的能力去窃取数据。2010 年 1 月，布拉德利·曼宁（Bradley Manning），一名被分配到一处驻伊拉克基地担任情报分析员的美国陆军列兵军衔士兵从一个泄露源偷取了有史以来最大数量的数据，包括超过 260000 封美国外交电报与 500000 多份有关伊拉克和阿富汗的军事报告。他在保密设施中把所有的信息都下载到数字媒体上，2010 年 3 月他开始向维基解密网站泄露文件。今年 5 月，布拉德利在一个在线论坛上描述了他的活动，被一名黑客出卖给联邦调查局。他的信件中包含对信息安全的启示：“服务器薄弱，日志记录薄弱，物理安全薄弱，反情报薄弱，信号分析不专心……一场完美的风暴”（Bennett，2011，n. p.）。

大多数泄露敏感信息的内部威胁是因为粗心大意，而不是恶意不遵
383 守访问控制或传输控制。即使是最资深的员工也会不听话，例如，2012 年 11 月 9 日，大卫·彼得雷乌斯将军在他与美国陆军前情报官员葆拉·

布罗德韦尔（Paula Broadwell，也是他的传记作者）的绯闻曝光后辞去了美国中央情报局局长职务。布罗德韦尔骚扰另一名女性的电子邮件引发了一项刑事调查，调查发现她有权访问彼得雷乌斯的私人信息和机密信息，部分是通过一个他们用来私下交流而共享的电子邮件账户（Miller & Nakashima，2012）。

2007 年在美国开展的一项公私合作调查发现，美国有 31% 电子犯罪来自内部人员。其中，60% 是小偷；40% 的人企图破坏信息技术，极少数人（2%）蓄意破坏经济利益，而大多数人则是为了报复雇主或同事，几乎所有的破坏都来自信息技术行业内部。

2013 年，1 项针对大型组织近万名高管的调查发现，31% 的人认为最可能的威胁是目前的员工，27% 的人指责前雇员，16% 的人指责现任服务提供者、顾问或承包商，13% 的人指责前供应商，12% 的人指责正在合作的供应商或商业伙伴，10% 的人指责信息经纪人。只有 50% 的组织有应对内部威胁的正式计划，只有 18% 的人提到自己的组织对内部网络威胁的管理是“非常”有效的（PricewaterhouseCoopers，2013）。

威瑞森公司（Verizon）分析了 2012 年国际数据泄露样本，发现内部人员仅参与了 14% 的泄露，其中大部分是故意的，出于财务动机。29% 的违规行为涉及社会工程，76% 的违规行为利用了保管不善或被盗的证件，除了偶然情况，绝大多数数据泄露牵涉内部人员（Verizon Enterprise Solutions，2013，pp. 4，21）。

实质上，内部人员可能会受到外部行为体的怂恿或指导，也许是不知情的（外部行为体可能欺骗内部人士，使其相信他们受雇于同一个雇主），也许是知情的（内部人员可能接受贿赂而传输信息）。美国计算机应急准备小组注意到，2003 ~ 2007 年，美国有一半的内部威胁是被外部人士拉拢的，包括有组织犯罪分子和外国政府，外部行为体在内部威胁中扮演的角色越来越多。美国计算机应急准备小组还发现，在公司内部获得特权的商业伙伴雇员犯下了更多罪行。新的合并和收购也使内部威胁增加（Cappelli et al.，2009，p. 6），德国联邦宪法保护办公室（Federal Office for the Protection of the Constitution）估计 70% 的外国经济间谍活动涉及内部人员（U. S. Office of the National Counterintelligence Executive，2011，p. B1）。

信息安全专家要求对合规性进行更大力度的监控和培训，同时指出，尽管接受了培训，但仍有约5%的员工不会遵守规范。大多数培训是正式的，但大多数人并不能将培训上学到的知识很好地应用于实践。更多的经验培训可以帮助员工更自觉地意识到自己未遵守规范，但即便如此，有些人原本就不顺从或不专注。为了抓住极少数长期不遵守规范的人，组织被迫越来越明显地监督员工，这受到道德和法律义务的限制以及物质挑战。在大型组织中，在大多数时间监督大多数人的成本是非常高昂
384 的，具有法律风险，也会增加员工的不信任感和压力。在许多法域，解雇员工是困难的，内部威胁的风险也越来越大。到2010年，一些公司在雇佣合同中增加了一项协议，即不遵守合同将被视为不可接受的违法行为（比如，在两到三次违反合同之后），保密协议（员工承诺离职后不会发布敏感信息）在20世纪90年代变得司空见惯。

管理内部威胁的官方建议 美国国家反情报执行办公室建议循环采用以下措施来管理内部风险：

> 1. 确保内部人员的安全性，例如审查新员工的背景、签署保密协议。
>
> 2. 确保信息安全，例如限制内部人员的访问和信息传输，特别是在员工离职前后。
>
> 3. 控制外出旅行或接触外部的风险。
>
> 4. 对内部人员的安全行为进行培训，提高他们的行为意识。
>
> 5. 分析内部人士的行为并对问题进行应对。
>
> 6. 审查和监督内部人员的行为及其管理工作（U. S. Office of the Counterintelligence Executive，2011，p. A4）。

美国计算机应急准备小组推荐了以下16种方法来控制内部风险。

> 1. 将来自内部人员和业务伙伴的威胁纳入企业风险评估。
>
> 2. 清楚地记录并持续执行规章和控制措施。
>
> 3. 定期对所有员工进行安全意识培训。
>
> 4. 自雇用之始就监督员工可疑或破坏性行为并进行应对。

5. 预测和管理工作场所存在的负面问题。
6. 追踪和保护物理环境。
7. 执行严格的密码与账户管理政策和措施。
8. 实行职责分离和最低特权。
9. 将内部威胁纳入软件开发生命周期。
10. 对系统管理员和技术用户或特权用户多加注意。
11. 实现系统变更控制。 385
12. 记录、监督和审查员工的在线行为。
13. 使用分层防御应对远程攻击。
14. 禁止计算机访问终端。
15. 安全备份和恢复程序。
16. 制订内部事件响应计划。(Cappelli et al.，2009，pp. 27 – 31)

(三) 外部威胁

外部威胁指未被组织雇用或未经授权访问内部信息或域而给组织带来损害。

外部威胁的数量要比内部威胁多，因为外部行为体的数量更多也更少受到直接控制。一个数据库显示，2004 年和 2013 年，外部威胁占所有网络入侵者的 90%；而根据来源和方法，2007 年内部威胁和外部威胁数量几乎相等（Verizon Enterprise Solutions，2014，p. 8）。在 2012 年的数据违规事件中，外部行为体占 92%，内部人员占 14%。在外部行为体中，55% 是有组织犯罪分子，21% 是国家附属机构，13% 是未知的，8% 是无业人员，2% 是活动人士，1% 是前雇员（Verizon Enterprise Solutions，2013，pp. 3，17，19）。2013 年对商业领域高管的一项调查显示，55% 的组织机构评估了与其共享数据或网络接入的第三方机构的安全性，只有 22% 的公司与第三方制订了应对网络威胁的计划（PricewaterhouseCoopers，2013）。

实际上，任何商业或公共关系都涉及内部和外部行为体之间界限的某种折中。例如，当组织机构将诸如互联网服务之类的服务外包给外部行为体时，外部行为体就获得了关于该组织网络的特权信息。一些竞争对手可能假装是潜在的客户或商业伙伴，以获取有利于开发有竞争力的产品或服务信息。

当组织机构从外部采购任何东西时，其供应链就会暴露给恶意行为人。例如，政府采购商会担心若从国外购买计算机，外国情报机构可能在计算机上植入恶意软件来监视政府用户。理论上讲，恶意行为人可能会以更传统的方式破坏收购，比如在快递包裹中放入爆炸装置（这些潜在的间谍活动或破坏活动的风险与传统的商业风险是分开的，例如供应商未能按时或以约定的功能交付产品）。政府采购商也担心其供应链的外部所有权问题，因为外部行为体可能会窃取知识产权（除了更传统的供
386 应链中断风险）。

购买硬件后，外部威胁可能在硬件的安装、配置和集成过程中访问信息或植入恶意软件，例如外部行为体受聘对用户使用新硬件进行培训或安装新硬件。外部行为体可以通过与硬件配套的软件或外围设备传播恶意软件。定期维护、保养和升级也是外部恶意干预的机会。在硬件生命周期中，恶意行为人的最后一个机会是在硬件即将退役或从服务或使用中删除硬件时。硬件通常在没有妥善删除信息的情况下被交由他人处理（许多操作系统在收到删除指令后实际上并没有完全删除所有文件）。内部人员可能会把硬件卖给外部行为体或将硬件转交给朋友和家人，而不是按规定销毁，从而增加了风险。

（四）民族国家

民族国家是拥有主权的政治单位。民族国家的数量要远远少于个人行动体数量（联合国有 193 个会员国，全球人口数超过 70 亿），然而国家政府的平均能力却高于个人行为体（处于民族国家和个人之间的是商
387 业公司，一些商业公司比大多数政府富有）。

我们面临着主权能力与对主权看法之间的不匹配。例如，2013 年 1 项针对大型商业组织近 1 万名高管的调查发现，对于信息安全事件，只有 4% 的人指责外部国家，6% 的人指责外国组织或实体（PricewaterhouseCoopers，2013）。

威瑞森公司发现，2012 年，在 27 个国家发生的 600 多起数据泄露事件中，75% 以上的泄露事件可能来源于某个可识别国家的某个人，只有 19% 的数据泄露事件归因于相关国家行为体。大多数攻击来源与任何国

家都没有联系，只是私人行动，涉及 40 多个不同的国家。巴西、哥伦比亚、德国、亚美尼亚和荷兰分别是约 1% 的违规来源，俄罗斯为 5%，保加利亚为 7%，美国为 18%，罗马尼亚为 28%。

世界上近 200 个主权国家政府中，普遍认为仅有不到 10 个具有主要网络攻击能力或意图。官方的网络攻击能力通常由情报或军事机构负责，美国情报和安全机构经常将外国情报机构与外国情报和安全机构归类到其他威胁，这意味着缺少主动识别的任何外国官方威胁都作为特定的机构或部门。近年来，美国官员将高级持续性威胁编码为国家威胁。

在非正式场合，一些美国官员指出，大约有 140 个外国情报和安全机构的攻击目标是美国，其中 50 个国家拥有严重伤害美国的能力，5 个或 6 个国家是严重的威胁，常见的国家网络威胁指俄罗斯、以色列、伊朗、朝鲜和法国等（这些攻击来源不一定是官方的，可能是活动人士、有官方支持的个人行为体或者伪装的官方行为体）。

有些官方人员指责了这一记录：

> 2011 年 4 月 12 日，美国网络司令部情报总监、海军少将塞缪尔·考克斯（Samuel Cox）对下属说，“全球网络军备竞赛正在进行”，至少有 6 个国家拥有刺探美国军用和私人计算机网络的进攻性网络作战能力。（Clapper，2012，p. 8） 388

国家威胁有更大的能力将信息与通信技术作为网络钓鱼的载体。商业影响（作为商业受害者的情况下）与官僚或政治影响（作为官方受害者的情况下）的受害者往往不愿意透露信息，因此真实的攻击频率被低估了。

大量匿名消息和传闻表明，高级持续性威胁将花数周时间研究一个特定的组织，然后尽可能广泛和反复地进行攻击，直到不同的攻击被认定为威胁，这可能需要几天时间。这些攻击以多种方式进行，尽管经常失败，但持续地深入目标的防御系统。人的技能比技术工具更重要，攻击源借助网络钓鱼和社会工程，通过与目标直接沟通并适应防御，收集他们的大部分信息。这些攻击通常是发送给高管的电子邮件，伪装成目标认识的人或添加伪装成目标感兴趣事物的恶意软件（如发送给石油行业高管有关石油行业的文件）。

美国麦迪安网络安全公司是网络安全供应商，它描述了以下高级持续性威胁攻击生命周期内的活动：一是初步的外部侦察；二是对目标安全域内的初始入侵（进入）；三是在域内建立落脚点；四是提高权限；五是内部侦察；六是在域内横向移动；七是保持存在；也许还会回到第4步；八是结束任务（Mandiant，2013，p. 27）。

对高级持续性威胁有以下应对方法：一是准备人类靶标以发现可疑通信，二是安装可探测到高级持续性威胁与检测到更隐蔽恶意软件和网络流量的实时威胁管理软件，三是起诉攻击来源，四是威慑或报复（Mandiant，2013，p. 27）。

三　访问载体

虽然所有攻击的最终来源都是人类行为体，但大多数攻击是以某种
389 物质或通信为载体的。桑迪亚国家实验室确定了一系列的攻击载体，每个都是“威胁用来发动攻击、收集信息或在这些设备、系统或网络中投放恶意物件或内容的方法或工具”（Mateski et al.，2012，p. 23）。

下文介绍印刷文档、恶意软件、数据库、网页、社会交往、社交媒体、邮政通信、电话通信、电子邮件、移动数字媒体、云计算、有线网络和无线网络。

（一）印刷文档

印刷文档指用墨水印刷信息的任何材料。它们无处不在，包括地图、计划、照片、信件、笔记、书籍和其他文本。20世纪70年代和80年代，未来学家预测，除了数字信息，其他信息都即将消亡，但我们仍然使用印刷信息，部分原因是数字信息不像他们所希望的那样安全，部分原因是电子屏幕仍然不能提供更高的分辨率（更高的分辨率意味着有更多的信息、对人眼的压力更小）。

2012年，美国政府商务委员会要求联邦官员和承包商选出他们认为“2012年安全问题最大”的媒介。按占比依次是纸质文件（91%）、电子邮件（89%）、数字文本与文档（77%）、暂存内容（68%）、数字音频

与视频（53%）、纸质图样与图表（47%）、社交媒体（42%）、胶片（24%）、微缩胶片和微缩胶卷（24%）、其他（6%）（Jackson，2013a）。可以看出，他们更关心纸质文件，而非数字文件。

丢失纸质信息通常是因为对信息传播过程或物理访问的控制失败。例如，在2003年的伊拉克、2011年利比亚反对卡扎菲革命期间以及2011年3月叙利亚反对巴沙尔·阿萨德革命，叛乱分子、活动分子和记者在废弃官邸内发现大量纸张，其中一些文件揭露了西方政府、商业供应商和独裁者之间令人惊讶的合作，可以看出纸质信息是不安全的，这与官方政策背道而驰。还有一些文件泄露了行动和个人的秘密信息。例如，2012年9月11日至12日夜间，美军人员和盟国在一次武装袭击后撤离位于利比亚班加西的美国外交前哨站，激进分子、劫掠者和记者在 390
这里找到了纸质文件，这些文件包括安全协议、人员信息、与商业供应商和民兵的合同以及外交电文。

（二）恶意软件

恶意软件指有害的软件。美国政府问责局认为，恶意软件是“带有恶意目的设计的软件，如病毒”（U. S. Government Accountability Office，2005a，p. 8）。计算机病毒指：

> 通过将自身的副本插入文件来感染计算机文件的一种程序，通常是可执行程序。当受到感染的文件被加载到内存中，这些副本通常就会运行，病毒会感染其他文件。与计算机“蠕虫”不同，病毒需要人参与传播（通常是不知情的）。（p. 8）

“蠕虫”病毒是一种“独立的计算机程序，它通过网络把自己从一个系统复制到另一个系统。与计算机病毒不同的是，‘蠕虫’病毒传播不需要人的参与”（p. 8）。

恶意软件有时是偶然制作或出于乐趣制作的，但通常是为恶意目的开发或利用的。一位专家指出：

> 当前的趋势是，不太倾向于让用户意识到计算机中有恶意代码，

> 而是让代码悄悄和深度运行，这样攻击者可以远程控制目标计算机，从而发动大规模的攻击，或从敏感网络窃取数据。（Yannakogeogos，2011，p. 261）

商业软件本身变得更加复杂，增加了本身缺陷或漏洞受到攻击的可能性。2005 年，美国国家标准和技术研究所估计每 1000 行软件代码就有 20 个缺陷，而微软公司的 Windows 2000（一种计算机操作系统）有 3500 万行代码（U. S. Government Accountability Office，2005c，pp. 9 - 10）。美国官员曾经估计，80% 对联邦计算机系统的成功入侵是通过有缺陷的软件来引导的（Wilson，2003，p. 6）。

威瑞森公司分析了来自 27 个国家的 621 个主要商业数据入侵，发现 40% 的数据被恶意软件所引导，比如间谍软件；而黑客入侵的数据为 52%，比如被盗的凭证。恶意软件的入侵方式包括直接安装（74%）、电子邮件附件（74%）、未知手段（10%）、网站（8%）、电子邮件链接
391 （5%）、远程注入（3%）、另一种恶意软件的下载。

恶意软件包括间谍软件（75%）、后门（66%）、数据导出器（63%）、存储数据捕获器（55%）、指挥和控制（51%）、下载器（51%）、密码转储（45%）、rootkit（39%）、管理软件（18%）、随机存取存储器（17%）、控制干扰器（9%）、应用程序数据采集器（4%）、客户端攻击器（4%）（Verizon Enterprise Solutions，2013，pp. 24，27 - 28）。

恶意软件继续以指数级的速度增长。熊猫安全（Panda Security）指出，20% 的恶意软件是在 2013 年设计的，在那一年，卡巴斯基实验室每天发现 315000 个新的恶意软件，高于 2012 年的每天 20 万个（Lyngaas，2014）。

（三）数据库

数据库是数据的集合。几乎所有人都在一些媒介留下了敏感信息，包括民族、性别、性取向、宗教信仰、政治、工会成员身份、出生信息、死亡信息、婚姻情况、银行账户、医疗保健和犯罪记录（无论是行凶者还是受害者）。行政能力的提高和数字通信的增长往往处理更多、更广泛的数据。英国行政机构估计，大约有 700 个数据库存储了这样的敏感信

息（U. K. Information Commissioner's Office，2006，p. 7）。信息与通信技术使数据更易保存，但也使更多的数据暴露在网络攻击下。隐私权信息中心（The Privacy Rights Clearinghouse）估计，2011 年，美国只发生了 535 起网络入侵事件，但造成了 3040 万条敏感信息泄露。2013 年对全球几千名高管的调查发现，其组织遭遇了平均 3741 次计算机安全事件。最严重的影响是数据隐私，包括员工记录受损（35%）、客户记录受损（31%）、内部记录丢失或损坏（29%），以及客户或员工身份被盗（23%）（PricewaterhouseCoopers，2013）。

美国国家反情报执行办公室给出了有关数据管理的建议：

> 为公司数据构建一种机制，不仅包括数据库中的数据，还包括
> 电子邮件消息、个人计算机和网站门户中的数据；对数据进行分类 392
> 和加密，并为每组数据选择最适当的控件和标记；确定应该保存哪些数据以及保存多长时间，要知道，保护所有东西是不可能的。
>
> 建立分区访问程序，以保护特有的商业机密和专有信息；集中知识产权数据，这将有助于提高安全性，并促进信息共享。
>
> 限制敏感数据的发布；建立共享数据基础设施，减少组织持有的数据量，并限制不必要的打印和复印。（U. S. Office of the National Counterintelligence Executive，2011，p. A4）

（四）网页

网页是可以通过网络访问并在计算机屏幕上显示的文件。大多数互联网活动包括在线搜索、浏览和电子邮件，访客访问网页有时会把账号暴露给恶意软件，特别是下载或被误导访问一个类似登录页面的网页时，威胁会收集用户的密码和其他访问密钥。网络感知安全实验室发现，2012～2013 年，全球恶意网络链接的数量增加了 6 倍，在美国增加了 7.2 倍。在这些恶意网络链接中，有 85% 是在合法的主机上发现的，92% 的垃圾邮件包含恶意链接。这种增长可能主要是因为在社交媒体中越来越多地使用缩短的网页链接，缩短的网页链接将访问重定向到最终目的地。虽然缩短的网页链接能合法地使网站更易于访问，但它们会伪

装成最终目的地（Websense，2013，pp. 4－14，27）。

用户可以检查实际目的地是否与声明的目的地匹配来发现恶意网页链接（鼠标光标悬停在链接上将显示真正的目的地）。用户不应在未知网页或地址看起来与正常地址不同的网页（假网站的地址不能与真网站的地址完全相同）上输入认证信息。为了方便用户访问，有些地址可以用较短的地址替代，但这些较短的地址可能被威胁重定向到恶意网站。

用户往往低估自己在线活动的不安全性。与内联网或其他有组织的安全域上的一般软件不同的是，基于网络的应用程序设计是为了更容易获得和使用，而不是更安全。默认情况下，一些网站和浏览器会将信息包放在用户的计算机上，名为“cookie”。cookie 可以供站点合法地识别用户，也可以将信息非法上载到用户未授权的站点，有些信息可能会被用于用户认为有用的地方，比如更有针对性的广告，但通常是不必要的广告，或者被卖给第三方营销人员，包括垃圾邮件发送者，这些人会给用户发送从未请求过的信息，也有不想要的信息。更糟糕的是，cookie 可能是恶意软件的载体。2013 年 12 月，从美国国家安全局泄露的文件表明，美国国家安全局和英国的政府通信总部使用商业 cookies 跟踪个人的在线活动，跟踪包括个人访问互联网的所有设备和浏览器（Soltani，Peterson，& Gellman，2013）。

大多数网页使用脚本来执行功能，例如放置 cookies 或广告。其中一
393 些脚本可能被插入恶意脚本的外部威胁利用，例如秘密收集登录凭据的脚本。在用户端，可以将脚本阻塞扩展添加到浏览器中。否则，恶意脚本可以自由下载恶意软件，用户会发现删除恶意软件是项非常困难的任务，甚至是不可能完成的任务。

如果编程不正确，编程语言也可能会被利用。例如，网站使用结构化查询语言（SQL，发音为 sequel）来管理数据。SQL 注入（SQL injection，SQLi）插入恶意代码来实现访问或更改数据，数据可能包括登录凭据和私人信息。用户无法控制这些漏洞，除非避免或至少尽量减少对此类网站的使用。由于 SQL 注入通常无法使用用户的数据，除非用户登录到数据集中，所以用户可以通过尽可能少地登录和尽快注销来减少自己的暴露。关闭浏览器并不总是自动注销，用户应该始终拒绝无限期

登录的选项。

（五）社会交往

最有害的特权信息泄露来自社会交往，比如当人们对私人信息的谈论太过随意，或者被说服将信息泄露给那些假装熟识的人。类似的，尽管通过数字媒体可获得数字信息，但大多数未经授权的数字信息访问是通过社交途径获得的。信息与通信技术（特别是移动电话和基于互联网的通信）使用户能够随意处理更多的远程通信。

许多人无意中在社会交往中泄露了信息。威胁可能利用以下七项活动中的任何活动和全部活动：其一，“肩窥”一词用来形容那些暗中监视你，使用你的凭据来访问某些安全领域的威胁，比如自动提款机或个人计算机；其二，“尾随”指紧跟在你后面的威胁，目的是通过你使用凭据打开的门或在你仍然登录的时候跟随你进入计算机系统；其三，“垃圾搜索”指那些在垃圾和废弃物中寻找能揭露他人身份凭据的威胁，威胁可以利用这些信息出现在你面前或将之作为与你建立社会交往的借口；其四，威胁可能伪装成你认识的人联系你，如客户或同事（称为“假冒者”或“网络钓鱼”）；其五，威胁可能会假装你去说服第三方，如你的银行，以发布有关你的信息［称为“欺骗”（spoofing）、“诈骗”（scamming），或在美式英语里称为“pretexting”，在英式英语中称“blagging”］；其六，威胁可能会贿赂某人来收集有关你的信息；其七，威胁可能会敲诈你或你认识的人。 394

在这些获取信息的途径中，通过数字技术变得更容易的途径是网络钓鱼。利用网络钓鱼可以达到任何目的，包括破坏，但通常网络钓鱼被认定为间谍活动的一种形式。2012 年，威瑞森公司发现 95% 以上的国家间谍活动使用了网络钓鱼手段。

2012 年发现的 621 起商业数据泄露事件中，有 13% 是因为内部人员误用或滥用特权，29% 利用了社会交往，35% 涉及物理接入，76% 利用弱点或被窃取的凭据，只有 2% 是人为失误造成的，例如无意中与威胁分享信息。在另外 47000 多起事件中有 48% 是人为失误造成的，例如丢失设备。

社会交往中的威胁包括网络钓鱼（77%）、贿赂（12%）、敲诈（4%）、借口（3%）、影响力（2%）、未知手段（2%）（Verizon Enterprise Solutions，2013，pp. 4，24 – 25，34）。

有时候，最高级的官员会为这种粗心大意而感到内疚。例如，2013年10月24日，中央情报局前局长（2006 ~ 2009年在任）和国家安全局局长（1999 ~ 2005年在任）迈克尔·海登（Michael Hayden）坐在美国铁路公司列车的固定座位上，使用手机与记者进行非公开谈话，但在附近一个座位上，另一名记者汤姆·马特齐（Tom Matzzie）无意中听到他们的谈话，随后马特齐在推特上发布了关于海登"诋毁"奥巴马政府处理中情局秘密活动的言论，以及国家安全局在让总统的黑莓手机更安全方面的作用。

实际上，大多数高管和官员是主要目标，他们可能持有最有价值的数据、拥有最多的特权，他们的工作往往会分散其对安全的注意力。威瑞森公司发现，执行人员最有可能成为恶意社会交往的目标，其次是管理者（Verizon Enterprise Solutions，2013，p. 35）。

（六）社交媒体

社交媒体是个人用户发布自己的信息或订阅其他用户的信息与通信技术。最常用的社交网站是 Facebook、LinkedIn 和 Twitter。有些网站专门分享照片、视频和音频，有些专注于爱情关系，有些专注于职业联系，有些专注于社交游戏。

据泄露的官方文件显示，自2007年1月以来，美国和英国政府一直担心恐怖分子利用网络游戏进行训练和交流。显然，美国和英国官员已经采取行动在大型多人在线游戏中调查此类威胁，但据报道，他们没有成功（Mazzetti & Elliott，2013）。一些官方机构，例如伊朗政府，已经开
395 发了官方社交软件，以加强对社交媒体的控制或获取信息。

任何浏览同一网站的人都可以接触到社交媒体，有些软件可从社交媒体上获取与某人姓名相关的信息。社交媒体鼓励用户扩大社交网络，但并无防护或没有深度。许多社交媒体允许匿名讨论和发帖，一般来说，用户在上网的时候更倾向于匿名而不是公开。社交媒体用户可能认为他们的信息分享仅限于"好友"间，但有些社交媒体允许任何人查看他人的信息，将这些信息存储在不安全的域中，甚至出售这些信息。一些社

交媒体承诺不会出售信息或阻止除了用户的“好友”之外的人访问已发布的信息，但用户和网站定义的“好友”很可能包括偶然结识的人。事实上，用户为了获得更多的在线“好友”，往往会同意任何人的好友申请。社交媒体有助于他们在线累积好友，威胁可以据此收集到足够多的信息来窃取个人的身份。

一些非常重要的人物和官员在社交网络上很粗心。例如，2012 年 11 月，一家比利时报纸刊登了一项调查，即调查比利时国家安全部门的员工中有多少人在 Facebook 或 LinkedIn 上列出了他们的雇主。一些法国 LinkedIn 用户把他们的雇主列为法国对外情报局，美国记者发现，超过 200 名 LinkedIn 用户把中央情报局列为他们的雇主。

当用户在寻找一份工作或伴侣时，他们更愿透露个人信息和专业信息。例如，官方机构的雇员在离开正式工作岗位后或寻找另一份工作时，会把自己在保密领域的照片、自己的官方证书以及自己和重要人员的个人身份等信息发布到网上，作为职业资格的证明。

此外，信息的隐私性和准确性在网络上比在线下受到的法律保护更少，会遭受不受约束的在线诽谤、诬蔑、错误信息（misinformation）和滥用，其中包括网络恐吓。刑事法律几乎没有对公民个人的网上行为进行限制，维权制度对原告或受害者而言通常是种时间浪费，在民事或刑事法庭上审理的少数案件通常不能明确责任或损害。在实践中，网络信息和错误信息是由用户及主机控制的，主要受内在伦理和外部商业压力的驱动，而不是法律。在美国，1996 年《通信风化法案》（Communications Decency Act）明确指出，互联网服务提供商和在线主机不对外部各方的帖子内容负责，尽管这一明确的积极意义在于，在没有法律责任的情况下，主机可以自由保存内容或删除内容。

传统上，公众越来越关注青少年对社交媒体的使用。在社交媒体上，成年人（可能假装是青少年）可能会诱骗青少年，例如要求他们分享私密信息，甚至在现实生活中见面。一些社交媒体应是青少年专用的，但任何成年人都可以注册。在任何社交媒体中，青少年都会经常公开自己或其他青少年的身份，与大多数新闻媒体不同的是，记者通常遵守禁止公开青少年身份的道德准则，即使青少年被指控犯罪。青少年有能力破坏这种制度，例如，2013 年 2 月，弗吉尼亚州费尔法克斯一家专门讨论问题的在线论坛用户公开了3名男高中生的姓名，他们因涉嫌拍摄自己与几个女孩发生性关系的视频而被捕，而新闻报道中禁止使用真实的姓名。更令人担忧的是，青少年有能力通过网络欺凌、诋毁和诽谤来恶意利用其他青少年和成年人。成年人在面对青少年威胁时处于不
396 利地位，因为青少年受到保护的方式与成年人不一样，而且承担的责任不对等。

在类似方式下，成年用户也可能受到性剥削（发布私密信息或为性剥削洗白）。一般成年人比一般青少年更富有，拥有更多有价值的信息，更易受到经济或职业上的剥削。在结交朋友、寻找工作或追求伴侣的过程中，个人用户往往在网上发布他们在现实生活中不会透露的信息，通常包括他们的性取向、年龄、居住地址、职业和爱好。在社交媒体上与所谓的“朋友”交流时，他们可能会讨论私人信息，比如他们的健康状况或伴侣。他们还可能透露一些计划，比如国外旅行，吸引窃贼瞄准他们的家。他们也可能会被劝说给陌生人寄钱或者同意在现实生活中与那些原来可能是强盗或更糟的人见面。

建议那些既想使用社交媒体又想保护隐私的用户除了希望他人自由查看的内容之外，不要发布任何其他内容；登录名或密码中不应使用开放信息，如宠物的名字。

（七）邮政通信

邮政通信（postal communication）是由供应商进行物理运输的资料。邮件会被拦截，可以贿赂邮递人员改投邮件，威胁也可以在快递员分拣或投递之前从邮箱中偷取邮件。一些个人行为体，比如肆无忌惮的记者、商业竞争对手、嫉妒的伴侣、法律纠纷的参与者和跟踪者，都有可能拦截邮政包裹。小偷也偷邮件以获取金融支票和信用卡或者有助于他们窃取身份的信息，官方调查员同样会拦截邮件以寻找犯罪证据。

虽然已有一些信息与通信技术的替代物，但邮政邮件（postal mail）仍然无处不在。电子商务手段的使用越来越多，减少了纸质交易的使用，但对电子手段越来越多的拦截表明电子手段并不是完美的替代品。与此同时，官方和犯罪嫌疑人已经证明，以数字方式收集私人信息比通过邮件更有效和有力。

活动分子、商人、外交官、以利润为导向的犯罪分子和恐怖分子等，在21世纪初发现更多关于其数字和电子通信不安全的信息后，又开始使用口头和邮政通信。例如，“基地”组织的大多数高层人士发现他们的一些电子邮件、移动电话和卫星电话在20世纪90年代偶尔被拦截后，21世纪初他们就重新恢复了对传统通信手段的使用。然而，由于这些防范措施，美国情报部门最终锁定了1名信使，他的活动向美国特种作战部队暴露了本·拉登在巴基斯坦的藏身之处。2011年5月2日，这名信使被美国特种作战部队击毙。

同样，由于担心电子和数字间谍活动，官方当局继续使用快递。例如，美国外交安全局（国务院的一部分）设有快递服务，分布于国内外的外交场所之间使用外交邮袋（国际法视为主权领土）传递机密材料。2008年，该部门雇用了98个快递公司，交付了超过5500万磅的机密外交材料（U. S. Government Accountability Office，2009b，p. 6）。 397

（八）电话通信

电话（telephone）是一种信息与通信技术，将口头对话转换成某种电子信号传输到另一个信息与通信设备，信息与通信技术使用的增加意味着对通信的拦截增加。电话在商业上已经有100多年的历史了，在过去的20年里，移动通信（无线）电话和基于互联网的通信已成为大多数人能够接受的通信。互联网提供了有效的电话替代技术，例如IP电话（Voice over Internet Protocol，VoIP），其中最著名的运营商是Skype。大约有35亿人拥有一部移动电话，占全球总人口的一半。移动电话的移动性鼓励人们更多地使用语音通信和短信，仅美国人在2010年就发出了1880亿条短信。全球大多数人口可以通过家庭成员或密友获得手机，在发展中国家有50亿移动电话用户，在那里移动电话更有价值，因为其他通信形式可用性差。非洲是增长最快的移动通信市场。在信息与通信技术领域投资最多的国家依次是美国、中国、日本、英国和俄罗斯。在国际上，大多数电话与互联网流量来自美国和欧洲（Negroponte et al.，2013，p. 9）。

电话可以用于网络钓鱼或电话诈骗（phone scamming）。网络钓鱼的一个变种是语音钓鱼（vishing），威胁将电子邮件或邮政邮件发送给目标，以奖品、结算税务账单、确认证书或类似的名义邀请目标拨打某个电话号码。大多数人低估了自己的暴露程度，新技术鼓励更多的自发和随意的交流。在导致数据泄露的社会交往中，有3%的人参与了电话交谈，1%的人使用了短信，这些数字远远低于电子邮件网络钓鱼（79%），但通过电话收集的信息可能比通过电子邮件收集的信息更有价值，或者两种手段收集的信息质量不同（Verizon Enterprise Solutions，2013，p. 35）。

在与任何通信方都没有直接交互的情况下，威胁可能会偷偷地侵入语音邮件或短信。电话对话是短暂的，默认情况下不会录制，但语音邮件和文本会被存储，直到用户删除它们。许多服务提供商允许通过第三方电话或网站远程访问语音邮件和文本，可能是在对访问控制进行某种操作之后，例如键入个人识别号（或密码）。许多用户不会更改特定电话或特定提供商发出的默认密码，因此威胁（黑客）可以使用第三方电话或计算机以及已知的默认密码访问私人语音邮件。黑客可以假装用户打电话给服务提供商重置密码。黑客可以配置另一部电话，伪装成与目标相同的电话号码。黑客还可以贿赂服务提供商的员工，窃取机密信息。

移动通信是无线传输的，在物理上比有线通信更难被监听。然而，如果威胁知道用户的电话号码且接近目标，那么威胁可以使用廉价的技术来拦截无线通信。像任何电话一样，如果威胁能在物理上接近移动电话或蜂窝电话并在其中放置窃听装置，就可以直接进行窃听。

通过在互联网上的下载或打开的蓝牙，恶意软件可以植入智能手机，从而记录和远程监听目标的对话。复杂威胁可以在目标没有意识到的情况下，远程打开目标的移动电话，并将其作为窃听装置。唯一的全面防
398 御是拆掉电池，但后来几代手机的技术降低了这一风险。

计算机黑客的增加往往掩盖了电话暴露于黑客或被窃听的固有风险，这更有可能发生在政府管控服务或服务提供商容易腐败的地方。大多数国家不允许官方访问个人电话，除非有法院命令授权给官方调查人员，他们可以借此调查严重犯罪的动机，但在紧急情况下这种管控很容易绕开或被忘记。由于监管过于宽松，一些官员在未经授权的情况下进行窃听，而私家侦探则非法窃听电话或从腐败的服务提供商那里获取数据。

保密信息包括私人谈话各方，而不仅仅是谈话内容。互联网和电话

服务提供商在每次通话或接收的信息中都能获取用户的位置和其他方面的数据。大多数国家对这些数据的存储和使用有严格的法律管控，例如，欧盟法律要求服务提供商保留此类数据至少 6 个月，但不得超过 24 个月，且不得记录内容。

用户在使用电话前，应在其电话上添加访问控制，如密码。用户应该经常检查和删除语音邮件及短信。用户可以选择阻止外部访问其语音邮件和文本，除非用自己的手机输入密码。用户在不需要使用移动电话时可以取下电池，用户还可以使用过期或可以定期丢弃的临时电话。用户可以避免使用智能手机或蓝牙设备或者至少避免使用此类设备访问互联网，如果用户需要使用这些设备，应该购买安全软件并保持其是最新版的。用户可以完全避免个人拥有通信技术，这是个极端的解决方案，但越来越多的官员采用这个办法。

这些控制方法可能听起来对当前通信设备的普通用户而言是很严厉的，但现在许多官方组织和一些具有高度针对性的公司禁止员工使用或携带智能手机、蓝牙或第三方设备，至少在内部保密领域或在讨论任何组织信息的时候。此外，许多恶意行为人，如恐怖分子，在发觉反恐当局可以利用这些设备从事间谍活动后，就会避免使用此类设备。

美国官方对电话通信的监听　美国最高法院将保护公民免受不合理搜查和扣押的《宪法第四修正案》(Fourth Amendment of the Constitution) 拓展到通信拦截和个人期望得到保护的所有通话领域，但法院也允许在收集与私人通信有关的元数据方面无须授权，并允许在边境进行无须授权的电子设备搜索和扣押。

根据宪章，美国中央情报局不得在国内收集美国公民的情报，但1961～1971 年，中央情报局监视了国内反越战组织、共产主义者和官方信息泄密者，美国中央情报局和国家安全局在这段时间拦截了私人电话通信。1972 年，中央情报局追踪了美国国内与国外之间的电话通信。

1978 年《外国情报监视法案》(Foreign Intelligence Surveillance Act) 将未经授权的电子监视行为定性为犯罪，并规定了对美国境内外国势力及其代理人（包括美国公民）进行监视的程序，外国情报监视法庭对此类监视发放许可。《外国情报监视法案》允许官方调查人员向外国情报监视法庭申请授权拦截通信的指令，以证实外国间谍活动或恐怖活动， 399

但官员必须向法院证明此犯罪“确信的可能原因”、“监视的目的是获取外国情报信息”。

1979~2012年，政府提出的近34000个监视申请中，只有11个申请未得到外国情报监视法庭的批准。尽管官员们经常指出，他们希望提出的请求得到批准，但也有一些人认为这些数字是多余的证据（Perez，2013）。

尽管《外国情报监视法案》的立法和外国情报监视法庭的设立都是出于对联邦执法官员侵犯隐私权的担忧，但两者的目的显然都是支持政府和发布调查令，而不是为了保护公民的隐私和自由权益。如果司法部长认为存在紧急情况，就有权在没有外国情报监视法庭授权的情况下开始启动监视计划，但是必须在72小时内通知法庭。如果外国情报监视法庭的成员拒绝批准搜查申请，可以上诉至美国外国情报监视法庭复审这个决定。根据现有的信息，外国情报监视法庭拒绝授权申请是很少见的，而且通常情况下，法院会修改和准许授权申请，而不是拒绝（Gaines & Kappeler，2012，p. 102）。

1968年《综合犯罪控制与安全街道法案》（Omnibus Crime Control and Safe Streets Act，亦称《窃听法案》）第三章禁止政府或私人团体未经授权和未经同意就截听“有线通信或口头交流”（1986年《电子通信隐私法案》将这种保护扩展至电子通信）。第三章确立了授权政府官员进行窃听的许可证发放程序，并规定调查和执法人员对授权截获的通信的披露和使用：

> 在表明截取通信作为证据揭示第2516条所列“个人正在犯下、已经犯下或即将犯下某一特定罪行”的可能原因后，法官可签发授权最长30天的通信窃听许可证。（18 U.S.C. § 2518 [3]）

执法官员或调查官可使用经授权窃听到的信息、将信息分享给另一名执法官员或调查官或在作证期间披露信息，前提是使用或披露“符合官员披露信息和接收披露信息的职责”（18 U.S.C. § 2517）。

任何“根据本规定接收信息的联邦官员，都只能在执行关于该人的公务时根据需要使用该信息，但在未经授权的情况下限制这些信息的披露”（18 U. S. C. § 2517）。

2001 年 9 月 11 日恐怖袭击发生后，美国行政和立法机构大大加强了官方截听私人电信的权力。2001 年 10 月 26 日的《美国爱国者法案》增强或扩展了以下内容：

- 将有关笔录设备（记录特定电话呼叫的电话号码）和诱捕与追踪设备（记录来电出处）的法律拓展至电子通信（本质上允许官员在访问电话记录时访问电子邮件的来源以及目的地的记录）。 400
- 将存储的语音邮件重新定义为存储的电子邮件，而不是电话交谈。
- 将恐怖分子和计算机犯罪增加到《窃听法案》所涵盖的犯罪清单中。
- 删除以往向官员证明犯罪嫌疑人是“外国势力代理人”的要求。
- 在没有外国控制人员的情况下，将《外国情报监视法案》的覆盖范围扩大到美国公民。
- 当收集外国情报是“重要目的”，而不仅仅是“目的”时，允许执行《外国情报监视法案》的指令。
- 不需要法院指令来确定可以进行监视的特定工具或地点（实际上允许对特定目标进行“巡回”监视）。
- 允许根据《外国情报监视法案》的任何法庭指令在联邦机构之间共享收集到的情报。

一些官员的行为甚至超出了这些新的权力。例如，2002 ~ 2006 年，联邦调查局向服务提供商发送了 700 多份电话使用记录的要求，这些要求经常使用误导性的语言，包括谎称紧急情况。对 3500 个电话号码信息的使用可能涉及不当收集，但联邦调查局的记录粗略，司法部的调查人员无法确定真假（司法部在 2010 年 1 月发布的报告）。

没有官员被起诉。相反，2008 年 2 月 12 日，美国参议院批准了政府截获电话和电子邮件的新规定，并授予与联邦政府合作的电信公司追溯豁免权，使其免于诉讼。2012 年，匿名官员对《华盛顿邮报》记者格雷格·米勒（Greg Miller）和艾伦·中岛（Ellen Nakashima）说，无论有没有搜查令，互联网和电话服务提供商都很少拒绝官方获取信息的请求。记录在案的是，美国众议员亚当·希夫（Adam B. Schiff，众议院情报常设特别委员会成员）说："现在通过电子方式获得的大量数据意味着，当你在寻找一件事情时，找到很多其他事情的机会会成倍增加"（Miller & Nakashima，2012，n. p.）。

《美国爱国者法案》将《外国情报监视法案》的范围从外国势力扩大到恐怖分子。2007年8月的《保护美国法》（Protect America Act）取消了搜查令的要求，前提是"有理由相信"某人与美国以外的人有联系。它于2008年2月17日到期，但2008年7月的《外国情报监视法案修正法案》延长了相同的修正。2011年5月26日，美国总统奥巴马签署了《美国爱国者日落延期法案》（USA PATRIOT Sunset Extension Act），将有关巡回窃听和商业记录搜索的规定延长了4年。众所周知，外国情报监视法庭在2011年和2012年批准了所有的授权申请。2012年12月，
401 国会再次批准《外国情报监视法案》，为期5年。

2001年10月4日，在《美国爱国者法案》出台之前，美国总统乔治·布什秘密授权国家安全局收集有外国节点的电话、互联网和电子邮件使用的国内记录，且没有受到法院的监督，只要调查人员认为任何一方可能与"基地"组织有联系。《美国爱国者法案》有关商业记录的条款给了这些行动更多授权，不可避免的是，调查人员在指控某人与"基地"组织有联系时变得很随意。2006年5月，匿名消息人士向记者透露，美国国家安全局在没有搜查令的情况下，大力记录自"9·11"事件以来在美国境内拨打的大部分电话，以追踪"基地"组织使用的电话号码。《今日美国》报道，美国国家安全局"利用AT&T、Verizon和BellSouth提供的数据，秘密收集了数千万美国人的通话记录"，"利用这些数据分析通话模式，以期发现恐怖活动"（Cauley，2006，n. p.）。2007年，布什政府承认国家安全局监控的人口比授权的要多。自2006年以来，外国情报监视法庭每3个月批准一次对服务提供商的监控许可，国会也知悉这一授权。英国《卫报》于2013年6月5日发布了对威瑞森公司的最新外国情报监视法庭指令，参议院情报委员会主席黛安娜·范斯坦（Diane Feinstein）参议员确认了3个月的续签。

美国国家安全局前合同工爱德华·斯诺登在2013年6月披露了更多文件，其中包括美国国家安全局收集电话通信数据的各种项目，数据通常来自承载这些通信的数字基础设施，而不是拦截电话通信本身。2013年6月12日，美国国家安全局局长基思·亚历山大将军在参议院拨款委员会面前作证说，元数据对揭露"数十起"国内外恐怖主义阴谋"至关重要"，尽管他只指明了两起案件。其一，亚历山大声称外国手机通话记录表明潜在的恐怖分子正居住在科罗拉多州，并在2009年联邦调查局使用数据对纳吉布拉·扎齐——一位后来承认计划在纽约实施自杀式炸弹袭击的阿富汗裔美国人——进行了锁定。其二，亚历山大声称，"棱镜计划"已经锁定了巴基斯坦裔美国人大卫·黑德利（David C. Headley），电话元数据提供了"确凿的证据"，证明他在2008年发生于印度孟买的恐怖袭击中扮演的角色。他于2009年被捕，并于2013年1月被判刑。

然而，2013年12月18日，美国总统情报和通信技术审查小组得出的结论是，美国国家安全局的活动"对于阻止攻击没有本质的意义"，它发现的那么多证据都"随时可以使用传统的法院命令及时获得"（Clarke, Morell, Stone, Sunstein, & Swire, 2013, p. 104）。

2014年1月13日，新美国基金会（New America Foundation）报告称，自"9·11"事件以来，225名"圣战"分子被指控在美国境内进行恐怖活动，美国国家安全局的电话元数据项目"对防止恐怖主义行为没有明显的作用"（Bergen, Sterman, Schneider, & Cahall, 2014, n. p.）。在60%的案件中使用了传统的执法和调查方法，在28%的案件中使用的方法不清楚。将手机元数据作为证据的案件只有1例。圣地亚哥出租车司机巴萨阿里·莫林（Basaaly Moalin）在2013年2月因为向索马里的恐怖组织捐款被判有罪，他还有3名同谋。在12个案件中，任何方法都未阻止恐怖活动的发生（Bergen, Sterman, Schneider, & Cahall, 2014）。 402

2013年12月，斯诺登披露了新的文件，表明美国国家安全局可以轻松解密80%的2G（第二代）手机中使用的无线加密技术A5/1（Timberg & Soltani, 2013）。后来的消息显示，2010年4月，美国国家安全局和英国政府通信总部成立了移动手机开发小组，通过黑客入侵计算机网络，从最大的SIM卡制造商（Gemalto）那里窃取加密密钥（每年20亿张）。英国政府通信总部进入处理电话和服务提供商网络之间通信的身份验证服务器，英国政府通信总部声称通过操纵计费服务器来隐藏针对单个用户的操作。这些能力表明，美国家安全局和英国政府通信总部可以拦截和解密下一代手机技术（3G、4G 和 LTE）所承载的通信（Scahill & Begley，2015）。

（九）电子邮件

电子邮件指通过计算机网络发送的一种数字通信。据 2013 年公布的估计数据，世界各地有 39 亿个电子邮件账户，其中 29 亿个（76%）是个人账户，9.29 亿个（24%）是商业账户。2013 年，商业账户每天发送或收到近 1000 亿条消息，预计到 2017 年将达到 1320 亿条（Radicati & Levenstein，2013，pp. 2 - 3）。不幸的是，根据 2013 年的样本，78.4% 的电子邮件流量是不合法的（不需要的广告或垃圾邮件、对信息或其他资源的错误请求、未经授权的信息传输等）（Websense，2013，pp. 4，24 - 26）。

电子邮件的易用性和轻松添加文件的特性改进了通信，但也使敏感信息更易泄露。电子邮件层出不穷，用户使用起来很随意，而且服务提供商往往会保存用户每次发送的电子邮件中的数据，包括用户删除的电子邮件。“电子邮件系统通常不像数据库那样受到保护，但包含大量存储的数据。电子邮件不仅是个人协作最快捷和最简单的方式之一，也是入侵者进入公司网络窃取数据最快捷和最简单的方式之一”（U. S. Office of the Counterintelligence Executive，2011，p. A3）。电子邮件是敏感信息的载体，以电子邮件为载体的攻击主要有三种方式，即外部网络钓鱼、未经授权访问存储的电子邮件和内部人员不遵守信息发布管理规则。

1. 网络钓鱼电子邮件

网络应用程序（如组织范围的电子邮件）易受网络钓鱼攻击。在威瑞森公司分析的导致数据泄露的社交互动中，79% 涉及电子邮件，13% 是面对面的，3% 是通过电话。Websense 安全实验室发现，2012 年，约 70% 的电子邮件包含网页链接，任何一个链接都可用于钓鱼，另有 1.6% 的电子邮件试图直接钓鱼，0.4% 的电子邮件添加了恶意软件（Websense，2013，p. 27）。

如果威胁能够确认目标的电子邮件地址，就可能会发送一封电子邮件，假装合法地请求信息，或者诱使目标点击一个网站，或者诱使目标下载从其计算机窃取信息的恶意软件。受感染的计算机可能会给网络上的其他人发送类似的电子邮件，从而感染整个网络。

有些电子邮件的附件更有说服力，但是如果有足够多的电子邮件
(特别是电子邮件来源不同)，那么这个载体不可避免地变得脆弱。同一
来源的每封新邮件都可能向收件人表明，这个来源肯定是合法的。大多
数人在大部分时间里是心不在焉的，所以当他们有次忽略一封明显的网
络钓鱼电子邮件时，可能会心不在焉地再次点击它。从实验角度看，研 403
究人员已表明，攻击者只需要发送 3 封电子邮件给同一目标，目标就有
50% 的概率点击链接；发送 10 封电子邮件之后，这个概率就会超过
90%。有了更多的电子邮件，目标就会不可避免地点击链接（Verizon
Enterprise Solutions，2013，pp. 35 - 36）。另一项网络钓鱼研究发现，超
过一半的用户在本公司网络之外的其他网络上访问本公司的电子邮件，
比如在家里，他们就不在公司的网络安全范围内。2012 年和 2013 年，2/
3 的网络钓鱼电子邮件都是在周一和周五发送的，因为收件人很可能对
安全的关注不够（Websense，2013，pp. 25 - 26）。

2. 访问存储的电子邮件

黑客可以在找到密码或向服务提供商行贿后侵入电子邮件账户。例如，2013 年 2 月，一个网站发布了来自一名黑客的信息，只知道黑客自称“Guccifer”。该黑客曾下载前总统乔治·布什与其家人之间发送的电子邮件和照片附件，包含电子邮件地址、家庭地址、手机号码和他父亲的照片，以及前总统老乔治·布什接受医院治疗等信息。

越来越多的电子邮件用户必须担心官方拦截电子邮件，特别是在那些政府经常搜查异见者的威权国家，但这也存在于民主国家。自“9·11”事件以来，政府官员和服务提供商在获取私人电子邮件方面加强了合作。官方调查人员不可能预先区分出他们所要寻找的特殊电子邮件，而服务提供商不愿意搜索这样的电子邮件。一位匿名的前联邦检察官表示，他们经常访问用户的所有电子邮件，“你要求他们提供与调查有关的电子邮件，但事实上，他们会让你看所有的内容”。美国司法部计算机犯罪和知识产权科前科长［迈克尔·杜博斯(Michael Dubose)］认为：“电子

邮件很难处理（辨别），因为不像电话，你发现谈话内容与你正在调查的事件没有关系，你就可以挂掉电话”（quoted in Miller & Nakashima, 2012）。

这种官方活动大部分被认为是反恐，但在这个过程中，权利和自由被削弱了。例如，2013 年 4 月，美国在古巴关塔那摩军事法庭的判决显示，辩护律师官方计算机网络存储的数字文档被莫名其妙地删除，而且检察官持有的不相关数据挖掘透露，检察官已获得约 540000 封辩护律师与所谓恐怖分子客户之间发送的电子邮件，这些应该是律师与当事人之间享有的保密特权。辩护律师被命令停止使用美国的官方网络，目前的法律程序被推迟。

有所担心的电子邮件用户可以使用一些承诺为电子邮件加密和有更多访问控制的电子邮件服务提供商（如 HushMail）提供的服务。他们可以使用临时电子邮件账户（例如，恐怖分子在与处理人员达成一致后部署匿名电子邮件账户列表，每天部署一个）。用户可以共享电子邮件账户，在该账户中，发件人将邮件存储为草稿，收件人在阅读后将其删除，而不需要任何用户发送电子邮件（发送的电子邮件往往存储在服务器上，即使用户删除后也是如此）。技高一筹的用户可以将数字图像转换为字符，在将其转换回数字图像之前，他们可以以字符形式输入消息（众所周知，恐怖分子已经实现了这一方法）。用户可以避免使用电子邮件，而使用短信，因为短信被存档的可能性比电子邮件低。用户还可以避免使
404 用电子邮件和短信，而使用传统的口头消息或手写信息，尽管它们面临的风险是不同的。

3. 不遵守规则的用户

电子邮件可能被恶意攻击，但大多数未经授权通过电子邮件访问的信息是因为合法用户电子邮件的违规发布。网络钓鱼者可能会鼓励这样的发布，比如假装是请求提供信息的同事。内部人员可能会因为一时冲动而发送敏感信息，比如当他们想要分享笑话或发牢骚时，却没有意识到他们侵犯了隐私。

MeriTalk（2012）公布的一项研究报告称，美国联邦政府每天发送和接收的电子邮件达 18.9 亿封，平均每个联邦机构每天发送和接收电子邮件 4730 万封。48% 接受调查的联邦信息安全管理人员称，工作邮件泄

露的未经授权信息比其他任何媒介都要多，38% 通过私人电子邮件，23% 是基于网络的工作电子邮件；47% 的人希望有更好的电子邮件政策，45% 的人认为员工没有遵守这些政策，只有 25% 的人将他们的电子邮件系统安全等级定为 A 级。

在离开内部网络之前可以为电子邮件加密，但加密可以在通过电子邮件网关时隐藏未经授权的信息。80% 的联邦信息安全管理人员担心未经授权的数据可能通过加密的电子邮件泄露而未被发现，58% 的人同意加密使检测此类泄露变得更加困难，51% 的人认为电子邮件加密是未来 5 年联邦机构面临的更大问题（MeriTalk，2012）。

（十）可移动介质设备与移动设备

“可移动介质设备”（removable media device）和“移动设备”（mobile device）指可以单手携带并插入其他数字设备的数字设备，比如插电式通用串行总线（USB）闪存或驱动器和移动电话。它们可以作为将未经授权信息带离保密领域的载体，也可以作为恶意软件进入保密领域的载体。在 2012 年 7 月的 MeriTalk 调查中，联邦信息管理人员指出，47% 的未经授权数据是用本机构发放的移动设备带走的（几乎与电子邮件透露的信息一样多），42% 是用 USB 驱动器，33% 是用个人移动设备。2011 年 2 月，一项对私营信息技术和安全专业人士的调查显示，65% 的人不知道哪些文件和数据离开了其企业。根据 2011 年 3 月的一则新闻报道，57% 的员工每周将工作文件保存到外部设备上（U. S. Office of the Counterintelligence Executive，2011，p. A3）。

移动设备特别是智能手机尤其容易暴露给在应用软件中下载的恶意软件或自动连接。

> 越来越先进的移动设备进入工作场所，这是管理者（2012 年）关注的一个主要问题，他们必须找到管理和保护这些设备的方法，并控制其对敏感资源的访问。这种设备的恶意软件继续增长，尤其是对安卓系统来说，甚至合法的应用程序也被证明是有漏洞、缺陷且容易被抓取……2014 年的预测并不令人欣慰，包括互联网连接设备的中断以及在智能手机中使用近场通信（Near Field Communications，NFC）

> 405 进行大规模欺诈和盗窃。使用近场通信的第一款手机已经上市，而且对联网医疗设备进行控制或干扰的概念验证已被公开展示。(Jackson，2013a，p. 20)

蓝牙技术通常用于将手机以无线形式连上耳机、话筒、车载扬声器或麦克风，几乎可以被任何其他蓝牙设备截获，除非目标用户关闭蓝牙。蓝牙设备可以用来直接监听用户的对话，而不仅仅是他们的通话。蓝牙设备的使用距离通常非常短（几码），但威胁可在餐厅或其他公共空间截获蓝牙设备，并能放大监听范围。

可以禁止进入任何数字设备来保护空间。这是敏感的分区信息设施(compartmentalized information facilities）和会议室的通用规则。然而，人们可能会忘记自己身上更无害的东西，比如钥匙、钢笔、打火机和服装，这些东西可隐藏录音设备或跟踪设备，此类物品可作为公司礼品或在商业交易中提供给目标公司。

（十一）云计算

云计算（cloud computing）涉及从远程终端到共享软件或数据的访问。例如，你可以将文档存储在远程服务器上，只在需要时访问或从多个终端进行访问。实际上，所有大型组织都将它们的大部分信息存储在远程服务器上，以便授权合法用户进行访问。

云计算在经济方面颇具吸引力。近年来，信息管理人员尝试利用云计算来减少分布式数据中心方面的财务开销，因为在远程服务器上有更多的信息和应用程序，用户可以只在需要的时候访问这些数据。云计算还可以帮助用户共享信息、提供项目协作并备份信息。

云计算提高了安全性，因为可以更集中地将信息和应用程序收集起来且只有在需要时才能分发。然而，数据集中会导致单点故障，共享代码意味着系统内部更易受到恶意软件的攻击。

在2013年的调查中，47%的企业高管称，他们的组织使用云计算，但只有18%的人将云计算纳入安全规范（PricewaterhouseCoopers，2013，p. 29）。

商业组织主导了云计算，但官方机构也重视效率和协作机会。官方机构对云计算的兴趣引导了其对特定安全技术和系统的开发。例如，

2005 年，美国国家情报总监办公室利用维基技术推出了 Intellipedia。2008 年，美国国家情报总监办公室创建了一个 A-Space 网站，允许来自不同机构的分析师共享信息。2012 年，国家情报总监批准了来自 5 个情报机构首席信息官的提议，在未来 5 年内开发更便宜、更安全的云（即情报界信息技术企业，Intelligence Community Information Technology Enterprise）。 406

同样，美国国防部打算把 1500 多个数据中心过渡到云计算，以抵御最复杂的外国资助的攻击。2011 年，国防部公布了任务导向的弹性云计划（resilient clouds program），并打算在 2015 年对系统进行测试，计划涉及备用主机、各种系统以及协调收集相关威胁的信息。

（十二）有线网络

有线网络指通过有线方式或电缆而非无线进行电子通信的设备系统。在理论上，任何数字网络都可被窃听。对网络设备的监听必须在网络中通过恶意软件或电缆上（或电缆中间）的硬件设备。19 世纪，有人将电磁传感器安装在电缆外侧来窃听电报。20 世纪，一些国家在大型电报电缆上安装了大型窃听器，后来在国有电信公司、政府和军队铺设的电话与数字电缆上安装窃听器。一些电缆是在海底被窃听的，一些是在陆地上的交汇点被窃听的。这种基本技术可以用来窃听任何电信号，但不能窃听光纤信号，在 20 世纪后期很流行。

更精确和直接的窃听是把窃听器放置在两根电缆之间或计算机与电缆之间，这种放在互联网或内联网电缆上的窃听装置可以读取计算机与其他计算机之间传输的所有数据。一些窃听装置包含可以记录所有按键（通过键盘输入到电脑）的软件，这些窃听装置也被称为“按键记录器”（key logger）或“按键捕获器”（key grabber），尽管这个词也可以指恶意软件，而不仅仅是硬件。按键记录器包括硬件，比如插在键盘和终端之间或计算机及互联网连接电缆之间的设备。按键记录器硬件不会被计算机软件检测到，但可以从视觉上检测到，至少可以被知道典型计算机硬件应该是什么样的人发现。

这些窃听装置可以伪装成电插座、电子空气清新器、电力变压器或接口，以连接不兼容的接口。这些伪装为添加无线或蜂窝电话通信设备提供了足够的空间，以便捕获的数据可进行无线传输。

（十三）无线网络

无线网络（wireless network）指以电子方式通过无线电、红外线或一些其他不需要电线或电缆的传输方式进行通信的设备系统。无线网络不易暴露给硬件窃听器，但更易受到无线拦截。由于无线流量是广播的，所以不需要人加入网络来记录流量。若要读取流量，需要打开节点。犯罪分子有时会开车四处转动或四处走动，有目的地寻找不安全的网络（被称为“沿街扫描”）。

这样的暴露更有可能发生在公共网络上，比如酒店和咖啡馆，那里的访问控制很低，客人可以利用其个人计算机临时使用公共网络。恶意行为人可在这样的空间中等待使用公共网络的高价值目标，如果目标的安全性不高，威胁就可能会观察到目标的无线通信，甚至可以访问目标计算机。

私人网络，比如家庭在居室内建立的网络，当家庭成员忘记设置任
407 何访问控制（像密码一样简单）、与存有恶意的人共享密码，或认为没有人会有兴趣攻击家庭网络而放弃设置任何密码时，就成为公共网络。由于家庭越来越多地在线上工作、使用网上银行，并从家庭网络发送私人数字通信，包括职业信息、个人身份、金融资产和私人隐私在内的信息都有可能暴露。有时，一些人认为其无线网络覆盖范围太小或太遥远，因此其他人无法访问，但是技术熟练的威胁只需要几分钟就可进行近距离访问并造成损失。定向天线可从更远的地方收集流量。

犯罪分子有时会访问其他私人网络，在自己网络以外的网络上进行犯罪活动，这样他们就不易被追踪到，例如访问儿童色情内容或将流量重定向到付费网站。

四　恶意活动

前文描述了恶意活动的人为来源和恶意活动的媒介。“涉及信息的恶意活动”（malicious activity involving information）指任何未经授权的信息交互。恶意活动比大众媒体关注的大量网络犯罪更古老、更广泛。这里

有三个主要类别：

- 一是侵犯信息隐私和自由——个人控制隐私信息和共享信息。
- 二是间谍活动——收集专有信息。
- 三是破坏（sabotage）——改变数字数据和信息，或通过网络空间干扰或破坏目标。一些破坏可称得上“网络恐怖主义”（cyber terrorism），指使用网络空间实施恐怖主义，网络恐怖主义可通过错误信息和破坏来实现。

（一）信息隐私和自由

新技术使信息民主化，对官方管控信息提出了挑战，但也侵犯了隐私，使监控变得更容易。下面的内容介绍了信息与通信技术的国际治理、数据隐私的国际治理以及美国的隐私治理。

1. 信息与通信技术的国际治理

1865 年，一些国家同意国际电报联盟管制电报通信和相关商业与经济流动的国际互操作性。后来这个联盟改名为“国际电信联盟”（International Telegraph Union，ITU），还负责对电话和无线电通信的管理，总部设在瑞士日内瓦。它的活动包括管理无线电频谱的国际共享、向不同国家分配接入拨打代码、标准化技术性能和互操作性。1950 年，它成为联合国下属机构，代表联合国和有关组织的所有成员国。1988 年，国际电信联盟成员同意进行重大改革，主要是针对与互联网相关的新技术，并签署了《国际电信规则》（International Telecommunications Regulations）条约。 408

1988 年，美国国防部建立了互联网地址编码分配机构（Internet Assigned Numbers Authority，IANA），分配互联网协议（IP）地址和相关系统。1998 年商务部建立互联网名称与数字地址分配机构（Internet Corporation for Assigned Names and Numbers，ICANN），它是非营利组织，总部位于加利福尼亚州普拉亚·维斯塔（Playa Vista），接管了互联网地址编码分配机构的职责。美国继续拥有互联网名称与数字地址分配机构基础，以及最有价值的 IP 地址、网站和基于互联网的公司。

2001 年 11 月，在加拿大和日本的支持下，欧洲理事会通过了《网络犯罪公约》（也称为《布达佩斯公约》），该公约将国家法律与打击网络犯罪的力量结合起来。它要求签约国在调查和起诉犯罪方面进行合作，但如果该要求侵犯了国家主权、安全或类似的关键利益，签约国可以选择退出。该公约对直接签约国于 2004 年 7 月生效，对美国于 2007 年 1 月开始生效（在 2006 年 8 月获得批准之后）。到 2013 年底，有 40 个国家签署该公约，但主要的非签约国包括俄罗斯和中国。俄罗斯反对允许外国调查人员在没有俄罗斯官方参与的情况下与网络服务提供商和运营商合作这一条款。

2011 年 5 月，美国白宫发布了《国际网络空间战略》，该战略建议利用外交、国防和发展来“促进开放、具备互操作性、安全、可靠的信息和通信基础设施”（U. S. White House，2011a，p. 8）。它的目标包括保护言论自由、促进创新和保护知识产权、支持多利益相关者模式、防止网络攻击和犯罪、支持军事行动。

该战略呼吁美国官方将力量集中在八个方面：一是国际标准和开放市场，二是网络防御，三是军事同盟和合作安全，四是互联网治理，五是国际发展与能力建设，六是互联网自由和隐私保障，七是执法，八是
409 扩大《网络犯罪公约》的覆盖范围。

2011 年 9 月，中国、俄罗斯、塔吉克斯坦和乌兹别克斯坦联名致信联合国大会，呼吁为国家监管互联网建立“国际行为准则”和“指导行为的规范和规则”。中国、俄罗斯和几个阿拉伯国家呼吁联合国加强对互联网的管控，加强对网络错误信息、隐私威胁的管控。

2012 年 12 月，国际电信世界大会（World Conference on International Telecommunications）在迪拜举行，修改了 1988 年的《国际电信规则》。美国代表团（最大的）提出了一项提案，主要是为了保护非营利组织、非政府控制互联网内容和保障信息自由。

在美国提交提案后，俄罗斯提出了政府间互联网管理（取代互联网名称与数字地址分配机构），加强国家对数据贩卖的控制，以及控制不需要的广告（垃圾邮件）等提案，指出这将使互联网更高效、更安全、更真实。俄罗斯的提议得到中国和一些阿拉伯国家的支持，约有 10 个国家

明确做出承诺。

美国和其他国家辩称，俄罗斯的提议可能被个别政府用来审查信息或惩罚个人或组织。各代表团就一项拟议的条约进行了谈判，该条约将俄罗斯的一些提议置于不具约束力的部分，约 80% 的提议得到美国代表团的同意，但美国和其他国家反对其余提议。美国、加拿大、大多数欧洲国家和其他一些国家（总共55 个国家）拒绝签署该条约，因此这些国家只受 1988 年《国际电信规则》的约束；有 89 个国家支持该条约，并建立了替代制度（2013 年《国际电信规则》）。

一个由官方和行业代表组成的非政府特别工作组同意美国对新《国际电信规则》的反对，但指责美国在本国利益上没有构建单一的体制。

> 在美国，缺乏连贯的愿景，缺乏适当的权力来执行政策，立法上的僵局对全球领导人来说是重大障碍。美国应断然采取行动以表达规范的行为、监管和伙伴关系，否则别人会这样做……(Negroponte et al.，2013，pp. 4 – 5)

这个特别工作组提出了互联网治理的替代场所，尤其是由美国领导的更小、更灵活的地区性和功能性组织，比如全球反恐论坛、主要经济体能源与气候变化论坛等。这些替代方案可能会告知国际电信联盟，但也会加大美国领导的组织与世界其他国家之间的分歧（Negroponte et al.，2013，pp. 59 – 60）。 410

2013 年 5 月，国际电信联盟在第五次世界电信/信息与通信技术政策论坛会议（ITU's World Telecommunication/ICT Policy Forum）上再次讨论了同样的问题。2014 年，国际电信联盟重新制定了章程，并选出了新的秘书长。

2. 数据隐私的国际治理

《公民权利及政治权利国际公约》（International Covenant on Political and Civil Rights）于 1966 年制定，1976 年生效。第 17 条规定："任何人的私生活、家庭、住宅或通信不得加以任意或非法的干涉，他的荣誉和名誉不得加以非法攻击。"该条还规定，"人人有权得到法律的保护，免受此类干涉或攻击"。

2013 年 10 月 24 日，在纽约联合国总部，巴西和德国（根据今年夏天泄露的文件，两国的民选领导人和官员曾是美国国家安全局间谍活动的受害者）以及拉丁美洲和其他一些欧洲国家的外交官就一项决议草案进行谈判，将《公民权利及政治权利国际公约》中的隐私权范围扩大到网络空间。2013 年 11 月 27 日，巴西和德国将决议草案提交给联合国人权理事会。决议草案要求各国“尊重和保护隐私权”，并声称“人们在线下的权利在网上也必须得到保护，包括隐私权”，它还要求联合国人权高级专员办事处在 2014 年向联合国大会提交关于保护和促进隐私权的报告。2015 年 3 月，人权理事会重申了在数字时代享有隐私的权利，并在三年的时间里设立了关于隐私权的特别报告员（U. N. Office of the High Commissioner for Human Rights，2015）。

国际标准化组织（International Organization for Standardization，ISO）和国际电工委员会（International Electrotechnical Commission，IEC）领导国际信息安全标准制定，包括对技术和组织管控未经授权或非法处理个人数据的要求（例如 ISO/IEC 17799：2005 和 ISO/IEC 27001：2005）。

3. 美国的隐私治理

美国在 1966 年通过了《信息自由法案》（Freedom of Information Act，FOIA），这使个人能够获得联邦政府持有的信息，除非公布这些信息会破坏国家安全、执法、商业特权或他人的隐私。在美国，大多数州通过了该法案，允许私人获取各州政府持有类似限制的信息。

美国 1966 年《信息自由法案》几经修订。第一次是 1976 年的《隐私权法案》（Privacy Act），该法案要求联邦政府保护个人隐私信息，有法律授权的执法和其他重要活动除外，它还允许个人访问和修改与其有关的信息。1988 年《计算机匹配和隐私保护法案》（Computer Matching and Privacy Protection Act）对 1976 年《隐私权法案》进行了修订，这一法案将保护范围拓展至信息技术及信息与通信技术领域。

与欧盟和大多数欧洲国家不同，美国没有通过一部全面规定个人行为体应如何保护数据的法律，但通过了保护某些类型数据的立法，如健康数据，主要由 1996 年通过的《健康保险携带和责任法案》（Health Insurance Portability and Accountability Act，HIPAA）保护。美国针对经济

间谍和知识产权保护的刑事法律已经很强大，而其强有力的反对诽谤和诋毁的民事法律，有助于控制对私人信息的滥用。 411

总的来说，美国司法辖区内的组织在侵犯数据隐私方面面临严重的法律和商业风险，即使它们可能会受到商业利益的诱惑。例如，2005年，美国联邦贸易委员会指责美国消费者数据代理商（ChoicePoint公司）的不当保护导致机密数据被盗，该代理商承认超过163000名消费者的个人财务记录数据库受到破坏，同意支付1000万美元的民事罚款和500万美元的消费者赔偿，该公司市值也因此损失了数百万美元。

美国反对侵犯隐私的主要行动旨在提高人们的意识。例如，2009年10月，奥巴马总统宣布了第一个国家网络安全意识月，因为“我们国家对网络和信息相关技术的依赖性日益增加，同时伴随着恶意网络攻击和隐私损失的威胁日益增加”（U. S. White House，2009）。

尽管美国长期以来有支持信息自由的政策，但它是至少有能力收集私人信息和控制信息的多数国家之一。2013年夏天，美国国家安全局的合同工爱德华·斯诺登向记者披露了描述美国国家安全局和许多外国合作伙伴（如英国政府通信总部）监视计划的秘密文件，暴露了美国当前收集和控制信息的能力，许多政府、专业利益团体和隐私保护团体对此表示谴责。

（二）间谍活动

下文介绍间谍活动的范围、网络间谍活动的成本、针对美国的网络间谍活动以及美国、俄罗斯和叙利亚的间谍活动。

1. 范围

间谍活动指对专有信息的收集。任何信息甚至个人层面的信息都可能成为间谍活动的目标，比如个人健康信息或财务信息等。吸引职业间谍的大部分信息是官方信息或商业信息。

间谍活动通常被描述为国际性的，但正如前文有关攻击与活动来源的论述，官方当局会持续掌握个人行为体开展间谍活动的能力和动机。 412
例如，2013年2月，1名美国军队律师承认，在古巴关塔那摩监狱辩护律师与恐怖分子会面的会议室里，麦克风被藏在假烟雾探测器内。美国军方指出，在辩护律师使用这些房间之前，监听系统就已经安装好，但不会用来窃听机密会面，政府随后表示已经拆除了监听装置。

在网络间谍日益增多的世界里，传统间谍手段仍存在，而且很容易被忽视，比如偷偷地记录或偷听私人谈话。如上所示，任何具有记录或成像设备的数字媒体（包括电话、蓝牙设备和计算机）都可以用来暗中监视。记录设备可以隐藏在其他物品中，如纽扣和钥匙。

网络间谍活动通常使用计算机网络来获取信息。一些绕过物理或数字访问控制的企图都可以被防护软件检测到，但如前文所述，威胁可以利用许多载体来绕过这些控制。威瑞森公司发现，95%与国家有关的间谍活动始于网络钓鱼（Verizon Enterprise Solutions，2013，p. 34）。威胁一旦获得用户的身份证明和密码，应该就能够登录受到管控的空间浏览信息，例如个人计算机、电子邮件账户或在线目录。"窥探"和"下载"即指这种对受管控空间的未授权访问（Yannakogeorgos，2011，p. 259）。

用于开展间谍活动的恶意软件被称为"间谍软件"。"窃听"和"数据包嗅探"指"在不改变信息的情况下路由至目的地以获取数据包的技术"（Yannakogeorgos，2011，p. 258）。数据包嗅探器（packet sniffer）是"拦截路由数据并检查每个数据包来查找特定信息的一种程序，比如明文传输的密码"（U. S. Government Accountability Office，2005a，p. 8）。键盘记录器可以记录计算机上的键盘敲击。

2. 网络间谍活动造成的损失

网络间谍活动的收益因商业和官方机密而难以计算，这类间谍活动的实际频率和危害都是保密的。在全球范围内，从网络窃取的知识产权价值每年高达5000亿美元。网络间谍活动对美国造成的损失为250亿美元（相当于国内生产总值的0.1%）到1250亿美元（相当于国内生产总值的0.5%）（Negroponte et al.，2013，pp. ix，38）。

美国国家反情报执行办公室报告称，网络间谍活动的负面收益是"巨大但不确定的"（U. S. Office of National Counterintelligence Executive，2011，p. 3）。学术估计的差异太大，不太可能有用（每年20亿～4000亿美元）。国家反情报执行办公室指出，在过去两年中，外国威胁试图窃取"花费数百万美元开发且潜在利润达数千万美元或数亿美元"的技术（U. S. Office of National Counterintelligence Executive，2011，p. 1）。

2012 年，美国网络影响部门（独立的非营利研究组织）首席经济学家斯科特·博特（Scott Borg）告诉记者，网络间谍活动每年给美国知识产权和投资机会带来的损失为 60 亿～200 亿美元。2013 年，同一名记者获得了网络间谍活动造成的美国国家经济损失的专家估计，为美国国内生产总值的 0.1%～0.5%，相当于 250 亿～1000 亿美元（Nakashima，2012，2013）。

美国的间谍活动目标主要集中于能源、金融、信息技术、航空航天和汽车行业。公司通常拒绝成为受害者，因为担心会对股票价值或客户 413
的信心产生负面影响。例如，据报道，美国 27 家大型企业称，所谓网络攻击并未造成重大财务损失。然而，国家安全局局长基思·亚历山大表示，美国公司被盗的信息造成 2500 亿美元的损失和另外 1140 亿美元的相关花费。他把国外的网络间谍活动称为“史上最大的财富转移”（Negroponte et al.，2013，p. 17）。2005 年以来，在刑事诉讼中提供的证据表明，摩托罗拉损失了价值 6 亿美元的专有数据，杜邦公司因化学配方被盗而遭受了 4 亿美元的损失，陶氏化学公司因杀虫剂研究成果被盗而遭受了 1 亿美元的损失，威士伯公司因间谍活动损失了价值 2000 万美元的油漆配方（相当于 2009 年内部人士被捕时公司利润的 1/8）（U. S. Office of National Counterintelligence Executive，2011，pp. 1，3）。

3. 美国成为网络间谍活动的目标

在互联网发展的早期，数字安全还不专业的时候，个人黑客和间谍对美国官方信息的渗透程度惊人的高。如果没有更先进的技术，这种渗透在今天会更加困难，但一般来说，技能和载体在根本上并没有发生改变。例如，1986 年，在加利福尼亚州劳伦斯·伯克利国家实验室，审计发现了一个电话账单上的差异，这才发现美国有关核战争的机密研究和战略防御计划（反弹道导弹计划）被窃，这桩盗窃案通过绰号为“布谷鸟的蛋”的恶意软件进行了两年。最终，追踪到盗窃源头在汉诺威（Hannover），当局在一个网络论坛上设置陷阱后将犯罪嫌疑人抓获。犯罪嫌疑人是马库斯·赫斯（Marcus Hess），他透露自己曾经是为苏联情报部门工作的联邦德国特工。

1998 年 2 月，美国当局在国防部保密领域发现了同步入侵，目标是金融、医疗和后勤方面的信息。美国政府最初怀疑伊拉克，当时美国正准备升级武力来应对伊拉克对联合国核查人员执行核武器核查计划的阻挠，美国总统比尔·克林顿领导下的政府曾考虑过军事反应。当局通过私人黑客网络进行追踪，最终发现入侵者是以色列的1名初级培训师和控制员［埃胡德·特南鲍姆（Ehud Tenenbaum），当时19岁］。

对美国网络基础设施的攻击似乎正在以线性速度快速增长，2012年的私人报告数量几乎是2006年的9倍，尽管有些增长可能是报告的增加，而不是实际攻击的增加（见表10－2）。

表10－2 报告给美国计算机应急准备小组的涉及美国网络基础设施的网络事件

年份	数量
2006	5503
2007	11911
2008	16843
2009	29999
2010	41776
2011	42854
2012	48562

资料来源：U. S. Government Accountability Office，2013。

据非公开信息，对私人基础设施的攻击比官方报道的对官方基础设施的攻击要少得多。2010年，美国联邦民用网络空间内的自动传感器（它们组成名为“爱因斯坦2”的系统）记录了540万次入侵，每月超过45万次。2012年，美国网络司令部报告称，2009～2011年，对美国计算机网络的攻击增加了17倍。

大多数攻击被视为针对商业部门的经济间谍活动，受影响组织以外的其他人通常不计算真实频率。例如，2010年2月，NetiWitness报告称，自2008年底以来，网络钓鱼电子邮件植入的恶意软件已感染了美国近2500家公司的75000台电脑，攻击来源主要在东欧。2011年10月，国
414 家反情报执行办公室向国会报告：

外国经济信息收集和针对美国的产业间谍活动对美国的繁荣与安全构成了重大且日益严重的威胁。网络空间是大多数商业活动和新思想发展的场所，恶意行为体（无论是腐败的内部人员还是外国

> 情报机构）能够通过网络空间快速窃取和传输大量数据，同时保持匿名，难以被发现，从而放大了威胁。（U. S. Office of the National Counterintelligence Executive，2011，p. i）

美国国家反情报执行办公室认为，外国间谍将把重点放在信息与通信技术、自然资源、军事技术、清洁能源、卫生保健、制药和其他快速发展领域的技术上。美国国家反情报机构执行官罗伯特·布莱恩特（Robert Bryant）在新闻发布会上说，网络间谍是“对我们经济的一种悄无声息的威胁，造成明显的重大后果，我们最聪明的人呕心沥血研发的商业秘密在一瞬间被偷走并转让给我们的竞争对手”（quoted in Nakashima，2011）。2011年10月的报告指责俄罗斯、以色列和法国（按顺序）的官方情报机构窃取这些秘密。2013年1月，《国家情报评估》（*National Intelligence Estimate*）（部分机密文件被泄露给新闻界）还指出俄罗斯、以色列和法国为获取经济利益最积极的间谍活动者。

4. 被控的美国间谍活动

（1）针对欧洲

2010年，德国政府对美国和法国进行了评估，称它们是德国“朋友间”的主要经济间谍威胁。

2011年，法国中央情报局将美国描述为法国企业的主要黑客（U. S. Office of the National Counterintelligence Executive，2011，p. B2）。

2011年10月，赛门铁克（Symantec，一家网络安全公司）报告称，在一些欧洲工业控制系统制造商的计算机网络中发现了一种新的恶意软件（Duqu，一种“震网”衍生病毒。“震网”是美国使用的恶意软件，如同美国在2012年证实的那样，在以色列的帮助下用于监视和破坏伊朗核计划）。 415

2012年5月，匈牙利CrySyS分析师和俄罗斯卡巴斯基实验室分析师宣布，他们发现了另一种“震网”衍生病毒［称为“火焰”（flame）、“火焰喷射器”（flamer）或Skywiper］，该病毒已活跃了5~8年。“火焰”是个庞大而复杂的恶意软件（大约20 MB的代码），用来进行监视，并具有破坏能力。它会记录按键、截图、通过电脑摄像头记录视频、通过麦克风记录音频，收集来自无线和蓝牙外围设备的数据，以及通过5

种加密方法、3 种压缩方法和 5 种文件格式对数据进行过滤。

2012 年 11 月，法国网络和信息安全局（ANSSI）内部匿名人士告诉法国记者，他们在法国总统办公室的内联网上发现了类似“火焰”的恶意软件，可能是美国源头在 2012 年 4 月大选前萨科齐总统最后几周任期内植入的。恶意软件通过一个伪装成内联网登录页面的网页植入，当员工点击网络钓鱼电子邮件中的链接时，该网页出现。这些植入源头通过 Facebook 给这些员工发送电子邮件，在此前他们通过伪造的 Facebook 账户结识。

2013 年 6 月，伦敦《卫报》利用爱德华·斯诺登提供的文件刊登了几则报道，内容是关于拦截从欧洲经英国到北美的电话和网络通信。其他报道称，2009 年在伦敦举行的二十国集团会议上，外国官员的通信曾被蓄意窃听，美国国家安全局和英国政府通信总部都参与了这次间谍活动。

其中一则早期报道描述了美国中央情报局在瑞士的间谍活动。爱德华·斯诺登对《卫报》说，当他在美国大使馆执行支持美国情报活动的任务时，他发现中央情报局官员灌醉了 1 名瑞士银行家并鼓励他开车回家，那时他的忠诚第一次动摇。当这名银行家因酒后驾车被捕时，征募这位银行家的专员表示愿意提供帮助，但作为回报，银行家要收集有关瑞士银行系统的情报，而瑞士银行系统也是美国国家安全局的目标。这些活动大概是美国长期以来打击美国人将钱存入瑞士银行账户逃税的一部分。2013 年 6 月 19 日，瑞士联邦议会下院恢复上院立法（《美国外国账户税收合规法案》），帮助美国识别逃税者，9 月 10 日法案获得通过。

2013 年 10 月 21 日，法国《世界报》援引爱德华·斯诺登提供的文件称，美国国家安全局在 2012 年 12 月 10 日至 2013 年 1 月 8 日记录了 730 万份法国通话。美国国家安全局代号为“US－985D”的计划使用了多种收集手段，如语音关键词识别软件，该软件可以激活通话记录，目标包括恐怖主义嫌疑人、欧盟官员、法国政治代表和官员、法国商人、法国电信和电子邮件服务提供商。法国政府要求美国大使对这个计划做出解释，法国外长洛朗·法比尤斯（Laurent Fabius）称该计划“完全不可接受”。第二天，奥巴马总统和法国总统弗朗索瓦·奥朗德通过电话讨论了这一问题，奥巴马没有否认该情报收集活动。

2013 年 10 月 23 日，德国《明镜》周刊透露，其与德国当局共享的调查显示，美国国家安全局截获了德国总理安格拉·默克尔（Angela Merkel）的手机通话。那天，她打电话给美国总统奥巴马，要求他做出解释。她告诉记者，朋友之间的这种间谍活动是不可接受的。美国政府
发言人说，奥巴马总统向她保证，美国不曾并且也不会拦截她的通信， 416
但是发言人拒绝说明美国在过去没有拦截她的通信。那个周末，《明镜》周刊报道称，美国国家安全局自 2002 年默克尔成为总理前就开始监听她的电话，直到 2013 年 6 月奥巴马访问德国之前不久。后来的报道显示，自 2002 年以来，默克尔的前任格哈德·施罗德（Gerhard Schröder）就一直被窃听。2013 年 11 月 5 日，英国伦敦《独立报》援引斯诺登泄露的文件、历史报告和照片，报道称美国和英国驻柏林大使馆都在建筑的屋顶隐秘地安装了信号收集系统。英国大使馆建于 2000 年，因此这些信号收集系统都不可能是冷战遗留下来的。德国政府要求英国大使对这一报道做出解释。

2013 年 10 月 24 日，《卫报》报道了 2006 年 10 月的一份文件，文件显示美国国家安全局曾要求美国外交官和其他官员分享外国官员的电话号码，收集到的电话号码包括 35 名总理的电话，大部分是欧洲人的。

2013 年 10 月 28 日，白宫的匿名官员声称，他们不知道美国国家安全局曾针对外国总理进行间谍活动，直到 2013 年夏天国家安全局下令行动结束，但现在知道该行动自 2002 年起就开始活跃。就在同一天，参议院情报委员会主席、参议员黛安娜·范斯坦来自加利福尼亚州的民主党员）指出，委员会没有得到适当的行动通知，将“对所有的情报收集计划进行重大审查”（Wilson & Gearan，2013）。

> 关于国家安全局收集美国盟国领导人的情报，包括法国、西班牙、墨西哥和德国，我明确地表示：我完全反对。除非美国正在对一国采取敌对行动或者紧急需要进行这种监视。我不认为美国应该收集友好总统和总理的电话或电子邮件，应该要求总统批准这类收集活动（Wilson & Gearan，2013，n. p.）。

在《明镜》周刊披露美国国家安全局正在监视一个国际银行转账系统（Swift）的那周内，作为回应，欧洲议会投票决定中止一项跨大西洋银行数据共享协议。欧盟委员会（欧盟执委会）公开支持要求美国公司获得许可后才能将欧盟公民的数据交给美国情报机构的提议。欧盟委员会还呼吁美国确立法律权利，让任何地方的欧洲公民在认为自己的隐私权受到美国政府或美国公司侵犯时，都有权向美国法院起诉要求补偿。在接下来的一周（从 10 月 28 日起），欧盟派出了一个由 9 个成员国组成的代表团前往华盛顿，与美国外交官员、贸易官员和其他官员会晤，但首先警告说，美国必须恢复对盟国的信心，否则有可能破坏一项重要的跨大西洋自由贸易协定。代表团团长、欧盟委员会副主席维维安·雷丁（Viviane Reding）在 10 月 28 日说："朋友和合作伙伴之间不相互监视，这是个原则"（Wilson & Geran，2013，n. p.）。

与此同时，10 月 28 日，西班牙《世界报》（*El Mundo*）再次援引爱德华·斯诺登提供的文件，报道称，美国国家安全局自 2012 年 12 月 10 日至 2013 年 1 月 8 日从西班牙收集了有关 6000 万个电话呼叫的元数据。西班牙外交部表示，这类朋友之间的情报收集是不合适的，并要求美国
417 做出解释（Wilson & Gearan，2013）。

2014 年 2 月 17 日，安格拉·默克尔公布了一项发展欧洲网络的计划，以确保它们不会通过美国的司法管辖区。

（2）针对朝鲜

自 2010 年以来，美国国家安全局及其盟友扩大了针对朝鲜的网络间谍活动合作，主要目的是打击朝鲜自己的间谍活动。恶意软件所收集的关键证据让奥巴马政府相信，朝鲜要对 2014 年 11 月的黑客攻击索尼影业事件负责，虽然在某种程度上恶意软件并不足以提前向美国发出攻击警报（Sanger & Fackler，2015）。

（3）其他地方

其他受到类似网络攻击的国家官方网站包括加拿大财政部和澳大利亚总理办公室。

2013 年 9 月，一家报纸引用了爱德华·斯诺登泄露的文件，报道称，美国国家安全局正在收集数十亿电子邮件、电话以及其他流经巴西的互联网流量的元数据，其中包括巴西总统迪尔玛·罗塞夫（Dilma

Rousseff）、巴西官员和巴西国家石油公司（Petrobras）的通信。罗塞夫取消了对美国的国事访问，并要求美国做出解释。

去年10月，巴西要求加拿大政府对加拿大通信安全机构（Communications Security Establishment，CSEC）收集巴西矿业和能源部门来往电子邮件、 418
电话元数据做出解释。次月，加拿大广播公司（Canadian Broadcasting Corporation）披露了一些绝密文件，表明加拿大政府在总理史蒂芬·哈珀（Stephen Harper）的领导下，允许美国国家安全局与加拿大同行合作，于2010年6月在多伦多举行的八国集团和二十国集团峰会上监视其他外国与会者。美国国家安全局的一份简报描述了美国的行动计划，并指出它“与加拿大合作伙伴密切合作”（Weston，Greenwald，& Gallagher，2013）。

2013年10月19日，德国《明镜》周刊援引了告密者爱德华·斯诺登提供的文件，报道称，美国国家安全局一个代号为“FLATLIQUID”的行动截获了墨西哥总统培尼亚·涅托（Peña Nieto）与几名内阁成员和公务员的电子邮件通信。墨西哥外交部表示，如果这是真的，那么美国国家安全局的行动将是“不可接受的、非法的”，并“与邻国的良好关系背道而驰”（Fitsanakis，2013）。

5. 被控的俄罗斯间谍活动

德国方面透露，2008年，一名德国内部人员被判犯有经济间谍罪，因为他将直升机技术交给俄罗斯外国情报机构，换取1万美元，这名内部人员通过匿名的电子邮件地址与他的俄罗斯处理人员沟通。德国联邦宪法保护部估计，俄罗斯利用网络间谍从德国能源、信息技术、电信、航空航天和安全部门窃取了价值数十亿美元的研发成果。

英国军情五处处长公开表示，俄罗斯正把目标对准英国的金融体系。2009年，韩国通用大宇汽车和技术公司的高管受到一家俄罗斯汽车公司的贿赂，传递了数千份有关汽车发动机和部件设计的计算机文件（U.S. Office of the National Counterintelligence Executive，2011，p. B2）。

2010年6月，美国联邦调查局逮捕了10名为俄罗斯情报机构进行间谍活动的俄罗斯人，他们的任务是收集有关美国经济的信息，并窃取美国的技术，主要通过人际交往收集情报，但他们通过加密电子邮件与他们的管理人员沟通。俄罗斯的网络活动大多数不是间谍活动，但俄罗斯网络间谍活动的水平肯定被低估了。

2011 年 10 月，美国国家反情报执行办公室向国会报告：

> 俄罗斯情报部门正在开展一系列活动，从美国的目标收集经济信息和技术……由于俄罗斯高度依赖自然资源，需要实现经济多样
> 423 化，并认为全球经济体系以俄罗斯的利益为代价向美国和其他西方国家利益倾斜，莫斯科强大的情报机构正在通过人际交往、网络和其他行动来收集经济信息与技术，为俄罗斯经济发展和安全提供支持。（U. S. Office of the National Counterintelligence Executive，2011，pp. i，5）

行为体收集信息可能是为了外交利益，他们甚至可以利用这些信息让目标难堪。例如，2014 年 2 月 6 日，网上发布了一段电话谈话录音，记录了美国国务院助理国务卿维多利亚·纽兰（Victoria Nuland）对美国驻乌克兰大使贬低了欧盟，当时美俄关系因俄罗斯干预乌克兰问题处于紧张时期，白宫发言人声称俄罗斯参与了此次泄露事件。

5. 被控的叙利亚网络钓鱼

叙利亚网络钓鱼者在内战期间（自 2011 年 3 月起）变得老练，主要针对叙利亚反对派和持不同政见者进行网络钓鱼，有时针对似乎支持叛军的新闻媒体或政府。2011 年 8 月 29 日，多个叙利亚人的 Twitter 账户发布了推文，这些推文提供了一个链接到 Facebook“一段关于攻击叙利亚政权迷人的视频剪辑”，但实际上链接到一个假的 Facebook 页面，威胁在捕获目标的登录凭据之后重定向到其真正的 Facebook 主页。

（三）破坏

下面的章节介绍网络破坏（cyber sabotage）的范围，网络破坏的载体和活动，以及美国、俄罗斯、伊朗、朝鲜、叙利亚发动网络的攻击。

1. 范围

“破坏”指故意干扰或毁坏某些材料，破坏最终可能导致人员死亡，

但破坏不一定包含谋杀。如果搞破坏的目的是造成伤害，那么破坏活动可能会被贴上恐怖主义标签，但恐怖主义并不一定和破坏一样，恐怖主义是开展恐怖活动，不管是否有意。

“网络破坏”是以网络空间为载体或影响网络空间的活动。“进攻性网络战”虽然定义不明确，但主要是破坏活动，也包括网络间谍活动和一些防御活动。“网络战”一语通常在国际冲突的背景下使用，但“网络战”是政府、叛乱分子和恐怖分子之间发动的。

网络破坏活动比网络间谍活动少，但由于网络破坏可能造成巨大的伤害，所以在某种程度上网络破坏的风险更大。网络破坏可以中断私人访问互联网途径，破坏私人计算机，并破坏国家范围内的基础设施。

恶意的网络活动在20世纪80年代中期成为国家关注的焦点，自那以后，随着获得技能和技术的机会越来越多，恶意网络活动变得普遍。2005年，美国商务部国家标准和技术研究所估计每月有30～40个新的攻击工具在互联网上发布。

专栏10.2

用于破坏的恶意软件定义

“特洛伊木马”是“一个隐藏有害代码的计算机程序。木马通常伪装成一个用户希望执行的有用程序”（U. S. Government Accountability Office，2005a，p. 8）。

> “特洛伊木马”是一种隐秘的代码，它在一个有用程序的伪装下执行，但执行恶意行为，例如破坏文件、传输专有数据以及打开后门以允许第三方控制机器。（Reveron，2012，p. 8）

逻辑炸弹是“一种破坏形式，一个程序员插入代码以便在触发一些事件时使程序执行一种破坏性行动，例如终止程序员的工作”（U. S. Government Accountability Office，2005a，p. 8），或“伪装成部分程序以便在满足条件时破坏数据”（Reveron，2012，p. 8）。

病毒、蠕虫和“特洛伊木马”都可以向其他软件植入恶意代码，这可能会导致软件出现故障或执行破坏性操作，比如删除数据或关闭计算机。“rootkit”特别隐秘，因为它会修改计算机的操作系统，甚至它的内核（Yannakogeorgos，2011，p. 261）。

软件篡改或软件骗取指“未经授权修改存储在一个系统上的软件，包括删除文件”（Denning，1998，pp. 33 – 34）。

2. 载体和活动

恶意软件可以被配置为毁坏或摧毁数字系统或被受感染的数字网络
424 控制的其他系统。

如下章节所述，网络破坏主要包括调整域名、拒止互联网服务或破坏控制系统。

（1）域名系统攻击

域名系统（DNS）攻击会导致域名错误地重定向。几乎所有向互联网发布内容的服务器都由一个数字地址标识，数字很难记住，因此20世纪80年代，供应商一致同意使用域名系统。它作为一个目录系统，自动将域名转换为服务器地址。DNS允许你在浏览器中输入字母，如www. sagepub. com，而不是相应的数字地址。

（2）拒绝服务

拒绝服务（DOS）攻击的目的是破坏互联网站点，主要是通过使提供网站信息的服务器过载。使用多个源传输恶意流量，加强攻击程度，这种技术称为“分布式拒绝服务”（DDOS）。通常情况下，恶意软件是通过病毒或蠕虫传递的，从内部关闭服务器或者接管计算机网络（僵尸计算机的僵尸网络），这样就可以向服务器发送请求信息。攻击者在大多数情况下会使用僵尸网络，但也可以招募同行或志愿者。总体上，这些攻击统称为“阻塞攻击”或“洪水攻击”（Yannakogeorgos，2011，p. 260）。

大多数拒绝服务攻击针对特定的组织，但也有一些攻击造成广泛的
425 影响。1988年11月，一种名为“Morris”的蠕虫病毒将10%的系统连接到互联网上，造成网络停运。2001年，“红虫”蠕虫（Red worm）关闭或减慢了数百万计算机用户的互联网接入。

随着互联网带宽和技术水平的提高，拒绝服务攻击变得更容易，云主机结构给予攻击者更多的处理能力和更多的数字空间来隐藏其活动。

(3) 对控制系统的破坏

搞破坏可以针对任何事物，但从理论上讲，最有效和最有力的破坏形式是针对或通过工业控制系统和网络物理系统来控制更多的有害物质或流程，如道路交通、空中交通、心脏跳动、汽车刹车、污水、武器、电力、核能和放射性材料。

这些系统中有些是完全自动化的，不需要外部通信，但大多数会接收某种形式的通信，哪怕仅通过一些直接连接到系统的接口来进行人工输入。物理接口可能是唯一的访问控制，“不幸的是，就像其他信息技术一样，大多数信息技术最初设计时几乎没有或完全没有安全保障，或者安全保障是在事后添加的。许多这样的系统依赖于隐藏性安全，而不是在设计过程中构建安全保障”（Applegate，2013，p. 2）。许多系统连接到内联网，有时可以通过互联网攻击这些系统。

（四）国家发动的网络破坏

下文介绍美国、俄罗斯、伊朗、朝鲜和叙利亚发起的网络攻击。

1. 美国的网络攻击

美国、中国、俄罗斯、以色列、印度和法国（按顺序排列）是 6 个经常被列为“网络国家安全能力最强”的国家（Reveron，2012，p. 15）。本部分将讨论美国的网络破坏行为。下文描述了美国发动网络破坏的结构、战略以及美国对伊朗的攻击。

(1) 结构

美国国防部在 1977 年第一次探讨了网络战争，1981 年国防部开始规划网络攻击，1991 年美国在对伊拉克战争中首次尝试使用恶意软件（Reveron，2012，p. 13）。

在比尔·克林顿总统（1993 ~ 2001 年在任）的领导下，美国国家安全顾问、国防部长和参谋长联席会议都大力提倡对伊拉克实施现实世界的秘密行动和网络战争，特别是围绕伊拉克黑客已经在 1998 年 2 月入侵了国防部的错误担忧，以及针对“基地”组织的金融资产，尤其是在“基地”组织对美国驻肯尼亚和坦桑尼亚大使馆（1998 年 8 月）发动恐怖炸弹袭击之后。当时的两名财政部长（1995 ~ 1999 年任职的罗伯特·鲁宾和 1999 ~ 2001 年任职的劳伦斯·萨默斯）反对这样的反应，因为他们害怕破坏国际规范，破坏国际金融稳定。

1997 年，国防部长授权国家安全局（1952 年成立，主要负责信号情
426 报）进行计算机网络攻击（Computer Network Attack，CNA），这是指“干扰、拒止、削弱或破坏”目标计算机或网络上的信息“或计算机和网络本身”。2003 年 3 月，美国国家安全局发动了网络攻击，加上空袭，从而在入侵伊拉克期间关闭了伊拉克电网。

专栏 10.3

私人和试验性网络攻击

1997 年 3 月，马萨诸塞州伍斯特市的一名青少年使用互联网访问当地机场控制塔的控制系统并使系统失效。21 世纪头十年，一些国家报道称，它们的国家电网、空中交通管制系统和核设施被入侵，虽然很难区分恶意行为人或系统漏洞所起的相对作用，特别是官员经常拒绝承认任何问题，因为担心引起公众的恐慌或提醒攻击者他们造成的后果（U. N. Office on Drugs and Crime，2010a）。

在 2000 年的 3 个多月里，澳大利亚昆士兰的一个污水控制系统被曾经在这里工作的工人入侵，在不同的地点释放了 264000 多升未经处理的污水，污染了环境。最终，他被判处 2 年监禁。

2006 年 8 月，2 名罢工的交通工程师利用其管理员身份登录了道路交通管理中心，并在机场、高速公路匝道和其他关键的十字路口造成交通堵塞。最终，他们被指控犯有 7 项重罪，并被判处进行社区服务和缴纳罚款。

2008 年 1 月，在波兰罗兹，一名 14 岁男孩改造了一个电视遥控器，用来控制城市有轨电车系统的无线开关。他的行为导致 4 辆电车脱轨，造成 10 多名乘客受伤。这是第一次造成直接伤害的网络攻击。

在试验方面，2007 年，在美国国土安全部的支持下，美国能源部侵入了一个发电厂的模拟控制系统，并改变了发电机的运行周期，使其在 30 秒内震动而毁。

2008 年，医学研究人员警告说，植入的心律转复除颤器和带有电子电路的心脏起搏器可以通过无线方式进行访问，并获得私人信息，或者重新编程来伤害患者。2012 年，一名研究人员侵入心脏起搏器并重新编程，使心脏起搏器达到致命的 830 伏特电击，从而证明了这一点。当时，

这种植入物还没有加密，可以通过无线网络从大到12米的范围内进行访问。

2010年，研究人员证明，他们可以将计算机连接到汽车上的诊断端口，并掌控控制汽车性能的车载计算机，从而直接控制锁、刹车和发动机，而不受驾驶员控制和自动控制的影响。后来，他们证明可以通过无线电、蓝牙、音频光盘播放器、导航系统和应急通信来控制无线网络。鉴于汽车事故的高发，并且攻击者很容易掩盖事故的真正原因，过去可能有因网络攻击发生车祸，但一直被算作事故（Applegate，2013）。 427

2005年，美国成立了一个新的军事司令部（Joint Functional Component Command-Network Warfare，即联合职能部门司令部－网络战司令部），由美国战略司令部进行管理，但由美国国家安全局局长领导；2009年10月，改组为网络司令部（2010年5月，它名义上实现了作战状态）。美国空军声称网络空间是除了空中和太空之外的第三个领域，而且美国海军也建立了舰队网络司令部（第10舰队）。

专栏10.4

对美国来说，网络破坏的风险是什么?

美国遭受了最多的网络攻击，因为它是最有价值的经济体，在政治上是重要的商业和技术领导者，并在数字上高度互联。出于同样的原因，美国很可能持续面临大量的网络攻击，批评人士指出，这些攻击受外国报复因素驱动。

美国官方最担心的是对国家基础设施的网络攻击有可能造成物质或人身伤害。2006~2012年对美国网络基础设施的攻击频率就增加了近8倍（见表10－2），美国政府问责局将网络关键基础设施列为高风险，并有效地预测了风险的增强，指出：

> 随着计算机技术的发展，联邦机构和国家的关键基础设施，如配电、供水、电信和应急服务，已经越来越依赖于计算机化的信息系统和电子数据来执行操作，并处理、维护和报告基本信息。系统与数据安全对维护国家安全、经济安全、公共卫生及安全至关重要。保护联邦计算机系统和支撑关键基础设施的系统是需要持续关注的

> 问题，称为“网络关键基础设施保护”。自1997年以来，联邦信息安全一直在高风险领域的清单上，2003年政府问责局将网络关键基础设施纳入高风险领域。信息和通信系统的风险包括来自不满或粗心的员工和业务合作伙伴等的内部威胁，来自世界的不断升级和新兴的威胁，以及易于获取和使用的黑客工具、先进攻击技术的稳步提高，还有更具破坏性的新型攻击。网络威胁和事件越来越普遍，对支撑关键基础设施的系统与政府信息系统的威胁正在不断演变和发展。（U. S. Government Accountability Office，2013，p. 184）

2013年夏天，爱德华·斯诺登向记者披露了文件，其中一些描述了
428 美国国家安全局的获取特定情报行动办公室（Tailored Access Operations，TAO），它已经侵入外国设备达15年。据记者采访的国家安全局前官员称，获取特定情报行动办公室的任务是从计算机、电信系统、电子邮件和短信中收集信息。这些文件包括一份机密的预算授权，称2011年美国有231项进攻性网络行动，主要针对俄罗斯、中国、伊朗和朝鲜的计算机网络。预算授权表明，行动的内容就是每年在计算机、路由器和成千上万的机器防火墙上“秘密植入”（恶意软件），并计划将这个数字扩大到数百万（Aid，2013；Ingersoll，2013）。

2014财年的预算申请将计算机网络战预算提高了20%，达47亿美元。网络司令部人员数量从900人增加至4900人。到2015年，网络司令部将在国内部署13个进攻小组，并在作战司令部范围内另外部署27个进攻小组（Negroponte et al.，2013，p. 35）。

（2）战略

2005年3月，《国防战略》（由国防部长发布）将“网络空间”描述为新的作战区。该战略指出，“在罕见的情况下，革命性技术和相关的军事创新将从根本上改变长期以来形成的战争概念”（U. S. Department of Defense，2005，p. 3）。

2008年6月，《国防战略》估计，非国家行为体“能在网络空间内攻击脆弱点，扰乱美国的商业和日常生活，从而造成经济损失、破坏敏感信息和材料以及中断关键服务，比如电力和信息网络”（U. S. Department of Defense，2008a，p. 7）。

2011 年 2 月，《国家军事战略》（由参谋长联席会议负责）估计，由于针对网络空间恶意使用的国际准则薄弱、来自归因的挑战、网络攻击进入门槛低，以及发展进攻能力比提高防御能力更容易，网络威胁正在增强。

2011 年 7 月，网络司令部发布了国防部第一份《网络空间作战战略》（Strategy for Operating in Cyberspace）。该战略有 5 个目标或组成部分：其一，将网络空间视为 4 个现有领域（陆上、海洋、空中和太空）之外的一个作战领域；其二，发展主动防御（国防部网络的新防御与作战概念）；其三，与国土安全部和私人部门合作，为关键基础设施提供支持；其四，国际合作；其五，在研发中发挥人才和创新的作用。

2011 年 5 月 31 日，美国官员公开警告，网络攻击可能被视为战争行为。2012 年 9 月 18 日，美国网络司令部举行了一次公开会议，美国国务院法律顾问哈罗德·科赫（Harold Koh）在会上宣布，美国已经采纳联合国包括国际法适用网络空间的立场等 10 项原则，并共享这些原则；网
络攻击可以构成触发自卫权的武装攻击；造成死亡、伤害或重大破坏的 429
网络作战可能被视为违反国际法的武力使用；造成核电站熔毁、在人口稠密地区打开大坝、使空中管制系统失效而导致飞机失事等网络攻击，都是可能构成非法使用武力的例子。

2012 年，美国政府完成了一项法律审查，提出如果美国要为即将到来的大规模网络攻击收集可信证据，总统可以下令先发制人。新的战略防御指导确定了美国武装部队的主要任务之一就是在网络空间开展有效行动。

据报道，2012 年 10 月，奥巴马总统签署了第 20 号总统行政指令，规定了网络作战的原则和过程。在被泄露的内容节选中，动能报复的门槛如下：

> 重大后果：失去生命、针对美国的重大反应行动、重大财产损失、严重不利的美国外交政策后果或对美国经济的严重影响。
>
> 美国的国家利益：事关美国重大利益的事项包括国家安全、公共安全、国家经济安全、关键基础设施安全可靠的运转以及关键资源的可用性。（U. S. White House，2012，p. 3）

据报道，在战区之外的网络作战需要获得总统的许可（Negroponte et al.，2013，pp. 35 –36；Reveron，2012，pp. 8 –9）。

（3）美国对伊朗的攻击

2010 年夏天，伊朗指责美国和以色列使用名为“震网”的恶意软件毁坏了伊朗铀浓缩工厂 6000 台离心机中的 1000 多台。“震网”曾被用来进行长时间监视。2012 年 6 月，在一份报纸调查之后，美国官员证实，美国国家安全局及其以色列同行已经开发了“震网”。“震网”可以在伊朗人未警觉的情况下逐渐破坏离心机，而且即便被发现，“震网”也能继续运行。“震网”及其衍生物通过共享的打印机网络传播，是种后门恶意软件，允许控制器适应并升级它们。2012 年 2 月，伊朗法尔斯通信社援引一名伊朗情报官员的话称，伊朗的 16000 台计算机已被“震网”病毒感染。

> “震网”蠕虫病毒比之前发现的任何恶意软件都要复杂，它包含 4 个 Windows 零日漏洞，并能通过 USB 闪存驱动器、网络共享、远程过程调用（RPC）漏洞或打印多任务缓冲处理器漏洞传播。“震网”也是第一个包含可编程逻辑控制器（PLC）根工具包的恶意软件。逻辑控制器通过微软的 Windows 系统传播，但似乎是针对特定的可编程逻辑控制器，即西门子公司 S7 –300 系统，而且只在可编程逻辑控制器连接到两种特定类型的可变频率驱动器时传播，该驱动器必须以 807 ~1210 赫兹自旋。一旦这些条件和其他特定的条件得到满足，“震网”蠕虫就会周期性地将可变频率驱动器的频率修改为 1410 赫兹，然后是 2 赫兹，然后是 1064 赫兹，同时在附加的
> 430 监视系统中掩盖这些变化。
>
> 众所周知，“震网”已经在全球范围内感染了至少 12 万个 Windows 系统，但只知道纳坦兹的燃料浓缩工厂的系统受到损坏，包括伊朗核燃料浓缩项目中使用的 1000 多台离心机（Applegate，2013，p. 8）。

（4）美国对中国的攻击

2013 年 8 月 25 日，中国宣布遭遇了史上最大规模的网络攻击。分布

式拒绝服务攻击中断了许多负责“. cn”域名网站的服务器。CloudFlare的首席执行官马修·普林斯（Matthew Prince）指出，该公司发现，相比于24小时前的数据，在此次攻击中，该公司数千个中国域名的网站访问量下降了32%（Mozur，2013；Roney，2013）。 431

2. 俄罗斯的攻击

2007年5月，爱沙尼亚和俄罗斯政府围绕爱沙尼亚领土上的苏联战争纪念碑问题争执期间，俄罗斯黑客使爱沙尼亚银行系统与一些电信、新闻和政府网站瘫痪。

2008年8月，在俄罗斯和格鲁吉亚为争夺对亲俄罗斯的南奥塞梯地区的控制权而爆发战争期间，俄罗斯黑客使用包括DoSHTTP和BlackEnergy在内的广泛存在的工具包实施分布式拒绝服务攻击等，扰乱格鲁吉亚的网站，并试图通过破坏格鲁吉亚博主的社交媒体来压制其声音。针对爱沙尼亚的类似攻击有更严重的后果，因为爱沙尼亚更加依赖互联网。

2008年11月，美国方面称，俄罗斯黑客用恶意软件攻击了由美国中央司令部管控的保密网络空间，但美国并没有责怪俄罗斯政府。

自2014年2月俄罗斯“介入”乌克兰内战以来，越来越多的网络攻击针对乌克兰和美国。2014年3月，在俄罗斯人抗议“分离”和“占领”期间，俄罗斯曾为中断克里米亚半岛与乌克兰其他地区之间的通信提供帮助。乌克兰分离分子与俄罗斯人侵入乌克兰官方网站与通信系统，特别是通过俄罗斯基础设施入侵。一些抗议者占领了乌克兰电信服务提供商所拥有的设施，关闭了互联网和电话通信的节点。俄罗斯军队切断了与乌克兰军事设施的有线通信，与此同时，俄罗斯军舰在近海干扰无线电和移动电话通信。这些攻击没有造成乌克兰通信彻底崩溃，因为乌克兰已经针对俄罗斯先前的刺探活动做了合理的防御和冗余准备。此外，乌克兰政府受到俄罗斯网络犯罪团伙Quedagh的攻击（Gilbert，2014）。摩根大通在一场攻击中发现有7600万个账户被泄露，可能是因为它参与了美国对俄罗斯制裁（Goldstein，Perlroth，& Sanger，2014）。

3. 伊朗的攻击

一位匿名的美国官员指责伊朗自2011年12月以来对美国企业的网站进行分布式拒绝服务攻击。2012年8月，2天攻击—2天休息—2天攻击，伊朗的攻击者企图破坏中东地区参与对伊朗石油禁运企业的网站，例如沙特阿拉伯的阿美石油公司。更严重的是，恶意软件（外号为“Shamoon”）毁坏了阿美石油公司3万台计算机的硬盘，使该公司的部分网络瘫痪了2周。攻击者主要利用了美国电信公司拥有或运营的服务器。2012年10月18日，美国国防部长帕内塔（Leon E. Panetta）在纽约举行的一场国家安全会议上指出，这次的“Shamoon”攻击“可能是私人部门迄今为止遇到的最具破坏性的攻击”（Pincus，2012）。

2012年9月17~23日这周里，美国主要银行的网站因分布式拒绝服务攻击而变得迟缓。9月21日，国土安全和政府事务委员会主席、参议员约瑟夫·利伯曼（Joseph I. Lieberman）公开指责伊朗，而伊朗的银行正遭受着来自美国和欧洲的更严厉制裁。2012年10月、2013年1月和
432 2013年3月也发生了类似的攻击，一个自称“Izz ad-Din al-Qassam网络战士”的组织声称对此负责，但美国官员声称该组织至少得到了伊朗政府的默许。2013年2月，美国的银行向美国证券交易委员会提交了年度财务报告，19家银行指出它们在前一年遭到了拒绝服务攻击或恶意入侵（Negroponte et al.，2013，p. 17）。

4. 朝鲜的攻击

美国方面认为，朝鲜互联网不是十分发达，但朝鲜政府除外。1994年，朝鲜政府成立了一个正式的黑客组织，现在有大约6000名员工（Sanger & Fackler，2015）。

2009年7月，美国和韩国政府与商业网站，包括特勤局、财政部、联邦贸易委员会、纽约证券交易所、纳斯达克和《华盛顿邮报》是朝鲜分布式拒绝服务攻击的目标。2009年，朝鲜在74个国家招募了约166000台计算机作为“僵尸”，以发动网络攻击。

2011年初，韩国指责朝鲜进行类似的分布式拒绝服务攻击，扰乱了韩国和美国的官方网站与银行网站。

美国宣称，已知针对美国的经济损失最大的网络破坏事件发生于2014年11月24日，当时在索尼影视娱乐内联网上传播的恶意软件覆盖了硬盘驱动器上的所有数据，包括主引导记录。索尼的电子邮件和其他系统瘫痪了一个星期，而黑客们陆续在网上发布了被盗的电影、令人尴尬的内部电子邮件以及有关员工薪水的特权信息。朝鲜受到指责，因为

索尼公司计划（在圣诞节）上映一部关于美国中央情报局招募两名美国记者刺杀朝鲜领导人的喜剧电影。12 月 1 日，美国联邦调查局警告其他公司，一个有限恶意软件的部分代码包含朝鲜语文本（Finkle，2014）。有同样签名（“和平卫士”）的恶意软件威胁电影院，使五个较大的发行商于 12 月 17 日宣布推迟上映日期。索尼无限期地取消了这部电影的发行，这部影片的制作成本为 4400 万美元，宣传费用在这之前已达 3500 万美元。不过，在受到批评之后，索尼最终还是选择按期发行，而这部影片最初只在网上发布（Barnes & Cieply，2014）。

5. 叙利亚的攻击

至少自 2010 年开始，“叙利亚电子部队”（Syrian Electronic Army，SEA）攻击了几十个网站和社交媒体账户。“叙利亚电子部队”是匿名攻击者的签名，但他们使用一个由叙利亚计算机协会注册的网站，1995 年开始这个网站由巴沙尔·阿萨德运营，直到 2000 年他成为叙利亚总统。它的早期目标包括美国总统奥巴马和国务卿希拉里·克林顿的官方传记网页。 433

2011 年 3 月叙利亚内战爆发后，“叙利亚电子部队”的活动变得更加有针对性。2011 年 9 月 26 日，“叙利亚电子部队”明确其接管了哈佛大学的官方网站，并发表了美国对叙利亚政策的反对意见。2012 年 8 月 28 日，叙利亚黑客在大赦国际的 Livewire 上发布了反政府暴行的内容，该博客此前曾发布有关对叙利亚政权滥用人权的担忧。

2013 年 2 月 28 日，卡塔尔基金会的 Twitter 和 Facebook 账号开始发布令人困惑的消息（在内战初期，卡塔尔一直大力支持叙利亚的反政府武装）。2013 年 3 月 22 日，“叙利亚电子部队”明确其接管了 BBC 阿拉伯语在线、BBC 天气频道和 BBC 阿尔斯特广播的 Twitter 账户，并发布推文，指出 BBC 存在偏见。2013 年 3 月 17 日，“叙利亚电子部队”在 Twitter 和人权观察网站上发布了类似的内容。4 月 15 日，为了批评国家公共广播电台对叙利亚内战的报道，“叙利亚电子部队”接管了它的网站和推特账户。4 月 20 日，黑客攻击了美国哥伦比亚广播公司的 4 个 Twitter 账户并发布了一长串的消息，指责美国支持叙利亚境内的恐怖主义，称这是更大阴谋的一部分，目的是将一个世界政府强加于人。

8 月 27 日，“叙利亚电子部队”重定向《纽约时报》网站，限制访问《纽约时报》新闻版面近48小时。它还攻击了Twitter，用户称看到了一些图像，比如头像图片，这些攻击者利用澳大利亚墨尔本信息技术公司的记录进行钓鱼。这家公司为一些网站注册域名并为它们存储目录记录，黑客更改了这些记录的信息，导致域名被误导。在某些情况下，用户还会被重定向到一个看上去是“叙利亚电子部队”标志的页面。

2013年10月28日，“叙利亚电子部队”攻击了奥巴马总统的Twitter和Facebook账户，将更新重定向到一个名为“叙利亚面临恐怖主义”的YouTube视频。“叙利亚电子部队”利用了“行动组织”的URL缩短器，该组织促进了奥巴马的医保法。

五　信息安全保障

以上各部分在介绍与攻击信息相关的来源、载体和活动时，提供了许多应对这些问题的建议。本部分为高层管理人员提供一般信息安全以及一般网络和通信安全方面的建议。

关于保障信息安全的建议已经淹没在仅保护数字信息的建议中，但信息安全的范围比数字信息安全更广。公认的建议将信息安全分为三个部分：其一，“保护性安全”，意即“被动防御”，阻止收集你的信息或
434 防范关于你的信息的企图，防御措施包括控制特定信息的访问、转移、传输、浏览等；其二，“检测与中和情报威胁”，意思是“通过消除对手的进攻性情报威胁进行积极防御”；其三，“欺骗”，意思是欺骗威胁或让威胁感到混淆（Herman，1966，pp. 166 - 170）。

人道主义实践网提出以下关于信息安全最低限度的政策建议：一是界定敏感信息，二是确定谁有权处理敏感信息，三是确定如何存储、传播、转让、销毁敏感信息，如何消除敏感性（Humanitarian Practice Network，2010，p. 154）。

更详细的信息安全策略包括以下几个方面。其一，安全域的防护，包括：物理访问控制，比如限制人员进入存储信息的物理空间；数字存取控制，例如确定限制使用计算机网络的人员；控制域之间的信息传输，例如禁止将文件或数字媒体移出保密域；建立防火墙，从根本上通过一些基于规则的标准对信息或请求者进行过滤或把关。其二，利用冗余技

术，复制关键部分的操作，例如电源、工作人员和场地（尽管完全冗余是不必要且昂贵的）。其三，备份，以防主要资源或资产丢失，包括数据、网络和处理能力、人员、流程、关键的服务提供商和补给商。其四，435
为未来的偶发事件做好规划。其五，对模拟偶发事件的网络进行测试（Suder，2004，pp. 196 - 197）。

SANS研究所（SANS Institute，2013）发布了20项“关键安全控制”：第一，维护授权和未授权设备的清单；第二，维护授权和未授权软件的清单；第三，监控硬件和软件的安全配置；第四，定期评估和修补漏洞；第五，维持对恶意软件的防御措施；第六，维护应用软件的安全防护措施；第七，控制对无线网络的访问；第八，维护恢复数据的能力；第九，评估安全能力，并开展安全技能培训；第十，维护网络设备的安全性，如防火墙、路由器和交换机；第十一，控制网络端口、协议和服务；第十二，管控管理权限；第十三，保护周边设备；第十四，维护、监视和分析安全审计；第十五，根据需要进行访问控制；第十六，监视和管控用户账户；第十七，安装访问控制，对移动硬盘进行加密，防止数据丢失；第十八，管理事件，如内部违规和外部入侵；第十九，网络安全工程，例如安全区域和网络分段；第二十，通过渗透测试和红队演习来检测系统。436

普华永道针对有效信息安全提出了以下10项“基本保障措施”：一是书面安全政策；二是备份和恢复、业务连续性计划；三是收集和保留最少的个人信息，对个人数据的物理访问要有限制；四是强大的预防、检测和加密等技术保障；五是员工和客户的个人数据收集、传输与存储位置的准确清单，包括处理该数据的第三方；六是内部和外部风险评估，包括隐私、安全、机密性以及电子记录和纸质记录的完整性；七是对数据隐私程序的持续监控；八是人员背景调查；九是员工安全意识培训计划；十是要求员工和第三方遵守隐私政策（PricewaterhouseCoopers，2013，p. 34）。

威瑞森公司有关保障数据安全的建议包括：删除不必要的数据，并监控剩余的数据；确保基本控制的部署，并定期检查它们是否保持不变；收集、分析和共享事件数据，创建可以确保安全程序有效性的丰富数据源；在不强调预防的情况下，专注于通过人、流程和技术的融合来更好、更快地进行检测；定期检测网络中的“受损系统数量”和“平均检测时间”，使用它们来推动安全实践；评估威胁的情况以确定处理策略的优先顺序，不要相信“一刀切”的安全措施；如果你是间谍的目标，不要低估对方的韧性，但也不应低估你掌握的情报和工具（Verizon Enterprise
437 Solutions，2013，p. 5）。

如果出现漏洞，威瑞森公司建议使用“A4”威胁模型分析每个漏洞：行动者（actor），即谁的行为影响了资产；行动（action），即哪些行动影响了资产；资产（asset），即哪些资产受到影响；属性（attribute），即资产是如何受到影响的（Verizon Enterprise Solutions，2013，pp. 14 - 15）。

六 网络安全

尽管下文介绍了许多技术条款，并描述了具体的威胁，但本书没有足够的篇幅来全面介绍网络安全的技术条款。下文将介绍访问控制、防御措施和威慑。

（一）访问控制

访问控制是允许适当的用户访问某些域或访问某些信息，但拒绝其他用户访问的措施。越来越多的网络安全专家提倡“最小特权原则”（least privilege principle），只授予用户执行自己工作所需的权限，没有更多权限。

对获得授权用户的访问控制通常由用户名和密码组成。这类数据更有可能在系统的用户端被破坏，而不是服务器端。服务器通常以加密的形式保存用户的密码（哈希密码，以数学方式从密码中生成的数字）。当用户登录时，服务器会生成所输入密码的哈希字符，并与存储的哈希密码进行比较。如果匹配，服务器允许访问。

这种哈希密码很难破解，但是一些国家特别是美国有能力通过世界上大部分的电信通行证进行破解。至少从 1976 年起，一些专家就开始怀疑美国国家安全局在国家标准管理局发布的数据加密标准中插入了后门。2013 年夏天，国家安全局前员工爱德华·斯诺登披露了一些文件，这些文件描述了美国国家安全局对生成加密密钥的随机数生成器漏洞的利用，这是由美国国家标准和技术研究所所指定的，这一漏洞使美国国家安全局能够发现正在生成的密钥。9 月，美国国家标准和技术研究所重新对包含该规范的出版物进行了公开审查；12 月，美国国家标准和技术研究所对生成密码标准的过程进行了正式审查。易受攻击的随机数生成器是双椭圆曲线确定性随机数发生器（Dual Elliptic Curve Deterministic Random Bit Generator，Dual EC_DRBG）。有关标准包括：SP800 – 90A，对使用确定性随机数生成器生成随机数字的建议；SP800 – 90B，对用于 438
随机数生成熵源的建议；SP800 – 90C，对构建随机数生成器的建议（Jackson，2013b）。

未来技术会有更好的加密，但也会有更好的解密（U. K. Ministry of Defence，2010，p. 140）。

大多数威胁利用用户的某些操作进入保密空间。用户可能未按规则操作（例如“不共享你的密码”），但用户的大部分工作活动（如使用电子邮件沟通或参加会议）存在固有的威胁风险。因此，大多数网络安全管理人员对信息访问或传输进行控制，将他们的注意力集中在加强用户对安全行为的遵从上。

从理论上讲，建议大多是简单的（比如“只使用获允的软件”、“不要从不可信的来源下载”以及“更新你的安全系统”），这样的建议过于依赖用户（Yannakogeorgos，2011，p. 261）。因此，对软件使用和更新的管控应尽可能实现自动化，这样就可以将用户的易错性从风险中排除。

当用户被授予访问权限时，用户的易错性仍然存在，这是当今大多数工作所固有的问题，比如访问电子邮件、数据和软件。几乎所有访问这些系统的用户都会获得授权的密码，但密码是会出错的。随着人们越来越多地使用互联网，人们在更多的网站上使用自己的身份，通常不更改自己的密码。美国人每人拥有 30 ~ 40 个网站的密码，每天登录约 10 个网站。大多数美国人在所有网站上只使用一个密码，60% 的密码长度少于 5 个字符，超过 80% 的密码使用整个单词，比如真实姓名。网络钓鱼者可以在公共领域收集到足够多的信息，例如目标最喜欢的宠物或者其配偶的名字，猜测这类简单的密码。更容易收集的信息是目标的第一所学校或母亲的娘家姓，这是典型的问题答案，当用户忘记他们的密码时，作为后门访问。黑客利用这些方式攻击一些令人惊讶的网站。例如，Stratfor 出售有关当前国际与国家安全问题的信息和分析报告，主要面向在线访问信息的付费用户。2011 年 12 月，Anonymous（一个黑客团体）从 Stratfor 服务器窃取了数千名用户的信息，其中包括他们的信用卡号码，黑客声称访问密码很容易猜到。Stratfor 向客户道歉并承诺提高网站安全性，但 2012 年 2 月，匿名者还是窃取了 Stratfor 客户的一些电子邮件。

威胁可能会在目标的计算机上安装间谍软件，记录目标的击键，包括他们输入的账户和密码，一些恶意软件可以搜索存储的密码。用户应避免使用更暴露的终端，如从陌生人那借来的终端或网吧里的终端；但是如果不得不使用一个陌生的终端，如离开家或办公室的时候，在复制USB 驱动器上的一个文件后，可以通过粘贴身份标识词和密码来避免使用键盘（尽管 USB 驱动器会暴露给终端上的恶意软件）。

一些在线服务（一般是网上银行网站、专门的基于 web 的电子邮件应用程序和在线访问有组织控制的电子邮件或数据）会要求用户定期更改密码，不允许使用完整的单词或常用术语（如“password”），或者要
439 求设置包含数字字符或不常见字符的密码。

此外，越来越多的服务需要进行更多的身份验证。例如，网站可以要求用户回答一个人口问题之后再输入密码。用户可能需要携带一个可以显示一个周期性随机数字的硬件，这个随机数字只有远程服务器才能识别。

一些访问控制包括查找异常行为的软件，例如，来自外国的试探性登录或者在一天里非典型的时间登录，或者有人没有正确的凭证而尝试多次登录，出现这些情况则会完全阻止访问，等待进一步的检查。

最终，任何使用和存储键入密码的系统都是个人的和在数学上不可靠的，因此数字安全管理员正在寻找更多的身份验证方法，主要包括可以识别生物特征的硬件，如指纹、虹膜和皮肤化学。一些计算机和外围设备已经有了指纹和其他生物特征数据的数字读取器，一些边境管控措施使用能读取生物特征数据的设备。

（二）防御

防御对防止非法访问和尽可能减少非法访问非常重要。由于对更快、

更方便访问的合理要求，阻止所有非法访问是个不现实的目标，但即使允许一些非法访问通过，安全系统也可通过尽早发现访问来控制风险，限制威胁的利用。威瑞森公司的数据显示，在 84% 的案例中，入侵访问花费的时间从几秒钟到几个小时。相比之下，受害者发现入侵通常需要几个月（62% 的案例）甚至数年（4% 的案例），而此后控制入侵通常需要几天（41% 的案例）或几周（14% 的案例）甚至几个月（22% 的案例）。要感谢有更好的防御，在过去 10 年里，危及安全的时间变长了，但发现威胁的时间也呈现出加快的趋势（Verizon Enterprise Solutions, 2013, p. 49; 2014, p. 12）。

一般来说，私人行为体可通过以下防御措施获得最低限度的网络安全：监督不遵守信息交流的内部人员；分析潜在威胁的流量；就有关威胁咨询专家，订阅黑客支持者发布的文件，以及监控黑客的在线论坛；构建自动入侵检测系统；构建自动入侵预防系统；异常行为或入侵的自动记录，以及这些日志的定期审计；防火墙（基于规则的有效流量过滤或信息门，允许一些基于规则标准的信息或请求者通过）；杀毒软件；反垃圾邮件软件；监控安全补丁。 440

具有更多带宽、处理能力或按需访问云端通的系统不易受到拒绝服务攻击。可以将操作系统配置为禁用其任务不需要的服务和应用程序。可以将网络和应用程序防火墙设计为阻止恶意数据包，最好尽可能接近源，方法是阻止所有已知恶意源的流量。获取关于威胁的情报之前，其域名和 IP 地址可以帮助防止攻击。

系统管理员应在互联网服务提供商、网站托管提供者和安全供应商之间进行协调。在受到攻击之前，与这些利益相关方制订应急计划可以在响应管理期间提供帮助。有些利益相关方将攻击视为触发业务连续性计划或人为灾难响应计划的事件。

（三）威慑

越来越多的官员尝试威慑和防御手段并用，以进行惩罚和预防，尽管这通常是个必定要涉及司法当局或政府的选项。例如，2011 年 5 月 31 日，美国官员首次公开警告，有害的网络攻击可能被视为战争行为，意味着军事报复。2012 年 9 月 18 日，美国网络司令部举行公开会议，国务院法律顾问哈罗德·科赫表示，美国已经通过了联合国10项原则，其中最重要的几点包括：国际法适用于网络空间；网络攻击可以构成触发自卫权的武装攻击；造成死亡、伤害或重大破坏的网络攻击，比如造成核电站熔毁、在人口稠密地区打开水坝，或使空中交通管制系统瘫痪而造成飞机坠毁，构成了违反国际法的武力行为。

联合国认为，第一次网络空间的打击是不合法的，正如国际法禁止各国在现实世界中发动首次袭击一样。然而，这种法律威慑仍然是个不完整的解决方案。

> 考虑到联合国是围绕民族国家的概念建立的，这种做法当然是有道理的，但它对当代互联网的脆弱性没什么影响力，因为在互联网上，许多威胁来自小群体和非国家行为体。网络空间的安全挑战表明传统民族国家的国家安全措施不能解决像网络空间这样的当代挑战。此外，网络攻击有一种固有的可否认性，这使任何协议都很难进行监控或得到执行。(Reveron，2012，p. 10)

七 美国网络安全管理机构

下文从刑事司法当局、军队和国防当局、国土安全部、机构间当局
441 和关键基础设施当局审视美国负责网络安全的官方机构。

(一) 刑事司法当局

司法部是美国起诉网络犯罪的最高权力机构，负责管理联邦调查局，这是最高的调查机构。美国联邦调查局设有网络犯罪部门，在加州圣何塞等主要城市有高科技犯罪小队，涉及网络间谍或恐怖主义的问题由美国联邦调查局领导调查。美国国土安全部管辖下的美国特勤局对大多数其他网络犯罪进行刑事调查，它的核心部门是电子犯罪工作组，在主要城市设立分支。

其他参与网络犯罪调查的联邦调查机构，特别是涉及侵犯知识产权的案件，还有移民和海关执法局、国税局和邮政监察局。

这些联邦机构与地方、州、外国执法伙伴和商业利益相关者合作。地方当局可以成立跨部门工作小组。起诉网络犯罪主要使用联邦刑事法典第 1030 条，但在这里不做过多介绍。

在国外，美国特勤局派驻对外联络官员。美国司法部有两名知识产权执法协调员，一名在泰国曼谷，另一名在保加利亚索非亚。美国司法部在 24 - 7 网络中代表美国，这是一个自愿、由国家联络点组成的国际网络，大约有 50 个国家加入。24 - 7 网络实际上是每个国家联络点的名单，供一国在请求外国司法干预以保存对调查人员有用的数据时使用。这一请求通常被认为是缓慢、正式的请求得到批准之前的非正式请求，通常可以得到司法互助条约的支持。司法互助条约是双边条约，规定一国如何向其他国家请求援助，以及其他国家应如何行动。美国与大多数国家没有签订司法互助条约。

专注于应对外国情报的最高权力机构是国家反情报执行办公室，但该办公室只是个协调机构，而不是司法机关（2001 年，该办公室取代了 1994 年成立的中心）。

（二）军队和国防机构

1952 年成立的国家安全局一直是美国负责信号情报及最终网络战的主要国防机构，美国国家安全局和国防信息系统局共同负责美国军用网络的安全。美国战略司令部（自 1992 年起）是负有网络安全职责（包括在网络空间内的“行动自由”）的牵头联合军事司令部。自 2005 年以来，由战略司令部管理、国家安全局局长领导网络战，2009 年 10 月网络司令部成立。

国防部是国防工业基础部门的特定行业机构，它是美国国土安全部确认的 16 个关键基础设施部门之一（见第九章）。2011 年 6 月，美国国防部启动了“探索性网络安全倡议”，作为一项试验，与 20 个私人部门
服务提供商共同负责对国防工业基地和国防部受到的网络威胁进行官方 442
评估，但国土安全部在 2011 年晚些时候接管了这项工作。2012 年，国防部首席信息官办公室在弗吉尼亚州阿灵顿实施网络安全信息共享计划，以帮助国防部和符合条件的公司共享保密信息（Magnuson，2014）。

（三）国土安全部

1998 年，比尔·克林顿总统签署第 63 号总统令，组建一个在总统领导下的机构，以“消除能被利用对我们关键基础设施进行任何物理攻击和网络攻击的重大薄弱点，包括我们的网络系统”（U. S. White House，1998）。

自 2003 年 3 月以来，国土安全部在部长的带领下，负责美国文官政府和关键基础设施领域的网络安全，由 1 名副部长领导的国家保护和计划局于 2003 年 6 月成立了国家网络安全处。

在国家网络安全处内部，计算机应急准备小组是联邦文官政府内部网络安全的主要领导机构，负责与本国政府和外国政府进行较低级别的协调，以及与私人部门运营商进行协调。它邀请公民个人和组织提供有关网络威胁的信息，并通过国家网络警报系统向自愿的消费者传播已知的网络威胁信息，还发布有关网络安全防范手段的指南。工业控制系统网络应急准备小组（Industrial Control Systems Cyber Emergency Response Team，ICS-CERT）为关键的网络基础设施所有者和运营商提供现场支持。

自 2004 年以来，“爱因斯坦计划”系统向美国计算机应急准备小组提出对联邦民用网络空间入侵的警报。到 2012 年，19 个部门和机构中的 15 个以及 4 个供应商已经部署了“爱因斯坦 2 号”，但国土安全部在任何网络上部署“爱因斯坦”之前需要签订备忘录。那时，美国计算机应急准备小组正在开发可以自动拦截网络入侵的“爱因斯坦 3 号”。然而，一些人批评“爱因斯坦”过于关注业绩，而不是其他网络威胁。“爱因斯坦”关注传入的网络流量，而“连续诊断和缓解”（Continuous Diagnostics & Mitigation，CDM）程序扫描这些流量的端点，如服务器和工作站，查找安全漏洞。“连续诊断和缓解”产生的数据可用于改善“爱因斯坦”的监测功能（Lyngaas，2014）。

在最初几年里，国土安全部受到了严格的审查。美国政府问责局在法律和政策上确定了国土安全部 13 项与网络安全相关的角色和责任：

1. 制订包括网络安全在内的关键基础设施保护的国家计划。

2. 与其他联邦机构、州和地方政府以及私人部门构建伙伴关系并进行协调。

3. 改进与加强包括网络攻击、威胁和漏洞在内的公共或私人信息共享。

4. 发展和提高国家网络分析与预警能力。 443

5. 执行和协调事故响应及恢复工作。

6. 识别和评估网络威胁及漏洞。

7. 支持减少网络威胁和脆弱性的工作。

8. 促进和支持加强网络安全的研发工作。

9. 促进宣传和推广。

10. 培训和认证。

11. 加强联邦、州和地方政府的网络安全。

12. 加强国际网络安全。

13. 将网络安全与国家安全结合起来。(U. S. Government Accountability Office, 2005a, n. p.)

美国政府问责局(U. S. Government Accountability Office, 2005a)发现，国土安全部已做出许多努力来履行这些职责，但也发现国土安全部“没有完全履行 13 项职责中的任何一项，还有很多工作要做”，这主要是因为国土安全部还未解决其组织问题。

美国政府问责局、国家电信安全咨询委员会和行业政府工作组都发现，国家网络安全处的表现不佳，部分原因是人员流失率高，因此建议对现有机构进行调整、整合并培养互操作能力，以应对网络和通信不安全事件。

2006 年，国会成立网络安全与通信办公室，取代了国家网络安全处，仍然向国家保护和计划局报告。2008 年 3 月，该办公室成立了国家网络安全中心，与情报和分析办公室一起协调 6 个最大的联邦网络中心和私人部门运营商。

自 2009 年 11 月起，这些机构被纳入设在弗吉尼亚州阿灵顿的国家网络安全与通信一体化中心(National Cybersecurity and Communications Integration Center, NCCIC)。该中心负责网络安全的实时监测，并与国防部、司法部门和联邦调查局合作，领导国家对网络问题的应对。它的业务部门包括美国计算机应急准备小组、工业控制系统网络应急准备小组和国家电信与网络演习协调中心。

国家网络安全与通信一体化中心还接管了国家电信协调中心（National Coordinating Center for Telecommunications，NCC），后者成立于1983年，主要由总统或国家安全委员会指导。国家电信协调中心是管理紧急通信安全的领导机构，国家网络安全与通信一体化中心还吸收了美国国家通信系统，当时的主要威胁与核战争有关，它于2012年被解散。

2010年9月，国土安全部对“国家网络事件响应计划”进行了首次测试，该计划通过举办定期演习（“网络风暴”），协调联邦政府、州政
444 府、地方政府和地方当局以及私营业主和运营商，为应对国家网络紧急情况做准备。2010年11月，联邦资助的多个州层面信息共享和分析中心设立了网络安全行动中心，帮助联邦与州和地方当局共享信息。“联邦机构网络知识交换”（Joint Agency Cyber Knowledge Exchange）使官员能够直接在非保密和保密级别共享信息。

国土安全部一直在努力吸引和留住网络安全专家，并进行内部协调，近年来情况有所好转（Lyngaas，2014）。然而，国土安全部仍不断受到批评，外交关系委员会委托的一个特别工作组做了总结：

> 许多私人部门和国会的人对国土安全部在美国政府网络安全几个方面扮演的主要文官领导角色持怀疑态度。一些人质疑国土安全部是否具备履行这一职责的行政和技术能力。批评者质疑国土安全部有没有能力把协调信息共享的所有机构聚合在一起，并向私人部门提供援助。虽然国家网络安全与通信一体化中心最近经历了内部重组，但领导人员的流动率仍然很高，说明机构混乱仍存在。国土安全部和国家网络安全与通信一体化中心需要采取措施，确保公共部门和私人部门能够在众多网络问题上发挥带头作用。（Negroponte et al.，2013，p. 47）

在实践中，国土安全部是牵头机构，但不是唯一的权力机构，它在文官政府其他部门留下了大量的冗余和矛盾。

> 协调问题仍困扰着跨部门进程。组织变革对数字政策的三大支

> 柱——联盟、贸易和治理——至关重要。在国务院内部，有关互联网问题的职责分散于网络协调员办公室，经济和商务事务局，民主、人权和劳工事务局。在整个美国，至少有14个相关政府部门在网络空间领域与国际机构及组织合作，这不仅会带来协调和信息传递问题，而且还会使其他国家不了解网络政策工作原理的人搞不明白与谁进行互动。（Negroponte et al.，2013，p. 48）

这个特别工作组建议将国家网络安全与通信一体化中心主任提升为副部长或副国务卿，同时兼任国家反恐中心主任，并将国务院的网络协调员提升为助理部长（办公室升格为局）。

（四）跨部门机构

2007年底，乔治·布什政府委托无党派智库，成立了第44届总统网络安全委员会。根据一份报告，2008年12月，当选总统奥巴马正在组建他的政府。该报告指出：

> 美国未能保护网络空间是新政府面临的最紧迫的国家安全问题之一……薄弱的网络安全削弱了我们在创新方面的投资，同时 445
> 为外国竞争对手的研发提供了资助。在新的全球竞争中，经济实力和技术领导力……像军事力量一样对国家力量是重要的，不能确保网络安全会使我们处于不利地位。（Center for Strategic & International Studies，2008，p. 7）

与此同时，2008年1月，布什批准了（第54号国家安全总统令和第23号国土安全总统令）一项价值300亿美元的"全面国家网络安全倡议"，但大部分信息是机密的。

2009年5月，奥巴马总统宣布计划制定一项国家信息安全战略，即在国家安全工作人员中设立网络安全协调员，加强公共部门和私人部门之间的关系，开展更多的网络安全研究，以及提高网络安全意识。

2010年6月，网络安全地方合作伙伴访问计划允许得到许可的所有者和运营商访问地方融合中心的情报。2010年3月，国土安全部部长珍妮特·纳波利塔诺发起了“国家网络安全意识挑战”活动，呼吁公众和私营企业提交想法以加强网络安全。7月，80多个提案中有7项被选为“国家网络安全意识宣传活动”的内容。

国土安全部主要依靠国家安全局来识别和调查主要的网络威胁。2010年，美国国家安全局和国土安全部签署了一份备忘录，允许国家安全局给予国土安全部在履行网络安全职责方面所需要的任何能力。2010年，美国国土安全部、国防部和金融服务信息共享与分析中心启动了一个试点项目，分享有关金融服务网络安全的信息。2010年10月，国土安全部和国防部同意整合它们对民用和军用网络的保护，并将国防部的网络分析师嵌入国土安全部，而国土安全部将向国家安全局派遣法律人员。

2011年6月，美国国防部发起了“探索性网络安全倡议”，作为一项试验，与国防部和国防工业基地的20家私人部门服务提供商共享对网络威胁的官方评估。2011年底，国土安全部网络安全与通信办公室作为领导者加入了这项倡议，负责“联合网络安全服务项目”。2012年5月，联邦政府将该倡议从试点推广。2013年，该倡议改称“增强的网络安全服务计划”，并扩展到所有关键基础设施的所有者和运营商。有关威胁的信息包括：它们的互联网协议、域名和电子邮件地址以及这些威胁发出的任何已知文件或字符串。

（五）关键的网络基础设施

2012年4月，刚刚退休的联邦调查局刑事、网络、响应和服务部门的执行助理总干事肖恩·亨利（Shawn Henry）公开建议私人部门应更多地实现自力更生：

> 我知道很多公司遭受了损失，他们希望有人来帮助他们。为他们
> 446 提供帮助的不会是美国政府……所以必须是私人部门。（Nakashima，2012，n. p.）

2012年夏天，两大主要政党的政治代表提出了一项法案，即为保护关键基础设施（如供水和配电系统）制定必要的网络安全标准。奥巴马总统和军事与国家安全官员支持这项法案。2012年8月2日，美国52名

参议员投票支持这项法案（46 票反对），没有获得 2/3 多数票，未获通过。8 月 8 日，总统反恐顾问约翰·布伦南对美国外交关系委员会说，“如果国会不打算采取这样的行动，那么总统希望确保我们在尽一切努力……相信我，这个国家的关键基础设施正受到威胁”（DeYoung，2012）。9 月 7 日，一家报纸透露，白宫已经起草了一份行政命令，设立由国土安全部领导的网络安全委员会，由国家情报总监，国防部，能源、财政、商业和司法部门的领导组成，为私人部门制定自愿性标准。10 月 25 日，国土安全部部长珍妮特·纳波利塔诺表示，如果国会在 11 月未能通过立法，美国政府准备发布行政命令，并指出国土安全部已发现对关键基础设施的网络攻击日益增多。然而，美国商会表示，“行政行为是不必要的，反对扩大或创建新的监管制度”（Beauchesne，2013），并威胁要密切关注立法者对该法案的投票结果。

2013 年 2 月 12 日，奥巴马总统签署了行政命令《改善关键基础设施的网络安全》，指示国家标准和技术研究所领导制定网络安全框架——一组自愿性安全标准，其中包括国土安全部确认的 16 个关键基础设施内的信息共享，这是联邦政府和负责基础设施建设的私营企业都能接受的。私营企业自愿遵守行政命令，并没有任何法律法规上的强制要求；它要求各机构制定鼓励自愿参与的激励措施。目标公司包括拥有或管理网络空间或关键基础设施的公司，例如电力发电站，其安全或功能可能受到网络空间恶意行为的影响。网络安全框架应该包括保障计算机网络和跨基础设施通信安全的标准、针对特定行业（如核能）的额外标准。

当天晚上，奥巴马总统向国会解释其行政命令，并呼吁在其年度国情咨文中提出更多的立法。

> 我们不能回首过去的岁月，不知道我们为什么在面对安全和经济的真正威胁时无所作为。这就是为什么今天早些时候我签署了一项新的行政命令，通过加强信息共享和制定标准来增强网络防御，从而保护我们的国家安全、我们的工作和我们的隐私……但现在国会也必须采取行动，通过立法赋予我们的政府更大的能力来保护我们的网络和阻止攻击，这是我们应该能够在两党基础上完成的事情。（U. S. White House，2013b）

2013 年 10 月底，国家标准和技术研究所公布了征求公众意见的框架，截至 12 月 13 日。最终框架于 2014 年 2 月发布，国土安全部负责执行该框架。金融服务行业、一些州和地方政府以及国防部已经建立了特
447 定部门的网络安全中心（Magnuson，2014）。

☞ 本章案例

关于网络准备的观点

梅利莎·E. 哈撒韦

世界上大多数国家接受了推行以信息与通信技术为基础的经济发展战略的决定。如今，各国正在向家庭和企业提供几乎无处不在的通信服务，并寻求发展和推进现代化议程，推动信息社会进入数字时代。电子政务、电子银行、电子健康、电子学习、下一代电网、空中交通管制和其他基本服务等领域的倡议是大多数国家经济议程的重要议题。这些举措旨在提高生产力和生产率，提高劳动技能，推动创新，实现 GDP 增长。有人估计，当 10% 的人口能够连接互联网，GDP 将增长1% ~2%（World Economic Forum，2009）。此外，接受互联网和信息与通信技术的政府及企业认识到，互联网将提高它们的长期竞争力和社会福祉，对 GDP 的贡献可能高达 8%（Dean，DiGrande，Field，& Zwillenberg，2012）。最近的报告更进一步指出，工业系统现代化（如电网、石油和天然气管道、工厂运营等）领域的机遇在未来 10 年占全球经济的 46%（Evans & Annunziata，2012，p. 13）。

各国不能忽视这一经济机会，尤其是在如今停滞不前的经济环境下。然而，如果互联网的核心基础设施是可访问的、可用的、可负担的、安全的、可互操作的、有弹性的、稳定的，那么互联网实现积极经济增长的能力就能持续下去。对我们相互联系的社会的威胁正在超过我们的防御能力，GDP 增长每天都在被侵蚀。简而言之，网络不安全是对经济增长的征税。

例如，据估计，二十国集团经济体因假冒伪劣和盗版失去了 250 万个工作岗位，政府和消费者每年损失 1250 亿美元，其中包括税收损失（Frontier Economics，2011，p. 3）。美国估计，国际知识产权盗窃每

年对美国经济的影响为3000亿美元，占GDP的比重为1%（National Bureau of Asian Research，2013）。此外，荷兰独立研究机构Toegeplast Natuurwetenchappelijk Onderzoek（TNO）的研究表明，网络犯罪每年给荷兰社会造成至少100亿欧元的损失，占其GDP的1.5%~2%。这一损失几乎相当于荷兰2010年的经济增长（Hathaway，2013），英国和德国进行的其他估计也反映了类似的损失。没有一个国家能承受非法网络活动造成的损失，哪怕只占其GDP的1%。

此外，虽然许多国家政府从快速、可靠和可负担的通信中获益，如促进GDP增长、创造就业机会、获取信息以及创新能力，但它们很少从GDP损失的角度衡量关键服务弹性较差、服务中断、网上犯罪、身份失窃、知识产权盗窃、欺诈以及信息与通信技术超连通性的风险和成本。

衡量不断下降的收益可能会迫使各国政府更好地将其国家安全议程与经济议程结合起来，并为两者的衍生价值投资。提高经济损失的 448
透明度可能会引起国家和全球对解决经济侵蚀问题的关注，全球领导人可以采取政策、法律法规、标准、市场激励和其他举措来改变当前的态势，保护数字投资的价值并保护连接的安全性。

全球领导人必须认识到，没有一个国家已经做好准备。到目前为止，还没有方法来评估任何国家确保其数字未来与增长所依赖的网络基础设施和服务的成熟度及承诺。网络就绪指数（CRI）是研究这个问题的新方法（Hathaway，2013），它挑战了关于网络安全的传统思维，表明必须将网络安全和经济繁荣的相关讨论与愿景结合起来。网络就绪指数提出了能够防止GDP被侵蚀的更强大安全态势的基本要素，构建安全框架和了解网络就绪指数对充分发挥互联网经济与数字未来的潜力至关重要。

作者简介：梅利莎·E.哈撒韦是伯克希尔·哈撒韦全球战略有限公司的总裁，也是哈佛大学肯尼迪政治学院贝尔弗中心的高级顾问。她曾在美国两届总统政府任职，为奥巴马总统发起了“网络空间政策审议”，并领导了乔治·布什总统的“全面国家网络安全倡议”。海瑟薇经常发表有关网络安全问题的演讲，定期发表这方面的论文和评论。

◈ 本章小结

1. 定义了信息、信息技术和信息与通信技术、工业控制系统和网络物理系统、网络空间。

2. 介绍了官方对攻击者的分类，如黑客。

3. 介绍了评估威胁的官方方法。

4. 描述了威胁的四种主要来源：以利润为导向的犯罪、内部威胁、外部威胁、民族国家。

5. 描述了典型的访问载体及其控制，包括印刷文档、恶意软件、数
449 据库、网页、社会交往、社交媒体、邮政通信、电话通信、电子邮件、
可移动介质设备与移动设备、云计算、有线网络、无线网络。

6. 定义和描述了典型的恶意活动，包括非法获取私人信息、间谍活动、破坏。

7. 展示了如何提供一般的信息安全。

8. 展示了如何通过访问控制、防御、威慑等途径提供网络安全。

9. 描述了美国的网络安全结构。

◈ 关键术语

Access control（访问控制）

Advanced persistent threat（高级持续性威胁）

Attack vector（攻击载体）

Blagging（骗取）

Bot-network operator（僵尸网络运营商）

Botnet（僵尸网络）

Cloud computing（云计算）

Communication（通信）

Computer virus（计算机病毒）

Control system（控制系统）

Criminal group（犯罪集团）

Cyber espionage（网络间谍）

Cyber physical system（网络物理系统）

Cyber sabotage（网络破坏）

Cyber warfare（网络战争）

Cybersecurity（网络安全）

Cyberspace（网络空间）

Cyber terrorism（网络恐怖主义）

Data（数据）

Database（数据库）

Deception（欺骗）

Defense（防御）

Denial-of-service（DOS）attack（拒绝服务攻击）

Detection and neutralization（检测与中和）

Deterrence（威慑）

Distributed denial of service（分布式拒绝服务）

Domain Name System（DNS）attack（域名系统攻击）

Dumpster diving（垃圾搜索）

E-mail（电子邮件）

Espionage（间谍活动）

External threat（外部威胁）

Foreign intelligence service（外国情报机构）

Foreign intelligence and security service（外国情报和安全机构）

Hacker（黑客）

Hacktivist（激进黑客）

Human source（人为来源）

Identity theft（识别威胁）

Industrial control system（工业控制系统）

Information（信息）

Information and communications technology（信息与通信技术）

Information security（信息安全）

Information technology（信息技术）

Insider threat（内部威胁）

Internet（互联网）

Intranet（内联网）

Key grabber（按键捕获器）

Key logger（键盘记录器）

Lamprey technique（鳗鱼式技术）

Logic bomb（逻辑炸弹）

Malicious activity involving information（涉及信息的恶意活动）

Malicious insider（恶意内部人员）

Malware（恶意软件）

Misinformation（错误信息）

Mobile device（移动设备）

Mushroom factory（蘑菇工厂）

Mutual legal assistance treaty（司法互助条约）

Nation-state（民族国家）

Offensive cyber warfare（进攻性网络战）

Packet sniffer（数据包嗅探器）

Password hash（哈希密码）

Phishing（网络钓鱼）

Phone scamming（电话诈骗）

Postal communications（邮政通信）

Postal mail（邮政邮件）

Pretexting（借口）

Printed document（印刷文档）

Profit-oriented criminal（以利润为导向的犯罪）

Protective security（保护性安全）

Ransomware（勒索软件）

Removable media device（可移动介质设备）

Reverse counterfeiting（反向伪造）

Rootkit（内核型）

450 Sabotage（破坏）

Script kiddie（脚本小子）

Shoulder surfing（肩窥）

Social interaction（社会交往）
Social media（社交媒体）
Software diddling（软件骗取）
Software tampering（软件篡改）
Source（来源）
Spammer（垃圾邮件发送者）
Spear phishing（鱼叉式网络钓鱼）
Spoofing（欺骗）
Spyware（间谍软件）
SQL injection（SQLi）（SQL 注入）
Supervisory control and data acquisition system（数据采集与监控系统）
Tailgating（尾随）
Telephone（电话）
Terrorism（恐怖主义）
Trojan horse（特洛伊木马）
Vector（载体）
Vishing（语音钓鱼）
War driving（沿街扫描）
Webpage（网页）
Wired network（有线网络）
Wireless network（无线网络）
World Wide Web（万维网）
Worm（“蠕虫”病毒）
Zombie（僵尸）

◇ 思考与练习

1. 举出在网络空间之外的一些信息例子。
2. 信息与通信技术同网络空间的区别是什么？
3. 桑迪亚国家实验室对传统网络攻击源分类的警告是什么？
4. 当获得私人信息时，大多数罪犯的目标是什么？
5. 描述已知内部威胁的动机和意图。

6. 内部威胁和外部威胁之间的关系是什么？
7. 商业关系如何成为外部威胁？
8. 描述信息与通信技术的生命周期中外部威胁的机会。
9. 如何特别应对高级持续性威胁？
10. 什么是访问载体？
11. 什么是访问控制？
12. 计算机病毒、“蠕虫”和“特洛伊木马”之间有什么区别？
13. 通过四类主要的社会交往，一个威胁可以获得关于你的私人信息吗？
14. 怎么访问网页是有风险的？
15. 社交媒体是如何侵犯隐私、被滥用的？
16. 描述未成年人和成人面临的网络风险的相似处和不同之处。
17. 什么时候人们可能通过社交媒体公开私人信息？
18. 为什么邮政通信对全面信息安全计划有用呢？
19. 官方什么时候更有可能拦截私人电话通信？

451 20. 威胁如何拦截电话通信？
21. 如何减少个人电话沟通的不安全？
22. 如何减少个人电子邮件的不安全？
23. 电子邮件成为非法获取信息载体的三种主要方式是什么？
24. 为什么移动设备是载体？
25. 云计算的安全优势和劣势是什么？
26. 在什么情况下，无线网络可能会变得不那么安全？
27. 国际上关于互联网治理的争论是什么？
28. 逻辑炸弹和拒绝服务之间的区别是什么？
29. 为什么 DOS 攻击变得更容易？
30. 如何应对 DOS 攻击？
31. 为什么组织要定义其敏感信息？
32. 举出有助于保障网络安全的非数字活动例子。
33. 一个威胁如何获得你的密码？
34. 一个网站如何鼓励用户设置更安全的密码呢？

452 35. 举出两步访问控制的例子。

第十一章　海上安全

◇ 本章学习目标

在本章结束时，应该能够理解：

1. 海洋安全的风险分布和类别。

2. 港口安全，包括威胁港口安全的范围及复杂性、贸易中断的可能性。

3. 货物和集装箱安全，包括货物集装箱存在的危险及其特殊性与普遍性，以及安全、可信任的船务公司。

4. 《海上运输安全法》的内容和细节，包括分层防御、技术和战略、合作和协调行动倡议。

5. 海洋恐怖袭击的动机、模式、整体风险，包括具备海上能力的恐怖团伙名单，机会与可能性对比。

6. 战略枢纽及其对全球商业的潜在影响，包括地理分布与区域影响。

7. 海上犯罪及海盗，包括地理分布、代价与打击措施。

焦亚陶罗港距意大利西西里岛不到25英里，意大利犯罪集团“光荣会”（Ndrangheta）在港口和城市都有重要影响。焦亚是地中海地区主要的货物转运地，执法人员认为，欧洲80%的可卡因贸易是通过该港口进行的。因此，港口设施常被用于从事非法活动。

2001年10月，一名港口工人注意到从货物集装箱的堆架上传来刺耳、回荡的摩擦声，循声在一个集装箱里发现了一名偷渡者。这名偷渡者被发现时在集装箱里正用锉刀扩大通风孔，集装箱内还放置了床、马桶、加热器及供水设备等生活设施。这位名叫法里德（Rizik Amid Farid）的偷渡者是埃及公民，持加拿大护照，携带了两部手机、一台笔记本电脑、机场安全通行证，以及一张在肯尼迪国际机场、芝加哥欧哈尔机场、洛杉矶国际机场、纽瓦克机场有效的机械师证书。他的临时栖身处，即该集装箱，在埃及塞得港被装进一艘轮船，并在鹿特丹转运，最终将抵达加拿大。随后他被警方逮捕，并被拘留，后被保释。然而不幸的是，因为他在审讯后消失，所以错失了收集更多信息的机会，例如动机、交通方式以及他与其他个人或机构的联系方式。法里德声称他是去加拿大寻求庇护，并且很容易就进入了货物集装箱系统，获得了违禁物品，这使安全官员极度震惊。

在评估国土安全威胁时，在直接经济和商业成本方面，许多专家认为最大的危险来自海上供应链。海上供应链不仅有最大数量的违约点，而且港口大多位于人口流动中心、通信节点及交通枢纽汇总处。毫无疑
453 问，这是对暴利开放的环境，产生重大政治经济影响的可能性长期存在。

本章将讨论海上供应链的脆弱性及其对国土安全的潜在影响，审视港口设施和集装箱运输系统可能遭遇的威胁以及降低风险的相关安全措施。同时，评估恐怖分子和犯罪团伙的动机与战略，以及相应的反击措施、地理据点和社会经济需求的变化趋势。

一　范围与定义

一个开放的贸易体系对全球经济和国家安全而言是必不可少的。然而，海上运输系统有着最大数量的违约点和产生严重损失的可能性，亚太经济的增长加重了问题的复杂性。地球上海洋广袤，但缺乏管理。

本章不仅讨论海上安全威胁的范围和复杂性，而且将讨论风险的级别。在广袤的海洋环境中分布着不同类别的风险，包括开放的海洋航线、地理瓶颈路段以及货物集装箱单位。为了抗击威胁，各行政级别的安全机构制订了一系列分层的安全计划和协议。在阅读本章的过程中，学生将了解到如何协调多种措施与努力以及哪些方面的冲突难以避免。

（一）地理

海域指世界上水覆盖的地方，水覆盖了世界上 2/3 的地区，约 139768200 平方英里。通常情况下，在水覆盖的不同地区，有的被明确

命名或划分，也有的是随意和模糊的，比如海洋（ocean）、大海（sea）、湖泊（lake）、河流（river）等相关名词。

海洋是占地球表面较大部分的咸水水域，根据大小，分为太平洋、大西洋、印度洋、南极以及北冰洋。

内海是部分或全部被陆地包围的咸水水域，例如地中海与大西洋相连、红海与印度洋相连。

潟湖（lagoon）是被陆地（通常是海洋经常穿过的沙洲或礁石）与海洋部分隔开的水体。

河口（estuary）是河流和海洋交汇的地方，从实际来看，该区域更多地被定义为既受来自大海的潮汐和咸水的影响，也受到河流下游和淡水影响的水域。 454

沿岸地区（littoral）通常被地理学家、生物学家定义为从较高潮位到大陆架边缘的区域。大陆架是水下地面向下变得更陡峭之前，大陆被淹没的边缘。大陆架可以向大海延伸几十英里或上百英里。在经济、政治及军事行动中，沿岸地区指某种海岸区域，比如特殊海关区、地方当局或入侵的两栖部队及其海军和空军支援部队的行动据点。经济、政治和军事沿岸地区没有固定的定义，但可以向大海和内陆方向延伸几十英里。

湖泊（lake）指除某些连接河外，完全被陆地包围的任意水域。湖泊仅在大小上有别于池塘，惯例上通常将面积比池塘大的水域叫作湖泊。湖泊一般是淡水湖，但部分内陆湖由咸水构成，部分淡水湖被命名为“海”。

河流（rivers）指淡水水流。部分情况下，河流会被切断或静止如同湖泊或进入一段枯竭期，但淡水雨或地表水流可以重新唤活河流。大多数情况下，小溪（stream）和其他同义词都只是规模大小有区别。

海峡（strait）是一种位于大规模水域之间、天然形成的狭窄渠道。同义词包括“channel”和“pass”。海峡较为重要，通常具有经济或军事意义。运河（canal）是一种人工渠道。

（二）风险分布

海洋是最广袤、规范最少、最危险的水域，因此，海洋安全管理的关注重点是海洋。实际上，世界上大多数水域是公海，即不在任一国的行政范围内。然而，在公海开展行动必须拥有巨额资本，用来购买船只、设备，雇用水手等，同时需要掌握驾驶轮船的高超技巧，所以此类行动超出大多数非国家行为体的能力范围。

小面积的水域，比如内海，或者被大陆包围的水域，比如河流和湖泊，或者距离大陆更近的水域，比如海峡，相对而言更容易管理，但也更容易遭遇来自陆地的危险，比如海盗。而邻近大陆的地方很难保障有效的人员管理和人力。同时，部分沿岸区域由于自然原因更为危险，比如更易遭遇气旋或飓风或某种疾病。

因此，任何地方的实际风险都反映了当地的自然风险、人为风险、人的能力以及远距离干预的意愿与能力。例如，索马里的海滩是美丽的，被温暖平静的海洋（印度洋）冲刷过，但充斥着海盗、走私者、恐怖分子和热带疾病，缺乏系统、有效的国家或国际控制；再如，北海是最深、最冷、风暴最多的海域之一，但处于8个发达邻国的急救服务范围之内。

最后，一些水域完全处于邻近国家的服务范围内，但那些国家围绕这些水域的管辖权存在争议或缺乏保护这些水域免受海盗等非国家威胁的能力。当水域蕴藏一些有价值的东西时，如相对集中的鱼类、贸易或化
455 石燃料，竞争就更加激烈。例如，东亚和东南亚之间的水域被几个国家争夺，包括一条主要的海上交通线与化石燃料储备。

接近陆地意味着越来越多地暴露于来自陆地的威胁，如海盗和恐怖分子。在交通要塞和交通咽喉，恶意袭击的风险增加以及受到更多的打击。本地贸易或海上交通线使这类区域更频繁地成为袭击目标或成为更有价值的目标。“海上交通线”指船只行驶畅通的线路，多数情况下指一条集中的贸易路线或用于军事增援及供给的通道。有时，海峡、运河等被认定为交通咽喉或交通要塞，在这些地点，威胁可以更容易地中断水流，这可能是因为水域较窄或水位较浅。

在世界范围内，海洋上的航运路线分布并不均匀。考虑到海岸线、港口以及市场的可预见性等诸多因素，大多数船只遵循可预见的路线。因此，航运路线既包括航行通道，也包括交通要塞。本章后面将详细讨论在航运路线上有恐怖分子盘踞的交通咽喉。下面列举了11个交通咽喉，它们的战略性与历史性值得特别注意。

1. 巴拿马的巴拿马运河是位于太平洋和大西洋之间的人工纽带。

2. 智利附近的麦哲伦海峡是太平洋和大西洋之间最快速、不冻结、天然的联系通道。

3. 连接大西洋和印度洋的唯一天然通道是南非的好望角南端。

4. 船只穿过直布罗陀海峡来往于大西洋和地中海之间。

5. 船只穿行于地中海和里海之间必须通过土耳其的博斯普鲁斯海峡。

6. 欧洲和印度洋之间最快的航道是途经埃及的苏伊士运河，该运河为人工运河，连接地中海和亚丁湾。由于亚丁湾海盗活动增加，运河的运输量在21世纪头十年后期有所下降。

7. 亚丁湾在也门和吉布提之间的曼德海峡通道处变得狭窄。截至2006年，每天有330万桶原油从该海峡转运（U. N. Office on Drugs and Crime，2010a，p. 198）。

8. 亚丁湾是也门和非洲之角之间的一条狭长水域。

9. 中东的大部分原油通过霍尔木兹海峡从伊朗和卡塔尔之间的波斯湾运出。

10. 印度洋和中国南海之间的大多数船只必须通过马来西亚和菲律宾之间的马六甲海峡。

11. 在东南亚和澳大拉西亚之间的区域，船只一般在印度尼西亚和澳大利亚之间航行。 456

（三）风险类型

海洋风险包括货物盗窃、货物损坏、船只破坏、港口及相关基础设施破坏、毒品走私、危险物品的泄漏事故、碰撞事故、非法移民、海洋恐怖主义以及海盗。

专栏 11.1

国际海洋法律法规

《制止危及海上航行安全非法行为公约》于1988年3月10日在罗马签订，定义了针对船舶的非法行为，例如：

- 武力夺取船只；
- 对船上人员施用暴力；以及
- 将可能具有危害性的设备装载上船。

该公约要求缔约国引渡被告或追究被告的责任。

2005 年，该公约拓宽了侵犯范围，包括：

- 在行为的目的，就其性质或环境而言，是要恐吓一组人或迫使某一政府或国际组织从事或不从事任何行为时；
- 对船舶或在船上使用或从船上发射爆炸、放射性物质或者生、化、核武器，造成或可能造成死亡、严重损伤或损坏；或
- 从船舶上排放油类、液化天然气或其他有害或有毒物质，且其数量或浓度造成或可能造成死亡、严重损失或损坏；或
- 使用船舶造成死亡或严重损伤或损坏；或
- 在船上运输任何爆炸或放射性物质并明知它要被用于造成威胁或威胁造成死亡或严重损伤或损坏，以恐吓一组人或迫使政府或国际机构从事或不从事某种行为；或
- 在船上运输任何生、化、核武器并明知它为某种生、化、核武器；或
- 任何原始物质、特别可裂变物质或为加工、使用或生产特别裂变物质而专门设计或准备的设备或物质并明知它要被用于核爆炸活动或按国际原子能机构综合保护协议不受保护的任何其他
457 核活动；或
- 在船上运输对设计、制造或运载生、化、核武器有重大帮助并旨在用于此种目的任何设备、物质或软件或有关技术。

《制止危及大陆架固定平台安全非法行为议定书》于 1988 年 3 月 10 日在罗马签署，规定下述行为违法：

(a) 用武力或武力威胁或任何其他恐吓形式的夺取或控制固定平台；或

(b) 对固定平台上的人员施用暴力，而该行为有可能危及固定平台的安全；或

(c) 毁坏固定平台或对固定平台造成可能危及其安全的损坏；或

(d) 以任何手段将可能毁坏固定平台或危及其安全的装置或物质放置或使之放置于固定平台上；或

(e) 因从事 (a) 项至 (d) 项所述的任何罪行或从事该类罪行未遂而伤害或杀害任何人。

2005 年的修正案拓宽了违法行为的范围，包括：

- 在行为的目的，就其性质或环境而言，是要恐吓一组人或迫使某一政府或国际组织从事或不从事某种行为时；或
- 对固定平台或在平台上使用或从固定平台上发射任何爆炸、放射性物质或生、化、核武器，造成或可能造成死亡、严重损伤或损坏；或
- 从固定平台上排放原油、液化天然气或其他有害或有毒物质，且其数量或浓度造成或可能造成死亡、严重损失或损坏；或
- 有条件或无条件的威胁，违犯国家法律的行为。

新的条款包括非法和故意伤害或杀害与任何罪行有关的任何人员的罪行，企图犯罪的，作为共犯参与的，组织或指挥他人实施违法行为。

上述任何一个风险都有直接的商业和经济影响，其中一些风险造成潜在的影响包括临时关闭全球物流，进而影响到国家经济。从国家层面来看，这些风险同样会产生社会影响与政治影响，包括慢性风险，例如非法毒品对个人和社会的潜在危害。另外存在突发风险，如运输武器或者人员带来的潜在的恐怖袭击风险。

国际海事组织《国际海上人命安全公约》要求所有国际航行客船或 458
者 300 总吨位及以上的轮船安装自动识别系统，自动向其他船只或任何感兴趣的岸上机构发送（通过无线电）轮船的相关信息（见下文 2002 年《海上运输安全法》），符合这类规定的船只超过 40000 艘。

专栏 11.2

欧盟有关海洋安全的法案

- 2004 年 3 月 31 日，欧洲议会和欧洲理事会法规（EC）No 725/2004，涉及加强船舶和港口设施安全。
- 2005 年 10 月 26 日，欧洲议会和欧洲理事会指令 2005/65/EC，涉及加强港口安全。
- 欧盟委员会提交给欧洲理事会和欧洲议会的报告（COM/2006/0431 最终版），涉及运输安全及其融资。
- 2008 年 4 月 9 日，欧盟委员会法规（EC）No 324/2008，确定修订后的委员会对海洋安全领域进行监察的程序。
- 2009 年 1 月 23 日欧盟委员会决议，修订欧洲议会和欧洲理事会法规（EC）No 725/2004 中涉及国际海事组织特殊公司和注册业主识别号计划的内容。
- 2010 年 3 月 11 日，欧盟委员会推荐案（2010/159/EU），涉及自我保护措施、防御海盗的措施以及船舶防御武装抢劫的措施。

此外，出于安全及国家安全的目的，美国、中国、印度及欧盟国家等众多国家要求其他类别船只安装经过批准的自动识别系统。美国海岸警卫队于 2014 年完成了全国范围的自动识别系统工作。2010 年，欧盟要求大多数在内陆水道航行的商业船只安装自动识别系统 A 级设备。同时，2014 年欧盟要求长度超过 15 米的渔船采取相同的做法。

然而，船员能够关闭自动识别系统。例如，2012 年 6 月，一艘俄罗斯船只装载战斗直升机航行至叙利亚，船只经北海中转时没有将货物报关，保险公司取消了保险项目后，船只关闭了其自动识别系统（英国政府反对叙利亚武器进口，保险公司可能受到英国政府暗示或施压）。

二　港口安全

（一）范围

像乡村港口那样小的港口可以开展形式多样的商业贸易，至少是渔业或旅游业，但最令人担忧的是繁忙的商业港口，它们可以处理标准集装箱，并为集装箱船和大型客轮提供服务。在全球范围内，超过 225 个州和附属地的大约 6500 个这样的港口为大约 112000 艘运输集装箱的国际商船提供服务（Chalk，2011b，p. 88）。最繁忙的港口通常位于北半 459
球，包括东亚、东南亚、南亚东海岸、中东南部、埃及、希腊、意大利、西班牙、德国、美国东西海岸和中美洲。

（二）影响

主要港口的关闭可能造成严重的国内乃至国际影响。2002 年，Booz Allen Hamilton 咨询公司资助了一场美国全部海港关闭 12 天的模拟训练。训练结果显示，港口关闭将造成 580 亿美元的美国国内收入损失（U. S. Government Accountability Office，2008c，p. 8）。然而，许多熟悉这种训练与评估的专家认为 580 亿美元的估值数字也过于保守了，港口关闭除了连锁效应与经济影响外，还会出现其他问题。在模拟训练中，组织者和参与者都承认，各种力量都有单方面宣布关闭设施和服务的权利，但缺乏有效机制协调这些办公单位在行动上或法律上恢复设施与服务。因为这些设施大多是私有的，而哪个政府机构或公司部门有职责与权力管理这些事务成为复杂的问题。

关于海上供应链与经济紧密联系的另一个例子是，洛杉矶港和长滩港于 2002 年发生了为期 10 天的罢工，造成美国每天的商业损失达 10 亿美元。同时，港口暂停运转也对国际经济造成损失，尤其是亚洲（Blumenthal，2005，p. 12）。然而，这些数据仍是不充分的标准，因其仅反映了纯经济代价，未包括市场恐慌、政治波动以及更高的安全投资成本等影响。一些观察家指出，恐怖分子袭击重要集装箱港口可能会引发全球衰退，而在恐怖袭击事件中，仅政治余波就可能引起不稳定（*A review to assess progress*，2004）。

三　货物安全

超过 99% 的跨洋贸易是通过海上船舶开展的，只有相对一小部分是通过空运。拥有绵长海岸线的国家大多依赖海洋贸易。例如，英国、日本和韩国的海运进出口额占贸易总额的 90% 以上，海运进出口量占总量的 95%。

全球超过 90% 的货物通过集装箱运输。任何时候都有 1200 万 ~1500 万个集装箱在使用，而在未来 20 年，正在使用的集装箱数量预计增加到 3000 万个（Williscroft，2003）。2011 年，全球处理了相当于 3 亿多个集装箱的货物，其中约有 1070 万个集装箱抵达美国港口（U. S. Government
460 Accountability Office，2012，p. 1）。港口的装载和卸载程序均高度自动化。首先由电脑设计好集装箱的移动程序，从船上卸下货物时，集装箱起重机在预先设计好的程序下同步装载货物。然而，尽管在高度自动化的吞吐程序下实现了高效率，但 2003 年经济合作与发展组织的报告显示，在过去 20 年里，每年世界范围内有价值 300 亿 ~500 亿美元的货物被盗。更令人震惊的是，船只和危险货物可能被用作武器或武器运载工具，直接针对地方一级，并在其直接目标之外造成连锁的经济后果。集装箱会被偷、被劫持、被勒索或用于走私或贩卖，而且可以装载危险品，成为令人十分担忧的问题。

专栏 11.3

美国的海上安全和港口安全

到 2011 年，国土安全部统计了 12383 英里的海岸线、25000 英里的商业水道和 361 个港口。海岸警卫队（自 2003 年 1 月起由国土安全部管理）为港口安全评估计划确定了 55 个港口的优先次序。交通安全管理局（自 2003 年 3 月起由国土安全部负责）负责管理对港口的拨款，2011 年，对 52 个最危险港口地区的拨款总额超过 2.35 亿美元。

美国海岸警卫队负责海上安全活动，包括确保海上交通的安全和畅通，海上救援，保护自然资源、环境区域和渔业，禁止非法运输（主要是非法毒品和移民），打击海上恐怖主义，保持海洋环境对军事使用的开放。海岸警卫队负责管理国家目标定位中心，该中心评估来自进港船只和集装箱的风险并支持降低风险的活动。海上情报融合中心位于弗吉尼亚州的诺福克和加利福尼亚州的阿拉梅达。海岸警卫队已在美国所有港口设立了区域海上安全委员会，协调联邦、州和地方当局，港口当局，以及私人运营商。根据 2002 年《海上运输安全法》的授权，海岸警卫队负责指挥海上安全和安保小组（每个小组约 75 人）。在港口或船只受到恐怖袭击时，该小组可通过直升机迅速部署。到 2006 年，设立了两个海上安全和安保小组，不过2011年撤销了一个（位于阿拉斯加州安克雷奇）。

根据2002年《海上运输安全法》与《国际船舶和港口设施保安规则》的规定，大型外国船只和港口须依照海关和边境保护局提出的标准进行安全管理。

“国际港口安全计划”（International Port Security Program，IPSP）支持美国海岸警卫队和外国官方合作伙伴间的信息互换，并允许对美国至外国港口的出口活动进行相互监督。

2002年11月，美国商务部与美国海关和边境保护局发起了“安全商务行动”，研究与测试提高海上商务安全的技术和方法。在向洛杉矶、长滩、西雅图/塔科马和纽约/新泽西等美国港口与外国港口提供超过2亿美元的拨款后，该行动于2004年结束。

2006年10月的《港口安全法案》要求国土安全部保障海上交通和港口的安全，并制订计划减轻对重要港口的恐怖袭击带来的经济后果。2007年10月，交通安全管理局通过了“运输工人认证资质计划”，对特拉华州威尔明顿港口的工人进行资质认证。2011年末，超过165个报名中心招收了约200万名工人，超过180万名工人获得了证书。 361

任何人都可以租1个集装箱，装满65000磅的货物。通常文件上使用通用术语和描述来登记集装箱中的货物，中间商或货物集运商只知道他们的客户允许他们了解的装载情况（Flynn，2004b）。

舱单信息会存在不准确、被破坏、作假等情况。因此，实现公开透明的努力可能会遇到有意压制或颇费周折。由于船运集装箱的商品化以及审计管理系统的缺陷，船运集装箱成为向全球供应链和/或任何目标地输送大规模杀伤性武器的明显途径。“使用集装箱走私未报关商品和毒品、偷渡、运输恐怖主义炸弹等与使用集装箱运输合法货物一样高效”（Levinson，2006，p. 7）。

为提高海上供应链的透明度，美国制定了各种方案，同时满足全球经济的需求，而全球港口的贸易量和吞吐量每年都在增长。然而，尝试围绕海运供应链创建单一、有组织安全设计的整个程序、倡议、协议和网络体系并非没有漏洞。大多数“生态系统”不包括内陆集装箱运输，也不包括美国农业部、食品和药物管理局或环境保护署等机构的进口管制系统（McLaury，2007）。此外，世界上许多港口没有加入主要的海上安全协定。在整个国际港口设施网络中，最佳做法的规范、技术成熟度和基础设施质量标准也缺乏统一。

国际海上供应链是一张有着几千个交会点、几千个中转点的交通线路网。在国际事务和全球贸易的密网之间，国际海上供应链是个无国家、无政府的区域，超出了政界人士、执法机构、情报机构、国际制度的管理和控制范围，也是对恐怖主义和犯罪开放的环境。权力部门的主要担忧是恐怖分子不仅利用国际海上供应链的这一特点成功牟利，而且其活动还会带来急剧的经济、政治影响。海港因地处对经济、社会至关重要的交会点，是具备高价值的目标，同时面临高风险。同样重要的是，全球供应链的循环系统也是准时制生产程序的货存库房，一旦交通系统中
462 某个联合运输关键点遭到袭击，出现的中断可能造成国际贸易和世界经济的瘫痪。

保护全球供应链的挑战和复杂性来自集装箱的安全性。全球市场和无摩擦贸易环境中的商业和技术革命的核心是这种木料和铝的沉闷组装。尽管集装箱缺乏先进性，但可以说是世界经济转型的一个主要原因。它的标准尺寸、普遍性和廉价性改变了我们对地理经济概念的认识，就像互联网重新定义了距离一样。运输成本的降低使资本更具流动性，促进了准时制制造，企业得以扩展，旧的市场中心衰落或消失，新的市场中心形成。运输业的这场革命使分类生产计划成为可能，使企业能够实现规模经济与更有组织的库存和资产管理（Jarmon，2014）。集装箱给全球
463 商业带来好处的同时，也让恐怖主义获益。

四　海运货物和集装箱安全

如下文所述，确保货物和货物运输安全的举措包括安全贸易商认证、舱单规则、集装箱安全倡议、智能集装箱倡议、港口检查，以及各种制度、国际协议、资助计划和合作演习。

（一）安全和可信任的贸易商

美国反恐怖主义海关贸易伙伴关系（Customs-Trade Partnership Against

Terrorism, C-TPAT）于 2001 年 11 月正式设立，并于 2006 年 10 月与《港口安全法案》被纳入法律。它由国土安全部下属的海关和边境保护局管理。最初，反恐怖主义海关贸易伙伴关系是政府和私人部门为响应“9·11”事件成立的，力图从灾难中复苏。该计划在自愿的原则下敦促企业（如进口商、承运人、经纪人、港务局）确保其供应链的内部安全和遵守美国安全标准。作为回报，托运人可以受到更少的检查和得到其他好处。该计划没有监管机构，因此，标准的维护主要靠成员自我监管。该计划的基础是荣誉制度，如果达到最低安全措施标准，私营公司能够获得认证地位和成员特权。

同样的概念从海关和边境保护局扩大到世界海关组织（World Customs Organization，WCO）。作为能力建设工作，《全球贸易安全与便利标准框架》（Framework of Standards to Secure and Facilitate Global Trade，SAFE Framework，也称为“安全框架”）有效地将反恐怖主义海关贸易伙伴关系扩展到美国境外贸易。2005 年，世界海关组织制定了《全球贸易安全与便利标准框架》，作为一套广泛的安全标准，为加强安全和促进贸易提供基本的技术指导。2006 年，关于“经营者认证”（Authorized Economic Operator，AEO）身份的条款和条件已形成文件。对于从事国际贸易的公司，“经营者认证”是反恐怖主义海关贸易伙伴关系认证的对应名称，反恐怖主义海关贸易伙伴关系计划认证持有者自动获得“经营者认证”身份。截至 2011 年，已有超过 10000 家公司加入了反恐怖主义海关贸易伙伴关系。

一般而言，一家声誉良好的船务公司应履行反恐怖主义海关贸易伙伴关系及安全框架所要求的诸多措施与标准。企业加入反恐怖主义海关贸易伙伴关系计划，遵守其安全措施和标准，并由此受益，即在货物装载时可能会接受较少的检查、检查时间缩短以及拖延减少，使货物抵达目的地的效率大大提高。计划制订者致力于提供额外的安全层，为成员建立全球“快速通道”。然而，计划匆忙付诸实施，存在一定缺陷。例如，反恐怖主义海关贸易伙伴关系早期缺少人力、缺乏协调，造成认证和生效流程宽松。同时，对成员要求不严，并经常依托其经济状况，而经济状况并不能预示其未来意图、事件、条件或所有权的变更。成为反恐怖主义海关贸易伙伴关系和安全框架成员带来的便利，意味着对船务公司的检查可忽略或几乎不花费时间，于是带来潜在的系统风险，即反恐怖主义海关贸易伙伴关系和安全框架提供的合法海上商业服务可能成为致命的掩护，即掩护任何组织试图发动的高度协调和摧毁性的袭击。恐怖主义集团有过使用货运船只转移资产的历史。此外，如果恐怖分子试图发动袭击，尤其是如果船务公司内部出现不满员工或有员工自愿参与其中的情况下，其他反恐怖主义海关贸易伙伴关系和安全框架成员会
464 成为他们的目标。尽管现今认证和生效程序变得更为严格，然而早期的宽松控制与管理仍给当前的系统埋下了潜在的威胁。

（二）舱单规则

2003 年 10 月，美国首先实施了 24 小时舱单预申报规则（24-Hour Advance Manifest Rule），要求所有海运公司（除散装货船与经批准的杂货船）在驶向美国港口装货时，通过海上自动舱单系统向美国提交货物的详细信息。进口商向美国当局提交电子版的 10 项额外数据文件，包括生产商、销售商、集运公司、买家姓名和货物地址、轮船名称和地址、集装箱装箱地址、进口商海关登记号、收货人税号、货物原产地国家、商品协调关税明细表。这一规则也被称为“10 + 2”计划（10 Plus 2 Program），意味着进口商必须在出口港装运之前的 24 小时内提交相关信息。

美国海关和边境保护局风险评估是由弗吉尼亚州国家目标定位中心的一个基于规则的自动目标定位系统（Automated Targeting System，ATS）生成的。国家目标定位中心的自动目标定位系统采用计算机模型来审查和评估计划运输到美国的所有集装箱的相关文件。利用舱单数据、历史模式和情报报告，自动目标定位系统为货物分配风险等级，根据评估结果，确定哪些集装箱需要做进一步的文件审查和其他检查。如果在当地检查前被评估为风险太大，美国海关和边境保护局可以命令承运人不得装载货物。此外，外国船舶必须在抵达美国港口前 96 小时向美国海岸警卫队发送有关货物、乘客、船员和航程的信息。如果自动目标定位中心将船只定为高风险，海岸警卫队可在船只进港前根据命令登船，海岸警卫队也可以随机检查船只。

2010 年，欧盟公布了自己的 24 小时舱单预申报规则，自 2011 年起

生效。该规则要求货物被装载到任何将通过深海进入欧盟的船只上之前的 24 小时内提交舱单，短途海路货物运输船在抵达欧盟港口之前 2 小时提交舱单，散装货物运输船在抵达欧盟港口之前 4 小时提交舱单。入境摘要申报（Entry Summary Declaration，ENS）指货物和运输车辆在抵达前以电子方式提交给入境海关的申报单，目的是对进入欧盟关税区的货物进行风险分析。该规定要求不得使用通用术语，如农产品、设备和化学品，并要求托运人详细说明材料的类型、用途或确切的材料名称。如果入境摘要申报上的语言太含糊，托运人的货物会被扣押并受到物理检查。 465

专栏 11.4

筛查、扫描与检查

货物安全的分层防御指对货物进行筛查（screening）、扫描（scanning）、物理检查的过程。文献中经常混淆筛查和扫描这两个术语。

筛查指运用分析工具和算法理论，基于规则、风险评分方法对可疑货物进行分类。除了区分出高风险集装箱外，该技术还可以识别数据模式的变化，并有助于收集情报。

扫描指利用传感器和成像技术对货物进行非侵入式检查。货物被拉到一边，可能是随机的也可能是因为风险评分高。当集装箱通过探测装置时，伽马射线读数会显示异常情况。

检查指实际进入集装箱并调查其中的物品。它也被称为“开箱”和“拆箱”，港口检查的检查率通常为 5% ~7%。许多专家声称，如果超过这个检查水平，世界贸易将停止。

（三）集装箱安全倡议

2002 年 1 月，美国政府公布了集装箱安全倡议（Container Security Initiative），以确保海外港口的集装箱达到美国安全标准。集装箱安全倡议是基于风险的计划，旨在提高世界各地运往美国的集装箱的安全性。它采用先进的技术系统与情报收集工具，将信息转化为可采取行动的分析。同时，该计划的目标是通过双边协定推动国际贸易的发展和增长（Jarmon，2014）。通常，由美国海关和边境保护局管理该计划，但大部分情况下由外国人员提供安全保障，一部分情况下是外国人员同驻扎在外国港口的美国工作人员一同保障安全。当地官员可以自行识别高风险集装箱，美国情报人员会对这类评估进行辅助。此外，美国官员可能会要求外国人员像美国评估风险那样筛查高风险集装箱，低风险集装箱与预先筛查的集装箱可以走快速通道进入美国。

在集装箱安全倡议下，世界上较大的港口设立了由美国海关人员组成的集装箱安全倡议小组，这些人员来自海关和边境保护局与美国移民和海关执法局的多领域部门，在集装箱装船之前，工作人员会识别和检查是否有高风险集装箱。集装箱安全倡议小组一般由三类专业人员组成，即目标人员、情报分析员和特工。集装箱安全倡议是美国与外国政府签订的一系列双边协议，共同目标是情报共享和加强跨越国际边界的反恐准备。然而，该倡议的成功在很大程度上取决于情报的可靠性和在集装箱安全倡议港口人员的有效平衡（Stana，2005，p. 20）。

截至 2003 年，18 个外国港口加入了集装箱安全倡议，到 2008 年有 58 个港口加入，2013 年仍然保持这个总数。这 58 个港口承载美国边境
466 集装箱往来总量（每年有约 800 万个集装箱）的 85%，其中大约 45500 个集装箱在外国港口进行筛查（相当于每天每个港口 2 只集装箱）。2008 年约 2% 的入境集装箱接受筛查，2011 年该比重下降到 0.5%。尽管一些港口加入了集装箱安全倡议，但来自这些港口的集装箱仍有 10% 在抵达美国后接受筛查，几乎（99%）都是接受伽马射线检查。入境美国的集装箱中有 15% 来自集装箱安全倡议以外的港口。值得注意的是，外交关系和外交事务的影响至关重要，在一些情况下集装箱安全倡议无法控制（Stana，2005）。然而，如果当地政府官员在评估后，感到进一步的严查是无谓的，他们可以拒绝接受检查。这种情况下，集装箱安全倡议就会申请对货物进行国内扣留，当货物抵达美国目的地时，须接受美国当局检查。欧盟和许多国家曾反对集装箱安全倡议，认为它是对贸易的非关税障碍，并担心因为部分不良美国情报员或美国政治偏见，难以做到加
467 强安全，反而会危害特定贸易。

2006 年，美国国土安全部和能源部发起了安全运输倡议（Security Freight Initiative，SFI），通过集装箱运输打击核恐怖主义和放射性恐怖主义。所有美国港口和 75 个外国港口（截至 2013 年）都配置了美国提供的通道式辐射监测仪，以便对运往美国海岸的集装箱进行扫描。洪都拉

斯和巴基斯坦立即加入了安全运输倡议，随后英国、中国香港和新加坡也加入了该倡议。2007 年《“9·11”委员会法案》要求所有入境集装箱在 2012 年 7 月前在海外接受 X 射线扫描和伽马射线扫描，但许多官员很快预测这一目标不合理。2012 年 5 月，国土安全部长珍妮特·纳波利塔诺将所有外国港口的免税期限再延长 2 年，指出扫描所有入境集装箱将花费 160 亿美元。一些专家得出结论，也许可以在不干扰贸易流的情况下对 10% 的入境集装箱进行扫描。一项被称为“第 110－53 号公法”的立法采纳了 2007 年《“9·11”委员会法案》的建议，最终要求全世界 600 个港口扫描运往美国的集装箱。截至目前，已经部署了 1400 多个通道式辐射监测仪。然而，这一倡议引起了外国政府和商业界代表的抗议。反对的理由是不必要的开支和贸易障碍，担心美国试图强加霸权（“Are US security measures going too far?” 2007；Watkins，2007）。不确定的检测概率、错误警报、破坏或受损的风险，以及过高的成本，加剧了许多专家对系统故障和效率低下的担忧。

100% 扫描的可行性在很大程度上仍有待证实。美国政府问责局 2012 年的一份报告指出，安全运输倡议遇到了安全与后勤问题。该技术试图扫描集装箱，合成扫描出的图像和影像特征，在电脑上进行观察分析，并可在美国境内对图像进行远程审核。然而，在巴基斯坦的卡西姆港、洪都拉斯的科尔斯特港、英国的南安普敦港这些试点港口，成像质量差，设备受损，效果令人沮丧（Caldwell，2012b，p. 16）。安全运输倡议的目的之一就是确定 100% 扫描入境美国的集装箱的可行性，这些问题可能证实了倡议批评者的预测。

随着倡议扩大和技术升级，出现了新的问题。官员们反映，在中转运量较大的港口，成本上升，效率下降。另一种批评声音认为，设备部署和技术建议通常受供应商及商业利益驱动，而非能力驱动（Massey，2007）。物流和安全专家同样认为，100% 扫描甚至可能与基于风险的策略不一致，而风险策略是分层安全措施的基础。不一致的错误解读、缺乏基准和其他腐败影响破坏了对高风险货物和其他违禁品进行基于逻辑方法的过滤分析。此外，东道国各种不同的检验做法、实践措施、资源限制、技术限制和外国港口物理特征的差异都带来了额外的障碍（Caldwell，2012b，p. 46）。截至 2013 年，安全运输倡议已缩减到一个港口，并计划继续贯彻成本－效益政策，而可行性研究由于缺乏经费也已停止。

（四）智能集装箱倡议

2003年，集装箱安全倡议催生了智能集装箱倡议。该倡议鼓励开发新的集装箱，其中包括国际认可的机械密封装置。机械密封装置安装在
468 集装箱的铰链上，记录或发出任何试图在集装箱密封后打开门的信号，有些有信号装置，有些能用GPS记录集装箱的移动。密封装置按美国标准在市场上出售，安装了这一装置的用户通过港口时可以获得走便捷通道的特权。然而，选择产品型号、技术复杂程度以及集装箱封印的有效性常受成本驱使。防止拆封和破坏的密封装置的价格是几美元，带GPS转发器或射频识别的可能要花费几百美元。只需花费几美分的封印用一个简单的工具就能拆开，不幸的是，这些便宜的封印在现实中是最常见的。这些简单的"螺栓"提供很少的保护，可以很快地拆卸和重新安装，而不会有任何篡改的迹象。基于怀疑或事前的合理理由，需要训练有素的眼睛来检测集装箱是否受损（Jarmon，2014）。

表11－1　美国海上安全分层机制的构成

反恐怖主义海关贸易伙伴关系	美国政府和私人部门之间的安全合作协议，要求加入计划的企业制定安全准则，保障成员组织和商业伙伴的利益。加入者将获得优惠待遇和福利。世界海关组织的安全框架承认反恐怖主义海关贸易伙伴关系的资质认证
集装箱安全倡议	现行的美国和外国政府之间的双边协定网络，在货物运入美国境内之前预先筛查集装箱。基于风险，利用电脑、情报、商业历史来识别可疑集装箱。可疑的集装箱可能会被扣留和接受检查
安全运输倡议	在参与倡议的外国港口，运用光学扫描技术、非侵入式放射成像技术和被动放射探测设备扫描与识别货物集装箱中不符合文件记录及辐射读数的异常情况（由于技术缺陷和可行性考虑，倡议范围已缩减）
"10＋2"计划	2006年《港口安全法案》要求美国进口商在离港装运之前至少提前24小时向海关管理部门提交货物相关信息

（五）港口检查

货物安全部门可随机检查海上或岸上的集装箱，但大多数情况下是

根据情报、密报和自动检查来进行检查。多数检查是在离港时进行。在美国港口，货物集装箱会被随机拉到一边或因性质可疑被拉到一边等待检查。然后，接受检查的集装箱从检测塔下面通过，或通过移动的非侵入式检查车（nonintrusive inspection vehicle）的车臂。这些车也被称作“车辆和货物检查系统”（Vehicle and Cargo Inspection Systems，VACIS），使用伽马探测仪探测异常。实验室进行分析比较后，可疑的集装箱会再次被拉起来，送到集装箱现场评估设施处，接受全部装箱检查和拆箱检查。美国海关和边境保护局也会部署可容纳一辆卡车通过的大型非侵入式 X 射线检查系统和通道式辐射监测仪。可以使用光纤摄像头从孔洞推入集装箱进行非侵入式检查，而无须打开舱门。最具侵入性的检查是卸载和打开集装箱以手持探测系统、爆炸物探测犬与手动方式进行全面侵 469
入式检查。

港口检查高度重视核辐射检查。撇开安全运输倡议的技术和可行性问题不谈，近年来，美国在入境口岸检测核和放射性物质的能力显著提高。美国政府问责局和国土安全部一致认为：

> 恐怖分子使用货物集装箱向美国走私大规模杀伤性武器的可能性很低，然而，美国应对这种袭击的脆弱性导致这种袭击产生严重后果的可能性很高，例如美国的数十亿美元经济损失和制造业生产中断。（Caldwell，2012b，p. 1）

五 《海上运输安全法》

在“9·11”袭击的巨大影响下，美国国会通过了 2002 年《海上运输安全法》（Maritime Transportation Security Act，PL 107 – 295）（2010 年修订后的立法提案在委员会被否决）。政府官员和安全专家高度关注港口安全。在纽约和华盛顿遭受袭击的前一年，美国海港犯罪和安全机构间委员会（Interagency Commission on Crime and Security in U. S Seaports）对如果发生大规模事件美国港口的脆弱性和给全球商业带来的威胁发出了警告（Frittelli，2005）。这项立法提出了广泛的政策问题，例如海上安全

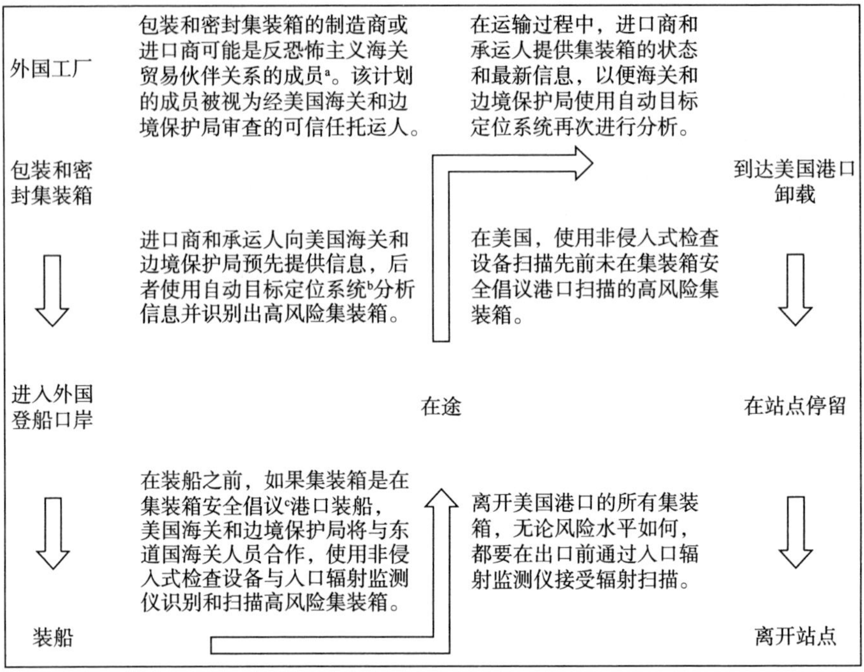

图 11－1　海上供应链

注：

a. 反恐怖主义海关贸易伙伴关系是自愿计划，旨在提高国际供应链的安全性，同时保障货物的高效流通。在这一计划下，海关和边境保护局与私营公司合作，评估其供应链的安全计划，以提高成员的总体安全性。

b. 自动目标定位系统是使用加权规则，并根据货运信息对抵达的货物进行风险评分的数学模型。海关和边境保护局将自动目标定位系统作为决策辅助工具，以定位货物集装箱的检查目标。

c. 在集装箱安全倡议部署下，驻扎在加入集装箱安全倡议外国港口的海关和边境保护局员工同东道国海关人员一起，在高风险集装箱运输到美国之前，共同定位目标集装箱，并检查其是否携带大规模杀伤性武器。海关和边境保护局官员识别可能存在恐怖主义风险的集装箱，要
470 求其国外对应部门检查集装箱内的物品。

资料来源：U. S. Government Accountability Office，2012。

对商业的影响，港口总体安全标准与特定地点标准之间的差距，纳税人、地方当局和设施使用者之间费用的分担，以及通过单边协定、多边协定、国际贸易协定和美国对不发达外国基础设施的补贴构建国际安全规定。除了前面讨论的反恐怖主义海关贸易伙伴关系、集装箱安全倡议、自动目标定位系统、安全运输倡议、24 小时规则和智能集装箱倡议外，通过国会听证会、政府研究和专家咨询，还产生了其他多种多样的战略、计划和倡议。

作为这些努力的一部分，2005 年，一项国土安全总统令（HSPD - 13）要求国防部和国土安全部起草《国家海上安全战略》。该文件于 2005 年 9 月发布，“旨在将所有联邦政府的海上安全计划与活动整合成全面和有凝聚力的国家努力，其中包括适当的联邦、州、地方和私人部门实体”（Caldwell，2012a，p. 29）。这项总统令提出了以 8 个相互关联的实施计划为支柱的国家战略，尝试建立广泛的安全战略，同时形成相互支持的机制框架来处理具体问题。这些计划包括：实现并解决区域预警计划、全球海上情报整合、实施（临时）海上作战威胁应对计划、国际外联和协作战略、海上基础设施恢复计划、海上运输系统安全计划、国内宣传 471
计划等。

然而，关于如何制定成功的衡量标准、风险管理以及提供战略支撑和财政支持的投资策略，《国家海上安全战略》并未做说明，这些行动计划仍缺乏直接资金支持。然而，尽管存在缺陷，《海上运输安全法》和国家海洋安全战略仍通过各种机制、计划和倡议提供政策指导。

为协助建立危机发生时的防御、保护、响应和恢复程序，《海上运输安全法》要求美国海岸警卫队制订“区域海上安全计划”（Area Maritime-Security Plan），由合适的政府和私人部门实体参与设计、沟通与协调。根据规定，这一计划每五年更新一次，美国海岸警卫队和港口股东在定期讨论会上评估当前的计划，并交流建议以做出改进。43 个在地理上确定的港口受“区域海上安全计划”指导，而针对每个设施具体计划的建议各不相同，近期常有人提出建立一些标准来减少差异。

在落实“区域海上安全计划”方面，港口每 18 个月定期进行“港口安全演习”，检查当前抗灾计划的力度与薄弱点，并对准备情况进行测试，指挥和控制结构也属于监督与评估的范围。港口海岸警卫队队长、区域海上安全委员会成员以及主要的港口利益相关者领导和参与演习，每年对演习的参与和管理都有新的要求，演习结束后需要撰写一份行动报告上交，并接受审核。根据报告内容总结成果、吸取教训，报告内容包括对改进计划过程的建议，以及识别、监视和传递信息的过程，以便对现有框架进行改进。通常来说，事件响应、决策权威、沟通、协调和资源分配是需要评估的领域。报告需在演习或行动结束后 21 天内提交，上传至合适的数据库。

“海上设施安全规划”（Maritime-facility Security Plan）也提出改进意见。《海上运输安全法》要求港口设施制订和实施自己的安全规划，这些规划必须提交给国土安全部进行审核，并受美国海岸警卫队管理。海岸警卫队每年对设施进行至少两次检查。这些检查可能不予通告，目的是检查海上设施安全规划是否得到遵守。尽管港口设施做规划是为了满足其特定的场地需求，并应对它们所面临的明显威胁，但美国政府问责局2007年仍发现其检查的设施中有1/3存在缺陷。检查还包括近海能源设施，因此检查范围已延伸至美国领海。

港口安全补助计划（The Port Security Grant Program）是为减轻国内港口因实施安全措施产生的财政负担，为国内港口提供联邦资金补助。联邦应急管理局基于《海上运输安全法》，加上与海岸警卫队磋商，共同管理该补助计划。补助金根据三个独立类别的风险发放，即小组一为最高级风险、小组二为次级高风险和小组三。还有一个类别被简单称为“其他所有港口区域”，向那些没有达到其他风险小组标准的场地提供资助。补助范围包括设备购买、员工培训，以及其他与港口区域有关的风险管理、恢复和加强海上区域预警。

在世界范围内，海上运输业是有着800万~1000万名员工、服务多达40000家运输商和买家的产业，这一国际劳动力群体极其多元化。停
472 靠口岸常常是“临时海员”的休憩或恢复元气终端，这些临时海员希望航行世界，寻求更好的生活或完成更为凶险的任务。超过1370000名船员为国际商业船队工作，这个庞大的劳动力群体携带相对宽松的自由旅行权文件和较少的身份证件，自由地在全球范围内流动，巨大的伪造海员证和身份文件的黑市协助劳动力流动（The Organization for Economic Co-operation and Development，2003）。非法移民注意到这方面的程序相对宽松，因此常常伪装为海员，意图绕过本来对其他类型旅客更为严格的管控（Greenberg et al.，2006）。

表11-2 2010年20个最大的官员和海员供应国

国家	官员供应人数	全球市场占有率	国家	海员供应人数	全球市场占有率
菲律宾	57688	9.2	中国	90296	12.1

续表

国家	官员供应人数	全球市场占有率	国家	海员供应人数	全球市场占有率
中国	51511	8.3	印度尼西亚	61821	8.3
印度	46497	7.5	土耳其	51009	6.8
土耳其	36734	5.9	俄罗斯	40000	5.4
乌克兰	27172	4.4	马来西亚	28687	3.8
俄罗斯	25000	4.0	菲律宾	23492	3.1
美国	21810	3.5	保加利亚	22379	3.0
日本	21297	3.4	缅甸	20145	2.7
罗马尼亚	18575	3.0	斯里兰卡	19511	2.6
波兰	17923	2.9	美国	16644	2.2
挪威	16082	2.6	印度	16176	2.2
印度尼西亚	15906	2.5	洪都拉斯	15341	2.1
英国	15188	2.4	柬埔寨	12004	1.6
加拿大	13994	2.2	越南	11438	1.5
克罗地亚	11704	1.9	意大利	11390	1.5
缅甸	10950	1.8	乌克兰	11000	1.5
保加利亚	10890	1.7	巴基斯坦	9327	1.2
越南	10738	1.7	法国	9316	1.2
希腊	9993	1.6	埃及	9000	1.2
韩国	9890	1.6	英国	8990	1.2
世界	624062	100.0	世界	747306	100.0

资料来源：Compiled by UNCTAD on data supplied by BIMCO in Manpower Update（2010）as cited in OECD（2003）. From Review of Maritime Transport 2011 by The UNCTAD Secretariat. Copyright © 2011 United Nations. 经联合国许可使用。 473

由于这些压力，《海上运输安全法》随即要求国土安全部管控未经授权人员进入安全的港口地区。通过运输工人身份认证（Transportation Worker Identification Credential）计划，拒绝没有官方生物特征识别卡或未得到授权机构批准和无人护送的人员进入《海上运输安全法》监管的安全设施。合格的雇员在接受背景调查后，向美国海岸警卫队和交通安全管理局申请身份认证。截至2012年，交通安全管理局的数据显示，它已经激活了200多万张运输工人身份认证卡。海岸警卫队2010～2011年的报告指出，有2509个设施和12908艘船受《海上运输安全法》监管，并受运输工人身份认证的约束（Greenberg et al.，2006，p. 34）。然而，美国政府问责局报告称，申请人数和员工人数超出预期，已经超出了对访问控制技术的需求。随着促进贸易流动和提高安全绩效标准的压力越来越大，效率低下的情况也同时出现。

更糟糕的是，黑市上会伪造海员证书和身份证件（The Organization for Economic Co-operation and Development，2003）。在海上运输链上，货物运输包括国际监管机构、责任制度、各种运输方式的经营者、港口当局、货物集运商和法律框架等角色。交互是复杂和无系统的（Jarmon，2014）。随着世界海上贸易的增长，从事海上运输业的劳动力也在增加。

尽管实行了运输工人身份认证计划，但美国政府仍然无法监管国外的海员证书的颁发。通常情况下，美国每年有超过500万名海员（大部分是外国人）通过货船和游船入境。外籍船员可以利用伪造的身份证件非法进入美国，因此一个关键的问题是，松散的操作和腐败让恐怖分子有机可乘，混入美国领土。为了应对这种威胁，美国国务院审查了所有海员的签证申请，海岸警卫队与海关和边境保护局针对海员和合规的执法行动包括登船和检查，这些对外国船员的管控措施属于《海上运输安全法》的监管范围。对运输工人身份认证计划的升级和改进也在持续进行，其中包括扩大对外国船员的电子识别，进一步缩小美国海岸警卫队与海关和边境保护局数据库之间的偏差，加强部门间的信息共享。

美国小型船只安全活动计划（Small Vessel Security Activities Program）关注往来于美国海域的数百万艘小型船只带来的威胁。2008年，国土安全部发布了《小型船只安全战略》，减少小型船只船队存在的威胁。该文件描述了下列四种情景，其中恐怖分子使用小型船只进行袭击可能造成严重后果：水上简易爆炸设备；将武器走私到美国；人员偷渡（恐怖分子）途径；使用火箭或其他装备发动袭击的平台，由于距目标较远，
474 袭击者可以躲避逮捕或避开防御性火力。

小型船只可能成为发动放射性袭击的平台。为了降低风险，国土安全部采取行动，处理与小型船只运输相关的特定问题。其中，主要挑战包括小型船只的数量和交通流量监控、识别可疑活动的阻碍以及及时有

效地为落难区域提供补给。为了测试解决方案，国土安全部与国内核探测办公室（Domestic Nuclear Detection Office）开展合作。国内核探测办公室是国土安全部内部的主要机构，开展国内核探测工作，对放射性威胁和核威胁进行协调应变，它还负责全球核探测工作和构建报告架构。国内核探测办公室为完成任务，与各国政府、私人部门实体、联邦、州和地方当局合作。特别是国内核探测办公室与海岸警卫队合作，在港口安装和测试核探测仪器。小型船只安全活动计划在港口和内河航道建立安全区，为可能成为袭击目标的船只护航，并为装有雷达和视频监控系统的小型船只提供港口级船只跟踪。国内核探测办公室也在小型船只安全活动计划内开展工作，以发展社区外展活动。

海上安全风险分析模型（Maritime Security Risk Analysis Model）是海岸警卫队管理和评估海上基础设施风险的主要工具。据海上安全风险分析模型评估，炼油厂、化工厂、客运码头、游轮和货船等场所构成了一份包含超过2.8万个潜在海上目标的清单。同时，袭击方式、目标选项以及潜在的后果决定了恐怖袭击的风险级别。该模型不能应对同时涉及多个设施的复杂场景。适应性对手和系统影响是挑战模型能力极限的其他因素。然而，它仍然是重要的风险管理评估工具，并在改进模型来帮助在端口内设置风险优先级和分配资源方面已经取得了进展。国土安全部使用该模型制订投资计划和港口安全管理补助计划。

区域海上安全委员会由关键利益相关者组成，他们有能力就各种袭击提出防御和缓解战略建议。由于参与港口运营，委员会成员了解风险，能够识别关键港口基础设施的脆弱性。委员会评估适当因素，并向其他利益相关者提供调查结果和信息，港口跨越地方管辖区，因此有利于实现信息共享。作为私人部门和公共部门广泛合作关系的产物，区域海上安全委员会跨越了地方、州和联邦边界，是制定预防和应对战略的中心信息来源。美国全国361个港口隶属于43个海上安全区，每个港口都有自己的区域海上安全委员会。除了来自各级政府机构的代表外，区域海上安全委员会还包括来自行业团体、有组织劳工、贸易协会、造船厂、商业捕鱼业、卡车运输和铁路公司、游艇俱乐部和海上交易所的人员，这些来自不同领域的人员达成的共识有望转化为有效的政策指导。信息共享的类型包括威胁、脆弱性、可疑活动和海岸警卫队战略数据。由于区域海上安全委员会的成功，新成员可以享有安全清关程序的优先权，而委员会可以扩大成员范围和职责，并成为有效的反恐工具。

跨机构行动中心（Interagency Operation Centers）是分享情报、追踪
475 船只、交换计划实施信息以及开展其他海上安全活动的地方，该中心可以是实体设施，也可以是虚拟设施。在早期阶段，司法部、国防部、国土安全部都参与了模型的开发，跨机构行动中心颇有发展前景。跨机构行动中心的能力快速发展，为登船、货物检查和港口安全区的执法提供援助。

一般而言，它们处于为所有港口合作伙伴加强海上预警和协调行动的中心，港口合作伙伴包括执法部门、各级政府、私人部门股东。《港口安全法案》授权成立了跨机构行动中心，而在2010年《海岸警卫队授权法案》的进一步要求下（在可行的情况下），建立与之配合的实体设施，用于海岸警卫队人员举办会议。《海岸警卫队授权法案》还呼吁在跨机构行动中心部署信息管理系统，按照该法案，2005年海岸警卫队建立了基于网络的信息管理和共享系统，被称作“守望者”（WatchKeeper），实时收集行动信息，不仅使海上活动信息变得连续流畅，而且有助于成员机构做出行动决策和制订计划。

追踪大型货船是在不中断海上贸易的情况下监测海上活动风险的重要手段。《海上运输安全法》要求通过自动识别系统，对处于美国领海的特定尺寸船只进行追踪和定位。最终，对《海上运输安全法》进行了修订，改为构建远程自动追踪系统，监测公海上船只的航行情况。紧急情况下，船只可以使用无线电设备和数据通信系统向主管部门及救援队发送识别信息与定位信息。一般而言，可携带此类系统的船只承载量为300总吨位及以上，小型船只无法携带该系统。

由于海岸警卫队和港口实体共同承担成本，港口经营者和其他港口实体出于自身物流利益的考量使用自动追踪系统，该系统可以让安全实体识别潜在的可疑货物，同时商业托运人可以更好地管控其资产和货物。这种部署还使美国海岸警卫队和各种港口实体协调行动，减少信息重复，精准地分析海上态势感知，从而更好地识别高风险船只，并减少相关安全风险。因此，船只追踪是积极的例子，表明安全措施不仅有助于创建更为安全的全球供应链，而且可以帮助创建更有效的供应链，这也是未

来公私合作的案例研究。

前面提及的自动目标定位系统是一种基于规则的计算模型，可协助海关和边境保护局人员识别与检查可疑的货物集装箱。这项技术不仅能区分出高风险集装箱，而且能够识别数据形式的变化，构建风险评分方法，协助情报收集以及完善货物筛查手段（Jarmon，2014）。在纽约和华盛顿被袭击的影响下，主要的安全担忧来自恐怖主义集团会使用货物集装箱走私大规模杀伤性武器。作为决策支持工具的自动目标定位系统，使用来自“10+2”规则的数据，包括入关信息、货物舱单以及船只载货详情。随着时间的推移，自动目标定位系统也得到了优化，除了识别出高风险集装箱并进行检查外，该系统还经常尝试提高舱单信息的质量与及时性，并开展一项全国-目标定位训练项目。同时，海关和边境保护局也邀请咨询公司参与，进行外部同行评价。 476

高级光谱门户计划（Advanced Spectrographic Portal Program）是一种用于检测和识别海港船只与陆地边境口岸卡车装载的集装箱有没有放射性辐射的通道式辐射监测仪。高级监测仪有望代替当前港口入口处许多初步扫描设备，而二级扫描中使用的手握式监测仪也有望更换。美国国内核探测办公室花费巨资开发这项技术，其中升级的机械成本大约比当前使用的监测仪贵2.5倍，美国政府问责局估计该计划的总额为20亿美元（Caldwell，2012a，p.43）。作为回报，美国海关和边境保护局认为，技术升级将使读数更准确和贸易流更活跃，因为在二次检查上花费的时间缩短了。然而，试用暴露出严重的缺陷，国土安全部在研发方面投入了2.8亿美元，最终于2012年取消了这一计划。高级光谱门户计划现在停滞不前，除非有资金投入和技术突破。

特大型港口倡议由美国能源部于2003年提出，旨在探测与禁止外国港口的核材料和放射性材料走私。选定的海外海港会得到货物集装箱的检测设备和人员培训，货物集装箱无论目的地是哪里，都必须接受扫描。该倡议旨在预防针对美国及其盟国的核材料和放射性材料的使用。美国能源部使用一种名为“海上优先权模型”的系统，根据港口安全情况、货物吞吐量、是否临近核材料来源以及相对于美国领土的地理位置等因素，对港口进行排序与筛选。

不幸的是，和高级光谱门户计划一样，特大型港口倡议同样遇到了技术困难。由于安全和维护事务、气候条件、各个港口的地貌各异，特大型港口倡议遇到了错误读取、技术挑战等种种问题，外国港口主管部门认为这些问题造成了不必要的拖延和收入损失。特大型港口倡议还缺乏针对优先战略投资和未来部署准则的长期计划，美国政府问责局就此建议能源部重新考虑该倡议。2012 年扩建资金被削减，超大型港口倡议只保留 42 个港口，而不是 100 个。

互认协定（Mutual Recognition Arrangement）是某一国承认的供应链安全措施与安全计划也得到另一国海关主管部门承认和接纳的双边协定。与反恐怖主义海关贸易伙伴关系和世界海关组织安全框架之间的协定一样，互认协定希望构建更为安全的供应链，同时满足全球经济对无摩擦贸易的需求，主要目的在于减少货物集装箱的重复检查、安全标准在全球供应链中的顺畅执行，从而提高效率。截至 2012 年 7 月，美国与欧盟、加拿大、日本、澳大利亚、新西兰和瑞士签订了互认协定。

反恐怖主义海关贸易伙伴关系已成为世界各地企业共同参与海关计划的典范。人们认识到如果没有国际伙伴的合作，美国就不可能建立有效和成功的海上安全制度，这就形成了一种现实和需求环境，为规范海关和商业关系建立了全球框架。关于那些互认协定以外国家的海关检查
477 程序和措施的重要资料往往含糊不清或缺乏，甚至包括那些集装箱安全倡议的国家。因此，总体上扩大互认协定的范围是渐进的考验，需要进行严格的数据收集。

国际港口安全计划的目的是解决和评估外国港口安全措施的差异与不一致。美国海岸警卫队与其他国家的相关机构合作，访问世界各地的港口并进行评估。国际海事组织的《国际船舶和港口设施保安规则》是衡量一国反恐措施的基准。这一评估活动至少每三年进行一次，参与者交换意见和建议。如上所述，有效的全球海上系统取决于国际合作和公认的最佳做法标准系统，以便执行全面和一致的框架。如果发展中国家出现港口安全不合格以及缺乏进行技术升级和培训的财政资源情况，海岸警卫队将与美国其他联邦机构和国际组织合作来提供资金支持。世界银行还会拨出私人管理的资金，资助经济困难地区的基础设施投资和发展。

专栏 11.5

2002 年《海上运输安全法》创立的实体

- 《国家海上安全战略》
- 区域海上安全计划
- 港口安全演习
- 海上设施安全规划
- 港口安全补助计划
- 对外国海员的管控
- 运输工人身份认证
- 船只安全计划
- 小型船只安全活动计划
- 海上安全风险分析模型
- 区域海上安全委员会
- 跨机构行动中心
- 船只追踪
- 自动目标定位系统
- 高级光谱门户计划
- 集装箱安全倡议
- 特大型港口倡议
- 安全运输倡议
- 反恐怖主义海关贸易伙伴关系
- 互认协定
- 国际港口安全计划

六　海上恐怖主义

以下各节概述海上恐怖袭击和海上恐怖分子流动情况。 478

（一）海上恐怖袭击

海上恐怖主义十分少见，但对国际经济而言潜藏着灾难性的威胁，国际在法律上和物质上对海上恐怖主义的应对广泛且代价昂贵。

为数不多的海上恐怖主义案件能让人们更加关注对未来新的海上恐怖主义的有想象力的估计，其中包括核武器落在集装箱内、港口受到核辐射、大型船舶在港口入口或海上交通线沉没、危险化学品故意泄漏或破坏化石燃料输送管道或终端。然而，对非国家行为体来说，这些是很难实现的。

与陆地恐怖袭击比较，海上恐怖袭击非常少见。尽管不常见，但海上恐怖主义对全球商业的威胁是严峻的。如果世界主要港口遭到袭击，可能会带来灾难性的后果。全世界港口的实际数量至今没有统一的统计数据，世界港口资源网站统计的总数是 4764 个，也有估计是 6500 个（Chalk，2011b，p. 88）。然而，排在前 10 位的港口吨级和吞吐量比排在其后的 40 个港口的总和都多。海上贸易集中在如此少数的海港，世界上还存在关键的海运枢纽，这加重了对经济中断和人为干扰的担忧。

（二）交通要塞

天然形成的海峡和人工运河是连接各大洋的狭窄水体。在世界范围内，大约 200 条海峡或运河连接起海上供应链。几个世纪以来，最具战略意义的海上通道一直受到国际法的保护，以维护所有国家的通行权。1982 年，《海洋法公约》进一步保障了各国通过海峡和运河的国际通行权，并将这些权利扩大到航空承运人。

只有几条水道被认为是战略咽喉。如果这些战略咽喉受限或者关闭，将引发国际事件和经济混乱，有 7 个关键枢纽具备这样的威胁性。它们的地理位置不同，地貌各异，所处的政治环境也千差万别。尽管它们带来的风险可能不同，但如果其中任一个无法通行，对世界贸易造成的影响却同样严重。

马六甲海峡是世界上处于重要战略位置的通道之一。每年大约有 90000 艘船只通过马六甲海峡。世界贸易的 30%、世界液化天然气运输的2/3，日本、韩国、中国台湾地区原油进口量的 80% 都经过马六甲海峡。如果失去马六甲海峡的通行权，货轮就需要改道，不得不在海洋上多航行 2 天，预估代价可达每年 80 亿美元。

霍尔木兹海峡在波斯湾、阿曼湾和印度洋的油田之间构建了战略性纽带。它是地理枢纽，也是中东石油运输的主动脉，由于往来的集装箱货轮和油轮数量庞大，在波斯湾上的航行双向都高度受限。伊朗和阿曼是距霍尔木兹海峡最近的国家，对该水域享有共同主权。鉴于霍尔木兹海峡的战略重要性，伊朗会通过定期威胁关闭该海峡来向世界施压，强调其在该区域的政治影响力。479

苏伊士运河位于埃及东北部，穿过苏伊士海峡，连接地中海和作为红海一支的苏伊士湾。苏伊士运河是船只在欧洲和美国港口与南亚、东非和大洋洲港口之间往来的捷径，运河每年有多达 25000 艘船停靠（每天约 78 艘），处理 20000 件货物集装箱，约占全球海上贸易量的 15%。103 英里长的苏伊士运河完全位于埃及，是红海和地中海之间唯一的海上通道（Rodrique，Comtois，& Slack，2013）。

曼德海峡（“眼泪之门”）控制着去往苏伊士运河的途径。曼德海峡宽 20 英里（约 32 千米），分隔为两条水道。数量巨大的油轮往来导致在狭窄水道的航行变得困难。海峡如果关闭会产生严重后果，船舶只得绕行好望角。苏伊士运河没有潮流，于是曼德海峡的水流为红海和亚丁湾之间的往来提供了渠道。

博斯普鲁斯海峡是一条战略重要性不断提高的通道，尤其在苏联解体后。里海庞大的石油储备大部分经由黑海和博斯普鲁斯海峡运往地中海及其他外部市场。随着里海的油田开采，近年来经由博斯普鲁斯海峡转运的石油大幅增加，2003 年每天约 280 万桶石油经此通道运输。随着博斯普鲁斯海峡石油贸易日益增长，问题也逐渐显现，对能源市场和全球经济可能都存在隐患。480

巴拿马运河连接美国的东、西海岸，并横穿巴拿马地峡，连接大西洋和太平洋，它的战略重要性不言而喻。超过 100 万艘船经过该运河，货物量高达 81 亿吨，运河处理大约全球 5% 的海上贸易以及大约 12% 的美国国际海上贸易。

直布罗陀是大西洋和地中海之间的半岛，直布罗陀海峡是这两个水域之间的唯一通道。有两种方法会迫使所有的船只向南绕行非洲，即关闭苏伊士运河或直布罗陀海峡，船只从印度洋航行到大西洋，必须绕道非洲。

（三）袭击的可能性、方式和动机

世界上有许多港口。然而，尽管有众多港口、浩瀚的海洋、巨大的交通量、庞大的劳动力、战略要塞和无数的攻击场景，海上事故的数量还是相对较少的。1997～2007 年，全球恐怖袭击中只有不到 1% 涉及海上目标（Parfomak & Frittelli，2007，p. 26）。自 2002 年“M/V 林堡号”遇袭以来，海上袭击的规模一般都相当小，主要包括港口设施附近的爆炸或涉及驳船的可疑活动（Nincic，2012）。大多数危险潜藏于小型船只而不是大型船只，在公认的袭击条件中，包括使用装有爆炸物的无人驾驶轻型飞机、自杀式船只，甚至藏着水雷的水上漂浮物。恐怖分子更倾向于简单性而不是复杂性，对公海油轮或货船进行大规模袭击通常需要规划、协调和专业知识，这降低了此类袭击发生的可能性。上面讨论的小型船只安全活动计划是小型船舶威胁的直接影响结果。海上恐怖袭击发生率相对较低的其中一个原因是，成功发动一次袭击有着内在的操作困难。包括以下一些障碍：

> 其一，相较于海上目标，陆地目标数量更多，同时更易接近。
>
> 其二，与陆地障碍物相比，海洋监视受自然特征、人造结构或其他人为影响的阻碍较小，因此易于暴露和被拦截。
>
> 其三，海上恐怖袭击的协调都受到不受控因素的影响，例如海流、潮汐、气候条件以及靠近和接近陆地。
>
> 其四，海上袭击可能还要求拥有航海技巧、掌舵能力以及其他特殊训练。
>
> 其五，在海上进行袭击准备、训练和武器测试，都易受到主管部门的监视和侦察。
>
> 其六，相同力量在海上造成的伤亡级联效应不如在陆地上的影响大。陆地经济资产数量多、分布集中。

尽管存在这些复杂性，但仍应将海上袭击作为严重威胁予以重视。
481 恐怖组织对海上目标发动袭击，实现破坏、经济停滞、政治混乱的目的，这些潜在的可能性是极为现实的。尽管陆地目标分布广泛，受到的保护更少，海上目标却丰富多样。重要的目标，比如上述战略要塞位于政治经济稳定的交汇处，因此对其中一个目标的袭击是对一个区域经济和政治体系核心的攻击，也是对一个标志性结构的攻击，这些影响的汇合将产生全球性后果。

虽然海上恐怖主义的动机既有政治方面的，也有经济方面的，但是当前海上劫持事件全部是为了获得经济利益，而非政治利益（Nincic，2012）。然而，几个臭名昭著的恐怖组织拥有海上能力，美国国务院确定了10个具备海上能力的恐怖组织，这些组织曾在过去使用其海上资源，在未来有可能使用其海上资源牟利。

由于每年都有数以百万计的货物装卸和处理，海上袭击场景和机会的数量惊人，灾难事件可能层出不穷。人员伤亡、经济损失、政治混乱、媒体影响、环境污染都是海上袭击可能造成的一些后果，海上袭击和海上恐怖主义的威胁极为严峻。如同前述，海上袭击的低概率并非代表其威胁性低。少数几个交通咽喉的密集贸易流、机会点和破坏点的范围、集装箱船队、船只以及海上安全行为都会影响政策制定。单一事件的影响可能产生巨大的可预见和不可预见的后果。

（四）海上恐怖分子的流动

前面已经提及，海上恐怖袭击十分少见，但恐怖分子的人员偷渡和武器走私则十分常见，尤其是在拥有绵长、不安全海上边界的国家及其周边地区，比如，东南亚的缅甸、泰国、柬埔寨、越南、马来西亚、菲律宾和印度尼西亚，斯里兰卡和印度，东非和阿拉伯的坦桑尼亚、肯尼亚、索马里、厄立特里亚、苏丹、埃及、沙特阿拉伯、也门、阿曼，从塞内加尔到刚果的西非地区，从美国南部各州到委内瑞拉的加勒比和墨西哥湾地区。 482

这些区域的大多数恐怖主义走私并没有直接引起海上恐怖袭击，但走私的武器、人员、金钱协助了其他恐怖袭击。

表 11－3　海上恐怖袭击的范围

规模	特征举例
犯罪者	“基地”组织及其成员 松散的伊斯兰极端主义者 外国人 存在不满的员工 其他

续表

规模	特征举例
目的	较大伤亡 港口停滞 贸易中断 环境破坏
位置	360 多个美国港口 165 个外国贸易合作伙伴 9 个关键战略咽喉
目标	军事船只 货轮 燃料油轮 客轮或观光船 航道 港口区人口 港口工厂 离岸平台
战术	自杀式爆炸船 自杀式爆炸轻型飞机 撞沉船只 船载导弹 港口水雷 水下游泳者 无人潜艇 油轮爆炸 易爆的货轮 货轮上的大规模杀伤性武器

483 资料来源：Congressional Research Service。

表 11－4　海上恐怖主义风险

海上恐怖主义情景	潜在的人力后果	潜在的经济后果	潜在的社会后果
在水道或港口击沉或破坏一艘船	几十名船员伤亡	数千万美元用于人员伤亡赔偿、修复和更换；数亿美元用于损失的货物；数十亿美元用于短期商业中断和加强安全	人力资本损失、消费者行为改变
劫持一艘船，利用它摧毁基础设施	船员伤亡，数百名平民伤亡	数千万美元用于修补和更换，数千万美元用于损坏的基础设施，数亿美元用于人员伤亡赔偿	人力资本损失、消费者行为改变

续表

海上恐怖主义情景	潜在的人力后果	潜在的经济后果	潜在的社会后果
使用集装箱轮船运输常规炸弹	数百人伤亡	数百万美元用于损坏的基础设施；数百万美元用于被摧毁的房屋；数亿美元用于伤亡赔偿；10亿美元用于短期商业中断；数十亿美元用于加强安全	人力资本损失
使用集装箱轮船运输放射性散布装置	数千人伤亡	数十万美元用于被污染或损坏的基础设施；数百万美元用于被污染或损坏的房屋；数亿美元用于人员伤亡赔偿；数十亿美元用于加强安全；数百亿美元用于长期宏观经济影响	人力资本损失、消费者行为改变、政治后果
使用集装箱货船运输核武器	5万~10万人死亡	数十亿美元用于被损坏和污染的基础设施；数百亿美元用于短期商业中断和加强安全；数千亿美元用于伤亡赔偿、被污染或损坏的房屋，以及长期宏观经济影响	人力资本损失、消费者行为改变、政治后果

资料来源：Greenberg et al.，2006。经兰德公司授权转载。

专栏 11.6　比较观点

海上恐怖袭击回顾

1985年10月7日至10日，巴勒斯坦解放阵线人员劫持了地中海上一艘从亚历山大港起航开往塞得港的意大利游船（MS Achille Lauro）。劫持者要求释放50名被以色列扣押的巴勒斯坦人并在叙利亚塔尔图斯港停泊，被拒后，他们杀害了一名美国犹太人。在塞得港经过2天谈判后，劫持者同意离开船只，交换条件是登上一架埃及商业客机并安全地飞往突尼斯，但是美国战斗机迫使飞机在美国位于西西里的基地着陆。意大利和美国当局在紧张的僵持后，意大利获得劫持者的监管权并将他们定罪，但释放了他们的首领（他在埃及登上这架飞机），这违背了美方的意愿。 484

2000年1月3日，"基地"组织资助的自杀式炸弹袭击者试图在美国军舰"沙利文号"（导弹驱逐舰）抵达也门亚丁湾时，驾驶装载爆炸物的船只靠近"沙利文号"，但他们的船只沉没了。2000年10月12日，其他炸弹袭击者在亚丁湾引爆了一艘靠近美国军舰"科尔号"（导弹驱逐舰）的小船，造成17名美国水手死亡、39名水手受伤。

2000年10月23日，两艘客轮在斯里兰卡水域遭到袭击。"泰米尔伊拉姆猛虎解放组织”成员使用两艘装有爆炸物的小艇撞沉了一艘客轮，另一艘客轮被严重损坏。袭击造成约250名人员死亡和300人受伤。

2001年10月30日，“泰米尔伊拉姆猛虎解放组织”在沿海水域再次发动袭击，攻击了“丝绸自豪号”油轮。5艘小船发动袭击，造成严重破坏，尽管火势猛烈，但25名船员全部获救。

2002年10月6日，一艘自杀式爆炸船在亚丁湾附近撞击了一艘插着法国国旗的巨型油轮（“林堡号”）。该油轮从伊朗起航，运载了近400000桶原油，在亚丁湾准备装载更多原油。船上一名船员被杀死，12名船员受伤。而船上的大火造成约90000桶原油泄漏，但爆炸没有穿破油轮双层壁的内层，油轮最终得以被拖至安全地带。抵达亚丁湾后，保险公司应轮船要求，将保险赔偿金额增至3倍。而经亚丁湾的集装箱流量下降93%，导致港口收入每月下降380万美元（Chalk，2011b，p. 87）。“基地”组织声称对该事件负责。

2004年2月27日，“阿布·沙耶夫”组织在从菲律宾马尼拉起航的“超越－14号”客轮上放置了1颗炸弹，试图向经营者索取钱财。小规模爆炸引发了火灾，造成118人死亡，客船几乎沉没。2005年10月，欧盟委员会发布了一项针对船只和港口安全的新规，其中包括针对国内渡船安全的新规定（2007年7月生效）。

2004年4月24日，“基地”组织也门成员对波斯湾的豪尔艾迈耶石油终端发动自杀式袭击。恐怖分子使用一艘小船装载爆炸物，杀死了2名船员，伤害了4名岸上安全警卫，造成约4000万美元的经济损失。

2010年1月29日，以色列报告称，从海上发射的装在浮桶里的简易爆炸装置漂流到海岸上，袭击者可能是反对以色列巡逻船只的巴勒斯坦“圣战”分子和人民抵抗委员会。

2010年6月28日，一艘自杀式爆炸船只在霍尔木兹海峡袭击一艘从卡塔尔驶往日本的油轮，油轮外部结构受损，但未造成穿孔，真正的事故原因在两周内都无法确定。一个新的“圣战”组织“阿卜杜拉·阿扎
485 姆旅”声称对此事负责。

专栏 11.7

受到海上走私协助的陆地恐怖袭击

1998 年在肯尼亚和坦桑尼亚发生的美国大使馆爆炸事件中使用的爆炸物可能是通过一艘“基地”组织控制的船只进口的。

1999 年 12 月 14 日，一名“基地”组织恐怖分子（艾哈迈德·内萨姆，阿尔及利亚人，住在加拿大蒙特利尔）驾驶一辆装载爆炸物的汽车，登上一艘来自温哥华的渡轮。在引起边境工作人员怀疑后，受到美国海关官员的搜查，最后在华盛顿州的安杰利斯港被捕。内萨姆可能预谋在 1999 ~2000 年的新年前后轰炸洛杉矶国际机场。

哈立德·谢赫·穆罕默德于 2003 年 3 月在巴基斯坦被捕，随后转移给美国关押，据报道，他在审讯中招供曾预谋将爆炸物通过水路运入美国，藏在一个来自日本的个人电脑集装箱里。

2004 年 3 月，马德里市郊火车爆炸案发生的同一周，以色列阿什杜德港发生自杀式炸弹袭击，10 名以色列人被杀害。据《耶路撒冷邮报》报道，巴勒斯坦密探可能利用了一个集装箱中秘密的暗格，从加沙进口了武器。

2008 年 11 月 26 日，武装恐怖组织巴基斯坦“虔诚军”利用私人船只登陆印度孟买港，在那里的火车站、一座犹太会堂和一家旅店杀害了 101 个人。

以色列境外的巴勒斯坦组织可能曾利用船只直接登陆或从离岸扔下集装箱并使其漂浮上岸的方式，将走私物品带进以色列。这些集装箱可能大部分是便携式的，易于隐藏，有的只有油桶那么大，类似于 2010 年扔下的水雷。

2011 年 9 月 13 日，武装分子使用一艘来自索马里的船只进入并靠近索马里边境肯尼亚基瓦尤岛的一栋平房。官员怀疑袭击者隶属于“青年党”，一个索马里“圣战”恐怖主义组织，但遭到否认。当时一对英国夫妇在那里度假，袭击者枪杀了大卫（David Tebbutt），并将他的妻子朱迪丝扣为人质，藏匿于索马里。2012 年 3 月 21 日，在其家人支付赎金后，朱迪丝才被释放。

（五）海上劫掠

海上劫掠比海上恐怖主义更危险，因为海上劫掠更为频繁，并造成经常性的损失。下文介绍了海上劫掠的定义、范围、现实中海盗的行动、海盗的地理分布、海上劫掠造成的损失、海上劫掠的发生频率以及反击海盗的措施。

1. 范围和定义

“海上劫掠”（maritime piracy）指任何试图登上船只进行盗窃或勒索钱财的行为。实际上，联合国对海上劫掠和勒索做了区别。

> “海盗”这个词专指两种明显的侵犯行为类型：第一种是抢劫或劫持，袭击目标是盗用一艘海船或它装载的货物；第二种是绑架，
> 486 威胁船只和船员支付赎金（U. N. Office of Drugs and Crime，2010，p. 193）。

1993 年国际海事组织海上安全委员会公告将海盗分为三种方式：一是低级别武装抢劫或袭击，二是中等程度武装抢劫和袭击，三是重大犯罪劫持。

海盗和恐怖主义的联系越来越紧密，恐怖分子有时变身为海盗，为恐怖活动筹措资金；尼日利亚、索马里和东南亚的许多海盗在意识形态上偏好资助“圣战”恐怖主义，甚至参与其中（Luft & Korin，2004）。

2. 海上劫掠活动

海盗在搜寻目标时，通常会在包括海军在内的外国船只的视线范围内行动。他们的小船在公海上难以识别，难以与渔船区分开，在发动袭击前实际上并不进行任何犯罪。

海盗一般使用小型快艇（摩托快艇，每艘载 6 个人）袭击距离海岸 50 海里内的船只，一般他们还需要一艘大型船只，在离岸更远的地方开展进一步行动。“母船”通常会拖着一艘载着袭击者的快艇，尽管使用“母船”这个词，但它不是一艘大船，只是一艘小船，载着十几个或二十几个人，通常由小型发动机和帆提供动力，在袭击开始前与渔船无异。有时“母船”会拖着一艘以上快艇或彼此合作，多艘快艇会迷惑目标船

的船员，目标船上的船员视野有限，躲避的空间也有限。袭击者装备特制的苏制自动步枪以及火箭推进榴弹，通常袭击在30分钟内结束。

海上劫掠活动常受海岸制约。自20世纪90年代起，海盗开始使用卫星电话从船上与岸上通话。他们也使用商用导航设备，根据全球定位系统获得目标当前位置的坐标和信息，导航设备可引导他们抵达任何目标所在的位置。海盗与有价值的船只在远海的巧遇表明一些有权获得船只坐标的船员向海盗泄露了情报（U. N. Office on Drugs and Crime, 2010a, p. 198）。

大多数海盗的最终目的是盗窃或者转售货物、夺取船员的财产以及船只内可移动的物件，有时候是船只本身（如果是小船）。西非地区的海盗利用尼日利亚发达的基础设施非法出售燃料货物；在缺乏基础设施的非洲之角，大多数海盗的目标是劫持一艘大型船只、货物和船员来获取赎金。海盗的目标是那些可以索要大笔赎金的船只，往往是大型集装箱船和油轮。尽管小型游艇的速度更有可能超过海盗的“母船”，但如果受到威胁，富有的船主仍会拿出赎金。船务公司可以通过被劫持船只的通信系统或者海盗的卫星电话，与劫持者谈判，赎金通常是现金，并通过中间人交付给劫持者。有时候赎金在飞机上由降落伞抛下，还有一种情况是，海盗接受一个可信任的第三方支付，但这种可能性较小。正常情况下，海盗收到赎金后，会遵守承诺释放扣留的船只、货物或人员，
但他们经常先拿走船上有价值和可移动的物件。船舶和货物也可能在被 487
攻击、随后的偷窃或在没有适当维护的情况下，在被长期劫持期间遭到损坏。

3. 地理分布

海盗自然而然地被前文提及的交通要塞或战略咽喉吸引，海盗主要聚集在五个区域。

其一，根据过去两三年的评测，海盗最集中的区域是亚丁湾和非洲之角海域。大约10%的轮船通过这些海域，有些船务公司也选择危险相对小但缓慢的路线，绕过位于印度洋和大西洋之间的好望角。据国际海事局的报告，在非洲之角发动袭击的海盗数量从2008年的111起，到2009年翻倍达到217起，2010年达到顶峰；因长期的反海盗措施有力，2011年下降到237起，2012年下降至75起。然而，2012年底索马里海盗仍然扣

留了 8 艘船只、127 名人质，这些海域的海盗主要来自索马里。

其二，大约 10% 的船只经过西非的几内亚湾。由于国际对索马里的关注，此处海盗比非洲之角的海盗相对较少。2012 年，西非地区的海盗袭击船只 62 次，威胁了 966 名水手，而在索马里水域为 851 名。根据国际海事局的数据，西非地区的海盗劫持了 10 艘船只，扣留 207 名新的人质，其中 5 人遭到杀害。尼日利亚是西非最大、人口最多的国家，也是这一海域海盗的主要来源地。

其三，21 世纪早期，大多数海上劫掠危险集中在越南、印度尼西亚和马来西亚之间的海域，尤其是马来西亚和菲律宾之间的马六甲海峡，约 50% 的船只通过此处。2012 年，东南亚的报告显示，该处发生 81 起海盗袭击，其中 31 起发生在远东。

其四，加勒比海和巴拿马远处海域是警力松懈的危险区域，近程海盗较多。

其五，孟加拉湾也是警力松懈的区域，位于印度洋，这一海域的海盗主要来自孟加拉国。

4. 经济损失

2003～2008 年，海盗带来的全球经济成本为每年 10 亿～160 亿美元，2009～2012 年的经济成本为每年 70 亿～120 亿美元。这些成本大多与管控风险有关，而非海盗袭击造成的直接损失。在管控风险方面，船务公司支付额外的费用，比如保险费、武装警卫、防止登船材料、防卫武器，在危险水域高速航行或躲避线路带来的额外燃料开支，以及避开危险水域的长途航行带来的额外开支。

因为船务公司和海盗往往不公开协商内幕，赎金代价难以计算。
488 2010 年，据报告，赎金为 400 万～500 万美元，有时高达 950 万美元。到 2012 年，平均赎金与 2010 年大致相同，但高额赎金达到 1200 万美元。2011～2012 年，每年赎金总额为 1.35 亿美元。

交赎金和修补船只花费高昂。在某些情况下，船务公司会购买一架轻型飞机，将赎金投放到船上或海盗基地附近。船只必须进行恢复、清洁和修补，货物可能会受损。最糟的情况是货物全部丢失或沉没，例如，2013 年 7 月 8 日，悬挂马来西亚国旗的马来西亚“M/V ALBEDO 号”油轮在索马里的哈莱斯特海岸抛锚沉没。

专栏 11.8

索马里海盗

来自世界上最贫穷国家之一索马里的海盗，往往会扣留来自某些最富裕国家的船只以索取赎金，即使这些船只有世界上强大的海军护航。在亚丁湾和非洲之角海域，几乎所有海盗都来自索马里——一个自20世纪80年代就衰败的国家。1991年，索马里中央政府崩溃，北部的索马里兰成为一个“独立的国家”，实际自治的“邦特兰省”，西南部是衰败的索马里，西南部是索马里首都和最大的港口摩加迪沙所在地。2012年，国际力量进驻摩加迪沙，并向南开进，但大部分索马里名义上的领土仍然不安全。

截至2009年，索马里海盗数量约为1400人，集中于邦特兰和穆杜格中南部。最底层的海盗很容易被新手取代，新手从赤贫人口中招募，其中包括40000名流离失所的索马里人。一个海盗可从每100万美元赎金中挣到6000~10000美元。有据可循的资料说明，大约30%的赎金归海盗，10%归当地民兵，10%归当地长老和官员，20%归投资者。劫持时间为6天到6个月，一般是2周，赎金总额为5000万~1亿美元。2008~2009年，这些水域船只的保险费从20000美元骤升到150000美元。

2004年，国际海事会警示，所有船只应在距离索马里海岸50海里外航行。2005年，这一标准提高到100海里。到2006年，一些索马里海盗在距离索马里远达350海里的海域开展行动，进入红海和印度洋。2007~2008年，主要在索马里南部水域活动的海盗转移到亚丁湾。到2009年，一些索马里海盗袭击了远离索马里超过1000海里的船只。

随着世界粮食计划署每月持续运送30000~40000吨粮食救助进入非洲之角（到2008年下半年，43%的索马里人依赖粮食救助，其中95%的粮食救助利用海上运输），一些船务公司为了加快行程，选择承担近海岸行驶的风险。2008年下半年，世界粮食计划署请求欧盟或加拿大海军护航，同时索马里海盗同意对人道主义救援放松条件（这些货物的赎金也会更低）（U. N. Office on Drugs and Crime，2010a）。

自2008年12月起，欧盟驻索马里海军部队（阿塔兰特部队）和北大西洋公约组织的联合特遣部队151是在索马里海域打击海盗的主要国际力量，在超过100万平方英里的海域巡逻。目前，索马里海盗活动海域的总面积约250万平方英里（相当于美国大陆的面积）。与过去的执法力度相比，海军的影响力巨大。截至2009年8月，海军捕获或摧毁了40艘海盗船只，移送了235名可疑海盗。印度海军将巡逻区域从印度洋延伸至亚丁湾。自2009年1月起，中国海军派遣了至少2艘护卫舰在亚丁湾护航。到2012年，来自22国海军部队的30艘舰艇在亚丁湾巡逻。

489 与前辈相比，这些海军部队在武力使用上的限制更少。2008年11月，在亚丁湾，1艘印度军舰摧毁了1艘海盗"母船"。2009年4月，法国海军从游艇上救出了4名法国人质，扣押了3名海盗，但其中1名人质遭到杀害。2009年4月12日，美国海军人员击毙了3名海盗，从被拖拽的救生船上解救了"亚拉巴马号"（Maersk Alabama）船长。2009年12月，海军人员乘坐一架印度海军直升机，阻止了劫持者登上1艘挪威船只。2012年1月，美国部队解救了1名丹麦人质。

与此同时，各国已就海军巡逻以外的国际应对措施达成一致。2008年12月，根据联合国安理会第1851号决议成立了索马里海岸海盗问题国际联络小组，2013年由美国担任主席，2014年由欧盟担任主席。

同样是在2008年12月，美国国家安全理事会发布了"打击非洲之角海盗的合作伙伴和行动计划"，建立了打击海盗指导小组，由国务院和国防部共同领导，成员来自美国司法部、国土安全部和财政部，以及美国海事管理局和美国国际开发署。美国的合作伙伴和行动计划包含海上安全领域改革框架。

索马里海岸海盗问题国际联络小组现在有62个国家和31个国际组织以及海上贸易联合会参与。成员自愿加入任意5个工作组。第一工作组（由英国主持）负责推进国际军事协调和区域海上安全能力的提高，第二工作组（由丹麦主持）主要负责法律事务，第三工作组（由韩国主持）负责协助商业船只提高意识和加强保护，第四工作组（由埃及主持）主要负责提高公共意识和协助打击海盗，第五工作组（由意大利主持）负责协调打击海盗金融的工作。联络小组声称，海盗有了"显著的减少"。在索马里海域被劫持的船只从2009～2010年的47艘下降到2011年的25艘、2012年的5艘。

地区稳定和能力建设是从根本上解决索马里海盗问题或根除滋生海盗

的条件。2009 年 4 月 23 日，一场欧洲募捐大会筹措了 1.6 亿美元，资金主要用于索马里的安全改革。2012 年 2 月，英国主持了一场关注索马里未来的国际大会，重申仅依靠武力是无法解决问题的，呼吁对当地社会给予更多支持。2012 年 8 月，位于摩加迪沙的索马里中央政府颁布了新的临时宪法。索马里有了新的议会和新的总统，在国际军事力量的支持下，开始向首都以外地区扩大控制权。 490

人员损失主要是少数不幸被杀害或被扣押的船员。幸运的是，近年来人员损失在下降，但对直接受影响的人而言，这仍然是可怕的。2011 年，8 名船员被杀害，45 艘船上的 802 名船员被扣押为人质，15 名被绑架（带到岸上）。2012 年，6 名船员被杀害，28 艘船上的 585 名船员被扣押为人质，26 名船员被绑架。2013 年，1 名船员被杀害，12 艘船上的 304 名船员被扣押为人质，36 名船员被绑架。2014 年，442 名船员被扣为人质。如果船员幸运地生还，他们还需要休息、治疗和赔偿，尽管船员合同的灵活性大，但船务公司的义务较少（ICC International Maritime Bureau，2015，p. 11）。

5. 海上劫掠频率

由于船务公司要向股东隐藏脆弱性和成本，海盗问题往往被低估。20 世纪 90 年代，世界范围内的海上劫掠事件越来越频繁。20 世纪 90 年代晚期，节约成本、竞争和自动化导致船主减少了船员与防卫措施。2000 年海上劫掠事件达到顶峰，在 21 世纪头十年保持高位（根据国际海事组织报告，每年发生 350～450 起）。对“9·11”事件的官方回应让美国把打击海盗的资源转移到打击恐怖主义。21 世纪头十年，许多小国的局势不稳，造成情况进一步恶化。海盗找到了滋生的温床，他们获取武器和设备的途径变得更为广泛（Chalk，2009）。2010 年全球性海上劫掠事件达到新的高峰（445 起），上一次高峰是在 2003 年，与 2000 年的高峰（469 起）还稍有距离。随着官方和商业的关注再次提高，海上劫掠事件的频率有所下降。据国际海事局报告，2011 年 439 艘船遭到袭击，发生 45 起劫持事件；2012 年 297 艘船遭到袭击，发生 28 起劫持事件；2013 年 264 艘船遭到袭击，发生 12 起劫持事件；2014 年 245 艘船遭到袭击，发生 21 起劫持事件。 491

20 世纪 90 年代，海盗在印度尼西亚的壮大最为迅速，在孟加拉国、印度和马来西亚等国也迅速发展。国际社会在东南亚和南亚采取应对措施，2005 年的海盗数量下降一半，但 2008 ~ 2009 年，海盗数量再次上升，大部分原因是来自索马里——这个长期衰败国家的海盗壮大，同时来自尼日利亚的海盗也发展迅猛（数据来自国际海事局）。

6. 打击海盗

打击海盗的措施包括更严格的立法、执法，海军执法，船只防卫，以及打击更广范围的海盗活动，详情如下。

（1）法律措施

长期以来国际针对海上劫掠行为已进行严格立法，包括 1856 年的《巴黎宣言》、1958 年的《日内瓦公约》、1982 年的《联合国海洋法公约》以及 1988 年的《制止危及海上航行安全非法行为公约》，任何国家都可以扣押、引渡和控告海上恐怖分子和海盗。《制止危及海上航行安全非法行为公约》有 150 个国家签约。

法律法规在书面文本上措辞强硬，但在现实中面临执法困难。国际法限制外国干预，马克库宾・欧文斯曾指出："如果一个国家不能减少强盗（latrunculi，拉丁文'小强盗'的意思，也指代海盗和其他非法之徒）活动，那么意味着另一个主权国家有权攻击它的领土"（Mackubin Owens，2009）。但数十年来没有国家实施过这个权利。

海盗在不稳定或政府软弱无力的地区滋生，这些地区的司法系统薄弱。比如，国际机构仍然认为索马里无力妥善处置海盗，外部国家可以起诉海盗，但民主国家曾最为积极地从源头打击海盗，遵循人道主义立法或相信被扣押者是难民，以致大多数海盗被捕后，未经任何起诉就被释放了。比如，印度洋周边国家都有各自的人权，许多年来，欧洲海军根据本国政府的通告，认为海盗被引渡到印度洋周边国家违犯了《欧洲人权法》。

即使司法程序严格，执行时仍面临困难。除非抓了现行，否则难以起诉海盗。一方面，目击者难以出庭，水手急于返回工作，尤其是在大多数被扣留人质或出庭者没有获得赔偿的情况下；另一方面，大多数水手来自发展中国家，长期在海上航行，没有固定住址。水手和海盗都来自不同国家，法庭上常常需要和目击者数量一样多的翻译人员。

自 2000 年到 2010 年晚期，外部国家开始更有担当。2008 年下旬，法国开始在法国起诉海盗。2009 年 3 月，肯尼亚同意审判海盗，换取欧盟对其司法改革提供帮助。2010 年 9 月，国际海军向肯尼亚移交在亚丁湾劫持商船“麦杰伦星号”的 9 名索马里人。2013 年 6 月，一个肯尼亚法庭判处每人 5 年徒刑。

2009 年 4 月，一伙海盗劫持了插着美国国旗的“亚拉巴马号”，被美国海军打死，其中 1 个独立行动的海盗被抓获，并被押送到纽约接受审判。2011 年 2 月，他被判处 33 年徒刑。到 2012 年 3 月，美国已起诉 492
28 个索马里海盗。和许多国家一样，美国主张由插旗国起诉海盗，但 2012 年索马里新的临时宪法和新政府获得国际军事支持，索马里海盗需要在索马里境内服刑。

2012 年 2 月，在伦敦召开的海盗和索马里问题大会上，英国宣布拨款 100 多万美元，并从英国严重有组织犯罪局（British Serious Organized Crime Agency）抽调人员，在塞舌尔建立“地区打击海盗起诉和情报协调中心”（Regional Anti-Piracy Prosecutions and Intelligence Coordination Centre，RAPPICC）。2012 年 6 月，该中心的临时办公室开始办公，2013 年 1 月中心永久大楼落成，包括联合中心、国际司法信息和执法协调部门以及一个可容纳 20 人和用于审问的拘留所。到 2013 年，该协调中心拘捕了 20 个国家的超过 1000 个海盗，其中大部分已被定罪或将被定罪。

（2）海军执法

船只可以在国家领海上航行，有国家海岸警卫队巡逻，或者在国际运输通道航行，有多国海军巡逻。国际海军主力是海上联合部队，作战指挥来自美国巴林海军支援设施，由一名美国海军副上将指挥（他还担任美国海军中央司令部和美国海军第五舰队司令），一名英国海军准将担任副司令。其他工作职务由成员国人员担任。

截至 2013 年底，海上联合部队有 29 个成员国，包括澳大利亚、巴林、比利时、加拿大、丹麦、法国、德国、希腊、意大利、日本、约旦、韩国、科威特、马来西亚、荷兰、新西兰、挪威、巴基斯坦、菲律宾、葡萄牙、沙特阿拉伯、塞舌尔、新加坡、西班牙、泰国、土耳其、阿拉伯联合酋长国、英国和美国。

海上联合部队有 3 支主要的联合任务部队（Combined Task Force），

即 CTF-150（负责海上安全和反恐）、CTF-151（打击海盗）、CTF-152（负责波斯湾安全和合作）。这些联合任务部队都是小型部队，配备约 6 艘军舰，但它们的行动区域是广袤的，约 250 万平方英里。联合任务部队的行动受法律约束和证实海上劫掠行为实际情况的制约。

然而，CTF-151 有时候能够识别海盗。比如，2013 年 10 月 11 日，索马里海盗与一艘超级油轮交火；10 月 14 日，同一伙海盗袭击了一艘西班牙渔船。CTF-151 利用信号情报追踪到 500 多英里外的这伙海盗，逮捕了 9 名嫌疑人，并击沉了 2 艘海盗的小船。2009 年，在新的国际平台上和国家承诺下，索马里海域打击海盗的国际海军力量迅猛发展，但
493 相对于广袤的行动范围，力量仍然薄弱。

亚丁湾暴露于印度洋和非洲之角海域的海盗，但该地区巡逻充分。狭窄的水道穿过霍尔木兹海峡，易于巡逻，较之海盗，此处的威胁更多地来自军方和恐怖主义。马六甲海峡航道巡逻充分，被马来西亚和印度尼西亚大陆紧密围绕，来往于印度洋和中国南海的船只应接不暇。其他海域面临海盗威胁，但几乎没有巡逻。

7. 船只防卫

（1）要求

即使在国际海域，船只也必须遵守相关的规定和指导，按美式英语的说法，即“最佳管理措施”（best management practice）。“最佳管理措施”由国际主管部门、国家主管部门、贸易联合会、船只所有者联合发布，目的是防御海盗。联合国国际海事组织拥有最高权威，要求所有达到 500 总吨位或更大型的船只都要购买船只安全警报系统，一旦海盗出现，船员可使用这个系统向岸上发送秘密信号。联合国毒品与犯罪问题办公室也积极参与这项工作。

一些船只还要遵守国家规定和国家指导，尤其是它们插上一国旗帜或航行到一国领海。美国海岸警卫队发布的《海上安全指令》比任何国际法规都严格，美国海事管理局（Maritime Administration，MARAD，交通部的下属部门）发布特定地区建议，美国商船学院训练海军军校学生打击海盗。

小型船只的最佳防卫方法是航行速度超过海盗的船只。大型船只尽管吨位重，但更容易被攻陷，因为其船员数量少，随着过去 20 年对自动

化变得更加依赖，船员人数变得更少。船东受利益驱使，降低成本，传统上都没有为船只购置抗击海盗的防卫设施。

> 船运行业的一些人不愿意进行这些基本投资来保护他们的船员和货物免受袭击。在非洲之角海域航行的所有船只中，大约20%没有采纳“最佳管理措施”或采取恰当的安全防卫措施。不意外的是，这20%的船只中大多数曾被劫掠。我们已加大努力，鼓励商业船只采纳“最佳管理措施”。（Shapiro，2012，n. p.）

（2）模糊的边界

行为上的“最佳管理措施”包括：选择安全的国家水域或国际指定的运输通道，穿过高危区域时全速航行（船只为了节省燃料和避免损耗，航行速度远低于全速），向军事部门报告位置和进程，寻求海军护航，以及与其他船只组成护卫队。 494

船员视野之外的船上区域，可以用闭路电视监控。桥翼配备额外的侦察台，若发现船只两侧出现危险，船只可以迅速改变路线，防备跟随而来的海盗，或者可以撞翻海盗船。但大型船只灵活性差，难以在海盗发动袭击的几分钟里快速改变航道。

船只必须武装小型武器，这样在受到袭击时船员能维持对船的控制。船员必须配备防弹衣和头盔。船起航后，必须收起斜梯和网，但海盗可能扔出抓钩。因此需要建立物理屏障，比如铁丝网或价格便宜的电网，防止海盗从两侧爬上甲板。锁上入口通道，可以防止海盗闯进去，但海盗可能会用枪打坏锁，任何类似的防卫措施都有可能刺激海盗扣动扳机。可以在避难处（一般是发动机房）设置额外的访问控制；可以设置主船控制和准备应急物资，这样即使海盗已经登船，船员也能继续控制船只的航行，但海盗仍可以在开阔区偷盗。

（3）回击

挫败一次袭击的筹备工作更为高昂，并存在争议。大型船只安装了排水设备，用于清洁和消防，也可用于防海盗，但除非有防护设备保护，否则这也会让操作者暴露在海盗的武器火力下。船两侧安装一些高压水枪，两侧出现海盗尾随时，船员可以在防护设备后用水枪回击。滚烫的热水可有效击退海盗。滑膜可阻止海盗登船，声波枪是另一种不致命武器。2008 年 12 月，“振华 4 号”船上的中国船员使用从燃料集装箱上临时取下的燃烧设备和消防水管击退了海盗。

越来越多的运营商愿意雇用武装警卫来保护高风险船只。这些人员装备精良，配有大功率、大口径枪支，扫射范围超过海盗使用的普通来福步枪，防弹衣在瞄准海盗时为他们提供保护。通常，严阵以待的武装人员阵容会吓退海盗。否则，防卫人员可以升级防卫手段，发出火力警告，展示他们可进行远程攻击的更强火力。夜视装备有助于保持在夜晚的射程优势，但越来越多的海盗也使用这样的装备。

美国政府已有效地鼓励私人经营者雇用武装警卫：

> 现实是，国际海军也许并不在场，无法救援。海盗问题并不是简单地依靠国家政府就能得到解决。因此，我们也支持这个行业使用额外的措施来保障自己的安全，比如雇用武装警卫。截至目前，还没有船只部署私人雇用的武装警卫人员后被海盗抢劫过。“没有一只船……”在国务院，我们鼓励各国允许商业船只部署武装小队。然而，我们也注意到这是个新领域，这个领域的一些措施、程序以及法规仍有待修订。我们通过索马里海岸海盗问题国际联络小组和国际海事组织就这些事宜展开合作。比如，我们已经建议武装警卫
> 495 队完全接受船长的指挥，船长控制局势，有权命令是否使用武力。去年（2011）9 月，我们深感振奋地看到，国际海事组织修订了指南，指导船旗国、船只经营者和船东指定船只的负责人，由负责人指挥武装警卫团队。（Shapiro，2012，n. p. ）

截至 2015 年，还没有部署了武装警卫的船只遭遇劫持。船只越来越多地使用武力装备吓退海盗，但这也会刺激海盗更具报复性、更滥用的火力。2009 年 4 月 14 日，索马里海盗通过无线电声称：“如果他们杀害我们，我们决意报复，在我们海域捕鱼的船只一旦被我们捕获，船上的美国人和法国人我们都会一一灭口”（Nincic，2012，n. p. ）。2010 年，索马里海盗袭击了 2 艘美国军舰。2011 年 2 月 22 日，美国海军扣押了 2 名海盗谈判者，随后海盗在关押人质的游艇上开枪杀死 4 名美国人质。

（4）打击更广泛的网络

联合国、索马里海岸海盗问题国际联络小组和美国都认为，必须稳定被海盗当作基地的国家，建设地区打击海盗的能力，在更广的范围追捕并控制支持海盗或从海盗业获利或资助海盗的人群，从而减少滋生海盗的条件，而不是仅仅针对发动袭击的海盗。美国已为这类倡议出资。

> 我们抗击海盗的思路呈现出新维度。在抗击海盗的努力中，目前我们的目标定位于海盗犯罪的头目及其发展网络，起诉和监禁所抓捕的海盗。扩大安全性是必需的，同时，我们也要认识到，在海上抓捕的海盗常是低级别的执行者。他们的头目和怂恿者待在索马里岸上和其他不受影响的地方。认真评估我们的战略后，去年秘书长批准了一系列推荐措施，构建新的战略思路。这个战略的中心就是海盗网络。（Shapiro，2012，n. p.）

当前美国打击海盗战略强调多边思路（与其他政府合作，执行国际法和建设地区能力），国际法的军事执法，推动私人部门更加重视“最佳管理措施”，对海盗和相关犯罪分子进行司法起诉，稳定海盗猖獗的地区，以及把目标定位在更广范围的海盗网络（Kelly，2012）。

七　总结

总而言之，海上商业是全球经济交流的主要形式，也是困扰安全专家的主要问题。海上贸易运输量累计占世界贸易运输量的80%～90% 496
（The Organization for Economic Co-operation and Development，2003，p. 7；Flynn，2004a，p. 84）。海上供应链有着数目最多的违约点，潜藏着最严重的破坏。港口越重要，越有可能位于关键交通和通信枢纽与人口密集中心的交汇处。在各种原因下，港口可能会成为恐怖分子袭击的首要目标。再加上海上系统被认为是广袤、不受监控、没有管理的区域，吸引着恐怖分子寻找海上目标。

海洋覆盖地球表面1.3亿英里，没有一个国家或者霸权强大到能够控制如此辽阔的区域。国际海上供应链是复杂的海道网络，有数千个纵横交错的点。海上劳动力包括国际化海员、服务商、货运商、港口工人和中间商。在这个全球商业的矩阵里是无城邦、超越国家的空间，超出政客、执法部门、情报部门、国际机构和惯例的管辖权限和控制。这个环境对恐怖分子和犯罪分子的牟利活动开放。主要的安全隐患是，恐怖分子不仅有可能从中牟利，而且其恐怖活动可能对经济和政治造成剧烈影响。因此，港口不仅成为进入外国领土的门户、恐怖分子的目标，而且对恐怖分子和犯罪分子而言是抢劫场所和走私入口，他们的袭击方式多种多样、千变万化。

一项安全战略和安全系统要获得成功，不仅必须弥补缺陷，而且必须促进商业发展。集装箱运输的统一性、高速性和普遍性让情况变得更加复杂。货物集装箱让恐怖分子有机会对商业基础设施造成灾难性的破坏或者利用它进行其他犯罪。随着贸易额的陡然增长，世界各地的压力加剧，降低风险的前景并不乐观，合法当局也难以跟上步伐。随着走私利润越来越大，地下贸易通道更加持久，这种情况尤其严峻。

通常情况下，这些条件有助于发展全球海上贸易系统，与服务于合法从业人员一样，也为非法活动提供了便利。部分情况是，开放的贸易系统对国家安全政策而言是必不可少的，对寻求侵蚀合法利益的人而言也是必需的。亚太经济增长也会使未来所面临的问题复杂化。亚太地区的海运沿着海岸线，穿过海峡，高度密集，然后抵达开阔的海洋转运点。更为密集但并不隔绝的商业网络使合法、非法操作者与货物之间存在更多的漏洞（Jarmon，2014），对于两者而言某种可利用的条件成熟，上述情况也将达到顶峰。

针对现实中安全和贸易发展的系统性困境，美国采用多层防御，加强海上安全。反恐怖主义海关贸易伙伴关系、自动目标定位系统、集装箱安全倡议和 24 小时舱单预申报规则，这些计划构成快速过滤机制，通过筛查、扫描、侵入式和非侵入式检查，识别和隔离有潜在危险的集装箱。加强战略核心包括一系列计划和倡议，如建立资金系统、互相配合和合作行动、工人资质认证程序、多边协议、船只追踪系统，以及必要的规划、训练和筹备演习。

虽然海上恐怖主义事件的发生概率低，发生的机会却多，具有严重
497 威胁。一个主要港口发生具有较大影响的事件，尤其是发生在某个关键

战略枢纽，可能会给地区经济甚至全球系统带来毁灭性的影响。这极大地诱惑了那些试图造成破坏、扩散恐慌和/或制造政治机会的恐怖主义集团。带有政治动机的海上袭击少见，经济获利成为海上犯罪活动的主要动因，在这一趋势下，反海盗措施愈加成为海上安全领域的重要议题。

发起一场打击海盗的战争的障碍是巨大的。与主权有关的法律允许“腐败国家”窝藏海盗，甚至支持他们的活动。在缺乏有效全球治理的环境中，跨越国际边界和管辖权分歧追捕、逮捕和审判海盗是存在困难的。目前的策略是敦促私人运营商通过安装水炮等武器和雇用私人武装保安来确保自己的安全，与此同时，各国政府努力打击海盗的根源。这意味着不仅要关注袭击点，而且要努力稳定薄弱、腐败国家的环境，海盗窝藏于薄弱、腐败的国家并壮大。打击滋生海盗的更广泛的网络，既是还在发展的解决方案，也是一项长期方案。

☞ 本章案例

如果加强集装箱安全?

斯蒂芬·弗林

美国人仍然面临这样的可能：某天，一艘船、一辆卡车或一节火车里有一个 40 英尺的货物集装箱，而集装箱里藏着恐怖分子安置的脏弹或者核武器。

布什政府和奥巴马政府都主张，它们已部署了令人满意的安全措施来控制这样的风险。在集装箱装上驶向美国的船只之前，要求进口商提前一天向海关检查人员报告集装箱的内容。然后，国土安全部国家目标定位中心评估这些数据，并参照其他情报，判断哪些集装箱存在危险。运往美国的集装箱中，只有 1% 的少量集装箱在合作的外国港口接受检查，被认定为高风险的集装箱在登陆美国后接受检查。超过 95% 的集装箱在未经任何人对集装箱内部进行非侵入式检查的情况下就被放行，进入美国经济市场。

这个方式有两个严重的缺陷。首先，它假设美国政府有足够好的反恐情报，能够可靠地辨别哪些集装箱可疑、哪些不可疑。但泛滥的恐怖主义威胁说明，官员常常缺乏这类特定的战术情报。而支持海关检查人员对风险做出第一手评估又不是情报机构的优先环节，检查人员必须依靠他们的经验察觉异常，比如一家声称从拉脱维亚出口香蕉的公司。

其次，海关检查人员会定期指定特定货物为低风险，决意行事的恐怖分子可以轻易利用这个常识。一个集装箱从货源地工厂由船只运送到
498 美国商店的过程中常常停靠 10 站或更多。许多沿途停靠站位于世界上警力缺乏的地区。由于像沃尔玛和通用汽车这样知名品牌的公司普遍被视为低风险，恐怖分子只需要搞清楚它们的货运路线，就可从最薄弱处入手放置大规模杀伤性武器。一个恐怖主义小队伪装成合法的船务公司超过两年，或者一个恐怖分子卡车司机从知名船务公司拖运货物，也可以自信地认为自己被视为低风险。

那需要做什么呢？我们需要利用新技术，定期扫描集装箱内部，将图像安全地传送给进口管理处远程操作的检查人员。将这项技术植入世界港口的海事终端操作台，就可以实现对所有境外货物进行相同的操作。

即使在最糟的情况下，恐怖主义集团成功地将一枚脏弹运进集装箱，存有这些图像的数据库有助于维护全球贸易系统的恢复能力。黑匣子的成功之处在于，为官员提供宝贵的取证工具，识别安全系统如何被破坏以及在哪个环节被破坏。那些信息可以帮助政客避免在事件发生后间歇性地关闭港口和边境，以致整个全球集装箱系统冻结。

另外一个目标是必须找到方法，保证恐怖分子不会在货物到达装载港口前破坏集装箱。集装箱内部必须安装感应器，追踪集装箱的移动，探测有没有任何异常，检查是否存在放射性物质。在集装箱装载的地点，经过认证的独立检查员应核实公司是否遵守适当的协议，以确保运送的是合法和经过授权的货物。

总而言之，这些措施要求新的投资和相当程度的国际合作。而加强集装箱安全不仅有助于美国防范恐怖主义，而且有助于各国减少偷盗、防止人口和毒品走私、打击逃避关税和加强出口控制。这样的计划还需要很小一部分的资本，当全球集装箱货运系统因受袭关闭后，这部分资本几乎肯定是会损失的。

集装箱安全是项复杂的问题，事关重大。美国官员坚持当前实施的计划掌控了各项事务。然而，同样是这些官员，如果未能成功采用有前

景的技术和方法，我们承担不了因他们表面的信誓旦旦而可能造成的代价。

作者简介：斯蒂芬·弗林博士是东北大学恢复力研究中心的创始人和政治学教授。2014 年，他被任命为国土安全部科学技术顾问组成员。在东北大学任教之前，弗林博士任国家政策中心主任。在那之前，他在外国关系委员会担任了 10 年国家安全高级研究员。 499

◇ 本章小结

1. 描述了海上安全的范围，包括海洋的广袤以及管理的缺乏、贸易的巨大和货物集装箱的普遍性、违约点在海上供应链上的排列、庞大且不断扩张的劳动力。

2. 描述了港口安全，包括保障海上安全和港口安全的分层方法，立法、计划和多国协议。

3. 描述了货物安全，包括安全、可信任的船务公司，舱单规则，集装箱安全，智能集装箱，港口检查。

4. 回顾了海上恐怖袭击，包括袭击的方式和动机，战略交通要塞被袭击可能造成的后果；在频率和可能性上同陆地袭击相比，恐怖分子发动海上袭击的挑战和诱因。

5. 回顾了海上恐怖分子的流窜。

6. 定义了“海盗”及海上劫掠行为。

7. 解释了海盗在现实中如何扩大。

8. 评估了海盗造成的损失。

9. 介绍了海盗袭击的频率。

10. 介绍了海盗的地理分布。

11. 介绍了如何打击海盗，主要是通过法律应对、海军执法、船只防卫以及打击更广泛的网络。

◇ 关键术语

10 Plus 2 Program（“10 + 2”计划）

24-Hour Advance Manifest Rule（24 小时舱单预申报规则）

Advanced Spectrographic Portal Program（高级光谱门户计划）

Area maritime-security（区域海上安全）

Automatic Identification System（自动识别系统）

Best management practice（最佳管理措施）

Bottleneck（交通咽喉）

Choke point（交通要塞）

Combined Maritime Forces（海上联合部队）

Container Security initiative（集装箱安全倡议）

Continental shelf（大陆架）

Customs Border Protection（海关和边境保护局）

Customs-Trade Partnership Against Terrorism（反恐怖主义海关贸易伙伴关系）

Domestic Nuclear Detection Office（国内核探测办公室）

Entry SummaryDeclaration（入境摘要申报）

High seas（公海）

Interagency operation centers（跨机构行动中心）

International Convention for the Safety of Life at Sea（国际海上人命安全公约）

International Port Security Program（国际港口安全计划）

500 Latrunculi（强盗）

Maritime domain（海域范围）

Maritime piracy（海上劫掠）

Maritime Security Risk Analysis Model（海上安全风险分析模型）

Maritime Transportation Security Act（海上运输安全法）

Megaports initiative（特大型港口倡议）

Mutual Recognition Arrangements（互认协定）

Privately contracted armed Security（雇用私人武装警卫）

SAFE Framework（安全框架）

Sea line of communication（海上交通线）

◇ 思考与练习

1. 海上供应链的哪些特点、特征导致其对恐怖主义集团和犯罪组织的非法牟利行为开放？

2. 筛查、扫描和检查有什么不同，它们是如何在构建海上贸易分层安全防御中发挥作用的？

3. 反恐怖主义海关贸易伙伴关系和安全框架的强项是什么？弱点又是什么？

4. 指出主要的海上交通要塞，解释它们对全球经济而言潜藏着怎样的威胁？

5. 集装箱安全倡议是分层安全机制的一部分，它引起了怎样的外交纠纷？在讨论重大恐怖事件可能造成的影响时，灾难性事件意味着什么？

6. 尽管发动海上恐怖袭击有广泛的目标和大量的机会，但为什么海上恐怖袭击相对较少？

7. 为什么恐怖组织会考虑将海上袭击与对陆基目标的袭击区别对待？

8. 海盗的定义是什么？根据其目标划分，有哪两种类型？

9. 集装箱安全倡议和智能集装箱倡议的不同点是什么？

10. 海上恐怖分子袭击和流窜有什么不同？

11. 2000 年以后为什么海盗势力得到壮大？

12. 为什么亚丁湾和印度洋是海盗最猖獗的区域？

13. 为什么海盗造成的损失被低估了？

14. 为什么针对海盗的法律难以执行？

15. 为什么打击海盗的海军执法在现实中难以有效实施？

16. 在准备打击海盗的船舶时面临哪些困境和权衡？

17. 官员在提到“打击更广泛的网络”时意味着什么？ 501

第十二章　航空安全

◇ 本章学习目标

在本章的最后，你应该能够理解：

1. 航空安全的范围。
2. 航空面临的威胁。
3. 如何实现航空安全。

2001 年 9 月 11 日，由“基地”组织资助的恐怖分子劫持了 4 架飞机，造成近 3000 人死亡，其中大多数人当时在纽约的世界贸易中心。该事件暴露出美国的空中安全机构、程序和技术相对于其他发达国家更差。从 2001 年底到 2010 年，美国交通安全管理局在数十个承包商的 20900 多个交易中花费了大约 140 亿美元。有时，一些合同无疑是令人遗憾的，例如购买未经检验的爆炸物化学嗅探器（“吹风机”）。2009 年，美国政府问责局（U. S. Government Accountability Office，2009a）表示，交通安全管理局“未对其新技术进行风险评估或成本效益分析，也没有制定可量化的绩效评估指标”（p. 22）。“因此，交通安全管理局无法保证将工作重点放在最高优先级的安全需求上”（p. 22）。尽管如此，技术支出仍然很高。2011 年，交通安全管理局在机场安检技术方面的花费高达 13 亿美元。

一　概念界定

在本章中，航空（aviation）指人工飞行。民用航空包括商业航空货运、商业航空客运，私人拥有和运营的飞机，以及机场、服务和支持设施等所有相关基础设施。

每天约有 28000 架飞机从美国起飞，占全球商业航空运输量的一半。一年中，商业航班在美国境内或跨境运载了大约 6 亿人次和 1000 万吨的货物。

> 2011 年，国土安全局统计了航空基础设施情况：19576 个通用机场（包括直升机机场），211450 架通用航空飞机，599 个经认可用 502
> 于商业飞行的机场，其中包括 459 个联邦商业机场。
>
> 在 459 个联邦机场中，来自美国交通安全管理局的 43000 名运输安全警官和 450 只爆炸物检测犬在 700 多个安全检查站和 7000 个行李检查点工作。
>
> 2006 年（可获取数据的最近年份），交通安全管理局对国内航班和进入美国国际航班的 708400522 名乘客进行了安检。平均每天对超过 190 万人次乘客进行安检。（Newsome，2014，p. 322）

二 危险与威胁

对航空的威胁分为事故、盗窃、主权威胁和恐怖主义，具体如下。

（一）事故

空中事故是跨越工程、工业心理学和政策科学的专业学科，本书篇幅有限，但在此认为空中事故的风险是比较低的。与道路交通事故相比，空中安全受到严格的监管和检查，因为在独立的检查之外，在道路交通上，车主和司机会有效地保护自己的安全。因此，一般的飞机飞行相对于一般的汽车行程来说不太可能导致死亡。根据美国疾病控制与预防中心的数据，每次飞行的死亡率大约为 0.00001%。2013 年，在 30 亿人次乘客出行中只有 210 人死亡，每次飞行的死亡率为 0.00000007%。而航空旅行的死亡人数感觉很大是因为飞机通常会比汽车运载更多的乘客。

空中事故与任何事故一样，可能是由某种材料损坏或人为失误引起的，尽管不可能完全消除（至少通过成本效益好的方式）这些隐患，但是现在已经能够很好地查明大多数安全隐患。

（二）无人机

飞机面临的危险包括其他飞机、鸟类、天气和外来物体（如空气中的火山灰）。最近新兴的且具有不确定性危险的是无人机，其相关技术和法规仍在快速发展。自20世纪90年代以来，无人机已经变得易于使用，并成为从执法人员到应急管理人员等官方部门人员的常规采购对象，特别是用于监视、运输或军事袭击的常规采购。一些无人机与客机一样大，并可在空中徘徊数天。

由于远程驾驶飞行器的困难、远程链接的潜在故障以及无人机在预编程或默认飞行计划上的非反应性，无人机的事故率比人工驾驶的飞机更高。无人机在人工驾驶的飞机所处的高度或区域通常受到限制，但是故障或失控的无人机可能会偏离航线飞到人工驾驶飞机的航线上。此外，
503 可能故意操纵无人机去冲撞其他飞机。

私人操作的无人机比官方无人机更令人关注。玩具遥控飞机价格便宜，容易操作，几乎任何人都可使用。它们的直径一般只有几英尺、重量小于10磅，但可能会对驾驶舱或发动机造成灾难性破坏。目前，在美国，无人机可在400英尺以下和至少5英里的限制空域中合法飞行。为了追求经济或社会效益，使用无人机的规定正在放宽，例如房地产中介可以使用无人机从空中勘察房产。2012年，美国国会通过了一项法令，命令联邦航空局将无人机飞行纳入国家领空，不过联邦航空局预计需要数年时间来解决这个问题。从2014年6月1日至2014年11月19日，美国记录了175例商业飞行员报告的无人机在限制空域飞行的事件（几乎每天1例），其中有25例是无人机在几秒钟或几英尺内撞上客机的事件。这些情况通常发生在商业飞机起飞或着陆时的低空地带，有时发生在数千英尺高空（Whitlock，2014）。法国对无人机用于观察限制地点的警报有所增加，其中包括2014年10月至2015年1月在至少13个核电站和2015年2月24日至25日夜间在巴黎的5个旅游景点（BBC News，2015）。

（三）盗窃

航空是一种昂贵的运输方式，用于运送高价值物品，因此空运的货

物（至少是便于携带的物品）和基础设施会吸引盗贼。

例如，2013 年 2 月 18 日，8 名武装人员在比利时布鲁塞尔机场的围墙上钻了一个洞，并将 2 辆闪烁着警车灯光的汽车开到飞机跑道上，他们从一架瑞士飞机上偷走价值约 5000 万美元的钻石。2013 年 9 月 30 日，10 名武装人员进入巴西圣保罗机场货运站，扣押了 2 名警卫，偷走了价值约 80 万美元的电脑。

（四）民航面临的主权威胁

主权国家是一个独立的政治单元，也称为“民族国家”，所以主权威胁是由民族国家造成或源自民族国家的威胁。航空旅行受到许多国际法律保护，其中一些国际法保障与国家主权冲突的旅行权（见专栏 12.1）。最终，主权国家可以对任何人关闭其空域，如果这个国家有足够强大的外交实力，能够逃脱制裁，这种威胁就更可信了。 504

专栏 12.1

1963 年 9 月 14 日，在东京签署《关于在航空器内的犯罪和犯有某些其他行为的公约》。

1970 年 12 月 16 日，在海牙签署《关于制止非法劫持航空器的公约》。

1971 年 9 月 23 日，在蒙特利尔签署《关于制止危害民用航空安全的非法行为公约》。

1979 年 12 月 17 日，联合国大会通过《反对劫持人质国际公约》。

1988 年 2 月 24 日，在蒙特利尔签署《制止在为国际民用航空服务的机场上的非法暴力行为的议定书》（对 1971 年公约的补充）。

主权干涉可能是出于善意的，也可能是恶意的。对航空的干预可能有利于打击空中恐怖主义或入侵者，但也可能是为了一己私利而非法中断旅客和货物的国际流动，例如一国在无关的外交争端中派专机转移外国外交官（见专栏 12.2）。

一些主权干预是偶然的，例如对合法民用飞机的意外军事反应，包括因击落客机而造成机上所有人员死亡（见专栏 12.2）。一些干预措施应被视为蓄意的国家恐怖主义。一些干预是蓄意将政治问题联系起来的结果，例如尽管真正的原因是与承运人本国政府的一些其他外交争端，但一些国家以国家安全为由阻挠航空货运。

专栏 12.2

主权干预民用航空的主要事件

1983年9月1日，在从纽约至韩国的韩国航线上飞行的大韩航空007号航班途经安克雷奇，在库页岛以西的日本海上误入苏联领空，被一架苏联战斗机击落。机上269名乘客和工作人员全部死亡。

1988年7月3日，美国海军导弹巡洋舰“文森斯”（CG－49）号击落在伊朗领海上的伊朗领空飞行的伊朗航空飞机655号，当时这架飞机正按照日常的飞行路线从伊朗阿巴斯港飞往阿拉伯联合酋长国的迪拜。机上共有290人，包括66名儿童和16名工作人员，全部死亡。巡洋舰上的人员误认为该飞机是一架攻击机。

2012年10月10日，叙利亚内战进行约19个月，土耳其军机因怀疑一架从莫斯科飞往大马士革的叙利亚客机携带武器进入土耳其领空，拦截了该客机，机上有30名乘客。土耳其声称发现俄罗斯军用通信和导弹部件。几小时前，土耳其已命令所有土耳其民用飞机停止通过叙利亚领空的飞行，显然是为了防止叙利亚报复。俄罗斯代表俄罗斯乘客抗议。10月14日，叙利亚和土耳其都关闭了空域。

2013年7月2日，意大利、法国和葡萄牙阻挠玻利维亚总统埃沃·莫拉莱斯（Evo Morales）从俄罗斯飞往玻利维亚的官方飞机，怀疑曾为美国国家安全局工作的美国逃亡者爱德华·斯诺登在其飞机上。飞机被迫降在维也纳，奥地利当局登上飞机，没有发现斯诺登。玻利维亚副总统阿尔瓦罗·加西亚·林内拉说，这架飞机“被帝国主义绑架”。

（五）恶意行为人

恶意行为人可以袭击机场、商用飞机或两者间的辅助系统。通常，“袭击”用来形容动力学意义上的暴力，但越来越多的袭击在网络空间中进行。例如，爱沙尼亚和格鲁吉亚曾指控俄罗斯在无关的外交争端期间对其民用航空交通管制系统进行网络攻击。

恶意行为人包括主权国家，但通常是恐怖分子、叛乱分子和其他与官方机构对立的非国家行为体。

乘客使用地面运输的频率更高，而且大多数货物采用海上运输，因此，合理地说，如果恐怖分子将地面运输或海上运输作为目标，将更具成本效益，而恐怖分子喜欢将客机作为目标（见专栏 12.3）。对客机的袭击会带来灾难性的直接影响、巨大的人身伤害（一架客机可搭载 850 名乘客）和重大的间接经济影响。客机是全球化和物质发展的象征，而这正是一些恐怖分子特别是“圣战”恐怖分子所反对的。此外，客机主要由西方生产、拥有、运营和使用。 505

专栏 12.3

航空领域遭受的主要恐怖袭击

1988 年 12 月 21 日，一个隐藏在行李中的小型爆炸装置被放置在泛美航班 103 号上，飞机从法兰克福起飞经伦敦飞往纽约，飞越苏格兰的洛克比时爆炸，机上所有 259 名乘客和 11 名地面人员遇难。这枚炸弹可能是在法兰克福通过一架始飞自马耳他的中转航班放置到飞机上的，调查人员指控利比亚阿拉伯航空公司的 2 名雇员，利比亚于 1999 年交出相关人员接受审判；只有阿卜杜勒·巴塞特·阿里·迈格拉希在 2001 年被苏格兰法院判罪（2009 年，他罹患癌症，出于同情而被释放，虽然他直到 2012 年 5 月才死亡）。2002 年，利比亚达成了民事国际法律解决方案，但声称雇员是在没有政府指令的情况下行事的。

1994 年 3 月 9 日，“爱尔兰共和军”从停在伦敦希思罗机场周边酒店的一辆汽车后面发射了 4 枚简易迫击炮弹，其中一些炮弹破坏了 2 条跑道之间的停机坪。3 月 12 日，他们从周围的树林发动了类似的袭击。3 506
月 13 日，又从灌木丛中发动另一次袭击。12 枚炸弹都没有爆炸，但每枚炸弹都装满了烈性爆炸物。每次遇袭后，在搜索射弹和发射区期间跑道都会关闭。

1994 年，当时在菲律宾的“基地”组织主要成员拉姆塞斯·优素福（Ramszi Yousef）和哈立德·谢赫·穆罕默德计划在 48 小时内轰炸 12 架从远东飞往美国的美国航空公司飞机。他们还计划劫持一架飞机飞入中央情报局总部（他们将这一集体计划称为“Bojinka”阴谋）。1995 年 1 月 6 日，一间私人公寓发生爆炸性大火，警察直接逮捕了炸弹制造者。

2001 年 9 月 11 日，恐怖袭击造成 4 架客机被毁，纽约世界贸易中心 2 座塔楼倒塌，华盛顿哥伦比亚特区五角大楼一部分受损，这些事件被认为是一次恐怖袭击。相对于以前的恐怖袭击，这次恐怖袭击造成有史以来最大的人员伤亡（接近 3000 人）。“9·11”事件仍然是历史上损失最大的恐怖袭击：造成了约 220 亿美元的直接物质损失，包括财产保险损失（100 亿美元）、保险业务中断损失（110 亿美元）和保险事件解约损失（10 亿美元）；造成了前所未有的人员伤亡的生命保险和工作赔偿只有不到 50 亿美元；“9·11”事件还造成了近 100 亿美元收入损失。总而言之，“9·11”事件造成的保险损失达到 400 亿美元，约为保险公司最近的最大保险损失事件飓风“安德鲁”的 2 倍，但比 2005 年的飓风“卡特里娜”造成的损失（超过 400 亿美元的保险损失以及 1000 亿美元的总损失，超过 1800 人死亡）要少得多。除了保险损失外，联邦政府在应对“9·11”事件上花费了 88 亿美元（应对飓风“卡特里娜”花费了 290 亿美元）。

2001 年 12 月 22 日，英国－牙买加人理查德·里德在从巴黎飞往迈阿密的飞机上试图引爆一个隐藏在他的鞋子里的炸弹。另一名英国公民赛义德·巴达特（Sajid Badat）退出了类似的袭击，但仍被判为恐怖主义罪。

2002 年 11 月 28 日，“基地”组织恐怖分子向一架从肯尼亚蒙巴萨起飞的以色列包机发射了两枚 SA－7 地对空导弹，但导弹未能在这么短的距离内击中客机（也可能是被飞机上的反导系统所破坏）。同一天，一辆自杀式汽车炸弹在蒙巴萨的一家酒店爆炸，造成 13 人死亡。

2006 年 8 月 9 日，英国警方逮捕了 29 人，他们企图使用商用液体制作的简易爆炸物在北美航空公司的航线上引爆。后来，其中 11 名被捕者被定罪，只有 8 人被判与该阴谋有关，但不是最严重的罪名。

2007 年，有线人举报 4 名男子（3 名来自圭亚那，其中 1 名是美国籍，2 名来自特立尼达和多巴哥）计划在纽约肯尼迪机场约翰福特炸毁油箱，4 人随后被逮捕。

507 2009 年，4 名男子（3 名美国公民，1 名海地移民）在纽约被捕，他们企图炸毁一个犹太教堂并击落飞机，所有人都使用了联邦调查局线人提供的假武器。

2009 年圣诞节，尼日利亚男子乌玛尔·法鲁克·阿卜杜勒穆塔拉布

(Umar Farouk Abdulmutallab) 企图在商业航班上引爆隐藏在他内衣里的炸药。阿拉伯半岛的“基地”组织为他提供了支持。

2011 年 5 月 22 日至 23 日夜间，15 名塔利班分子在巴基斯坦梅赫兰袭击了一个海军航空基地，造成 18 名军人死亡，他们在被击毙之前还摧毁了 2 架美国制造的侦察机。

2012 年 4 月，美国和外国情报部门了解到，位于阿拉伯半岛的“基地”组织正在开发一种改进的装置来轰炸一架客机。2012 年 5 月 7 日，美国方面透露，几天前，美国在装置离开也门被带往其他中东国家（可能是沙特阿拉伯）时控制了该装置。

2012 年 12 月 15 日，来自巴基斯坦塔利班的几名男子用火箭、车载爆炸装置和轻武器袭击了巴基斯坦白沙瓦机场的周边地区。包括 5 名袭击者在内，至少有 9 人死亡。

2013 年 6 月 10 日，7 名阿富汗塔利班武装分子袭击了阿富汗喀布尔国际机场的军方。2 名武装分子引爆了自杀式爆炸背心，另外 5 人从一幢高层建筑上使用轻武器和火箭推进榴弹开火。所有武装分子均被打死，2 名阿富汗平民受伤。

2014 年 6 月 8 日至 9 日夜间，来自乌兹别克斯坦“伊斯兰运动”的 10 人武装了轻武器和爆炸物，袭击了巴基斯坦最大的机场卡拉奇机场。到黎明时，包括袭击者在内的至少 39 人死亡。6 月 10 日，乘坐摩托车的枪手袭击了机场安全基地。

三　航空安全保障

航空安全规定包括保护航空的国家和国际法律制度，还包括避免飞机发生技术故障或事故的技术标准和规章，目前这些法律制度已经非常成熟并得到很好的执行。

另外，如下文各节所述，航空安全着重于检查货物，客运行李、鞋类、液体、衣物和人体是否藏有武器，控制人员进入，防范金属武器，在飞行期间保护飞机免遭飞机上人员的威胁，以及反制防空武器。

（一）货物

空运货物是航空运载的除乘客以外的其他东西。如下所述，我们从范围、威胁和控制措施方面讨论航空货物的安全问题。

1. 范围

全球空运货物规模约为每年 1000 亿美元。由于“9·11”事件后安保投入增加，从“9·11”事件至 2002 年 1 月空运费用增加约 15%（根据世界银行数据）。

安全措施一直更多地集中于客机而不是货运飞机，因为恐怖分子袭击的客机多于货机，尽管按理来说他们破坏货运飞机可以更有效地影响
508 经济（恐怖分子喜欢袭击客运航空的理由见前文）。

大件物品由专用货机运送，小件、快速的包裹由客机运送，所以空运货物的安全也是客运航空面临的问题。在美国，大约 80% 的空运货物由国内货运航班运送，20% 由客运航班运送，每年约有 350 万吨的货物由美国国内和国际客运航班运送。

2. 威胁

空运货物中最常见的非法活动包括走私和贩运违禁药品，外来、受保护的动物和植物，被禁止的动物产品，枪支和宝石。

有时，走私暴露了大型和鲜活的物品很容易作为空运货物运输且不被发现的情况。事实上，人们有时会以廉价的理由或躲避访问控制的理由用空运的方式旅行，这些不合规的乘客被称为“偷渡者”。例如，2003 年，一名年轻人把自己封装在一个盒子里，作为空运货物从纽约途经尼亚加拉大瀑布和印第安纳州的韦恩堡，几个搬运工亲手把他运送到达拉斯的父母家中，没被人发现。

比私人偷渡者更引人关注的是隐藏的爆炸物，它们可能带来灾难，如破坏飞机或存储区、杀害机组人员或地面上的人（如果飞机在空中毁坏），并扰乱空中运输，带来巨大的经济后果。比公文包还要小的装置足以隐藏在大型货物集装箱内，尽管周围的货物能缓冲爆炸但仍能对飞机造成灾难性威胁。专用货机上的大型集装箱可以用来运输能造成大规模破坏的武器，因为这些武器太重，在客运航班上容易被检测到。

近年来，恐怖分子试图邮寄专门设计在目的地国家半空中爆炸的装

置（可能使用了定时雷管）。2010 年 10 月，在针对阿拉伯半岛“基地”组织和美国流亡者安瓦尔·奥拉基的多国情报行动收到警报后，英格兰东米德兰机场和迪拜机场分别发现隐藏在美国联合包裹运送服务公司和联邦快递公司航班上打印机碳粉盒内的炸药，两个包裹都从也门萨那邮寄到美国，并设定为在美国东海岸引爆。2010 年 10 月 30 日，英国禁止了所有来自也门和索马里的空运货物航班。同一天，美国国土安全部禁止了所有来自也门的空运货物。随后，11 月 9 日，美国禁止了索马里的所有空运货物和客机上的所有高风险货物。

2010 年 10 月和 11 月，一个希腊无政府主义团体向各大使馆和外国领导人邮寄炸弹，其中 2 个在雅典国际机场作为空运货物装载前被拦截。

2011 年 3 月，伊斯坦布尔阿塔图尔克国际机场在一架飞机上的一个婚礼蛋糕盒里发现了一个假炸弹，这架飞机是从伦敦起飞的美国联合包裹运送服务公司的飞机，英国警察逮捕了一名土耳其男性嫌疑人。2011 年 6 月 17 日，英国运输部禁止美国联合包裹运送服务公司检查英国的空
运货物，直到它满足英国的安全要求。 509

3. 管控措施

自“9·11”事件发生以来，所有货物在装载到美国境内或即将入境美国的客机上之前都要接受检查（这与对旅客行李的规定相同）。“9·11”事件发生后，非客运飞机上的货物在数年内都面临着较松的管制，因此大多数空运货物在运输过程中几乎没有受到检查。自 2003 年 10 月起，美国海关和边境保护局要求，如果飞机从国外起飞，至少在航空快递登机前 8 小时或任何空运货物在国外被装载前的 12 小时提交电子舱单。2007 年《“9·11”委员会法案》要求交通安全管理局在 2009 年 2 月前对 50% 的货运航班货物进行检查，在 2010 年 8 月前对 100% 的货运航班进行检查。美国交通安全管理局对来自阿富汗、阿尔及利亚、伊拉克、黎巴嫩、利比亚、尼日利亚、巴基斯坦、沙特阿拉伯、索马里和也门的所有包裹进行检查。

由于成本和商业流动的延迟，企业普遍反对提高安全性。对许多运输途中的商品和原材料的检查必须比常规检查更快或更灵活。因此，官员们将重点放在获取先进技术上，以便进行更快、非侵入式检查，或获取能够进行更有针对性检查的情报。2009 年，交通安全管理局在休斯敦

试验了一台脉冲快速中子扫描仪（可在分子水平上区分材料），但该装置耗资 800 万美元，运营资金也仅能负担几个月。

（二）行李

在“9·11”事件之前，尽管面临较高风险的航空公司（例如以色列和约旦的国家航空公司）对所有行李进行了爆炸物检查，所有行李装载到飞机上之前要通过压力室（因为当飞机爬升到空中时，压力的变化会触发一些爆炸装置），但是很多托运行李（与客舱分开的乘客的托运行李）根本没有得到检查或扫描。

“9·11”事件之后，美国下令 100% 检查装载到客机上的物品，包括托运行李，至少进行针对炸药的 X 光检查。有关部门最初允诺进行 100% 的人工检查，但是由于负担过大，承诺标准下降了，真实的人工检查率信息也是保密的。

相比手提行李，托运行李的金属安检相对没那么重要，因为乘客无法进入货舱，所以隐藏在那里的金属武器都涉及贩运问题而不是劫持问题。

（三）人员访问控制

在“9·11”事件之前，对人们进入机场的控制并不严格，因为乘客的朋友和家人都习惯在登机口为乘客送行，而机场重视额外的业务。人员访问控制主要从登机口开始（行李将较早被分开或接受安检）。

“9·11”事件后，人员访问控制变得更加严格。在大多数情况下，只有持有机票的乘客或机场和航空公司人员才能通过从陆侧到空侧中间
510 的控制（乘客和飞机已做好准备）。美国建立了禁止在美国境内乘坐航班或禁止飞入美国的人员数据库（禁飞名单），被定罪的恐怖分子是没有争议的目标，但许多人发现自己因为与禁飞名单上的人名相似而被禁飞。一个新的补救系统很快就解决了大部分投诉，但有时缺乏解释，这些错误有时被投诉多年后才得到纠正。

尽管“9·11”事件后采取了种种措施，但仍有一些人成功地以非法手段登上航班。例如，2011 年 6 月 24 日，一名尼日利亚男子持前一天同一航班的登机证、学生证和警方关于其护照被盗的证明，从纽约飞往

洛杉矶，5 天后当他试图采用同样的方法从洛杉矶飞往亚特兰大时被逮捕，他被发现携带数个被盗的登机牌。

航空公司人员存在的危险在于他们可以利用访问权限获得更多的信任。例如，2007 ~ 2010 年，孟加拉国的英国裔男子拉吉卜·卡里姆（Rajib Karim）在英国航空公司担任计算机专家，他与美国流放犯安瓦尔·奥拉基合谋炸毁一架在美国境内飞行的飞机，2011 年 3 月 18 日他被判处 30 年监禁。

空勤人员可能在不知不觉中威胁到飞机。例如，航空人员受雇将违禁药品等物品放置在飞机上，或将这些物品带离飞机而未经安全检查。虽然他们可能不愿将出于恐怖主义目的的武器放在飞机上，但伪装为放置违禁品而不是炸弹也可能构成威胁。

空勤访问控制也可能被利用。例如，货物和用品被运送到交付地点的机场，陆侧和空侧之间距离很短。许多机场要求这些地点的人员检查投递者的凭证并在陆侧打开时保持空侧关闭，但是有时由于粗心或为了在炎热天气促进空气流通，工作人员会将两侧都打开，并且未经授权人员能在不受约束的情况下四处走动。

（四）金属武器安检

电磁和 X 射线扫描仪在 20 世纪 70 年代变得常规，它们主要用于找到可用于劫持飞机的金属武器，例如刀和火器。在“9·11”事件中，恐怖分子通过携带小刀（美工刀）来逃避这些检查，并在每架飞机上组织起足够大的团体来威胁乘客。当时，传统的看法和官方的建议是避免正面对抗劫机者。“9·11”事件之后，当局禁止携带任何尺寸的刀，甚至禁止航空公司发放金属餐具。然而，批评者指出，这些规定并未禁止可以砸碎变成尖锐武器的玻璃瓶以及可以组合并削尖成为武器的木制物品。很快，没有任何记录被用作武器的金属餐具重返航空公司。

尽管自“9·11”事件以来金属武器或假武器受到额外控制，但它们还是被用于机舱内的传统劫持。例如，2002 年 11 月 27 日，患有精神分裂症的意大利人使用假炸弹劫持了从博洛尼亚飞往巴黎的意大利航班。2007 年 2 月 17 日，一名男子用 2 把手枪劫持了从毛里塔尼亚飞往加那利群岛的西班牙航班。2011 年 4 月 24 日，一名哈萨克人用小刀试图劫持从

511 巴黎飞往罗马的意大利航班，但被飞机上的工作人员控制。

此外，威胁人员可以在通过访问控制之前将武器带往机场的陆侧。例如，2013 年 11 月 1 日，保罗·安东尼·钱恰（Paul Anthony Ciancia，23 岁）进入洛杉矶国际机场的 3 号航站楼，在接近登机牌检查站时，他从包里拿出一支史密斯-韦森突击步枪，并开枪打死交通安全管理局安检员杰拉尔多·埃尔南德斯（Gerardo Hernandez）。在警察打伤他并将他关押之前，他又打伤了另外两名安检员和一名乘客。警察在钱恰的包里发现了一张手写的便条，上面描述了他伤害交通安全管理局员工的意图。

（五）鞋类安检

“基地”组织将炸药藏在大型训练鞋（如 2001 年 12 月理查德·里德所穿着的）的鞋底，逃避加强的访问控制，之后当局要求乘客将鞋子放在 X 射线安检装置上接受检查。然而，实施情况与预想的不一致，一些机场允许一些类型的鞋子不进行安检，而另一些机场则坚持安检所有鞋类。

（六）液体安检

恐怖分子使用不会让安检设备报警的材料来灌装计划在飞机上使用的液体炸药。根据 2006 年 8 月截获的情报，液体主要成分是过氧化氢，藏在市售的瓶子中，瓶子顶部仍然密封，因为恐怖分子使用注射器从塑料瓶边插进去替换了里面的东西。雷管被伪装成一次性相机的电池，另一个一次性相机可以用作电点火装置。由于在谋划阶段就获取了情报，恐怖分子被逮捕，这才阻止了 2006 年 8 月的阴谋，但按照当时的规定，上述材料很可能可以通过安检。

最初的解决方案是完全禁止液体通过访问控制入口（尽管乘客可以从机场的安全区域购买更多液体）。这导致需要人工检查的行李和人员队伍太长。此外，在调整安检技术以更好地检测液体、安检员调整他们的活动、公众也更熟悉新的法规之前，一些闹剧性的对抗也由此产生（例如对结肠造口袋、母乳和护手霜的侵入式检查）。很快，有关部门调整规定，允许小容器中的液体进入，批评者指出，足够数量的恐怖分子携带足够数量的小容器也足以凑齐制造像 2006 年 8 月那样的爆炸装置所需的材料。

2009年，交通安全管理局与一家商业供应商签订了价值2200万美元的合同，采购了500台瓶装液体扫描仪。2011年，交通安全管理局在全国机场部署了超过600台扫描仪，2013年部署了1000台，这些扫描仪用于检查医疗上需要的液体。

2014年2月，美国国土安全局警告航空公司，恐怖分子可能将爆炸物隐藏在牙膏管和化妆品容器中，计划扰乱俄罗斯索契冬季奥运会，所以交通安全管理局暂时禁止飞往俄罗斯的乘客携带液体、凝胶、气雾剂和粉末。 512

（七）衣物安检

自"9·11"事件以来，当局要求通过X射线和升级的系统对乘客及其衣物进行更多的检查，但是受到一些出于个人、文化或宗教原因而习惯遮住身体的乘客的反对。

厚的或外穿的衣物通常需要通过爆炸物检测系统——输送式机器，这些机器通常被不准确地称为X射线机，但是它们使用了更高级的技术来区分出爆炸材料。然而，这些设备不太可能识别出藏在厚衣服里衬内少量的爆炸材料或者处理爆炸物后留下的微量爆炸材料。一些供应商提供了用于检测化学痕迹的手持电子设备，但是除非实际接触到人，否则这些设备是无效的。从2004年到2006年6月，尽管测试效果不佳，但美国交通安全管理局仍在37个机场安装了116个全身爆炸物嗅探器，因为检测性能和可用率差，在沉没成本超过3000万美元后，这些设备被移除。

自2009年以来，交通安全管理局的爆炸物检测系统中已经有可以检测棉签上爆炸残留物的小型台式机（炸药痕迹检测机）。2010年2月，交通安全管理局宣布将在全国部署这类机器，主要用于随机检查或额外检查乘客穿的衣服。

爆炸物检测犬是爆炸物的最佳探测器，但它们对一些人来说是危险的，并且工作周期短，因此它们不能有效地对人群进行安检，主要用于地面上的随机巡逻。

（八）人体安检

人体成像仪能够生成透视人体电子图像，并可进行设置，显露出隐藏在身体和衣服之间的物品。它们比人工检查快（大约 30 秒生成扫描和检查图像，而人工拍打需要 2 分钟），但是人体成像仪价格昂贵，并且侵犯了人们的隐私和健康安全。

人体成像仪有两种主要技术：反向散射 X 射线系统和毫米波系统。反向散射装置比毫米波系统便宜，但仍然很贵（在首次购置时，每套装置约花费 15 万美元）。它们使用平面光源或检测器，因此必须至少从两面扫描目标（系统看起来像环形展位，乘客站在展位的一侧）。许多乘客不愿接受反向散射 X 射线系统的检测，因为他们认为，除了医疗目的外，人应尽量减少暴露于 X 射线下的次数。此外，官方声称扫描时装置发射的能量是微不足道的，但健康专业人员表示反对。同时，当前已经有报告称反向散射图像不能完全透视厚重的衣服；一些企业家提供屏蔽能量的服装，这也对人体成像仪的有效性提出了质疑。

毫米波系统生成 360 度的图像，因此速度更快，并且图像更清晰。但是它们更贵，对健康的影响更不确定，而且它们扫描出的图像受到了隐私拥护者的更多关注。当局声称会使用软件来掩盖生殖器，但生殖器
513 处的模糊会掩盖隐藏在内裤中的炸药。

操作者通常会保留图像，特工会隐藏在封闭的展台内，并承诺不记录任何图像。然而，这些措施并不能解决所有的伦理和法律问题。例如，英国官员承认，儿童色情法禁止扫描 18 岁以下的人。

反向散射成像仪自 1992 年开始商业化使用。自 2000 年起，美国一些监狱已经配置了这种仪器；2003 年起，开始在伊拉克配置；但 2007 年之前未在任何机场配置这种设备。美国于 2007 年 2 月在菲尼克斯机场试用了一台，并于 2010 年前在 18 个机场配置了 40 台。美国还在 2008 年夏天向尼日利亚捐赠了 4 台。2007 年英国在伦敦希思罗机场试用了一台。到那时，官员们已经意识到他们对毫米波系统的偏好。2007 年荷兰在史基浦机场试用了 3 套毫米波系统，2008 年加拿大开始了对一套毫米波系统的 1 年试用期，英国于 2009 年 12 月开始在曼彻斯特试用毫米波系统。

由于隐私、健康和成本问题，所有类型的人体成像仪都被暂缓使用和限制配置。2009 年，美国政府问责局指责交通安全管理局缺乏成本效益分析。交通安全管理局计划在未来几年将人体扫描仪的数量增加 1 倍，这就需要更多的人员进行操作和维护，费用高达 24 亿美元。直到 2010 年，所有机器仍仅用于二次检查，作为人工检查之外的自愿选择，而手动检查本身是偶然的。

在外衣和液体受到新的管制之后，恐怖分子计划在内裤中隐藏爆炸物（如 2009 年 12 月阿卜杜勒穆塔拉布就这样做过）。他通过了安检机，登上一架飞往美国的飞机，但没有发生灾难性的爆炸（虽然他将自己点燃），这可能是因为潮气降低了爆炸物的性能。

在这次袭击发生后的几天内，美国、英国和荷兰政府要求对所有前往美国的乘客进行扫描或对其身体外部进行人工检查（轻拍）。1 年内，美国 450 个机场中的 70 个机场配置了 400 多台人体成像仪。如今，一些主要机场要求所有乘客通过成像仪或接受进一步的人工检查，但一些人指出，在乘客大量流动的情况下，很多时候没有执行这一要求。

经历了多年机场出入管制和时间延误之后，乘客反抗最多的是人体成像仪和侵入性的拍击。一些检查当然是令人反感的，例如在人工拍击检查时，安检员会检查婴儿的尿布或碰到成人的生殖器。2010 年 11 月，公民发起了“我们不会飞”运动，这实质上是一个反对过度访问控制的网络运动，包括 2010 年感恩节的“全国退出日”，尽管几乎没有乘客在美国最繁忙的旅行日决定退出。民调显示公众不喜欢新的程序，但也认为它们是必要的。同时，在 2010 年 11 月和随后几个月内，美国众议员罗恩·保罗（来自得克萨斯州的共和党人）提出了一项法案“美国旅行者尊严法”，要求官员对不必要的安检负责。

尽管官员们不愿承认，由于公众压力而不是威胁的变化，程序可能会改变，但事实上，安全是商业、大众和官方要求之间不断变化的平衡。人体成像仪的使用和人工拍击可能代表了民航访问控制的高潮。从 2011 514
年 1 月起，美国交通安全管理局在包括里根国家机场在内的 3 个机场对一款新的毫米波软件进行了为期 6 个月的测试，承诺用同样的武器检查手段减少侵犯隐私的行为。2011 年 7 月 20 日，美国交通安全管理局宣布在 41 个机场的 241 台毫米波设备上安装新软件。有关装置的全面分配、使用和效力的信息将保密。

（九）驾驶舱安全

驾驶舱是飞机上飞行员所在的舱室。在“9·11”事件发生之前，驾驶舱的安全性差，长途飞行的飞行员通常允许其他工作人员带些点心到驾驶舱，以及邀请乘客参观驾驶舱。在“9·11”事件中，劫机者闯入驾驶舱并控制了飞行机组。“9·11”事件之后，国家和商业法规规定飞行期间驾驶舱舱门应从内部上锁，尽管飞行员偶尔会打开驾驶舱上厕所或接收客舱乘务员带来的茶点。

从某种意义上说，因为具有自杀或谋杀意图的飞行员可以控制飞机，驾驶舱存在固有的危险，在这种情况下，上锁的驾驶舱舱门会给人虚假的安全感，飞行员甚至可以借此防止外部干预（见专栏 12.4）。

专栏 12.4

涉嫌恶意驾驶客机的飞行员

1997 年 12 月 19 日，从印度尼西亚雅加达飞往新加坡的胜安航空公司的客机在苏门答腊坠毁，一个剧烈俯冲之后所有 104 名乘客丧生。美国国家交通安全委员会认为，俯冲是飞行员故意启动的；驾驶舱话音记录器显示，飞行员在记录器失效之前离开了驾驶舱。

1999 年 10 月 31 日，一架从洛杉矶飞往开罗的埃及航空客机坠落到大西洋，造成 217 人死亡。美国国家交通安全委员会认为，可能是一名意欲自杀的副驾驶驾驶飞机飞入了海洋。驾驶舱话音记录器显示，副驾驶等待机长离开去洗手间后开始驾驶飞机俯冲，同时向上帝祈祷。机长从洗手间回来后未能恢复控制。

2014 年 2 月 17 日，一架飞往罗马的埃塞俄比亚航空客机上的副驾驶控制了飞机，启动了显示劫机的应答器，并获准在瑞士日内瓦着陆，在那里他申请了庇护。

2014 年 3 月 8 日，一架马来西亚航空公司的飞机在离开吉隆坡飞往北京后不久，航班上的机组人员在飞机偏离航线之前，关闭了所有应答机和通信设备。飞机在错误的航线上飞行了几个小时后坠落到南澳大利亚西部的印度洋，造成机上 239 人全部死亡。

> 2015 年 3 月 23 日，德国之翼航班坠毁在法国阿尔卑斯山，机上 150 人全部遇难。法国检察官根据驾驶舱话音记录器的信息，指控副驾驶将飞机飞向地面，而机长被锁在驾驶舱外。 515

（十）客舱安全

客舱是飞机中乘客所在的舱室。

联邦空中警卫计划为防止劫机，在商用飞机上部署携带武器的警卫。根据新闻报道，在“9·11”事件发生时，可能有 33 名空中警卫处于活跃状态，他们主要部署在国际航班上。空中警卫人数在“9·11”事件发生之后迅速增加，但人数仍然保密，可能有几千名。自 2005 年以来，管理空警的交通安全管理局承认，每日 28000 个航班中只有约 1% 航班——或每天约 280 次航班——有 1 名空中警卫登机。

一些机组人员接受了自卫训练，虽然没有武装，但他们可以解除乘客的武器，并转而使用武器压制袭击者。一些驾驶舱机组人员装备了武器并接受了自卫训练。

事实证明，乘客是最有效的客舱安全监护人。在“9·11”事件发生之前，警方和业界建议乘客不要正面对抗劫机者以防他们报复，但在“9·11”事件后，传统的看法被扭转。在“9·11”事件发生时，在第 4 架被劫持的即将坠毁的飞机上，从地面上的同事、朋友或家人那里得知其他 3 架被劫持的飞机撞向建筑物后，乘客试图控制驾驶舱。2001 年 12 月理查德·里德和 2009 年 12 月阿卜杜勒穆塔拉布试图引爆炸药时被飞机上的乘客控制住。

四　防空武器反制

防空武器可用于击落飞行中的飞机，分为轻武器、火箭推进榴弹、大炮和制导导弹。

（一）轻武器

轻武器子弹的孔径通常为 5 ~ 8 毫米，很少能对大型飞机造成灾难性破坏，除非是在高空的加压舱内发射。理论上，从外部发射的子弹可能会使飞行员或发动机无法工作，这些直径的子弹通常会留下小孔，但不会破坏飞机任何关键部位，对机翼、机舱甚至燃料箱也是如此（忘记你在电影中看过的任何场景）。它们非常不稳定，飞行高度通常不会超过1000英尺，并且很容易受到风的影响而偏转。15毫米口径的子弹装药才具备更大的威力，射击后会留下更大的洞，但也不是灾难性的，除非飞机在高空中加压。在这种情况下，袭击者需从另一架飞机而不是从地面射击。

（二）火箭推进榴弹

火箭推进榴弹像轻武器一样便携，但是精确度更低，不过可以缩短
516 自毁器计时，让手榴弹在目标附近的可预测高度爆炸。这个高度低于大多数飞机的飞行高度，但在理论上，可能会威胁任何正在起飞或着陆的飞机。低空和低速飞行的直升机是最容易暴露的，这种威胁在依靠直升机提供物流、运输、监视和火力支持的维和、反叛乱和反恐行动中最为明显。1993年，索马里民兵重新发射了火箭推进榴弹，导致支持地面作战的美国军用直升机在低空爆炸。1993年10月的一天，他们击落了2架美国UH－60“黑鹰”直升机，它们正在为摩加迪沙的美国特种作战部队提供支援。2011年8月6日，一枚火箭推进榴弹击中美国“奇诺克”（一架双旋翼运输直升机）的尾翼，当时该直升机在阿富汗喀布尔以西地区执行特别行动，机上38人全部死亡。

（三）大炮

小于15毫米口径的射弹能量不足以破坏在正常高度飞行的飞机。自动炮（15～40毫米）以自动速度发射的弹丸具有足够的能量和爆炸成分，在数千英尺的高度具有灾难性的破坏力，足以威胁在巡航高度飞行的轻型飞机。这些武器是专业的军事武器，不便于携带，但有些可以用普通皮卡运输，而且许多武器已经落入恶意行为人的手中。

五　制导导弹

（一）范围

制导导弹是由红外传感器或雷达制导的火箭推进弹。单兵便携式防

空系统（Man-Portable Air Defense Systems，MANPADS）本质上是肩射防空导弹，通常由红外制导。单兵便携式防空系统便于携带，可以扛在肩上或藏在汽车里，但其破坏性足以击落任何一架飞机，尽管它们不能到达客机的巡航高度。一个带有发射器的便携式导弹重 28～55 磅（13～25 千克），长 4～6.5 英尺（1.2～2 米），直径约 3 英寸（72 毫米）。导弹以约两倍音速的速度发射，发射高度约为 15000 英尺（4.57 千米）。直升机不能在这个高度以上飞行，客机在这个高度以上飞行，但在降落前和起飞后到达巡航高度前的长距离爬升过程中处于暴露状态。

自 20 世纪 50 年代以来，已经部署了必须由大型专用汽车运载的大型雷达制导地空导弹（SAM），这种导弹几乎会对所有飞机在任何高度上构成严重威胁，最小的可以发射至大约 50000 英尺（15.2 千米）高度，而大多数航空公司的巡航高度为 35000 英尺（10.7 千米）。与大多数单兵便携式防空武器不同，雷达制导地空导弹由雷达制导，其中一些由大型雷达系统制导，必须由车辆运载。这种导弹太笨重且易被发觉，因此恐怖分子不会大量使用，但非国家行为体可以采购和使用这些武器，只要某地的官方控制力薄弱，非国家行为体就能在可操作的条件下获得这些武器系统并进行训练。 517

（二）扩散

数以百计甚至数以千计的单兵便携式防空武器仍然下落不明。在 20 世纪 80 年代，美国中央情报局向反对苏联入侵的阿富汗“圣战者”提供了约 500 枚 FIM－92 Stinger 导弹。一些导弹在阿富汗使用了，一些被回收，一些流散到其他国家。

在 2011 年利比亚内战期间，数百套苏制单兵便携式防空武器从利比亚流散。2012 年 9 月，一名匿名的美国官员声称，来自利比亚的 100～1000 个单兵便携式防空武器仍然下落不明，埃及恐怖分子和索马里海盗获得了其中一些武器。2012 年 9 月 22 日，亲政府的利比亚民兵在班加西占领伊斯兰民兵组织“拉法拉·塞哈蒂”（Rafallah al-Sahati）基地，并在那里发现了一些单兵便携式防空武器。

2011 年 3 月叙利亚爆发内战时，叛军夺取了叙利亚许多军用单兵便携式防空系统。2011 年夏末，视频显示叛军手中持有苏制 SA－14 型单兵便携式防空武器。来自西方和中东的情报称，到 2012 年 11 月，叙利亚叛军拥有约 40 枚单兵便携式防空武器，至少有一些是由卡塔尔政府提供的（美国和西欧政府仅以非致命材料支持叛军）。随着 2014 年 6 月“圣战”叛乱分子从叙利亚向伊拉克中部地区扩张，受这些导弹影响的空间也随之扩大。

另一个扩散的热点地区是乌克兰东部，自 2014 年 2 月以来，亲俄罗斯反叛分子从乌克兰前官方库存中获得了单兵便携式防空武器和雷达制导地空导弹。乌克兰声称俄罗斯进行了更直接的供应。

（三）以往的使用情况

1970～2011 年，单兵便携式防空武器袭击了 40 多架民用飞机，造成 28 起事故和 800 多人死亡，所有袭击都发生在冲突地区。几乎所有目标都是为维和人员、反叛乱势力或不稳定的当局提供货运的飞机。这一数字被低估了，因为它无法解释一些较小飞机的消失，一些当局可能不愿意承认自己在反恐怖主义或反叛乱运动期间遭受了这样的损失。

2002 年 11 月，“基地”组织的特工试图用 2 枚苏制 SA－7 型单兵便携式防空武器击落来自肯尼亚的以色列商用客机，这次袭击的失败可能是因为射程太短，导弹的传感器无法锁定目标，尽管有传言认为这架客机装备了一个未获授权的反导系统。

自那时以来，“基地”组织似乎开始考虑用防空武器来袭击重要人物。根据美军 2011 年 5 月击毙奥萨马·本·拉登时剿获的文件，奥萨马·本·拉登曾下令在阿富汗的组织网络袭击进入阿富汗的搭载美国总
518 统奥巴马和大卫·彼得雷乌斯将军（当时阿富汗国际安全援助部队司令）的飞机。

自 2014 年 3 月以来，乌克兰东部民间武装已经击落了几架乌克兰直升机和小型固定翼飞机。2014 年 6 月 14 日，他们使用单兵便携式防空武器击落一架准备在卢甘斯克降落的大型乌克兰军用运输机，造成 49 人死亡。7 月 14 日，他们使用雷达制导地空导弹击落了一架在 21000 英尺（6.4 千米）高空飞行的小型运输机，造成 3 人死亡。7 月 17 日，他们使用雷达制导地空导弹击落了马来西亚航空公司运营的波音 777，该飞机从史基浦飞往吉隆坡，巡航高度为 33000 英尺（10 千米），机上 298 人

全部遇难。当时，乌克兰和国际航空当局已关闭了该地区 32000 英尺以下的空域。

只要国家失去对自己领土和军事储备的控制，就越来越有可能成为潜在的危险地区。例如，2015 年 1 月 17 日，法国航空情报局命令法国航空公司的飞机在飞越巴基斯坦时至少保持在 24000 英尺高度。1 月 29 日，欧洲航空安全局推广了这一建议。

鉴于叛乱分子袭击的成功率越来越高，哪怕不是几十年，我们至少也应该预期其近几年的进一步扩散。更糟的是，恶意行为人厌倦了单兵便携式防空武器的有限用途和从“失败国家”获取军备，因此我们应该预测到恶意行为人对雷达制导地空导弹的兴趣。

（四）反导弹

随着威胁的出现，航空运输当局可以转移飞机或坚持采用更高的巡航高度，但区域解决方案不能控制全球风险。

通常而言，空军获得反导技术像获得闪光弹发射器一样简单（闪光能扰乱导弹上的任何热传感器）。一些民用航空公司已经部署了这样的武器，如美国总统的官方飞机和以色列的国家航空公司。这些闪光弹会燃烧一小段时间，但不一定能使导弹传感器从飞机发动机发出的更大热信号中转向。

2004 年 1 月，国土安全局发起了 C－MANPADS 计划，该计划（通过合同）开发了一个使用激光自动干扰导弹传感器的系统（以“护卫者”之名进行市场推广）。2006 年 9 月，联邦快递开始全面试运营该系统。2014 年 11 月 5 日，以色列宣布在飞机上使用类似的系统（“飞行警卫”）。然而，这些系统不会影响雷达制导导弹，例如大多数雷达制导地空导弹。

理查德·克拉克提倡进行更广泛的采购，他认为美国各家航空公司购买这样的技术将花费大约 10 亿美元，而一架被击落的客机造成的经济破坏将使美国经济损失大约 1 万亿美元（Clarke，2008）。

2003 财年，美国国务院启动了一个打击单兵便携式防空武器的计划，主要是防止恐怖分子、叛乱分子或其他非国家行为体的收购活动，并减少意外爆炸。国务院吸引了 30 个国家，集中在近东、北非和萨赫勒地区。美国国务院称，该计划在38个国家减少了33000多个单兵便携式防空武器，并提高了数千个单兵便携式防空武器的安全性。2012财年，
519 国务院为该计划提供了930万美元援助。

☞ 本章案例

关于航空恐怖主义的两个预测

联邦应急管理局 杰弗里·C. 普赖斯

第一，恐怖分子利用漏洞的另一种策略是找到新的、看似无害的地方隐藏武器、炸药和其他危险物质。2001年12月，理查德·里德在他的鞋子里隐藏炸药，恐怖分子计划用软饮料瓶装液体炸药；2009年12月，乌玛尔·法鲁克·阿卜杜勒穆塔拉布把炸药藏在他的内衣里；2010年10月，在从也门空运来的墨盒中发现了炸弹。在每个案例中，为了减少应对这些类型袭击的漏洞，安检和其他对策都做出了改变。随着隐藏方法更新，毒品走私者和海关执法人员也采取了类似的做法。随着恐怖分子隐蔽战术的演变，应急管理人员和第一响应人不得不在特别活动期间重新部署安检程序。

恐怖组织仍会寻求造成大量伤亡的机会。例如，尽管机场加强了安全措施，恐怖分子仍然瞄准商用飞机。恐怖分子的战术变得更加致命，这种趋势将继续下去（U. S. Federal Emergency Management Agency，2011，p. 2）。

第二，我们经常被指责在航空业是被动的，而不是主动应对，但事实上我们必须两者兼顾。如果我们只是通过尝试预测下一个事件来主动应对，那么我们就无法考虑已经发生的事情，这就是“9·11”事件发生的情况。我们忽视了劫持事件甚至可能发生的事实，但它们确实发生了。所以当你受到打击，当有新的炸弹、新的劫持、新的“活跃枪手”威胁，你必须做出反应，因为这些类型的袭击将继续下去，直到你采取行动。但你也必须积极主动并意识到恐怖分子也在发展，这是我们自“9·11”事件以来做得更好的事情，当局已经有了更多的政策和程序、开展了更积极主动的活动来尝试预测下个威胁。

下个袭击可能不会像上一次袭击，可能不会使用口袋刀和美工刀。

如果将发生另一次劫机，将是员工、内部人员或有进入渠道的人实施的，他们将有枪支之类的武器，而不是刀。对于所有想反抗的乘客来说，反抗持有美工刀的家伙是一回事，而反抗一个有冲锋枪的家伙完全是另一回事。存在这样一种可能性，即枪支将由行业内的人带入，员工准入一直是个大问题。例如，1987 年在太平洋西南航空 1771 号航 520
班工作场地发生的暴力事件，一些人装扮成海关安检员和保安人员登上飞机。很多恐怖袭击——TWA 847 和泛美 103——都有一名雇员参与袭击，无论他们是否提供帮助或者本身就是劫机者。我相信劫机仍然是袭击的一种选择。我想我们会看到更多活跃的射手，因为这似乎是近期的趋势，而机场成为被集中袭击的对象。全新的风险将是不对称威胁，例如网络攻击和无人机，特别是网络攻击。

作者简介：杰弗里·C. 普赖斯是丹佛大都会州立大学航空学教授，也是航空管理培训公司 Leading Edge Strategies 的所有者。他还是《实用航空安全：预测和预防未来威胁》（*Practical Aviation Security: Predicting and Preventing Future Threats*，现在已出版第二版）和《机场运营、安全和应急管理》（*Airport Operations, Safety and Emergency Management*）的主要作者。杰弗里在过去 10 年中一直作为专业航空管理培训师，教授和编写美国机场管理者协会 ACE 安全课程和认证会员课程。他是杰斐逊县机场主管，该机场是科罗拉多州第二大通用航空机场。他曾担任丹佛国际机场安全主管的助理，还曾负责斯特普尔顿国际机场的运营。他是获得商业认证的飞行员，获得丹佛大都会州立大学专业飞行学士学位以及科罗拉多基督教大学的课程和教学硕士学位。他目前正在卡佩拉大学攻读教育心理学博士学位。

◇ 本章小结

1. 描述了民用航空安全的范围。
2. 描述了航空事故。
3. 描述了航空威胁。
4. 回顾了对民用航空的主权威胁
5. 描述了航空恐怖主义。

6. 解释了如何通过以下途径提高航空安全水平：货物扫描、乘客行李扫描、人员访问控制、金属武器扫描、鞋类扫描、液体扫描、衣物扫
521 描、人体扫描、保障驾驶舱和客舱安全、反制防空武器。

◇ 关键术语

Access controls（访问控制）

Air cargo（空运货物）

Air freight（空运货物）

Aviation（航空）

Aviation security（航空安全）

Backscatter x-ray system（反向散射 X 射线系统）

Body imager（人体成像）

Cabin（客舱）

Civilian aviation（民用航空）

Cockpit（驾驶舱）

Explosives detection dog（爆炸物检测犬）

Human-access controls（人员访问控制）

Luggage（行李）

Man-portable air defense system（单兵便携式防空系统）

Millimeter wave system（毫米波系统）

Sovereign threat（主权威胁）

Stowaway（偷渡者）

◇ 思考与练习

1. 在哪些方面，对航空业的主权威胁大于恐怖主义威胁？
2. 为什么恐怖分子把袭击重点放在民用航空上？
3. 货运航班在哪些方面比客运航班风险更大或更小？
4. 托运行李和随身行李在哪些方面需要进行不同的检查？
5. 空勤人员在哪些方面会造成风险？
6. 恐怖分子乘客如何逃避对爆炸物的管制？
7. 为什么人体成像仪引发争议？

8. 对于那些批评扫描技术的人来说，有什么替代的方案？

9. 如何防范已在飞机上的人类威胁？

10. 为什么单兵便携式防空武器比其他防空武器更受关注？ 522

第十三章　地面运输安全

◇ 本章学习目标

在本章的最后，你应该能够理解：

1. 地面运输的范围。
2. 地面运输面临的威胁和风险。
3. 如何确保地面运输安全。

2008 年 11 月 26 日，10 名男子在巴基斯坦恐怖组织“虔诚军”的指挥下劫持了一艘拖网渔船并杀害了船员，随后乘船在印度西海岸孟买登陆。他们分成 4 个小组，使用带注释的地图和照片，前往不同的目标，包括火车站、电影院、餐馆、住宅区、医院、犹太中心与两家深受西方游客和富裕游客欢迎的大酒店。一路上，他们从劫持的出租车和警车上向路人开枪，并在两辆车中留下了简易爆炸装置，造成约 5 人死亡。他们在预先设置的藏匿处补给，并使用手机与巴基斯坦的处理人员保持联系。2 名恐怖分子使用自动步枪和手榴弹，在火车站杀害了 58 人。3 名恐怖分子在泰姬陵酒店内藏匿至 11 月 29 日，当时他们已造成 166 人死亡、300 多人受伤。恐怖分子奉命战斗而死，除了 1 名恐怖分子在逃离火车站时被活捉外，其他人都死亡了。

一　范围

“地面运输”指在地面上运送乘客或其他物品的运输方式。大多数地面运输是公路和铁路运输，人力运输和畜力运输方式在发展中国家更为常见。

海上和空中运输方式往往更安全，因为这两种运输方式与恶意行为人（至少在港口或车站之间）的重合度较低，访问控制也较严格（至少在港口和车站），但前期成本较高（尽管从长期来看，通常较便宜）。短程航空（主要是直升机和小型固定翼飞机）提供了便利和速度，但操作成本要高得多，并容易受到短距离地对空武器的攻击。 523

道路运输是常见的运输方式，尽管道路运输费用昂贵（至少在操作上、在较长的距离）、事故频发且易于暴露给恶意行为人，但由于人们对道路的可达性和自由的偏爱，道路运输仍是最常见的运输方式。

铁路比道路（公路）更高效、更安全，但有些机构不能负担铁路建设的前期投资，在这种情况下，它们会投资于公路建设和公共汽车服务，尽管运营成本较高，而且从长期来看存在风险。在一些国土面积较大和欠发达国家中，铁路线在经济和社会方面的作用往往更为重要，铁路是长途旅行或通过崎岖地形（在使用动物驮运不足和利用越野车或飞机花费过高的情况下）的唯一途径。

在不安全或欠发达地区，航空和铁路这些替代运输方式所需的基础设施崩溃后，道路运输通常就成为唯一的交通工具。因此，在不稳定或冲突后的地区，道路交通变得更加重要，尽管简单的武器或军事技术就能威胁到它。有时，道路运输是常规通信的唯一选择，例如在阿富汗和巴基斯坦山区，天气不好，空气稀薄，叛乱威胁四伏，甚至直升机都被阻止使用。事实上，一些地区非常落后，以致完全无法使用汽车，因而人力和畜力（主要是驴）成为基地和遥远的官方军事哨站之间唯一可靠的常规通信手段。

二　威胁与危险

地面运输面临的威胁和风险主要包括事故和故障，盗贼、抢劫者和劫持者，恐怖分子和叛乱分子。

（一）事故和故障

铁路旅行比公路旅行风险小。相比汽车旅行，火车旅行距离更长、更便宜、发生事故或出现故障的情况更少。例如，2008～2010 年，在欧盟国家中，按照概率，一名乘客乘坐列车旅行超过 6400000000 千米

（4000000000 英里）才会遭遇一起致死事故，而相比之下，乘坐汽车的旅客遭遇致死事故只需要 225000000 千米（140000000 英里）。铁路事故几乎与航空事故一样罕见，但往往会引起巨大的社会反应，给人留下深刻印象，这可以解释为何在公众普遍的印象中铁路风险比道路风险更高。例如，2013 年 7 月 24 日，在西班牙加利西亚的圣地亚哥－德孔波斯特拉附近，一列高速列车因在弯道上超速行驶而脱轨，造成 80 多名乘客死亡。西班牙的高速铁路网自 1992 年投入运营以来，没有发生过任何伤亡事故。在过去几年里，西班牙的铁路整体每年仅发生 6 起死亡事故。2011 年全年（有数据可查的最后一年），在欧盟 27 个国家和 5 亿多名居民中，有 1183 人死于铁路事故，其中 98% 是行人或汽车司机，而不是列
524 车乘客（Laursen，2013）。

北美的客运铁路网不像欧盟那样密集，但北美允许利用铁路运输更危险的货物，美国铁路每天运输 100 万桶原油，但 2002～2012 年仅泄漏了 2268 桶原油，远远低于管道或船舶运输的泄漏量。然而，增加石油运输可能会提高风险。例如，2013 年 7 月 7 日，一列驶自北达科他州载有 72 节车厢原油的火车失控，在加拿大魁北克省拉克－梅甘蒂奇市中心出轨，造成 13 人死亡。铁路运输的伤亡率低，但小型事件发生频率更高。2014 年，美国每 5.7 天就有 13 人死于火车运行，2014 年的死亡总人数达 827 人，是 2007 年以来最高的，其中约有 255 人不是火车上的乘客，这是自 1964 年有记录以来的最高比例，死亡人数增加的部分原因是货运量增加。2014 年，约 575 人死于货运列车事故，部分原因是城市化和非法闯入的增加。基础设施的减少和运行操作疏忽造成的风险是非技术人员难以评估的，但这两点可能是 2015 年 5 月 12 日费城列车脱轨事故的原因，这场事故造成 7 人死亡、200 多名乘客受伤（Lavelle，2015）。

在发达国家，大多数机械性交通工具旅行是乘汽车，所以更多的人在汽车上受到伤害或被汽车伤害，而不是火车、飞机或船只。由于各种行为和机械原因，汽车旅行的危险性更大。道路交通事故造成乘客和行人伤亡，扰乱交通，损坏车辆，有时也会破坏基础设施。事故与其他风险增加有关，特别是在不稳定地区，例如从残旧车辆与乘客身上偷窃、叛乱分子或恐怖分子袭击急救人员以及压力和疾病。

大多数事故是单个车辆和另一个物体的碰撞产生的，碰撞会造成损

坏或伤害但未造成死亡。但是由于此类事故频繁发生，风险甚至比其他运输方式面临的风险或犯罪风险更高，汽车运输方式的死亡率整体上也非常高。2014 年（迄今为止美国道路上最安全的一年），汽车造成了 32675 名美国人死亡，平均每天 90 人。道路交通事故中的死亡人数是被谋杀人数的 2 倍。另外，不当驾驶行为，如鲁莽驾驶、驾驶中打电话或吸毒，也会使道路交通风险提高。

考虑到汽车旅行的频率更高，汽车旅行的风险似乎变低了。例如，2014 年，美国每 100000000 英里汽车旅行中平均有 1.08 人死亡，尽管道路交通量增加，但这个比例略有下降。然而，即使道路旅行比空中旅行花费更多，不管是绝对数量还是相对比例，道路旅行仍比空中旅行危险，道路旅行的死亡人数比空中旅行多 600 倍。

在发展中国家，事故发生率要高得多。每年有 0.020% 的低收入国家居民、0.022% 的中等收入国家居民（2004 年）死于道路交通事故，每年 0.016% 的美国人（2010 年）和 0.006% 的英国人（2010 年）因汽车事故死亡。发达国家的汽车事故风险已经下降，但发展中国家的风险仍在增加，这是因为发展带动了更多汽车投入使用，但对事故的预防与控制并未随之提高。在这些地区，风险规避、监管和执法往往比较薄弱，因此一些简单的控制和预防并未被重视和得到执行，例如系安全带（可减少 61% 的车祸死亡概率）、碰撞触发安全气囊、吸能装置和速度限制。从全球来看，1990 ~ 2010 年，道路交通造成的伤残生命调整年增加了 34%，90% 以上的道路交通死亡发生在低收入和中等收入国家。事实上，在发展中国家，死于道路交通事故的人比因伤寒、疟疾和艾滋病死亡的人多（World Health Organization，2009，p. 26）。 525

在更加不稳定或存在更多冲突的环境中，道路交通事故往往会迅速增加，在这种情况下，公共能力和风险敏感性会进一步降低。为了避免其他风险，某些冒险行为是有道理的（例如，加速通过叛乱分子活动的地区）。外部威胁可能间接导致事故发生（例如叛乱分子的袭击分散了驾驶员的注意力而导致撞车）。

（二）盗贼、抢劫者和劫持者

停放的车辆、商店、加油站和送货点都有可能遭到伺机盗窃和破坏。

如果盗贼的目标是基础设施，他们可以在无人看管的情况下偷走建筑材料和设备、照明灯或信号灯和电缆。在极端情况下，盗贼可能会盗取桥梁、舱口和其他覆盖物以及电缆上的金属（这些金属可以当作废品卖掉）。

车辆可能被恶意行为人拦截，恶意行为人想要劫持车辆以换取金钱或绑架乘客以换取赎金。在不稳定地区，道路容易被封堵或车辆在行驶途中被拦截，有时则是因为腐败的公职人员索取贿赂。

（三）恐怖分子和叛乱分子

官方车辆及其货物或乘客在基地里比较安全，因此恐怖分子和叛乱分子倾向于攻击道路上的官方目标。他们还会攻击非官方目标，以期造成更多混乱或直接伤害某些外部团体。道路无处不在（即使按照发达国家的标准，这些道路实质上也很差），因此整个道路网很容易受到恐怖分子和叛乱分子的攻击。

近几十年来，恐怖分子和叛乱分子主要用下列 4 种方式攻击运输工具或基础设施。

> 其一，通过对基础设施相对容易的攻击来中断交通，例如在路面上打孔，在路边或铁路路基上挖掘以引起沉降，毁坏桥梁，淹没位于低洼的道路，让泥土或岩石滑落到道路上，或用碎石堵塞道路。
>
> 其二，通常在距离受保护基地较远的道路上，攻击重要的后勤车队。
>
> 其三，攻击基地。
>
> 其四，打死使用或操作系统的人（打死司机或驾驶员），主要包括两方面。一是对民众的袭击阻碍了他们使用系统。民众容易集中于公共交通且十分暴露，越来越多的恐怖分子倾向于袭击公共交通。最明显的是，1994 年爱尔兰临时共和党同意停火以后，北爱尔兰大多数恐怖组织已经正式接受和平，但一些狂热分子拒绝和平，打着袭击官方目标的幌子，袭击更多的公共交通。例如，2013 年 11
> 526 月 20 日晚，1 名蒙面男子在北爱尔兰伦敦德里登上 1 辆公交车，在司机座位后面放置了 1 个简易爆炸装置，并要求司机把公交车开到当地警察局。司机在开了很短的一段距离后报警，警方随后证实该

装置是有效的。二是攻击操作人员以降低整个运输系统的性能。例如，2012 年 9 月 17 日，1 名自杀式炸弹袭击者在前往阿富汗喀布尔机场的途中，将 1 辆载有外国航空工人的小型货车撞毁，造成 10 人死亡。这次袭击进一步阻碍了外国人使用公路和在航空系统工作。

专栏 13.1

1991 年以来对铁路和火车的主要恐怖袭击

1991 年 6 月 15 日，好战分子用火器袭击了印度卢迪亚纳附近的两列火车，造成近 80 人死亡。

1995 年 7 月 25 日，巴黎的一座通勤火车站发生爆炸，造成 8 人死亡、80 人受伤。8 月 26 日，在里昂附近的一条高速铁路轨道上发现一个爆炸装置。10 月 6 日，巴黎地铁站内发生爆炸，造成 13 人受伤。10 月 17 日，巴黎的通勤列车上发生爆炸，29 人受伤。

1996 年 7 月 24 日，“泰米尔伊拉姆猛虎解放组织”在斯里兰卡科伦坡的德里瓦拉火车站通勤列车上放置的 4 枚炸弹造成 64 人死亡、400 多人受伤。

2002 年 9 月 10 日，从豪拉开往德里的一列火车在比哈尔邦的达哈河（Dhave）大桥上脱轨，造成 130 多人死亡。2003 年 3 月 13 日，一枚炸弹在火车进入印度穆伦德（Mulund）火车站时爆炸，造成 10 人死亡和 70 人受伤。

2003 年，来自巴基斯坦的美国公民莱曼·法里斯在纽约被捕，他在“基地”组织的赞助下破坏布鲁克林大桥并使火车脱轨。2004 年，一名巴基斯坦移民沙哈瓦·马汀·西拉吉和一名父母是埃及和爱尔兰移民的美国人詹姆斯·埃尔沙菲，在曼哈顿的地铁站布置炸弹后被捕，他们是被一名线人怂恿的，这名线人揭发了他们的阴谋。

2004 年 3 月 11 日，在西班牙马德里，3 分钟内，大约十几个简易爆炸装置在 4 列通勤列车上或火车站外引爆，造成 191 人死亡、2000 多人受伤。至少有 4 个西班牙“圣战分子”参与；3 个多星期后，这 4 个人在警察突袭他们的住所时自杀并打死了一名警察。他们至少受到“基地”组织的启发，也可能受到已经逃脱的其他“圣战分子”协助。

2005年7月7日，自杀式炸弹袭击者几秒钟内在伦敦的3列地下火车上引爆自己，3个自杀式炸弹袭击者死亡并造成另外39人死亡。大约
527 一小时后，第4个自杀式炸弹袭击者在公共汽车上引爆自己，可能是电力故障使其装置无法在火车上与其他炸弹一起爆炸，未波及更多人，但他自己身亡并造成另外13人死亡。两个星期后，2名索马里人、1名埃塞俄比亚人和1名厄立特里亚出生的英国公民企图复制“7·7”攻击事件，但其装置未爆炸。像马德里的袭击者一样，英国的袭击者都是第一代或第二代移民和宗教极端主义分子，一些人可能在国外接受过恐怖分子训练。西班牙的自杀式炸弹袭击者使用从矿工那里非法采购的炸药，而英国的自杀式炸弹袭击者使用过氧化氢制造的液体炸药。

2005年7月28日，从印度北方邦江布尔到德里的一列特快列车发生爆炸，造成13人死亡、50多人受伤。

2006年7月11日，印度孟买的7列火车在11分钟内发生了7起爆炸，这些炸弹是“虔诚军”放置的，造成209人死亡、超过700人受伤。

2006年11月20日，印度西孟加拉邦的杰尔拜古里至哈尔迪巴里（Haldibari）之间的一趟列车发生爆炸，造成5人死亡。

2007年2月18日，炸弹在“Samjhauta”快车离开印度德里驶向巴基斯坦的拉合尔后引爆，造成68人死亡、50多人受伤，主犯可能是“虔诚军”。

2006年，黎巴嫩当局逮捕了阿西姆·哈穆德，基于与美国联邦调查局合作收集的证据，指控他与巴基斯坦恐怖分子在新泽西和纽约之间的火车上实施自杀式袭击。

2009年，来自阿富汗、童年时移民美国的纳吉布拉·扎齐和2个高中朋友（1名来自阿富汗的移民、1名来自波斯尼亚的移民）被逮捕，因为他们与“基地”组织长期保持联系，密谋实施一个长期计划——在纽约的地铁列车上引爆自己。

2009年11月27日，1列高速列车在莫斯科和圣彼得堡之间的博洛戈沃镇附近因一枚炸弹爆炸脱轨，造成27人死亡、约100人受伤。

2013年4月22日，加拿大当局逮捕了1名突尼斯移民和1名巴勒斯坦移民，指控他们受“基地”组织赞助，企图让多伦多和纽约之间的1列火车脱轨。

三　地面运输安全保障

地面运输安全可以通过改善运输基础设施、导航、通信质量，提高车辆的坚实程度和耐用性、移动性，提高护送人员和警卫的安全性来改善。

（一）地面运输基础设施安全

地面运输基础设施包括公路、铁路、服务和支持场所与系统，以及所需的燃料和电力。基础设施安全包括保护基础设施免受恶意攻击、防 528
止系统发生事故和受损以及防止基础设施发生故障。

任何运输系统都需要安全的基地，因此运输公司或客运公司需要确保车辆存放、维护、加油和装载场地的安全（见第 8 章）。系统从一些冗余中受益，因此一个不安全的节点（如加油站）不会使整个系统瘫痪。路线需要定期维护和巡逻，应鼓励当地居民举报恶意行为人和活动，清除道路两侧的杂物和植被将有助于清除窃贼和攻击者可能藏身的地方。在官方能力不足的地方，用户可能会与自己的护卫人员和警卫签订合同。

（二）道路安全

21 世纪，美国道路交通事故频率下降，但恐怖主义抬头，因此政府的精力集中于应对并遏制恶意威胁，例如道路上运输的材料武器化，相应举措主要由国土安全部实施。2001 年 11 月在交通部下成立了交通安全管理局，后者于 2003 年 3 月归属国土安全部管理。

2011 年，国土安全部在美国管理 3900000 英里的公共道路、2.08 亿辆汽车、120 万家卡车运输公司拥有的 1550 万辆卡车（其中 42000 辆用于运输危险材料），以及 1000 万名商务车驾驶员（其中 270 万人拥有危险品运输许可证）。交通部负责管理研究和特殊项目管理局，其中包括危险物质安全办公室，该办公室负责发布危险材料运输安全的指导和规章。2005 年，国土安全部下设的安检协调和业务办公室（后称“安检协调办公室”）负责在为商务驾驶员签发危险品运输许可之前对其背景进行调查，2006 年这项要求的对象扩展到从墨西哥和加拿大出发前往美国的司机。同时，交通安全管理局启动了“卡车安全计划”，其中包括一个5年期计划，涉及制订计划管理公路突发事件、招聘和培训驾驶员与官员管理危险品及应对突发事件、建立公路信息共享和分析中心。

该项目在前两个财年（2005～2006）共向卡车司机分发了480万美元的援助金，2007财年援助金为1160万美元，2008财年援助金为2550万美元，2009财年援助金为700万美元，2010年终止。

与此同时，批评政府工作重点的人士指出，道路交通事故风险比恐怖主义大得多，其长期下降趋势已经结束。批评人士还指出，基础设施正在老化，几乎没有更换的资金（道路建设的最大增长是在20世纪60年代）。尽管基础设施故障非常罕见，但风险似乎在增加。例如，2008年，明尼苏达州明尼阿波利斯市一座横跨密西西比河的35W州际公路桥
529 坍塌，造成13人死亡、约100人受伤。

（三）铁路安全

站在恶意行为人的角度来看，铁路系统的暴露更为严重，是更容易被破坏的对象。由于缺乏两个站点之间的替代线路，一旦受到破坏，两个站点之间的通信就会陷入长时间中断。只要威胁可以对抗修复，无论采取何种方式来保护它们，微小的损害都会使系统瘫痪，这对于修理和维护铁路系统能力低下的发展中国家来说不是个小问题。例如，21世纪，破坏和盗窃铁路基础设施的情况激增，通常出于恶作剧和受到错误引导的青少年蓄意破坏，将石块滚到轨道上或向司机室或客舱扔石头，但也有有组织犯罪分子抬起露天的铜电缆（电气系统使用）、轨枕或钢轨。为此，英国铁路运营商和交通警察被迫在巡逻、安装围栏与安全摄像机上大量投资。

2003年3月，国土安全部宣布实施“自由盾”行动，以加强铁路安全。该行动要求：各州州长向选定的铁路桥上增派警察或国民警卫队人员，铁路运营商提高主要设施和枢纽的安全性，美国国家铁路客运公司与私营运营商就安全措施进行协调。

交通部要求私营运营商加强对运输危险品火车的监控。

根据《铁路安全法》（2004年4月），铁路安全援助项目的资金从6500万美元增加到11亿美元，同时该法案要求国土安全部评估国家铁路

系统的脆弱性。国土安全部和美国铁路协会共同确定了1300多个关键资产，根据评估结果决定援助金的分配，并对50项操作程序进行更改，如物理访问、网络安全、员工筛选和货物跟踪。该协会成立了全时地面运输信息共享和分析中心（Surface Transportation Information Sharing and Analysis Center，ST-ISAC），以获取绝密情报。铁路警察也加入了联邦调查局的国家联合反恐特遣队。

交通安全管理局在过境和铁路检查试点（Transit and Rail Inspection Pilot）计划下向前10家客运铁路机构提供检测爆炸物的警犬队。第一阶段（在马里兰州的新卡罗尔顿）评估了在登上火车之前扫描乘客和行李的技术；第二阶段（联合站，华盛顿特区）在装载前评估托运行李和货物的检查情况；第三阶段（在东海岸康涅狄格州通勤车上）评估了在运输过程中扫描乘客和行李的技术。2011财年，国土安全部启动了货运铁路安全计划（拨款1000万美元），邀请面临毒气吸入危害的铁路运输商申请资金购买汽车跟踪器，并邀请铁路桥梁的所有者申请资金在桥梁上安装访问控制和监控系统。

到2011年，根据国土安全部的计算，美国拥有120000英里的干线铁路，这些铁路每天约运送乘客1500万人次。 530

四　导航

导航是发现一个人的位置或规划一个人路线的过程。好的导航节省了运输时间，从而减少了系统中的风险，并减少了系统的消耗，导航对于避免和躲避特定威胁也很重要。应建议运输系统的使用者了解如何避免自然灾害；在不稳定或高犯罪率地区，司机和乘客应接受培训，以躲避恶意的路障、劫持者和其他威胁。应在旅行前研究与商定紧急情况下最好的逃生路线和集合的地方。

运输人员应该有本合适的地图，上面标记预设的基地、其他安全区域（如友好大使馆）、逃生路线和会合地点。对个人和汽车来说，指南针都是有用的物品。在预算允许的情况下，每辆车可以配备电子导航系统，但是如果该系统出现故障，则应由接受过训练的人员阅读纸质地图。全球定位系统使用地球轨道卫星发送的数据对位置进行三角测量；惯性制导系统使用运动和旋转传感器，基于车辆的高度和速度绘制运动轨迹。

五　通信

车辆应配备无线电或电话通信，这样在旅途中遇到任何紧急情况都可以与紧急服务机构或基地通信。车辆可以配备跟踪装置以防车辆被劫持或与乘客失去联系。跟踪装置是种可以无线传送其位置的电子设备，简单、廉价，广泛应用于商业运营车辆的跟踪。如果跟踪装置感知到车辆卷入事故或驾驶员偏离车辆的计划路线，则会与基地通信。乘客也可以配备跟踪装置，通常放在他们的衣服中或装在手机上。

六　车辆生存能力

通常，为了保障发生事故时车辆的可靠性和人员生命安全，车辆制造商和使用者无疑是要承担一部分职责的。车辆在恶意袭击下的高生存能力是个非常有挑战性的要求。下文解释了为什么车辆安全要求提高了，介绍如何提高抗动能攻击能力，如何提高防爆性能，如何控制车辆的进出，平衡外显与隐形的生存能力，以及应该携带的个人急救设备。

（一）要求

由于恐怖活动和叛乱活动增加，对具有良好生存能力的车辆的需求
531 急剧增加。例如，在 1998 年美国驻肯尼亚和坦桑尼亚大使馆遭到恐怖爆炸袭击之前，美国外交部为关键和高危岗位的特派团团长配备了大约 50 辆装甲车，此后规定每个外派团至少配备 1 辆装甲车。到 2009 年，美国外交部在全球采购了 3600 多辆装甲车，其中 246 辆配给特派团团长（U. S. Government Accountability Office，2009，pp. 13，24）。与此同时，随着阿富汗与伊拉克的叛乱活动不断增加，两国的运营商意识到需要更多各种类型的高生存能力车辆，从最小的联络车到大型部队保护车和后勤车辆。购置装甲车最迅速的时期是 2007 年。

北大西洋公约组织很早以前就制定了军用车辆的保护标准，这些标准被广泛用于确定所有车辆的生存能力（见表 13 - 1）。标准（STANAG

4569）规定了5个防护等级。大多数车辆达不到1级标准（最低防护等级），大多数冷战时期的军用装甲车（包括轮式和履带式装甲运兵车）不超过1级，大多数装甲车属于2级，少数大型轮式车辆（通常为6轮或8轮）属于3级，21世纪头十年广泛购买的防地雷反伏击车、轻型坦克和步兵战车属于4级，只有主战坦克超过5级。

没有装甲可以防御所有威胁，因此必须在防护功能、移动性和费用之间做出权衡。

表13-1　北约的标准车辆防护等级

STANAG 4569 级别	可抵挡的射弹				可抵挡的爆炸	可抵挡的炮弹碎片	防弹钢板厚度（毫米）
	口径（毫米）	射弹	距离（米）	枪口速度（米/秒）			
1级	7.62	铅芯	30	833	手榴弹、地雷或子弹碎片	—	10
2级	7.62	钢芯	30	695	齿轮（2a）或中心（2b）触发6千克的地雷爆炸	—	15
3级	7.62	碳化钨芯	30	930	齿轮（3a）或中心（3b）触发8千克的地雷爆炸	—	30
4级	14.5	碳化钨芯	200	911	齿轮（4a）或轮胎中心（4b）触发10千克的地雷爆炸	距离30米内的155毫米口径高爆弹壳	40
5级	25	脱壳弹	500	1258	齿轮（4a）或轮胎中心（4b）触发10千克的地雷爆炸	25米内的155毫米口径高爆弹壳	60

（二）抗动能攻击

尽管流行文化中有子弹从汽车面板和窗户上弹开的画面描述，但现实中汽车并不能抵抗便携式火器。汽车可以装上装甲来防御火器，但成本高昂，而且很重，而额外的负载意味着还要升级汽车的马达和传动装置。车辆生存能力包括逃跑和躲避的能力，因此车辆经常升级以适应更崎岖的越野旅行，提高冲破障碍物的性能。美国总统搭乘的豪华轿车预计耗资150多万美元，每辆重达8吨。

装甲是用来防止外部穿透的材料，传统的防护材料包括硬化钢板，硬度对于抵御射弹是最有效的，所以最好安装在外层。韧性钢材更适合在爆炸后防止开裂，因此最好安装在车辆底部。硬度和韧性通常是对抗性的。正确的物理平衡是通过化学和物理方法生产既坚硬又坚韧的材料，或者将坚硬和韧性的材料分层。其他硬质材料包括某些种类的铝、陶瓷和钛，它们与相同重量的钢相比能够提供更好的保护。可以将硬质材料层叠在其他材料的上面，这样外层材料可以抵御射弹，而内层材料可以抵御爆炸。尽量减少窗户和其他孔洞，并安装抗冲击的玻璃和塑料板，同时装上由较硬材料制成的百叶窗。

装甲可以用废料临时制作，但这些材料往往是低碳钢，给人一种错误的安全感（它们很容易被刺穿或折断）。装甲可以用沙袋临时制作；
532 沙子要尽可能细，因为较大的碎粒有可能成为抛射物。保持沙子湿润会提高其吸收能量的能力，也能抑制化学炸药。橡胶垫和皮带有助于防止飞尘，同时保持柔韧性，承受住爆炸而不被撕裂。然而，这些材料都增加了重量。理想情况下，沙袋应超过一层，但大多数车辆缺乏一层以上的内部容量和承载能力。如果沙袋不能放在四周，则应优先考虑人员的位置和轮舱（地面炸药最有可能在轮子下被引爆）。

液体可以提供保护。水在物理上可以抵抗炮弹，也可以在爆炸物爆炸和燃料完全燃烧之前抑制爆炸物和燃料。充气轮胎内注入水有助于缓冲在车轮下引爆的爆炸物，不易挥发的燃料可以提供保护。除非在高压或高温
533 下或搅拌，柴油不属于天然易燃物。大多数军用车辆使用柴油，有些军用车辆把油箱也保护起来，安上装甲和隔热零件，并与驾驶舱分离。

条形护甲或板条护甲是抵抗火箭推进榴弹的一种特殊的物理防御手段，这种武器通常由从弹头到炸药底部的电信号引爆。如果以适当的间距布置铁条或板条，那么火箭推进榴弹撞击到这种装甲时，在爆炸前将被压碎，电路也会受损。铁条或板条护甲安装在车辆垂直表面的外部，类似于外笼。

（三）防爆

车辆可以通过设计和改造显著提高在爆炸中的生存能力，爆炸通常是由隐藏在地面或地下的化学爆炸物产生的。防爆是一类车辆的主要能力，

美军称为“防地雷反伏击车辆”（Mine-resistant，Ambushprotected Vehicle，MRAP），英军称为“重型、受保护巡逻车”（Heavy，Protected Patrol Vehicles），自21世纪头十年中期开始，阿富汗和伊拉克迫切需要这种类型的车辆。仅2005~2009年，美军就紧急下令生产超过16000辆防地雷反伏击车辆。美国陆军国家地面情报中心（National Ground Intelligence Center）的反装甲事件数据库显示，一辆装甲悍马的内部死亡人数是一辆防地雷反伏击车辆的9倍（阿富汗）至14倍（伊拉克）（根据2005~2011年每辆车每次遭遇爆炸袭击的平均死亡人数）。

然而，防地雷反伏击车的价格是被替换车辆的4倍多，重量、体积、维护负担是其2倍，速度和移动性是其一半。这种车辆的体积意味着它们常常无法适应有限制的城市地区或狭窄的道路，而它们的重量能够压塌道路或桥梁、它们的高度也导致翻车率更高（例如当道路塌陷、车辆坠入峡谷时）。这种车辆只能在质量良好的道路上前行（但叛乱分子更容易瞄准）。2009年，美军特别是阿富汗地区的美军需要额外6600辆小型、机动的防爆车，即MRAP全地形车（MRAP All-terrain Vehicle，M-ATV）。2009年，英国需要类似级别的车辆，称之为“轻型保护巡逻车”。截至2012年年中，为满足紧急订单，生产了约27000辆防地雷反伏击车辆和MRAP全地形车，其中23000辆部署到阿富汗和伊拉克。

实际上，大多数操作人员和情况需要不同类型的车辆。防地雷反伏击车辆应该用于在质量良好的道路上和宽敞的城市地区巡逻及护送，但地形较差的地区则需要利用MRAP全地形车。防地雷反伏击车辆和MRAP全地形车各有利弊，MRAP全地形车在某些情况下生存能力不足，因此6000多辆MRAP全地形车进行了升级，以提高抵御地下爆炸的能力。

车辆正面爆炸的部分应由更坚硬的材料制作，用吸能材料填充，或者制成流畅的塌陷（但这些材料往往会减少内部空间）。离地间隙高，则地面爆炸与车辆内部之间的距离就增加了，尽管高大的车辆往往更易前行，但也更难隐藏。车辆的底部装甲应为V形，可以让爆炸物偏离，并且应包住汽车部件，这样它们就不会成为次级抛射物。单壳结构车体（在同一结构上承受所有载荷和附件）消除了与常规底盘相关的潜在次 534

级抛射物。车轮单元应该是牺牲性的，这意味着它们在爆炸下容易分离而不会进一步解体，从而将能量从车内带走而不会产生更多的次级抛射物。内部乘客舱应与汽车和发动机舱分开，乘客应坐在吸能材料或可折叠的材料上，或悬挂在车顶上，以减少从下方传递到体内的能量。脚踏板应该也能吸收能量，而不会像次级抛射物那样被分离（否则它们会传递能量，让腿粉碎）。

（四）车辆访问控制

车辆需要留有供人进出的开口，但是开口增加了车辆内部暴露于突然进入的射弹、袭击者和小偷的风险。为防止未经授权者闯入车辆，应把特定的门以及防穿刺材料制成的窗户上锁，门和其他开口合页的设计和制造应能够适应极端环境、经得起磨损与撞击。在炎热的环境中工作或长时间工作，驾驶员往往将车门和车窗打开通风，这样他们可能会受到威胁，因此车内应安装空调系统。应制定并强制执行关闭和锁上开口时至少 1 名警卫要留在车辆上的规则。

当民用车辆改装成装甲车时，一些微小的升级可能会被忽略。例如，2011 年 2 月 15 日，在墨西哥东北部，2 名美国移民和海关执法局工作人员在 1 辆民用装甲车辆中遭遇枪支袭击（1 人死亡），司机受到武装威胁（可能是针对昂贵车辆的劫匪），被迫驶离道路。不幸的是，根据车辆的配置，当驾驶员将变速器置于驻车挡时，车门自动解锁（这是普通汽车的一个典型安全功能），袭击者能够打开车门。在关闭车门和重新锁门的斗争期间，车窗降了下来，劫匪疯狂开枪。若车门和车窗关紧，车上的人就不会受到子弹的伤害（约 90 颗）。但事实上，2 名车上人员受到的伤害已经不可逆转。

驾驶人员面临两种选择，一种是遵从外部要求停止前行，另一种是无视此类要求，以防有人伪装成公务人员或请求协助却带有恶意意图。例如，2012 年 8 月 24 日，在墨西哥城，2 名美国特工（可能来自美国情报界）在拒绝接受检查的追捕行动中被墨西哥联邦警察发射的大约 30 发子弹打伤，这可能是受到 2011 年事件的影响。他们开的是一辆坚固的装甲车，但车的后轮和一些小孔未能挡住子弹的冲击；车上的一名墨西哥乘客没有受伤。

（五）隐形

驾驶员面临安装护甲、加固车辆和车辆隐形之间的选择，车辆隐形并未引起很多的关注。一些驾驶员对可见威慑或防御和隐形之间的权衡有着截然不同的偏好，一些人坚持乘坐随机招呼的出租车独自到处旅行，而一些人在没有武装护卫或无法乘坐装甲车时哪里也不去。一些人喜欢租用与当地多数车辆相似的车辆并移除车辆上的商标，而一些人则倾向 535
于购买更稳定、装备精良的车辆，尽管这使他们更加显眼。商业利益、家庭出资人要求和当地法律可能迫使驾驶员在专用车辆上展示商标，无论隐形成本如何。

（六）个人急救设备

汽车应该根据特定的威胁配置适当的装备，但最基础的设备包括急救箱（基本上是医疗急救包，可能包括准备输血的血液、除颤器和氧气）和个人生存工具包（消防设备、饮用水、食品、燃料和行人导航设备）。

（七）移动

生存性车辆通常安装安全轮胎，这里指实心或刚性芯的充气轮胎，在爆胎后仍能继续行驶几十英里。充气轮胎可以用防撕裂和防刺穿的材料加固，由于威胁水平突然改变，可以用实心橡胶轮胎代替充气轮胎，它们不会被刺穿（尽管它们可以被击碎），或者给轮胎的一部分注入水，这有助于减小化学爆炸的冲击，尽管额外的重量和灵活性降低会给车辆传递更多的振动以及出现磨损。

给车辆加上装甲和增加设备意味着增加负载，这意味着需要升级传动装置，以便车辆需要避开良好道路上的威胁时，能在较崎岖的地面和较差的道路上行驶。美国总统的豪华轿车巨大的车厢四周安装了性能良好的装甲，但这种轿车并不具备良好的越野能力。2011 年 3 月 23 日，美国总统对爱尔兰进行正式访问，其备用豪华轿车在离开美国驻都柏林大使馆时，因使馆大门通道上的一个小隆起而熄火。在民众和记者的簇拥下，车辆被暂时丢弃。大多数民用装甲车的底盘都是专为越野设计的，军用装甲车的底盘则更专业。

然而，采购者必须为高生存性和移动性车辆支付更多费用，这些车辆往往非常昂贵、生命周期短。例如，截至 2009 年 10 月，美国在伊拉克有 914 辆（32%）外交装甲车，每辆车的采购成本约为 173000 美元，由于伊拉克地形较差，车辆的生命周期仅为 3 年左右（U. S. Government Accountability Office，2009）。

生存能力提高意味着事故风险增加和机动性降低。装甲和装备的增加意味着内部空间变小，热应力、生物力学应力增加以及损伤加速。降低机动性意味着车辆只能在最佳地形上行驶，这会增加车辆被瞄准的风险。加强保护还意味着乘客和当地人在地面上更加隔离，从而疏远当地人，失去与当地接触和获取情报的机会。

七　护送队伍与警卫

警卫可以乘坐车辆，但警卫对外部威胁而言具有挑衅性，而且警卫
536 可能因为接受外部贿赂或者意识形态问题转变为内部威胁。

公路车队可以由警察或军用车辆护送，也可以由私人承包的武装车辆和装甲车辆护送，以阻拦袭击者，但这也会引起对车队的注意，否则车队将融入车流。不同公司或当局可以合作，一起出行并共享护送力量，也可以选择跟随受到更好保护的车队，尽管如果他们没有提前通知其他车队，护送人员可能会将跟随者视为威胁。

护送人员可能会遵守道德标准、本国组织或地方当局颁布的法规或法律，但在不稳定地区，护送人员可能会鲁莽行事和不受约束。在阿富汗、伊拉克和利比亚，警察和军队因缺勤及鲁莽的暴力行为而闻名。私人安保承包商不受当地或联盟军事法律的约束，也不受专业或行业行为标准的约束，因此他们以各种各样的表现而闻名。比如，鲁莽驾驶以减少在道路上暴露于袭击者，或射杀那些正在快速靠近的司机（自杀式炸弹袭击者会靠近）。承包商本可以降低军事安全的总体成本和灵活性，但是当安全形势恶化时，除非有军队陪同，否则一些承包商拒绝工作。

☞ 本章案例

超越保护：地面运输恢复的案例

迈克尔·丁宁

保护我们的地面运输系统，包括铁路、公路、多式联运、管道和公共交通，对我们的经济和生活方式至关重要。安全和应急管理人员在保持系统安全移动方面发挥关键作用。要做到这一点，需要协作、多模式、规避风险的方法，该方法能解决所有危害并提高运输弹性。

加强运输业务。安全措施不一定总是出现瓶颈并产生额外的成本，但可以通过设计增强耐用性、吞吐量和效率。为了实现这一目标，必须与运输运营经理和其他利益相关者合作设计及使用安全系统。安全技术可以直接作为基础技术整合到运输过程。举以下例子：

> 摄像机可以提供情境感知，以检测、评估和响应安全事故，并协助操作管理人员评估需求和优化服务；还可以为风险管理者提供强有力的证据，以减少假事故和损害索赔。
>
> 用于识别行人与车辆的安全技术可以加快边境、港口和其他 537
> 交通设施的乘客及货物的通行，作为风险筛选计划的一部分。
>
> 对货物的非侵入式检查可以检测违禁品和被盗物品，并可通过加大执法力度促进关税支付来增加收入。

确保系统弹性（恢复能力）。地面运输系统十分庞大、更为开放，要防止所有威胁并不总是可能的。安全战略人员不仅要降低系统的脆弱性，而且要尽量减少事故带来的损失。安全管理人员必须与其他组织广泛合作，设计和实施多模式战略，以提高运输弹性，减少发生任何危险的风险。运输弹性策略包含以下三个方面：

> 一是交通运输基础设施必须坚固。加强桥梁和其他交通运输基础设施设计，不仅能抵抗爆炸物和其他物理攻击，还可以减少地震、洪水和车辆撞击造成的昂贵损失。

二是运输系统必须冗余（有替代系统）。区域交通运输应急计划必须确定客运和货运交通的替代设施及网络，必须考虑用一种交通方式代替另一种交通方式，并且必须考虑多式联运。例如，如果地面交通接入不可用，弹性机场将没有什么用处。

三是地面运输系统必须能够应对故意袭击和其他事件导致的中断，并迅速恢复。嵌入式传感器和智能交通系统技术增强态势感知，并允许运营商监测和响应，这些工具可以促进协作决策，其中驾驶员的共同努力将中断的影响最小化。区域必须制订涉及公共部门和私人部门的运输恢复计划，以确保基础设施能够重建，比以前更具有应变能力。

减少网络安全风险。运输系统必须能够应对网络和物理风险。各种交通运输方式都越来越依赖信息技术和网络物理控制系统，这些系统与互联网和无线网络相连，其中存在新风险。运输系统设计师、运营商和管理者必须与安全专家合作：

538 了解对安全与运输操作至关重要的传统信息技术系统和控制系统的潜在漏洞及风险。移动设备、远程网络访问、GPS和数字连接车辆或自动车辆操作存在潜在漏洞。

制订风险缓解计划，以防范、检测网络攻击或故障并快速恢复。将安全和任务关键系统与非关键系统同乘客信息娱乐系统分离是降低风险的一种方法。减少网络安全漏洞的努力必须与物理安全措施相协调，以减少混合攻击的风险。

制定良好的行动策略，以应对信息技术系统、通信网络和控制系统的中断并能尽快恢复。运输组织应该有停机时间程序，员工可以在关键信息技术系统或控制系统出现故障时使用。与其他组织的信息共享和分析能力将加强事件的应对（能力），并应成为日常业务的一部分。

在整个组织中培养有关网络安全和恢复能力的文化。员工和利益相关者必须了解其行为将如何减少网络风险。运输系统应该努力提高所有用户和利益相关者的认识，类似于消防安全的实现（认识)，从设计师到用户每个人都了解并实施风险缓解行为。

地面运输系统面临不断变化的挑战和风险。客运和货运是真正的多式联运，是美国经济的组成部分。协作的方法对于减少所有交通方式中的地面运输风险和提高整体交通运输系统的适应能力至关重要。

作者简介：迈克尔·丁宁曾担任沃尔普国家运输系统中心的运输物流和安全主管，主要负责减少网络和物理安全风险，引入创新的态势感知和物流管理系统。他正在协调沃尔普的多式联运计划，工作内容涉及货运、运输大数据、网络物理系统、多模式支付系统、运输弹性和其他跨领域问题。丁宁促进了 Volpe 内部及其与行业、学术界和政府机构的合作。

◇ 本章小结

1. 描述地面运输安全的范围。

2. 描述地面运输面临的威胁和风险，包括事故和故障，盗贼、抢劫
者、劫持者，恐怖分子和叛乱分子。 539

3. 解释如何通过以下途径提高地面运输通道的安全性，包括基础设施，导航，通信，对动能抛射物的抵抗力、对爆炸的抵抗力、访问控制、隐形和个人援助设备等车辆生存能力，移动性、护送和警卫。

◇ 关键术语

Armor（装甲）

Bar armor（条形护甲）

First-aid kit（急救箱）

Global Positioning System（全球定位系统）

Ground transportation（地面运输）

Ground transport infrastructure（地面运输基础设施）

Heavy, protected patrol vehicle（重型、受保护巡逻车）

Mine-resistant, ambush-protected vehicle（防地雷反伏击车）

MRAP all-terrain vehicle（MRAP 全地形车）

Navigation（导航）

Personal-survival kit（个人生存工具包）

Railroad（铁路）

Railway（铁路）

Road（道路）

Ruggedized（加固）

Run-flat tire（安全轮胎）

Slat armor（板条护甲）

Stealthy（隐形）

Tracker（跟踪装置）

◇ 思考与练习

1. 描述不同的地面运输方式，以及为什么随着一个地区变得不稳定或不发达，它们变得越来越重要。

2. 道路交通事故有哪些复合风险?

3. 描述恐怖分子和叛乱分子袭击地面交通工具的三种主要方式。

4. 描述确保地面运输基础设施安全所需的日常活动。

5. 万一发生紧急情况，你如何准备地面导航?

6. 解释为什么车辆对动力攻击的抵抗力与对爆炸的抵抗力之间存在对抗性?

7. 描述车辆的外显生存能力和隐形能力之间的权衡。

8. 描述车辆生存能力和机动性之间的权衡。

540 9. 描述车辆护卫的正面风险和负面风险。

第十四章　边境安全

◇ 本章学习目标和预期成果

在这一章结束后，你需要了解：

1. 边境安全的范围。
2. 移民的性质和趋势。
3. 边境面临的威胁、危害以及如何管控安全风险。
4. 海关和边境保护局的作用。
5. 移民和海关执法局的作用。
6. 公民和移民服务局的作用。
7. 美国海岸警卫队的作用。
8. 非法移民的社会成本。
9. 限制移民的经济成本。

2006 年，为保障美国与加拿大和墨西哥之间边境的安全，国土安全部启动了“边境安全倡议”（Secure Border Initiative，SBI）。边境安全倡议是总体方案，旨在联结负责边境安全的 4 个政府部门，包括海关和边境保护局、移民和海关执法局、交通安全管理局以及海岸警卫队。该倡议的目标是建立一个集成系统，该系统拥有包括人员、技术和快速反应在内的通用基础设施。另一个目标是让这些机构能够密切协作，执行国家移民法律，以确保边境安全。这个宏伟设计的核心部分是边境安全倡议网络（SBInet），这是提高检测能力的先进技术项目，包括建造虚拟围栏，里面有远程监控摄像系统、热成像设备、超轻型探测器、传感器和无人机。

从一开始建设时，边境安全倡议网络就遇到了困难。主要政府承包商波音一直未能按期完成项目，而政府面对这一状况时选择放宽期限。但是，政府问责局预测，即使以每 4.5 年 28 英里的速度推进，从报告时起直到 2330 年，也就是 320 年后，整个虚拟围栏才会完成部署（McCutcheon，2010）。2010 年该项目最终取消，一位记者写道：“你几乎可以听到所有人松了一口气的声音”（Aitoro，2011）。在解释这个具有如此影响程度、关注度和重要性的项目如何被允许继续沿着错误路径发展的问题上，一位曾在政府问责局担任主任的人评论说：“一旦冰山朝错误的方向前进，就很难重新定位冰山的方向”（Aitoro，2011，n. p.）。

在关于美国边境安全战略的讨论中，“冰山”是一个恰当的比喻。这些问题不局限于国土安全领域，移民政策、公民权利和国际关系都是
541 与之相关的主题，这样的主题数量庞大。此外，管理变革和政策执行的进程不管在以上任何一个领域都可能是“冰山”。协调领土问题时，仅仅无法达成一致通常已经是最好的结果，最坏的情况是发生冲突。

在本章，我们将研究既能保障边境安全又可确保商业活动和日常生活平稳运行的政策体系。前几章已经讨论了海上、空中和地面安全问题。接下来，我们将讨论威胁、组织和对策等有关保障国家安全的话题，以及其他影响政策发展和实施的复杂问题。

一　范围

美国与加拿大的边境线长 5525 英里，与墨西哥的边境线长 1989 英里。美国的海上边界包括超过 12000 英里的海岸线（如果包括内部海岸，则为 95000 英里），在地图上有超过 4000 个港口和航空站，数百个机场运送旅客 1.2 亿人次。根据美国海关和边境保护局的统计数据，每年有超过 5 亿人越过边境进入美国，有 118129875 辆汽车和 2530 万件货物集装箱进入美国。2012 年，跨境贸易价值为 2.3 万亿美元（*Measuring outcomes*，2013）。因此，边境安全政策涉及广泛问题，不仅涉及人力资源、优先事项的资金投入和管辖权，而且涉及经济、法律、政治和外交领域的问题。

运输网络基本上是开放的网络，确保庞大的运输网络顺畅运行对美国的人力和财政来说也是种挑战。为阻止潜在的恐怖分子进入美国领土，

美国的国家战略是“边界外推”。这种战略的目的不仅在于设法控制恐怖主义威胁，也在于努力控制麻醉品和其他禁运品进入美国。

然而，如在第二章所讨论的，保障边境安全的许多计划带来了美国“例外主义”问题。“例外主义”是美国国防政策中的一个概念，指为了保障国家利益而开展单边行动的权利。通过优先考虑美国入境货物、财务监控、情报收集、在外国港口派驻武装机构以及法外权宜之计如建立关塔那摩拘留营等手段来保护边境安全，这些做法遭到了外国盟友和国内人士的批评。

与此同时，美国是个移民国家。外来人口带来的多样性一直对“美国经验”（American experiment）做出重要贡献。移民带来的人口增加促进了社会和科学进步，并将永远是创新和民族认同感的源泉。然而，虽然更多的人来到美国提升自己、寻求发展机会，但一些人通过犯罪或政治暴力冲击着美国。实际上，这两类人进入美国的路径是相同的。

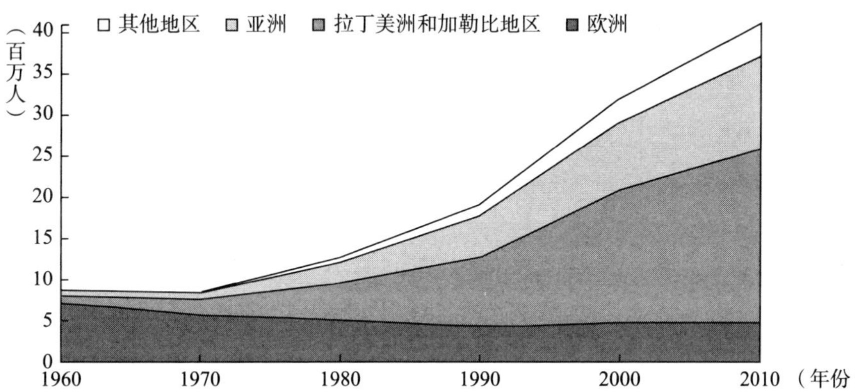

图 14-1　1960～2010 年按出生地区分类的外国出生人口数

注：其他地区包括非洲、北美、大洋洲、在海上出生以及其他未报告的地区。

资料来源：U. S. Census Bureau，Census of Population，1960 to 2010，and the America Community Survey，2010。

在过去 50 年间，美国的移民人口大幅增长。1960 年有 970 万名在外国出生的人来到美国生活，到 2011 年，这个数字增长了 300% 以上。美国人口目前包括近 4000 万名在外国出生的公民和其他居民，按移民身份细分，2011 年在外国出生的人口中，有 1550 万人加入美国国籍、1310 万人有合法永久居留权和 1120 万未获批准的移民（Malik & Wolgin， 542

2015）。在这段时间内，移民来源国发生了明显变化。以前，欧洲人在美国移民中占大部分；而如今，拉丁美洲和亚洲是美国移民人口的主要来源地。

表 14－1　2010～2012 财年按出生地区和国家划分的合法永久居民（国家按 2012 年 LPR 流量排名）

单位：人，%

出生地区或国家	2012 财年		2011 财年		2010 财年	
	人数	占比	人数	占比	人数	占比
地区						
总计	1031631	100.0	1062040	100.0	1042625	100.0
非洲	107241	10.4	100374	9.5	101355	9.7
亚洲	429599	41.6	451593	42.5	422063	40.5
欧洲	81671	7.9	83850	7.9	88801	8.5
北美洲	327771	31.8	333902	31.4	336553	32.3
加勒比地区	127477	12.4	133680	12.6	139951	13.4
中美洲	40675	3.9	43707	4.1	43951	4.2
北美洲其他地区	159619	15.5	156515	14.7	152651	14.6
大洋洲	4742	0.5	4980	0.5	5345	0.5
南美洲	79401	7.7	86096	8.1	87178	8.4
未知地区	1206	0.1	1245	0.1	1330	0.1
国家						
总计	1031631	100.0	1062040	100.0	1042625	100.0
墨西哥	146406	14.2	143446	13.5	139120	13.3
中国	81784	7.9	87016	8.2	70863	6.8
印度	66434	6.4	69013	6.5	69162	6.6
菲律宾	57327	5.6	57011	5.4	58173	5.6
多米尼加共和国	41566	4.0	46109	4.3	53870	5.2
古巴	32820	3.2	36452	3.4	33573	3.2
越南	28304	2.7	34157	3.2	30632	2.9
海地	22818	2.2	22111	2.1	22582	2.2
哥伦比亚	20931	2.0	22635	2.1	22406	2.1

续表

出生地区或国家	2012 财年		2011 财年		2010 财年		
	人数	占比	人数	占比	人数	占比	
国家							
韩国	20846	2.0	22824	2.1	22227	2.1	544
牙买加	20705	2.0	19662	1.9	19825	1.9	
伊拉克	20369	2.0	21133	2.0	19855	1.9	
缅甸	17383	1.7	16518	1.6	12925	1.2	
萨尔瓦多	16256	1.6	18667	1.8	18806	1.8	
巴基斯坦	14740	1.4	15546	1.5	18258	1.8	
柬埔寨	14705	1.4	16707	1.6	14819	1.4	
埃塞俄比亚	14544	1.4	13793	1.3	14266	1.4	
尼日利亚	13575	1.3	11824	1.1	13376	1.3	
加拿大	12932	1.3	12800	1.2	13328	1.3	
伊朗	12916	1.3	14822	1.4	14182	1.4	
其他所有国家	354270	34.3	359794	33.9	360377	34.6	

资料来源：U. S. Department of Homeland Security，Computer Linked Application Information Management System（CLAIMS），Legal Immigrant Data，Fiscal Years 2010 to 2012。

世界范围内的人口迁移在增加。目前，历史上规模最大的人口迁移正在发生，发展中国家的债务陷阱正在驱使人们在城市中心和工业化国家寻求机会。此外，由于气候变化，粮食和水资源短缺地区的人们为了生存不得不放弃自己的家园。随着对基本必需品的需求增长和世界人口增长，气候移民的数量可能多达 2 亿人（Gaines & Kappeler，2012）。这些趋势将使更多人来到美国寻求更好的生活。

这些发展和变化给有关移民改革的辩论及边境执法机构带来了压力。随着人口迁移的推进，国会增加了对边境安全部门的拨款，也在工作时间花费数百万美元举行（针对边境威胁的）听证会。

边境威胁可分为人员威胁和物品威胁。威胁性物品包括武器，尤其是大规模杀伤性武器及其前体零件和材料。另外，从美国走私武器也是非法的。非法毒品、假冒产品、非法带入美国且具有潜在有害影响的产品（如可能对环境产生影响或可能危及食品供应的动植物）也在禁运物品之列。此外，携带严重传染病的人也属于受到禁止的范畴。 543

被禁止入境的人或者说威胁行为体包括潜在的恐怖分子、跨国犯罪分子和未获批准的移民。前两种类型在第三章和第四章讨论过了。未获批准的移民指由于本国的政治、经济状况而来到美国寻求个人发展、家人团聚或谋求生存的人，不属于犯罪或恐怖主义范畴。但是，他们是以违犯法律的形式进入美国的，因此他们的存在也引起了争论。一些美国人认为，如果这种情况不加以控制，普遍的移民现象可能成为社会的负担。

美国《移民和国籍法》是移民法律的主体。该法于1952年制定，做了很多次修订。1990年，该法在原有内容的基础上增加了对美国合法移民的限制，并修正了驱逐移民出境的整体依据。该法律还规定，美国不接纳任何曾经参与恐怖活动的外国人，也不接纳任何认可或拥护恐怖活动的恐怖组织成员。除了恐怖分子和某些罪犯外，美国《移民和国籍法》也以某些健康问题、外交政策、可能成为公共负担、没有劳工证明、在非法时间或地点进入美国、未持有有效的未过期签证或其他有效入境证件等理由禁止外国人入境（Rosenblum et al.，2013，pp. 6 –7）。虽然华盛顿的移民改革没有取得成效，但美国《移民和国籍法》仍然是确定哪些
545 移民可以进入美国的重要法律依据。

专栏 14.1 定义

边境安全

潜在威胁分子类型

恐怖分子	跨国罪犯	非法移民
动机：意识形态 实现社会变革或更狭隘的特定目标。通常不寻求控制地盘或地下市场，而是对特定的抗议做出反应	**动机**：利润驱动 创造与维护非法财富和声望。保卫犯罪市场和地盘。避开敌人，包括执法部门、其他国家行为体和敌对犯罪集团	**动机**：个人机会 寻求改善经济环境，躲避在母国发生的危险，家庭关系的驱使
手段 具有象征性的宣传和暴力。通过坚持在不公正的社会中恢复“正义”，从道德角度为暴力辩护。用来获取支持和吸引新兵的宣传	**手段** 在非法市场开发过程中从事暴力和腐败活动。使用暴力恐吓官员、无辜受害者和对手，并保护行动。往往默默无闻地行事，并可能利用宣传手段来诋毁竞争对手	**手段** 非法入境或逾期停留。除了与移民有关的罪行和使用伪造证件就业外，大多数人从未犯过刑事罪行。可能在移民或求职过程中卷入跨国犯罪活动

资料来源：Rosenblum et al.，2013，p. 10。

二　风险管理与评估

“9·11”事件以后，美国的边境安全政策反映出美国社会的愤怒，以及这一灾难引起的公众和政府的担忧。《美国爱国者法案》赋予执法人员新的调查权力，这些权力有时会考验法院对基本公民权利的假设。国土安全部以及主张美国面临全面边境安全威胁的人曾在2001年9月11日之后获准采用了“所有上述”方法（Rosenblum et al.，2013，p.1）。
然而，随着时间的推移，现实中的执行情况和财务状况迫使国土安全部 546
与国会的许多人考虑经济上更谨慎的选择。有效的执行战略还意味着定期评估威胁矩阵和技术演变，目的是让政策与功能成本－效益分析相一致。由于威胁行为体根据执法力度和趋势改变其策略，边境安全政策应根据风险不断调整，这需要评估威胁发生的可能性及其对资源可用性的潜在危害，以及可接受损失的临界值。国土安全部对边境安全风险管理方法的定义如下：

> 总体来说，国土安全部的边境执法战略与国土安全部的总体方针一样，是以风险管理为基础的，国土安全部将“风险管理”定义为“识别、分析风险和就风险进行沟通的过程，并考虑任何行动的相关成本和效益，在可接受的水平接受、避免、转移或控制风险。简言之，风险管理的目标是根据相关风险的严重程度以及执法反应的成本－效益分配资源。（Rosenblum et al.，2013，p.2）

《美国爱国者法案》要求国土安全部制定风险评估模型。将风险管理付诸实践的一些工具是自动目标定位系统、在第十二章讨论的货物扫描系统以及国家目标定位中心等情报和执法数据库。联邦应急管理局根据国土安全部确定的威胁程度和应对措施的有效性，为高风险地理区域管理众多资金和拨款项目。

国土安全部还与学术界、情报界和其他联邦机构合作，开发定量模型，评估使用化学武器、生物武器、放射性武器或核武器发动恐怖袭击的风险。这些模型通常使用事件树来模拟和估计各种袭击场景的可能性及潜在性。各种因素和预测都有数百万种可能性，并根据以下方面得出结果：生物恐怖主义风险评估、化学恐怖主义风险评估、放射性和核恐
547 怖主义风险评估、综合恐怖主义风险评估。

根据《美国爱国者法案》规定的国土安全部的义务，国土安全部编制了两份文件，目的是定义“风险管理”、就风险管理进行沟通和促进风险管理实践，并传达对风险管理方法的通俗理解。风险词典（Risk Lexicon）和“风险管理原理”（Risk Management Fundamentals）为跨部门和合作组织的风险评估与风险管理提供了基础（Rosenblum et al.，2013，p. 15）。国土安全部的风险管理过程包括六个步骤：第一，定义决策环境；第二，识别潜在风险；第三，评估和分析风险；第四，制订替代方案；第五，确定和实施风险管理策略；第六，评估和监控结果（U. S. Department of Homeland Security，2010，p. vii）。

风险管理需要开发风险评估模型。可操作的评估模型组成要素包括对各种威胁或可能具有危害性事件的标准化预测以及对各种威胁潜在后果的评估，即可能性和后果是评估模型的主要组成部分。可能性—时间—后果框架现已用于估计化学武器、生物武器、放射性武器或核武器袭击的风险，也为以上提到的各个项目分配资源、提供资金支持。但衡量边境安全仅使用这些变量和框架是不完善的，这主要是因为对美国边境威胁的了解仍不全面。

计算事件发生可能性的能力在很大程度上取决于历史趋势。在试图阻止走私和毒品贩运等这些有过往频率记录的常见罪行时，很明显历史趋势是更加有用的参照。然而，如果要防御与化学武器、生物武器、放射性武器或核武器袭击或使用大规模杀伤性武器有关的事件，对预期频率的分析就比较困难了。在这些情况下，未来事故发生概率的定量预测就不准确了。为了对预期事件做出更明晰的预测，当历史数据不足时，风险管理需要依赖相关领域的专家。当缺乏历史趋势的资料时，运营能力、组织结构和政治或经济动机等因素的相关材料就是有价值的。专栏14.2 中的定义列出了风险评估的关键概念，这些概念适用于与国土安全相关的所有情况，并经常被用于建模练习。

美国边境是跨国交易和人口流动的重要交汇点，由于边境威胁的战略性和地域性都在不断扩展，制定和执行政策是复杂的。此外，边境政

策实际上远超边境地区，如上所述，边境安全政策可能与管辖权、外交关系、人权和公民权利以及隐私权产生重叠、冲突或导致问题变得复杂。在这些问题面前，合作是成功的关键。

专栏 14.2　定义

理解风险：关键术语

后果：事件（event、incident、occurrence）的影响（U. S. Department of Homeland Security，2010，p. 10）。

可能性：事件发生的机会，客观或主观的定义、衡量或估计，或一般性描述（如罕见、不可能、可能、几乎肯定）的频率或概率（p. 20）。

风险：由某一事件发生的可能性及其相关后果所决定的不希望的结果出现的可能性（p. 27）。

风险管理：识别、分析、评估风险和就风险进行沟通，在可接受的水平接受、避免、转移或控制风险（p. 30）。

情景：由危害、受影响的实体和相关条件（包括适当时的后果）组成的假设情况（p. 33）。

威胁：具有或表明可能危害生命、信息操作、环境和/或财产的自然事件或人为事件、个人、实体或行为（p. 36）。

三　边境安全：关键机构

在 2001 年 9 月 11 日之前，边境安全的任务是分散安排的，责任由联邦各部门承担，主要负责机构是司法部的移民和归化局、财政部的海
关总署、农业部的动植物卫生检验局，还有一部分责任由交通部的海岸 548
警卫队承担。政府机构重组后设立国土安全部，并由其下属的 4 个主要机构负责边境安全，分别是海关和边境保护局、移民和海关执法局、交通安全管理局和海岸警卫队，它们都对国土安全部的政策办公室负责，直接向国土安全部长和副部长报告。政府机构重组的目的是提高政策设计过程的效率，并确保国土安全部的一些政策和法规契合整个部门的需求。表 14－2 列出了负责边境安全的机构以及它们承担的任务。

尽管这 4 个机构对边境安全负有主要责任，但总体边境安全任务仍

分散给许多其他联邦机构，包括联邦调查局、毒品执法机构、疾病控制和预防中心与中央情报局，以及与加拿大和墨西哥接壤的州和地方响应机构。这些机构也参与了确保美国边境安全的战略任务，尽管这不是它
549 们的核心任务，但它们的贡献也很重要。

表 14-2 负责边境安全的机构

机构	职责
海关和边境保护局	在边境巡逻，在入境口岸进行移民、海关和农业检查
移民和海关执法局	调查国内的移民和海关违法行为
交通安全管理局	负责保护国家的地面、铁路和航空运输网络
海岸警卫队	提供海上及港口安全保障

资料来源：Nuñez-Neto，2008，pp. 2-6。

（一）海关和边境保护局

美国海关和边境保护局可以看作国土安全部的执法部门，它是美国最大的联邦执法机构，有超过45600名宣誓就职的联邦官员和工作人员，负责管理和促进国际贸易、收取进口关税，以及执行美国关于贸易、海关和移民的法律法规（Nuñez-Neto，2008，pp. 2-3）。

简单且宽泛地说，它的任务是防止恐怖分子和恐怖武器进入美国、确保美国边境和入境口岸安全、逮捕非法移民、阻止非法毒品流动、保护美国农业和经济利益免受有害病虫的侵害。它通过一线响应人来确保安全，一线响应人的工作是阻止移民和海关违规行为。这是边境安全最核心的活动之一。

在陆地边境或其附近发现、阻止和逮捕恐怖分子、无证件外国人和外国走私者，均是美国海关和边境保护局的管辖范围。海关和边境保护局使用各种监视方法和手段来执行这些任务，包括对电子感应电视系统、飞机瞄准的响应，以及利用隐蔽的观察位置来侦察入侵。海关和边境保护局的探员还必须凭借调查技能和专业经验来寻找线索、评估条件、解释简单的物证，如跟踪痕迹和标记，依据这些线索找出嫌疑人。其他主要活动包括例行交通检查、交通观察、城市巡逻和运输检查。海关和边境保护局还与其他政府机构合作，收集情报并进行分析。

为了完成相关任务，海关和边境保护局利用并维护多个数据库。除

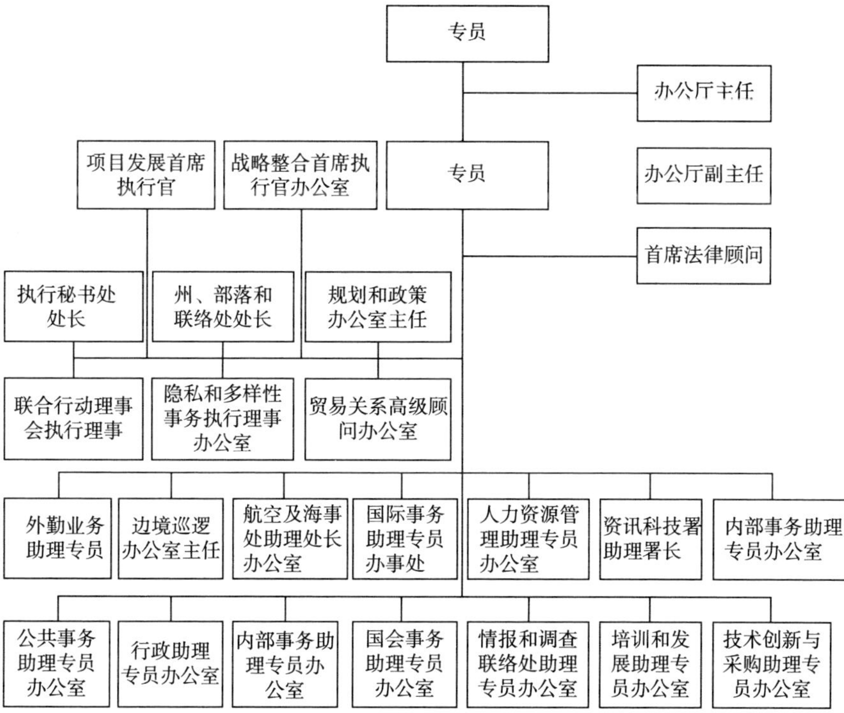

图 14－2　海关和边境保护局组织结构

资料来源：Department of Homeland Security。 551

了第十一章中讨论的集装箱安全倡议外，海关和边境保护局还管理着美国访问者和移民身份指示器技术（U. S. Visitor and Immigrant Status Indicator Technology，US-VISIT）计划。美国访问者和移民身份指示器技
术计划要求所有进入美国的非移民外国人通过生物特征扫描提交 10 个手 550
指的指纹和一系列照片，因为大多数进入美国的非移民外国人是通过海外领事馆办理手续的。另外，用已知或疑似恐怖分子和罪犯的监视清单检查入境者的身份。进入美国后，再次扫描游客的指纹，验证其身份，目的是防止使用伪造证件，同时查出逾期逗留的人。根据政府问责局的估算，边境官员每年会拦截超过 10 万名持有伪造证件的人（Gaines & Kappeler，2012）。

但是，美国访问者和移民身份指示器技术计划已经招致批评。批评者认为该计划的技术难度高，成本高于预期但回报低于预期。过去该计划与联邦调查局的自动指纹识别集成系统（Integrated Automated Fingerprint

Identification System，IAFIS）具有重叠和不兼容之处，但国土安全部最近坚持认为，自动生物特征识别系统（Automated Biometric Identification System，IDENT）、美国访问者和移民身份指示器技术计划的生物特征数据库以及超过 1.08 亿名受试者的指纹记录数据库目前可以与自动指纹识别集成系统兼容（U. S. Department of Homeland Security，2010）。

> 自动生物识别出入系统，如美国访问者和移民身份指示器技术，在具体操作上面临一些很大的障碍。为了使系统正常工作，必须要求所有进入和离开的人员都进行数据采集，但为了保证每一个进入数据都有相对应的离开数据，需要对退出流程和边境基础设施进行大量投资（Koslowski，2011，p. 20）。

尽管系统存在缺陷，但是该计划可能已产生了有效的威慑作用。自系统构建以来，签证申请数量明显减少。目前还不完全清楚美国访问者和移民身份指示器技术计划是否有助于劝阻不受欢迎的人来到美国，或者只是迫使他们使用替代的入境方法。

美国海关和边境保护局工作人员负责执行数百个美国法律法规。他们每天的常规工作是接待近 100 万名游客，检查超过 67000 个集装箱，逮捕超过 1100 人，查获近 6 吨的非法药物。边境巡逻队在与墨西哥和加拿大接壤的 6000 英里国际陆地边境线上巡逻，也在佛罗里达半岛和波多黎各岛周围 2000 英里的沿海水域巡逻。不论是何种地形、是否在偏远地区和孤立的社区，也不论天气条件如何，美国海关和边境保护局的工作始终不间断。

（二）移民和海关执法局

美国海关和边境保护局是边境安全的执法部门，而移民和海关执法局是调查部门。移民和海关执法局有两个主要任务，即国土安全调查与执法和清除行动（Enforcement and Removal Operations，ERO）。移民和海关执法
552 局整合了海关总署、联邦保护局以及前移民局的拘留和遣返职能与情报业务。移民和海关执法局的 20000 名员工对可能参与或支持恐怖主义及犯罪活动的资金、物资和可疑人员进行追踪，并负责在美国境内调查和执行

400 多项联邦法规。移民和海关执法局不仅遍布美国的 50 个州，还在 47 个国家设立了办事处（U. S. Immigration and Customs Enforcement，n. d. ）。

与海关和边境保护局的另一个对比是，海关和边境保护局的工作重点是美国边境的活动和威胁，移民和海关执法局的任务是调查与防止美国境内出现的威胁。因此，该机构关注大规模杀伤性武器、政治暴力以及从可能藏匿这些威胁的个人那里找到证据。作为任务的一部分，移民和海关执法局还负责收集及分析与基础设施保护有关的战略和战术情报。移民和海关执法局还通过联邦保护局在全国范围内管理与保护超过 8800 个联邦设施。

边境安全的一个重要组成部分是通过执行美国移民法律来进行威慑。因此，移民和海关执法局的调查工作涉及揭露非法毒品、有害物质和外国人的走私活动，还致力于福利欺诈和违反工作场所移民规定的行为（Nuñez-Neto，2008，p. 4）。除了试图通过逮捕和驱逐来阻止非法移民外，雇用无证件外国人的雇主也是移民和海关执法局的执法对象。许多雇主在核实雇员工作权利情况时，要么是无意的，要么在其他方面存在松懈。2008 年，移民和海关执法局的调查人员发现时任国土安全部部长迈克尔·切尔托夫的家中雇用了非法居留的外国人，这是个备受关注的案件（Hsu，2008）。提供工人的业务负责人支付了 22800 美元的罚款，并声称因罚款过多被赶出公司。

移民和海关执法局的执法和清除行动处负责遣送被认定会对美国国家安全或公共安全构成威胁的外国人。为完成这一任务，执法和清除行动处的工作人员（包括执法人员和专业医疗人员）在扣留入境者期间对其进行身体检查和身心健康干预，这种措施看起来公平、有效，但实际上决策者和移民改革的倡导者认为驱逐出境是有争议的行为。许多人声称目前的政策是无效的，并质疑政治家和媒体的想法。根据传统策略，目前适当的做法包括：一是在工作场所强制“逮捕”非法居留的外国人，让他们搬离，并驱逐他们出境；二是将长期拘留作为一种抑制因素；三是大规模驱逐外国人出境，以干预就业趋势（Gaines & Kappeler，2012）。这些策略失败了，原因是监禁成本过高，外国人愿意做许多美国人不愿意做的工作，并满足美国雇主对劳动力的需求。根据美国移民和海关执法局的情况介绍，执法和清除行动处典型的日常工作包括但不限于以下活动：

> 管理6个服务处理中心，监督7个合同拘留所，并根据政府间服务协议将外国人安置在超过240个拘留所中。
>
> 执法和清除行动处拘留所关押外国人的平均时间约为27天。
>
> 执法和清除行动处在全国各个机构平均安置了34260名非法外
> 553 国人。
>
> 在移民遣返程序的各阶段，执法和清除行动处工作人员对171万名外国人进行管理。
>
> 执法和清除行动处接收1305名外国人进入拘留中心，接收过程包括在到达拘留中心后的12小时内完成初步健康检查，然后进行全面的健康评估，包括身体检查和需要在14天内完成的详细病史陈述。
>
> 医护人员为44名被拘留者提供紧急护理，拘留所内一共有46个急救室或异地转诊。
>
> 执法和清除行动处回应被拘留者的家庭成员、社区利益相关者等通过移民和海关执法局社区和被拘留者帮助热线打进来的250通电话。
>
> 执法和清除行动处从美国送走了1120名外国人，将他们送到世界各国，包括616名构成犯罪的外国人。
>
> 通过商业航空公司遣送了37名外国人，使用政府飞机遣送了788名外国人。
>
> 难民安置办公室在卫生和公共服务部安置了31名儿童。
>
> 执法和清除行动处工作人员逮捕了471名承认犯罪的外国人。（U. S. Immigration and Customs Enforcement，pp. 1－2，n. d.）

迁移和驱逐也可能给受影响者的家庭与社区带来严重后果，拥有合法公民身份的儿童可能会与父母分开并且失去监护人；整个家庭可能陷入贫困，而且没有获得财力支持的渠道，犯罪和贫穷是他们的前景。实际上，解决这些社会负担只能给其他人带来好处。为了减轻监禁带来的一些影响，移民和海关执法局制定了“拘留替代方案”（Alternatives to Detention），这样一来监禁就不会造成财政和社会负担，而是可以在缴纳保释金、提交保证书或随身监测等条件下获得释放。支持者认为，该方案节省了纳税人数以亿计的金钱，并以一种更人道的方式来应对棘手的社会问题。

专栏 14.3

拘留替代方案

近年来，移民执法中的拘留急剧增加。2011 财年，美国国土安全部移民和海关执法局拘留了 420000 人，是有史以来最高人数，每人每天平均花费 166 美元。而 1994 财年，联邦政府拘留的移民不到 82000 名。

尽管有刑事机构，但移民拘留需要交给民事机构。移民拘留的唯一目的是确保遵守移民法院程序和司法命令。

对于许多被移民和海关执法局拘留的移民，法律上没有要求拘留。在这些情况下，移民和海关执法局有权决定是否拘留、释放或实行拘留替代方案。

从以往的情况看，移民和海关执法局并不总是行使这种自由裁量权，从而导致对数十万人的不必要拘留，并使纳税人付出数十亿美元的代价。最近，移民和海关执法局开发并部署了一种风险评估工具，可以使当局根据具体情况做出合理的拘留决定。但是，由于当前的拨款政策要求移民和海关执法局维持每天 34000 张拘留床，满足拘留配额的要求可能会推翻个人化的拘留决定。

拘留替代方案是一种行之有效且能带来高成本效益的决策方式，可确保个人出席移民程序。移民和海关执法局可以利用多种选择来促进该程序的合规性。某些选择，例如提供担保或缴纳保释金，几乎是零成本的。更加严格的监督和监视形式如参加拘留替代方案计划，每人每天需要花费约 22 美元。与每年在拘留活动上花费的数十亿美元相比，拘留替代方案代表一种更智能、更便宜、更人性化的方式，也能确保拘留者遵守美国移民法律。拘留替代方案也可能更适合具有某些漏洞的被拘留者，如寻求庇护者、酷刑幸存者、老人、有医疗和精神保健需要的人以及其他弱势群体等。

资料来源：Rosenblum et al.，2013，p. 10。经路德会移民和难民服务处授权转载。

在美国约有 1100 万名未获授权的外国人从事各种工作，国土安全部依靠一系列方式和工具来协助法律执行，保护国家。电子验证是由美国公民和移民服务局构建的计算机化、基于互联网的系统，用于检查外国员工的工作状态。雇主和外国雇员必须进行注册，将雇员的I－9表（即就业资格核实）信息与美国国土安全部和社会保障局的记录进行比较，确认其就业资格。该服务是免费的，美国公民和移民服务局声称有超过50万名雇主使用该系统。

在过去，这些数据的使用者常抱怨数据的准确性问题。截至2009
554 年，美国政府问责局报告称，超过800万名工人记录的准确率超过了97%。然而，同一份报告也警告系统存在身份盗用和雇主欺诈等漏洞（U. S. Government Accountability Office，2010）。电子验证是另外一个工具和政策影响边境安全的例子，与大多数工具和政策一样，电子验证已经进行了改进，但仍然存在挑战。对边境安全的行政、运营、经济和法律问题的评估也可以说是移民改革。

（三）交通安全管理局

自“9·11”事件发生以来，对安全的需求凸显出来，解决这些需求所付出的努力是史无前例的。在类似范围内，将安全与在货物和公民不受
555 阻碍的流动中蓬勃发展的商业体系结合起来的困境一直是巨大的。美国政府成立了交通安全管理局，帮助解决这两支几乎不可调和力量面临的困境，即安全与无摩擦的贸易流通之间的直接冲突。因此，根据《航空和运输安全法》（Aviation and Transportation Security Act，ATSA，PL 107－71），在交通部下设立了交通安全管理局，其任务是在促进商业发展的同时提供安全保障。交通安全管理局的声明指出，其目的是保护美国的空中、陆地和铁路运输系统，同时确保商业交流顺畅和人员自由流动。除机场、火车站和海港外，还包括其他公共交通设施、内河航道、公路和管道。

除设立交通安全管理局，《航空和运输安全法》还要求建立联邦行李检测工作队伍，通过爆炸物检测系统对托运行李进行检查。该立法也明显扩大了联邦空警服务的范围，交通安全管理局像联邦空警服务一样最终划转到国土安全部下（2006年之前，联邦空警服务由移民和海关执法局管理，2006年它成为交通安全管理局的一部分）。在设立交通安全管理局之前，由航空公司负责检查旅客和行李，这项工作现在由联邦政

府通过交通安全管理局执行。交通安全管理局确保航空货运安全，并监督450多个机场的安保程序执行情况。交通安全管理局的任务包括管控限制区域、确保机场周边安全以及对机场人员进行背景调查。联邦空警服务在机场和飞机上秘密安排武装力量，目的是侦察、制止和防止针对美国航空承运人、机场、乘客和机组人员的敌对行动。

交通安全管理局下有50000名交通安保人员，他们每天对数百万名乘客进行检查。这50000名安保人员中有交通安全爆炸物领域的专家、行为检测员、训练有素的爆炸物检测犬队，以及部署在国内和国际航班上的数千名联邦空警。在运作过程中，交通安全管理局使用基于风险设计的智能方法以及各种检测和控制工具。以下是几个例子：在全国机场，利用先进的成像技术机器检测违禁品或危险物品；使用毫米波技术（使用电磁波的三维成像技术），利用所有乘客的标准化人体轮廓自动检测潜在威胁以识别异常，该系统已经过测试，并在纽约市史丹顿岛渡轮上用于筛选爆炸物；生物特征运输工人识别证书，无须护送即可为超过200万名海事工人提供进入船舶和海上设施安全区域的通道。

根据交通安全管理局公布的内容，交通安全管理局工作人员的常规工作内容如下：

> 每天扫描超过180万名乘客，防止枪支被带上飞机（2012年，在全国范围内，交通安全管理局检测到超过1500把枪支）。
>
> 自部门成立以来，为检测爆炸物检查了超过40亿件行李。
>
> 对国内外客机的空运货物进行100%检查。 556
>
> 对超过1500万名在职员工或寻求在国家交通系统工作的人员、从事运输工作的员工进行日常背景调查。
>
> 与当地执法和其他安全官员合作，开展了数千个可见的多式联运预防和反应行动。
>
> 指导飞行员使用枪支，并为机务组提供自卫训练。
>
> 支持从联邦援助中拨出20亿美元用于保障公共交通安全，包括自2005年以来加强美国国家铁路客运公司的系统安全。

交通安全管理局的安全分层防御方法有几个重要的组成部分。交通安全管理局的已知托运人管理系统（Known Shipper Management System，KSMS）与海关和边境保护局的可信任托运人的“反恐怖主义海关贸易伙伴关系”相似，但该系统仅适用于航空运输，如果托运人符合一系列安全要求，则有资格获得特殊的许可。虽然已知托运人管理系统在“9·11”事件之前就已存在，但已知托运人管理系统指出，要找到一种方法来改进对已知托运人状态的验证来评估风险。

已知托运人管理系统与间接航空承运人管理系统（Indirect Air Carrier Management System，IACMS）协同工作。已知托运人管理系统和应用程序适用于希望获得交通安全管理局批准的货运代理人，以便利用间接航空承运人认证运送货物。间接航空承运人管理系统不适用于个人托运人，而是用于审批和验证间接航空承运人的管理系统。间接航空承运人管理系统允许交通安全管理局获取和评估有关全国间接航空承运人的相关信息，尽管该认证过程曾遭遇投诉，但间接航空承运人管理系统计划仍在继续发展。交通安全管理局指出，该系统如今每月处理大约150个新的间接航空承运人申请和350个认证续签（U. S. Transportation Security Administration，2013）。

交通安全管理局分层防御方法的另一个应用案例是地面交通安全检查员计划。该计划在全国54个办事处派驻了175名检查员，对货运铁路运行进行检查，检查员的工作集中于货运铁路行业风险最高的领域。该检查计划主要监管自愿安全措施、脆弱性评估和操作员行为的合规情况。在需要应急规划和响应时，这些检查员也作为地方联络人与铁路运输公司和其他政府机构沟通联系。

作为合作和分层防御战略的一部分，交通安全管理局还通过公司安全审查计划（Corporate Security Review Program）与铁路行业合作。在过去一段时间内，交通安全管理局与铁路运营商密切合作，保障整个行业的安全。交通安全管理局与行业代表合作，发布安全指南和建议措施，
557 以提高铁路货运安全水平。在这方面，需要特别关注涉及有毒危险材料的铁路运输相关风险。公司安全审查计划不仅评估承运人的安全计划能否解决危险材料的运输问题，而且从以下方面审查和评估计划的有效性：安全计划的沟通、安全计划的审计、网络安全、重要资产保护、安全意识训练、个人安全、威胁评估。

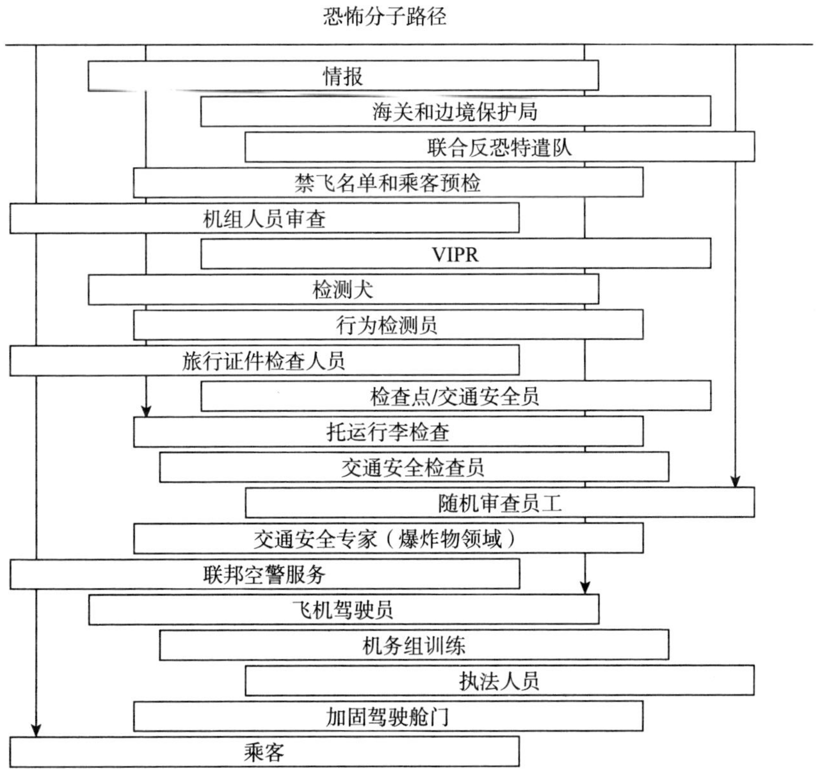

图 14－3　美国航空安全的分层防御

资料来源：Transportation Security Administration。 558

以上以分层防御为例说明了交通安全管理局对总体国土安全战略的遵循情况，它还通过建立伙伴关系来延伸防御。在没有其他重大影响的情况下，迄今为止这些努力取得了成功。2008 年，凯文·布朗（Kevin Brown）走进了奥兰多机场，他的行为引起了行为检测员的注意以及其他几个受过训练的行为专家的怀疑。交通安全管理局工作人员在检查之前拦截了他的托运行李，官员搜查了他的包，发现了用于制造炸弹的材料。布朗没有成功到达登机点，他的包被留在了大堂，他被奥兰多警察拦截并拘留，受到奥兰治县拆弹小队的搜查，并被移交给联邦调查局（CBS News，2008）。

上述情况描述了交通安全管理局战略落地并取得成功的理想情景。圆满的结果证明了交通安全管理局在人才培训、分层防御方法以及与地方和联邦执法部门合作方面的投入取得了效果。尽管航空是恐怖分子的首要目标，但在世界其他地区对轨道交通和公共交通的袭击表明，公共交通目标对那些想造成大规模伤亡和恐慌的人来说是脆弱和有吸引力的。大约1130万人每周乘坐一次公共交通出行，安全要求与开放的公交系统矛盾，这就需要一种基于风险的策略，可以将机场、建筑物或检查站环境之外的整个画面可视化。在等待异常检测方法、传感器技术或情报收集算法实现下一个突破的过程中，交通安全管理局必须将安全层向外扩展到直接袭击点以外，并与其他机构和司法管辖区建立伙伴关系。

（四）海岸警卫队

海岸警卫队在2002年作为单独机构归属国土安全部管辖，它与美国海关和边境保护局及交通安全管理局一起，形成了国土防务的三位一体执法系统。海关和边境保护局保护边境地区，交通安全管理局监视联邦建筑物的安全以及美国国内的航空交通、地面交通和管道路线，而美国海岸警卫队保护美国的海洋地区。海岸警卫队负责打击恐怖主义威胁，拦截违禁品、非法毒品，阻止人员贩运，以及将安全领域扩展到国家的港口和水道、沿海和国际水域。在履行职责的过程中，海岸警卫队队员定期对接近美国水域的商船做评估，登船并进行检查。

海岸警卫队还确保海上运输保持开放，保障美军与各军种之间的资产和人员转移，这一职责在国家安全中起着关键性作用，使国家维持高度的战备状态。海岸警卫队的任务基本上分为国土安全和非国土安全两组。

海岸警卫队也遇到过一些困难，比如区分人力需求。相关主体发现很难平衡国土安全责任、传统执法和海洋安全任务之间的资源。确定完成新任务所需要的关键技能和合适的人员面临一些具体障碍（Caldwell, 2010）。在“9·11”事件发生之后，海岸警卫队需要制定衡量标准、确
559 定新的优先事项、制定适当的预算、设计绩效指标和分配人力资源。对海岸警卫队的要求不仅是“有需求时提供所需的机器”，还需要其超越当前的环境，并为在一系列新任务中分配人力资源和其他资产制订长期战略计划。

表 14-3 海岸警卫队的国土安全和非国土安全任务

任务	每个海岸警卫队任务的主要活动和职责
港口、水路和沿海安全	开展港口巡逻、脆弱性评估、情报收集和分析以及其他活动，防止恐怖袭击并将袭击造成的损失降到最低
防御准备	与国防部一起参与全球军事行动，在港口及周围部署武器和其他船只，保护国防部的部队动员行动
拦截移民	部署快艇和飞机，减少未获授权的移民经海路进入美国
拦截毒品	在贩毒高发地区部署快艇和飞机 收集情报，减少非法毒品在海上过境路线的流动
航海援助	管理美国水道，保障海上运输系统的安全、高效、顺畅 维护导航辅助系统 通过船舶交通服务中心监测海上交通
搜索和救援	运行多任务站与国家遇险和响应通信系统 开展搜救行动，救助遇险船员
海洋生物资源	进行检查和巡逻，执行国内渔业法律法规
海上安全	制定标准并进行船舶检查，以更好地确保商船上乘客和船员的安全；与各州和舰艇安全组织合作减少娱乐性船艇死亡事故
海洋环境保护	防止和应对海上石油与化学品泄漏 防止在美国水域非法倾倒塑料和垃圾 防止有害水生生物入侵
其他执法（外国渔业执法）	确保外国渔民未非法捕捞美国鱼类资源，保护美国渔场 560
极地行动	开展极地行动，为支持科学和国家安全活动的关键资产和人员流动提供便利 开展国内破冰行动，促进全年贸易 在北纬 48 度以下进行国际冰层追踪

资料来源：Caldwell，2010，pp. 26-27。

总而言之，海岸警卫队反映了美国国土安全的时代变迁，在各种场合，它会成为武装部队、情报员、执法机构和人道主义组织，在国土安全战略中扮演着重要的角色。海岸警卫队在海外港口开展安全和反恐措施评估，还需要确保船舶遵守《国际船舶和港口设施保安规则》，有时拒绝不符合标准的船舶入境，有时帮助其他国家达到标准。海岸警卫队还需要检查在监视列表中可能提前到达的舱单。通过海岸观察计划，海岸警卫队与海关和边境保护局合作，管理一个有 3070 万名船员和乘客记录的数据库。海岸警卫队还为保护北极地区提供帮助，并建立了 CBRNE 小组，与国土安全部国内核能探测办公室和特种作战司令部合作。海岸警卫队是国土安全部任务最多样化的组织之一，这要求海岸警卫队在许多官方层面与管辖区建立和维持伙伴关系。要取得成效，它还必须与政府以外的企业和组织建立协作关系。

四 总结

在后冷战时期，边境已经失去了作为控制点的神奇力量，面临经济全球化、跨国犯罪和大规模移民等压力，“9·11”事件证明美国的国家
561 边境不是不可侵犯的。随着战争从世界的偏远地区转移到美国领土，边境安全不仅在国防方面，也在日常商业活动与公民权利和人权活力方面成为中心问题。然而，对货物和人员流动的限制会构成对贸易和隐私权的侵犯。美国的边境战略还遭到海外对美国霸权的批评。

随着国土安全部的成立，边境安全部门主要有4个，包括海关和边境保护局、移民和海关执法局、交通安全管理局和美国海岸警卫队。除了移民和海关执法局外，其他机构都是执法机关（移民和海关执法局是调查机关）。无论是执法行动还是调查行动，边境安全已越来越有赖于技术，使用各种传感器和异常检测工具以及无人机和先进武器来强化边境安全越来越普遍。为拦截恐怖主义阴谋并禁止非法移民和违禁品流动，美国依靠先进的软件和算法来检测及处理风险，并为情报收集与分析和拦截行动提供工具保障，这些要素在边境安全方面共同构建了一个复杂的环境。

监管与自愿遵守之间、安全制度的保障和商业目标之间，以及国防的公共利益与公民权利和传统人权之间产生了复杂的关系。目前，相关争论主要集中于财政预算、外交政策、政府的作用和移民改革等方面。争论日益激烈，大规模移民浪潮日渐加剧，科学与技术不断进步，世界的联结日益增强，边境安全也变得更加重要。

☞ 本章案例

移民政策如何影响政治和经济成本效益?

雷伊·科斯洛夫斯基

在过去几十年里，美国在有效管控边境方面面临的挑战急剧增加。

每年有4亿多名旅客通过官方入境点入境，数十万人非法越境。迫于阻止非法移民的巨大政治压力，特别是自2001年9月11日以来，为了防止潜在恐怖分子入境，美国政府投入了越来越多的资源来执行边境政策。这些资源为边境系统和技术的一系列创新提供了资金，这些创新旨在更有效地在官方入境点甄别乘客，同时防止人们跨越这些入境点之间的边界。

防止从未经授权地点进入的措施主要集中在美国与墨西哥陆地边境，绝大多数未经授权的越境发生在这里，措施包括建造物理栅栏，安装一系列雷达、地面传感器，使用无人机侦察越境者并派遣边境特工逮捕他们，在不到20年的时间里，部署在西南边境的特工数量增加了5倍。然 562
而，有些政策很难执行，尤其是最近一项在西南边境建设虚拟围栏的尝试，这个围栏由监视塔、传感器和空中监测系统组成，被称为“边境安全倡议网络”，最后由于过于昂贵，容易受到技术故障的影响，对地面边防人员的要求不够敏感，这一计划被取消。

为确保美国的实际边境安全，美国投入了大量资金，推高了试图越境的移民的成本和风险，这无疑在一定程度上减少了非法移民。但虚拟围栏技术存在局限性，原因在于，为了实现有效的管控，必须配备足够的人员，以便在发现非法移民后逮捕他们。雇用更多人员的花费巨大，但是走私者可以雇用越境者作为诱饵，以相对较低的成本将这些人员调离。事实上，边境管控的一个副产品是走私者的非法入境手段变得越来越复杂，包括将移民转移到交通不便的地区或绕过官方入境口岸的执法点。换言之，边境管理方案必须适应不断变化的目标，但这样做可能会付出巨大代价。

管理入境口岸的挑战也越来越大，推动了自动筛选技术的创立和发展，数据库的集成使负责移民事务的官员能够获得执法信息，监测入境和出境，以及收集更多旅客入境前的数据。这些系统旨在进行更深入的检查，利用新技术促进国际贸易发展和人员流动。

美国国会有制定移民执法目标的历史，这些目标并不总是现实的或可行的，即使立法者愿意为此拨出数十亿美元。然而，对US - VISIT出入能力和虚拟围栏技术下的高水平边境巡逻的政治支持仍很强烈。迄今为止，这些政策在减少非法移民方面取得了不同程度的成功，它们是否值得付出巨大的成本或者可不可以在其他地方更有效地利用资源，这一点尚不清楚。考虑到非法移民本质上是劳动力需求推动的，比起增加已经很高的建设有形或无形的边境围栏开支，更持久地起诉违法雇主可能在减少非法移民方面更为有效。

作者简介： 雷伊·科斯洛夫斯基是奥尔巴尼大学洛克菲勒公共事务和政策学院政治学和公共政策副教授、计算机与信息学院信息学副
563 教授，他也是移民政策研究所的非常驻研究员。

◇ 本章小结

1. 确定边境安全和边境安全政策的范围及规模。
2. 讨论移民趋势。
3. 讨论威胁、危险以及如何管控边境安全风险。
4. 审查海关和边境保护局的作用及组织。
5. 描述移民和海关执法局的作用。
6. 介绍公民和移民服务局的作用。
7. 描述美国海岸警卫队如何在组织和职能上符合边境安全框架。
8. 讨论非法移民和限制移民的社会及经济代价。

◇ 关键术语

Alternatives to Detention（ATD） Program（拘留替代方案计划）

Automated Biometric Identification System（自动生物特征识别系统）

Bioterrorism Risk Assessment（生物恐怖主义风险评估）

Chemical Terrorism Risk Assessment（化学恐怖主义风险评估）

Climate migrants（气候移民）

Corporate Security Review Program（公司安全审查计划）

Domestic Nuclear Detection Office（国内核能探测办公室）

Enforcement and Removal Operations（执法和清除行动）

E-Verify（电子验证）

Federal Air Marshal Service（联邦空警服务）

Immigration and Nationality Act（《移民和国籍法》）

Integrated Automated Fingerprint identification System（自动指纹识别集成系统）

Integratcd Terrorism Risk Assessment（综合恐怖主义风险评估）

Radiological and Nuclear Terrorism Risk Assessment（放射性和核恐怖主义风险评估）

Risk Lexicon（风险词典）

SBInet（边境安全倡议网络）

Threat actors（威胁行为体）

U. S. Visitor and Immigrant Status Indicator Technology（美国访问者和移民身份指示器技术）

◇ 思考与练习

1. 在过去 50 年中，移民美国的人数增长趋势和移民来源国变化的趋势是什么？

2. 推动全球人口迁移的因素有哪些？

3. 为什么美国在边境安全问题上的做法——被非正式地称为“边界外推”——经常被批评为美国“例外主义”的另一种形式？

4. 边境威胁有哪些类别？

5. 边境威胁行为体有哪些类别？ 564

6. 边境安全的风险管理和评估方法是什么？

7. 《美国爱国者法案》和国土安全部的成立对边境安全政策及结构有何影响？

8. 负责边境安全的主要机构是什么，它们各自的任务是什么？

9. 描述边境安全和商业发展之间的权衡。

10. 什么样的社会问题促使人们提倡严格的边境管制？

11. 找出经常被称为“严格边境管控副产品”的社会弊病。 565

参考文献

Abrahms, M. (2006). Why terrorism does not work. *International Security*, *31* (2), 42–78.

Abrahms, M. (2014). Suicide terrorism is a political failure. In S. Gottlieb (Ed.), *Debating terrorism and counterterrorism: Conflicting perspectives on causes, contexts, and responses* (2nd ed.) (pp. 152–170). Thousand Oaks, CA: CQ Press.

Accountability Review Board for Benghazi. (2012). *Accountability review board report.* Retrieved from http://www.state.gov/documents/organization/202446.pdf

Adamoli, S., Di Nicola, A., Savona, E. U., & Zoffi, P. (1998). *Organised crime around the world.* Tampere, Finland: Tammer-Paino Oy.

Adelstein, J. (2010). The last yakuza. *World Policy Journal*, *27* (2), 63–71.

Aid, M. M. (2013, June 10). Inside the NSA's ultra-secret China hacking group. *Foreign Policy.* Retrieved from http://www.foreignpolicy.com/articles/2013/06/10/inside_the_nsa_s_ultra_secret_china_hacking_group.

Aitoro, J. R. (2011, January 21). SBINet border plan: Anatomy of a failed federal program. *Washington Business Journal.*

Amnesty International. (2003). *United States of America: The threat of a bad example—undermining international standards as "war on terror" detentions continues* (AMR 51/118/2003). Retrieved from https://www.amnesty.org/.../amr511142003en.pdf

Anarumo, M. (2011). The practitioner's view of the terrorist threat. In

L. W. Kennedy & E. F. McGarrell (Eds.), *Crime and terrorism risk: Studies in criminology and criminal justice* (pp. 56 – 79). New York, NY: Routledge.

Anderson, D. (2012). *The Terrorism Acts in 2011: Report of the independent reviewer on the operation of the Terrorism Act 2000 and Part 1 of the Terrorism Act 2006*. London: The Stationery Office.

Anderson, R., & Fuloria, S. (2010). Security economics and critical national infrastructure. In T. Moore, D. Pym, & C. Ioannidis (Eds.), *Economics of information security and privacy* (pp. 55 – 66). New York, NY: Springer.

Andreas, P. (2003a). A tale of two borders: The U. S. -Canada and U. S. -Mexico lines after 9 – 11. In P. Andreas & T. J. Biersteker (Eds.), *The rebordering of North America: Integration and exclusion in a new security context* (pp. 1 – 23). New York, NY: Routledge.

Andreas, P. (2003b). Redrawing the line: Borders and security in the twenty-first century. *International Security*, *28* (2), 78 – 111.

Appeals court rules against Ashcroft in 9/11 case. (2009, September 4). *The Guardian*. Retrieved from http://www.theguardian.com/world/2009/sep/04/john-ashcroft-9-11

Applegate, S. D. (2013, June). *The dawn of kinetic cyber*. Paper presented at the 5th International Conference on Cyber Conflict, Tallin, Estonia.

Apuzzo, M., & Erlanger, S. (2015, January 16). Patriot Act idea rises in France, and is ridiculed. *The New York Times*. Retrieved from http://www.nytimes.com/2015/01/17/world/europe/patriot-act-idea-rises-in-france-and-is-ridiculed.html?_r=0

Archick, K. (2006). *European approaches to homeland security and counterterrorism*. Washington, DC: Congressional Research Service.

Archick, K. (2014). *U. S. -EU cooperation against terrorism*. Washington, DC: Congressional Research Service.

Are US security measures going too far? (2007). *SITPRO News*, 61. Retrieved from https://web.archive.org/web/20081120211131/http://www.sitpro.

org. uk/news/articles/snar200709a. html

Arquilla, J. , & Ronfeldt, D. (1996). *The advent of netwar*. Santa Monica, CA: RAND.

Arquilla, J. , & Ronfeldt, D. (2001). *Networks and netwars: The future of terror, crime, and militancy*. Santa Monica, CA: RAND.

Asia Pacific Computer Emergency Response Team. (2012). *APCERT annual report 2012*. Retrieved from http://www. apcert. org/documents/pdf/APCERT_Annual_Report_2012. pdf

Associated Press. (2001, July 20). White House dodges 'Code Red' virus. *USA Today*. Retrieved from http://usatoday30. usatoday. com/life/cyber/tech/2001-07-20-code-red-white-house. htm

Associated Press. (2015, January 16). Idaho student receives official regrets and compensation for post-9/11arrest. *The Guardian*. Retrieved from http://www. theguardian. com/us-news/2015/jan/16/idaho-student-regrets-compensation-post-911-arrest

Bacevich, A. J. (2008). *The limits of power: The end of American exceptionalism*. New York, NY: Henry Holt & Co.

Bakker, E. (2012). Forecasting terrorism: The need for a more systematic approach. *Journal of Strategic Security*, *5* (4), 69-84.

Ballard, R. (2005). Coalitions of reciprocity and the maintenance of financial integrity within informal values transmission systems: The operational dynamics of contemporary Hawala networks. *Journal of Banking Regulation*, *6* (4), 319-352.

Barnes, B. , & Cieply, M. (2014, December 18). Sony drops 'The Interview' following terrorist threats. *The New York Times*. Retrieved from http://www. nytimes. com/2014/12/18/business/sony-the-interview-threats. html

BBC News. (2015, February 25). Paris night drone mystery deepens. Retrieved from http://www. bbc. co. uk/news/world-europe-31619099

Beauchesne, A. (2013, January 16). The administration's executive order on cybersecurity: An opportunity to choose collaboration over regulation [Web log post]. Retrieved from http://archive. freeenterprise. com/infrastructure/

administration-s-executive-order-cybersecurity-opportunity-choose-collaboration-over

Beck, M. W., et al. (2012). *World Risk Report 2012.* Berlin, Germany: Alliance Development Works. Retrieved from http://worldriskreport.entwicklung-hilft.de/uploads/media/WRR_2012_en_online.pdf

Beckner, C. (2015, March 11). Do we need DHS? Yes [Web log post]. *Security Insights.* Retrieved from http://www.securityinsights.org/2015/03/do-we-need-dhs-yes/

Bedi, R. (2005, September). *Telecom—the terrorism risk.* Presentation to the International Centre for Political Violence and Terrorism Research, Singapore.

Beittel, J. S. (2012). *Colombia: Background, US relations, and congressional interest.* Washington, DC: Congressional Research Service.

Bell, J., et al. (2013). *The world's Muslims: Religion, politics and society.* Washington, DC: Pew Research Center. Retrieved from http://www.pewforum.org/uploadedFiles/Topics/Religious_Affiliation/Muslim/worlds-muslims-religion-politics-society-full-report.pdf

Bellavita, C. (2008). Changing homeland security: What is homeland security? *Homeland Security Affairs, 4* (2). Retrieved from https://www.hsaj.org/articles/118

Benjamin, D. (2012, December). Global counterterrorism: A progress report. Remarks presented at the Brookings Institution, Washington, DC. Retrieved from http://www.state.gov/j/ct/rls/rm/2012/202179.htm

Bennett, B. (2011, December 21). Witnesses in WikiLeaks case describe lax security. *The Los Angeles Times.* Retrieved from http://articles.latimes.com/2011/dec/21/nation/la-na-manning-hearing-20111222

Bergen, P., Sterman, D., Schneider, E., & Cahall, B. (2014). *Do NSA's bulk surveillance programs stop terrorists?* Washington, DC: New America Foundation. Retrieved from http://www.newamerica.net/publications/policy/do_nsas_bulk_surveillance_programs_stop_terrorists

Berry, L. V., Curtis, G. E., Elan, S. L., Hudson, R. A., & Kollars, N. A.

(2003). *Transnational activities of Chinese crime organizations*. Washington, DC: The Library of Congress.

Betts, R. K. (1997). Should strategic studies survive? *World Politics*, *50* (1), 7 - 33.

Beyer, C. (2008). The European Union as a security policy actor: The case of counterterrorism. *European Foreign Affairs Review*, *13*, 293 - 315.

Bindewald, G. (2009, October). *Monitoring and modeling of the electric power system*. Presentation.

Blanchard, B. W. (2008). *Guide to emergency management and related terms, definitions, concepts, acronyms, organizations, programs, guidance, executive orders & legislation: A tutorial on emergency management, broadly defined, past and present.* Retrieved from http://training.fema.gov/EMIWeb/edu/docs/terms%20and%20definitions/Terms%20and%20Definitions.pdf

Blumenthal, L. (2005). *Funding appropriation for U. S. seaports: A brief analysis of the methods, factors, and consequences of the allocations of resources for port security.* Retrieved from http://research.create.usc.edu/nonpublished_reports/178/

Bolkcom, C. (2000). *Missiles for standoff attack: Air-launched air-to-surface munitions programs.* Washington, DC: Congressional Research Service.

Borgeson, K., & Valeri, R. (2009). *Terrorism in America.* Sudbury, MA: Jones & Bartlett.

Borum, R. (2004). *Psychology of terrorism.* Tampa: University of South Florida.

Bovenkerk, F., & Chakra, B. A. (2004). Terrorism and organized crime. *Forum on Crime and Society*, *4* (1 - 2), 3 - 15.

Braun, J. D. (2006). *Explorations on just war: Has it ever existed?* (Thesis). Naval Postgraduate School, Monterey, CA.

Bremer, L. P., III. (2002). International and domestic terrorism. In National Research Council (Ed.), *High-impact terrorism: Proceedings of a Russian-American workshop* (pp. 53 - 68). Washington, DC: National Academy Press.

Brown, G., Carlyle, M., Salmerón, J., & Wood, K. (2006). Defending critical infrastructure. *Interfaces*, *36* (6), 530–544.

Bryan, D. (2012). A landscape of meaning: Constructing understandings of political violence from the broken paradigm of "terrorism." In R. Jackson & S. J. Sinclair (Eds.), *Contemporary debates on terrorism* (pp. 17–25). London, England: Routledge.

Buckley, C. (2013, June 27). Chinese defense ministry accuses U. S. of hypocrisy on spying. *The New York Times*. Retrieved from http://www.nytimes.com/2013/06/28/world/asia/chinese-defense-ministry-accuses-us-of-hypocrisy-on-spying.html

Bullock, J. A., Haddow, G. D., & Coppola, D. P. (2013). *Introduction to homeland security: Principles of all-hazards risk management* (4th ed.). Waltham, MA: Butterworth-Heinemann.

Bunn, M. (2014). The real risk of nuclear terrorism. In S. Gottlieb (Ed.), *Debating terrorism and counterterrorism: conflicting perspectives on causes, contexts, and responses* (2nd ed.) (pp. 174–188). Thousand Oaks, CA: CQ Press.

Butenop, J., et al. (2013). *World Risk Report 2013*. Berlin, Germany: Alliance Development Works. Retrieved from http://worldriskreport.entwicklung-hilft.de/uploads/media/WorldRiskReport_2013_online_01.pdf

Buzan, B. (1991). New patterns in global security in the twenty-first century. *International Affairs*, *67* (3), 431–451.

Byman, D. (2009). US counter-terrorism options: A taxonomy. In R. D. Howard, R. L. Sawyer, & N. E. Bajema (Eds.), *Terrorism and counterterrorism: Understanding the new security environment* (3rd ed.) (pp. 460–482). New York, NY: McGraw-Hill.

Caldwell, S. L. (2010). *Coast Guard: Observations on the requested fiscal year 2011 budget, past performance, and current challenges* (GAO-10-311T). Retrieved from http://www.gao.gov/new.items/d10411t.pdf

Caldwell, S. L. (2012a). *Maritime security: Progress and challenges 10 years after the Maritime Transportation Security Act* (GAO-12-1009T). Retrieved from http://gao. gov/assets/650/647999. pdf

Caldwell, S. L. (2012b). *Supply chain security: Container security programs have matured, but uncertainty persists over the future of 100 percent scanning* (GAO – 12 – 422T). Retrieved from http://www. gao. gov/assets/590/588253. pdf

Caldwell, S. L., & Pendleton, J. H. (2011). *Maritime security: Updating U. S. counterpiracy action plan gains urgency as piracy escalates off the horn of Africa* (GAO – 11 – 449T). Retrieved from http://www. gao. gov/new. items/d11449t. pdf

Canadian Privy Council Office. (2004). *Securing an open society: Canada's national security policy*. Retrieved from http://publications. gc. ca/collections/Collection/CP22-77-2004E. pdf

Canadian Translation Bureau. (2015). TERMIUM Plus. Retrieved from http://www. btb. termiumplus. gc. ca/tpv2alpha/alpha-eng. html?lang = eng

Canadian Treasury Board. (2012). *Policy on government security*. Retrieved from http://www. tbs-sct. gc. ca/pol/doc-eng. aspx?id = 16578

Cáppelli, D., Moore, A. P., Trzeciak, R. F., & Shimeall, T. J. (2009). *Common sense guide to prevention and detection of insider threats-version 3. 1*. Pittsburgh, PA: Software Engineering Institute.

Cárdenas, A. A., et al. (2009). Challenges for securing cyber physical systems. Retrieved from http://cimic. rutgers. edu/positionPapers/cps-security-challenges-Cardenas. pdf

Carpintero-Santamaria, N. (2012). WMD terrorism: A potential threat to international security. In R. Jackson & S. J. Sinclair (Eds.), *Contemporary debates on terrorism* (pp. 76 – 83). London, England: Routledge.

Caruso, D. B. (2013, October 26). A year after Sandy, a slow recovery for thousands of people along East Coast. *The Washington Post*. Retrieved from http://www. washingtonpost. com/politics/a-year-after-sandy-a-slow-recovery-for-thousands-of-people-along-east-coast/2013/10/26/f56c249e-3e8a-11e3-a94f-b58017bfee6c_story. html

Cauley, L. (2006, May 11). NSA has massive database of Americans' phone *calls. USA Today*. Retrieved from http://usatoday30. usatoday. com/news/washington/2006-05-10-nsa_x. htm

CBS News. (2008, April 3). TSA touts Orlando bomb suspect arrest. Retrieved from http://www. cbsnews. com/news/tsa-touts-orlando-bomb-suspect-arrest/

Center for Strategic & International Studies. (2008). *Securing cyberspace in the 44th presidency*. Retrieved from http://online. wsj. com/public/resources/documents/FinalVII-1208. pdf

Centre for Research on the Epidemiology of Disasters. (2015). EM-DAT: The international disaster database. Retrieved from http://www. emdat. be/database

Chalk, P. (2009). Sunken treasures: The economic impetus behind modern piracy. *RAND Review*, *33* (2), 10 – 13.

Chalk, P. (2011a). *The Latin American drug trade: Scope, dimensions, impact, and response*. Santa Monica, CA: RAND.

Chalk, P. (2011b). Maritime terrorism. In P. Shemella (Ed.), *Fighting back: What governments can do about terrorism* (pp. 79 – 98). Stanford, CA: Stanford Security Studies.

Chalk, P., Hoffman, B., Reville, R. T., & Kasupski, A.-B. (2005). *Trends in terrorism: Threats to the United States and the future of the Terrorism Risk Reinsurance Act*. Santa Monica, CA: RAND.

Chapman, G. (2003). *An introduction to the revolution in military affairs*. Paper presented at the XV Amaldi Conference on Problems in Global Security, Helsinki, Finland.

Chin, K.-L., & Godson, R. (2006). Organized crime and the political-criminal nexus in China. *Trends in Organized Crime*, *9* (3), 5 – 44.

Chivers, C. J. (2014a, October 14). The secret casualties of Iraq's abandoned chemical weapons. *The New York Times*. Retrieved from http://www. nytimes. com/interactive/2014/10/14/world/middleeast/us-casualties-of-iraq-chemical-weapons. html

Chivers, C. J. (2014b, November 6). More than 600 reported chemical exposure in Iraq, Pentagon acknowledges. *The New York Times*. Retrieved from http://www.nytimes.com/2014/11/07/world/middleeast/-more-than-600-reported-chemical-weapons-exposure-in-iraq-pentagon-acknowledges.html?_r=0

Clapper, J. R., Jr. (2012, January 31). *Unclassified statement for the record on the worldwide threat assessment of the US intelligence community for the Senate Select Committee on Intelligence.* Retrieved from http://www.nctc.gov/docs/2012_01_31_SSCI_Worldwide_Threat_Assessment.pdf

Clarke, R. A. (2008). *Your government failed you: Breaking the cycle of national security disasters.* New York, NY: HarperCollins.

Clarke, R. A., Morell, M. J., Stone, G. R., Sunstein, C. R., & Swire, P. (2013). *Liberty and security in a changing world: Report and recommendations of the President's Review Group on Intelligence and Communications Technologies.* Retrieved from http://apps.washingtonpost.com/g/page/world/nsa-review-boards-report/674/

Clarke, R. V., & Newman, G. R. (2006). *Outsmarting the terrorists.* London, England: Praeger Security International.

CNN. (2010, April 13). Obama hosts leaders at nuclear summit. Retrieved from http://www.cnn\.com/2010/POLITICS/04/12/nuclear.security.summit/

Combined Maritime Forces. (n. d.). CTF-151: Counter-piracy. Retrieved from http://combinedmaritimeforces.com/ctf-151-counter-piracy/

Core Writing Team, Pachauri, R. K., & Reisinger, A. (Eds.). (2007). *Climate change 2007: Synthesis report.* Geneva, Switzerland: Intergovernmental Panel on Climate Change.

Corn, D. (2005). Bush's Witt-less FEMA. *The Nation.* Retrieved from http://www.thenation.com/blog/156196/bushs-witt-less-fema#

Cornish, P., Livingston, D., Clemente, D., & York, C. (2010). *On cyber war.* London, England: Chatham House.

Council on Foreign Relations. (2013). The global regime for transnational crime: Issue brief. Retrieved from http://www.cfr.org/transnational-crime/global-regime-transnational-crime/p28656

Cox, A., & Golomb, G. (2010). *The "Kneber" botnet: A ZeuS discovery and analysis*. Retrieved from http://krebsonsecurity.com/wp-content/uploads/2011/01/NetWitness-WP-The-Kneber-BotNet.pdf

Curtis, G. E. (2002). *Involvement of Russian organized crime syndicates, criminal elements in the Russian military, and regional terrorist groups in narcotics trafficking in Central Asia, the Caucasus, and Chechnya*. Washington, DC: Library of Congress.

Curtis, G. E., Elan, S. L., Hudson, R. A., & Kollars, N. A. (2002). Transnational activities of Chinese crime organizations. *Trends in Organized Crime*, *7* (3), 19–57.

Dahl, T. E., & Stedman, S.-M. (2013). *Status and trends of wetlands in the coastal watersheds of the conterminous United States 2004 to 2009*. Washington, DC: U. S. Department of the Interior. Retrieved from http://www.fws.gov/wetlands/Documents/Status-and-Trends-of-Wetlands-In-the-Coastal-Watersheds-of-the-Conterminous-US-2004-to-2009.pdf

Dalby, S. (2009). Geopolitics, the revolution in military affairs and the Bush doctrine. *International Politics*, 46, 234–252.

Danzig, R., et al. (2012). *Aum Shinrikyo: Insights into how terrorists develop biological and chemical weapons* (2nd ed.). Washington, DC: Center for a New American Security.

Dean, D., DiGrande, S., Field, D., & Zwillenberg, P. (2012). *The digital manifesto: How companies and countries can win the digital economy*. Retrieved from https://www.bcg.com/documents/file96476.pdf

Denning, D. E. (1998). Cyberspace attacks and countermeasures. In D. E. Denning & P. J. Denning (Eds.), *Internet besieged: Countering cyberspace scofflaws* (pp. 29–55). New York, NY: ACM Press.

DeYoung, K. (2012, August 8). Yemen airstrikes part of broad strategy to curb al-Qaeda, Obama adviser says. *The Washington Post*. Retrieved from http://www.washingtonpost.com/world/national-security/yemen-airstrikes-part-of-broad-strategy-to-curb-al-qaeda-obama-adviser-says/2012/08/08/ef955e30-e190-11e1-ae7fd2a13e249eb2_story.html

Dixon, L. , & Kaganoff Stern, R. (2004). *Compensation for losses from the 9/11 attacks.* Santa Monica, CA: RAND.

Doyle, C. (2002). *The USA PATRIOT Act: A sketch.* Washington, DC: Congressional Research Service.

Easson, J. J. , & Schmid, A. P. (2011). Appendix 2. 1: 250-plus academic, governmental and intergovernmental definitions of terrorism. In A. P. Schmid (Ed.), *The Routledge handbook of terrorism research* (pp. 99 - 157). New York, NY: Routledge.

Eilstrup-Sangiovanni, M. , & Jones, C. (2008). Assessing the dangers of illicit networks: Why al-Qaida may be less threatening than many think. *International Security*, *33* (2), 8 - 44.

Epatko, L. (2013, February 15). Napolitano names top three countries where cyber attacks against U. S. are launched. *The Rundown.* Retrieved from http://www. pbs. org/newshour/rundown/napolitano-on-cyberattacks/

Epstein, S. B. (2004). *U. S. public diplomacy: Background and the 9/11 commission recommendations.* Washington, DC: Congressional Research Service.

Evans, M. (2012, July 26). How fitting...Homeland Security's future home: A former mental hospital for criminally insane [Web log post]. Retrieved from http://americasvoicenow. org/how-fitting-homeland-securitys-future-home-a-former-mental-hospital-for-criminally-insane/

Evans, P. C. , & Annunziata, M. (2012). *Industrial Internet: Pushing the boundaries of minds and machines.* Retrieved from http://www. ge. com/sites/default/files/Industrial_Internet. pdf

Falkenberg, L. (2013). Trafficking terror through Tajikistan. *Military Review*, *93* (4), 7.

Field, C. B. , et al. (Eds.). (2014). *Climate change 2014: Impacts, adaptation, and vulnerability: Summary for policymakers.* New York, NY: Cambridge University Press. Retrieved from http://ipcc-wg2. gov/AR5/images/uploads/WG2AR5_SPM_FINAL. pdf

Fillmore, C. J. , & Atkins, B. T. (1992). Towards a frame-based lexicon: The semantics of RISK and its neighbors. In A. Lehrer & E. Kittay (Eds.), *Frames, fields and contrasts: New essays in semantics and lexical organization* (pp. 75 102). Hillsdale, NJ: Lawrence Erlbaum Associates.

Finckenauer, J. O. (2007). *La Cosa Nostra in the United States*. Retrieved from https://www.ncjrs.gov/pdffiles1/nij/218555.pdf

Finckenauer, J. O., & Voronin, Y. A. (2001). *The threat of Russian organized crime*. Washington, DC: U. S. Department of Justice.

Finkle, J. (2014). FBI warns of 'destructive' malware in wake of Sony attack. *Reuters*. Retrieved from http://www.reuters.com/article/2014/12/02/us-sony-cybersecurity-malware-idUSKCN0JF3FE20141202

Finney, M. A., & Cohen, J. D. (2003). Expectation and evaluation of fuel management objectives. In P. N. Omi & L. A. Joyce (Eds.), *Fire, fuel treatments, and ecological restoration, conference proceedings; 2002 16 – 18 April; Fort Collins, CO* (pp. 353 – 366). Fort Collins, CO: U. S. Department of Agriculture, Forest Service, Rocky Mountain Research Station.

Fitsanakis, J. (2013, October 21). Revealed: NSA spied on millions of French, Mexican phone calls. Retrieved from http://intelnews.org/2013/10/21/01 – 1358/

Fitsanakis, J. (2015, March 4). Was China behind mystery raids on South African nuclear facilities? Retrieved from http://intelnews.org/2015/03/04/01 – 1651/

Flynn, S. (2004a). *America the vulnerable: How our government is failing to protect us from terrorism*. New York, NY: HarperCollins.

Flynn, S. (2004b, July 18). Why America is still an easy target. *Time*.

Flynn, S. (2007). *The edge of disaster*. New York, NY: Random House.

FrameNet. (2012). FrameNet project. Retrieved from https://framenet.icsi.berkeley.edu/fndrupal/

Freeman, B. (2011, November 29). Today's military: The most top-heavy force in U. S. history [Web log post]. Retrieved from http://pogoblog.typepad.com/pogo/2011/11/todays-military-the-most-top-heavy-force-inus-history. html

Friedman, B. H. (2010). Managing fear: The politics of homeland security. In B. H. Friedman, J. Harper, & C. A. Preble (Eds.), *Terrorizing ourselves: Why U. S. counterterrorism policy is failing and how to fix it* (pp. 185 – 211). Washington, DC: Cato Institute.

Frittelli, J. F. (2005). *Port and maritime security: Background and issues for Congress.* Washington, DC: Congressional Research Service.

Frontier Economics. (2011). *Estimating the global economic and social impacts of counterfeiting and piracy: An executive summary commissioned by Business Action to Stop Counterfeiting and Piracy (BASCAP)*. Retrieved from http://www. iccwbo. org/Advocacy-Codes-and-Rules/BASCAP/BASCAP-Research/Economic-impact/Global-Impacts-Study/

Gaines, L. K., & Kappeler, V. E. (2012). *Homeland Security*, Upper Saddle River, NJ: Prentice Hall.

Galeotti, M. (2012). *Transnational aspects of Russian organized crime.* London, England: Chatham House.

Garcia, M. J., Elsea, J. K., Mason, R. C., & Liu, E. C. (2013). *Closing the Guantanamo detention center: Legal issues.* Washington, DC: Congressional Research Service.

Garschagen, M., et al. (2015). *World Risk Report 2014.* Berlin, Germany: Alliance Development Works. Retrieved from http://worldriskreport. entwicklung-hilft. de/uploads/media/WorldRiskReport_2014_online – II_01. pdf

Gibbs Van Brunschot, E., & Kennedy, L. W. (2008). *Risk balance & security.* Thousand Oaks, CA: SAGE.

Gibbs Van Brunschot, E., & Kennedy, L. W. (2009). Contrasting approaches to terrorism: A multi-national comparison. *Journal of Conflict Studies*, 29, 163 – 193.

Gilbert, D. (2014, September 26). BlackEnergy cyber attacks against Ukrainian government linked to Russia. *International Business Times.*

Gilmore Commission. (1999). *First annual report to the President and the Congress of the advisory panel to assess domestic response capabilities for terrorism involving weapons of mass destruction.* Retrieved from http://www.rand.org/content/dam/rand/www/external/nsrd/terrpanel/terror.pdf

Giuffrida, L. O. (1983). *Emergency management: The national perspective.* Emmitsburg, MD: National Emergency Training Center. Retrieved from https://archive.org/stream/emergencymanagem00netc/emergencymanagem00netc_djvu.txt

Goldstein, M., Perlroth, N., & Sanger, D. E. (2014, October 3). Hackers' attack cracked 10 financial firms in major assault. *The New York Times.*

Gottlieb, S. (Ed.). (2014). *Debating terrorism and counterterrorism: conflicting perspectives on causes, contexts, and responses* (2nd ed.). Thousand Oaks, CA: CQ Press.

Greenberg, M. D., Chalk, P., Willis, H. H., Khilko, I., & Ortiz, D. S. (2006). *Maritime terrorism: Risk and liability.* Santa Monica, CA: RAND Corporation.

Gunaratna, R. (2014). Al-Qaeda is an example of a "new terrorism." In S. Gottlieb (Ed.), *Debating terrorism and counterterrorism: Conflicting perspectives on causes, contexts, and responses* (2nd ed.) (pp. 15 – 31). Thousand Oaks, CA: CQ Press.

Handelman, S. (1995). *Comrade criminal: Russia's new mafiya.* New Haven, CN: Yale University Press.

Harris, S. (2008, May 31). China's cyber-militia. *National Journal.* Retrieved from http://www.nationaljournal.com/magazine/china-s-cyber-militia-20080531

Harris, S. (2013, December 27). 'Military-style' raid on California power stations spooks U. S. *Foreign Policy.* Retrieved from http://foreignpolicy.com/2013/12/27/military-style-raid-on-california-power-station-spooks-u-s/

Hathaway, M. (2013, November). *Cyber readiness index 1.0.* Paper presented to the Science, Technology, and Public Policy Program, Belfer Center for Science and International Affairs, Harvard Kennedy School, Cambridge, MA.

Heerkens, G. R. (2002). *Project management.* New York, NY: McGraw-Hill.

Herman, M. (1996). *Intelligence power in peace and war.* Cambridge, UK: Cambridge University Press.

Hessl, A. E. (2011). Pathways for climate change effects on fire: Models, data, and uncertainties. *Progress in Physical Geography*, *35* (3), 393 - 407.

Hicks, M. H. -R., Dardagan, H., Bagnall, P. M., Spagat, M., & Sloboda, J. A. (2011). Casualties in civilians and coalition soldiers from suicide bombings in Iraq, 2003 - 10: A descriptive study. *The Lancet*, *378* (9794), 906 - 914.

Hockensmith, S. (2014, January 21). Why state's water woes could be just beginning. Retrieved from http://newscenter.berkeley.edu/2014/01/21/states-water-woes/

Hoffer, E. E. (2011). Weapons of mass destruction and terrorism. In P. Shemella (Ed.), *Fighting back: What governments can do about terrorism* (pp. 99 - 113). Stanford, CA: Stanford Security Studies.

Hoffman, B. (1999). *Inside terrorism.* London, England: Indigo.

Hoffman, B. (2001). Change and continuity in terrorism. *Studies in Conflict and Terrorism*, *24* (5), 417 - 428.

Honderich, T. (2014). Terrorism is just a tool of the weak. In S. Gottlieb (Ed.), *Debating terrorism and counterterrorism: Conflicting perspectives on causes, contexts, and responses* (2nd ed.) (pp. 83 - 97). Thousand Oaks, CA: CQ Press.

Hov, Ø., et al. (2013). *Extreme weather events in Europe: Preparing for climate change adaptation.* Oslo, Norway: Norwegian Meteorological Institute. Retrieved from http://www.dnva.no/binfil/download.php?tid=58783

Howell, L. (Ed.). (2013). *Global risks 2013* (8th ed.). Geneva, Switzerland: World Economic Forum. Retrieved from http://www3.weforum.org/docs/WEF_GlobalRisks_Report_2013.pdf

Hsu, S. S. (2008, June 2). Immigration prosecutions hit new high. *The Washington Post.*

Hudson, J. (2015, February 17). Inside the fight over Obama's terror summit.

Foreign Policy. Retrieved from https://foreignpolicy.com/2015/02/17/inside-the-fight-over-obamas-terror-summit/

Hudson, R. (2003). *Terrorist and organized crime groups in the tri-border area (TBA) of South America*. Washington, DC: Library of Congress, Federal Research Division.

Human Security Report Project. (2011). *Human security report 2009/2010: The causes of peace and the shrinking costs of war*. New York, NY: Oxford University Press.

Humanitarian Practice Network, Overseas Development Institute. (2010). Operational security management in violent environments (Good practice review 8) (Rev. ed.). London, England: Author.

Husick, L. (2011, July). Presentation to the Foreign Policy Research Institute, Washington, DC.

Husick, L., & Turzanski, E. A. (2012, October). *Why "cyber Pearl Harbor" won't be like Pearl Harbor*. Presentation to the Foreign Policy Research Institute, Washington, DC.

Ianni, F. A. J., & Reuss-Ianni, E. (1972). *A family business: Kinship and social control in organized crime*. New York, NY: Russell Sage Foundation.

ICC International Maritime Bureau. (2015). *Piracy and armed robbery against ships*. London, England: Author.

Ingersoll, G. (2013, June 11). The NSA has a secret group called 'TAO' that's been hacking China for 15 years. *Business Insider*. Retrieved from http://www.businessinsider.com/us-nsa-unit-tao-hacking-china-for-years-2013-6

Institute for Economics & Peace. (2012). 2012 global terrorism index: Capturing the impact of terrorism from 2002 - 2011. Retrieved from http://reliefweb.int/sites/reliefweb.int/files/resources/2012-Global-Terrorism-Index-Report.pdf

Institute for Economics & Peace. (2014a). *Global peace index report: Measuring peace and assessing country risk*. Retrieved from http://www.visionofhumanity.org/sites/default/files/2014%20Global%20Peace%20Index%20REPORT.

pdf

Institute for Economics & Peace. (2014b). *Global terrorism index 2014: Measuring and understanding the impact of terrorism.* Retrieved from http://www.visionofhumanity.org/sites/default/files/Global%20Terrorism%20Index%20Report%202014_0.pdf

International Atomic Energy Agency. (2008). INES: The international nuclear and radiological event scale user's manual. Retrieved from https://www.iaea.org/sites/default/files/ines.pdf

International Energy Agency. (2013). *Redrawing the energy-climate map.* Retrieved from http://www.worldenergyoutlook.org/media/weowebsite/2013/energyclimatemap/RedrawingEnergyClimateMap.pdf

International Institute for Strategic Studies. (2007). *Home-grown terrorism: What does it mean for business?* Retrieved from http://www.lloyds.com/~/media/lloyds/reports/360/360%20terrorism%20reports/homegrownterrorism.pdf

International Organization for Standardization. (2009). *Risk management—vocabulary* (ISO Guide 73). Geneva, Switzerland: Author.

International Risk Governance Council. (2005). *Risk governance: Towards an integrative approach* (White paper). Geneva, Switzerland: International Risk Governance Council.

International Union for Conservation of Nature and Natural Resources. (2008). *The 2008 review of the IUCN red list of threatened species.* Gland, Switzerland: Author.

Jablonowski, M. (2009). *Managing high-stakes risk: Toward a new economics for survival.* London, England: Palgrave Macmillan.

Jackson, W. (2013a). Threat predictions for 2012: The hits and misses. *Government Computer News*, *32* (1), 20-21.

Jackson, W. (2013b). NSA's tampering could put crypto standards in doubt. *Government Computer News*, *32* (12), 5.

Jamieson, A. (2001). Transnational organized crime: A European perspective. *Studies in Conflict and Terrorism*, *24* (5), 377-387

Jarmon, J. (2014). *The new era in U. S. national security: An introduction to emerging threats and challenges.* Lanham, MD: Rowman & Littlefield.

Jarmon, K. (2010). The crime-terrorist nexus: The Chechen example [Term paper]. Retrieved from http://www.atlantic-community.org/index.php/Open_Think_Tank_Article/The_Crime-Terrorist_Nexus%3A_the_Chechen_Example

Jarmon, K. (2015, July). U. S. global competitiveness: A need for infrastructure investment and an infrastructure bank. *International Affairs Forum.* Retrieved from http://www.ia-forum.org/Content/ViewInternalDocument.cfm?ContentID=8375

Jenkins, B. D. (2013, February). Remarks at Tufts University during a panel discussion on biosecurity and bioterrorism: How significant a threat? Retrieved from http://m.state.gov/md205246.htm

Jones, S. G., & Libicki, M. C. (2008). *How terrorist groups end: Lessons for countering al Qa'ida.* Santa Monica, CA: RAND Corporation.

Jones, T. Y. (2013, June 5). China has "mountains of data" about U. S. cyber attacks: Official. *Reuters.* Retrieved from http://uk.reuters.com/article/2013/06/05/us-china-usa-hacking-idUKBRE95404L20130605

Jordan, A. A., Taylor, W. J., Jr., Meese, M. J., & Nielsen, S. C. (2009). *American national security* (6th ed.). Baltimore, MD: Johns Hopkins University Press.

Kaldor, M. (2001, December). *Beyond militarism, arms races, and arms control.* Speech prepared for the Nobel Peace Prize Centennial Symposium.

Kaspersky Lab. (2015, February 16). The great bank robbery: Carbanak cybergang steals $ 1bn from 100 financial institutions worldwide. Retrieved from http://www.kaspersky.com/about/news/virus/2015/Carbanak-cybergang-steals-1-bn-USD-from-100-financial-institutions-worldwide

Kean, T. H., & Hamilton, L. H. (2013, September 10). Homeland confusion. *The New York Times.*

Keeley, J. E. (2005). Fire history of the San Francisco East Bay region and implications for landscape patterns. *International Journal of Wildland Fire*,

14, 285 -296.

Kelly, T. P. (2012, October). *The U. S. government's approach to countering Somali piracy.* Remarks at Combating Piracy Week, London, United Kingdom.

Kennedy, L. W., & Gibbs Van Brunschot, E. (2009). *The risk in crime.* Lanham, MD: Rowman & Littlefield.

Kerwer, D., & Hülsse, R. (2011). How international organizations rule the world: The case of the Financial Action Task Force on Money Laundering. *Journal of International Organizations Studies*, 2 (1), 50 -67.

Knobler, S. L., Mahmoud, A. A. F., & Pray, L. A. (Eds.). (2002). *Biological threats and terrorism: Assessing the science and response capabilities: Workshop summary.* Washington, DC: National Academy Press.

Koh, H. H. (2003). On American exceptionalism. *Stanford Law Review*, *55*, 1479 -1527.

Kolasky, B. (2014). Partnering for critical infrastructure security and resilience. *The CIP Report*, *12* (7), 2 -4.

Koppel, T., & Szekely, A. (2002). Transnational and organized crime and conflict in the Balkans. In P. Reichel (Ed.), *Handbook of transnational crime & justice.* Thousand Oaks, CA: SAGE.

Koslowski, R. (2005). Smart borders, virtual borders or no borders: Homeland security choices for the United States and Canada. *Law and Business Review of the Americas*, *11* (3 -4), 527 -550.

Koslowski, R. (2011). *The evolution of border controls as a mechanism to prevent illegal immigration.* Washington, DC: Migration Policy Institute.

Kurzman, C. (2013). *Muslim-American terrorism: Declining further.* Chapel Hill, NC: Triangle Center on Terrorism and Homeland Security.

Kurzman, C. (2015). *Terrorism cases involving Muslim-Americans, 2014.* Chapel Hill, NC: Triangle Center on Terrorism and Homeland Security.

Labbe, C., & Rose, M. (2014, October 30). France investigates mystery drone activity over nuclear plants. *Reuters.* Retrieved from http://www.

reuters. com/article/2014/10/30/us-edf-drones-idUSKBN0IJ0ZI20141030

Lam, L. , & Chen, S. (2013, June 23). US Spies on Chinese mobile phone companies, steals SMS data: Edward Snowden. *South China Morning Post.* Retrieved from http://www. scmp. com/news/china/article/1266821/us-hacks-chinese-mobile-phone-companies-steals-sms-data-edward-snowden

Laqueur, W. (1977). *Terrorism.* Boston, MA: Little, Brown.

Laursen, L. (2013, July 26). Spanish high-speed train crash offers safety-system lessons. *Scientific American.* Retrieved from http://www. scientificamerican. com/article/ish-high-speed-train-crash/

Lavelle, M. , & Daily Climate. (2015, March 16). Train deaths rise amid energy-drive rail transformation. *Scientific American.* Retrieved from http://www. scientificamerican. com/article/train-deaths-rise-amid-energy-driven-rail-transformation/

Lessons learned from the Boston Marathon bombings: Preparing for and responding to the attack: Hearing before the Senate Committee on Homeland Security and Governmental Affairs, 113th Cong. (2013) (testimony of Richard Serino).

Levinson, M. (2006). *The box: How the shipping container made the world smaller and the world economy bigger.* Princeton, NJ: Princeton University Press.

Lewin, D. (2011). *Keeping Britain safe: An assessment of UK homeland security strategy.* London, England: All-Party Parliamentary Group on Homeland Security.

Lintner, B. (2004). Chinese organized crime. *Global Crime*, *6* (1), 84 – 96.

Lloyd's. (2013). *Solar storm risk to the North American electric grid.* Retrieved from https://www. lloyds. com/ ~ /media/lloyds/reports/emerging%20risk%20reports/solar%20storm%20risk%20to%20the%20north%20american%20electric%20grid. pdf

Loewen, H. & Bodenmüller, A. (2011). Straits of Malacca. In S. Mair (Ed.), *Piracy and maritime security: Regional characteristics and political, military, legal and economic implications* (pp. 42 – 48). Berlin, Germany: German

Institute for International Security Affairs.

Looft, C. (2012, January 27). Arrests highlight ELN-Rastrojos alliance in Southwest Colombia. *InSight Crime*.

Luft, G., & Korin, A. (2004). Terrorism goes to sea. *Foreign Affairs*, *83* (6), 61 – 71.

Lutheran Immigration and Refugee Service. (2013). *Alternatives to detention (ATD): History and recommendations*. Baltimore, MD: Author.

Lutz, J., & Lutz, B. (2012). The continuing threat to state security. In R. Jackson & S. J. Sinclair (Eds.), *Contemporary debates on terrorism* (pp. 61 – 66). London, England: Routledge.

Lynch, D. L. (2004). What do forest fires really cost? *Journal of Forestry*, *102* (6), 42 – 49.

Lyngaas, S. (2014). Can DHS get it together? *Federal Computer Weekly*, *28* (17), 18 – 21.

Magnuson, S. (2014). New cyber framework aimed at small, mid-tier defense companies. *National Defense*, *98* (722), 24 – 25.

Malik, S., & Wolgin, P. E. (2015, June 10). The top 10 facts you need to know about immigrants today [Web log post]. Retrieved from https://www.americanprogress.org/issues/immigration/news/2015/06/10/114808/the-top-10-facts-you-need-to-know-about-immigrants-today/

Mandiant. (2013). *APT1: Exposing one of China's cyber espionage units*. Alexandria, VA: Author.

Marcott, S. A., Shakun, J. D., Clark, P. U., & Mix, A. C. (2013). A reconstruction of regional and global temperature for the past 11, 300 years. *Science*, *339* (6124), 1198 – 1201.

Marshall, M. G., & Cole, B. R. (2011). *Global report 2011: Conflict, governance, and state fragility*. Vienna, VA: Center for Systemic Peace. Retrieved from http://www.systemicpeace.org/vlibrary/GlobalReport2011.pdf

Martin, G. (2003). *Understanding terrorism: Challenges, perspectives, and issues*. Thousand Oaks, CA: SAGE.

Masse, T., O'Neil, S., & Rollins, J. (2007). *The Department of Homeland Security's risk assessment methodology: Evolution, issues, and options for Congress.* Washington, DC: Congressional Research Service.

Massey, C. D. (2007). Smart containers may not be so smart. *Homeland Defense Journal*, *5* (11), 26–28.

Mastrobuoni, G., & Patacchini, E. (2010). *Understanding organized crime networks: Evidence based on federal bureau of narcotics secret files on American mafia* (Carlo Alberto Notebooks 152). Moncalieri, Italy: Collegio Carlo Alberto.

Mateski, M., et al. (2012). *Cyber threat metrics.* Albuquerque, NM: Sandia National Laboratories.

Mazzetti, M., & Elliott, J. (2013, December 9). Spies infiltrate a fantasy realm of online games. *The New York Times.* Retrieved from http://www.nytimes.com/2013/12/10/world/spies-dragnet-reaches-a-playing-field-of-elves-and-trolls.html?ref=us

McCormick, G. H., & Fritz, L. (2014). Suicide terrorism is a pragmatic choice. In S. Gottlieb (Ed.), *Debating terrorism and counterterrorism: Conflicting perspectives on causes, contexts, and responses* (2nd ed.) (pp. 139–152). Thousand Oaks, CA: CQ Press.

McCutcheon, C. (2010). *Securing our borders: Doing what works to ensure immigration reform is complete and comprehensive.* Washington, DC: Center for American Progress.

McDonald, N. K. (2003). *United States and Canada: Post 9–11 relationship.* Carlisle Barracks, PA: U. S. Army War College.

McGurk, S. (2012, February). Presentation to the Cyber Subcommittee of the U. S. Department of Transportation Research Board.

McGurn, W. (1987). *Terrorist or freedom fighter? The cost of confusion.* London, England: Institute for European Defence and Strategic Studies.

McLaury, W. (2007, November). Interview by J. Jarmon.

Measuring outcomes to understand the state of border security: Hearing before the House Subcommittee on Border and Maritime Security, 113th Cong.

(2013).

Meisels, T. (2014). Terrorist violence is never justified. In S. Gottlieb (Ed.), *Debating terrorism and counterterrorism: Conflicting perspectives on causes, contexts, and responses* (2nd ed.) (pp. 71 – 83). Thousand Oaks, CA: CQ Press.

Melillo, J. M., Richmond, T. C., & Yohe, G. W. (Eds.). (2014). *Climate change impacts in the United States: The third national climate assessment.* Washington, DC: U. S. Government Printing Office. Retrieved from nca2014. globalchange. gov

Memorandum of understanding between the government of the United States of America and the World Health Organization regarding cooperation on global health security initiatives. (2011). Retrieved from http://www. globalhealth. gov/pdfs/mou-who-usg-health-security. pdf

MeriTalk. (2012). *The encryption enigma.* Retrieved from http://www. meritalk. com/encryption-enigma. php

Miller, G., & Nakashima, E. (2012, November 17). FBI investigation of Broadwell reveals bureau's comprehensive access to electronic communications. *The Washington Post.* Retrieved from http://www. washingtonpost. com/world/national-security/fbi-investigation-of-broadwell-reveals-bureaus-comprehensive-access-to-electronic-communications/2012/11/17/5f27d636-3012-11e2-9f50-0308e1e75445_story. html

Miller, R. M. (2002). *The threat of transnational crime in East Asia.* Carlisle Barracks, PA: U. S. Army War College.

Mittelman, J. H. (2000). *The globalization syndrome: Transformation and resistance.* Princeton, NJ: Princeton University Press.

Mockaitis, T. R. (2011). Terrorism, insurgency, and organized crime. In P. Shemella (Ed.), *Fighting back: What governments can do about terrorism* (pp. 11 – 26). Stanford, CA: Stanford Security Studies.

Moens, A., & Gabler, N. (2012, January/February). The costs of the Canada-US border. *Fraser Forum*, 25 – 27.

Morris, L. (2014, October 23). Islamic State militants allegedly used chlorine gas against Iraqi security forces. *The Washington Post*. Retrieved from http://www.washingtonpost.com/world/middle_east/islamic-state-militants-allegedly-used-chlorine-gas against-iraqi-security-forces/2014/10/23/c865c943-1c93-4ac0-a7ed-033218f15cbb_story.html

Moteff, J. D. (2010). *Critical infrastructures: Background, policy, and implementation*. Washington, DC: Congressional Research Service.

Mozur, P. (2013, August 26). Chinese Internet hit by attack over weekend. *The Wall Street Journal*. Retrieved from http://blogs.wsj.com/chinarealtime/2013/08/26/chinese-internet-hit-by-attack-over-weekend

Mueller, J. (2006). Is there still a terrorist threat? The myth of the omnipresent enemy. *Foreign Affairs*, *12* (1), 2-8.

Mueller, J. (2012). WMD terrorism: The prospects. In R. Jackson & S. J. Sinclair (Eds.), *Contemporary debates on terrorism* (pp. 84-89). London, England: Routledge.

Munich Reinsurance Group. (2011). *NATCATSERVICE: Natural catastrophe know-how for management and research*. Munich, Germany: Author. Retrieved from http://www.munichre.com/site/corporate/get/documents/mr/assetpool.shared/Documents/0_Corporate%20Website/_Publications/302-06733_en.pdf

National Computer Network Emergency Response Technical Team Coordination Center of China. (2012). *CNCERT/CC annual report 2012*. Retrieved from http://www.cert.org.cn/publish/english/upload/File/APCERT_Annual2012_CNCERT.pdf

Nakashima, E. (2011, November 3). In a world of cybertheft, U. S. names China, Russia as main culprits. *The Washington Post*. Retrieved from http://www.washingtonpost.com/world/national-security/us-cyber-espionage-report-names-china-and-russia-as-main-culprits/2011/11/02/gIQAF5fRiM_story.html

Nakashima, E. (2012, April 18). Several nations trying to penetrate U. S. cyber-networks, says ex-FBI official. *The Washington Post*. Retrieved from http://www.washingtonpost.com/world/national-security/several-nationstrying-to-penetrate-us-cyber-networks-says-ex-fbi-official/2012/04/17/gIQAFAGUPT_story. html

Nakashima, E. (2013, February 10). U. S. said to be the target of massive cyber-espionage campaign. *The Washington Post*. Retrieved from http://www. washingtonpost. com/world/national-security/us-said-to-be-target-of-massive-cyber-espionage-campaign/2013/02/10/7b4687d8-6fc1-11e2-aa58-243de81040ba_story. html

National Academy of Sciences. (2010). *Review of the Department of Homeland Security's approach to risk analysis*. Washington, DC: National Academies Press.

National Bureau of Asian Research. (2013). *The IP commission report*. Retrieved from http://www. ipcommission. org/report/ip_commission_report_052213. pdf

National Centers for Environmental Information. (2015). Billion-dollar weather and climate disasters. Retrieved from http://www. ncdc. noaa. gov/billions/overview

National Commission on Terrorist Attacks Upon the United States. (2004). *The 9/11 commission report: Final report of the national commission on terrorist attacks upon the United States*. Washington, DC: Government Printing Office.

National emergency management: Where does FEMA belong? Hearing before the Senate Committee on Homeland Security and Governmental Affairs, 109th Cong. 109 – 974 (2006) (statement of Norm Coleman).

National Institute of Justice. (2007). Transnational organized crime. Retrieved from http://www. nij. gov/topics/crime/organized-crime/Pages/welcome. aspx

National Research Council of the National Academies, Committee on Science and Technology for Countering Terrorism. (2002). *Making the nation safer: The role of science and technology in countering terrorism*. Washington, DC: The National Academies Press.

Naylor, B. (2012, November 14). As FEMA's Sandy cleanup continues, questions arise about long-term help. *National Public Radio*. Retrieved from http://www. npr. org/sections/itsallpolitics/2012/11/14/165148747/as-femas-sandy-cleanup-continues-questions-arise-about-long-term-help

NBC News. (2004, March 28). Fmr. White House counterterrorism official Richard Clarke. *Meet the Press*. Washington, DC: National Broadcasting Company.

Negroponte, J. D., Palmisano, S. J., & Segal, A. (2013). *Defending an open, global, secure, and resilient Internet* (Independent Task Force Report 70). New York, NY: Council on Foreign Relations.

Nelson, R., & Sanderson, T. M. (2011). *Confronting an uncertain threat: The future of al-Qaida and associated movements*. Washington, DC: Center for Strategic and International Studies.

Neumann, V. (2011, December). The new nexus of narcoterrorism: Hezzbollah and Venezuela [Web log post]. Retrieved from http://www. fpri. org/articles/2011/12/new-nexus-narcoterrorism-hezbollah-and-venezuela

Neuwirth, R. (2011, October 28). The shadow superpower. *Foreign Policy*. Retrieved from http://foreignpolicy. com/2011/10/28/the-shadow-superpower/

Newsome, B. (2006). Expatriate games: Interorganizational coordination and international counterterrorism. *Studies in Conflict and Terrorism*, *1* (29), 75 – 89.

Newsome, B. (2007). *Made, not born: Why some soldiers are better than others*. Westport, CN: Praeger Security International.

Newsome, B. (2014). *A practical introduction to security and risk management*. Thousand Oaks, CA: SAGE.

Newsome, B., & Floros, C. (2008). Building counter-terrorism capacity across borders: Lessons from the defeat of 'Revolutionary Organization November 17th.' *Journal of Security Sector Management*, *6* (2), 1 – 14.

Newsome, B., & Floros, C. (2009). When international counter-terrorism succeeds: Lessons from the defeat of 'Revolutionary Organization November 17th.' In C. C. Beyer & M. Bauer (Eds.), *Effectively countering terrorism: The challenges of prevention, preparedness and response* (pp. 141 – 152).

Eastbourne, UK: Sussex Academic Press.

Nincic, D. J. (2012, July 16). Maritime terrorism: How real is the threat? *Fair Observer*. Retrieved from http://www.fairobserver.com/region/north_america/maritime-terrorism-how-real-threat/

The nomination of Mike McConnell to be Director of National Intelligence: A hearing before the Senate Select Committee on Intelligence, 110th Cong. (2007).

North Atlantic Treaty Organization. (2008). *NATO glossary of terms and definitions (English and French)*. Retrieved from https://fas.org/irp/doddir/other/nato2008.pdf

Nuclear Threat Initiative. (2014). *NTI nuclear materials security index: Building a framework for assurance, accountability, and action*. Retrieved from http://ntiindex.org/wp-content/uploads/2014/01/2014-NTI-Index-Report1.pdf

Núñez, J. R. (2002). *A 21st century security architecture for the Americas: Multilateral cooperation, liberal peace, and soft power*. Carlisle, PA: Strategic Studies Institute.

Nuñez-Neto, B. (2008). *Border security: Key agencies and their missions*. Washington, DC: Congressional Research Service.

Obama, B. (2011, September 21). Remarks by President Obama in address to the United Nations General Assembly. Retrieved from https://www.whitehouse.gov/the-press-office/2011/09/21/remarks-president-obama-address-united-nations-general-assembly

O'Harrow, R., Jr. (2012, October 2). DHS 'fusion centers' portrayed as pools of ineptitude and civil liberties intrusions. *The Washington Post*. Retrieved from http://www.washingtonpost.com/investigations/dhs-fusion-centers-portrayed-as-pools-of-ineptitude-and-civil-liberties-intrusions/2012/10/02/10014440-0cb1-11e2-bd1a-b868e65d57eb_story.html

The Organisation for Economic Co-operation and Development. (1998). *The economic impact of counterfeiting*. Retrieved from http://www.oecd.org/sti/ind/2090589.pdf

The Organization for Economic Co-operation and Development. (2003). *Security in maritime transport: Risk factors and economic impact.* Retrieved from http://www.oecd.org/newsroom/4375896.pdf

The Organization for Economic Co-operation and Development. (2008). *Environmental outlook to 2030.* Retrieved from http://www.oecd.org/environment/indicators-modelling-outlooks/40202689.pdf

Owens, M. T. (2009, April). What to do about piracy? [Web log post]. Retrieved from http://www.fpri.org/articles/2009/04/what-do-about-piracy

Painter, W. L. (2012). *Department of Homeland Security: FY2013 appropriations.* Retrieved from https://fas.org/sgp/crs/homesec/R42644.pdf

Paoli, L. (2004). Italian organised crime: Mafia associations and criminal enterprises. *Global Crime*, *6* (1), 19–31.

Pape, R. (2005). *Dying to win: The strategic logic of suicide terrorism.* New York, NY: Random House.

Parfomak, P. W., & Frittelli, J. (2007). *Maritime security: Potential terrorists attacks and protection priorities.* Washington, DC: Congressional Research Service.

Paul, C. (2011). Winning every battle but losing the war against terrorists and insurgents. In B. M. Jenkins & J. P. Godges (Eds.), *The long shadow of 9/11: America's response to terrorism.* Santa Monica, CA: RAND.

Paul, C., Clarke, C. P., & Grill, B. (2010). *Victory has a thousand fathers: Sources of success in counterinsurgency.* Santa Monica, CA: RAND.

Pausus, J. G., & Keeley, J. E. (2009). A burning story: The role of fire in the history of life. *BioScience*, *59* (7), 593–601.

Perez, E. (2013, June 9). Secret court's oversight gets scrutiny. *The Wall Street Journal.* Retrieved from http://online.wsj.com/news/articles/SB10001424127887324904004578535670310514616

Perl, R. F. (2002). The legal basis for counterterrorism activities in the United States. In National Research Council (Ed.), *High-impact terrorism: Proceedings of a Russian-American workshop* (pp. 5–15). Washington, DC: National Academy Press.

Pidd, H. (2012, April 19). Anders Behring Breivik planned to film beheading of former prime minister. *The Guardian*. Retrieved from http://www.theguardian.com/world/2012/apr/19/breivik-targeted-former-pm-brundtland

Pincus, W. (2012, October 15). The inevitable blowback to high-tech warfare. *The Washington Post*. Retrieved from http://www.washingtonpost.com/world/national-security/the-inevitable-blowback-to-high-tech-warfare/2012/10/15/dc4c1496-147f-11e2-ba83-a7a396e6b2a7_story.html

Post-Katrina Emergency Management Reform Act of 2006, Pub. L. No. 109 – 295, 120 Stat. 1355 (2006).

PricewaterhouseCoopers. (2013). *Defending yesterday: Key findings from The Global State of Information Security® survey 2014*. Retrieved from https://www.pwc.com/gx/en/consulting-services/information-security-survey/assets/pwc-technology.pdf

Public Safety Canada. (2013). *All hazards risk assessment methodology guidelines, 2012 – 2013*. Retrieved from http://www.publicsafety.gc.ca/cnt/rsrcs/pblctns/ll-hzrds-ssssmnt/index-eng.aspx

Public Safety Canada. (2014a). *2011 – 12 departmental performance report*. Retrieved from http://www.publicsafety.gc.ca/cnt/rsrcs/pblctns/dprtmntl-prfrmnc-rprt-2011 – 12/index-eng.aspx

Public Safety Canada. (2014b). Cyber security in the Canadian federal government. Retrieved from http://www.publicsafety.gc.ca/cnt/ntnl-scrt/cbr-scrt/fdrl-gvrnmnt-eng.aspx

Public Safety Canada. (2015a). About Public Safety Canada. Retrieved from http://www.publicsafety.gc.ca/cnt/bt/index-eng.aspx

Public Safety Canada. (2015b). Report on plans and priorities 2015 – 16. Retrieved from http://www.publicsafety.gc.ca/cnt/rsrcs/pblctns/rprt-plns-prrts-2015-16/index-eng.aspx

Radicati, S., & Levenstein, J. (2013). *Email statistics report, 2013-2017*. Retrieved from http://www\ .radicati.com/wp/wp-content/uploads/2013/04/Email-Statistics-Report-2013-2017-Executive-Summary.pdf

Rapoport, D. (2004). Four waves of modern terrorism. In A. K. Cronin &

J. S. Ludes (Eds.), *Attacking terrorism: Elements of grand strategy* (pp. 46 – 73). Washington, DC: Georgetown University Press.

Rapoza, K. (2013, June 22). U. S. hacked China universities, mobile phones, Snowden tells China press. *Forbes*. Retrieved from http://www.forbes.com/sites/kenrapoza/2013/06/22/u-s-hacked-china-universities-mobile-phones-snowden-tells-china-press/

Reid, R. L. (2006). Paving America from coast to coast. *Civil Engineering*, 76 (6), 37 – 43, 78 – 79.

Reese, S. (2013). *Defining homeland security: Analysis and congressional considerations*. Washington, DC: Congressional Research Service. Retrieved from http://fas.org/sgp/crs/homesec/R42462.pdf

Reinares, F. (2010). The Madrid bombings and global jihadism. *Survival*, *52* (2), 83 – 104.

Rekai, P. (2002). US and Canadian immigration policies. *C. D. Howe Institute Commentary*, *171*. Retrieved from http://www.cdhowe.org/pdf/rekai.pdf

Renn, O. (2008). Risk governance: Toward an integrative framework. In O. Renn & K. D. Walker (Eds.), *Global risk governance: Concept and practice using the IRGC framework* (pp. 6 – 33). Dordecht, Netherlands: Springer.

Reporters Without Borders for Freedom of Information. (2014). *Enemies of the Internet 2014*. Retrieved from http://12mars.rsf.org/wp-content/uploads/EN_RAPPORT_INTERNET_BD.pdf

Reveron, D. S. (2012). An introduction to national security and cyberspace. In D. S. Reveron (Ed.), *Cyberspace and national security: Threats, opportunities, and power in a virtual world* (pp. 3 – 19). Washington, DC: Georgetown University Press.

A review to assess progress with the bureau of customs and border protection's targeting program for sea cargo: Hearing before the Subcommittee on Oversight and Investigations of the House Committee on Energy and Commerce, 108th Cong. (2004) (testimony of Stephen E. Flynn and Jeanne J. Kirkpatrick).

Ridge, T., & Bloom, L. (2009). *The test of our times: America under siege and how we can be safe again.* New York, NY: Thomas Dunne.

Rodrique, J.-P., Comtois, C., & Slack, B. (2013). *The geography of transport systems* (3rd ed.). New York, NY: Routledge.

Rollins, J., Wyler, L. S., & Rosen, S. (2010). International terrorism and transnational crime: Security threats, U. S. policy, and considerations for Congress. Washington, DC: Congressional Research Service.

Roney, T. (2013, August 27). Who's behind the "biggest cyberattack" in China's history. *The Diplomat.* Retrieved from http://thediplomat.com/china-power/whos-behind-the-biggest-cyberattack-in-chinas-history

Rosenblum, M. R., Bjelopera, J. P., & Finklea, K. M. (2013). *Border security: Understanding threats at U. S. borders.* Washington, DC: Congressional Research Service.

Roucolle, G., & Lowes, R. (2006). Rail transit and the security challenge. *Mercer on Transport & Logistics*, *12*, 27–31.

Rubin, T. (2010, December 12). The United States needs defense against cyberattacks. *The Philadelphia Inquirer.* Retrieved from http://articles.philly.com/2010-12-12/news/25293259_1_cyberwar-attacker-clarke

Rusche, R. (2006). *Activities of the criminal groups in Kosovo & Metochia and independence of the province.* Warsaw, Poland: Center for International Relations. Retrieved from http://pdc.ceu.hu/archive/00004812/01/rap_i_an_1006a.pdf

Rusnak, D. M., Kennedy, L. W., Eldivan, I. S., & Caplan, J. M. (2012). Analyzing terrorism using spatial analysis techniques: A case study of Turkish cities. In C. Lum & L. W. Kennedy (Eds.), *Evidence-based counterterrorism policy* (pp. 167–186). New York, NY: Springer.

Russett, B. (2010). Peace in the twenty-first century? *Current History*, *109* (723), 11–16.

S. Am. 4901, 107th Cong., 148 Cong. Rec. 21882 (2002) (enacted).

Salkever, A. (2003, September 15). If these networks get hacked, beware. *BusinessWeek Online.*

Samuels, R. J. (Ed.). (2006). *Encyclopedia of United States national security*. Thousand Oaks, CA: SAGE.

Sandler, R. L. (2009). *Character and environment: A virtue-oriented approach to environmental ethics*. New York, NY: Columbia University Press.

Sanger, D. E., & Fackler, M. (2015, January 19). NSA breached North Korean networks before Sony attack, officials say. *The New York Times*. Retrieved from http://www.nytimes.com/2015/01/19/world/asia/nsa-tapped-into-north-korean-networks-before-sony-attack-officials-say.html

SANS Institute. (2013). Critical controls for effective cyber defense, Version 4.1. Retrieved from http://www.sans.org/critical-security-controls/

Sarkesian, S. C., Williams, J. A., & Cimbala, S. J. (2008). *US national security: Policymakers, processes, and politics* (4th ed.). Boulder, CO: Lynne Rienner Publishers.

Sauter, M. A., & Carafano, J. J. (2005). *Homeland security: A complete guide to understanding, preventing, and surviving terrorism*. New York, NY: McGraw-Hill.

Scahill, J., & Begley, J. (2015, February 19). The great SIM heist: How spies stole the keys to the encryption castle. *The Intercept*. Retrieved from https://firstlook.org/theintercept/2015/02/19/great-sim-heist/

Schlosser, E. (2013). *Command and control: Nuclear weapons, the Damascus accident, and the illusion of safety*. New York, NY: Penguin Press.

Schmid, A. P., & Jongman, A. J. (1988). *Political terrorism: A new guide to actors, authors, concepts, databases, theories, and literature*. Amsterdam, Netherlands: North-Holland Publishing Company.

Schneider, F. (2010). *The (hidden) financial flows of terrorist and organized crime organizations: A literature review and some preliminary empirical results*. Bonn, Germany: Institute for the Study of Labor.

Schroeder, W. R. (2001). Money laundering: A global threat and the international community's response. *FBI Law Enforcement Bulletin*, *70* (5), 1–9.

Selbie, J. J. (2001). *Homeland security: A Canadian perspective*. Carlisle

Barracks, PA: U. S. Army War College.

Sewall, S. (2015, January 20). State's Sewall on addressing threats to civilian security. Retrieved from http://translations. state. gov/st/english/texttrans/2015/01/20150120313066. html#axzz3b6GXFCCC

Shapiro, A. J. (2012, March). Prepared remarks to the U. S. Chamber of Commerce, Washington, DC. Retrieved from http://www. state. gov/t/pm/rls/rm/185697. htm

Shelley, L. (2005). The unholy trinity: Transnational crime, corruption, and terrorism. *Brown Journal of World Affairs*, *11* (2), 101 - 111.

Shelley, L. I. (1994). Mafia and the Italian state: The historical roots of the current crisis. *Sociological Forum*, *9*, 661 - 672.

Shelley, L. I., et al. (2005). *Methods and motives: Exploring links between transnational organized crime & international terrorism.* Washington, DC: U. S. Department of Justice.

Shemella, P. (2011). Tools and strategies for combating terrorism. In P. Shemella (Ed.), *Fighting back: What governments can do about terrorism* (pp. 131 - 147). Stanford, CA: Stanford Security Studies.

Smith, K. (Ed.). (2014). Resilience [Special issue]. *The CIP Report*, *12* (7).

Smith, R. (2014, March 12). U. S. risks national blackout from small-scale attack. *The Wall Street Journal.* Retrieved from http://www. wsj. com/articles/SB10001424052702304020104579433670284061220

Soltani, A., Peterson, A., & Gellman, B. (2013, December 10). NSA uses Google cookies to pinpoint targets for hacking. *The Washington Post.* Retrieved from http://www. washingtonpost. com/blogs/the-switch/wp/2013/12/10/nsa-uses-google-cookies-to-pinpoint-targets-for-hacking/

Sommer, P., & Brown, I. (2011). *Reducing systemic cybersecurity risk.* Retrieved from http://www. oecd. org/governance/risk/46889922. pdf

Spencer, A. (2014). The "new terrorism" of al-Qaeda is not so new. In S. Gottlieb (Ed.), *Debating terrorism and counterterrorism: Conflicting perspectives on causes, contexts, and responses* (2nd ed.) (pp. 1 - 15).

Thousand Oaks, CA: CQ Press.

Sproat, P. A. (1991). Can the state be terrorist? *Terrorism*, *14* (1), 19 – 30.

Stockholm International Peace Research Institute. (2013). *SIPRI Yearbook 2013: Armaments, disarmament and international security*. New York, NY: Oxford University Press.

Stockholm International Peace Research Institute. (2014). *SIPRI Yearbook 2014: Armaments, disarmament and international security*. New York, NY: Oxford University Press.

Stahn, C. (2006). 'Jus ad bellum', 'jus in bello' … 'jus post bellum'? —Rethinking the conception of the law of armed force. *European Journal of International Law*, *17* (5), 921 – 943.

Stana, R. M. (2005). *Homeland security: Key cargo security programs can be improved*. Washington, DC: Government Accountability Office.

Stein, S. M., et al. (2013). *Wildfire, wildlands, and people: Understanding and preparing for wildfire in the wildland-urban interface—a Forests on the Edge report*. Fort Collins, CO: U. S. Department of Agriculture, Forest Service, Rocky Mountain Research Station. Retrieved from http://www.fs.fed.us/openspace/fote/reports/GTR – 299.pdf

Steinitz, M. S. (2003). *Middle East terrorist activity in Latin America*. Washington, DC: Center for Strategic and International Studies.

Steyn, J. (2004). Guantanamo Bay: The legal black hole. *International and Comparative Law Quarterly*, *53* (1), 1 – 15.

Stohl, M. (2012). State terror: The theoretical and practical utilities and implications of a contested concept. In R. Jackson & S. J. Sinclair (Eds.), *Contemporary debates on terrorism* (pp. 43 – 50). London, England: Routledge.

Stohl, M., & Lopez, C. A. (Eds.). (1984). *The state as terrorist: The dynamics of governmental violence and repression*. London, England: Aldwych.

Suder, G. G. S. (Ed.). (2004). *Terrorism and the international business environment: The security-business nexus*. Cheltenham, England: Edward

Elgar.

Sullivan, S. (2013, June 18). NSA head: Surveillance helped thwart more than 50 terror plots. *The Washington Post*. Retrieved from http://www.washingtonpost.com/blogs/post-politics/wp/2013/06/18/nsa-head-surveillance-helped-thwart-more-than-50-terror-attempts/

Suttmoeller, M., Chermak, S., Freilich, J. D., & Fitzgerald, S. (2011). Radicalization and risk assessment. In L. W. Kennedy & E. F. McGarrell (Eds.), *Crime and terrorism risk: Studies in criminology and criminal justice* (pp. 81 – 96). New York, NY: Routledge.

Svendsen, A. D. M. (2010). Re-fashioning risk: Comparing UK, US and Canadian security and intelligence efforts against terrorism. *Defence Studies*, *10*, 307 – 335.

Swiss Re Group. (2012, December 19). Sigma preliminary estimates for 2012: Insurers to pay for close to half of the USD 140 billion in economic losses caused by natural catastrophes and man-made disasters [Press release]. Retrieved from http://www.swissre.com/media/news_releases/nr_20121219_sigma_natcat_estimates_2012.html

Swiss Re Group. (2013). *Building a sustainable energy future: Risks and opportunities*. Zurich, Switzerland: Swiss Reinsurance Company Limited.

Syphard, A. D., Radeloff, V. C., Hawbaker, T. J., & Stewart, S. I. (2009). Conservation threats due to human-caused increases in fire frequency in Mediterranean-climate ecosystems. *Conservation Biology*, *23* (3), 758 – 769.

Tanner, M. D. (2015, March 4). Do we need the DHS? [Web log post]. Retrieved from http://www.cato.org/publications/commentary/do-we-need-dhs

Taylor, P. (Writer), & Rudin, M. (Director). (2012). Episode 1 [Television series episode]. In S. Bagnall (Executive producer), *Modern spies*. London, England: BBC Productions.

Text: President Bush addresses the nation. (2001, September 20). *The Washington Post*. Retrieved from http://www.washingtonpost.com/wp-srv/nation/specials/attacked/transcripts/bushaddress_092001.html

The threat posed by the convergence of organized crime, drug trafficking, and terrorism Hearing before the Subcommittee on Crime of the House Judiciary Committee, 106th Cong. 86 – 121 (2000) (testimony of Ralf Mutschke).

Timberg, C., & Soltani, A. (2013, December 13). By cracking cellphone code, NSA has capacity for decoding private conversations. *The Washington Post*. Retrieved from http://www.washingtonpost.com/business/technology/by-cracking-cellphone-code-nsa-has-capacity-for-decoding-private-conversations/2013/12/13/e119b598-612f-11e3-bf45-61f69f54fc5f_story.html

Tucker, J. B. (2002). Chemical terrorism: Assessing threats and responses. In National Research Council (Ed.), *High-impact terrorism: Proceedings of a Russian-American workshop* (pp. 117 – 133). Washington, DC: National Academy Press.

Tull, M. (2011, September). *Node 4 socioeconomic implications of EBFM: Overview*. Presentation to the WAMSI Conference, Fremantle, Australia.

U. K. Cabinet Office. (2008). *The national security strategy of the United Kingdom: Security in an interdependent world*. London, England: The Stationery Office.

U. K. Cabinet Office. (2010). *A strong Britain in an age of uncertainty: The national security strategy*. London, England: The Stationery Office.

U. K. Cabinet Office. (2013). *UK civil protection lexicon* (Version 2. 1. 1).

U. K. Home Office. (2010). *The United Kingdom's strategy for countering chemical, biological, radiological and nuclear (CBRN) terrorism*. London, England: Crown.

U. K. House of Commons. (2006). *Report of the official account of the bombings in London on 7th July 2005*. London, England: The Stationery Office. Retrieved from https://www.gov.uk/government/uploads/system/uploads/attachment_data/file/228837/1087.pdf

U. K. House of Commons, Defence Committee. (2014). *Afghanistan—Camp Bastion attack: Thirteenth report of session 2013 – 14*. London, England: The Stationery Office. Retrieved from http://www.publications.parliament.uk/pa/cm201314/cmselect/cmdfence/830/830.pdf

U. K. Information Commissioner's Office. (2006). *What price privacy? The unlawful trade in confidential personal information*. London, England: The Stationery Office.

U. K. Ministry of Defence. (2009). *Security and stabilisation: The military contribution* (Joint Doctrine Publication 3 – 40). Retrieved from https://www.gov.uk/government/uploads/system/uploads/attachment_data/file/43330/jdp340prom18novweb.pdf

U. K. Ministry of Defence. (2010). *Global strategic trends—out to 2040* (4th ed.). Shrivenham, England: Author. Retrieved from https://www.gov.uk/government/uploads/system/uploads/attachment_data/file/33717/GST4_v9_Feb10.pdf

U. K. Prime Minister's Strategy Unit. (2005). *Investing in prevention: An international strategy to manage risks of instability and improve crisis response*. London, England: Author.

U. K. Secretary of State for the Home Department. (2011). *CONTEST: The United Kingdom's strategy for countering terrorism*. London, England: The Stationery Office.

U. N. Conference on Trade and Development. (2008). *Review of maritime transport 2008*. Retrieved from http://unctad.org/en/Docs/rmt2008annex_en.pdf

U. N. Conference on Trade and Development. (2011). *Review of maritime transport 2011*. Retrieved from http://unctad.org/en/docs/rmt2011_en.pdf

U. N. Department of Peacekeeping Operations & Department of Field Support. (2008). *United Nations peacekeeping operations: Principles and guidelines*. New York, NY: Author.

U. N. Development Programme. (1994). *Human development report 1994*. New York, NY: Oxford University Press. Retrieved from http://hdr.undp.org/sites/default/files/reports/255/hdr_1994_en_complete_nostats.pdf

U. N. International Strategy for Disaster Reduction. (2009). *UNISDR terminology on disaster risk reduction*. New York, NY: Author.

U. N. Office for the Coordination of Humanitarian Affairs. (2004). *Glossary of humanitarian terms in relation to the protection of civilians in armed conflict*. New York, NY: Author.

U. N. Office for the Coordination of Humanitarian Affairs. (2009). *Human security in theory and practice: Application of the human security concept and the United Nations Trust Fund for Human Security*. New York, NY: Author. Retrieved from http://www.tr.undp.org/content/dam/turkey/docs/news-from-new-horizons/issue-41/UNDP-TR-HSHandbook_2009.pdf

U. N. Office on Drugs and Crime. (2009). *World drug report 2009*. Retrieved from http://www.unodc.org/documents/wdr/WDR_2009/WDR2009_eng_web.pdf

U. N. Office on Drugs and Crime. (2010a). *The globalization of crime: A transnational organized crime threat assessment*. Vienna, Austria: Author.

U. N. Office on Drugs and Crime. (2010b). *World drug report 2010*. Retrieved from http://www.unodc.org/documents/wdr/WDR_2010/World_Drug_Report_2010_lo-res.pdf

U. N. Office on Drugs and Crime. (2011a). *Estimating illicit financial flows resulting from drug trafficking and other transnational organized crimes*. Retrieved from http://www.unodc.org/documents/data-and-analysis/Studies/Illicit_financial_flows_2011_web.pdf

U. N. Office on Drugs and Crime. (2011b). *World drug report 2011*. Retrieved from http://www.unodc.org/documents/data-and-analysis/WDR2011/World_Drug_Report_2011_ebook.pdf

U. N. Office on Drugs and Crime. (2014). *World drug report 2014*. Retrieved from http://www.unodc.org/documents/wdr2014/World_Drug_Report_2014_web.pdf

U. N. Office on Drugs and Crime. (2015). Organized crime. Retrieved from http://www.unodc.org/unodc/en/organized-crime/index.html#what_organized_crime

U. N. Office of the High Commissioner for Human Rights. (2015, March 26). Human Rights Council creates mandate of Special Rapporteur on the right to privacy. Retrieved from http://www.ohchr.org/EN/NewsEvents/Pages/DisplayNews.aspx?NewsID=15763&LangID=E

Update of efforts to combat piracy: Hearing before the House Transportation and Infrastructure Subcommittee on Coast Guard And Maritime Transportation, 113th Cong. (2013) (testimony of Duncan Hunter).

U.S. Centers for Disease Control and Prevention. (n.d.). Bioterrorism agents/diseases. Retrieved from http://www.bt.cdc.gov/agent/agentlist.asp

U.S. Centers for Disease Control and Prevention. (2007). Bioterrorism overview. Retrieved from http://www.bt.cdc.gov/bioterrorism/overview.asp

U.S. Centers for Disease Control and Prevention. (2011). *A national strategic plan for public health preparedness and response.* Retrieved from http://www.cdc.gov/phpr/publications/2011/a_natl_strategic_plan_for_preparedness_20110901a.pdf

U.S. Commission on National Security/21st Century. (2001). *Road map for national security: Imperative for change.* Retrieved from http://www.au.af.mil/au/awc/awcgate/nssg/phaseIIIfr.pdf

U.S. Computer Emergency Readiness Team. (2013). Insider threat. Retrieved from http://www.cert.org/insider-threat/index.cfm

U.S. Computer Emergency Readiness Team. (n.d.). About us. Retrieved from https://www.us-cert.gov/about-us

U.S. Customs and Border Protection. (2012). *2012 – 2016 border patrol strategic plan.* Retrieved from http://www.cbp.gov/sites/default/files/documents/bp_strategic_plan.pdf

U.S. Defense Science Board. (2013). *Resilient military systems and the advanced cyber threat.* Retrieved from http://www.acq.osd.mil/dsb/reports/ResilientMilitarySystems.CyberThreat.pdf

U.S. Department of Defense. (2005). *The national defense strategy of the United States of America.* Retrieved from http://www.globalsecurity.org/military/library/policy/dod/nds-usa_mar2005.htm

U.S. Department of Defense. (2006). *Quadrennial defense review report.* Retrieved from http://www.defense.gov/qdr/report/Report20060203.pdf

U. S. Department of Defense. (2008a). *National defense strategy*. Retrieved from http://www.defense.gov/news/2008%20National%20Defense%20Strategy.pdf

U. S. Department of Defense. (2008b). *Unified facilities criteria (UFC): DoD security engineering facilities planning manual* (UFC 4-020-01). Retrieved from https://pdc.usace.army.mil/library/ufc/4-020-01

U. S. Department of Defense. (2010). *Dictionary of military and associated terms*. Washington, DC: Author.

U. S. Department of Defense. (2012). *Unified facilities criteria (UFC): DoD minimum antiterrorism standards for buildings* (UFC 4-010-01). Retrieved from https://pdc.usace.army.mil/library/ufc/4-010-01/

U. S. Department of Defense. (2013). *Military and security developments involving the People's Republic of China 2013*. Retrieved from http://www.defense.gov/pubs/2013_China_Report_FINAL.pdf

U. S. Department of Defense. (n. d.). Guantanamo Bay. Retrieved from http://www.defense.gov/home/features/gitmo

U. S. Department of Homeland Security. (2006). *Progress in developing the National Asset Database* (OIG-06-40). Retrieved from http://www.nytimes.com/packages/pdf/politics/20060711_DHS.pdf

U. S. Department of Homeland Security. (2009). *National infrastructure protection plan: Partnering to enhance protection and resiliency*. Retrieved from https://www.dhs.gov/xlibrary/assets/NIPP_Plan.pdf

U. S. Department of Homeland Security. (2010). *DHS risk lexicon: 2010 edition*. Retrieved from https://www.dhs.gov/xlibrary/assets/dhs-risk-lexicon-2010.pdf

U. S. Department of Homeland Security. (2011). *National preparedness goal* (1st ed.). Retrieved from http://www.fema.gov/media-library-data/20130726-1828-25045-9470/national_preparedness_goal_2011.pdf

U. S. Department of Homeland Security. (2013a). *NIPP 2013: Partnering for critical infrastructure security and resilience*. Retrieved from http://www.dhs.gov/sites/default/files/publications/NIPP%202013_Partnering%20

for%20Critical%20Infrastructure%20Security%20and%20Resilience_508_0. pdf

U. S. Department of Homeland Security. (2013b). *Privacy impact assessment for the enhanced cybersecurity services (ECS)*. Retrieved from http://www. dhs. gov/sites/default/files/publications/privacy/privacy_pia_nppd_ecs_jan2013. pdf

U. S. Department of Homeland Security. (2013c, August 27). Remarks by Secretary of Homeland Security Janet Napolitano at the National Press Club. Retrieved from http://www. dhs. gov/news/2013/08/27/remarks-secretary-homeland-security-janet-napolitano-national-press-club

U. S. Department of Homeland Security. (2014). *2014 quadrennial homeland security review*. Washington, DC: Author.

U. S. Department of Justice. (2014). *Semiannual report to congress: October 1, 2013-March 31, 2014*. Retrieved from https://oig. justice. gov/semiannual/1405. pdf

U. S. Department of State. (2002). U. S. -Canada smart border/30 point action plan update. Retrieved from http://2001-2009. state. gov/p/wha/rls/fs/18128. htm

U. S. Department of State. (2006). *Overseas security policy board, security standards and policy handbook* (12 FAH -6). Washington, DC: Author.

U. S. Department of State. (2012). G8 global partnership agrees to biosecurity deliverables document. Retrieved from http://www. state. gov/t/isn/gp2013/rls/docs/196021. htm

U. S. Federal Bureau of Investigation. (n. d.). What we investigate. Retrieved from http://www. fbi. gov/albuquerque/about-us/what-we-investigate

U. S. Federal Bureau of Investigation. (2013, May 31). Act of terror averted: Would-be bomber sentenced in Chicago. Retrieved from http://www. fbi. gov/news/stories/2013/may/would-be-bomber-sentenced-in-chicago/would-be-bomber-sentenced-in-chicago

U. S. Federal Emergency Management Agency. (1992). *Federal response plan, with revisions*. Washington, DC: Author.

U. S. Federal Emergency Management Agency. (2008). *A nation prepared: Federal Emergency Management Agency strategic plan, fiscal years 2003 – 2008*. Washington, DC: Author. Retrieved from http://www.fema.gov/pdf/library/fema_strat_plan_fy03-08 (append).pdf

U. S. Federal Emergency Management Agency. (2009). *Target capabilities list user guide*. Retrieved from https://info.public intelligence.net/TargetCapabilitiesUserGuide_17February2009.pdf

U. S. Federal Emergency Management Agency. (2011). *Evolving terrorist attack: Long-termtrends and drivers and their implications for emergency management.* Retrieved from http://www.fema.gov/pdf/about/programs/oppa/evolving_terrorist_threat.pdf

U. S. Federal Emergency Management Agency. (2013). *The Stafford act: Robert T. Stafford disaster relief and emergency assistance act, as amended.* Retrieved from https://www.fema.gov/media-library/assets/documents/15271?fromSearch = fromsearch&id = 3564

U. S. Geological Survey. (2015). Earthquakes with 1,000 or more deaths 1900 – 2014. Retrieved from http://earthquake.usgs.gov/earthquakes/world/world_deaths.php

U. S. Government Accountability Office. (1998). *Combating terrorism: Threat and risk assessments can help prioritize and target program investments* (GAO/NSIAD –98 –74). Washington, DC: Author.

U. S. Government Accountability Office. (2005a). *Critical infrastructure protection: Department of Homeland Security faces challenges in fulfilling cybersecurity responsibilities* (GAO –05 –434). Washington, DC: Author.

U. S. Government Accountability Office. (2005b). *Protection of chemical and water infrastructure: Federal requirements, actions of selected facilities, and remaining challenges* (GAO –05 –327). Washington, DC: Author.

U. S. Government Accountability Office. (2005c). *Risk management: Further refinements needed to assess risks and prioritize protective measures at ports and other critical infrastructure* (GAO – 06 – 91). Washington, DC: Author.

U. S. Government Accountability Office. (2007). *Critical infrastructure protection: Sector plans and sector councils continue to evolve* (GAO – 07 – 706R). Washington, DC: Author.

U. S. Government Accountability Office. (2008a). *Homeland security: DHS risk-based grant methodology is reasonable, but current version's measure of vulnerability is limited* (GAO – 08 – 852). Washington, DC: Author.

U. S. Government Accountability Office. (2008b). *Homeland Security Grant Program (HSGP) risk-based distribution methods: Presentation to congressional committees, November 14, 2008 and December 15, 2008* (GAO – 09 – 168). Retrieved from http://www.gao.gov/assets/100/95917.pdf

U. S. Government Accountability Office. (2008c). *Supply chain security: CBP works with international entities to promote global customs security standards and initiatives, but challenges remain* (GAO – 08 – 538). Washington, DC: Author.

U. S. Government Accountability Office. (2009a). *Aviation security: DHS and TSA have researched, developed, and begun deploying passenger checkpoint screening technologies, but continue to face challenges* (GAO – 10 – 128). Washington, DC: Author.

U. S. Government Accountability Office. (2009b). *State Department: Diplomatic security's recent growth warrants strategic review* (GAO – 10 – 156). Washington, DC: Author.

U. S. Government Accountability Office. (2010a). *Climate change: A coordinated strategy could focus federal geoengineering research and inform governance efforts* (GAO-10-903). Washington, DC: Author.

U. S. Government Accountability Office. (2010b). *Employment verification: Federal agencies have taken steps to improve E-Verify, but significant challenges remain* (GAO – 11 – 146). Washington, DC: Author.

U. S. Government Accountability Office. (2012). *Maritime infrastructure: Opportunities exist to improve the effectiveness of federal efforts to support the marine transportation system* (GAO – 13 – 80). Washington, DC: Author.

U. S. Government Accountability Office. (2013). *Cybersecurity: National strategy, roles, and responsibilities need to be better defined and more effectively implemented* (GAO - 13 - 187). Washington, DC: Author.

U. S. Homeland Security Council. (2007). *National strategy for homeland security*. Retrieved from http://www. dhs. gov/xlibrary/assets/nat_ strat_ homelandsecurity_2007. pdf

U. S. Immigration and Customs Enforcement. (n. d.). A day in the life of ICE enforcement and removal operations. Retrieved from http://www. ice. gov/ doclib/news/library/factsheets/pdf/day-in-life-ero. pdf

U. S. National Center for Atmospheric Research. (2010, October 19). Climate change: Drought may threaten much of globe within decades. Retrieved from https://www2. ucar. edu/atmosnews/news/2904/climate-change-drought-may-threaten-much-globe-within-decades

U. S. National Counterintelligence and Security Center. (n. d.). Insider threat. Retrieved from http://www. ncsc. gov/issues/ithreat/

U. S. National Hurricane Center. (2013). Saffir-Simpson hurricane wind scale. Retrieved from http://www. nhc. noaa. gov/aboutsshws. php

U. S. National Intelligence Council. (2012). *Global trends 2030: Alternative worlds*. Retrieved from http://www. dni. gov/files/documents/GlobalTrends_ 2030. pdf

U. S. National Interagency Fire Center. (2015). Total wildland fires and acres (1960 - 2009). Retrieved from https://www. nifc. gov/fireInfo/fireInfo_ stats_ totalFires. html

U. S. National Nuclear Security Administration. (2014). *GTRI: Reducing nuclear threats*. Retrieved from http://nnsa. energy. gov/mediaroom/factsheets/ reducingthreats

U. S. National Science and Technology Council. (2011). *A national strategy for CBRNE standards*. Retrieved from https://www. whitehouse. gov/sites/default/ files/microsites/ostp/chns_ cbrne_ standards_ final_24_ aug_ 11. pdf

U. S. National Security Council. (n. d.). Strategy to combat transnational organized crime: Definition. Retrieved from https://www. whitehouse. gov/

administration/eop/nsc/transnational-crime/definition

U. S. National Security Council. (2009). *National strategy for countering biological threats*. Retrieved from http://www.whitehouse.gov/sites/default/files/National_Strategy_for_Countering_BioThreats.pdf

U. S. National Weather Service. (2009). Glossary. Retrieved from http://w1.weather.gov/glossary/

U. S. National Weather Service. (2014). The enhanced Fujita scale. Retrieved from http://www.srh.noaa.gov/oun/?n=efscale

U. S. Office of Homeland Security. (2002). *National strategy for homeland security*. Retrieved from http://www.dhs.gov/publication/first-national-strategy-homeland-security

U. S. Office of the National Counterintelligence Executive. (2011). *Foreign spies stealing US economic secrets in cyberspace: Report to Congress on foreign economic collection and industrial espionage, 2009 – 2011*. Retrieved from http://www.ncsc.gov/publications/reports/fecie_all/Foreign_Economic_Collection_2011.pdf

U. S. Transportation Security Administration. (2013). Programs and initiatives. Retrieved from http://www.tsa.gov/stakeholders/programs-and-initiatives-1

U. S. White House. (n. d.). *Strategy to combat transnational organized crime*. Retrieved from https://www.whitehouse.gov/administration/eop/nsc/transnational-crime/strategy

U. S. White House. (1998). Presidential Decision Directive/NSC – 63. Retrieved from http://fas.org/irp/offdocs/pdd/pdd-63.htm

U. S. White House. (2002). *National strategy to combat weapons of mass destruction*. Retrieved from http://fas.org/irp/offdocs/nspd/nspd-wmd.pdf

U. S. White House. (2003). *National strategy for combating terrorism*. Retrieved from http://fas.org/irp/threat/ctstrategy.pdf

U. S. White House. (2009, October 1). National Cybersecurity Awareness Month. Retrieved from https://www.whitehouse.gov/the_press_office/Presidential-Proclamation-National-Cybersecurity-Awareness-Month/

U. S. White House. (2011a). *International strategy for cyberspace: Prosperity, security, and openness in a networked world.* Retrieved from https://www.whitehouse.gov/sites/default/files/rss_viewer/international_strategy_for_cyberspace.pdf

U. S. White House. (2011b). *National strategy for counterterrorism.* Retrieved from http://www.whitehouse.gov/sites/default/files/counterterrorism_strategy.pdf

U. S. White House. (2011c, February 4). Declaration by President Obama and Prime Minister Harper of Canada—Beyond the Border. Retrieved from https://www.whitehouse.gov/the-press-office/2011/02/04/declaration-president-obama-and-prime-minister-harper-canada-beyond-bord

U. S. White House. (2011d, December 7). Fact sheet: U. S. -Canada Beyond the Border and Regulatory Cooperation Council initiatives. Retrieved from https://www.whitehouse.gov/the-press-office/2011/12/07/fact-sheet-us-canada-beyond-border-and-regulatory-cooperation-council-in

U. S. White House. (2012). Presidential Policy Directive 20: U. S. cyber operations policy. Retrieved from http://fas.org/irp/offdocs/ppd/ppd-20.pdf

U. S. White House. (2013a, February 12). Presidential policy directive—critical infrastructure security and resilience. Retrieved from https://www.whitehouse.gov/the-press-office/2013/02/12/presidential-policy-directive-critical-infrastructure-security-and-resil

U. S. White House. (2013b, February 12). Remarks by the president in the state of the union address. Retrieved from https://www.whitehouse.gov/the-press-office/2013/02/12/remarks-president-state-union-address

U. S. White House. (2014, September 24). Fact sheet: Comprehensive U. S. government approach to foreign terrorist fighters in Syria and the broader region. Retrieved from https://www.whitehouse.gov/the-press-office/2014/09/24/fact-sheet-comprehensive-us-government-approach-foreign-terrorist-fighte

Varese, F. (2001). *The Russian Mafia: Private protection in a new market economy.* New York, NY: Oxford University Press.

Varese, F. (2012). How mafias take advantage of globalization: The Russian Mafia in Italy. *British Journal of Criminology*, *52* (2), 235 – 253.

Verizon Enterprise Solutions. (2013). *2013 data breach investigations report*. Retrieved from http://www. verizonenterprise. com/DBIR/2013/

Verizon Enterprise Solutions. (2014). *2014 data breach investigations report*. Retrieved from http://www. verizonenterprise. com/DBIR/2014/

Veselovsky, S. (2013). *Wars of the future*. Retrieved from http://russiancouncil. ru/en/inner/?id_4 = 1318

Wardlaw, G. (1989). *Political terrorism: Theory, tactics, and counter-measures* (2nd ed.). Cambridge, England: Cambridge University Press.

Waring, A. E., & Glendon, A. I. (1998). *Managing risk*. London, England: Thomson Learning.

Warrick, J., & Slevin, P. (2004, January 24). Probe of Libya finds nuclear black market. *The Washington Post*, A1.

Watkins, E. (2007). A case for 100-percent scanning: Not proven. *Homeland Defense Journal*, *5* (11), 16.

Weapons of Mass Destruction Commission. (2006). *Weapons of terror: Freeing the world of nuclear, biological, and chemical arms*. Grafiska, Stockholm: Author.

Websense. (2013). *2013 threat report*. Retrieved from http://www. websense. com/assets/reports/websense-2013-threat-report. pdf

Weinberg, L., & Pedahzur, A. (2003). *Political parties and terrorist groups*. London, England: Routledge.

Weinberg, L., Pedahzur, A., & Hirsch-Hoefler, S. (2004). The challenges of conceptualizing terrorism. *Terrorism and Political Violence*, *16* (4), 777 – 794.

Westerling, A. L., Hidlago, H. G., Cayan, D. R., & Swetman, T. W. (2006). Warming and earlier spring increase western U. S. forest wildfire activity. *Science*, *313*, 940 – 943.

Weston, G., Greenwald, G., & Gallagher, R. (2013, November 27). New Snowden docs show U. S. spied during G20 in Toronto. *CBC News*. Retrieved from http://www. cbc. ca/m/touch/news/story/1. 2442448

Whitlock, C. (2014, November 26). Near-collisions between drones, airliners surge, new FAA reports show. *The Washington Post*. Retrieved from http://www. washingtonpost. com/world/national-security/near-collisions-between-drones-airliners-surge-new-faa-reports-show/2014/11/26/9a8c1716-758c-11e4-bd1b-03009bd3e984_story. html

Wight, C. (2012). State terrorism: Who needs it? In R. Jackson & S. J. Sinclair (Eds.), *Contemporary debates on terrorism* (pp. 50 – 57). London, England: Routledge.

Wilkinson, P. (1977). *Terrorism and the liberal state*. London, England: Macmillan.

Wilkinson, P. (2010). Terrorism. In V. Mauer & M. D. Cavelty (Eds.), *The Routledge handbook of security studies*. London, England: Routledge.

Wilkinson, P. (2012). The utility of the concept of terrorism. In R. Jackson & S. J. Sinclair (Eds.), *Contemporary debates on terrorism* (pp. 11 – 16). London, England: Routledge.

Williams, P. (2011). Terrorist networks. In P. Shemella (Ed.), *Fighting back: What governments can do about terrorism* (pp. 27 – 43). Stanford, CA: Stanford Security Studies.

Williscroft, J. (2003, February 15). Shipping container security. *HotQuant*.

Wilson, C. (2003). *Computer attack and cyber terrorism: Vulnerabilities and policy issues for Congress*. Washington, DC: Congressional Research Service.

Wilson, S., & Gearan, A. (2013, October 28). Obama didn't know about surveillance of U. S. -allied world leaders until summer, officials say. *The Washington Post*. Retrieved from http://www. washingtonpost. com/politics/obama-didnt-know-about-surveillance-of-us-allied-world-leaders-until-summer-officials-say/2013/10/28/0cbacefa-4009-11e3-a751-f032898f2dbc_story. html?wpisrc = nl_cuzheads

Wisner, B., Blaikie, P., Cannon, T., & Davis, I. (2004). *At risk: Natural hazards, people's vulnerability and disasters* (2nd ed.). London, England: Routledge.

Wispinski, J. (2006). *The USA PATRIOT act and Canada's anti-terrorism act: Key differences in legislative approach.* Retrieved from http://www.parl.gc.ca/content/lop/researchpublications/prb0583-e.htm

World Bank. (2005). *Afghanistan—state building, sustaining growth, and reducing poverty.* Washington, DC: Author.

World Economic Forum. (2009). *ICT for economic growth: A dynamic ecosystem driving the global recovery.* Retrieved from http://www3.weforum.org/docs/WEF_IT_DynamicEcosystem_Report_2009.pdf

World Economic Forum. (2014). *Global risks 2014* (9th ed.). Geneva, Switzerland: Author. Retrieved from http://www3.weforum.org/docs/WEF_GlobalRisks_Report_2014.pdf

World Health Organization. (2009). *Global health risks: Mortality and burden of disease attributable to selected major risks.* Geneva, Switzerland: Author.

World Health Organization. (2015). Global burden of disease. Retrieved from http://www.who.int/healthinfo/global_burden_disease/gbd/en/

Yannakogeorgos, P. A. (2011). Privatized cybersecurity and the challenges of securing the digital environment. In L. W. Kennedy & E. F. McGarrell (Eds.), *Crime and terrorism risk: Studies in criminology and criminal justice* (pp. 255 – 267). New York, NY: Routledge.

索 引

Abdi, Nuradin, 104 (box)

Abdullah Azzam Brigades, 485 (box)

Abdulmutallab, Umar Farouk, 508 (box), 514, 516, 520

Abousamra, Ahmad, 105 (box)

Abu Sayyaf Group, 485 (box)

Access controls:

  assessing, 326 - 327, 327 (table)

  aviation security, 509, 510 - 511

  bypasses of, 327 - 329

  cybersecurity, 438 - 440

  defined, 326

  emergency refuges, 333 - 334

  emergency services and quick-reaction forces, 330 - 331

  exposure and, 312 - 313

  gates, 331 - 333

  guards, 329 - 330

  for telephones, 399

  vehicle survivability, 535

Accidents:

  aviation, 503

  ground transport, 524 - 526

  nuclear, 193, 194 - 195 (table), 196 - 197 (table), 198

Acheson, Dean, 9, 22

Achille Lauro (ship), 484 (box)

Actors:

  malicious, 505, 506 - 508 (box), 520 - 521

  nonstate, 74

  states as, 74, 78, 80

  state-sponsored, 78 - 79

  threat, 545, 546 (box)

Adelstein, Jake, 142

Advanced persistent threats, 388, 389, 422 - 423

Advanced Spectrographic Portal Program, 477

Afghanistan, 147 (figure), 207, 327 - 328, 342

Afghanistan military intervention, 112 - 113

Agriculture, 234, 354 (table)

Ahmad, Tahmeed, 101 (box)

Air cargo, 508 - 510

Air freight, 508 - 510

AIS. *See* Automatic Identification System

Albanian mafia, 146 - 147, 148

Aldosary, Abullatif, 102 (box)

Alexander, Keith, 103, 402, 414

Allen, Thad, 318 - 319
All hazards, 21, 307
All-hazards approach, 304, 306 - 307
All-hazards management, xviii
All-hazards preparedness, 306
All-hazards strategy, xvii
Alliance Development Works, 222 - 223, 224 - 225 (table), 226 - 227 (table)
Al -Qaeda:
activities, 88
American terrorism frequency, 98
aviation security, 507 (box), 508 (box)
guided missiles, 518
maritime terrorism, 485 (box), 486 (box)
postal communications, 397
public opinion, 88
structure, 107
telephone communications, 402
as terrorist group, 83
U. S. strategy against, 87 - 88, 112, 113
weapons, 169, 170, 182, 198, 199
See also September 11, 2001 terrorist attacks
Alternatives to Detention (ATD) Program, 554, 555 (box)
American exceptionalism, 54 - 55 (box), 542
American experiment, 542
American values, as term, 9
Ammonium nitrate (AN), 206, 207
Ammonium nitrate aluminum (ANAL), 207
Ammonium nitrate and a fuel oil (ANFO), 206 - 207
Ammonium nitrate and sugar (ANS), 207
Ammonium nitrate-based explosives, 206 - 207
Amtrak, 366
Anderson, D., 92
Anderson, Ross, 361
Andreas, Peter, 126
Andrew, Hurricane, 230, 247
Anthracis, 178 (table), 180
Anthrax, 178 (table), 180
Antiaircraft weapons, 516 - 519
Anti-Money Laundering and Counterterrorist Finance (AML/CTF), 117
Antiterrorism, 79, 106
See also Counterterrorism
Anti-Terrorism Act (Canada), 58 - 59, 58 (table)
Anti-Terrorism Crime and Security Act (U. K.), 62
APT1 (cyber espionage group), 422 - 423
Arab Spring, 88 - 89
Arbatov, Georgi, 138
Arbitrage, jurisdictional, 127
Area, exposure by, 313
Area maritime-security committees, 461 (box), 475
Area maritime-security plans, 472
Aref, Yassin, 104 (box)
Argentina, 152 - 155 (box), 152 (map)
Armor, 532 - 534
Arrows, broken, 193
Artificial Earth-orbiting satellites, 278, 279 - 280
Artificial light, 339
Ashcroft, John, 42

Assault weapons, 211
Assessing emergencies:
economic returns, 291 - 292, 295 - 296, 295 (box)
environmental returns, 296 - 297, 297 (box)
objectively measuring returns, 289, 290 (table), 291, 292 (box), 293 - 294 (box), 299
subjectively judging returns, 288 - 289, 289 (table), 290 (table)
terminology, 288, 288 (box)
territorial or geopolitical insecurity, 298 - 299, 298 (box)
Asset inventory, infrastructure, 367 - 368, 372
Asteroids, 278, 279, 280
ATD Program. *See* Alternatives to Detention Program
Atlantic Rim, 241 - 242, 244 - 245
Atmospheric rivers, 252
ATS. See Automated Targeting System
Attack life cycle, 389
Attack vectors (information, communications, and cybersecurity):
cloud computing, 406 - 407
databases, 392 - 393
defined, 389 - 390
e-mail, 403 - 405
malware, 391 - 392
postal communications, 397
printed documents, 390
removable media devices and mobile devices, 405 - 406
social interaction, 394 - 395
social media, 395 - 397
telephone communications, 398 - 403
webpages, 393 - 394
wired networks, 407
wireless networks, 407 - 408
Attractor terrain, 324
AUMF. See Authorization for Use of Military Force
Aum Shinrikyo, 174, 179
Authority, 84
Authorization for Use of Military Force (AUMF), 55
Automated Biometric Identification System, 552
Automated Targeting System (ATS), 465, 470 (figure), 476
Automatic Identification System (AIS), 459, 476
Aviation, 502 - 503
Aviation security: antiaircraft weapons, 516 - 519
hazards and threats, 503 - 505, 506 - 508 (box), 520 - 521
international laws, 505 (box)
providing, 505, 508 - 516, 515 (box)
scope, 502 - 503
terrorism, 506 - 508 (box), 520 - 521
vignette, 502
Awlaki, Anwar al-, 46 - 47, 103, 105

Babas, 137 (table)
Bab el-Mandab, Strait of, 480, 480 (map)
Bacevich, Andrew, 9, 54 (box)

Backdoors, 423
Backscatter x-ray systems, 513, 514
Balloon effect, 150
Banking and finance, 354 (table), 432 - 433
Bank of Sicily, 122
Baohusang, 144
Bar armor, 534
Barot, Dhiren, 104 (box)
Beckner, Christian, 38 - 39
Bellavita, Christopher, 25, 28
Benefits, 288 (box)
Benghazi, Libya, 331 (box)
Benjamin, D., 114, 116
Best management practices, 494
Betts, Richard, 8
Beyond the Borders Action Plan, 60 - 61
Bhopal, India, 173
Bifurcation, 28n
Billeting, 341
Bindewald, Gilbert, 363
Bin Laden, Osama, 88, 198
  See also Al-Qaeda
Biodiversity, 234
Biological agents, 177
Biological hazards:
  defined, 168, 177
  forecasts, 181 - 183
  responses, 183 - 187
  types, 177, 178 - 179 (table), 179 - 181
Biological warfare agents, 177
Biological weapons, 177
Bioregulators, 177
Bioterrorism Risk Assessment, 547
Biotoxins, 177
Bishop, Charles, 101 (box)
Bjelopera, J. P., 547
Blagging, 394
Blair, Tony, 61, 64
Blast, 168, 203, 209
Blast barriers, 342 - 343
Blast caps, 206
Blasting caps, 206
Blast resistance, 534 - 535
Blister agents, 172
Block, Jessica, 281
Blood agents, 172
Bloomberg, Michael, 181
Blowup, 264
Bluetooth technology, 406
Body-borne improvised explosive devices, 204 - 205
Body imagers, 513 - 515
Body screening, 513 - 515
Bombs, 174 - 175, 205
Booz Allen Hamilton, 460
Border security:
  agencies, key U. S., 548 - 561
  immigration policy and, 562 - 563
  risk management and assessment, 546 - 548, 549 (box)
  scope, 542 - 543, 543 (figure), 544 - 545 (table), 545, 546 (box)
  vignette, 541 - 542
Border thickening, 59
Borgeson, K., 95 - 96
Borum, R., 95
Bosporus, 480
Boston Marathon bombing, 102 (box), 286 -

287
Botnets, 425
Bot-network operators, 378 – 379
Bottlenecks, 456
Bottom-Up Review (U. S. Department of Homeland Security), 26 (table), 27 (table)
Botulinum, 178 (table), 179
Botulism, 178 (table), 179
Braun, J. D., 45
Brazil, 152 – 155 (box), 152 (map), 201, 418 – 419
Bremer, L. Paul, III, 109 – 110
Brian, Dominic, 84
Bribery, 133
Brinsley, Ismaaiyl Abdullah, 102 (box)
Britain:
counterpiracy, 493
counterterrorism strategy, 110
habeas corpus, 56
homeland security, 16
human costs of terrorism, 92
human security and military stabilization operations, 8 (box)
infrastructure security, 362 (box)
national security, 14 – 16, 17 (table)
security definition, 5 (box)
site security, 328, 329, 337
terrorism definition, 77 – 78 (box)
See also United Kingdom
Broadwell, Paula, 384
Broken arrows, 193
Brown, Ali Muhammad, 102 (box)
Brown, Kevin, 559
Brown, Michael D., 303
Brucellosis, 178 (table)
Brucellosis cholera, 178 (table)
Bryan, D., 85
Budapest Convention, 409
Buffer zone protection plans, 369 (box)
Bunn, M., 167
Burqa, 328
Bush, George W.:
American exceptionalism, 54 (box)
counterterrorism, 111 – 114
cybersecurity, 445 – 446
emergency management, 303
homeland security, 18, 20, 22, 23
homeland threat level, 314 – 315
infrastructure security, 349
September 11, 2001
terrorist attacks, 50
telephone communications surveillance, 402
War Powers Resolution, 51
Byman, Daniel, 110

C4ISR, 19 – 20
Cabins, 516
Cabin security, 516
Caldwell, S. L., 471
California:
droughts, 239 (box)
earthquakes, 257, 263 (box)
fires, 265, 274
infrastructure security, 347
Camp Bastion, 213, 327 – 328, 336
Canada:
counterterrorism strategy, 110

espionage, 418 – 419
homeland security, 16
homeland security in law and policy, 57 – 61, 58 (table), 60 (table), 64 – 65, 65 (table)
national security, 11 – 14, 13 (table), 14 (table)
security definitions, 5 (box)
terrorism definition, 76 (box)
See also Public Safety Canada
Canada Command, 57 – 58
Canada Department of National Defence, 12
Canadian Safety & Security Program, 12
Canals, 455
Cannons, 517
Capability, 308, 309
Capacity, 116, 308 – 310
Carbon dioxide, 231, 235 – 236
Cargo security:
aviation security, 508 – 510
Container Security Initiative, xix, 62, 466 – 467, 467 (map), 469 (table), 470 (figure)
improving, 498 – 499
manifest rules, 465
maritime supply chain, 470 (figure)
port inspections, 469, 471
scope, 460 – 463, 463 (map)
screening, scanning, and inspecting, 466 (box)
Secure Freight Initiative, 468, 469 (table)
Smart Box Initiative, 468 – 469
traders, safe and trusted, 464 – 465
Carpintero-Santamaria, N., 176 (box)
Carrington Event, 276, 277
Carter, Jimmy, 302
Cascading failure, 360
Catastrophes, 287
CBP. *See* U. S. Customs and Border Protection
CDC. *See* U. S. Centers for Disease Control and Prevention
Center for Strategic and International Studies, 86, 445 – 446
Central Asia drug trade, 145 – 148, 147 (figure), 148 (map), 149 (map)
Centralized structure, 106
Changes of situation, 291
Channels, 455
Chao Pho, 136 (table)
Chechnya, 147 – 148, 201
Chemical explosive hazards, 168, 203
Chemical explosives:
defined, 168, 203
definitions, 202 – 205
effects, 208 – 209
materials, 205 – 208
responses, 209
Chemical explosive weapons, 168
Chemical hazards:
defined, 168, 172
forecasts of terrorist use, 175, 176 (box)
industrial hazards, 173
responses, 175 – 177
types, 172 – 173
use, 174 – 175
Chemical infrastructure security, 354 (table)
Chemical Terrorism Risk Assessment, 547
Chemical weapons, 168, 172 – 173

Cheney, Dick, 87
Chertoff, Michael, 47
Chicago, 72
Choke points, 456, 479 – 481, 480 (map)
Choking agents, 172
CIA. *See* U. S. Central Intelligence Agency
Ciancia, Paul Anthony, 512
CIKR. *See* Critical infrastructure and key resources
Citadels, 333, 495
Cities, most populous, 157 (map)
Ciudad del Este, Paraguay, 153 – 154 (box)
Civil Contingencies Act (U. K.), 62 – 63
Civil defense, 4 – 5 (box)
Civilian aviation, 502 – 503, 504, 506 (box)
Clapper, James R., Jr., 388
Clarke, Richard, 35, 36 (box), 47, 420, 519
Climate, 230, 265 – 266
Climate change:
  consequences, 232 – 234
  controlling, 234 – 236
  defined, 231
  fires and, 268, 269, 272
  global warming, 231 – 232, 238
  weather events and, 236 – 237
  See also Weather events
Climate migrants, 543
Clinton, Bill, 348, 426 – 427
Closed-circuit television, 339 (box)
Clostridum perfringens, 178 (table)
Clothing screening, 513
Cloud computing, 406 – 407
Coastal floods, 252
Coastal security, 560 (table)
Coast Guard Authorization Act (2010), 476
Coastlines, 233
Cocaine trafficking, 148, 150, 151 (map)
Cockpits, 515
Cockpit security, 515, 515 (box)
Code Red, Operation, 366
Collective security, 2, 4 (box)
Colombia, 150 – 151
Colombian syndrome, 146, 151
Combined Maritime Forces, 161, 493
Comets, 278
Commercial explosives, 206
Commercial facilities, 354 (table)
Commercial-grade explosives, 203
Commercially available fuels, 208
Commercial off-the-shelf (COTS) components, 364 – 365
Communicating emergencies:
  heat maps, 317
  risk matrices, 315 – 317, 315 (table), 316 (table), 317 (table)
  risk radars, 317
  risk scales, 314 – 315
  spatial maps, 318
  Communication, defined, 376
  Communications: ground transport security, 531
  infrastructure security, 354 (table)
  postal, 397
  surveillance of, 338
  telephone, 398 – 403

See also Information, communications, and cybersecurity
Computer viruses, 391
Confidential human sources, 102
Congressional Research Service, 24 – 25, 150
Coniferous forest fires, 267
Consequence management, 351
Consequences, 288 (box), 549 (box)
Container Security Initiative (CSI), xix, 62, 466 – 467, 467 (map), 469 (table), 470 (figure)
Containment areas, 333
CONTEST (strategy), 62, 114 – 115
Continental shelf, 455
Contingency planning, 300 (box)
Control effectiveness maps, 317
Controlled perimeters, 335 (box)
Controls over foreign seafarers, 474
Control systems, 426
Convention for the Suppression of Unlawful Acts Against the Safety of Civil Aviation, 81 (box), 505 (box)
Convention for the Suppression of Unlawful Acts Against the Safety of Maritime Navigation, 81 (box), 457 (box)
Convention for the Suppression of Unlawful Seizure of Aircraft, 81 (box), 505 (box)
Convention on Cybercrime, 409
Convention on Offenses and Certain Other Acts Committed on Board Aircraft, 81 (box), 505 (box)
Convention on the Physical Protection of Nuclear Material, 81 (box)
Convention on the Prevention and Punishment of Crimes Against Internationally Protected Persons, including Diplomatic Agents, 81 (box)
Convention on the Prohibition of the Development, Production, and Stockpiling of Bacteriological (Biological) and Toxic Weapons and on Their Destruction, 183
Cooperation in Science and Technology for Critical Infrastructure Protection and Other Homeland/Civil Security Matters, 62
Coordination, interorganizational, 107 – 108, 108 – 109 (table)
Corkins, Floyd Lee, II, 99
Corporate Security Review Program, 557 – 558
Correlates, 288
Cosmic objects, 278 – 280
Cosmic risks, 276 – 280
Cosmos, 276
Costs, 90 – 93, 288 (box)
COTS components. *See* Commercial off-the-shelf components
Counterfeiting, reverse, 387 (box)
Counterpiracy, 492 – 496
Countersurveillance, 337 – 338
Counterterrorism:
  assessing terrorist threat, 118 – 119
  building foreign capacity, 116
  countering terrorist financing, 116 – 117, 118 (box)
  defined, 106

optimism about, 88 - 89
organizational issues, 106 - 111, 108 - 109 (table)
United States, 72, 111 - 119
Counter-Terrorism Act (U. K.), 63
CRI. *See* Cyber Readiness Index
Crime-terrorist nexus, 131
Criminal groups, 379
Criminals, profit-oriented, 379, 380, 382 - 383
Critical infrastructure, 348 - 351, 351 (box), 352 (figure)
Critical infrastructure and key resources (CIKR), 349, 350, 358 (box)
Critical Infrastructure Cross-Sector Council, 357
Critical-infrastructure information, 359
Critical Infrastructure Information Act (2002), 359
Critical Infrastructure Partnership Advisory Council, 356
Critical-infrastructure sectors, 351, 352 (table)
Crown fires, 264
Cryptosporidium parvum, 178 (table)
CSI. *See* Container Security Initiative
Customs-Trade Partnership Against Terrorism (C-TPAT), 156, 158, 464, 469 (table), 470 (figure), 477
Cyber espionage, 380, 413 - 415, 415 (table)
Cyber physical systems, 377
Cyber readiness, 376, 448 - 449
Cyber Readiness Index (CRI), 449
Cyber sabotage:
defined, 424
Estonia, 2, 432
Iran, 432 - 433
North Korea, 433
private/experimental, 427 (box)
Russia, 432
Syria, 433 - 434
United States, 426 - 431, 428 (box)
Cybersecurity:
access controls, 438 - 440
cyber readiness, 376, 448 - 449
defense, 440 - 441
deterrence, 441
ground transport security and, 538 - 539
structure (U. S.), 441 - 447
threat assessment, 379 - 380, 380 (box), 381 (table)
transnational crime, 158
See also Information, communications, and cybersecurity
Cyberspace, 377 - 378
Cyber terrorism, 408
Cyber terrorists, 380
Cyber threats, 378, 379 - 380
Cyber warfare, 424
Cyclones. *See* Storms, hurricanes, cyclones, and typhoons

DALYs. *See* Disability-adjusted life years
Dams, 354 (table)
Data, 376
Databases, 392 - 393
Data privacy, 411

Death frequency, 292
Deaths:
earthquakes, 256 (table), 260 - 262
as human returns measure, 292 (box)
natural risks, 222 (table)
terrorism, 90 - 92
Decentralized structure, 106
Deception, 435
Deciduous and mixed forest fires, 266 - 267
Deepwater Horizon oil spill, 319
Defence area, 4 (box)
Defense, 4, 5 (box), 311, 440 - 441
Defense industrial base, 354 (table)
Defense readiness, 560 (table)
Defensible space, 275
Definitions, operational, 73
De jure belli ac pacis (*The Law of War and Peace*) (Grotius), 44 - 45, 44 (box)
Democratic Party of Japan, 142
Denial-of-service (DOS) attacks, 425 - 426
Deprivation, relative, 95
Der Spiegel, 416 - 417, 419
Detection and neutralization, 435
Deterrence, 441
Detonating cords, 206
DHS. *See* U. S. Department of Homeland Security
Diaspora, 130
Dining, Michael, 537 - 539
Diplomatic missions, 331, 331 (box), 342
Diplomatic vulnerability assessments, 312 (box)
Direct economic costs, 92 - 93
Director of National Intelligence, 29, 31 (table), 406
Dirty bombs, 201
Disability-adjusted life years (DALYs), 292 (box), 293 - 294 (box)
Disaster capitalism, 51
Disaster Relief and Emergency Assistance Act (1988), 287
Disasters, 287
Documents, printed, 390
DOD. *See* U. S. Department of Defense
Dogs, explosives detection, 513
Domain Name System (DNS) attacks, 425
Domestic Nuclear Detection Office, 475, 477, 561
DOS attacks. *See* Denial-of-service attacks
Drinking water, 354 (table)
Droughts, 237 - 239, 239 (box), 240 - 241 (table)
Drug interdiction, 560 (table)
Drug trade:
about, 135
Central Asian, 145 - 148, 147 (figure), 148 (map), 149 (map)
South American, 148, 150 - 151, 151 (map), 155
Dry movements, 253
Duke Energy, 173
Dumpster diving, 394
Dynamite, 201, 206

E. *coli*, 178 (table)
Earth movements, 253
Earthquakes:

causes, 255
costs, economic, 262 – 263, 263 (box)
deaths, human, 256 (table), 260 – 262
defined, 254
distribution, 257
frequency, 255, 256 (table), 257
intensity, 258 – 259 (table), 260
magnitude, 258 – 259 (table), 258 – 260
notable, 260 (box)
returns, 258 – 259 (table), 258 – 263, 263 (box)
See also Geological and geomorphic hazards
Eavesdropping, 413
Ecology, natural, 271 – 273, 272 (table)
Economic capacity, 308
Economic costs, direct, 92 – 93
Economic globalization, 127, 128, 130, 132 – 134, 348
Economic losses, total, 292
Economic policies, 128, 133
Economic returns, 291 – 292, 295 – 296, 295 (box)
Economics of securing critical infrastructure, 360 – 361, 362 (box), 363
Economic value, 291, 294 (box)
Ecoterrorists, 99
Edge of Disaster, The (Flynn), 365
Egypt, 88
EgyptAir, 515 (box)
Eilstrup-Sangiovanni, Mette, 107
EINSTEIN program system, 443
Eisenhower, Dwight D., 348
Eisenhower Interstate Highway System, 348
Electrical-power grid, 347, 363, 365 – 366, 373 – 374, 431
Electromagnetic energy weapons, 210
El Mundo, 417
ELN. *See* National Liberation Army
E-mail, 403 – 405
Emergencies, defined, 287
Emergency management:
assessing emergencies, 288 – 299
Canada, 12
capacity and capability, 308 – 310
communicating emergencies, 314 – 318, 315 (table), 316 (table), 317 (table)
complexities, addressing, 318 – 319
economic returns, 291 – 292, 295 – 296, 295 (box)
emergencies, defined, 287
environmental returns, 296 – 297, 297 (box)
exposure, 310, 311 – 314, 314 (box)
federal structure (U. S.), 302 – 308
objectively measuring returns, 289, 290 (table), 291, 292 (box), 293 – 294 (box), 299
returns, 288 – 299, 288 (box)
subjectively judging returns, 288 – 289, 289 (table), 290 (table)
terminology, 299, 300 – 301 (box), 301 – 302
territorial or geopolitical insecurity, 298 – 299, 298 (box)
vignette, 286 – 287
vulnerability, 310 – 311, 312, 312 (box)

Emergency refuges, 333 - 334
Emergency services, 330 - 331, 331 (box), 354 (table)
Emissions, reducing, 235
Energy hazards, 168
Energy sector, 347, 355 (table), 360, 363
Energy weapons, 168, 210
Enforcement and Removal Operations, 552, 553 - 554
Entrapment, 72, 102
Entry Summary Declaration (ENS), 465
Environmental Protection Agency, 353 (table)
Environmental returns, 296 - 297, 297 (box)
Environmental terrorists, 99
Epsilon toxin of *Clostridum perfringens*, 178 (table)
Escorts, 536 - 537
Espionage:
  cyber, 380, 413 - 415, 415 (table)
  defined, 408, 412
  Russia, 423 - 424
  scope, 412 - 413
  Syria, 424
  United States, 415 - 419
Estonia, 2, 432
Estuaries, 454
Ethnonationalist terrorists, 99
EU. *See* European Union
Europe, espionage by U. S. against, 415 - 418
European Institute for Crime Prevention and Control, 132 - 133
European Union (EU):
  counterasset regimes, 118 (box)
  espionage, 417
  ground transport security, 524
  homeland security, 65 - 66
  maritime security, 459 (box), 465
  terrorism definition, 76 - 77 (box)
  transnational crime, 122
Events, 287
Event trees, 547
E - Verify, 554 - 555
EVIL DONE (mnemonic), 325
Executive Order 13228, 22, 23, 28, 349
Explosively formed projectiles, 205
Explosives:
  ammonium nitrate-based, 206 - 207
  chemical, 168, 202 - 209
  commercial, 206
  commercial-grade, 203
  high, 203
  high-yield, 203
  military-grade, 203
  overlap between, 168
Explosives detection dogs, 513
Exposure, 311 - 314, 314 (box)
External threats, 378 - 379, 386 - 387
Eye, of cyclone, 239

Failed states, 155 - 156
FARC. *See* Revolutionary Armed Forces of Colombia
Farid, Rizik Amid, 453
Farris, Lyman, 104 (box)
FATF. *See* Financial Action Task Force
FBI. *See* U. S. Federal Bureau of Investigation

Federal Air Marshal Service, 516, 556
Federal emergencies, 287
Feinstein, Dianne, 417
FEMA. *See* U. S. Federal Emergency Management Agency
Financial Action Task Force (FATF), 159, 160 (table)
Finckenauer, J. O., 139, 140 (box)
Finklea, K. M., 547
Finton, Michael, 105 (box)
Firearms, 168, 210 - 213
Fire regimes, 271, 272 (table)
Fires:
  climate change and, 268, 269, 272
  controls, 274 - 276
  defined, 264
  distribution, 264 - 268
  frequency, 268 - 269, 270 (table)
  ignition, 264 - 265
  returns, 271 - 274, 272 (table)
  risks, 281
  vegetation and climate, 265 - 268
Firewise Communities, 275
First-aid kits, 536
First-generation immigrants, 97
FISC. *See* Foreign Intelligence Surveillance Court
Flame/Flamer (malware), 416
Flash floods, 252
Flash-memory, 405
Flooding attacks, 425
Floods, 237, 251 - 252, 281 - 282
Florida, 230, 274
Flynn, Stephen, 365, 498 - 499
Food, 354 (table)
Food security, 234
Footwear screening, 512
Force, monopoly of, 126
Force, projection of, 67
Foreign intelligence and security services, 388
Foreign Intelligence and Surveillance Act (1978), 53, 399 - 400, 401
Foreign intelligence services, 388
Foreign Intelligence Surveillance Court (FISC), 399 - 400, 402
Foreign seafarers, controls over, 474
Foz do Iguacu, Brazil, 153 - 154 (box)
Fracking, 255
FrameNet, 312
Framework of Standards to Secure and Facilitate Global Trade (SAFE Framework), 158, 464
France, 387 (box), 415, 416
Freedom Industries, 173
Freedom of Information Act (1966), 401
Friedman, Benjamin, 23, 24 (box)
Frustration-aggression, 95
Fuels, commercially available, 208
Fujita scale, enhanced, 250, 250 (table)
Fuk Ching, 136 (table)
Fuloria, Shailendra, 361
Fungibility, 292, 308 - 309
Fusion centers, 30, 357 - 358

G7 countries, 118 (box)
G8 countries, 170, 184
Gabler, N., 60

Gaines, L. K. , 35, 113 – 114, 176 (box)
GAO. *See* U. S. Government Accountability Office
Gap analysis, 311, 312 (box)
Gates, 331 – 333, 333 (box)
GCCs. *See* Government Coordinating Councils
Generic threat matrices, 380 (box), 381 (table)
Geological and geomorphic hazards:
causes, 253
defined, 253
past events, 253, 254 (table)
seismic, 254 – 263
volcanic, 263 – 264
See also Fires
Geomagnetic storms, 276 – 278
Geopolitical insecurity, 298 – 299, 298 (box)
Geopolitics, 18 – 20
Germany, 415, 416 – 417
Gibbs Van Brunschot, E. , 6 (box), 43, 61, 64, 306
Gibraltar, 481
Glanders, 178 (table)
Glass, protective, 344
Global Counterterrorism Forum, 116
Global Initiative to Combat Nuclear Terrorism, 200
Globalization, 127, 128, 130, 132 – 134, 348
Global Partnership Against the Spread of Weapons and Materials of Mass Destruction, 170, 184
Global Positioning System (GPS), 279, 531
Global Terrorism Database (GTD):
about, 73
American terrorism frequency, 97, 98
deadliest terrorist groups, 89
outcomes and costs of terrorism, 90
terrorism trends, 86
Global warming, 231 – 232, 238
See also Climate change
Global War on Terrorism, 47, 111 – 112
Global Zero, 199
Google, 420, 421
Gottlieb, Stuart, 82
Government Coordinating Councils (GCCs), 357
Government facilities, 355 (table)
Government security, 5 (box)
GPS. *See* Global Positioning System
Grassland fires, 264, 266
Great Britain. *See* Britain
Grenades, 205 – 206, 211, 516 – 517
Grotius, Hugo, 44 – 45, 44 (box)
Ground fires, 264
Ground transportation, 523
Ground transport infrastructure, 528 – 529
Ground transport security:
communications, 531
escorts and guards, 536 – 537
navigation, 531
providing, 528 – 530
resilience in, 537 – 539
scope, 523 – 524
threats and hazards, 524 – 527, 527 – 528 (box)

vehicle survivability, 531 – 536, 533 (table)
vignette, 523
GTD. *See* Global Terrorism Database
Guantanamo Detention Center, 55 – 57, 412 – 413
Guardian, 416, 417
Guards, 329 – 330, 536 – 537
Guerrillas, 80 – 82
Guided missiles, 517 – 519
Gulf of Guinea, 488
Gunaratna, Rohan, 82
Habeas corpus, 56 – 57, 56 (box)
Hackers, 378
Hactivists, 380
Hadayet, Hesham, 101 (box)
Haiyan, Typhoon, 245, 246, 249 (box)
Hamilton, Lee, 35, 52
Hammoud, Assem, 104 – 105 (box)
Hand grenades, 205 – 206
Hangover effect, 373
Haq, Naveed, 101 (box)
Hard security, 344
Harp, Jeffrey K., 163 – 164
Hart-Rudman Commission, 18
Hasan, Nidal, 101 (box), 103, 105
Hassoun, Sami Samir, 72
Hathaway, Melissa E., 448 – 449
Hawala, 154 (box)
Hayman, Colorado, 273 – 274
Hazards:
chemical, 168, 172 – 177, 176 (box)
chemical explosive, 168, 203
defined, 167, 218
energy, 168
industrial chemical, 173
natural, 218
radiological, 168, 200 – 202
rapid-onset, 220, 222 (table)
slow-onset, 220 – 221, 222 (table)
terrorist, 96
See also Geological and geomorphic hazards; Nuclear hazards; Seismic hazards
Health care, 355 (table)
Heat maps, 317
Heat waves, 237 – 239, 240 – 241 (table)
Heavy, protected patrol vehicles, 534
Heerkens, G. R., 300 (box)
Heijin, 136 (table)
Hells Angels, 137 (table)
Henry, Shawn, 446
Heroin trafficking, 145, 146, 148 (map), 149 (map)
Hess, Marcus, 414
Hierarchical organizations, 131 – 132
Hierarchies, 107
High casualty, 292
High explosives, 203
Highly enriched uranium, 167
High-occupancy family housing, 341
High seas, 455
High-yield explosives, 203
Hijackers, 526
HITRAC. *See* Homeland Infrastructure Threat and Risk Analysis Center
Hoffer, E. E., 176 (box)
Hoffman, Bruce, 74, 82, 84, 86
Holding pens, 333 (box)
Homegrown violent extremists, 103

Homeland Infrastructure Threat and Risk Analysis Center (HITRAC), 358, 358 (box)
Homeland security:
budgeting process, 32, 33 – 34 (table), 34
defined, 26 (table)
homeland security establishment, 28 – 30, 31 (table), 32
new conflict arena, 20 – 22
new geopolitics, era of, 18 – 20
risk, assessing, 43 – 44
security paradigm before 9/11, 16 – 18
as term, xviii, 23 – 25, 24 (box)
See also Homeland security in law and policy; U. S. Department of Homeland Security; *specific topics*
Homeland Security Act (2002), 22, 349, 351
Homeland Security Advisory System, 314 – 315
Homeland security in law and policy:
about, 47 – 49, 49 (table)
Canada, 57 – 61, 58 (table), 60 (table), 64 – 65, 65 (table)
United Kingdom, 61 – 65, 63 (table), 65 (table)
United States, 46 – 47, 49 – 57, 65 (table)
U. S. -European Union collaboration, 65 – 66
Homeland Security Presidential Directive 7 (HSPD – 7), 349
Homeland Security Presidential Directive 13 (HSPD – 13), 471
Homeland Security Presidential Directive 19 (HSPD – 19), 209
Homeland threat level, 314 – 315
Honderich, Ted, 80
Hormuz, Strait of, 479, 480 (map)
Horn of Africa, 488
Hossein, Mohammed, 104 (box)
Hot spots, 313
HSC. *See* U. S. Homeland Security Council
Huawei, 421
Human-access controls, 510 – 511
Human bombs, 204 – 205
Human-borne bombs, 204 – 205
Human-caused climate change, 236
Human costs, 90 – 92
Humanitarian Practice Network:
contingency planning, 300 (box)
defenses, 311
information security, 435
scenario planning, 300 (box)
security definitions, 5
site security, 323, 330, 334, 337 – 338, 344
terrorism, 85
vulnerability definition, 310
Human-made threats, 218
Human patrols, 335 – 336, 336 (table)
Human returns, 291, 292 (box), 293 – 294 (box)
Human security, 7, 8 (box)
Human sources, 378
Hurricane Andrew, 230, 247
Hurricane Katrina, 246 (box), 247, 248,

303, 319

Hurricanes, 243 (table), 244 (table), 246 (box), 247 (table)

See also Storms, hurricanes, cyclones, and typhoons; *specific hurricanes*

Hurricane/Storm Sandy, 249 (box), 303 – 304

Hussayen, Sami Omar al-, 42

Hussein, Saddam, 50

Hyde, Edward, 56

Hydrogen peroxide, 208

IAEA. *See* International Atomic Energy Agency

ICE. *See* U. S. Immigration and Customs Enforcement

Ice operations, 561 (table)

ICS. See Incident command system

Identity crisis, 95

Identity theft, 379, 382

IEDs. *See* Improvised explosive devices

Ignition, 264 – 265

Ignition zone, 275

Image intensifiers, 340

Immigrants, 97

Immigration and Nationality Act, 545

Immigration policy, 562 – 563

Impacts, 288 (box)

Implementing Recommendations of the 9/11 Commission Act (2007), 47, 468

Improvised explosive devices (IEDs), 203 – 204, 209

Incident command system (ICS), 305

Incidents, 287

Independent, 417

India, 523

Indirect Air Carrier Management System, 557

Industrial chemical hazards, 173

Industrial control systems, 377

Inequities, sociopolitical, 228 – 230, 230 (figure)

INES. *See* International Nuclear and Radiological Event Scale

Infidels, 86

Informal value transmission system (IVTS), 154 (box)

Information, 359, 376

See also Malicious activities involving information

In formation, communications, and cybersecurity:

attack vectors, 389 – 408

cybersecurity, 376, 379 – 380, 380 (box), 381 (table), 438 – 449

espionage, 408, 412 – 424, 415 (table)

information privacy and freedom, 408 – 412

information security, 434 – 438

malicious activities involving information, 408 – 434

sabotage, 408, 424 – 434, 425 (box), 427 (box), 428 (box)

scope and definitions, 376 – 378

sources of attacks, 378 – 389, 387 (box)

Information and communications technology, 376 – 377, 408 – 411

Information privacy and freedom, 408 – 412

Information security, 376, 434 – 438

Information Sharing and Analysis Centers (ISACs), 357
Information technology, 355 (table), 376
Infrared filters, 339 - 340
Infrared lights, 339 - 340
Infrastructure asset inventory, 367 - 368, 372
Infrastructure risk assessment, 368 - 372, 369 (box)
Infrastructure sectors and responsibilities, 354 - 355 (table)
Infrastructure security:
critical infrastructure, scope and definition of, 348 - 351, 351 (box)
infrastructure asset inventory and risk assessment, 367 - 372, 369 (box)
sector-specific organization, 351 - 363
supervisory control and data acquisition systems, 364 - 367
terrorism and, 373 - 374
vignette, 347
Inhabited buildings, 341
Injuries, 292, 292 (box)
Insider threats, 328, 379, 383 - 386
Inspection, 466 (box)
Instability, 125 (map), 126
Institute for Economics and Peace, 87
Insurance Institute for Business and Home Safety, 269
Insurgency, 81, 83 (box)
Insurgents, 82, 526 - 527, 527 - 528 (box)
Integrated Automated Fingerprint Identification Service, 552
Integrated Terrorism Risk Assessment, 547
Intelligence Reform and Terrorism Prevention Act (2004), 29
Intensity of earthquakes, 258 - 259 (table), 260
Interagency cooperation, 107 - 108, 108 - 109 (table), 445 - 446
Interagency operation centers, 475 - 476
Interface fires, 264
Intergovernmental Panel on Climate Change (IPCC):
climate change, 231, 233, 234, 236
global warming, 232
wildfires, 268
Intermix fires, 264
International Atomic Energy Agency (IAEA), 188, 190, 193
International Commission on Human Security, 7
International Contact Group on Piracy off the Coast of Somalia, 490 (box)
International Convention Against the Taking of Hostages, 81 (box), 505 (box)
International Convention for the Safety of Life at Sea, 458 - 459
International Convention for the Suppression of Terrorist Bombings, 81 (box)
International Convention for the Suppression of the Financing of Terrorism, 81 (box)
International Covenant on Political and Civil Rights, 411
International Energy Agency, 235
International governance:
aviation security, 505 (box)
counterasset regimes, 118 (box)

data privacy, 411
information and communications technology, 408 – 411
maritime security, 457 – 458 (box)
terrorism, 81 (box)
International Health Regulations, 183, 184
International Law Commission, 78
International Maritime Board, 489 (box)
International Maritime Organization, 458 – 459, 478, 487, 494, 495
International Nuclear and Radiological Event Scale (INES), 193, 194 – 195 (table)
International Port Security Program, 461 (box), 478
International relations, 8
International Risk Governance Council, 218, 219 (table)
International security, 8 – 9, 10 (box)
International Strategy for Cyberspace (U. S. White House), 409
International Telecommunications Regulations, 408, 410
International Telecommunication Union (ITU), 408, 410 – 411
International Union for Conservation of Nature and Natural Resources, 234
Internet, 362 (figure), 377
Interorganizational coordination, 107 – 108, 108 – 109 (table)
INTERPOL, 147
Interstate Highway System, 348
Intranets, 377
IPCC. *See* Intergovernmental Panel on Climate Change
IRA. *See* Irish Republican Army
Iran, 174, 430 – 431, 432 – 433
Iran Air Flight 655, 506 (box)
Iran-contra scandal, 53
Iranian Mafia, 137 (table)
Iraq, 79, 174 – 175
Iraq military intervention, 112 – 113
Irish Republican Army (IRA), 83 (box), 137 (table), 506 – 507 (box)
Irregular warfare, 82
Irritants, 172
ISACs. *See* Information Sharing and Analysis Centers
ISIL/ISIS. *See* Islamic State in the Levant/Syria
Islam, converts to, 96
Islamic Movement of Uzbekistan, 508 (box)
Islamic State in the Levant/Syria (ISIL/ISIS), 175
Islamists, 86
Issues, 287
Italian Mafia, 136 (table), 140 – 142
ITU. *See* International Telecommunication Union
IVTS. *See* Informal value transmission system

Jackson, W., 405 – 406
Jamaican posses, 137 (table)
Jamieson, A., 128 (box)
Jamming, 425
Japan, 136 (table), 142 – 143, 262
Jenkins, Bonnie D., 182
Jihadis, 87 – 88, 98
Jones, Calvert, 107

Jones, S. G. , 82, 87 – 88, 112, 113
Judgmental correlates, 288
Jurisdictional arbitrage, 127
Jus ad bellum, 45 (box)
Jus in bello, 45 (box)
Jus post bellum, 45 (box)
Justice and Home Affairs (JHA) Council, 66
Just-war theory, 44 – 46, 45 (box)

Kagan, Robert, 50
Kappeler, V. E. , 35, 113 – 114, 176 (box)
Katrina, Hurricane, 246 (box), 247, 248, 303, 319
Kean, Thomas, 35, 52, 68
Kennedy, L. W. , 6 (box), 43, 61, 64, 306
Kerry, Bob, 118 – 119
Kerry, John, 10 (box)
Key loggers/grabbers, 407, 413
Kidd, Abdullah al-, 42
Kinetic attack, resistance to, 532 – 534
Kinetic threats, 343
Known Shipper Management System, 557
Koh, Harold, 429 – 430, 441
Koslowski, Rey, 59, 552, 562 – 563
Kosovo Liberation Army (KLA), 147
Krysha, 139
Kurdish Workers Party (PPK), 137 (table)

Lagoons, 454
Lai Changxing, 144 – 145
Lakes, 455
Lamprey technique, 387 (box)
Land mines, 205
Laqueur, Walter, 73, 82
Lasers, 210
Lashkar-e-Tayiba, 523
Latrunculi, 492
Lava, 263
Law of War and Peace, The (Grotius), 44 – 45, 44 (box)
Least privilege principle, 438
Left-wing terrorism, 99
Legal strategies, 113 – 114, 492 – 493
Leke Dukadjinija, 147
Le Monde, 416
Liaison officers, 108
Liberal Democratic Party (Japan), 142
Liberal economic policies, 128
Liberation Tigers of Tamil Eelam, 485 (box)
Liberty Shield, Operation, 367, 530
Libicki, M. C. , 82, 87 – 88, 112, 113
Libya, 79, 97 – 98, 518
Light, surveillance in poor, 339 – 340
Likelihood, 549 (box)
Limits of Power, The (Bacevich), 54 (box)
Line watch, 550
Liquids screening, 512
Littoral areas, 455
Lloyd's of London, 277
Logic bombs, 425 (box)
London terrorist attacks, 48, 49 (table), 527 – 528 (box)
Lopez, C. A. , 84
Los Angeles International Airport, 512

Loss exposure, 312
Luciano, Lucky, 141
Luggage, 510
Lutz, Brenda, 90
Lutz, James, 90

Machtpolitik, 2
Madrid terrorist attacks, 48, 49 (table)
Mafia:
  Albanian, 146 - 147, 148
  Iranian, 137 (table)
  Italian, 136 (table), 140 - 142
  modi operandi, 130
Magma, 263
Magnitude, 257 - 260, 258 - 259 (table)
Major disasters, 287
Malacca, Straits of, 479, 480 (map)
Malicious activities involving information:
  espionage, 408, 412 - 424, 415 (table)
  information privacy and freedom, 408 - 412
  sabotage, 408, 424 - 434, 425 (box), 427 (box), 428 (box)
Malicious actors, 505, 506 - 508 (box), 520 - 521
Malicious insiders, 380
Malvo, Lee Boyd, 101 (box)
Malware, 379, 391 - 392, 413, 425 (box)
  See also specific types "Managing Homeland Security" (Shapiro), 37 (box)
Mandiant, 389, 422 - 423
Manifest rules, 465
Manning, Bradley, 383
Man-portable air defense systems (MANPADs), 211, 517 - 519
Man-traps, 333 (box)
Manufacturing, critical, 354 (table)
Maps, 317, 318
Marine environmental protection, 560 (table)
Marine resources, living, 560 (table)
Marine safety, 560 (table)
Maritime domain, 454
Maritime-facility security plans, 472
Maritime piracy:
  categories, 487
  costs, 488, 490 - 491
  defined, 486
  frequency, 491 - 492
  geographical distribution, 488, 491 (map)
  maritime security, 485 - 492
  pirate operations, 487 - 488
  Somalia, 489 - 490 (box), 492 - 493
  transnational crime, 159 - 161
Maritime security:
  cargo security, 460 - 471
  European Union legislation, 459 (box), 465
  geography, 454 - 455
  international laws and regulations, 457 - 458 (box)
  maritime terrorism, 478 - 496
Maritime Transportation Security Act, 461 (box), 471 - 478, 473 (table), 478 (box)
  port security, 459 - 460
  risks, distribution of, 455 - 456
  risks, types of, 457 - 459

smuggling, 486 (box)
United States, 461 (box)
vignette, 453 – 454
Maritime Security Risk Analysis Model, 475
Maritime supply chain, 470 (figure)
Maritime terrorism:
attack likelihood, modes, and motives, 481 – 482
attacks, 479, 483 (table), 486 (box)
categories, 487
choke points, 479 – 481, 480 (map)
costs, 488, 490 – 491
counterpiracy, 492 – 496
defined, 486
frequency, 491 – 492
geographical distribution, 488, 491 (map)
pirate operations, 487 – 488
risks, 483 – 484 (table)
Somalia, 489 – 490 (box), 492 – 493
terrorist flows by sea, 482, 484 – 485 (box), 485
Maritime Transportation Security Act (2002), 461 (box), 471 – 478, 473 (table), 478 (box)
Mass casualty, 292
Material barriers, 335
Material hazards and weapons:
biological hazards, 168, 177, 178 – 179 (table), 179 – 187
chemical explosives, 168, 202 – 209
chemical hazards, 168, 172 – 177, 176 (box)
defining, 167 – 168
energy weapons, 168, 210
firearms, 168, 210 – 213
forecasts of use, 169 – 170
historical terrorist use of, 169
radiological hazards, 168, 200 – 202
responses, 170 – 171
vignette, 167
See also Nuclear hazards
Matrices:
generic threat, 380 (box), 381 (table)
risk, 315 – 317, 315 (table), 316 (table), 317 (table)
McGurn, William, 80
Mediterranean fires, 265 – 266, 267
Megaports Initiative, 477
Megrahi, Abdel Basset Ali al-, 98
Mehanna, Tarek, 105 (box)
Meisels, Tamar, 81 – 82
Melaku, Yonathan, 101 (box)
Melioidosis, 178 (table)
MeriTalk, 405
Merkel, Angela, 416 – 417, 418
Metallic-weapons screening, 511 – 512
Metcalf, California, 347
Meteorites, 278, 279
Meteors, 278, 280
Methane, 231
Mexico, 419
Mica, John, 51
Migrants, 97, 543, 545, 546 (box), 560 (table)
Military affairs, revolution in, 19, 20
Military-grade explosives, 203

Military munitions, 205 - 206
Military reactions to terrorism, 112 - 113
Military stabilization operations, 8 (box)
Miller, R. M. , 143
Millimeter wave systems, 513, 514 - 515
Mine-resistant, ambush-protected vehicles (MRAPs), 534
Mines, 205
Misinformation, 396
Missiles, 188, 205, 517 - 519
Mitigation, 300 - 301 (box)
Mittelman, James, 133
MMI Scale. *See* Modified Mercalli Intensity Scale
Mobile devices, 405 - 406
Mobile Handset Exploitation Team, 403
Mobility, 536
Mockaitis, Thomas, 83, 83 (box)
MOD. *See* U. K. Ministry of Defence
Modified Mercalli Intensity (MMI) Scale, 258 - 259 (table), 260
Modi operandi, 129
Moens, A. , 60
Mohammed, Khalid Sheikh, 87, 486 (box), 507 (box)
Moldova, 167
Moment magnitude scale, 257 - 259, 258 - 259 (table)
Money Laundering Suppression Act (1994), 117
Monopoly of force, 126
Moral disengagement, 96
Mortality rate, 292
Motherships, 487
MRAP all-terrain vehicles, 534
MRAPs. *See* Mine-resistant, ambush-protected vehicles
MS *Achille Lauro*, 484 (box)
Mueller, Robert, 122
Muhammad, Abdulhakim, 101 (box)
Muhammed, John Allen, 101 (box)
Multiple gates, 332, 333 (box)
Munich Reinsurance Group, 218, 221 (table)
Musharraf, Pervez, 87
Mushroom factories, 387 (box)
Muslim Americans, 100, 101 - 102 (box), 103, 105
Muslims, intercepted plots of, 102 - 103, 104 - 105 (box)
Mutual legal assistance treaties, 442
Mutual Recognition Arrangements, 477 - 478

Napolitano, Janet, 47
Narcissistic rage, 96
NASA. *See* U. S. National Aeronautics and Space Administration
National Asset Database, 367, 372
National Cybersecurity and Communications Integration Center, 444, 445
National Defense Strategy (U. S. Department of Defense), 429
National Gang Task Force, 163
National Immigration and Asylum Act (U. K.), 62
National incident management system (NIMS), 305

National Infrastructure Protection Plan (NIPP), 349 - 351, 352 (table), 355, 356, 372
National interest, 12
National Liberation Army (ELN), 150 - 151
National Preparedness System, 286 - 287
National Research Council's Committee on Science and Technology for Countering Terrorism, 365
National Response Framework, 308
National security:
  Britain, 14 - 16, 17 (table)
  Canada, 11 - 14, 13 (table), 14 (table)
  defined, 12, 15
  as term, xviii United States, 9 - 10, 11 (table)
  See also Homeland security
National Security Program (Canada), 12 - 13
National Security Risk Assessment (U. K.), 16
National Security Strategy (U. K. Cabinet Office), 64
National Security Strategy (U. S. White House), 26 (table), 27 (table), 87, 169
National Strategic Plan for Public Health Preparedness and Response, A (U. S. Centers for Disease Control and Prevention), 187
National Strategy for CBRNE Standards (U. S. National Science and Technology Council), 169
National Strategy for Countering Biological Threats (U. S. National Security Council), 182, 185 - 186
National Strategy for Counter-Terrorism (U. S. White House), 26 (table)
National Strategy for Homeland Security (U. S. Office of Homeland Security) (2002), 171, 176, 185, 200, 302 - 303, 349
National Strategy for Homeland Security (U. S. Homeland Security Council) (2007), 24 (table), 26 (table), 27 (table)
National Strategy for Maritime Security, 471 - 472
National Strategy for Trusted Identities in Cyberspace (U. S. White House), 383
National Terrorism Advisory System, 315
Nation-states, 379, 387 - 389, 387 (box), 504
NATO. *See* North Atlantic Treaty Organization
Natural ecology, 271 - 273, 272 (table)
Natural hazards, 218
Natural risks:
  categories, 218 - 219, 219 (table), 220 (table), 221 (table)
  climate change, 230 - 237, 238
  cosmic risks, 276 - 280
  defined, 218
  distribution, exposure, and capacity, 221 - 230
  expert opinion on, 217 - 218
  lethality, 222 (table)
  model, 230 (figure)

trends, 219 - 221, 222 (table)
See also Geological and geomorphic hazards; Weather events
Natural threats, 228
Naval enforcement, 493 - 494
Navigation, 531, 560 (table)
Near-Earth objects, 278 - 279
Negroponte, J. D., 410, 445
Neoliberal economic policies, 133
Nerve agents, 173
Networks, 87
New America Foundation, 402
New York Times, 422
NIMS. *See* National incident management system
9/11 Commission report, xvii, 9, 18, 21
9/11 terrorist attacks. *See* September 11, 2001 terrorist attacks
NIPP. *See* National Infrastructure Protection Plan
Niqab, 328
NIST. *See* U. S. National Institute of Standards and Technology
Nolen, Alton, 102 (box)
Nomenklatura, 138 - 139
Nonstate actors, 74
NORAD. *See* North American Aerospace Defense Command
Nor'easters, 242
North America, 268 - 269, 270 (table), 525
North American Aerospace Defense Command (NORAD), 57 - 58
North Atlantic Treaty Organization (NATO), 4 (box), 75 (box), 322 - 323, 532, 533 (table)
Northern Ireland, 526 - 527
North Korea, 79, 418, 433
NSA. *See* U. S. National Security Agency
NSC - 68, 20
Nuclear hazards:
accidents, 193, 194 - 195 (table), 196 - 197 (table), 198
availability, 187 - 188, 189 (table), 190 - 191, 190 - 192 (table), 193
defined, 168, 187
forecasts of malicious use, 198 - 199
infrastructure security, 355 (table)
responses, 200, 214
vignette, 167
Nuclear Security Summit, 198, 199
Nuclear Threat Index, 188
Nuclear weapons, 168, 187
Nuclear weapon tests, 187 - 188, 189 (table)
Nunn, Sam, 214

Obama, Barack:
Beyond the Borders Action Plan, 60 - 61
biological hazards, 184
counterterrorism, 114 - 116
cyber sabotage, 430
cybersecurity, 447
espionage, 416 - 417
European Union, collaboration with, 65 - 66
firearms, 213
Guantanamo Detention Center, 55
information security, 383
transnational crime, 123 - 124

Objective correlates, 288
Oceans, 454
OECD. *See* Organisation for Economic Co-operation and Development
Offensive cyber warfare, 424
Ogarkov, Nikolai, 19
Oil stain plots, 317
OMB. *See* U. S. Office of Management and Budget
Omerta, 141
ONCIX. *See* U. S. Office of the National Counterintelligence Executive
Operational definitions, 73
Operational threat assessment (OTA), 380 (box), 381 (table)
Operation Code Red, 366
Operation Liberty Shield, 367, 530
Operation Red October, 420
Opium poppy plant, 145
Oppression, 80
Organisation for Economic Co-operation and Development (OECD), 126, 461
Organization of the Islamic Conference, 78
Organized-crime groups, 123 – 124
Organized-crime task forces, 163
Orlando Airport, 559
Orphan sources, 188
OSCE Bishkek International Conference on Enhancing Security and Stability in Central Asia, 118 (box)
OTA. *See* Operational threat assessment
Overseas Security Advisory Council, 345
Pacific Rim, 241, 245 – 246
Packet sniffers, 413
Padilla, Jose, 104 (box)
Pakistan, 327
Palestine Liberation Front, 484 (box)
Palmisano, S. J., 410, 445
Panama Canal, 480 (map), 481
Pan Am Flight 103, 98, 506 (box)
Panic rooms, 333
Pape, Robert, 205
Paraguay, 152 – 155 (box), 152 (map)
Paris terrorist attacks, 43, 527 (box)
Partnership and Action Plan for Countering Piracy off the Horn of Africa, 490 (box)
Partnership structures, 355 – 359, 358 (box)
Passes, 455
Passive perimeters, 334 – 336, 336 (table)
Password hash, 438
Pat downs, 514
Pathogenicity, 168, 177
Pathogens, 177
Paul, Christopher, 105 (box)
PDD – 63. *See* Presidential Decision Directive 63
Pedahzur, A., 85
Pentaerythritol tetranitrate (PETN), 206
Peoples Liberation Army, 366
Performance, 308
Perimeters, 334 – 336, 335 (box), 336 (table)
Personal-survival kits, 536
Peruvian Shining Path (Sendaro Luminoso), 137 (table)
Petraeus, David, 46, 384
Pew Research Center, 100
Phishing, 379, 394, 395, 403 – 404, 422 –

423, 424
Phone scamming, 398
Physical security, 322 - 323
See also Site security
Plague, 178 (table)
Planning, 300 (box)
Plutonium, 167
Policy on Government Security (Canadian Treasury Board), 5 (box)
Political outcomes of terrorism, 90, 91 (box)
Political violence, 77 (box), 83 - 84
Portable gates, 332
Port inspections, 469, 471
Port of Los Angeles/Long Beach, 460
Port security, 459 - 460, 472, 560 (table)
Port Security Grant Program, 472
Posse Comitatus Act, 30, 32, 67
Posses, Jamaican, 137 (table)
Postal communications, 397
Post-Katrina Emergency Management Reform Act (2006), 299
Potassium chlorate, 207
Potentially hazardous asteroids, 279
PPK. *See* Kurdish Workers Party
Precipitation, 233
Preparedness, 300 (box)
Presidential Decision Directive 63 (PDD - 63), 348, 443
President's Commission on Critical Infrastructure Protection, 348
Pretexting, 394
Preventing Nuclear Smuggling Program, 200
Prevention of Terrorism (Temporary Provisions) Act (Britain), 77 (box)
Price, Jeffrey C., 520 - 521
PricewaterhouseCoopers, 437
Primary gathering buildings, 341
Printed documents, 390
Prions, 177
Privacy, 408 - 412
Privacy Act (1976), 401
Privately contracted armed security, 495, 498
Profit-oriented criminals, 379, 380, 382 - 383
Projection of force, 67
Protection, 300 (box)
Protective glass, 344
Protective security, 434
Protocol for the Suppression of Unlawful Acts Against the Safety of Fixed Platforms Located on the Continental Shelf, 81 (box), 458 (box)
Protocol for the Suppression of Unlawful Acts of Violence at Airports Serving International Civil Aviation, 81 (box), 505 (box)
Protocol to the SUA Convention, 457 - 458 (box)
Psittacosis, 178 (table)
Public health, 355 (table)
Public Law No. 110 - 53, 47, 468
Public-private partnerships, 358
Public Safety Canada:
disability-adjusted life years, 293 - 294 (box), 293 - 294 (table)
economic loss assessment, 295 - 296, 295 (box), 295 (table)

emergency, magnitude of response to, 289, 290 (table), 291
environmental harm assessment, 296 - 297, 297 (box), 297 (table)
homeland security, 16
mission, 12
national security, 12
portfolio, 13 (table), 14 (table)
priorities, 13 (table)
responsibilities, 11
security definitions, 5 (box)
taxonomy of threats and hazards, 218, 220 (table)
Puffers, 513
Pulmonary agents, 172

Q fever, 178 (table)
Quadrennial Defense Review (QDR), 32
Quadrennial Homeland Security Review (U.S. Department of Homeland Security), 26 (table), 27 (table)
Quick-reaction forces, 331, 331 (box)

Radiation portal monitors, 47
Radiological and Nuclear Terrorism Risk Assessment, 547
Radiological hazards, 168, 200 - 202
Radiological material, 200 - 201
Radiological weapons, 201
Rage, narcissistic, 96
Rail Security Act (2004), 530
Railway security, 530
Railway transportation, 361 (box), 366, 524 - 525, 527 - 528 (box)
See also Ground transport security
Rajneesh, Bhagwan Shree, 179
RAND Center for Terrorism Risk Management Policy, 86, 169
RAND Corporation, 82, 90, 91 (box)
Ransomware, 382
Rapid-onset hazards, 220, 222 (table)
Rapoport, David, 86
Reactive costs, 93
Recovery, 301 (box)
Red October, Operation, 420
Redundancy, 351
Red Wa, 136 (table)
Refuges, 333 - 334, 495
Regional Anti-Piracy Prosecutions and Intelligence Coordination Centre, 493
Regional Consortium Coordinating Council (RC3), 357
Regional Resilience Assessment Program, 14
Reid, Richard, 104 (box), 208, 507 (box), 512, 516, 520
Reinsurance (Acts of Terrorism) Act (Britain), 77 (box)
Religious terrorism, 86, 87 - 88, 90, 94
Removable media devices, 405 - 406
Reporters Without Borders for Freedom of Information, 412
Repression, 80
Resilience, 301 (box), 351, 537 - 539
Resilient Military Systems and the Advanced Cyber Threat (U.S. Defense Science Board), 422
Response, 301 (box)

Response levels, 314
Ressam, Ahmed, 486 (box)
Returns:
  defined, 288, 288 (box)
  economic, 291 - 292, 295 - 296, 295 (box)
  environmental, 296 - 297, 297 (box)
  objectively measuring, 289, 290 (table), 291, 292 (box), 293 - 294 (box), 299
  subjectively judging, 288 - 289, 289 (table), 290 (table)
  territorial or geopolitical insecurity, 298 - 299, 298 (box)
Reveron, D. S., 425 (box)
Reverse counterfeiting, 387 (box)
Revolutionary Armed Forces of Colombia (FARC), 137 (table), 150, 151
Revolution in military affairs, 19, 20
Reynolds, Michael, 104 (box)
Richter scale, 257 - 259, 258 - 259 (table)
Ricin, 178 (table), 180 - 181
Riedel, Bruce, 88
Right-wing terrorism, 99
Risk, 312, 549 (box)
Risk and Vulnerability Assessment Program, 380 (box), 381 (table)
Risk assessment, 368 - 372, 369 (box), 546 - 548, 549 (box)
Risk ladders, 314 - 315
Risk Lexicon, 548
Risk management, 110, 546 - 548, 549 (box)
Risk matrices, 315 - 317, 315 (table), 316 (table), 317 (table)
Risk preemption, 110
Risk prevention, 110
Risk radars, 317
Risk scales, 314 - 315
Rivers, 455
Road security, 529
Road transportation, 524, 525 - 526
  See also Ground transport security
Robbers, 526
Rockefeller, John, 29
Rocket-propelled grenades (RPGs), 211, 516 - 517
Rocra, 420
Rootkits, 425 (box)
Rosenblum, M. R., 547
RPGs. *See* Rocket-propelled grenades
Ruggedized vehicles, 532
Rumsfeld, Donald, 20
Run-flat tires, 536
Russia:
  cyber sabotage by, 432
  cyberspace strategy, 410
  espionage, 423 - 424
  organized crime, 135, 136 (table), 137 - 139, 140 (box)
  See also Soviet Union
Russian Business Network, 2

Sabotage:
  cyber sabotage, national, 426 - 434
  cyber sabotage, private/experimental, 427 (box)

cyber sabotage, risk to U. S. , 428 (box)
defined, 408, 424
malware used for, 425 (box)
scope, 424
terrorism versus, 424
vectors and activities, 424 – 426
Safe areas, 4 (box)
SAFE Framework, 158, 464
Safe havens, 333
SAFE Port Act (2006), 461 (box)
Safe rooms, 333
Safety, 4, 5
Saha, Bansari, 373 – 374
Salmonella, 178 (table), 179
Sandia National Laboratories, 379 – 380, 380 (box), 381 (table), 389 – 390
San Diego County wildfires, 274
Sandy, Hurricane/Storm, 249 (box), 303 – 304
SANS Institute, 436
Satellites, artificial Earth-orbiting, 278, 279 – 280
SAVs. *See* Site assistance visits
SCADA systems. *See* Supervisory control and data acquisition systems
Scamming, 394, 398
Scanning, 466 (box), 468
Scenario planning, 300 (box)
Scenarios, 549 (box)
Schengen Agreement, 66
Screening, 466 (box)
Script kiddies, 380
Sea levels, 233
Sea line of communication, 456
Search and rescue, 560 (table)
Seas, 454
Second-generation immigrants, 97
Sector Coordinating Councils, 356 – 357
Sector-specific agencies (SSAs), 349, 353 (table)
Sector-specific organization:
about, 352 (figure), 352 (table), 353 – 354, 353 (table), 354 – 355 (table), 361
critical infrastructure, evolving threats to, 351, 352 (figure)
critical-infrastructure sectors, 351, 352 (table)
economics of securing critical infrastructure, 360 – 361, 362 (box), 363
infrastructure sectors and responsibilities, 354 – 355 (table)
partnership structures, 355 – 359, 358 (box)
sector-specific agency responsibilities, 353 (table)
Secure Border Initiative, 541
Secure Freight Initiative, 468, 469 (table)
SecurID system, 421
Security:
cockpit, 515, 515 (box)
collective, 2, 4 (box)
defined, 3 – 5, 4 – 5 (box)
food, 234
government, 5 (box)
ground transport infrastructure, 528 – 529
hard, 344
human, 7, 8 (box)

information, 376, 434 – 438
international, 8 – 9, 10 (box)
as multidisciplinary study, 6 (box)
physical, 322 – 323
port, 459 – 460, 472, 560 (table)
privately contracted armed, 495, 498
protective, 434
railway, 530
road, 529
soft, 344
See also specific topics
Security and Prosperity Partnership of North America, 59 – 60
Security domains:
about, 6 – 7
human security, 7, 8 (box)
international security, 8 – 9, 10 (box)
national security, 9 – 16, 11 (table), 13 (table), 14 (table), 17 (table)
Security engineering, 340 – 344
Security Policy (Public Safety Canada), 5 (box)
Security services, 344 – 345
Segal, A., 410, 445
Seismic hazards:
causes, 255
costs, economic, 262 – 263, 263 (box)
deaths, human, 256 (table), 260 – 262
definitions, 254 – 255
distribution, 257
earthquakes, notable, 260 (box)
frequency, 255, 256 (table), 257
intensity, 258 – 259 (table), 260
magnitude, 258 – 259 (table), 258 – 260
returns, 258 – 259 (table), 258 – 263, 263 (box)
September 11, 2001 terrorist attacks:
about, 87, 98
American exceptionalism and, 54 – 55 (box)
aviation security, 502, 507 (box), 520
compensation for, 294 (box)
direct economic costs of, 92 – 93
homeland security, 18, 49, 49 (table), 67, 68
human costs, 91
impact, xvii
infrastructure security, 349
national security, 9 – 10
public opinion, 47
reactive costs, 93
response to, 49 – 53
Serino, Richard, 286 – 287
Setback, 341 – 342
Sewall, Sarah, 115 – 116
Shahzad, Faisal, 101 (box)
Shamoon (malware), 432
Shapiro, A. J., 494, 495 – 496
Shapiro, Jeremy, 37 (box)
Shareef, Derrick, 105 (box)
Shelley, Louise, 129 (box), 141
Shemella, Paul, 109, 110 – 111
Shielding, 277 – 278
Shigellosis, 178 (table)
Ship defenses, 494 – 496
Shocks, 213
Shoulder surfing, 394

Shrubland fires, 267

Siraj, Shahawar Martin, 104 (box)

Site assistance visits (SAVs), 369 (box)

Sites, 322

Site security:

- access controls, 326 – 327, 327 (table)
- access controls, bypasses of, 327 – 329
- defined, 322
- emergency refuges, 333 – 334
- emergency services and quick-reaction forces, 330 – 331, 331 (box)
- gates, 331 – 333, 333 (box)
- guards, 329 – 330
- passive perimeters, 334 – 336, 336 (table)
- scope and definitions, 322 – 323
- security engineering, 340 – 344
- site security services, 344 – 345
- surveillance and countersurveillance, 336 – 340, 339 (box)
- targets, assessing, 323 – 326, 325 (figure)
- vignettes, 322

Site security services, 344 – 345

Skiffs, 487

Skywiper (malware), 416

Slat armor, 534

Slow-onset hazards, 220 – 221, 222 (table)

Smadi, Hosam Maher Husain, 105 (box)

Small arms, 169, 211, 212 – 213, 516

Smallpox, 178 (table)

Small Vessel Security Activities program, 474 – 475, 481

Small Vessel Security Strategy (U.S. Department of Homeland Security), 474 – 475

Smart Border Accord, 59 – 60, 60 (table)

Smart Box Initiative, 468 – 469

Smuggling, 486 (box)

SNInet, 541

Snooping and downloading, 413

Snowden, Edward, 402, 403, 412, 416, 428 – 429

Social interaction, 394 – 395

Social media, 382, 395 – 397

Sociopolitical inequities, 228 – 230, 230 (figure)

Soft security, 344

Software tampering/diddling, 425 (box)

Solar flares, 276

Solar-radiation management, 236

Solar storms, 276 – 278

Solar winds, 276

Somalia, 43, 489 – 490 (box), 492 – 493

Sony Pictures Entertainment, 433

Sources, 380

South Africa, 322

South America:

- drug trade, 148, 150 – 151, 151 (map), 155
- tri-border area, 152 – 155 (box), 152 (map)

Southeast European Law Enforcement Center, 164

South Yemen, 79

Sovereign states, 504

Sovereign threats, 504, 506 (box)

Soviet Union, 180

- *See also* Russia

Spain, 48, 49 (table), 417

Spam, 403
Spammers, 379, 393
Spatial maps, 318
Spear phishing, 394, 422 - 423
Spoofing, 394
Spot fires, 264
Sproat, Peter, 73, 80, 84
Spyware/malware, 379, 391 - 392, 413, 425 (box)
See also specific types
SQL injection (SQLi), 394
SSAs.
See Sector-specific agencies
Stafford Act (1988), 287
Standoff, 341 - 342
Staphylococcal enterotoxin, 178 (table)
State, Local, Tribal, and Territorial Government Coordinating Council, 357
State-sponsored terrorism, 78 - 79
State terrorism, 74, 78, 80
Stealth, 535 - 536
Stein, S. M., 265
Steyn, Johan, 56
Stick drives, 405
Stings, 72, 102
Stoessner, Julius, 153n (box)
Stohl, Michael, 73, 74, 80, 84
Storms, hurricanes, cyclones, and typhoons:
categories, 243 (table)
definitions, 239
distribution and frequency, 241 - 242, 244 (table)
economic returns, 246 - 248, 247, 247 (table), 249 (box)
environmental harm, 248
human returns, 242, 244 - 246, 246 (box)
Storm surge, 239
Stowaways, 509
Strait of Bab el-Mandab, 480, 480 (map)
Strait of Hormuz, 479, 480 (map)
Straits, 455
Straits of Malacca, 479, 480 (map)
Strategic Air Command, 198
Strategic Alliance Group, 164
Strategic Plan (U. S. Department of Homeland Security), 26 (table)
Strategy for Operating in Cyberspace (U. S. Department of Defense), 429
Strategy to Combat Transnational Organized Crime (U. S. National Security Council), 163
Strong Britain in an Age of Uncertainty, A (U. K. Cabinet Office), 15 - 16
Structures:
centralized versus decentralized, 106
economic or social, 76 - 77 (box)
partnership, 355 - 359, 358 (box)
Stuxnet (malware), 430 - 431
Subsidence, 253
Suez Canal, 480, 480 (map)
Suicide bombers, 204
Summit on Countering Violent Extremism, 115
Supervisory control and data acquisition systems (SCADA systems), 364 - 367
Surface fires, 264
Surface Transportation Security Inspection

workforce program, 557
Surface transport security. *See* Ground transport security
Surveillance, 336 – 340, 339 (box)
Swiss Reinsurance Group, 232, 249 (box)
Switzerland, 416
Syria, 68, 424, 433 – 434, 518
Syrian Electronic Army, 433 – 434

Taheri-Azar, Mohammed, 101 (box)
Tailgating, 394
Taiwan, 136 (table)
Taliban, 508 (box)
Talovic, Suleman, 101 (box)
Tamil Tigers, 174
Tanner, Michael D., 37 – 38
Targets, 80 – 82, 93 – 94, 323 – 326, 325 (figure)
Target-standard gap analysis, 311, 312 (box)
Target-threat gap analysis, 311
TATP. *See* Triacetone triperoxide
TBA. *See* Tri-border area
Tebbutt, David, 486 (box)
Tebbutt, Judith, 486 (box)
Technology:
  Bluetooth, 406
  information, 355 (table), 376
  information and communications, 376 – 377, 408 – 411
  surveillance, 338, 339 (box)
  transnational crime and, 127
Telephone communications, 398 – 403
Telephones, 398
Television, closed-circuit, 339 (box)
10 Plus 2 Program, 465, 469 (table), 476
Tenenbaum, Ehud, 414
Tennessee, 322
Territorial insecurity, 298 – 299, 298 (box)
Terrorism:
  actors, 74, 78 – 79
  aviation attacks, 506 – 508 (box), 520 – 521
  behaviors and activities, 80
  compensation for, 294 (box)
  cyber, 408
  definitions, 73 – 74, 75 – 78 (box), 80, 82, 83 – 85
  failed states and, 155 – 156
  frequency and distribution, 85 – 89
  geographical distribution, 89
  infrastructure security and, 373 – 374
  international conventions and laws, 81 (box)
  left-wing, 99
  maritime, 485 – 492
  military reactions to, 112 – 113
  modi operandi, 129 – 130
  motivation, ideology, and intent, 83 – 85, 129 – 130
  outcomes and costs, 90 – 93, 91 (box)
  political outcomes of, 90, 91 (box)
  as political violence, 83 – 84
  religious, 86, 87 – 88, 90, 94
  right-wing, 99
  sabotage versus, 424
  site security and, 344
  state, 74, 78, 80
  state-sponsored, 78 – 79

targets, 80 – 82, 93 – 94
transnational crime, differences from, 129 – 130, 129 (box), 131 (table)
transnational crime, similarities to, 130 – 132
trends, 85 – 89
vignette, 72
See also Counterterrorism; Maritime terrorism; September 11, 2001 terrorist attacks; Terrorists; *specific attacks*
Terrorism Act (Britain), 77 – 78 (box)
Terrorist financing, countering, 116 – 117, 118 (box)
Terrorists:
American, 97 – 100, 101 – 102 (box), 102 – 103, 104 – 105 (box), 105
chemical weapon use, 175, 176 (box)
cyber, 380
deadliest groups, 89
demographic profiles, 96 – 97
environmental, 99
ethnonationalist, 99
firearm use, 212 – 213
ground transport security, 526 – 527, 527 – 528 (box)
information security and, 379
material hazards and weapons, 169
Muslim-American indictees, 103, 105
Muslim Americans, terrorist attacks executed by, 100, 101 – 102 (box)
Muslims, intercepted plots of, 102 – 103, 104 – 105 (box)
psychosocial profiles, 94 – 96
radiological weapons, 201 – 202
religious American profiles, 100
secular American terrorist profiles, 99
as threat actors, 546 (box)
See also Terrorism
Thailand, 136 (table)
Thefts, 504, 526
Thermal imagers, 340
30 Point Plan, 59, 60 (table)
Thompson, Sally, 281 – 282
Thompson, Zale, 102 (box)
Threat actors, 545, 546 (box)
Threat exposure, 312
Threat levels, 314
Threat multipliers, 380 (box)
Threats:
advanced persistent, 388, 389, 422 – 423
cyber, 378, 379 – 380
defined, 167, 218, 323, 549 (box)
external, 378 – 379, 386 – 387
human-made, 218
insider, 328, 379, 383 – 386
kinetic, 343
natural, 228
sovereign, 504, 506 (box)
Thunderstorms, 239
Tier 1 facilities/systems, 370
Tier 2 facilities/systems, 370
Time, exposure by, 313 – 314
Tires, run-flat, 536
TNT. *See* Trinitrotoluene
Tocqueville, Alexis de, 54 (box)
Tornadoes, 248 – 251, 250 (table), 251 (box)
Total economic losses, 292

Toxicity, 168, 172
Trackers, 531
Traders, safe and trusted, 464 – 465
Transit and Rail Inspection Pilot (TRIP) program, 530
Transnational crime:
  border security, 546 (box)
  categories, 124
  Chinese triads, 136 (table), 143 – 145
  definitions, 123 – 124, 123 (box), 128 (box)
  drug trade, Central Asian, 145 – 148, 147 (figure), 148 (map), 149 (map)
  drug trade, South American, 148, 150 – 151, 151 (map), 155
  efforts to counter, 156, 158 – 162
  failed states and, 155 – 156
  future, 163 – 164
  globalization and, 127, 128, 132 – 134
  history, 134
  impact, 124 – 126, 124 (table), 125 (map)
  instability and, 125 (map), 126
  Italian Mafia, 136 (table), 140 – 142
  Japanese yakuza, 136 (table), 142 – 143
  modi operandi, 129 – 130
  motives, 129 – 130
  organizations, prominent, 136 – 137 (table)
  organizations, structure of, 127 – 129
  Russian organized crime, 135, 136 (table), 137 – 139, 140 (box)
  terrorism, differences from, 129 – 130, 129 (box), 131 (table)
  terrorism, similarities to, 130 – 132
  trends, 134 – 135
  tri-border area, 152 – 155 (box), 152 (map)
  vignette, 122
Transnational organized-crime organizations, 123 – 124
Transportation systems, 355 (table)
Transportation Worker Identification Credential program, 474
Treaties, mutual legal assistance, 442
Triacetone triperoxide (TATP), 208
Triads, 136 (table), 143 – 145
Tr i-border area (TBA), 152 – 155 (box), 152 (map)
Trinitrotoluene (TNT), 205
TRIP program. *See* Transit and Rail Inspection Pilot program
Trojan horses, 425 (box)
Tropical depressions, 239
Tropical forest fires, 268
Tropical storms, 239
Trucking Security Program, 529
TSA. *See* U. S. Transportation Security Administration
Tsarnaev, Dzhokhar A. , 102 (box)
Tsarnaev, Tamerlan, 102 (box)
Tsunamis, 252, 255, 257, 262
Tucker, J. B. , 176 – 177
Tularemia, 178 (table)
Turkish Babas, 137 (table)
24 – 7 network, 442
Typhoid fever, 179 (table)

Typhoon Haiyan, 245, 246, 249 (box)
Typhoons. *See* Storms, hurricanes, cyclones, and typhoons
Typhus fever, 179 (table)

UAVs. *See* Unmanned aerial vehicles
U. K. Cabinet Office, 15 – 16, 170
U. K. Foreign Office, 54 (box)
U. K. General Communications Headquarters, 403, 412
U. K. Home Office, 16, 170
U. K. Ministry of Defence (MOD):
  cyberspace, 377
  human security and British military stabilization operations, 8 (box)
  national security definition, 15
  nuclear weapons, 199
  security definition, 5 (box)
  weapons, 170
U. K. National Security Council, 14 – 15
Ukraine, 432, 518, 519
Unauthorized migrants, 545, 546 (box)
Undercover officers, 72, 102
Union Carbide, 173
Union of Concerned Scientists, 190
United Kingdom:
  homeland security in law and policy, 61 – 65, 63 (table), 65 (table)
  terrorist attacks, 48 – 49, 49 (table)
  See also Britain
United Nations (U. N.):
  contingency planning, 300 (box)
  counterasset regimes, 118 (box)
  cybersecurity, 441
  data privacy, 411
  impact scale, 289, 290 (table)
  resilience definition, 301 (box)
  risk matrix, 316, 316 (table)
  terrorism conventions, 81 (box)
  terrorism definition, 75 (box), 78
United Nations Development Programme, 7
United Nations Framework Convention on Climate Change, 231
United Nations International Strategy for Disaster Reduction, 177, 287, 314 (box)
United Nations Office for the Coordination of Humanitarian Affairs (OCHA), 7, 84, 177
United Nations Office on Drugs and Crime (UNODC):
  drug trade, 145, 150
  firearms, 211
  maritime piracy, 486
  transnational organized crime, 123, 123 (box), 124 – 125, 128
United Nations Security Council, 170
United States:
  al-Qaeda, strategy against, 87 – 88
  aviation, 502 – 503
  aviation security layers, 558 (figure)
  border security, 542 – 543
  budgeting process, 32, 33 – 34 (table), 34
  container security, 498 – 499
  counterpiracy, 495 – 496
  counterterrorism, 72, 110, 111 – 119
  as cyber espionage target, 414 – 415, 415 (table)

cyber sabotage, risk of, 428 (box)
cyber sabotage by, 426 – 431
cybersecurity structure, 441 – 447
cyberspace strategy, 409 – 410
earthquakes, 257, 260 (box), 262, 263 (box)
emergency management federal structure, 302 – 308
espionage, 415 – 419
firearms, 211 – 212
fire regimes, 271, 272 (table)
fires, 268 – 269, 270 (table), 273 – 274
geopolitics, 18 – 20
ground transport security, 525
guided missiles, countering, 519
homeland security, 16 – 40
homeland security establishment, 28 – 30, 31 (table), 32
homeland security in law and policy, 46 – 47, 49 – 57, 65 (table)
homeland security in law and policy, collaboration with European Union, 65 – 66
homeland security policy, 46 – 47
human-access controls, 510 – 511
hurricanes, 243 (table), 244 (table), 246 (box), 247 (table)
international security, 10 (box)
maritime and port security, 461 (box)
national security, 9 – 10, 11 (table)
natural risks, 223, 227, 229 (table)
privacy, governance of, 411 – 412
railway security, 530
religious profiles, 100
road security, 529
security definitions, 4 – 5 (box)
security paradigm before 9/11, 16 – 18
site security, 322
telephone communications surveillance, 399 – 403
terrorism, compensation for, 294 (box)
terrorism definitions, 75 – 76 (box)
usury laws, 133
vehicle survivability, 531 – 532, 534, 536
wetlands, 233
Unmanned aerial vehicles (UAVs), 328 – 329, 338, 503 – 504
UNODC. *See* United Nations Office on Drugs and Crime
Uranium, highly enriched, 167
Urban guerrillas, 82
U. S. Army, 177, 383 – 384
U. S. Centers for Disease Control and Prevention (CDC), 177, 179, 180, 187
U. S. Central Intelligence Agency (CIA), 29, 378, 399, 416
U. S. Citizenship and Immigration Service, 554
U. S. Coast Guard (USCG):
border security, 550 (table), 559, 560 – 561 (table), 561
maritime security, 461 (box), 465, 472, 475, 476
U. S. Commission on Cybersecurity, 445 – 446
U. S. Commission on National Security/21st Century, 18
U. S. Computer Emergency Readiness Team

(USCERT):
cyber incidents reported to, 415 (table)
cybersecurity, 443
insider threats, 383, 384, 385 - 386
as international, xix
transnational crime, 158
U. S. Customs and Border Protection (CBP):
border security, 550, 550 (table), 551 (figure), 552
Customs-Trade Partnership Against Terrorism, 156, 158
maritime security, 464, 465
mission, 550 (table)
organizational chart, 551 (figure)
U. S. Cyber Command, 428, 429 - 430, 441
U. S. Defense Intelligence Agency, 29
U. S. Defense Science Board, 422
U. S. Department of Agriculture, 353 (table)
U. S. Department of Defense (DOD):
access control definition, 326
cloud computing, 407
controlled perimeter definition, 335 (box)
as cyber espionage target, 414
cyber sabotage, 429
cybersecurity, 442 - 443, 446
homeland security, 18
impact scale, 289, 289 (table)
infrastructure security, 353 (table)
insurgency definition, 83 (box)
material barriers, 335
material hazards and weapons, 171
military commands, 30, 32
national security, 9
physical security definition, 322 - 323
security definitions, 4 - 5 (box)
setback, 341
surveillance definition, 337
target definition, 323
terrorism definition, 76 (box), 84
vulnerability definition, 311
U. S. Department of Energy, 353 (table), 477
U. S. Department of Health and Human Services, 353 (table)
U. S. Department of Homeland Security (DHS):
agencies, 31 (table)
all-hazards definition, 307
all-hazards preparedness, 306
border security, 541, 546 - 548, 549
consequence definition, 288 (box)
counterterrorism strategy, 115
cybersecurity, 376, 443 - 445, 446
cyber threats definition, 378
documents, 25, 26 (table), 27 (table)
future, 35 - 36, 36 - 37 (box), 37 - 39, 40
headquarters construction project, 51 - 52
incident definition, 287
infrastructure security, 349 - 351, 353, 353 (table), 355 - 356, 367 - 369, 370, 372
maritime and port security, 461 (box), 474 - 475
material hazards and weapons, 171, 200
mission areas, 24 (table)
mitigation definition, 300 - 301 (box)
National Cybersecurity and Communications Integration Center, 444, 445

National Cybersecurity Division, 443, 444
objectives, 302 – 303
origin, xvii, 22 – 25, 24 (table), 26 – 27 (table), 28, 51
preparedness definition, 300 (box)
protection definition, 300 (box)
railway security, 530
recovery definition, 301 (box)
Regional Resilience Assessment Program, 14
resilience definition, 301 (box)
response definition, 301 (box)
road security, 529
terrorism definition, 75 (box), 84
vulnerability and consequence index, 368 – 369
vulnerability definition, 310 – 311
weapons of mass destruction definition, 168
See also U. S. Immigration and Customs Enforcement
U. S. Department of Homeland Security Strategic Plan 2008 – 2013, 26 (table), 27 (table)
U. S. Department of Justice, 75 (box), 442
See also U. S. Federal Bureau of Investigation
U. S. Department of State:
American terrorism frequency, 98 – 99
British Foreign Office versus, 54 (box)
counterterrorism, 115 – 116
diplomatic vulnerability assessments, 312 (box)
guided missiles, countering, 519
maritime terrorism, 482, 495 – 496
Preventing Nuclear Smuggling Program, 200
setback, 342
terrorism definition, 75 (box)
terrorist financing, countering, 117
U. S. Department of the Treasury, 117, 353 (table)
U. S. Department of Transportation, 353 (table), 382
U. S. Diplomatic Security, 333 (box), 337, 345, 397, 531 – 532
U. S. Director of National Intelligence, 29, 31 (table), 406
U. S. Environmental Protection Agency, 173
U. S. Federal Bureau of Investigation (FBI):
counterterrorism, 72
cybersecurity, 442
National Gang Task Force, 163
organized-crime task forces, 163
telephone communications surveillance, 401
terrorist financing, countering, 117
transnational crime, 163 – 164
U. S. Federal Emergency Management Agency (FEMA):
all-hazards emergency management, 307
Boston Marathon bombing, 286 – 287
emergency management definition, 299
in federal structure, 302, 303, 305 – 306
Hurricane Sandy, 249 (box), 303 – 304
infrastructure security, 369 – 370
major disaster definition, 287
National Response Framework, 308

preparedness definition, 300 (box)
role and responsibilities, 306
site security, 344
U. S. Federal Senior Leadership Council, 357
U. S. Forest Service, 273
U. S. General Services Administration, 353 (table)
U. S. Geological Survey, 255, 256 (table), 260, 261, 262
U. S. Global Threat Reduction Initiative, 171
U. S. Global Threat Reduction Program, 171, 175 - 176, 187
U. S. Government Accountability Office (GAO):
aviation security, 502, 514
benefit definition, 288 (box)
border security, 541, 554 - 555
consequence definition, 288 (box)
cost definition, 288 (box)
cyber sabotage, 428 (box)
cybersecurity, 443 - 444
impact definition, 288 (box)
information security, 378 - 379
infrastructure security, 369, 370 (box)
malware, 391
maritime security, 477
nuclear hazards, 188
terrorist targets, 93
vulnerability definition, 310, 311
weapons of mass destruction, 169
U. S. Government Business Council, 390
U. S. Homeland Security Council, 28 - 29, 31 (table)
U. S. House of Representatives Permanent Select Committee on Intelligence, 421
U. S. Immigration and Customs Enforcement (ICE), 117, 535, 550 (table), 552 - 555, 555 (box)
U. S. National Aeronautics and Space Administration (NASA), 278 - 279, 280, 382
U. S. National Center for Atmospheric Research, 238
U. S. National Commission on Terrorism, 181
U. S. National Counterintelligence and Security Center, 383
U. S. National Earthquake Information Center, 255
U. S. National Highway Traffic Safety Administration, 93
U. S. National Hurricane Center, 239, 242, 243 (table), 247, 249 (box)
U. S. National Institute of Justice, 123
U. S. National Institute of Standards and Technology (NIST), 438 - 439, 447
U. S. National Intelligence Council, 86
U. S. National Intelligence Estimate, 234
U. S. National Interagency Fire Center, 269
U. S. National Nuclear Security Administration, 171
U. S. National Science and Technology Council, 171
U. S. National Security Agency (NSA):
cyber sabotage, 426 - 429
cybersecurity, 438, 442
espionage, 416 - 417, 418, 419

Office of Tailored Access Operations (TAO), 428 - 429
privacy, 412
telephone communications surveillance, 402 - 403
terrorism prevention, 103
U. S. National Security Council, 28n, 123 - 124, 182, 185 - 186, 490 (box)
U. S. National Weather Service, 230, 236, 237, 248, 252
U. S. Northern Command (USNORTHCOM), 30, 32, 57 - 58
U. S. Office of Homeland Security, 22 - 23
See also U. S. Department of Homeland Security
U. S. Office of Management and Budget (OMB), 32
U. S. Office of Tailored Access Operations, 428 - 429
U. S. Office of the National Counterintelligence Executive (ONCIX), 385, 392 - 393, 413, 414 - 415, 421, 423 - 424
U. S. Postal Service, 184
U. S. Transportation Security Administration (TSA):
aviation security, 502, 503, 510, 512, 513, 514 - 515
border security, 550 (table), 555 - 559
maritime and port security, 461 (box)
mission, 550 (table)
railway security, 530
road security, 529
U. S. Visitor and Immigrant Status Indicator Technology (US-VISIT), 550, 552
U. S. White House, 112, 114 - 115, 164
USA PATRIOT Act:
Anti-Terrorism Act (Canada) compared to, 58 - 59
border security, 546, 547, 548
as counterproductive, 113 - 114
crimes, penalties, and procedures, 52 (table)
critical infrastructure definition, 351 (box)
European opinion on, 43
origin, 23, 52 - 53
telephone communications surveillance, 400 - 401
terrorist financing, countering, 117
USCG. *See* U. S. Coast Guard
USS *Vicennes*, 506 (box)
Usury laws, 133

Valeri, R., 95 - 96
Van Cleave, Michelle, 419
Vectors, 378
Vegetation, 266 - 268
Vehicle-borne improvised explosive devices (VBIEDs), 204
Vehicle gates, 332
Vehicle survivability, 531 - 536, 533 (table)
Verizon Enterprise Solutions:
espionage, 413
information breaches in nation-states, 388
information security, 437 - 438
insider threats, 384
malware, 391 - 392

social interaction, 395
telephone communications, 398
Veselovsky, S. , 199
Vessel tracking, 476
Vicennes (ship), 506 (box)
Villepin, Dominique de, 43
Violence, political, 77 (box), 83 - 84
Viral encephalitis, 179 (table)
Viral hemorrhagic fevers, 179 (table)
Virginia Jihad Network, 104 (box)
Viruses, computer, 391
Vishing, 398
Volcanic events, 263 - 264
See also Geological and geomorphic hazards
Volcanoes, 263
Voronin, Y. A. , 139, 140 (box)
Vorovskoi mir, 135, 136 (table), 137 - 139, 140 (box)
Vulnerability, 310 - 311, 312 (box)
Vulnerability and consequence index, 368 - 369

War crimes, 74
Wardlaw, G. , 79, 84
War driving, 407
War on terror, 47, 111 - 112
War Powers Resolution, 50 - 51
Water treatment systems, 354 (table)
Waterways, 560 (table)
Waves, 255
Waxman, Henry, 347
Weapons:
antiaircraft, 516 - 519
assault, 211
biological, 177
chemical, 168, 172 - 173
defined, 167
electromagnetic energy, 210
energy, 168, 210
nuclear, 168, 187
radiological, 201
Weapons of mass destruction (WMD), 168
Weapons of Mass Destruction Commission, 199
Weather, 236
Weather events:
drought and heat wave, 237 - 239, 239 (box), 240 - 241 (table)
floods, 237, 251 - 252, 281 - 282
frequency, 236 - 237
returns, 237
tornadoes, 248 - 251, 250 (table), 251 (box)
See also Storms, hurricanes, cyclones, and typhoons
Web-based translation software, 365
Webpages, 393 - 394
Websense Security Labs, 393, 403
Weinberg, L. , 85
Westmoreland, William, 19
Wetlands, 233
Wet movements, 253
WHO. *See* World Health Organization
Wight, Colin, 74
Wildfires, 264
See also Fires

Wildland, 264
Wildland-urban interface fires, 264
Wilkinson, Paul, 83, 84 – 85
Williams, Phil, 107, 113
Wired networks, 407
Wireless networks, 407 – 408
Wiretap Act (1968), 400, 401
Witt, James Lee, 305 – 306
WMD. *See* Weapons of mass destruction
World Customs Organization, 158, 464
World Economic Forum, 217 – 218, 289
World Food Program, 489 (box)
World Health Organization (WHO), 183, 184, 211, 293 (box)
World Wide Web, 362 (figure), 377
Worms, 391
Wounds, 292
Wrigley Field, 72

Y – 12 National Security Complex, 322
Yakuza, 136 (table), 142 – 143
Yannakogeorgos, P. A., 391
Your Government Failed You (Clarke), 36 (box)
Yousef, Ramszi, 507 (box)

Zazi, Najibullah, 105 (box)
Zeus (malware), 382
Zombie computers, 425
ZTE (company), 421

作者简介

布鲁斯·奥利弗·纽瑟姆（Bruce Oliver Newsome），博士，美国加利福尼亚大学伯克利分校国际关系和地区研究助理教授。曾担任国土安全部顾问、任职于兰德公司。拥有英国国王学院战争研究荣誉学士学位、美国宾夕法尼亚大学政治科学硕士学位、雷丁大学国际与战略研究博士学位。

杰克·A. 雅尔蒙（Jack A. Jarmon），先后在宾夕法尼亚大学、西东大学怀特海德外交与国际关系学院、罗格斯大学教授国际关系课程。在罗格斯大学，他还任国土安全部科学技术局卓越研究中心指挥、控制与高级数据协作分析中心副主任。他还作为美国国际开发署的顾问在20世纪90年代中期为俄罗斯私有化委员会提供服务，并与美俄投资基金、欧洲复兴开发银行以及多个货币中心银行等组织合作。他在私人部门的职业生涯包括全球咨询公司、技术公司与金融机构。他担任过安达信公司驻莫斯科经理、安大略省布兰普顿北电网络战略联盟主管，曾在福特汉姆大学和哥伦比亚大学哈里曼研究所研究苏联和俄罗斯事务。他本人精通俄语，在罗格斯大学获得博士学位。

图书在版编目（CIP）数据

国土安全与应急管理实用手册 / （美）布鲁斯·奥利弗·纽瑟姆（Bruce Oliver Newsome），（美）杰克·A. 雅尔蒙（Jack A. Jarmon）著；陈波，王萍萍主译. -- 北京：社会科学文献出版社，2021.12
（战略与经济研究书系）
书名原文：A Practical Introduction to Homeland Security and Emergency Management From Home to Abroad
ISBN 978-7-5201-6799-4

Ⅰ. ①国… Ⅱ. ①布… ②杰… ③陈… ④王… Ⅲ. ①国家安全-手册 ②突发事件-应急对策-手册 Ⅳ. ①D035-62

中国版本图书馆 CIP 数据核字（2020）第 109178 号

战略与经济研究书系
国土安全与应急管理实用手册

著　　者 / ［美］布鲁斯·奥利弗·纽瑟姆（Bruce Oliver Newsome）
［美］杰克·A. 雅尔蒙（Jack A. Jarmon）
主　　译 / 陈　波　王萍萍
审　　校 / 王萍萍　吕云震

出 版 人 / 王利民
责任编辑 / 郭红婷
责任印制 / 王京美

出　　版 / 社会科学文献出版社·当代世界出版分社（010）59367004
地址：北京市北三环中路甲 29 号院华龙大厦　邮编：100029
网址：www.ssap.com.cn
发　　行 / 市场营销中心（010）59367081　59367083
印　　装 / 三河市东方印刷有限公司

规　　格 / 开 本：787mm×1092mm　1/16
印 张：47.25　字 数：745 千字
版　　次 / 2021 年 12 月第 1 版　2021 年 12 月第 1 次印刷
书　　号 / ISBN 978-7-5201-6799-4
著作权合同登记号 / 图字 01-2016-7554 号
定　　价 / 298.00 元